Bruno Kreisky
Zwischen de

Mit fünfundsiebzig Jahren begann Bruno Kreisky, nachdem er sich lange geweigert hatte, doch endlich seine Memoiren niederzuschreiben.
Die Welt, aus der er stammte, war der Vielvölkerstaat der Habsburger. Den Sohn aus der großbürgerlichen Welt der erfolgreichen Unternehmer trieb es bald in die Unruhe der Politik: Leidenschaft des Denkens und Empfindsamkeit des Fühlens führten ihn zu den Sozialisten. In der unruhigen Zwischenkriegsepoche saß er des öfteren im Gefängnis und ging schließlich in die Emigration, wo er einen anderen jungen Rebellen traf, mit dem er dann Jahrzehnte später Weltpolitik machen sollte: Willy Brandt.
Nach dem Ende des zweiten Weltkriegs diente Kreisky zunächst seinem Land an der österreichischen Botschaft in Stockholm, 1951 kam er auf steiler Karriere als Kabinettsvizedirektor zu Körner ins Bundespräsidialamt, endlich ins Außenministerium.
Der Höhepunkt seines Lebens, wie er ihn noch heute sieht, waren die Verhandlungen im Kreml mit den Mächtigen der Sowjetunion, allen voran dem Außenminister Molotow und im Hintergrund Chruschtschow, bei denen Kreisky und andere führende österreichische Politiker den Sowjets den Abzug ihrer Armee abrangen und damit die Unabhängigkeit eines neutralen Österreichs gewannen. Als der »Staatsvertrag« unter Dach und Fach war und die österreichische Delegation aus Moskau zurückkehrte, säumten Hunderttausende die Straßen und jubelten ihr zu. Einen größeren Tag, befand der vierundvierzigjährige Kreisky damals, werde er nie erleben; und mitunter kommt es ihm, der doch als Außenminister und Bundeskanzler zwanzig Jahre lang die Geschicke seines Landes lenkte, noch heute so vor, als habe dieses Gefühl ihn nicht getrogen.

Bruno Kreisky

Zwischen den Zeiten

Erinnerungen aus
fünf Jahrzehnten

Ein Siedler Buch bei Goldmann

*Ich widme dieses Buch meiner Familie:
meiner Frau Vera, meinen beiden Kindern
Peter und Suzanne, meinen Enkeln Oliver und Jan,*

*und den Frauen und Männern der großen Bewegung,
der ich von allem Anfang an dienen wollte und
der ich das, was ich geworden bin, verdanke.*

Der Goldmann Verlag
ist ein Unternehmen der Verlagsgruppe Bertelsmann

Made in Germany · 6/90 · 1. Auflage
Genehmigte Taschenbuchausgabe
© 1986 by Wolf Jobst Siedler Verlag GmbH Berlin
Umschlaggestaltung: Werner Rebhuhn
Umschlagfoto: Privatarchiv Bruno Kreisky
Gesamtherstellung: Elsnerdruck, Berlin
Verlagsnummer: 12802
DvW · Herstellung: Barbara Rabus
ISBN 3-442-12802-1

Inhaltsverzeichnis

1. Kapitel · Der Krieg und die Kinder Wiens ... 9
Die Schnupftabakdose meines Großvaters · Die Schwerverwundeten vom Isonzo · Die Schulen · Die frühe Reife

2. Kapitel · Schicksal und Politik ... 24
Der alte Kaiser stirbt – ein neuer kommt · Zustände am Hof: zwei Gedichte der Kaiserin Elisabeth · Der große weise Mann: Victor Adlers früher Tod · Österreichs Tragödie · Die mitteleuropäische Wirtschaftsgemeinschaft und der Anschluß · Das Reich und die verpaßte Gelegenheit · Der Hochmut des Ballhausplatzes · Der Untergang war mehr

3. Kapitel · Die Nestwärme der Familie ... 61
Mein Vater und seine Geschwister · Die Bedeutung der Konsumgenossenschaften · Meine Mutter und die Familie Felix: Inbegriff der Bürgerlichkeit · Unsere »Mädchen«: unentbehrlich und wirkliche Erzieherinnen · Jugendlektüre · Joseph Neuwirth, der politische Ahne · Ferien in Trebitsch · Statistik des Grauens

4. Kapitel · Erlebnisse:
Der eigene Weg in die Politik ... 103
Die erste Demonstration · Der Justizpalast brennt · Zunehmende Militarisierung · Die schwierige Anpassung · Das Erlebnis der Idee der Internationalität · Roman Felleis · Bewährung im kleinen · Die Sozialdemokratie als Kulturbewegung · Die Partei als Heimat für Tausende

5. Kapitel · Die Sozialdemokratie in den
zwanziger Jahren ... 143
Revolution und Reform · Gibt es eine revolutionäre Sozialdemokratie? · Die Spaltung der internationalen Arbeiterbewegung · Die Rote Armee · Die Diskussion in Deutschland · Die Einheit von Theorie und Praxis · Die Theorie der Pause · Von der Differenzierung der Klasse des Proletariats und dem Ende einer Illusion

6. Kapitel · Das Studium   161

Otto Bauer · Freud und Adler · Die Alma mater: verpestetes Klima · Terror der Rechten

7. Kapitel · Im Schatten kommender Ereignisse   178

Die neue Kommunalpolitik: Die Sozialdemokratie in der Bewährung · Besuch in Deutschland: eine furchtbare Zukunft kündigt sich an · Versagen der deutschen Arbeiterbewegung · Die Rolle der KPD · Die Tragödie der SPD · Österreich eingeklemmt zwischen Faschismus und Nazismus · Eine neuerlich verpaßte Gelegenheit · Das Ende der Demokratie

8. Kapitel · Der 12. Februar 1934 und die Folgen   198

»Die Kälte des Februar« · Die Illegalität und die lange Perspektive · Engelbert Dollfuß · Besuch bei Otto Bauer · Der zweite Bürgerkrieg: 25. Juli 1934 · Mein zweiter Besuch bei Otto Bauer · Verhaftung · Gefängnis · Prozeß

9. Kapitel · In Haft   250

Begegnung mit Kriminellen, Nazis und Kommunisten · Isolierung und innere Gelassenheit · Wieder in Freiheit

10. Kapitel · Ein kurzes Intermezzo   270

Aus der Haft und doch nicht frei · Das Ende des Kleriko-Faschismus und der Verrat Mussolinis · Die letzten Tage des Schuschnigg-Regimes · Die letzte verpaßte Gelegenheit

11. Kapitel · Der »Anschluß« kam anders   290

Noch einmal: Der Kleriko-Faschismus und sein ruhmloses Ende · Hitler schlägt zu · Persönliches Schicksal · Eine neue Gefängnisgemeinschaft · »Sie müssen weg!« · Abschied von der Heimat

12. Kapitel · Die ersten Jahre in Schweden   314

Zwischenstation in Kopenhagen · Hilfe von allen Seiten · In Lappland · Auf dem Kongreß der Sozialistischen Jugendinternationale in Lille · Der finnische Winterkrieg · Väinö Tanner · Meine Eltern treffen in Schweden ein

13. Kapitel · **Neue Freunde** 349

Willy Brandt · Die kleine Stockholmer Internationale · Der Krieg: drei Episoden · Das Buchklubprojekt · Eine Hausdurchsuchung · Hochzeit

14. Kapitel · **Schweden – die große Lehre** 365

Deserteure? · Die Aktion des Grafen Bernadotte · Das schwedische Modell · Ein neuer Patriotismus · Per Albin Hansson · Die schwedische Außenpolitik · Tage Erlander · Olof Palme

15. Kapitel · **Österreichische Politik im Exil** 387

Die Schicksalsfrage der österreichischen Sozialdemokratie · Die Wiederauferstehung Österreichs · Die historische Dimension des 8. Mai 1945

16. Kapitel · **Im Diplomatischen Dienst** 404

Mit dem Arlbergexpreß nach Österreich · Zurück nach Stockholm · Baron Winterstein · Botschaftsalltag · Eintritt ins Wiener Außenamt

17. Kapitel · **Wien, Ballhausplatz** 423

Körner wird Bundespräsident · Berufung zum Kabinettsvizedirektor · Innenminister Helmer · Entnazifizierung · Die Parlamentswahlen von 1953 · Staatssekretär im Außenamt · Die große Koalition

18. Kapitel · **Besuche in London und Bonn** 439

Krönungsfeier · Anglophilie · Gespräche mit Adenauer

19. Kapitel · **Der Staatsvertrag** 454

Das Ende der Ära Stalin · Die Berliner Außenministerkonferenz · Großer Empfang in Moskau · Die Rolle Chruschtschows · Das Abschlußdiner · Jubelnder Empfang zu Hause

Anmerkungen zur Entstehungsgeschichte 483

Namenregister 485

Bruno Kreisky spricht bei einer Veranstaltung des Schwedischen Sozialdemokratischen Jugendbundes (SSU) in Rösjön, 1943

1. Kapitel
Der Krieg und die Kinder Wiens

Begonnen hat es eigentlich mit meinem Großvater, Benedikt Kreisky. Genaugenommen mit dem alten österreichischen Reichsvolksschulgesetz aus dem Jahre 1883, in dem festgelegt war, daß man das sechste Lebensjahr vollendet haben mußte, um eingeschult werden zu können. Ich wurde am 22. Jänner 1911 in Wien in Niederösterreich geboren, und so ereilte mich mein Schicksal am 1. September 1917 in der allgemeinen Volksschule Wien 6., Sonnenuhrgasse 3. Daß es eine allgemeine Volksschule war und nicht die vis-à-vis gelegene evangelische Privatschule, ist meinem Großvater zu verdanken.

Meine Familie legte offenbar großen Wert darauf, die Gelegenheit meiner Einschulung wahrzunehmen und meine Begabung feststellen zu lassen. Mein Großvater als ehemaliger Oberlehrer und stellvertretender Direktor der Lehrerbildungsanstalt in Budweis hat sich den Buben angesehen und ihn in sachkundiger Weise auf seine Schulreife überprüft. Die Prozedur war recht quälend. Auf einem Blatt Papier hat er mir einen einfachen Satz aufgeschrieben, wobei jedes Wort eine neue Zeile bildete. »Jetzt machen wir eine schöne Satzanalyse«, hat er gesagt, »und wenn du brav bist, bekommst du aus meiner alten Schnupftabakdose ein Malzzuckerl.« Die Malzzuckerln waren recht »verpickt«, die Schnupftabakdose aber hatte die wunderbare Eigenschaft, beim Öffnen eine Melodie zu spielen: »Üb' immer Treu und Redlichkeit bis an dein kühles Grab.« Offensichtlich gehörte die Schnupftabakdose zum pädagogischen Programm meines Großvaters, denn mit jedem Malzzuckerl hat er mir den Sinn des Liedes aufs neue zu erklären versucht.

Der zweite Teil dieser Strophe lautete: »Und weiche keinen Finger breit von Gottes Wegen ab.« Ich glaube allerdings nicht, daß mein Großvater ein sehr religiöser Mann war, denn er hielt sich schon seinem Schwager, dem berühmten Joseph Neuwirth, zulieb für einen Liberalen oder »Deutsch-Freiheitlichen«, wie ich es bezeichnen würde.

In der Familie Kreisky, so weit sich das überblicken läßt, hat es niemanden gegeben, der einen schlechten Leumund gehabt hätte. Die fünf Brüder Kreisky und die beiden Schwestern

Der Vater, Max Kreisky (oben links), während des Ersten Weltkriegs

waren der Inbegriff der Redlichkeit, und sie waren es mit einer solchen Selbstverständlichkeit, daß eigentlich Zweifel hierüber nie entstanden sind. Ein einziger von ihnen, der jüngste, war infolge seiner späten Heirat und seiner »Liederlichkeit«, was Damen betraf, ein wenig anrüchig geworden, aber irgendwie tolerierte man das beim Jüngsten und Lebensfreudigsten. Das gehobene Bürgertum, zu dem die Familie gehörte, war in seiner Mehrheit von gleicher moralischer Qualität.

Mein Großvater mußte schon deshalb meine Erziehung in die Hand nehmen, weil mein Vater eingerückt war. Als der Krieg ausbrach, war ich dreieinhalb Jahre alt, und so verband ich kaum eine konkrete Erinnerung mit meinem Vater. Es hieß, daß er »im Felde« sei, aber was sollte ich mir darunter vorstellen? Ich genoß die kleinen Freiheiten, die mir meine Mutter gewährte und die bei meinem Vater wohl kaum denkbar gewesen wären. Aber eines Tages wurde mir bewußt, daß zwischen meinem Vater und diesem Krieg ein Zusammenhang besteht, und so erlangte der Krieg für mich eine sehr persönliche Dimension. Es ist eine Erinnerung, die mir heute noch so lebendig ist, daß sie mich quält.

In der Mollardgasse, gegenüber dem Park, in dem ich als

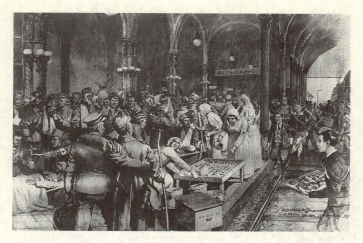

Verwundete Frontsoldaten bei der Ankunft auf dem Wiener Nordbahnhof, September 1914. Zeitgenössische Illustration

Kind fast täglich gespielt habe, lag die »k.k. Zentral-Lehranstalt für Frauengewerbe«, die spätere »Wiener Fortbildungsschule«, die seit Kriegsausbruch als Lazarett diente. Einen Kilometer entfernt war der Frachtenbahnhof der Südbahn, wo die Züge mit den Schwerverwundeten vom Isonzo eintrafen. Die Verwundeten wurden auf kleine Sanitätswagen mit eisenbeschlagenen Rädern geladen. So sind sie polternd den Gürtel hinuntergefahren, und bei vielen machte man sich nicht einmal die Mühe, sie zuzudecken.

An der Straße sind wir Fünf- und Sechsjährigen gestanden und haben diesen täglichen Blutzoll mit unschuldigen Augen wahrnehmen müssen. Halbverstümmelte Männer, Männer ohne Beine, ohne Arme, mit verbundenen Köpfen zogen an uns vorüber, denn die Sanitätswagen haben nie ausgereicht. Das war für uns das Kriegserlebnis. Und da Kindheitserinnerungen aus Kriegszeiten viel einprägsamer sind als Kindheitserinnerungen aus Friedenszeiten, erinnere ich mich noch sehr gut, wie es mich eines Tages mit ganzer Wucht erfaßt hat, daß einer von diesen Männern mein Vater sein könnte. Es war an einem bestimmten Tag, zu einer bestimmten Stunde, als mich grenzenlose Angst vor dem Krieg überkam.

Er hatte etwas Unheimliches, Allgegenwärtiges. Einmal haben meine Mutter und ich meinen Vater nach einem kurzen Fronturlaub auf den Südbahnhof begleitet, wo der Soldatenzug abfuhr. Und das letzte, was meine Mutter meinem Vater zurief, war: »Paß auf dich auf!« Ich habe das ein bißchen komisch gefunden und meine Mutter auf dem Nachhauseweg gefragt, wie denn mein Vater eigentlich auf sich aufpassen könne. Die Kugeln passen ja nicht auf ihn auf, die schwirren um ihn herum, wie soll er sich da schützen können? Meine Phantasie erhielt natürlich durch die Nachrichten über die Gefallenen aus der Familie ständig neue Nahrung. Ein entfernter Verwandter, Alfred Kreisky, liegt als eines der ersten Opfer des Krieges auf dem Heldenfriedhof in Belgrad.

Meinem Großvater oblag auch die Verwaltung des Vermögens einiger Brüder meines Vaters. Es waren junge, in der Regel gut verdienende Männer, und dank der einen oder anderen kleinen Erbschaft und Mitgift war ein wenig Kapital zusammengekommen. Als großer Patriot zeichnete mein Großvater Kriegsanleihen, was den Verlust des gesamten Vermögens der Kreiskys zur Folge hatte. Als ich meinen Großvater im Jänner 1926, wenige Tage vor seinem Tod, im Rudolfinerhaus besuchte, habe ich ihn gefragt, warum er das Geld seiner Söhne in Kriegsanleihen angelegt habe. 1866, im preußisch-österreichischen Krieg, war mein Großvater als Soldat bei Königgrätz gestanden, und seit dieser blamablen Niederlage, die er sein Leben lang nicht verwand, war er so beeindruckt von der deutschen Tüchtigkeit, vor allem auf militärischem Gebiet, daß er sich 1914 nichts anderes vorstellen konnte als einen gemeinsamen Sieg. Ein Krieg an der Seite Deutschlands, der war einfach nicht zu verlieren.

Der Krieg hat die Kinder rasch reif werden lassen. Mit sechs Jahren gehörte ich zu einem Kreis von eigentlich recht wohlerzogenen Buben. Wir hatten einen Anführer, dem wir vollkommen hörig waren. Er war zehn Jahre älter und hat seine Autorität bis zum Letzten ausgespielt. Durch ihn bin ich zum ersten Mal in die Elendsviertel in der Umgebung Wiens gekommen, nach Inzersdorf hinaus, wo seinerzeit Victor Adler der ganze Jammer der Menschheit angefaßt hat und wo die großen Sozialreportagen entstanden, die viele aufrüttelten. Als Victor Adler von einer alten Frau gebeten wurde, angesichts dieses Elends doch zu helfen, mußte er ihr sagen: »Leutln, euch kann kein Doktor helfen.« Gegen Ende des Krieges hielten sich in Inzersdorf die Deserteure

Kenotaph für Alfred Kreisky, gefallen im Oktober 1914, begraben auf dem Heldenfriedhof von Belgrad

verborgen. Es war der Treffpunkt der Unterwelt, und meiner Mutter wäre es im Traum nicht eingefallen, daß ich mich unter dem Wiener Lumpenproletariat herumtreiben könnte. Als mir einmal eine Tante eine Exkursion zur »Spinnerin am Kreuz« vorschlug, habe ich mich versprochen und gesagt, dort sei ich schon gewesen. »Entweder, Bub, du lügst«, hat sie ungläubig erwidert, »oder du warst wirklich dort. Aber um Himmels willen, mit wem?« Ich habe natürlich geschwiegen.

Unser Anführer hat uns auch zu einer Reihe von kriminellen Handlungen angestiftet. So gab es damals einen großen Mangel an Kupfer-Zink-Legierungen, und die Messingklinken in den Wohnungen waren vielfach durch Eisenklinken ersetzt worden. Die Parole hieß: Kupfer für Eisen, so wie es hundert Jahre zuvor gelautet hatte: Gold gab ich für Eisen. Wo es noch Messingschnallen zu Hause gäbe, sollten wir sie abmontieren und ihm, unserem Anführer, abliefern. Dann hat er uns beigebracht, wie man das am gescheitesten anstellte. Meine Mutter, aber auch die Hausgehilfinnen waren verzweifelt, als plötzlich die letzten Messingschnallen verschwunden waren. Ich habe natürlich kein Wort gesagt.

Zu den begehrtesten Artikeln, die damals am Schwarzmarkt besonders teuer gehandelt wurden, gehörte der Zucker. Die Familie meiner Mutter war auch mit der Zuckerindustrie verbunden, und so gab es bei uns zu Hause Zucker in Hülle und Fülle. Er wurde in einem jener Kartons aufbewahrt, in denen der

Rohrzucker verpackt war, in einem sogenannten Pfeilerkasten. Dieses inzwischen aus der Mode gekommene Utensil einer Garnitur, die der berühmte Kolo Moser entworfen hat, besitze ich heute noch. Als der Anführer mich mit strengem Blick fragte: »Was habts denn noch zu Haus?«, hab ich ihm gestanden, daß wir von Verwandten ein bisserl Zucker hätten. »Den bringst«, hat er gesagt. Als ich mich herauszureden versuchte, meinte er, ich müsse nur darauf achten, daß man den Zucker im oberen Teil des Pfeilerkastens unterbringe, damit der Verdacht nicht auf mich falle. »Dann ziehst du die Lade heraus, greifst mit deinen Armen hinein und tust Zucker aussinehmen. Ihr habts sicher eine alte Tasche, da gibst den Zucker eine, und den lieferst dann ab.«

Meine Arme waren noch so kurz, daß ich meine Mutter dazu bringen mußte, die Zuckerkiste nicht zu weit nach hinten zu schieben. Abends bekamen wir immer ein Zuckerstückel, und einmal hab ich ihr dann gesagt, ich wolle mir das Zuckerl selber aussuchen. Danach plazierte ich die Zuckerkiste unauffällig ganz nach vorn, so daß ich von nun an unbemerkt herankonnte. Mit meinen kleinen Fäusten habe ich dann die Zuckerkiste allmählich geleert, und alles ging ganz gut, solange es Sommer war.

Aber es kam der Winter, und man stellte fest, daß es in meinem Zimmer merkwürdig roch. Die Hausgehilfinnen krochen überall herum, bis man hinter dem Ofen eine alte Tasche mit Zucker entdeckte. Die Tasche hatte ich von meiner Mutter unter dem Vorwand erbeten, Straßenbahnschaffner spielen zu wollen. Den Vorrat hatte ich aus Furcht vor unserem Führer angelegt, um jederzeit, wenn er es verlangte, Zucker abliefern zu können. Als die Zeit des Heizens kam, begann der Zucker aber zu stinken, und so ist man draufgekommen.

Ich versuchte, meiner Mutter irgend etwas vorzulügen, aber es half alles nichts: die Köchin legte mich übers Knie und verabreichte mir eine empfindliche Tracht Prügel. Erstens, weil ich gestohlen hatte, zweitens, weil ich gelogen hatte, drittens, weil ich nicht damit herausrücken wollte, für wen der Zucker bestimmt war. Jedes Delikt wurde in einigen Schlägen auf meinem Hintern ausgemessen. Ich habe das willig ertragen, erstens, weil es keine sehr harten Schläge waren, und zweitens, weil ich die Berechtigung der Strafe einsah.

Natürlich begriff ich damals noch nicht, was es mit der Abhängigkeit eines kleinen Buben von einem Anführer eigentlich auf sich hat. Im Laufe meines Lebens habe ich dann die verschiedensten Formen solcher Abhängigkeit beobachtet; sie scheinen mir in der Natur des Menschen begründet und mit seiner inneren Bereitschaft zusammenzuhängen, Autorität anzuerkennen. Bei mir hat sich das allerdings sehr bald geändert.

Um die Geschichte zu Ende zu bringen, muß ich noch hinzufügen, daß ich jenem Anführer viele Jahre später zufällig wiederbegegnet bin. Ich kann sogar den Tag angeben, an dem es geschah. Es war der 11. Februar 1934. Im Wiener Konzerthaus fand das letzte große Arbeitersymphoniekonzert statt. Das war eine Einrichtung von David Josef Bach, dem geistigen Vater der Arbeiterkulturbewegung, einem Freund Arnold Schönbergs.

Bei dem Konzert wurde auch aus Brechts »Die Mutter« rezitiert: »Als er zur Wand ging, um erschossen zu werden...« Da war allen Anwesenden eigentlich klar, daß dies das letzte Arbeitersymphoniekonzert sein würde. In der Pause ging ich zum Büfet, um mir eine Limonade zu kaufen. Plötzlich schaute mich einer von der Seite an, als wolle er sagen: Wir kennen uns doch? Ich selber habe auch so ein Gefühl gehabt. Ja, und da war das der Anführer von einst. »Was bist du? Was machst du?« ging es hin und her. Halb verlegen und halb stolz sagte er: »Ich bin Kassier bei der Postsparkasse.« Das war charakteristisch, denn ich habe oft beobachtet, daß Leute, die in schweren Zeiten auf die kriminelle Bahn geraten, unter normalen Umständen durchaus eine Rolle als ehrbare Bürger und Kassierer spielen können.

Vorzeitig durfte ich von der Volksschule auf die Mittelschule wechseln. Fünf Volksschulklassen waren die Regel; den Begabten wurde ein Jahr erlassen, so daß ich bereits mit neuneinhalb Jahren auf die Bundeserziehungsanstalt für Knaben kam. Unter meiner sogenannten Begabung habe ich ziemlich gelitten, nicht aus Bescheidenheit, sondern weil die Konsequenzen unerträglich waren. Gleich nach dem Krieg hatte man in Österreich aus den ehemaligen Kadettenschulen staatliche Erziehungsanstalten gemacht, die später in Bundeserziehungsanstalten umbenannt wurden. Die Idee dieser internatsähnlichen, nach englischem Vorbild eingerichteten Schulen für meist mittellose, aber begabte Kinder ging auf einen sozialdemokratischen Politiker und Pädagogen namens Glöckel zurück. Nachdem ich eine schwierige Aufnahmsprüfung absolviert hatte, rückte ich ein.

Alles in dieser Anstalt roch nach dem Kaiser. Diejenigen, die wollten, konnten die alten Uniformen der Kadetten tragen, hohe

Tschakos, lichtblaue Mäntel und dunkelgraue Uniformjacken. Ich habe keine Uniform getragen. Die schwarz-gelben Bettdecken mit dem aufgenähten Doppeladler mußten immer genau in der Mitte liegen, sonst kam der Präfekt, riß die Decke vom Bett, und alles fing wieder von vorn an. Es war sehr schwierig, die Adler exakt in die Mitte zu bekommen, weil die Betten sehr dicht beieinanderstanden. So hat man sich furchtbar damit abgemüht. Gelegentlich ist es auch vorgekommen, daß ein besonders sekkanter Präfekt einem den ganzen Spind ausgeräumt hat, weil der angeblich nicht in Ordnung war.

Um 6 Uhr mußten wir aufstehen und im Hof zum Frühturnen antreten. Oben im ersten Stock stand der Präfekt in der kurzen Pelzjacke der Dragoner und gab in forschem Ton die Befehle. Ebenfalls aus der Tradition der Kadettenschule kam die sogenannte Absentierung am Wochenende. Man hatte es nicht einmal für nötig befunden, die Bezeichnung zu ändern, und so war alles in dieser Anstalt alter Wein in neuen Schläuchen. Viele Kinder, vor allem die aus ärmeren Familien, fühlten sich sehr wohl, aber für mich war es die Hölle.

Von Anfang an galt ich als der große Rädelsführer. »Die andern sind alle sehr brav«, hieß es immer, »nur der Kreisky, der ist ein reiner Bösewicht.« Wie in jedem Internat, kam es auch hier immer wieder zu kleinen Diebstählen. Man hatte sogar eine Liga gegen den Kameradschaftsdiebstahl organisiert, deren Führer groteskerweise einer von denen war, die später entlarvt wurden. Einmal fiel der Verdacht auf mich, da ich relativ viel Taschengeld hatte. So konnte ich, wenn wir zum Konzert fuhren, einen oder zwei Freunde in ein Wirtshaus einladen und ihnen die Würstel bezahlen. Alle zerbrachen sich den Kopf, woher ich soviel Geld hatte. Als der Präfekt meinen Vater fragte, wie er sich das erkläre, meinte der, mein Taschengeld reiche dafür sicherlich nicht. Des Rätsels Lösung war, daß ich von meinem Vater eine ziemlich wertvolle Briefmarkensammlung geschenkt bekommen hatte, die er auch regelmäßig durch die Marken seiner Korrespondenzpartner auf der ganzen Welt ergänzte. Zizerlweis habe ich diese Sammlung irgendeinem Gauner von Briefmarkenhändler verkauft, wobei der mich sicherlich betrogen hat, aber mir genügte es. Jedenfalls konnte ich auf diese Weise einen kleinen Freundeskreis um mich scharen, der mir über die Qualen des Internats hinweghalf. Mit einigen von ihnen, die Krieg und Krankheit überstanden haben, bin ich noch heute in Kontakt.

Schulausflug mit Lehrer Michl, Mai 1921. Bruno Kreisky erste Reihe, vierter von rechts

Bei manchen meiner Lehrer fand ich sehr viel Zuneigung. Einer von ihnen war der bedeutende österreichische Geograph Johann Slanar, nach dessen Atlas auch nach 1945 noch an manchen Schulen Geographie unterrichtet wurde. Slanar war ein überzeugter Sozialdemokrat der alten Schule, und ich hatte das Gefühl, daß er mich aufrichtig gern hatte. Als er mich nach dem Krieg einmal in der Präsidentschaftskanzlei besuchte, empfand ich ihm gegenüber ein warmes Gefühl der Dankbarkeit. Ein anderer meiner Lehrer war Professor Franz Prowaznik; ein echter Erzieher und ein großartiger Mathematiklehrer. Auch er war Sozialdemokrat, und während meines Studiums bin ich oft mit ihm in der Straßenbahn gefahren, weil er Direktor der Mittelschule war, die neben meinem Elternhaus lag. Ich hatte immer das Gefühl, daß er sehr glücklich war, zu jenen zu gehören, die nicht ihre Hand von mir genommen hatten. Der dritte schließlich, an den ich hier erinnern will, Eugen Mitter, war eine besondere Persönlichkeit. Ich habe ihn immer für einen kultivierten Deutschnationalen gehalten, aber offenbar war er Heimwehrler, denn er ging zu dieser berüchtigten Großkundgebung, bei der Starhemberg sagte: »Erst wenn der Kopf dieses Asiaten in den Sand rollt, wird der Sieg unser sein.« Gemeint war der Stadtrat für Finanzwesen der Gemeinde Wien, Hugo Breitner.

Um von der ehemaligen Kadettenschule relegiert zu werden, habe ich das getan, was einem in einer solchen Situation zu tun bleibt: man wird ein schlechter Schüler. Das habe ich mit Brillanz erreicht. Nach dem ersten Halbjahr der dritten Klasse hatte ich so viele »genügend« und »nicht genügend«, daß mein Hinauswurf abzusehen war. Um die Prozedur zu beschleunigen, lief ich auch noch davon. Auf dem Höhepunkt der Krise befand sich mein Vater auf einer Reise durch die Sowjetunion; er gehörte zu der ersten österreichischen Handelsdelegation, die die Sowjetunion besuchte – eine der ersten Delegationen aus dem Westen überhaupt. Die Schulleitung wandte sich an meinen Onkel Oskar Kreisky, der sich damals ein wenig um mich kümmerte, und dieser Onkel, der selber Mittelschulprofessor war, sah glücklicherweise ein, daß es das beste sei, mich gleich von der Schule zu nehmen und an einer anderen Anstalt unterzubringen. Hätte man mein vollständiges Versagen abgewartet, hätte ich eine Klasse tiefer neu beginnen müssen. Mein Vater war bei seiner Rückkehr sehr aufgebracht, denn er war immer sehr stolz darauf gewesen, daß sein Sohn die Begabtenschule besuchte.

In der nächsten Schule habe ich mich einigermaßen wohl gefühlt; sie lag in der Nähe unserer damaligen Wohnung in der Schönbrunner Straße. Der Direktor, Gustav Rohrauer, war der Sohn des Gründers der »Naturfreunde« und ein sehr guter Pädagoge. Eine seiner sehr sportlichen Töchter, die mir außerordentlich hübsch vorkam, war ebenfalls Schülerin der Anstalt.

Als meine Eltern 1925 vom V. in den IV. Bezirk zogen, setzte ich alles daran, nicht in dem Bezirk, in dem wir wohnten, zur Schule gehen zu müssen. Inzwischen hatte ich nämlich ein System des Schulschwänzens ausgetüftelt – Schulstageln hat das im Dialekt geheißen: wichtig war vor allem, zu verhindern, daß der Schuldiener ins Haus kam, um nachzufragen, ob man wirklich krank sei. Wenn man nun in einem anderen Bezirk zur Schule ging, war man vor solchen Kontrollen sicher. Denn die Verwaltung war so knauserig, daß sie es einem Schuldiener nicht gestattete, mit der Straßenbahn in einen anderen Bezirk zu fahren.

Mein Freund Tandler, der im III. Bezirk wohnte und dort aus der Schule geflogen war, ging jetzt bei uns im IV. Bezirk zur Schule, ich dagegen ging in den III. Bezirk. Dort, am ehemaligen Polytechnikum, wurde vor allem ein ausgezeichneter Mathematikunterricht gegeben, was mir bei meinem späteren Studium der Nationalökonomie zugute kam. An dieser Schule bin ich ohne Schwierigkeiten bis zur Matura gekommen.

Es waren drei verschiedene Mittelschulen in acht Jahren gewesen, und so habe ich überdurchschnittlich viele Mitschüler gehabt. Alles in allem verbinde ich keine sehr angenehmen Erinnerungen mit der Schulzeit, aber auch, abgesehen von der ehemaligen Kadettenschule, keine extrem negativen. An einige Schüler, auch an den einen oder anderen Professor, denke ich gern zurück, zum Beispiel an meinen Französischlehrer, Professor Rudolf Verosta – er war der Vater eines meiner späteren Mitarbeiter im Außenministerium –, der sich immer aufs neue erregte, wenn er das kleine rote Emailquadrat, das Abzeichen der Vereinigung sozialistischer Mittelschüler, an meinem Revers erblickte: »Kreisky«, hat er immer gesagt, »lernen'S nix, werden'S Parteisekretär.«

Man fragt mich oft, wann ich eigentlich den Weg zur Politik gefunden habe. Viele verbinden damit offenbar die Vorstellung, ich müsse schon seit früher Jugend die Absicht gehabt haben, Berufspolitiker zu werden. Nichts ist unrichtiger als das. Ich bin wie viele meines Alters sehr früh zur Konfrontation mit politischen und parapolitischen Ereignissen gedrängt worden. Als Österreicher und Wiener habe ich in besonderem Maße zum passiven Material der Weltgeschichte gehört, denn alles Unglück, das es zwischen den Weltkriegen gab, hat sich irgendwie in Österreich und da besonders in seiner Hauptstadt Wien manifestiert. Das Elend in Wien war so allgegenwärtig, daß es sich jedem Fremden geradezu aufdrängte. Die Stadt war voll von bettelnden Leuten, voll von Invaliden aus dem Krieg, und vielen Menschen sah man an, daß sie einmal bessere Zeiten gesehen hatten.

Das heruntergekommene Bürgertum manifestierte sich auch dadurch, daß viele Witwen, vor allem Kriegerwitwen, ihre großen herrlichen Wohnungen untervermieteten. Die Wohnungskosten waren niedrig, dank des bei den Hausbesitzern so ungemein verhaßten Mieterschutzes. Es gibt so manchen, der glaubt, daß einige Prozente der sozialdemokratischen Wählerschaft allein dem Umstand zu verdanken waren, daß die Sozialdemokraten die beste Gewähr für die Erhaltung des Mieterschutzes gewesen sind. Unter den vielen zehntausend Mitgliedern der sogenannten Mietervereinigung, einer zwar nicht offiziellen, aber de facto sozialdemokratischen Vereinigung, waren eine ganze Reihe von Oberstenwitwen und hohen Beamten, die sich dieser Organisation nur angeschlossen hatten, weil sie um ihre Wohnungskosten bangten. Dasselbe galt für den Kleinrentnerschutzverband, eine andere de facto sozialdemokratische Vereinigung, die einen allerdings vergeblichen Kampf um eine einigermaßen erträgliche Kompensation für ihre Kriegsanleihen führte.

Die Arbeiterviertel, in denen die armseligen Mietskasernen standen, waren zu Vierteln des Elends und der Entbehrung geworden. Alles das kam aus einer Gleichartigkeit des Schicksals, das eben keine Unterschiede kannte: der Krieg, die Inflation, die Arbeitslosigkeit, die besondere Wucht der Krise. Sie begann als strukturelle infolge des Zusammenbruchs der Monarchie und wurde durch die konjunkturelle potenziert, die sich 1929 aus der Weltwirtschaftskrise ergab. Die Arbeitslosigkeit war eine Dauererscheinung, vor allem darauf zurückzuführen, daß die geschlossene und wohlabgerundete mitteleuropäische Wirtschaftsgemeinschaft, die die Österreichisch-Ungarische Monarchie darstellte, zerschlagen war. Ende der zwanziger Jahre wurde Österreich mit Recht der arme Mann an der Donau genannt.

Die österreichische Wirklichkeit mit allen ihren Facetten

Die Hungersnot im Winter 1918/19. Auf den abgeernteten Feldern in der Umgebung Wiens wird nach Überresten gesucht

führte dazu, daß viele mit Politik nichts zu tun haben wollten. Sicher gab es auch für mich die Versuchung, mich in einem der vielen Berufe zu versuchen, die mir offenstanden, aber ich konnte mich dazu nicht entschließen, weil ich zu sehr von den politischen Ideen erfaßt wurde, und je mehr ich die Zusammenhänge begriff, um so stärker fühlte ich mich verpflichtet, in der Politik zu wirken.

Dabei gab es kaum irgendwelche besonderen Chancen. Die Sozialdemokratie war in der Opposition, hatte wenig Lust, Regierungsstellung zu erlangen, und Parlamentarier zu werden, ist uns Jungen nicht in den Sinn gekommen, weil wir davon nicht sehr viel hielten. Zum Parteiführer waren sehr wenige ausersehen. Die höchste der Ambitionen war, Journalist in der Parteipresse zu werden; es schien uns verlockend, jeden Tag die Möglichkeit zu haben, zu den Ereignissen Stellung zu nehmen. Man kann jungen Leuten von damals, die sich in die Politik stürzten, jedenfalls keinen Vorwurf machen, daß sie es der Karriere wegen getan hätten, im Gegenteil: In den dreißiger Jahren, als sich langsam der Untergang der Sozialdemokratie ankündigte, wußten viele von uns, daß der österreichische Faschismus unaufhaltsam war und daß die »Roten« allmählich in den Kerker würden wandern müssen.

Ich habe vom reinen Politisieren und Polemisieren nie viel gehalten, sondern habe meine politische Tätigkeit unter den Jungen als eine im höchsten Maße pädagogische aufgefaßt: Zusammenhänge darzustellen, das zu schildern, was geschieht hinter dem, was zu geschehen schien. Ein Glücksgefühl innerhalb meines Tätigkeitsbereiches habe ich immer dann empfunden, wenn ich den Eindruck gewann, das mit Erfolg getan zu haben.

Meinen Eltern bin ich noch heute überaus dankbar dafür, daß sie mich sehr bald und immer wieder die rauhe Wirklichkeit erkennen ließen. Vielleicht war das nicht ganz im Sinne meiner Mutter und ihrer Familie, aber vom Vater und vom Großvater her hielt man es für richtig, einem »aufgeweckten Kind« die Wirklichkeit, das, was in der Welt geschieht, nicht zu verheimlichen. Denn offensichtlich waren die einen eingehüllt in ein sehr behagliches, sorgenfreies Familienleben, und andere hatten kaum regelmäßiges Essen. Das Kriegserlebnis und vor allem das Nachkriegserlebnis verstärkten mein von jeher ausgeprägtes Mitgefühl, das ich mir bis in die heutige Zeit erhalten habe.

Meine Eltern pflegten dieses Mitgefühl und erlaubten mir gern, weniger satte Schulkameraden zum Mittagessen nach Hause mitzubringen. Unter ihnen war der kleine Dworak, ein magerer Junge mit bleichem Gesicht. Sein Vater war Schuhmacher, und zu Hause herrschte die Armut.

Einmal habe ich meinen Vater gefragt, wieso es eigentlich reiche und arme Leute gebe und warum manche Leute so arm seien wie die Eltern vom Dworak. Mein Vater, so erinnere ich mich, meinte damals, es sei nicht wahr, daß die meisten Menschen an ihrer Armut selber schuld seien. Es gebe hierfür andere Ursachen. Das hat mich sehr beeindruckt, weil die herrschende und bequeme Auffassung die war: Wer arm ist, sei selber dran schuld, er habe es halt zu nichts gebracht. Die gewaltigste Formel meiner Jugend, die merkwürdigerweise auch von den Hausgehilfinnen benutzt wurde, war die Drohung: Wenn du nichts lernst, wirst halt nur Schuster. – Eine interessante Parenthese, wohin derartige Primitivformeln führen: Es gab in Österreich lange Zeit keine Schuhmacherlehrlinge, Schusterbuben, wie man sie in der alten Zeit genannt hat, nicht einmal für die feinsten Schuhmacher, die nur Maßschuhe erzeugten.

Bruno Kreisky mit seinem Dobermann »Fels«, September 1926

Da ich nicht aufhörte, meinem Vater Fragen über die Ursache der Armut zu stellen, und er mir sie nur partiell beantworten wollte, bemerkte ich in seiner Darstellung eine leichte Voreingenommenheit gegenüber den Verwandten meiner Mutter, mit denen er zwar ein gutes Verhältnis hatte, aber als der Sohn eines Dorfschulmeisters war er gegenüber dem Reichtum der Angehörigen meiner Mutter doch ein bißchen reserviert.

2. Kapitel
Schicksal und Politik

Am 21. November 1916 starb der alte Kaiser Franz Joseph. Der Leichenzug führte durch Mariahilf, und die Kinder in den Bezirken, durch die er von Schönbrunn zur Stadt hineinzog, mußten Spalier stehen. Es war ein eiskalter, grausiger Tag, und wir froren entsetzlich. Als der Trauerkondukt endlich herankam, schien es mir, als fülle sich die ganze Welt mit Schwarz. Es war eine einzige Demonstration der Schwärze, und in den Gesichtern der Menschen waren Schmerz und Sorge zu lesen; was mochte jetzt werden? Als ich nach Hause zurückkam, mußte ich meinen Mantel anbehalten, weil es keine Kohlen gab. Es war ein Tag der Kälte und Düsternis in jedem Sinne, und noch in der Erinnerung hat er etwas Unheilvolles.

Vom alten Kaiser wurde in unserer Familie mit großem Respekt gesprochen, und zwar in beiden Familien, in der mährischen Familie meiner Mutter wie in der vom Böhmischen her beeinflußten Familie meines Vaters. Sein Bild hing allerdings nur in der Familie Felix. Solange der Kaiser lebte, hat sich niemand vorstellen können, daß es jemals etwas anderes geben würde. Natürlich kam dann ein neuer Kaiser. Auch wenn der neue poli-

Der Zug mit dem Katafalk Kaiser Franz Josephs auf der Ringstraße in Höhe des Schwarzenbergplatzes

tische Reformen im Sinn haben mochte und sich modern denkende Ratgeber holte, sprachen doch die Umstände gegen ihn. Der Krieg ist eine schlechte Zeit, Reformen zu verwirklichen. Vom ersten Tag an haben die meisten in Karl einen schwachen Monarchen gesehen.

Der Thronfolger war nicht zuletzt wegen seines Jähzorns berüchtigt. Ich selbst habe noch, als Kabinettsvizedirektor beim Bundespräsidenten Körner, einen alten Burg-Gendarmen kennengelernt, den Herrn Ferenc. Das war ein baumlanger Kerl, der nur deshalb Burg-Gendarm geworden war, weil er einmal, wie mir der alte Baron Wilhelm Klastersky erzählte, den Thronfolger bei einem seiner Wutausbrüche beim Rock gepackt und ein bißchen unsanft zur Ruhe gebracht hatte. Danach konnte er natürlich nicht in der Umgebung des Thronfolgers bleiben, und so wurde er zur Burg-Gendarmerie versetzt. Später, in der Zweiten Republik, hat er dem ersten und dem zweiten Bundespräsidenten gedient und ist erst in hohem Alter gestorben.

Sehr viel über die Zustände am Hof lernt man aus den Gedichten der Kaiserin Elisabeth. Sie sind ein bißchen im Stil ihres Lieblingsdichters Heinrich Heine verfaßt. Da gibt es eine sehr ironische Schilderung des sonntäglichen Essens beim Kaiser; Elisabeth sieht sich als Titania, ihren kaiserlichen Gatten als Oberon:

> *Auf Titania, schmücke dich*
> *Heut' mit Diamanten!*
> *Sonntag ist's, es nahen sich*
> *Wieder die Verwandten ...*
>
> *Oberon im Feensaal*
> *Winket schon den Gästen,*
> *Die sich dem Familienmahl*
> *Nah'n von Ost und Westen.*
>
> *Erster zu erscheinen pflegt*
> *Ob'rons jüngster Bruder;*
> *(Und der grosse Erdball trägt*
> *Kein solch' zweites Luder).*
>
> *In dem kränklich schlaffen Leib*
> *Herrscht ein äffisch Wesen;*
> *Lügen ist stets Zeitvertreib*
> *Ihm und Pflicht gewesen ...*

Diese, einer Schweizer Kuh
Gleich an fetten Formen,
Dünkt sich doch in stolzer Ruh'
Schön bis zum Abnormen.

Jene aber, hässlich, wie
Eine Hex im Märchen,
Lässt am Nebenmenschen nie
Steh'n ein gutes Härchen.

Die in greller Pfauenpracht
Dort und falschem Schopfe,
Ei, wie sie sarkastisch lacht,
Mit dem schiefen Kopfe! ...

Ganz verschieden, hat die dort
Freud' nur am Gebären,
Möcht' am liebsten fort und fort
Stets die Welt vermehren.

Zählt der Kinder neune schon,
Noch ist's ihr zu wenig;
Und doch fehlet jedem Sohn
Gulden, Kreuzer, Pfennig ...

Weiter wird die Flügelthür
Jetzt noch aufgelassen;
So viele Grandezza schier
Kann sie kaum mehr fassen ...

Noch ein anderes Gedicht, in dem der Vater des später regierenden Kaisers, Erzherzog Otto, eine besonders unrühmliche Rolle spielt, möchte ich hier gern zitieren:

»Hollah! Habsburg! Was ist los?
Stierst Dir verzweifelt in den Schoss,
Und ringst die alten Hände,
Als nahte schon Dein Ende!« ...

»Meiner jüngern Söhne einer,
Hoch im Rang, doch in Conduite
Tief, wie niemals ein Gemeiner,
War's, der heut' mein Herz zerschnitt.

In der Kneipe welch ein Toben,
Zechen und Pokalgeklirr!
Gibt das Beispiel doch von oben
Der Erzherzog-Offizier.

Tische, Stühle müssen springen
Und in tausend Trümmer geh'n,
Gläser rings in Scherben klingen,
Alles auf dem Kopfe steh'n!«

»Nun zum Schluss sollst du auch fliegen,
Kaiser mir und Ohm zugleich,
Mit der Frau Gemahlin liegen
In dem Dreck dort unten weich!«

Sagt's, und beide Bilder flogen
Aus dem Fenster in den Kot
– Wenn die Fama nicht gelogen –
Zu des Bürgermeisters Not.

Doch hier endet nicht die Roheit
Der besoff'nen Heldenschar;
»Folgt mir«, ruft die trunk'ne Hoheit,
»Reuen soll's euch nicht, fürwahr!

Führen will ich euch nachhause
In mein kaiserlich Quartier;
Und nach unserm guten Schmause
Seht ihr Schönes noch bei mir!

Dort, im leichten Nachtgewande,
Liegt im grossen Ehebett
Meine Frau vom Sachsenlande;
Und, auf Ehr', sie ist ganz nett!«

In die nächtlich leeren Gassen
Stürzen die Herrn Offizier;
Bald ertönet in den Strassen
Ihr Gejohl' und Sporngeklirr.

Doch noch gibt es einen Braven,
Der da schützt mit seinem Leib
Gegen all die Hunde, Sklaven
Das bedrohte junge Weib ...

Moral.

*»Ihr lieben Völker im weiten Reich,
So ganz im geheimen bewundre ich euch:
Da nährt ihr mit eurem Schweisse und Blut
Gutmütig diese verkommene Brut!«*

Zu allem Unglück hatte der neue Kaiser auch noch eine Frau, die fortwährend zu Spekulationen Anlaß gab. Jedermann glaubte, daß Kaiserin Zita aus dem Hause Bourbon-Parma einen großen Einfluß auf Karl hatte. Alle waren sich einig darin, daß sie die sogenannten Sixtusbriefe veranlaßt hatte, in denen Karl Frankreich ein Friedensangebot unterbreitete, das die Abtretung von Elsaß-Lothringen an Frankreich vorsah. Da Zita im österreichischen Volk als Italienerin galt, stand sie ohnehin in dem Ruf, eine Verräterin zu sein. Seit Italien 1916 aus dem Dreibund ausgeschieden war, galt es als Land des Verrats schlechthin, und dieses Bild wurde nun auf die Person der Kaiserin übertragen.

Zita soll vor einigen Jahren gesagt haben, sie könnte sich durchaus vorstellen, daß ich unter ihrem damals schon längst verstorbenen Mann Ministerpräsident gewesen wäre. Ich glaube, das war der Versuch einer »Captatio« als Dank für meine Bemerkung, das Habsburger-Gesetz, das heißt die darin geforderte Verzichtserklärung auf alle Herrschaftsansprüche, habe für sie keine Gültigkeit, da eine weibliche Thronfolge ohnehin nicht in Betracht komme. Regierungschef in einer Habsburger Monarchie – dazu reicht meine Vorstellungskraft nicht aus, und wahrscheinlich wäre ich allenfalls bis an die Pforte der Gnaden gekommen.

In den dreißiger Jahren lautete die Parole der österreichischen Sozialdemokraten: Weder Habsburg noch Hitler. Schuschnigg, Bundeskanzler nach der Ermordung von Dollfuß, scheint damals tatsächlich mit dem Gedanken gespielt zu haben, die Monarchie wiederherzustellen. Mehrmals hat er über Mittelsmänner Kontakt zu Otto von Habsburg aufgenommen. Mir ist der Gedanke einer Restauration im kleinen Österreich immer etwas merkwürdig vorgekommen. Sollte es ein Habsburgerreich in den Grenzen von 1918 geben? Etwas anderes hätte ja sofort Krieg bedeutet. Zu was hätte man Otto degradieren sollen? Zum Kaiser in Österreich? Zum Reichsverweser?

Karl hat seinerzeit zweimal den Versuch unternommen,

wenigstens in Ungarn wieder auf den Thron zu kommen, und es waren die ungarischen Magnaten, die das verhindert haben. Sie waren zum großen Teil antiösterreichisch, und der Habsburger Erzherzog Albrecht, der sich als Ungar betrachtete, beteiligte sich an der legitimistischen Opposition gegen Karl. Da aber Ungarn ein Königreich war, hatte Horthy die Gelegenheit wahrgenommen, sich unter dem Titel eines Reichsverwesers sozusagen zu inthronisieren, und er dachte gar nicht daran, das aufzugeben. Beide Male ist Karl vollkommen ungeschoren durch Österreich gefahren, einmal sogar unter dem Schutz des sozialdemokratischen Landeshauptmanns von Niederösterreich, Albert Sever.

Gegenüber der Monarchie befinde ich mich in einer leicht ambivalenten Situation. Ich habe sie ja kaum mehr erlebt. Die Nostalgie, wie man das heute gelegentlich bezeichnet, ist bei den Österreichern tiefer verwurzelt, als man annimmt, nicht nur bei denen, die das Kaiserreich in seinem Abglanz noch erlebt haben, sondern auch bei den Jungen, denen dies alles eine unbekannte, fremde Welt ist. Nicht zuletzt für die Sozialdemokratie liegt über der untergehenden Monarchie ein Hauch von Melancholie und sogar Anmut. Obwohl es in der offiziellen Parteigeschichte anders zu lesen ist, möchte ich hier zwei kleine Anekdoten einblenden, die, wie ich glaube, das Verständnis für Zusammenhänge erleichtern. Es gibt für alles in Österreich eine Anekdote, ja unsere ganze Geschichte läßt sich auflösen in Anekdoten.

Bei einem Riesenkrach haben die Sozialdemokraten von der Präsidentenestrade symbolisch Besitz ergriffen. Alles sprang über die Bänke, und es kam zu einem heillosen Durcheinander, bis die Polizei einschritt und nach einem kleinen Gerangel die Sozialdemokraten wegschaffte. Dem Kaiser wurde Bericht erstattet, und er stellte erstaunt die Frage: »Ja, sind denn die Sozialdemokraten so junge Leut', daß sie über Bänke springen können?« Der Minister antwortete ihm: »Majestät, bei den Sozialdemokraten springen auch die Alten über die Bänke.«

Die Sozialdemokraten machten immer mehr von sich reden, und den Kaiser hat dieses Phänomen zunehmend interessiert. Er hat täglich die »Arbeiter-Zeitung« gelesen und sich immer wieder aufs neue geärgert, daß er das, was er dort zu lesen fand, nicht von seinen Leuten erfuhr. Eines Tages hat der Kaiser den Wunsch ausgedrückt, die Sozialdemokraten kennenzulernen. So wurde im Parteivorstand besprochen, wer zum Kaiser gehen soll.

Daß man dem Wunsch nachkommen müsse, war unbestritten – die deutschen Sozialdemokraten nannten die österreichischen etwas spöttisch die k.u.k. Sozialdemokraten. Und da entschied Victor Adler, daß dem Kaiser der spätere sagenumwobene Wiener Bürgermeister Karl Seitz am besten gefallen werde, denn Seitz war ein schöner Mann, wie man in Wien sagte.

Ein Vertreter des Hofes nahm das Gespräch mit Karl Seitz auf und erörterte mit ihm protokollarische Fragen, darunter die Kleidung, in der er erscheinen müsse: in Uniform. Aber Seitz war nie Offizier. »Dann kommen Sie halt im Frack.« Seitz erwiderte: »Wir tragen keinen Frack.« Darauf unterblieb lange Zeit der Besuch, bis endlich Kaiser Franz Joseph sich erkundigte und einer der Hofschranzen erwiderte: »Majestät, Offiziere haben sie offenbar keine und Frack tragen sie auch nicht.« Der Kaiser entschied, Seitz möge kommen, wie es ihm passe. Karl Seitz mit seinem gesunden Instinkt für das wahrhaft Elegante ließ sich einen Gehrock machen, der übrigens genauso teuer wie ein Frack war und sogar mehr Stoff brauchte. Er trug diesen Gehrock auch später sehr häufig als Bürgermeister der Hauptstadt des republikanischen Österreich. Seitz galt als bedeutender Spezialist der äußerst komplizierten Geschäftsordnung des Abgeordnetenhauses im Reichsrat. Die Unterhaltung mit dem Kaiser soll sehr gut verlaufen sein und viel länger gedauert haben als vorgesehen, und als sich Seitz erhob, um sich zu verabschieden, ist der Kaiser mit ihm noch ein paarmal in seinem Arbeitszimmer auf und ab gegangen. Und vor der Verabschiedung hat er ihn am Ärmel gefaßt und ihm die Frage gestellt, warum denn eigentlich die Sozialdemokraten keinen Frack trügen. Seitzens kurze Antwort: »Majestät, auch das Proletariat hat sein Zeremoniell.«

Die Kleidungsfrage hat auch nach dem Zweiten Weltkrieg immer wieder Aktualität erlangt, weil einige sozialdemokratische Regierungsmitglieder nicht einmal einen Smoking tragen wollten. Ich habe spottend über sie gesagt, in ihren Bezügen als Minister gebe es eine sogenannte Repräsentationstangente, die deshalb gewährt werde, damit sie sich auch die entsprechende feierliche Kleidung anschaffen könnten. Wenn sie sich also weigerten, verbrauchten sie diesen Teil ihres Bezuges bestimmungswidrig. Nur ihrer ausländischen Gäste wegen haben sie sich schließlich angewöhnt, einen Frack zu tragen. Das Bekleidungszeremoniell soll man nicht unterschätzen und nicht lächerlich machen. Es gibt immer wieder Bewegungen, die Wert darauf legen, daß ihre

Karl Seitz, seit 1901 Abgeordneter des österreichischen Reichsrats, 1919/20 Erster Präsident der Nationalversammlung, 1923/34 Bürgermeister von Wien

Anhänger an ihrem Äußeren erkannt werden. Keiner der 68er, soweit ich mich erinnern kann, trug eine Krawatte. Früher einmal, 1848, trugen die Revolutionäre große Krawatten, und als einer der radikaleren Sozialdemokraten, der besonders radikale Reden führte, mit einer solchen Krawatte erschien und die Mitglieder des Parteivorstandes erstaunt Victor Adler anblickten, meinte dieser lakonisch: »Cravate oblige.«

Am 11. November 1918 ging ich mit meinem Vater die Schönbrunner Straße hinauf. Die Gegend gehörte zwar nicht zu den Nobelbezirken, aber der Familie gehörten dort einige Häuser, und so kamen wir zu günstigen Bedingungen zu einer schönen Wohnung. Es gab dort alte Häuser aus dem Biedermeier, und um die Jahrhundertwende hatte man dann elegante Villen und Mietshäuser im Jugendstil errichtet, denn die Straßen nach Schönbrunn sollten allmählich zu Prachtstraßen ausgebaut werden. Die prächtigste von ihnen sollte die Wienzeile werden, weil sie der Kaiser auf dem Weg nach Schönbrunn benutzte, und noch heute stehen dort ein paar unfaßbar schöne Häuser aus dieser Zeit.

Ich ging also mit meinem Vater dort entlang, und vor einem Haus, das mir immer schon aufgefallen war, weil dort häufig ein Automobil stand, traf mein Vater eine ihm bekannte Dame. Es war dies das Haus von Karl Seitz, und bei der Bekannten meines Vaters handelte es sich um eine Sozialdemokratin. Ich sah, wie meinem Vater nach den ersten Worten ein Schreck durch die Glieder fuhr, und als ich ihn beim Weitergehen fragte, was denn geschehen sei, erfuhr ich, daß vor wenigen Stunden Victor Adler gestorben war. Das hatte offenbar meinen Vater sehr erschüttert, und heute weiß ich, daß es vielen auch außerhalb der Partei so erging. Viele fragten sich, was nun aus Österreich werden solle. Victor Adler, der Gründer der österreichischen Sozialdemokratie, war nur 66 Jahre alt geworden.

Infolge meiner Jugend habe ich Victor Adler natürlich nicht persönlich gekannt. Menschen, die man nicht gekannt hat, können einem jedoch dadurch, daß sie in der Erinnerung weiterleben, und indem ununterbrochen von ihnen gesprochen wird, so bewußt werden, als hätte man sie gekannt und als wären sie unter uns. Mir jedenfalls ging es so mit den meisten Parteiführern der ersten Stunde. Ich führe das auf den Umstand zurück, daß es weder Radio noch Fernsehen gab; ihre Aufsätze in den

Victor Adler, der große, weise Mann der österreichischen Sozialdemokratie

Zeitungen und die Sammelbände mit ihren Reden fanden daher eine viel stärkere Verbreitung als heute. Im Zeitalter der Television haftet nicht nur den Reden der Politiker, sondern auch ihrem ganzen Erscheinungsbild eine gewisse Flüchtigkeit an.

Über die Parteiführer der ersten Stunde wurde viel geschrieben, und sofern ihrer Führerschaft auch theoretische Bedeutung zukam, bildeten sich um diese Männer politische Schulen. Victor Adler war ohne jeden Zweifel ein Weiser in der Politik, ein Weiser auf gütige, leicht ironische Art. Viele seiner Formulierungen haben ihn lange überlebt. Stefan Großmann beschreibt in »Ich war begeistert« die Schlagfertigkeit Adlers: »Auch in den Generalstreikdebatten, die die nichtöffentlichen Beratungen der Partei ausfüllten, schien er zuweilen ein Zögerer, ein Cunctator. Als man ihm diese für einen Revolutionär unpassende Bedenklichkeit vorwarf, sprach er das große Wort gelassen aus: ›Das Gehirn ist ein Hemmungsorgan.‹«

»Wenn man in der ›Arbeiter-Zeitung‹ schreiben will«, hat er einmal zu einem Journalisten gesagt, bei dem er es für notwendig hielt, »dann müssen die Leute spüren, daß man sie gern hat.« Ich bin in meinem Leben gelegentlich Leuten begegnet, die ein großes Publikum vielleicht gern gehabt haben, vor allem wenn es ihnen Beifall spendete, die aber dem einzelnen gegenüber ungeduldig wurden und, wenn man ihnen unangenehme Fragen stellte, sogar irritiert waren.

Am 21. Oktober 1916 erschoß Friedrich Adler – ein Physiker – den Ministerpräsidenten Graf Stürgkh in einem Restaurant. Victor Adler, der seinen Sohn und dessen menschliche Güte kannte, sagte im Prozeß: »Ich habe es ja nicht glauben wollen, daß ein solcher Exzeß des Mathematischen möglich ist.« Und als es wegen dieses Attentats dann mitten im Krieg zur Einberufung des Parlaments kam, was er bis dahin vergeblich verlangt hatte, muß das eine schmerzliche Genugtuung für ihn gewesen sein. Victor Adler hat weniger der Mord selber erschüttert als vielmehr die Verletzung der Ordnung.

Drastischer und einprägsamer als Anton Kuh könnte ich diese Geschichte nicht wiedergeben:

»Kaiser Karl, der mit Adler damals in ständiger Fühlung bleiben mußte, bot dem kranken Mann an einem dieser Tage zur Fahrt ins Ministerium, von wo er ihn wieder zurückerwartete, sein Auto an.

Adler steht unschlüssig, ein bißchen verlegen.

›Ja, warum denn nicht? ... Was ist?‹

›Majestät ... heute kommt mein Bub aus Stein zurück [dem Gefängnis] ... ich wollte ihn von der Bahn abholen ...‹

Der ›Bub‹: das war Friedrich Adler, Victor Adlers Sohn, der Attentäter des Grafen Stürgkh; er war zu lebenslänglichem Kerker verurteilt worden – der junge Kaiser hatte ihn ein paar Tage zuvor begnadigt.

›Aber das macht doch nichts‹, sagte der Kaiser, ›holen Sie ihn halt zuerst ab und fahren Sie dann zu mir!‹

Und es geschah:

Victor Adler mit Gattin, Sohn Fritz, Schwiegertochter Kathia und den Kindern

Daß Victor Adler im Auto Seiner Majestät Karl I. den wegen Ermordung von Seiner Majestät Franz Joseph I. Ministerpräsidenten verurteilten Sohn vom Bahnhof abholte – ihn im Auto nach dem Ministerium des Äußeren mitnahm (um ihn gleich in die neuartigen und schwierigen Parteigeschäfte einzuführen) – und dann wieder ins Schloß Schönbrunn mit ihm zurückfuhr.

Und während Victor Adler oben mit dem Kaiser sprach, wartete unten Friedrich Adler im Hofauto.

Eine Woche später war Victor Adler tot und Karl I. nicht mehr Kaiser von Österreich.«

Es wird erzählt, daß Victor Adler 1917 zum neuen Kaiser gerufen wurde, der ihm die Frage stellte, wie es weitergehen solle. Seine Antwort soll gelautet haben: »Majestät, Habsburg hat diesen Krieg begonnen, Habsburg muß ihn auch beenden.« In diesem Satz verbarg sich eine große politische Weisheit, die in Deutschland leider nicht beachtet wurde: Man überließ es den neuen, am Krieg unschuldigen Männern, den Krieg zu beenden, und bot damit den rechten Kreisen die Möglichkeit, die Dolchstoßlegende in die Welt zu setzen, wonach die demokratischen Führer einen Schandfrieden geschlossen hätten. Einige von ihnen sind dann Attentaten zum Opfer gefallen, so der katholische Politiker Matthias Erzberger, als Staatssekretär Unterzeichner des Waffenstillstandes von Compiègne und 1919/20 Finanzminister der Weimarer Koalition. Im übrigen waren die Rechtsextremen nicht wählerisch: Walther Rathenau, einer der wenigen, den die siegreichen Alliierten als Kriegsverbrecher betrachteten und dessen Auslieferung sie verlangten, weil er durch seine Wirtschaftspolitik den Krieg verlängert habe, wurde nach dem Abschluß des Rapallovertrags, an dem sich Deutschland wieder emporranken sollte, von geistigen Vorvätern des Nationalsozialismus erschossen.

In Österreich konnte eine Dolchstoßlegende schon deshalb nicht entstehen, weil der Verfall des Heeres allzu offenkundig war. Vor Ausbruch des Krieges besaß dieses Heer, trotz des Anti-Imperialismus der Sozialdemokratie, eine gewisse Popularität – ob seiner prächtigen Uniformen. Im Jahre 1913, bei einer großen Militärparade auf der Ringstraße, erklärte ein Österreicher einem Ausländer voller Stolz die verschiedenen Waffengattungen. Und als die letzten Märsche verklungen und die letzten Bataillone vorbeimarschiert waren, meinte der Österreicher mit sehr trauriger Miene: »No, san die net zu schön fürs Kriegführen?« Diese Anekdote charakterisiert das Verhältnis der Österreicher zu ihrer Armee. Um so unverständlicher ist die Kriegshysterie, wie sie sehr adäquat und fast wortgetreu in Karl Kraus' »Die letzten Tage der Menschheit« dargestellt wurde.

Victor Adler spielte bis in die letzten Tage seines Lebens eine große Rolle. Er wußte sehr genau, daß Österreich eine düstere Zeit bevorstand, und so begab er sich, ausgerüstet mit der großen Reputation, die er sich im österreichischen Reichsrat erworben hatte, zu den ihm persönlich bekannten Führern der Nachfolgestaaten und wollte sie dazu bewegen, daß sie, wenn sie schon eigene Wege gingen, doch zumindest das, was man eine mitteleuropäische Wirtschaftsgemeinschaft hätte nennen können, versuchen sollten zu erhalten. Das Problem, das Adler sehr deutlich sah, beschrieb Karl Renner zehn Jahre später in einem Artikel im »Kampf« wie folgt: »Die Ökonomie der Welt bestimmt die Weltpolitik: In diesem Satze erfährt die Marxsche Geschichtsauffassung ihre Anwendung auf höchster Stufenleiter. Die Weltökonomie aber ist nach dem Kriege in wesentlichen Stücken verändert. Nicht nur die mächtige Ausdehnung im Raume, das engere Verwachsen der neuen Welt mit der alten, sondern auch die Veränderung der inneren Struktur der Weltwirtschaft schafft neue Tatsachen, die von uns Sozialisten nicht genug beachtet sind. Nur zögernd nehmen wir das Neue in unser Bewußtsein auf, und dennoch ist es die neue Ökonomie, die unser Handeln und also die Politik der gesamten Arbeiterklasse der Welt bestimmen muß, wenn sie nicht verhängnisvolle Irrtümer begehen soll.«

Victor Adler hätte der erste Außenminister der Republik werden sollen, und vielleicht wäre es ihm gelungen, einen besseren Stand der Dinge herbeizuführen. Man machte sich damals Hoffnungen, daß wenigstens die deutschsprachigen Teile Böhmens, Ungarns und Jugoslawiens bei Österreich bleiben würden, so daß Österreich ein Staat von zehn Millionen gewesen wäre. Das, was Hitler die Volksdeutschen nannte, waren zu einem großen Teil Volksösterreicher, und deshalb war es durchaus richtig, daß wir sie nach 1945 zusammen mit denen, die aus den Balkanländern kamen, aufgenommen haben, obwohl wir dadurch in der von den Sowjets besetzten Zone große Schwierigkeiten hatten.

Es wäre noch viel über die Persönlichkeit Victor Adlers zu sagen, aber auch was die Charakterisierung seiner Persönlichkeit betrifft, kann ich es nicht mit Stefan Großmann aufnehmen. Bei niemandem habe ich eine literarisch so wertvolle und in wenigen

Sätzen so prägnante Darstellung der Adlerschen Persönlichkeit gefunden: »Ich habe ihn in einem Prozeß gesehen, in dem er dem einzigen Blutrichter gegenüberstand, den Österreich aufzuweisen hatte: einem Herrn von Holzinger, der später durch Selbstmord geendet hat. Die Strafen, die dieser schurkische Richter verhängte, meistens über wehrlose junge Schwärmer, waren vernichtend. Als Viktor Adler als Angeklagter vor ihm stand, da veränderte sich innerhalb von wenigen Minuten das Bild in sein Gegenteil. Nicht Viktor Adler stand vor Herrn Holzinger, sondern der Blutrichter stand vor Viktor Adler als Angeklagter. Mit einem Blick, den ich damals nur den Zarathustrablick nannte – ›Blitz meiner Augen, zünde!‹ heißt es ungefähr im Zarathustra –, bannte er, man kann nicht anders sagen, gebieterisch den Richter. Adler hatte eine ihm eigentümliche Handbewegung. Er begleitete seine logischen Schlüsse mit einem Kreise des Zeigefingers, und wenn er aus seinen Schlüssen die letzte Konsequenz zog, dann schien sein Zeigefinger sich in das Zentrum der gezogenen Kreise tief einzubohren, die er in der Luft gezeichnet hatte. Im Gespräch oder vielmehr in der Anklage gegen Herrn von Holzinger bedeutete dieser bohrende Zeigefinger immer wieder ein anprangerndes: Du, Du, Du! Lassalle verdroß zuweilen durch seine Arroganz, Brandes nennt als den Grundzug des Lassalleschen Wesens seine jüdische ›Chuzpe‹, was so viel bedeuten will wie angeborene Anmaßung. Von solcher Arroganz war Adler vollkommen frei. Seine Rede hatte immer einen milden, leise wienerischen Anklang. Er mußte sich einen Ruck geben, um pathetisch zu werden. Im Grunde lag ihm Ironie und eine messerscharfe logische Unerbittlichkeit besser. Aber vor diesem Richter schoß der kleine zarte Mann ganz von selbst zu einer gebietenden moralischen Autorität auf.«

Einen Tag nach dem Tod Victor Adlers, am 12. November 1918, kam die Nachricht vom Ausbruch der Revolution – was man halt damals Revolution genannt hat. Wir merkten das vor allem daran, daß die gefürchtete Polizei mit den Pickelhauben nicht mehr durch den Park ging, um uns vom Rasen zu vertreiben, wenn wir dort mit einem sogenannten Fetzenlaberl, das aus schön zusammengewalkten Strümpfen bestand, Fußball spielten. Die »Stadtschutzwache«, wie ein Teil der Polizei von nun an hieß, wurde an diesem Tag auf die Republik vereidigt, und wir sind ins Gras hinein wie die jungen Hunde.

12. November 1918: Demonstration vor dem Parlament anläßlich der Ausrufung der Republik Deutsch-Österreich

Am nächsten Tag waren die Polizisten schon wieder da, mit rot-weiß-roten Armbinden, und der Schutzmann ist genauso durch den Park gegangen wie der k.k. Polizist all die Jahre zuvor. In einer Ecke des Parkwächterhäuschens kamen wir zusammen und berieten die Lage; kurz und bündig wurde beschlossen, das sei ja gar keine Revolution, denn es habe sich gar nichts geändert. Später einmal hat mir Engelbert Graf erzählt, daß er im November 1918 mit Franz Mehring zum Brandenburger Tor gegangen sei, um sich die heimkehrenden Soldaten anzuschauen. Als sie im gleichen Schritt und Tritt durchs Brandenburger Tor hereinmarschiert kamen, wie sie 1914 hinausmarschiert waren, soll Mehring ihn beim Ärmel gezupft und gesagt haben: »Du, Engelbert, gehen wir, daraus wird niemals eine Revolution.«

Noch eine andere Geschichte möchte ich an dieser Stelle erwähnen. Am 12. November 1918 wurde ja nicht nur die Republik ausgerufen, die den Sozialdemokraten immer ein besonderes Ziel gewesen war, sondern auch erklärt, daß Österreich ein Teil des Deutschen Reiches sei. In der Ersten Republik hatten die Sozialdemokraten diesen Tag als Nationalfeiertag proklamiert. Aber als sich nach 1945 die Frage stellte, ob der alte Nationalfeiertag wieder zu Ehren gelangen solle, habe ich mich sehr entschieden dagegen gewehrt. Sicherlich, so argumentierte ich damals, es ist der Gründungstag der Republik, aber gleichzeitig ist es auch der Tag gewesen, an dem wir freiwillig den Verzicht auf unsere Selbständigkeit als Staat erklärt hatten. Wir müßten einen anderen Tag als Nationalfeiertag wählen. Die meisten gaben mir recht und meinten, der 15. Mai wäre das beste Datum, der Tag, an dem wir unsere Unabhängigkeit erklärten. Andere plädierten für den 27. April 1945, den Tag der Ausrufung einer provisorischen Regierung. Am Schluß einigte man sich, was viele heute nicht mehr wissen, daß es der Tag sein solle, an dem das österreichische Parlament die immerwährende Neutralität beschlossen hat. Dies setzte indirekt natürlich voraus, daß der letzte fremde Soldat österreichischen Boden verlassen hat.

Mit dem Sturz der Monarchie also wurde die Republik gegründet. Aber es war ein Staat, der nicht leben und nicht sterben konnte, ein Staat, den eigentlich niemand wollte. Die einen trauerten um ein versunkenes Reich, die anderen träumten vom Aufgehen in einem neuen Reich aller Deutschen, und in der Mitte befand sich nichts. Die Mehrheit war dafür, den Status eines Sonderbundesstaates innerhalb des Deutschen Reiches anzustreben. Aber Österreich schien den Menschen nicht nur politisch, sondern auch wirtschaftlich nicht lebensfähig zu sein.

Otto Bauer schilderte die Situation 1918/1919 so: »Wie hilflos Deutschösterreich, auf seine eigene Kraft angewiesen, den neuen Nationalstaaten gegenüberstand, hatte man schon in den ersten Anfängen der Revolution erfahren. Hungersnot war in Deutschösterreich sofort eingetreten, als die Tschechen die Nahrungsmittel- und Kohlenzufuhr eingestellt hatten. Der erste Schritt des entstehenden deutschösterreichischen Staates hatte sein müssen, die Berliner Regierung um eine Aushilfe mit Getreide zu bitten. Deutschösterreichs Volkswirtschaft, auf das große österreichisch-ungarische Wirtschaftsgebiet gegründet, mußte durch den Zerfall des Wirtschaftsgebietes in furchtbarste Bedrängnis geraten. Allein war es der Feindseligkeit der neuen Nationalstaaten wehrlos preisgegeben; nur der Rückhalt des großen, wirtschaftsstarken Reiches konnte seine wirtschaftliche Machtstellung gegen die Nachbarstaaten stärken und die notwendige Umschichtung der deutschösterreichischen Volkswirtschaft erleichtern. Unter dem mächtigen Eindruck dieser Erwägungen, Interessen, Gefühle hatten schon im Oktober breite Schichten des Bürgertums, zumal der Intelligenz, in der Hoffnung auf den Anschluß Trost über den Zusammenbruch ihres alten Herrschaftsgebäudes gefunden.«

Nachdem die Inflation sich ausgetobt hatte, kam es zu einer kurzfristigen Retablierungskonjunktur. Joseph Schumpeter, einer der bedeutendsten österreichisch-amerikanischen Nationalökonomen, war von März bis Oktober 1919 Staatssekretär für Finanzen. Aus seiner Zeit ist den älteren Österreichern jedoch nur ein glorreicher Ausdruck geblieben: Krone ist Krone, womit die endgültige Enteignung und Armut der Österreicher besiegelt war. Wie viele Finanzminister der galoppierenden Inflation mußte auch Schumpeter eines Tages seinen Hut nehmen. Meistens ernteten die Nachfolger die Früchte. In Österreich war es Viktor Kienböck, 1922-1924 und 1926-1929 Finanzminister. Kienböck ist sehr alt geworden und hat noch unter dem Dollfuß-Schuschnigg-System eine Rolle gespielt; 1932-1938 war er Präsident der Nationalbank. In den Überlegungen, die wir vor der Machtergreifung Hitlers anstellten – unter der Voraussetzung, daß es wider Erwarten doch zu einer Volksbefragung käme –, ging es auch um die Frage, wen von den Bürgerlichen wir akzeptieren könnten. Ich vertrat damals die Auffassung, es könne kein anderer als Viktor Kienböck sein, der im Westen einen außerordentlich guten Ruf bei den für uns so wichtigen Bankiers genieße und in Österreich selbst zwar als verläßlicher Konservativer gelte, aber niemals eine Sünde wider die Demokratie begangen habe. Die Sozialdemokraten erhoben deshalb auch keine Einwände, als Kienböck nach 1945 wieder zur Verfügung stand und zum Vizepräsidenten der Nationalbank bestellt wurde.

Was die neuen Grenzen Österreichs konkret bedeuteten, konnte ich in meiner eigenen Familie in sehr drastischer Weise erleben. In der Familie meiner Mutter drüben in Mähren gab es die neue starke Tschechenkrone; die österreichische Krone dagegen war furchtbar inflationiert. Drüben die Stabilität und der erhalten gebliebene Reichtum aus der Monarchie, hier die Armut und Austerity der neuen Republik. Dazwischen lagen Berge – unüberwindbare Höhen.

Auch mein Vater war von dieser Tragödie beruflich betroffen. Er war in leitender Stellung in einem der großen Textilkonzerne der Monarchie, der seine großen Fabriken in Böhmen und Ungarn hatte, in kleinen Orten, die Strakonitz oder Güns-Köszeg hießen. Zu diesem Konzern gehörte auch – eine kleine Ironie der Geschichte – eine Fez-Fabrik. Es gab derer zwei in Europa: eine in Österreich-Ungarn, wo man die roten Feze herstellte, und eine kleinere in Frankreich. Kurz nach dem Krieg hatte Kemal Atatürk das Tragen des Fezes verboten, und damit ging ein großer Markt verloren. Einige Länder, die seinerzeit von den Türken besetzt waren, blieben diesem Kleidungsstück allerdings treu, und erst vor kurzem begegnete ich einigen sehr reichen Libanesen an der Côte d'Azur, die mit ihrem Fez in allen Restaurants respektvolles Erstaunen weckten.

Ein Geschäft war es schon in den zwanziger Jahren nicht mehr, aber dennoch hat mein Vater seine ausgiebige Reisetätigkeit im Osten und Südosten Europas fortgesetzt und seine alten Freunde immer wieder besucht. Die Länder, die außerhalb der Monarchie lagen, waren in gewisser Weise auf Wien hin orientiert, denn die Stadt hat einen ungeheuren Glanz ausgestrahlt, und die Atmosphäre im alten Reich war alles in allem doch liberal gewesen.

Das einzig Versöhnliche der Zeit nach 1918 war, daß für Leute wie meinen Vater, die im wirtschaftlichen Leben tätig und ununterbrochen unterwegs waren, die neuen Grenzen sehr bald kein Hindernis mehr darstellten. Der weitverstreute Besitz der meist in Österreich ansässigen Gesellschaften ist merkwürdigerweise nicht konfisziert worden. Es waren eben bürgerlich-nationale Revolutionen, die sich in den Nachfolgestaaten vollzogen, und man war im eigenen Interesse sehr darauf bedacht, die Zusammenhänge aus den Zeiten der Monarchie nicht zu zerstören. Die Zentralen blieben in Wien.

Die neue Tschechoslowakei war das industrielle Kernland des alten Österreich gewesen. Brünn, wo mein Vater die Fachschule für Weberei besucht hatte, war so etwas wie ein österreichisches Manchester, Reichenberg im Sudetenland ein industrielles Zentrum, und in Ostrau gab es die großen Kohlengruben. Von allen diesen wirtschaftlichen Ressourcen war die österreichische Republik abgeschnitten.

Am Beispiel meiner Familie habe ich also sehr bald erkannt, daß hier ein Reich zerfallen ist, das in Wirklichkeit eine Wirtschaftsgemeinschaft war, wie sie dichter und integrierter heute nicht besteht. Noch lange wird die EWG für den Westen Europas nicht das repräsentieren, was die Monarchie für Mitteleuropa und die Nachbarländer im Osten und Südosten dargestellt hat.

Am Anfang der Republik stand die totale Hoffnungslosigkeit.

Was sollte man mit diesem wirtschaftlichen Trümmerhaufen denn machen, in dem es nur Berge gegeben hat und viele Wiener. Wien hatte einst eine Schwesterstadt in Prag, eine Schwesterstadt in Budapest gehabt, und selbst Agram war Wien in gewisser Hinsicht vergleichbar gewesen. Mit einemmal sollten nun Graz, Linz und Salzburg die Funktion dieser Metropolen übernehmen und ein Gegengewicht zu Wien herstellen, Städte, in denen es nur ein Kleinbürgertum gab, das zum großen Teil sehr deutschnational war, und die Klerikalen. Wien war plötzlich von allem abgeschnitten, es war eine tote Stadt, der Wasserkopf Österreichs, wie es geheißen hat.

Diese Jugenderfahrung war mit im Spiel, als mir nach 1945 sehr schnell klar wurde, daß Wien eine neue Funktion finden müsse, damit die Stadt nicht zur Provinz verkümmere. Nicht zuletzt aus solchen Erwägungen ist Wien dann zum Sitz zahlreicher internationaler Behörden geworden, und heute ist es im Begriff, Genf zu überflügeln. Die Diplomaten und die internationale Bürokratie fühlen sich wohl in dieser Stadt, und allmählich gibt es wieder das, was man die Wiener Atmosphäre nennt. Zum großen Teil ist das den Ausländern zu verdanken, die allerdings weiterhin als Fremde hier leben, denn in Wien ist die Xenophobie zu Hause. Vor einiger Zeit war ein Plakat zu sehen: Ein österreichischer Bub in Lederhosen sagt zu einem großen Mann, einem typischen Gastarbeiter: »Ich haaß Kolaric, du haaßt Kolaric, warum sogns' zu dir Tschusch?« Tschusch ist der Wiener Ausdruck für einen Fremden südosteuropäischer Herkunft.

Man vergißt, daß Wien um die Jahrhundertwende noch eine Stadt der Fremdarbeiter war, die in den großen Arbeiterbezirken nicht selten die Mehrheit ausmachten. Das Wiener Telefonbuch verzeichnet heute noch eine große Zahl von slawischen und anderen ausländischen Namen, und wenn das Fußballspiel Österreich – Tschechoslowakei stattfindet, weiß man, wenn man sich die Spielerliste anschaut, nicht genau, welche Mannschaft die österreichische und welche die tschechische ist.

Eine der stärksten Triebkräfte des Anschlußgedankens war die österreichische Sozialdemokratie, und hier vor allem der Deutschnationalismus Otto Bauers, des großen österreichischen Sozialisten. Otto Bauer hat sich immer nur als österreichischer Deutscher verstanden. Das hatte nicht nur mit seiner deutschböhmischen Herkunft zu tun, sondern auch mit ideologischen

Gründen. Bauer ging davon aus, daß die Ideen des Sozialismus sich nur in einem großen Land verwirklichen ließen. Angesichts der multinationalen Gegensätze im alten Reich könne es, so meinte er, keine Revolution durch Klassenkampf geben, und eine Revolution in Österreich würde ohnehin niemand ernst nehmen. Hinzu kam seine gefühlsmäßige Verbundenheit mit allem Deutschen. Die deutschen Philosophen und Dichter, die Historiker und Naturwissenschaftler waren seine großen Leitfiguren.

Als die österreichische Delegation 1919 in Saint-Germain das Anschlußverbot akzeptieren mußte, trat Bauer als Staatssekretär für Äußeres zurück und schied aus der Regierung aus. In einer großen Rede vor den Wählerinnen und Wählern seines Wahlkreises hat er diesen Schritt begründet. Er und einige andere, die ihm politisch eigentlich feindselig gesinnt waren, haben den Gedanken vertreten, man dürfe sich nicht dem Diktat der Entente beugen, sondern müsse den Anschluß als ein Fait accompli verwirklichen. Um vollendete Tatsachen zu schaffen,

März 1919: Der Staatssekretär für Äußeres, Otto Bauer (im Waggon), mit seinen Begleitern auf dem Weg nach Weimar; die Verhandlungen über einen Anschluß Österreichs an das Deutsche Reich scheiterten am Widerstand der Siegermächte

Die erste Besprechung der österreichischen Friedensdelegation vor ihrer Abreise nach Saint-Germain, 15. Mai 1919

wollte man – typisch österreichisch – erst einmal Gespräche in Berlin führen. Man beauftragte damit den österreichischen Gesandten in Berlin, Ludo Moritz Hartmann. An diesen Gesprächen nahm unter anderem auch ein junger Botschaftssekretär teil, Carl Buchberger, der mit mir in Schweden in der Emigration war. Gegen einen Einspruch der Alliierten wollte man sich wehren, notfalls durch einen neuerlichen Ruf zu den Waffen, und zwar zu den Waffen der Revolution. Schließlich glaubte man in Deutschland eine revolutionäre Demokratie im Entstehen. Und dieser ganze Traum ist nach Aussage meines Freundes Buchberger daran gescheitert, daß man sich nicht über den Umrechnungskurs von Kronen und Mark einigen konnte.

Aber das Thema kam zurück wie ein Bumerang. Als Hitler 1938 Österreich okkupierte, wollten alle Sozialdemokraten von Otto Bauer eine Antwort darauf, wie man sich jetzt verhalten solle. Bauers Antwort war lapidar: »... die Parole, die wir der Fremdherrschaft der faschistischen Satrapen aus dem Reiche über Österreich entgegensetzen, kann nicht die reaktionäre Parole der Wiederherstellung der Unabhängigkeit Österreichs sein, sondern nur die revolutionäre Parole der gesamtdeutschen Revolution...«

Das lief in Wirklichkeit auf eine Sanktionierung des »Anschlusses« hinaus. Karl Renner hat dies dann offiziell auch getan. So phantasievoll er als Politiker sonst auf jede neue Situation reagierte, so unvorstellbar war für ihn, daß sich an den von Hitler geschaffenen Tatsachen während seiner Lebensspanne noch etwas ändern werde. Die Geschichte hatte gesprochen, und dem mußte man sich beugen, meinte er, fast möchte ich sagen, wie ein Rohr im Winde. Inwieweit persönliche Motive, Angst um seinen Schwiegersohn und dergleichen, dabei eine Rolle gespielt haben, weiß ich nicht. Es gibt für ein bestimmtes politisches Verhalten eben viele Gründe, subjektive wie objektive, und jedenfalls kam es mir so vor, als ließe sich Renner immer auf eine gegebene Situation ein.

Das hat Renner nicht gehindert, im April 1945 Kanzler der ersten provisorischen Regierung zu werden und schließlich auch Bundespräsident. Den Krieg über hatte er in einem kleinen Haus in Gloggnitz gelebt, und die Nazis hatten ihn vollkommen in Ruhe gelassen. Wenn heute oft gesagt wird, das ganze Volk sei dem Irrtum des Nazismus erlegen, dann tut man zwar vielen Hunderttausenden unrecht, aber der Eindruck ist nun einmal entstanden, daß es ein ganzes Volk gewesen ist, und warum sollten wir Renner etwas vorwerfen, was viele andere auch getan haben, nur halt nicht an so prominenter Stelle wie er.

Ich persönlich habe den Anschluß niemals akzeptiert, weder im Rückblick auf die Jahre nach dem Krieg noch Ende der zwanziger, Anfang der dreißiger Jahre, als ich mir meine ersten Sporen in der Politik verdiente, und schon gar nicht 1938. Als junger Funktionär, der mitverantwortlich war für die Bildungsarbeit der Partei, mußte ich jahrelang Themenvorgaben machen. Ich habe mich manchmal selber lustig darüber gemacht, wie ich da über die ganze Weltgeschichte vom Urnebel bis zum Sozialismus disponierte, aber nicht ein einziges Mal bin ich für das Thema »Anschluß« in politisch militanter Weise eingetreten.

So wenig zwingend der Anschlußgedanke an Deutschland für mich war, so einleuchtend war mir, daß Österreichs Möglichkeiten sich erst durch Zusammenarbeit über Grenzen hinweg entfalten. Auch die politischen Ideen, denen ich ergeben bin, lassen sich in einem größeren Raum sehr viel besser und wirkungsvoller umsetzen als im kleinen Österreich.

Zudem hat sich für mich, der ich zu den Epigonen des alten Österreich gehöre, die Idee eines übernationalen staatlichen Gebildes immer als eine Herausforderung an die Internationalität der Sozialdemokratie dargestellt. Dabei weiß ich sehr gut, daß von mir hochgeschätzte Zeithistoriker wie Hans Mommsen nachzuweisen in der Lage sind, daß der Internationalismus der Sozialdemokratie, wenn es darauf ankam, immer wieder versagt hat. Aber dem muß man entgegenhalten, daß die objektiven Voraussetzungen für die Verwirklichung sozialdemokratischer Ideen eben nicht vorhanden waren und daß sich die Politiker immer wieder gezwungen sahen, mit der Realität fertig zu werden.

Der Zerfall des alten Reiches war ein Rückschritt in dreifacher Hinsicht: wirtschaftlich, weil die Idee einer mitteleuropäischen Wirtschaftsgemeinschaft ein vorzügliches Modell für den Westen Europas gewesen wäre und ihm viel von den mühevollen Umwegen zur Integration erspart hätte. Wir haben diese wirtschaftliche Integration besessen; wir hätten sie weiterpflegen müssen. Der Zerfall des alten Reiches ist darüber hinaus aber auch politisch ein schwerer Rückschlag gewesen, weil viele der Nachfolgestaaten des alten Österreich aus übersteigertem Nationalgefühl an undemokratische Regierungsformen gerieten, und ganz am Ende hat das zur Machtergreifung des Kommunismus geführt. Und zum dritten war das Ende dieses Reiches deshalb verhängnisvoll, weil damit eine übernationale Kulturgemeinschaft zerfallen war, die viele Gesichter besaß und dennoch eine große Einheit bildete. Von Haydn bis Smetana, von Mozart bis Dvořák, von Bruckner bis Mahler reichte ein Kulturkreis, dessen Wurzeln in vielen Ländern gelegen sind. In jedem Bereich der österreichischen Kultur stößt man auf Namen, die ohne den Habsburger Vielvölkerstaat gar nicht denkbar sind. In kleinen Ländern oder in den Nachfolgestaaten, die aus diesem Reich entstanden sind, hätten sich viele schöpferische Kräfte wahrscheinlich gar nicht entwickeln können.

Auch ich bin ein Produkt der kulturellen Atmosphäre des alten Reiches, die im Wien der zwanziger Jahre als Rest noch weiterbestand, mit all dem Pessimismus freilich, der sich über sie gebreitet hatte. Das kulturelle Leben war geprägt von Melancholie und Verdrossenheit, und über allem lag die Dunstglocke der Hoffnungslosigkeit. Das Österreich von damals war eine manchmal skurrile, sehr intellektuelle und liebenswerte Mischung aus Herzmanovsky-Orlando, Musil und Kafka, eine Mischung, für die ich sehr viel Verständnis hatte, die ich für mich aber nicht gelten lassen wollte und die am Ende auch nicht meine Lebensmaxime geworden ist.

Wie die Biographien zahlreicher österreichischer Literaten aus dem ersten Drittel dieses Jahrhunderts zeigen, etwa die Biographie von Hermann Bahr, hat es diese melancholische Grundstimmung bereits in den letzten Jahren der Monarchie gegeben. Mit der Jahrhundertwende, als man die ersten Flügelschläge der künftigen Entwicklung zu verspüren glaubte, wurde diese Untergangsstimmung zum bestimmenden Gefühl auch unter klugen und fortschrittlichen Menschen. Der Biographie Hermann Bahrs kann man sehr gut entnehmen, wie wenig selbst politisch engagierte, wortgewaltige Literaten sich der Zeit gewachsen fühlten. Bahr hat alles mitgemacht: einmal war er Sozialdemokrat, dann wieder ihr Gegner, einmal Antisemit, dann wieder Philosemit, einmal Deutschnationaler, dann wieder österreichischer Patriot. Die Politik hat Leuten wie ihm keine kräftige Hand geboten, sie hat sie eher noch tiefer in ihre Untergangsstimmung hineingedrängt – ganz anders als in Deutschland, wo die Kritiker des Wilhelminismus bei aller Schwäche von einer starken Hoffnung beseelt waren. So haben die österreichischen Intellektuellen einiges zum Untergang der Monarchie beigetragen. In ihrer unfaßbaren Arroganz haben die deutschsprechenden Intellektuellen die der anderen Nationalitäten immer wieder zurückgestoßen.

Der Sturz der Monarchie hätte nicht in jedem Fall den Untergang des Vielvölkerstaates bedeuten müssen. Nur, weil es so gekommen ist, glaubt man, beides sei ein und derselbe historische Vorgang gewesen. Aus der Monarchie hätte auch eine große übernationale Republik werden können. Vielleicht wäre vieles sogar leichter gegangen, wenn die Dinge früh genug diesen Lauf genommen hätten. In meinen Augen ist es eine Zwecklegende zur Verteidigung der monarchischen Idee, wenn man immer wieder behauptet, es sei die Person des greisen Monarchen gewesen, die das Reich zusammengehalten habe, oder die Krone sei die Klammer gewesen. Die Äußerungen der handelnden Zeitgenossen sagen das Gegenteil. Ich habe mich mit dieser Frage beschäftigt und weiß zum Beispiel, daß Thomas Masaryk bis zuletzt von der Hoffnung erfüllt war, das alte Reich ließe sich umgestalten. Seine Schriften und Reden belegen das vielfach,

Krieg, Inflation, Arbeitslosigkeit und die besondere Wucht der Krise: Alles das kam aus einer Gleichartigkeit des Schicksals, das keine Unterschiede kannte. Die Arbeiterviertel waren zu Vierteln des Elends und der Entbehrung geworden. Elendsquartiere in Steyr und Wien

und noch 1930, als er schon Präsident der tschechoslowakischen Republik war und die Erinnerung an seine Bemühungen um eine Neugestaltung des alten Reiches ihm eher peinlich sein mußte, hat er in seinem Buch »Weltrevolution« kein Hehl daraus gemacht, daß er den Weg nach Paris erst sehr spät gefunden habe.

Man kann auch noch weiter zurückgehen und an den berühmten panslawistischen Kongreß im Jahre 1848 denken. Im gleichen

Jahr, in dem die Deutschen Österreichs ihre Delegierten in die Frankfurter Paulskirche schickten, kamen die Slawen aus allen Teilen Österreichs in Prag zusammen und faßten jene Beschlüsse, von denen man in der offiziellen Geschichtsschreibung Österreich-Ungarns leider viel zu wenig erfährt. Der tschechische Historiker František Palacký hat damals den Ausspruch getan: »... Existierte der österreichische Kaiserstaat nicht schon längst, man müßte im Interesse Europas, im Interesse der Humanität selbst, sich beeilen, ihn zu schaffen.« Daß dieser Kongreß mit der Forderung nach einem deutschen, einem tschechischen, einem polnischen, einem illyrischen, einem italienischen, einem südslawischen, einem magyarischen Österreich abgeschlossen wurde, daß also der Name der jeweiligen Nationalität immer mit dem Namen Österreichs verbunden sein sollte, offenbart, daß es keine grundsätzliche Österreichfeindlichkeit gegeben hat, wie heute immer wieder behauptet wird. Es ist eine Geschichtsklitterung, wenn man von einem abgrundtiefen Haß der Tschechen, Polen, Kroaten und all der anderen Völkerschaften gegen Österreich spricht. Noch 1899, beim Brünner Parteitag der Sozialdemokraten, war das Nationalitätenprogramm die große Parole: Statt daß sich die Arbeiter mit ihrem eigenen Elend auseinandergesetzt hätten, diskutierten sie nationale Fragen und bekundeten dem Programm die größte Zustimmung durch Hoch- und Nazdar-Rufe.

Konservative Historiker sind, wie ich weiß, anderer Meinung. Sie gehen zurück zum Reichstag von Kremsier und behaupten, damals sei das Schicksal der Monarchie bereits entschieden worden. Der Reichstag von Kremsier fand 1848/49 statt, und der Zusammenbruch Österreichs war 1918; dazwischen liegen siebzig Jahre. Und in diesen siebzig Jahren soll es keine andere Aufgabe für die österreichischen Politiker gegeben haben, als sich damit abzufinden, daß der Kremsierer Reichstag den Untergang des Reiches besiegelt habe? Dann hätten Politiker wie Renner und Adler, Masaryk und Daszyński, dann hätten sie alle keine andere Rolle mehr zu spielen gehabt, als dem Zerfall des Reiches untätig zuzusehen? Sollte die Geschichte nur den Zweck erfüllen, um jeden Preis nachzuweisen, daß alles so kommen mußte, wie es kam? Das ist eine durchaus eindimensionale Auffassung von der Geschichte, und jegliche Politik hätte ihren Sinn verloren. Man muß den Bewegungen, die eine weniger passive Rolle der Politik für sich beanspruchen, zumindest die Ehre zuteil werden lassen, ihre Alternativen ernst zu nehmen.

Mir scheint es jedenfalls, als hätten sich die Slawen für die Erhaltung des Vielvölkerstaates gewinnen lassen, wenn man ihre berechtigten Forderungen mit einer gewissen Generosität rechtzeitig befriedigt hätte. Gewiß, bei den Kroaten war es mehr die Abneigung gegen die Ungarn, die sie nach Österreich gedrängt hat. Und ob die österreichischen Polen, die aufgrund ihrer Sonderstellung nie zu den unterdrückten Nationalitäten zählten, freiwillig bei Österreich verblieben wären, mag fraglich sein. Die Polen lebten ja in drei Staaten, in Österreich, in Deutschland und in Rußland, und daß das unbändige polnische Nationalgefühl am Ende nach einem unabhängigen Einheitsstaat für alle Polen verlangt hätte, scheint mir sicher. Die Slowaken haben sich immer als die Hintersassen der ungarischen Krone empfunden und sicher auch das Bedürfnis gehabt, wegzukommen aus der Doppelmonarchie. Besonders schlecht hat man die Serben behandelt.

Und dennoch: Das alte Österreich-Ungarn war um 1910 der zweitgrößte slawische Staat nach Rußland; nur zwölf Millionen sprachen deutsch als Muttersprache, weitere zehn Millionen ungarisch, und der Rest, 27,5 Millionen, hat eine Vielzahl slawischer Sprachen gesprochen. Hätte man ihnen wenigstens eine Selbständigkeit nach ungarischem Modell eingeräumt, so hätten sie vielleicht kein Bedürfnis verspürt, eigene Wege zu gehen, und der slawische Nationalismus hätte nie diese Sprengkraft entfaltet. Eine Helvetisierung des alten Reiches hätte sie alle jedenfalls vor der Herrschaft des Kommunismus bewahrt, unter der sie wohl noch für Jahrzehnte leben müssen. Obwohl in solchen Weisheiten post festum immer eine große Gefahr liegt, ist man dennoch geneigt zu sagen, alles wäre besser gewesen für die Menschen des Donaureiches als das Schicksal, das ihnen schließlich widerfuhr.

Anders liegen die Dinge mit Ungarn, das niemals eine längerfristige echte demokratische Ordnung kennengelernt hat. Als seinerzeit die Schwierigkeiten Wiens mit den ungarischen Adligen, den Magnaten und der Gentry immer größer wurden, drohte der Kaiser ihnen mit der Einführung des allgemeinen direkten Wahlrechts. Dieses Wahlrecht, das unmittelbare politische Ziel Victor Adlers und der österreichischen Arbeiterbewegung, ist nach gewaltigen Demonstrationen der Sozialisten auf der Wiener Ringstraße verwirklicht worden. Die Ungarn aber, die der auslösende Faktor gewesen sind, blieben von diesem Demokratisierungsprozeß ausgeschlossen.

Kurz nach Ende des Ersten Weltkriegs gab es dann in Ungarn für wenige Monate wirkliche Freiheit unter dem Staatspräsidenten Michael Károlyi. Aber sehr bald ergriffen die Kommunisten die Macht. Die ungarische Rätediktatur unternahm damals intensive Anstrengungen, auch Österreich für dieses System zu gewinnen. Es waren Otto Bauer und Friedrich Adler, die eine

Etablierung des Rätesystems in Österreich abgelehnt haben. Bauer schrieb am 16. Juni 1919 an Béla Kun: »Die Proklamation der Rätediktatur würde zum sofortigen Losreißen der überwiegend bäuerlichen, klerikal-agrarischen Länder von Wien führen. In Oberösterreich, Salzburg, Tirol, Kärnten, Mittelsteiermark würden die Arbeiter von bewaffneten Bauern niedergeworfen werden. Diese Länder würden sich von Wien losreißen und der Wirkungsbereich der proletarischen Revolution auf Wien, das Wr. Neustädter Industriegebiet und die Obersteiermark beschränkt bleiben.« Die Versorgung Wiens und der Industriegebiete – so ein anderes Argument Bauers – beruhe auf den Zuschüben der Entente; die Entente aber werde diese Zuschübe einstellen, weil sie ein bolschewistisches Deutsch-Österreich als nicht kreditfähig betrachten würde. Auch die Kohlelieferungen aus der Tschechoslowakei und aus Polen würden eingestellt werden. Im übrigen sei Wien für die Entente ungleich wichtiger als Budapest, und es wäre für sie unvergleichlich leichter, »uns niederzuwerfen, als Ungarn«. Es sei die Aufgabe der sozialdemokratischen Führung, ein Abenteuer zu vermeiden, das sehr bald mit einer Niederlage und vollständigen Entwaffnung enden müßte.

Die ungarische Räteregierung ging als eines der blutigsten Regime in die Geschichte ein. Auf Béla Kun und Mátyás Rákosi folgte das Horthy-Regime, das ähnlich blutig war wie das kommunistische. Man sprach vom roten und vom weißen Terror, und keiner stand dem anderen an Grausamkeit nach. Auch dem Zweiten Weltkrieg folgte eine kurze demokratische Phase unter Ferenc Nágy, den man jedoch alsbald durch kommunistische Machthaber ersetzte. So muß man in der Tat die Frage stellen, welchen Weg Ungarn gegangen wäre, hätte die Monarchie dort rechtzeitig eine demokratische Ordnung erzwungen, so daß die Republik auf demokratische Traditionen hätte zurückgreifen können.

So viele Fragen, so viele denkbare Antworten. Aber alles zeigt am Ende nur, daß eben eine Entwicklung nicht stattgefunden hat, die hätte stattfinden können. Und es zeigt, was ich die permanente Tendenz zum gräßlichen Eskapismus in der Politik nennen möchte. Man tröstet sich immer wieder damit, daß es auch nicht anders gekommen wäre, wenn man alles anders gemacht hätte. Das ist das Fazit meiner Erfahrung aus Jahrzehnten: welchen Anteil die falsche Beurteilung einer Situation und die entsprechend falsche Politik, zu der man sich durchaus eine Alternative hätte denken können, an den später eintretenden Katastrophen hat. So schwer regierbar das Reich auch war, so groß waren dennoch seine Überlebenschancen.

Man denke etwa an die österreichische Bürokratie, die so oft verspottet wurde und die dennoch so manches zur Vermenschlichung der Lebensbedingungen in diesen weiten Gebieten zwischen Lemberg und Triest geleistet hat. Der Journalist Oscar Pollak, der als Offizier am Galizienfeldzug teilgenommen hat, hat mir einmal eine bezeichnende Geschichte erzählt. Die Armee war ununterbrochen in blutige Kämpfe mit Freischärlern verwickelt, die den Österreichern furchtbar zu schaffen machten, sich aber nach ihren Überfällen immer wieder in die Wälder zurückzogen. Sie waren einfach nicht zu stellen. Eines Tages bekamen die zuständigen Offiziere den Befehl, die Namen aller Frauen ohne Ernährer zu registrieren. Es schien, als verberge sich hinter diesem Auftrag die Absicht, die Frauen der Freischärler ausfindig zu machen. Als einige Offiziere entrüstet erklärten, sie gäben sich für Spitzeldienste nicht her, wurde ihnen eröffnet, es handle sich um etwas ganz anderes, und schließlich stellte sich heraus, daß aufgrund irgendwelcher Bestimmungen denjenigen Familien, die infolge des Krieges ohne Ernährer waren, Versorgung zustand. Der Vorgang zeigt, daß die österreichische Administration auch in Kriegszeiten ihre humanitären Aufgaben nicht vernachlässigte.

Alles in allem drängt sich mir die Überzeugung auf, daß die Monarchie eine jener großen historischen Möglichkeiten war, die niemals genutzt wurden. Bisweilen will mir die ganze österreichische Politik in den letzten hundert Jahren der Monarchie als ein tragisches Gewebe aus Trugschlüssen, Mißverständnissen und verpaßten Gelegenheiten erscheinen, und ohne Zweifel trifft die damals Verantwortlichen ein gerüttelt Maß an Schuld. Immer wieder blieb man auf halbem Wege stehen und dachte viel zu spät über Kompromisse nach. So wurden radikal nationalistische Flügel immer stärker, und sogar die Sozialdemokraten waren am Ende von dieser Unduldsamkeit angesteckt. Die auf Versöhnung hin drängenden Vertreter der Nationalitäten dagegen wie Thomas Masaryk oder Siegmund Kunfi verloren zunehmend an Einfluß. Am Ballhausplatz gab man sich bis zuletzt Illusionen hin.

Aufschlußreich ist die Geschichte von jener serbischen Delegation, die im Jahre 1912 nach Wien kam. Die klugen und weitsichtigen Serben haben durchaus gesehen, daß die Alternative zur Donaumonarchie nur darin bestand, in einem riesigen panslawistischen Meer unterzugehen – um ein Wort von Karl Renner zu gebrauchen. Wien sollte eine Geste machen, Verständnis für die Wünsche und Interessen der Serben zu erkennen geben und Entgegenkommen zeigen. Einer der Streitpunkte war die Fleischproduktion. Gedrängt von den Ungarn, die sehr viel Fleisch produzierten und eine Monopolstellung beanspruchten, hatte man die Serben mit einengenden Bestimmungen provoziert. Aber die serbische Delegation, die aus angesehenen Politikern bestand, wurde nicht nur von keinem österreichischen Minister empfangen, sondern darüber hinaus noch gedemütigt. Nicht einmal der Präsident der Handelskammer, ein Herr von Schoeller, war bereit, die Herren zu empfangen. Sie fanden nicht einmal die Möglichkeit, sich über dieses Verhalten zu beschweren. Alles, was ihnen blieb, war, sich an Frau Schratt zu wenden, die Freundin des Kaisers, und sie zu bitten, sie möge dem Monarchen über den Vorfall berichten.

Die Anekdote zeigt die ganze Isoliertheit des Kaisers, der von einer Reihe von Männern umgeben war, die am Untergang der Monarchie gebastelt haben. Der Kaiser hat sie zwar nicht sehr geschätzt – er war ja ein sehr kritischer Mensch –, aber durchzusetzen vermochte er sich nicht. Die Kamarilla wollte keine Verständigung, obwohl Serbien um Zusammenarbeit geradezu gebettelt hat. Und 1914 wollte man dann, nach der Ermordung des Erzherzogs in Sarajevo, auf Kosten Serbiens den Glanz der österreichischen Armee wiederherstellen; man wollte den kleinen Krieg, ohne zu bedenken, daß daraus infolge der Bündnissysteme ein großer Krieg werden mußte.

Die Wilhelmstraße hat uns vor dieser Politik gewarnt. Es ist ein Unrecht, den Deutschen vorzuwerfen, daß alle Kriege von deutscher Erde ausgegangen sind, wie das auch die offizielle Lesart der DDR ist. Das ist einfach Unsinn. Der Erste Weltkrieg ist von österreichischer Erde ausgegangen, und die Deutschen haben sich aus Bündnistreue hineinziehen lassen. Die historische Verantwortung liegt aber immer ausschließlich bei denen, die anfangen.

Der Hochmut des Ballhausplatzes war unglaublich. Die wenigen fortschrittlichen Minister wie Plener und Koerber haben sich einfach nicht durchsetzen können. Es waren die Berchtolds, die Czernins, lauter Mittelmäßigkeiten, die die Politik bestimmten,

Die allgemeine Kriegsbegeisterung im Juli 1914: Militärakademiker in Wiener Neustadt

und wenn ich die Memoiren des alten Ottokar Czernin lese, dann frage ich mich, wie der Mann einmal am Ballhausplatz im selben Zimmer sitzen konnte wie ich. Es ist mir unerklärlich, wie ein so großes Reich von so ahnungslosen und leichtfertigen Menschen regiert werden konnte.

Was an Kaiser Franz Joseph kritisiert werden muß, ist nicht nur seine Schwäche gegenüber den Regierenden, sondern seine absolute Unkenntnis ihres wirklich frevelhaften Mutes. Das ist um so merkwürdiger, als er doch zu Lebzeiten Metternichs immer wieder den Weg in dessen neues Palais am Rennweg gefunden und Metternich ihm immer wieder gesagt hat, er dürfe unter keinen Umständen einen Krieg führen, weil Österreich an einem Krieg unweigerlich zerbrechen werde. Dem Kaiser ist aber erst ganz allmählich bewußt geworden, wie brüchig das alte Österreich war, und dieses Bewußtsein war überdies eher gefühlsmäßig als rational. Da der Kaiser – wenn man Historikern trauen darf – ein Kavalier gewesen ist, habe er sich auf den Standpunkt gestellt: Wenn wir schon zugrunde gehen, dann soll es wenigstens auf anständige Art sein. Die scheinbare Noblesse dieser Haltung scheint mir angesichts der furchtbaren Folgen geradezu frivol.

Die Frage, die man stellen muß, lautet: Wie hätte der Desintegrationsprozeß sich denn vollzogen, wäre der Weltkrieg nicht gekommen? In Form einer Revolution? Ich glaube kaum. Viele der industrialisierten Länder der Monarchie hatten bereits eine so ausgeprägte Klassenstruktur, daß es eine echte nationale Revolution ohne Krieg wohl nicht gegeben hätte. Es wäre etwas ganz anderes, wahrscheinlich etwas sehr Improvisiertes zustande gekommen, und vielleicht hätte sich die alte österreichische Staatsweisheit wieder bewährt: c'est le provisoire, qui dure, es ist das Provisorium, das dauert.

Renner war ja schon in seinem großen Buch von 1902 der Auffassung, daß, wenn die Nationalstaaten wie Kantone zu einem Bundesstaat freier Völker zusammengeschlossen wären, in den einzelnen Regionen die Klassengegensätze sich entwickeln würden, die bisher von den nationalen Unabhängigkeitsbestrebungen nur übertüncht seien. Dann erst werde ein modernes Staatswesen aus Österreich, ein in Klassen gegliedertes Reich, und es werde in den Ländern der Monarchie zu einer wirklichen Solidarisierung der Arbeiterschaft über die nationalen Barrieren hinweg kommen.

Es ist ganz interessant, daß am Jännerstreik 1918, der den Zusammenbruch der Monarchie signalisierte, die Matrosen in Cattaro, einem der wichtigsten österreichischen Kriegshäfen, genauso teilgenommen haben wie die Tschechen in Kladno. Die Aktionseinheit ging jedoch über die Negation der Monarchie nicht hinaus. Meinen Freund Felix Stika, der damals in den großen Munitionsfabriken um Wr. Neustadt herum aktiv war und als einer der Helden dieses Streiks galt, habe ich einmal gefragt, ob sie sich eigentlich bewußt gewesen seien, daß das der Anfang vom Ende sein werde. Er hat das verneint; wenn der Friede kommt, hätten sie damals gedacht, dann werde sich schon alles finden.

Kurz: Am Beispiel des alten Reiches wird deutlich, wie sehr nationale Intoleranz, politische Kurzsichtigkeit und Mangel an Wagemut auf allen Seiten ein großes, wirtschaftlich geschlossenes Gebiet zu zerreißen vermögen. Und am Ende geraten dann Millionen Menschen unter ein Regime, das ihnen aus tiefster Seele zuwider ist. Der Untergang der Monarchie hat eine Fülle von Kleinstaaten hinterlassen mit einer großen Zahl von inneren Problemen. Von den Einwohnern des alten Österreich-Ungarn leben heute fast 8 Millionen Österreicher in einer Demokratie; hinzu kommen die 250.000 Italiener, die zu Österreich gehört haben. Aber alle anderen, Millionen Tschechen und Slowaken, Millionen Polen und Ukrainer, Ungarn, Rumänen und Jugoslawen, sie alle leben heute in kommunistischen Diktaturen, verhaßten und weniger verhaßten, und müssen erst wieder lernen, um ihre nationale Identität zu kämpfen.

Ich komme nicht von dem Gedanken los, daß hier eine große historische Schuld der österreichischen Politik für ganz Europa liegt. Letztlich geht der Umstand, daß der europäische Osten kommunistisch geworden ist, auf die Unfähigkeit Österreichs zurück, sein eigenes Haus zu bestellen. Denn ohne die Kriegserklärung an Serbien hätte das zaristische Rußland keine Möglichkeit gehabt, einzugreifen. Was immer man über Rußland und seinen Expansionsdrang sagen mag, und das gilt in gewissem Sinne auch für die Sowjetunion, es bedurfte immer eines Anlasses, um die Russen in die Mitte Europas zu holen. Napoleon hat sie in die Mitte Europas geführt; er war es, der die Kosaken nach Berlin gebracht hat und ihre Pferde Unter den Linden weiden ließ. Die Heilige Allianz unter Metternich hat die Russen auf die Champs-Élysées gebracht. Und es war Kaiser Franz Joseph, der sie unter Berufung auf das sogenannte Legitimitätsprinzip nach Ungarn geholt hat, um Kossuths Revolution niederzuwerfen. 1914 war es der Krieg gegen Serbien, und schließlich war es Hitler. Daß die Russen niemals von sich aus nach Europa vorgestoßen sind, liegt nicht an ihrer Friedfertigkeit, sondern daran, daß das russische Reich immer und zu allen Zeiten so gewaltig war und so viele Ausdehnungsmöglichkeiten nach Asien hin hatte, daß Expansionen in diese Richtung näher lagen. Allein der Umstand, daß Rußland nie eine richtige Ostseemacht wurde, zeigt, daß es in diese Richtung keine starke Tendenzen gegeben hat. Der Drang nach Konstantinopel war in St. Petersburg immer sehr viel stärker als der Drang nach dem Westen. Aber wenn eine Armee, die einen Krieg provoziert hat, sich zurückzieht, entsteht eben ein Vakuum, in das die Sieger ganz automatisch hineingezogen werden.

Ihnen historischen Interventionismus in Mittel- und Westeuropa zu unterstellen, ist ein Beurteilungsfehler, der auch heute noch begangen wird, wenn man die sowjetische Politik zu analysieren versucht. Es hat einen deutschen Drang nach dem Osten, aber niemals einen russischen Drang nach dem Westen gegeben. Wenn sie nicht provoziert werden, wollen die Russen über ihren Bereich in westlicher Richtung eigentlich nicht hinausgehen. Sie waren heilfroh, daß sie, nachdem sie sich 1955 aus Österreich zurückgezogen haben, in uns einen guten Nachbarn sehen konnten. De facto sind wir ja Nachbarn der Russen: Wir haben von Wien aus knapp vierzig Kilometer bis zur Grenze – zur ungarischen, die eine gute, und zur tschechischen, die eine relativ gute Grenze ist.

3. Kapitel
Die Nestwärme der Familie

Mein Großvater Benedikt Kreisky war ursprünglich Lehrer in Kaladei, einem kleinen böhmischen Dorf nicht weit von Budweis. In dieser Gegend gab es zwei besondere soziale Gruppen: Zum einen die sogenannten Böhmischen Brüder, eine religiöse Minderheitsbewegung, und zum andern zahlreiche jüdische Bauern. Die Böhmischen Brüder hatten gehofft, ähnlich wie die Protestanten und Juden, eine Art Toleranzpatent zu bekommen, und waren in dieser Frage bei Joseph II. vorstellig geworden. Der Kaiser hat sich dazu aber nicht bereit gefunden, weil er offenbar fürchtete, auf diese Weise eine tschechische Nationalkirche zu initiieren, um die herum eine Nationalbewegung entstehen könnte. Als den Böhmischen Brüdern die erhofften Rechte nicht gewährt wurden, sollen viele von ihnen, besonders in der Gegend um den Tabor, zum Judentum übergetreten sein, weil ihnen die Liturgie des Judentums mehr zusagte als die des Katholizismus. Das erklärt, warum es unter den böhmischen Juden nicht nur viele Bauern, sondern auch relativ viele tschechische Namen gegeben hat.

In dieser Gegend also hat mein Großvater seine Schule gefunden, begünstigt durch die uralte tschechische Adelsfamilie Wratislaw. Der tschechische Uradel wollte eigentlich mit dem Wiener Hof wenig zu tun haben; das Haus Habsburg hat man in der Regel als Usurpator betrachtet. Die ersten religiösen Emigranten kamen aus den alten tschechischen Adelsfamilien, noch vor der Reformation. Der mährische Statthalter Zierotin – auch er ein Mann des tschechischen Hochadels – hat sich damals an die emigrierten Aristokraten in Dänemark gewandt, um sie zur Rückkehr zu veranlassen. Es waren Namen dabei, die heute ganz deutsch klingen, wie Thurn, Kinsky oder Schwarzenberg. Zur Geschichte des österreichischen Adels gehört, daß viele Familien tschechischen Ursprungs sind, und Schwarzenbergs zum Beispiel, die größten Grundbesitzer heute, reden zu Hause noch immer tschechisch.

Man darf auch nicht vergessen, daß der erste österreichische König merkwürdigerweise ein Tscheche war, Ottokar II. Přemysl. Er hatte den Bau der Wiener Hofburg entscheidend gefördert und die historische Teilung Österreichs in ein Land oberhalb und unterhalb der Enns vorgenommen. Wahrscheinlich hätten die Přemysliden noch lange geherrscht, hätte sich Ottokar nach der Wahl Rudolfs von Habsburg zum Deutschen Kaiser nicht geweigert, sich neu mit Österreich belehnen zu lassen. Er soll seine Weigerung damit begründet haben, daß er keinen Grund sehe, einem verkrachten Aargauer Grafen zu huldigen, der die Kaiserkrone nur dem Umstand verdanke, daß die zerstrittenen Kurfürsten den Schwächsten zu dieser Würde berufen hätten. 1278 verlor er in der Schlacht von Dürnkrut sein Leben. Bereits drei Jahre zuvor hatte ihn Rudolf der österreichischen Lande verlustig erklärt. Es verwundert daher nicht, wenn die von Habsburg geadelten tschechischen Österreicher sich bis in unsere Zeit als den eigentlichen österreichischen Uradel betrachten.

Aufgrund des schon erwähnten Reichsvolksschulgesetzes war mein Großvater verantwortlicher Schulleiter geworden. Dies konnte nach den Bestimmungen nur werden, wer die »Befähigung zum Religionsunterricht jenes Glaubensbekenntnisses nachweisen konnte, welchem die Mehrzahl der Schüler nach dem Durchschnitte der vorausgegangenen fünf Schuljahre angehört«. Die Bestimmung lautete nicht, es dürfe kein Jude sein, aber das war natürlich die Absicht, die dahintersteckte. Da es unter den einundzwanzig Schülern der einklassigen Volksschule in Kaladei jedoch siebzehn Schüler israelitischen Glaubens gab, konnte man meinem Großvater die Stelle des Oberlehrers nicht verwehren.

Später wurde mein Großvater stellvertretender Direktor der Lehrerbildungsanstalt in Budweis. Stellvertreter deshalb, weil er eben aufgrund des Reichsvolksschulgesetzes der Mehrheit der dortigen Schüler den Religionsunterricht nicht erteilen konnte. Sein Schwager, Joseph Neuwirth, hat dem damaligen Unterrichtsminister die Frage gestellt, ob denn keine Ausnahmebestimmung möglich sei. Es gäbe keine Verpflichtung, wurde ihm geantwortet, in Budweis einen Direktor zu bestellen, und solange mein Großvater an dieser Anstalt wirke, werde es keinen Direktor geben. Die Lehrerbildungsanstalt in Budweis versorgte das ganze nördliche Österreich mit Schullehrern, und ich habe bei sozialdemokratischen Versammlungen im Waldviertel oft alte Lehrer getroffen, die noch im Schlapphut und mit großer Krawatte erschienen und die mir die Frage stellten, ob der Direktor

Die Großeltern
Katharina und
Benedikt Kreisky

Das großelterliche
Haus in Kaladei

Kreisky in der Lehrerbildungsanstalt in Budweis mein Vater gewesen sei. »Nein, er war mein Großvater.«

Wie mir alte Bauern aus Kaladei erzählt haben, hat sich mein Großvater der besonderen Zuneigung seines Patrimonialherrn, des Grafen Wratislaw, erfreut. Als sich mein Großvater einer schwierigen Galleoperation unterziehen mußte, wurde sein Schwager, Professor Beer, ein berühmter Arzt aus Prag, nach Kaladei geholt. Ein langer Transport konnte dem Kranken nicht mehr zugemutet werden, und so beschloß man, ihn im Speisesaal der Grafen zu operieren, weil dort das beste Licht war; die Bauern haben die Schlaglöcher der Straße zum Schloß mit Stroh zugestopft, damit der Wagen nicht zu sehr rüttelte. Lange nachdem mein Großvater in Pension gegangen und nach Wien gezogen war, kamen alljährlich an seinem Geburtstag die Bauern aus Kaladei in die Stadt, schwere Männer mit großen Bärten, um ihm zu gratulieren. Sie hatten alle Kostbarkeiten bei sich, die die böhmische Erde hervorbringt: große Laibe »domácí chléb« (Hausbrot), Würste und Schinken. Obwohl mein Großvater Jude war und das nie bestritten hat, aß er offenbar leidenschaftlich gern Schinken, und die Bauern haben das gewußt.

Der Großvater war für uns der Inbegriff der Güte, rührend besorgt um alles, nicht zuletzt um die Zukunft seiner Söhne. Sie alle haben in ihren Berufen Erfolg gehabt, es zu einem gewissen Wohlstand und einem guten Namen gebracht. Nur eine Schwester meines Vaters war wirtschaftlich nicht besonders gut gestellt. Sie war mit einem Frontsoldaten verheiratet, der nach der Rückkehr aus dem Krieg nicht so recht Fuß fassen konnte; er betrieb die Auslieferung für Budweiser Bier in Allentsteig im Waldviertel. Ich erinnere mich, daß es in diesem Winkel Österreichs im Sommer nie warm wurde und der Winter von einer sibirischen Kälte war. Wie kalt es war, konnte man daran sehen, daß das Eis im sogenannten amerikanischen Eiskeller, in dem das Bier gelagert wurde, auch im Sommer nicht geschmolzen ist. Obwohl Wilhelm Schnürmacher ein Vaterlandsverteidiger und Invalide war, ist er mit einem großen Teil seiner Familie, wie man nach dem Krieg sagte, »ins Gas gegangen«.

Eine andere Schwester meines Vaters, die ich sehr gern hatte und die sehr intelligent war, wohnte ebenfalls im Waldviertel, in Gars. Sie war mit einem Arzt verheiratet, den ich aber nicht mehr kennengelernt habe. Ihr Sohn war Zionist der ersten Stunde, und zwar am rechtesten Flügel, ein Anhänger des Revisionisten Wladimir Jabotinski. Dieser Cousin, Viktor Much, hat einen ganzen Sommer hindurch mit viel Geschick versucht, mich für den Zionismus zu begeistern. Der Erfolg war, daß ich mich für diese Richtung zwar zu interessieren begann, sie aber ablehnte. Es ist also nicht so, daß ich erst sehr spät mit dem Zionismus konfrontiert worden wäre. Obwohl die zionistische Jugendbewegung in dem berühmten Psychoanalytiker Dr. Siegfried Bernfeld, einem der führenden Schüler Sigmund Freuds, einen Gründer besaß, der, wenn man so will, der große Theoretiker der Jugendbewegung überhaupt gewesen ist, konnte ich mich für die Ideen des Zionismus nicht erwärmen. Mein Cousin ging konsequenterweise sehr früh nach Palästina und wurde ein weithin berühmter Augenarzt; zu seinen Patienten zählten Scheichs aus vielen arabischen Ländern, da es ja bei den Arabern bekanntlich sehr häufig schwere Augenkrankheiten gibt. Nach dem Tod seiner Mutter 1958 ist er nach Wien zurückgekehrt.

Tante Rosa war übrigens die letzte aus der Familie, die ich sah, bevor ich an jenem Dienstag nach dem Anschluß wieder in Haft ging. Ich wollte meiner alten Großmutter, die damals 92 Jahre alt war, einen letzten Besuch abstatten, weil ich das Gefühl hatte, sie nie wiederzusehen. Es war eine der ergreifendsten Begegnungen dieser Zeit. Einst war sie eine der ersten Lehrerinnen der Monarchie gewesen, und nun saß sie da mit weißem Haar, wunderschönen Augen und sehr alten, schon sehr müden Händen und blickte mich traurig über den Tisch an und meinte: »Dein Vater und deine Brüder, alle meine Kinder waren immer sehr ehrliche, aufrichtige Menschen; in einer Sache haben sie mich nur leider angelogen, über deine Gefängniszeit. Da wollten sie mir begreiflich machen, daß du im Ausland studierst. Ich wußte es besser.« Sie hörte Radio und wußte um die Veränderungen in Österreich. »Und jetzt kommst du, weil du wieder ins Gefängnis gehen wirst. Sie sagen mir nichts, aber ich weiß ganz genau, daß ein großes Unglück passiert ist.« Und obwohl sie an keiner akuten Krankheit litt, ging sie zwei Tage später ganz einfach sterben. Meine Tante Rosa übersiedelte zunächst zu meinen Eltern und dann zu ihrem Sohn nach Tel Aviv.

Mein Großvater war ein sogenannter Deutsch-Freiheitlicher. Wiederholt kam er auf die Sozialdemokratie zu sprechen, der er es verübelte, daß sie ihrem Kampf gegen den Kapitalismus eine, wie er behauptete, antisemitische Note gab. Dies war darauf zurück-

Cousine Anka Kreisky, Tante Rosa Much und die Großmutter Katharina Kreisky, 1928

zuführen, daß die Kapitalisten dieser Zeit sehr oft Juden waren und die ehrlichen Karikaturisten sie auch als solche dargestellt haben. Mein Großvater pflegte zu sagen: »Gott sei Dank kommen die Sozis nie ans Ruder!«

In der Familie meines Großvaters waren drei politische Richtungen vertreten. Mein Vater, Max Kreisky, war ein der Sozialdemokratie mit Sympathie gegenüberstehender Mann. Als junger Fabriksleiter hatte er an einer Demonstration für die volle Sonntagsruhe teilgenommen, weil er in seinem jugendlichen Übermut dafür war, daß der ganze Sonntag frei sein sollte – für Angestellte wohlgemerkt, von den Arbeitern war bei diesem Punkt noch lang keine Rede. So grotesk dies aus heutiger Sicht scheinen mag, damals hat man ein solches Engagement mit seinem Posten bezahlt. Mein Vater, der es in dieser Textilfabrik bereits ziemlich weit gebracht hatte, geriet daraufhin in die Nähe der sozialdemokratischen Angestelltengewerkschaft. Die Privatangestellten waren die ersten, die eine Pensionsregelung hatten, die zwar nicht überwältigend, aber immerhin ein Anfang war. Wie eng und menschlich das Verhältnis meines Vaters zu den Arbeitern war, geht daraus hervor, daß 1918 einer der Betriebsräte des Unternehmens, dem er damals vorstand, zu ihm nach Wien kam, um ihn zu bitten, sich im Namen der Arbeiter und Angestellten des Gesamtunternehmens in den Arbeiterrat wählen zu lassen. Später hat er sich in den erbitterten Kämpfen zwischen Arbeitern und Unternehmern einige Male als Schlichter zur Verfügung gestellt.

Zwei Brüder meines Vaters, der eine, Oskar Kreisky, Professor für Deutsch und Französisch, der andere, Otto, ein angesehener Advokat in Wien, waren Mitglieder einer schlagenden Verbindung gewesen, die Budovisia hieß, weil ihre Mitglieder aus Budweis stammten. Bei jedem sich bietenden Anlaß, so schien es mir, sangen die beiden mit großer Ergriffenheit die deutschen Turn- und Studentenlieder, und ich kann heute noch viele dieser Lieder auswendig, von »Burschen heraus« bis zur »Wacht am Rhein«. In der Mittelschule wurde ich durch entsprechend deutschnationale Professoren – es gab ja nur die Wahl zwischen deutschnational und klerikal, und der eine oder andere Sozialdemokrat fühlte sich dazwischen wie das häßliche kleine Entlein – ebenfalls dazu angehalten, derartige Lieder zu singen.

Ludwig, der älteste der Brüder, ebenfalls deutsch-freiheitlich, setzte die Lehrertradition fort und war Schuldirektor in Iglau. Er hat sich nicht ohne Erfolg für die Erhaltung des Deutschtums in Böhmen eingesetzt und in seiner Eigenschaft als Schulrat um jede deutschsprachige Schulklasse in seinem Bezirk gekämpft. Das hat ihn aber nicht davor bewahrt, später, mit seiner ganzen Familie, von den Nazis ins Gas geschickt zu werden.

Der vierte Bruder meines Vaters, Rudolf, war in meinen Augen der hervorragendste und derjenige, der mich eigentlich zur Sozialdemokratie hingeführt hat, soweit es noch eines Hinführens bedurfte. Er war einer der leitenden Funktionäre der sudetendeutschen Konsumgenossenschaften.

Das im sudetendeutschen Gebiet besonders entwickelte Konsumgenossenschaftswesen geht auf die redlichen »Pioniere von Rochdale« zurück, englische Weber, die, um sich unabhängig zu machen, einen Sack Mehl kauften und ihn mit einem geringen Aufschlag an ihre Arbeitskameraden weiterverkauften. Die Ausbeutung der englischen Arbeiter ging ja so weit, daß der Unternehmer ihnen nicht nur einen lächerlichen Lohn zahlte, der gerade zur Reproduktion ihrer Arbeitskraft ausreichte – man nannte das damals das eherne Lohngesetz –, sondern der Unternehmer beutete sie noch einmal aus durch das sogenannte »drug-

Die fünf Brüder Kreisky. Von links: Max – der Vater von Bruno Kreisky –, Oskar, Ludwig, Otto und Rudolf

system«. Die Arbeiter waren nämlich gezwungen, mit dem Schundlohn, den sie für den Verkauf ihrer Arbeitskraft erhielten, Lebensmittel zu kaufen, die dem Unternehmer gehörten, der auf diese Weise noch einmal von ihnen profitierte. Die Gründung der Konsumgenossenschaftsbewegung war also ein Akt der Befreiung von der doppelten Ausbeutung.

So viel sich auch heute verändert haben mag, was die Ausbeutung auf dem Arbeitsmarkt betrifft – wenn nicht die Schwächung der Gewerkschaftsbewegung in manchen Industrieländern eine neue Phase einleitet –, so besteht doch aufgrund der mangelnden Durchsichtigkeit unserer Märkte die Gefahr der Ausbeutung durch den Konsum weiter. Es gehört daher mit Recht zu den Aufgaben der sozialdemokratischen Bewegung, einerseits die Konsumgenossenschaftsbewegung zu stützen, andererseits aber durch praktische Maßnahmen eine Politik des entschlossenen Konsumentenschutzes zu verwirklichen. Denn seitdem die Lohnempfänger mehr erhalten, als sie zur Reproduktion ihrer Arbeitskraft benötigen, und damit in der Lage sind, relativ teure und lang dauernde Konsumgüter sich anzuschaffen, müssen sie, auch was den Verbrauch ihres Lohnes betrifft, geschützt werden. Gewiß, wenn der Markt für die Konsumenten fehlt, ist dies ein großer Nachteil für die Wirtschaft eines Landes – das sehen wir sehr deutlich an dem krankhaften Bemühen mancher kommunistischer Staaten, ein Marktsurrogat oder Kleinmärkte zu schaffen. Aber auf der anderen Seite ist es geradezu ein notwendiges Korrelat der Marktwirtschaft, daß der Markt für den Konsumenten durchsichtig wird, daß ihm die Zusammenhänge sichtbar gemacht werden, denn nur so kann er seine Kraft als Konsument ins Spiel bringen. Wie groß die Kraft des Konsumenten auf dem Markt ist, beweisen die Milliarden und Abermilliarden, die die konsumgüterproduzierende Industrie und die multinationalen Konzerne für sogenannte Konsumenteninformation aufwenden, die man früher schlicht Werbung genannt hat. Den großen Markt, den gibt es ja schon lange nicht mehr. Bestenfalls in Krisenzeiten erleben wir noch den harten Konkurrenzkampf, aber im Prinzip ist Konkurrenz abgeschafft. Das gilt für Öl ebenso wie für Zucker, für Edelmetalle ebenso wie für die Unterhaltungsindustrie. Die absolute Marktwirtschaft gibt es nur in der Phantasie der Theoretiker unter den konservativen Ideologen.

Ich glaube allerdings nicht, daß sie aus marktwirtschaftlichen Erwägungen heraus die Marktwirtschaft predigen, sondern weil sie damit in den Meinungsbefragungen relativ hohe Prozentsätze erreichen. Die sogenannte freie Marktwirtschaft vermittelt das Gefühl der Toleranz, der Nüchternheit, der Bereitschaft, Argumente von der anderen Seite anzunehmen, und all das zusammen ergibt ein Menschenbild, das heute, nicht zu Unrecht, einen Politiker populär macht.

Und noch ein Wort über die Konsumgenossenschaften. In den Genossenschaftsversammlungen waren auffallend mehr Frauen als Männer vertreten, weil im Bereich des Konsums die Frauen die maßgebenden sind. Die Männer bekamen den Lohn ausgehändigt, die Frauen zählten nach. Viel ging damals für Schulden drauf, die man im Wirtshaus hatte. Ich erinnere mich noch an Zeiten, da sich am Freitag die Frauen vor den Fabriktoren einfanden, um von ihren Männern den ausbezahlten Lohn zu verlangen. Zu den Genossenschaftsversammlungen kamen auch deshalb viele Frauen, weil sie sich hier über die Qualität der ihnen verkauften Waren oder über das Personal beschweren konnten. Alles das hat die Genossenschaft – die ich während meiner Jahre in Schweden sehr genau kennenlernte – dazu veranlaßt, immer bessere Läden zu errichten und immer wieder die Qualität zu überprüfen.

Die Genossenschaftsbewegung war auch eine der ersten Sparkassen. Am Anfang stand in manchen Ländern der sogenannte Sparverein, der seine Zahlstelle noch im Wirtshaus hatte. Hie und da ist es vorgekommen, daß ein unredlicher Sparvereinschef zu Weihnachten, wenn die Ausbezahlungen fällig wurden, einbekennen mußte, daß er das Geld anderweitig verwendet hatte. Das löste dann in den Arbeiterhaushalten große Katastrophen aus. Die Spartätigkeit innerhalb der Konsumgenossenschaften bot sehr viel mehr Sicherheit, und je mehr sie sich zusammenschlossen, desto sicherer wurden sie. Da in ihren Läden auch Leute kauften, die sich nicht unbedingt zur Sozialdemokratie bekannten, hatten die Konsumgenossenschaften über die Partei hinaus Kontakt mit den Menschen. Die Geschichte der Konsumgenossenschaften hat mich von Kindheit an fasziniert, und, wenngleich man später in der Partei etwas abschätzig über die »Konsumperer« sprach, habe ich ihr viele wichtige Aspekte abgewinnen können.

Mein Onkel Rudolf Kreisky hat mir in einer entscheidenden Phase meines Lebens – nach jenem erschütternden 15. Juli 1927, an dem ich mit seinem Sohn Artur Zeuge der blutigen Demonstration vor dem Justizpalast wurde – den unmittelbaren Kontakt mit der Realität verschafft. Meine Erschütterung war so groß, daß ich damals vielleicht sogar zu jenen gehört hätte, die der Sozialdemokratie unter dem Eindruck der Führungsschwäche den Rücken kehrten. Es ist ja immer das große Problem für Leute, die im bürgerlichen Milieu aufwachsen, daß sie über ihre Bücher und ein paar Freunde aus ähnlichem sozialen Milieu nur selten hinauskommen. Die Arbeiterschaft präsentiert sich ihnen im Hausbesorger und vielleicht noch im Chauffeur. Mein Onkel nun wanderte mit mir während der Sommerferien von Dorf zu Dorf im Böhmerwald und im Riesengebirge. An den Vormittagen besuchten wir die kleinen Konsumvereine, die Abende verbrachten wir in den Versammlungen. Obwohl mir Fußwanderungen eigentlich immer zuwider waren, mußte ich mit ihm ziehen, und so lernte ich das Elend in den Sudetengebieten kennen. Während mein Onkel die Bücher prüfte, die der Konsumvereinsleiter führte, saß ich draußen auf einem Stockerl oder bin durchs Dorf gegangen und sah mir die Leute an: Bergarbeiter, Glasbrenner, Weber, abgehärmte Frauen.

Auf Wanderung im Böhmerwald, Mitte der zwanziger Jahre

Die neue Tschechoslowakei war ein reiches Land, insbesondere für einen, der aus dem armen Österreich kam, aber um die Sudetendeutschen kümmerte man sich damals nicht. Politisch haben sie sich allerdings rasch gefangen. Die Parteien aus dem alten Österreich hatten im Sudetengebiet zum Teil längere Traditionen als bei uns; auch die ersten sozialdemokratischen Vereine waren dort gegründet worden.

Die politische Situation in der Tschechoslowakei war sehr viel besser als je im alten Österreich. Unter den Ministern gab es viele tschechische und deutsche Sozialdemokraten; es gab die Christlichsozialen, die große Agrarpartei und die Liberalen, die es bei uns nicht mehr gab, die sogenannten tschechischen »National-Sozialisten«, die Partei von Beneš.

Wenn ich mir die Siedlungen der Sudetendeutschen anschaue, die nach dem letzten Krieg überall in der Bundesrepublik und in Österreich aus dem Boden geschossen sind, die netten kleinen Häuschen und die Autos, die vor diesen Häuschen stehen, und das vergleiche mit dem, was ich in den zwanziger Jahren in Böhmen gesehen habe, dann frage ich mich oft, wonach sie sich eigentlich zurücksehnen. Es erscheint mir ungereimt, sich aus dem Wohlstand der neuen Heimat in die Armut der verlassenen zurückzuwünschen. Allmählich wird es Zeit, daß man aufhört, mit dem Begriff »volksdeutsch« oder »vertrieben« politische Interessen durchsetzen zu wollen. Aber natürlich gibt es eine gefühlsmäßige Komponente, und die habe auch ich kennengelernt: dieses besondere Heimweh, das man empfindet, wenn man dorthin, wo man zu Hause ist, nicht gehen kann, die Sehnsucht nach den Bergen und Tälern, wo man geboren wurde, nach den Flüssen und Seen, aber auch nach den Friedhöfen. Carl Zuckmayer hat in der Emigration den schönen Satz geprägt, Heimat sei nicht das Land, wo man geboren wurde, sondern das, nach dem man sich sehnt, um dort zu sterben.

Politisch sind die Deutschen in der tschechoslowakischen Republik nie verfolgt worden. Weder von meinem Großvater noch von meinem Vater, die sich beide als Deutsch-Böhmen betrachteten, habe ich je etwas Derartiges gehört. Das, was die Deutsch-Böhmen – ich bleibe absichtlich bei diesem alten klassischen Wort – in eine solche Gegnerschaft zum tschechischen Staat gebracht hat, war ihr materielles Elend. Nun waren diese Gebiete zu einem großen Teil seit eh und je Elendsgebiete – man denke an die vielen Märchen um Rübezahl. Das Weberelend hat es seit langem gegeben, und wenn Heine 1844 in seinem berühmten Gedicht über die schlesischen Weber schrieb: »Deutschland, wir weben dein Leichentuch, wir weben hinein den dreifachen Fluch – Wir weben, wir weben!«, dann galt das gleichermaßen für die Weber in Böhmen. Es war die offenbare Unfähigkeit der tschechischen Wirtschaftspolitik der zwanziger Jahre, die Arbeitslosigkeit dort zu bekämpfen, während im tschechischen Kernland eine uns Österreichern unbekannte Prosperität herrschte. Heute ist das genau umgekehrt: Wir sind das Land der sagenhaften Prosperität für die Tschechen, und boshafte Leute sagen, die Tschechen hätten es so gewollt. Ganz unrecht hat man mit dieser Feststellung nicht, denn zwischen 1918 und 1938 war die kommunistische Partei, in der Tschechen, Slowaken und Deutsch-Böhmen vereinigt waren, die stärkste Partei des Landes und eine der mächtigsten kommunistischen Parteien Europas. Das hängt ohne Zweifel damit zusammen, daß im Ersten Weltkrieg der Eindruck entstanden war, der übrigens auch nach dem Zweiten Weltkrieg vorherrschte, daß man den Russen die Eigenstaatlichkeit verdanke. Die tschechischen Legionäre in der Roten Armee haben dabei eine große Rolle gespielt.

Wann und wo meine Eltern sich zum ersten Mal begegnet sind, habe ich nie erfahren. Als sie 1909 heirateten, war mein Vater dreiunddreißig Jahre alt und hatte bereits eine gute Stellung in Wien. Meine Mutter, Irene Kreisky, geborene Felix, war, wie es sich gehört hat damals, acht Jahre jünger. Mein Großvater hatte jeder seiner Töchter eine beachtliche Mitgift mitgegeben, und sofern sie nach Wien heirateten, erhielten sie meist ein Mietshaus, von dem man damals sehr gut leben konnte. Unter den Häusern, die meinen Verwandten gehörten, waren einige der höchsten Wiens. Materielle Sorgen hat es in dieser Familie bis zu meiner Emigration nicht gegeben.

Meine Mutter war die jüngste Tochter von sechzehn Kindern, von denen ich selber noch neun gekannt habe: Karl, Fritz, Berthold, Julius, Robert, Rachelle, Therese, Berta und Eugenie. Wie groß der Altersunterschied war, konnte man daran ermessen, daß die älteste Nichte meiner Mutter so alt wie sie selber war, was ich als Bub komisch fand. Meine Mutter war sehr sportlich erzogen worden, ist geritten und war eine gute Eistänzerin. Um Politik hat sie sich erst ganz spät ein bißchen gekümmert. Sie soll einmal bei einer Wahl aus lauter Abneigung gegen die Sozialdemokraten den bürgerlichen Schober-Block gewählt haben, aber nur deshalb, wie sie mir gestand, weil sie irritiert darüber war, daß ich nichts anderes im Kopf hatte als Politik.

Meine Eltern haben bei meiner Erziehung niemals zu körperlicher Züchtigung Zuflucht genommen. Nur ein einziges Mal ist meiner Mutter, wie sie sagte, die Hand ausgerutscht. Ich muß zugeben, daß mir diese Ohrfeige heute noch in Erinnerung ist: Als ich mich konsequent weigerte, meine Aufgaben zu machen, und trotz wiederholter Mahnungen immer weiter dummes Zeug trieb und dann noch eine vorlaute Antwort gab, ist ihr die Geduld gerissen. Sie hat das Strickzeug weggelegt und mir eine Ohrfeige gegeben, die sie aber nachher sehr viel mehr bedauert hat als ich. Ansonsten bewahre ich eine Erinnerung an eine gütige Frau, die 84 Jahre alt wurde und so manches schweigend erlitten hat. Sie hat den Verlust meines Vaters nie verwunden; in den letzten Monaten, als sie schon leicht geistig umnachtet war, hat sie mich immer für ihn gehalten und leicht vorwurfsvoll gefragt, warum ich denn so selten nach Hause komme. Meinen Cousin Herbert Felix hat sie damals für ihren im Konzentrationslager ermordeten Bruder gehalten. Vielleicht liegt in dieser sonderbaren Verwechslung eine versöhnliche Geste des Schicksals, denn so sind ihr die Liebsten wiedererstanden in uns: der Mann durch den Sohn und der Bruder durch den Neffen. Sie starb, wie alte Menschen oft sterben, eigentlich nicht an einer Krankheit, sondern an den Folgen eines gebrochenen Beins.

Meine Mutter war eine unendlich gütige Frau und ertrug fast alles mit Ruhe und Gleichmut. Sie hat gern gelacht und mit einer Herzlichkeit, die ich heute noch aus der Ferne zu vernehmen glaube. Sie hätte es mir sicherlich nicht verübelt, wenn ich in ihrer Gegenwart gesagt hätte, daß sie nicht den Ehrgeiz besaß, die intelligenteste unter ihren Schwestern zu sein. Sie selber war der Ansicht, daß diese oder jene viel intelligenter sei als sie. Es war ein Phänomen – und nicht nur unter den reichen jüdischen Familien –, daß in der zweiten und dritten Generation nicht alle mit herausragender Intelligenz gesegnet waren. Eine gewisse Problematik rührte auch daher, daß es nach jüdischem Religionsgesetz kein Ehehindernis zwischen Cousins und Cousinen gab. Religiöse Motive spielten aber in beiden Familien kaum eine Rolle; sie waren auf ihre Art liberal, und Heiraten mit Katholiken oder Protestanten stand nichts im Wege.

Ich war das zweite Kind meiner Eltern, und der Liebling meiner Mutter war eigentlich mein zwei Jahre älterer Bruder Paul, der sich aufgrund einer Kinderlähmung kurze Zeit nach seiner Geburt geistig nur sehr langsam entwickelte. Man kann das ja oft beobachten, daß leidende Kinder zu Lieblingskindern werden. Mein Bruder lebt heute als alter Mann in Israel und bereitet mir durch seine Absonderlichkeiten große Sorgen. Die Springer-Presse und andere haben meinen Bruder immer wieder gegen mich auszuspielen versucht, vor allem in Israel. Regelmäßig ließ die Springer-Presse Reporter ausschwärmen, und manche Israelis halfen ihnen dabei, diesem kranken Mann einzureden, er müsse diese oder jene Erklärung abgeben. Einmal hat man ihm eine hohe Gage versprochen für seine Mitwirkung in einem Film, in dem er einen Bettler an der Klagemauer darstellen sollte. Das Photo ist dann durch die gesamte Presse gejagt worden: Der Bruder des österreichischen Kanzlers bettelt an der Klagemauer! Ich scheue mich nicht, zu sagen, daß ich meinem Bruder neben seiner kleinen österreichischen Pension jährlich

Die Mutter, Irene Kreisky, geb. Felix

einen Betrag zukommen lasse, der dem Bezug eines Rentners entspricht, und alle Spesen übernehme. Unlängst hat er wieder eine Erbschaft gemacht, und zudem bezieht er die israelische Altersrente. Man kann also nicht behaupten, daß mein Bruder am Hungertuch nage. Nur hat er zu Geld überhaupt keine Beziehung; am dritten Tag hat er es entweder verschenkt, verborgt oder verspielt. Der Zeuge für meine Angaben ist der österreichische Generalkonsul in Tel Aviv, der im übrigen berechtigt ist, meinem Bruder in urgenten Fällen kleinere Beträge auszuzahlen.

Meine Mutter war mir schon deshalb eine große Hilfe, weil sie immer wieder meine Jugendstreiche deckte. Sie wußte mit fast instinktiver Sicherheit, wann ich in der Schule war und wann nicht. Sie merkte, wenn ich mit meinem Taschengeld am Ende war, und erwartete meine Anleihen. Im Haushaltsbuch, das sie nur widerwillig, dem Ordnungssinn meines Vaters zuliebe führte, notierte sie die Groschen, die sie mir gab, einfach als Ausgaben und Trinkgelder. Sie spielte gern Bridge, zwar nicht sehr gut, aber doch blieb von ihrem Spielgeld genug übrig, um kleinere Beträge für mich abzuzwacken. Ich habe ihr davon nie etwas zurückgezahlt. Daß sich mein Vater jemals das Wirtschaftsbuch angeschaut hat, glaube ich nicht. Es war dies eine jener sinnlosen Einrichtungen, die sich aus übertriebenem Ordnungssinn ergeben haben. Meine Mutter hat ihr Haushaltsbuch bis zuletzt geführt, lange unter dem Druck meines Vaters, so wie sie bis zuletzt die großartigen Bäckereien und Torten nach dem Kochbuch ihrer Mutter und Großmutter machte.

Ich war immer wieder darüber erstaunt, daß sie sich das Rezept der Panamatorte in all den Jahren nicht hat merken können. Das Kochbuch war handgeschrieben, und alle Rezepte begannen mit: »Man nehme«. Immer wieder war im Familienkreis von diesem legendären Kochbuch die Rede, und sooft eine neue, wunderbare Speise aufgetischt wurde, mußten die Tanten und Onkel das Rezept erraten. In den Kriegs- und Nachkriegsjahren war dieses Kochbuch allerdings nicht in Gebrauch, denn es verlangte opulente Zutaten. Eines Tages machte sich eine meiner frechen Cousinen, die in Wien Kunstgewerbe studierte, über das Kochbuch her und korrigierte es auf die denkbar einfachste Weise: Sie reduzierte wichtige Ingredienzen kurzerhand auf ein Zehntel, und es stellte sich heraus, daß die Torten fast ebenso gut schmeckten wie zuvor. Alle sprachen nur noch vom »Republikanischen Kochbuch«. Einer der Gründe, warum diese Köstlichkeiten so köstlich schmeckten, war der, den auch Torbergs »Tante Jolesch« nennt: Es war nie genug da.

Ich erinnere mich noch sehr genau an das Zeremoniell eines damaligen Wochenendes. Am Samstag hat man noch bis in den Nachmittag hinein gearbeitet, so daß das eigentliche Wochenende für die meisten bürgerlichen Menschen erst am Spätnachmittag oder frühen Abend des Samstags begann. Für das Abendessen mit Verwandten und Freunden war schon während der Woche sehr viel Mühe aufgewendet worden. Wenn der »Speisezettel« feststand, führte die Köchin ihre Bestellungen bei den Kaufleuten in der Umgebung durch. Manchmal zogen Hausfrau und Köchin gemeinsam in entlegene Bezirke, weil dort zum Beispiel das Rindfleisch von besonderer Qualität war. Am Samstagabend gab es allerdings kein Rindfleisch, das vom Zeremoniell her eine traditionelle Mittagsspeise war: In manchen Häusern – so auch bei uns – bekam man viermal in der Woche zu Mittag Rindfleisch, meistens gekocht mit Beilagen.

Vom Sonntagsessen erzählte man, daß es in den Bürgerhäusern und in den Adelshäusern das gleiche gewesen sei und daß es auch in etwas besser situierten Arbeiterfamilien nichts anderes gegeben habe. Zum sonntägigen Mittagessen wurde die Familie eingeladen, Söhne, Töchter und Enkelkinder. Von besonderer Bedeutung aber war die Sonntagsjause. Nach dem Essen hielt man in einem bequemen Fauteuil ein kleines Nachmittagsschläfchen, das dreißig Minuten nicht überschreiten sollte, und zwischen drei und halb vier trafen die Gäste ein. Bei uns waren gelegentlich Musiker eingeladen – es waren fast immer Philharmoniker oder ehemalige Philharmoniker –, und nach einer halben Stunde setzte sich einer von ihnen ans Klavier und begann zu spielen. Gegen halb fünf wurde zur Jause aufgefordert. Sie bestand in der Regel aus einem Wiener Kaffee mit ein bißchen Obers – sehr elegante Leute tranken nur Tee, eine Gewohnheit, die von den ursprünglichen Wiener Familien allerdings nicht goutiert wurde –, und dazu gab es herrliche, selbstgemachte Bäckereien, für die Hausfrau und Köchin entsprechend gelobt wurden.

Die Jause wurde meistens dadurch beendet, daß man zum Nachtmahl rüstete. Weil man sozial mitfühlend war und den Hausangestellten für den Abend freigegeben hatte, damit sie sich im Prater oder irgendwo am Land bei einem Kirtag belustigen, war es meist ein »kaltes Nachtmahl«. Man nahm dann vorlieb mit dem, was die benachbarten Selchermeister und Delikatessengeschäfte zu bieten hatten. Manchmal machte man auch einen kleinen Ausflug zum guten Wirten in der Nachbarschaft. Die Kinder freilich blieben zu Hause; für sie war das sogenannte gute Gasthaus eine verschlossene Welt, deren Genüsse ihnen versagt blieben. Es gab noch eine zweite Alternative für den Sonntagabend: Man ging ins Theater. Normalerweise ist man in bürgerlichen Familien jedoch wochentags ins Theater gegangen; die Samstag- und Sonntagabende waren den anderen Bürgern, sofern sie kunstbeflissen waren, vorbehalten.

Es kam immer wieder vor, daß die Jausengesellschaft so animiert war, daß die Dame des Hauses die Gäste aufforderte, doch noch zu bleiben. »Wir haben genug vorbereitet.« – »Habt ihr wirklich genug?« war die entsprechende Antwort, und dann entspann sich eine Situation, für die es den schönen Wiener Ausdruck gibt: »Halt' mich, ich bleib' gern«. Das waren die in Tausenden Familien gebräuchlichen Formen, in denen sich die Samstag- und Sonntagabende abspielten. Dann saß man noch lange beisammen, und die sogenannten feinen Leute sind meist erst sehr spät nach Hause gekommen; sie hatten am nächsten Tag die Möglichkeit, eine halbe Stunde länger zu schlafen oder ein Nachmittagsschläfchen zu halten.

Während des Krieges mußte meine Mutter sich oft, zusammen mit der Köchin und der Hausgehilfin, um Lebensmittel anstellen, weil die Versorgung immer schlechter wurde. Und da sind unsere mährischen Verwandten auf die glorreiche Idee gekommen, in die großen Brotlaibe kleine Schinken einzubacken. Viel später habe ich erfahren, daß das eine Delikatesse ist; ich bin sicher, daß sie von meiner Familie erfunden wurde.

Das Kochen war für meine Mutter ein sehr spannendes Erlebnis. Die Güte der Mahlzeit war in meiner Jugend sehr viel unberechenbarer als heute. Das fing bereits damit an, daß man im Herd Feuer machen mußte. Ob der Herd genug Zug hatte, das wiederum hing vom Wetter ab. Wenn das Feuer im Herd zu stark wurde, ist so manches Gericht angebrannt. Später kam der Gasherd, aber auch hier ist nicht immer alles gelungen. Meiner Mutter standen eine Köchin und eine Hausgehilfin zur Verfügung. Es waren lange Zeit zwei böhmische Schwestern, später junge Frauen aus Kärnten, die immer aus derselben Familie stammten. Sie waren alle echte Familienangehörige. Man lachte mit ihnen, bei besonderen Anlässen tanzte man mit ihnen, schließlich weinte man mit ihnen, und es gab während des Krieges viel Anlaß zu Trauer, auch später wieder, als Hitler kam. Die Böhminnen stammten aus einem kleinen Dorf, und obwohl es 70 Jahre her ist, kann ich mich an die beiden gut erinnern. Meine Eltern sprachen mit ihnen tschechisch, was ihnen den Aufenthalt in Wien sehr erleichterte. Tschechisch war für meinen Vater und für meine Mutter die zweite Sprache, obwohl sie sich als deutschsprechende Österreicher empfunden haben. Marie und Julie waren unentbehrlich, und wir liebten sie. Wie sehr sie zur Familie gehörten, beweist ein abscheuliches Bild, das zum Hochzeitstag meiner Eltern bei einem Photographen gemacht wurde. Marie sitzt in der Mitte, links und rechts von ihr mein Bruder Paul und ich: zwei ausgehungerte Buben, den total unterernährten Körper in Ruderleiberln, in Schuhen und Hosen, die auf Wachstum eingerichtet sind, und kahlgeschoren, weil das nach Auffassung meines Vaters sehr gesund war.

Die böhmische Marie mit den beiden Buben während des Ersten Weltkriegs; Photo aus Anlaß des Hochzeitstages der Eltern

Der böhmischen Marie und der böhmischen Julie, aber auch Frau Josefine Hoffmann und den drei Schwestern aus der Hafnerfamilie Jobst in Hermagor, ihnen allen bewahre ich eine lichte und freundliche Erinnerung, denn sie alle haben es mit uns immer gut gemeint und besonders mit mir. Sie haben vieles für mich getan und manches verheimlicht, zum Beispiel, daß unsere beiden Dobermänner während eines Opernbesuchs meiner Eltern in deren Betten lagen und, als man sie hinaustrieb, aus Schreck sich nicht gut benahmen. Marie und Julie haben auch viel zu meiner Erziehung beigetragen; sie besaßen den gesunden Instinkt zweier junger bäuerlicher Wesen.

Die hübsche Julie ging mit mir regelmäßig in den Park, der neben der zum Militärspital umgewandelten Mollardschule lag. Sie setzte sich immer auf dieselbe Bank und fand Kavaliere, meist sogenannte »vojáks«, Soldaten aus dem Spital, die rekonvaleszent waren und mittags in den Park gehen durften. Es waren meist Tschechen, und sie verstanden sich ausgezeichnet. Ich war sehr glücklich über den Anschluß, den unser Kindermädchen fand, denn so besaß ich vollkommene Freiheit in diesem Beserlpark und konnte mir meine Freunde aussuchen, ohne daß sie mir zurief, daß ich mit dem oder jenem nicht spielen dürfe. Andere kleine Bürgerkinder haben oft stark gelitten unter den ständigen Ermahnungen ihrer Aufpasserinnen, und wenn sie sie befolgten, waren sie für uns der Anlaß zu sehr viel Spott. Dann liefen sie zu ihren Fräuleins, beklagten sich über uns und heulten. Das herrliche Leben im Park haben sie nie wirklich genossen.

Sehr viel später waren die Hausgehilfinnen die Verbündeten unserer ersten kleinen Affären. Man ging ins Kino; als besonderes Zeichen der Vertraulichkeit galt es, wenn einem die Freundin ihren Handschuh in die Tasche steckte. Ich erinnere mich noch an den strengen Blick der Köchin, die mir sagte: »Bruno, hier ist ein Damenhandschuh«, worauf ich meinte: »Na und, was ist da dabei?« »In der andern Tasche war auch ein Handschuh.« »Zwei gehören ja wohl zusammen.« »Aber es waren verschiedene.« Sie hat auf diese Art ihre Mißbilligung darüber zum Ausdruck gebracht, daß ich damals im Alter von fünfzehn, sechzehn Jahren mit verschiedenen Mädchen ins Kino ging. Später, als ich im Gefängnis saß, hat sie immer irgend etwas Besonderes für mich gebacken, was mir meine Mutter dann mitbrachte.

Dank der leidenschaftlichen Satzanalysen meines Großvaters hatte ich sehr rasch lesen gelernt. In der Schule genierte ich mich dessen, zum einen, weil das so aussah, als wolle ich meine Künste vor der ganzen Klasse demonstrieren, zum anderen, weil ich glaubte, meine Lehrerin, ein adeliges Fräulein, könnte sich bei mir überflüssig vorkommen. Fräulein Helene von Valčić und anderen meiner Lehrerinnen tat es sehr weh, als sie eines Tages das »von«, das offenbar ihre Väter als Offiziere erworben hatten, nicht mehr gebrauchen durften. In den ersten beiden Jahren meines Schullebens konnten sie es noch verwenden, dann mußte es plötzlich wegbleiben. Die Deutschen haben es viel klüger gemacht und das Adelsprädikat zu einem Teil des Namens erhoben. Mich hätte das »von« in Österreich nie gestört. Wenn nur sonst dem Gleichheitsbegriff der Demokratie stärker Rechnung getragen worden wäre in der Ersten Republik.

Zu Hause machte ich von meinen Lesefähigkeiten reichlich Gebrauch. Unsere tschechische Köchin konnte die in Fraktur gedruckten Zeitungen nicht lesen, und so mußte ich ihr die wichtigsten Tagesereignisse vorlesen. Meine Lesungen hatten übrigens einen erfreulichen Nebeneffekt. Die Köchin und ich wurden dadurch sozusagen Komplizen, und das hat mir manche Gerichte, die ich nicht gern aß, erspart. Eines Tages hatte ich von mir aus das Bedürfnis, Marie einen Artikel vorzulesen. Ich ging in die Küche, wo sie gerade mit dem Schmirgeln des Ofens beschäftigt war. Dabei mußten wir ihr gelegentlich helfen. Die Küchenherde hatten an der Seite eine Stahlplatte, auf die man die fertigen Speisen zog; daneben war ein Stangerl angebracht, auf das man die Tücher hängen konnte. Das Schmirgeln des Ofens war eine anstrengende, eintönige Beschäftigung.

Es war am letzten Tag des Krieges, und während Marie den Ofen saubermachte, habe ich ihr den Leitartikel »Das Ende des Krieges« aus der »Neuen Freien Presse« vorgelesen. Mit siebeneinhalb Jahren ist mir das Lesen dieses furchtbar langen Artikels sicher nicht leichtgefallen. Plötzlich merkte ich, daß Marie gar nicht zuhörte. Ihr genügte die Mitteilung, daß nun der Friede gekommen sei. Ich werde nie ihre Worte vergessen, daß ich das Lesen einstellen könne: »Wer weiß, für was gut ist!« Sie hat sich vom Frieden keine sehr deutlichen Vorstellungen gemacht und verwendete eine Formulierung aus dem Wienerischen, die nicht ganz paßte. Damit wollte sie ausdrücken, daß eigentlich jeder Zustand schlecht und jede Veränderung positiv sei. Ein vier Jahre dauernder Krieg mit all dem Leid, das er verursachte, wurde von vielen Menschen offenbar als etwas Unabänderliches akzeptiert.

Weder in den Staaten, die den Krieg verloren hatten, noch bei den Siegern kam Freudenstimmung auf. Restlos glücklich war man nur in den neutralen Staaten.

Ich habe viel gelesen in meiner Kindheit. Merkwürdigerweise nie eine Zeile von Karl May, was ich später sehr bedauert habe, da ich die Geheimsprache meiner Schulkameraden kaum verstand. Ich las auch keine für Kinder präparierten Detektivgeschichten, dafür aber sehr gerne Märchen. Am liebsten die von Andersen, dessen Hintergründigkeit ich sehr früh verstand. Die Geschichte von »Des Kaisers neuen Kleidern« begleitet mich heute noch. Auch »Das häßliche Entlein« traf meine sich behutsam entwickelnde soziale Ader. Von den Grimmschen Märchen schätzte ich besonders »Hans im Glück«. Er war für mich der Inbegriff des Menschen, der immer wieder alles falsch macht. Ich erinnere mich an einen Wortwechsel im Parlament, als ich die wirtschaftlichen Erfolgszahlen meiner Regierung vorlas und irgendein bäuerlicher Abgeordneter dazwischenrief: »Glück ham'S gehabt«, und wie ich mich unterbrach und zu ihm sagte: »Ja, Herr Abgeordneter, aber was macht der Dumme mit dem Glück?«

Mein Interesse am Lesen war so auffällig, daß mein Vater sehr früh begann, mir Bücher zu schenken, vor allem Geschichtsbücher, und die Bücher, die ich meinem Vater schenkte – dabei ließ ich mich beraten von einem benachbarten kleinen Buchhändler, dem buckligen Herrn Ferber –, habe ich regelmäßig zunächst selber gelesen. An meinem 14. Geburtstag bekam ich von meinem Vater, als Krönung sozusagen, eine antiquarische Ausgabe der sehr teuren und kostbaren Ullsteinschen Weltgeschichte. Ich hätte zwar lieber ein Fahrrad gehabt, aber sehr bald schon liebte ich diese sechs Bände über alles, nicht wegen der langen und für mich damals schwer verständlichen Aufsätze, sondern wegen der wunderbaren Reproduktionen, von denen ich manche vorsichtig herauslöste und sie an gute Freunde weitergab.

Stundenlang habe ich diese Bände durchgeblättert, bis ich alle Abbildungen im Kopf hatte. Ich erinnere mich noch heute, zum Beispiel an das Bild »Napoleon betrachtet den Brand von Moskau«; in diesem Prachtgemälde enthüllte sich mir die ganze Tragik des Franzosenkaisers. Vielleicht bin ich deshalb nie ein Bewunderer Napoleons geworden, obwohl er sich in meiner Familie einer gewissen Wertschätzung erfreute, vor allem, weil er die Emanzipation der Juden so energisch vorangetrieben hat. Das hat nicht nur meine Vorfahren, sondern offenbar auch die von Marx und Heine an ihm beeindruckt. Noch heute klingt mir das Heine-Gedicht »Die Grenadiere« im Ohr, das mir mein Onkel Oskar, der literarisch besonders interessiert war, immer wieder vorgelesen hat: »Mein Kaiser, mein Kaiser gefangen!«

Später habe ich auch die Texte der Ullsteinschen Weltgeschichte gelesen, denn ich wollte immer dem Unterricht voraus sein, in der Klasse ging mir alles viel zu langsam. Allerdings war ich hierbei sehr wählerisch. Ich habe nicht gelesen, wie man ein Buch normalerweise liest, sondern mal hier, mal dort, und eher von hinten nach vorn. Den großartigen Aufsatz von Felix von Luschan über Rassen und Völker habe ich auch später bei vielen Gelegenheiten herangezogen. Dort heißt es an einer Stelle: »... von einem arischen Typus oder einem arischen Schädel zu sprechen, ist genau so töricht, als wenn man von einer blauäugigen oder von einer langköpfigen Sprache reden wollte. Der anatomische Begriff der Rasse und der linguistische Begriff der Sprachenfamilie dürfen nicht miteinander verwechselt werden.«

Natürlich hat mich, so wie meine ganze Generation, das Buch »Onkel Toms Hütte« ungeheuer beeindruckt. Ich fühlte ganz mit den Schwarzen, wenngleich ich heute weiß, daß die kämpferischen Schwarzen, die sich um meinen Freund Jesse Jackson scharen, dieses Buch nicht gerade als Inbegriff der civil rights betrachten. Aber auch wenn ich sehr viel später erst begriffen habe, welche materiellen Hintergründe der amerikanische Bürgerkrieg und die Befreiung der Schwarzen hatten und daß dies eine wichtige Voraussetzung für die Entwicklung Amerikas zur Industrienation war, so habe ich das Ende der Sklaverei doch immer als eine der großen historischen Leistungen angesehen.

Habent sua fata libelli, heißt es, aber Bücher haben nicht nur ihre Schicksale, sondern sie gestalten auch das Schicksal derer, die sie lesen. Ich könnte ein Buch nach dem andern aus meiner Jugendzeit nennen, das mich beeinflußt und geformt hat. Wenn ich heute eines dieser Bücher aus dem Regal ziehe und die vielen Eselsohren sehe, dann fühle ich mich zurückversetzt in jene Zeit, in der es so vieles zu entdecken gab. Hier und da habe ich die Seiten auch mit Anmerkungen vollgeschrieben, allerdings nur, wenn es sich um wissenschaftliche Bücher handelte, die ich immer anders betrachtet habe als Bücher der sogenannten schönen Literatur.

Es gibt Bücher, die ich mehrmals gelesen habe und auch heute immer wieder lese. Eines meiner Lieblingsbücher ist »Der Mann ohne Eigenschaften« von Musil. Ich gehöre, das kann ich wohl sagen, zu den wenigen, die Musils Werke schon lange vor dem Zweiten Weltkrieg gut kannten, und mit meinen Hinweisen auf ihn habe ich meinen Teil zur Musil-Renaissance beigetragen. In Schweden habe ich mich sogar als Übersetzer versucht, bin aber nach wenigen Absätzen gescheitert, weil die Sprache Musils in keinem Verhältnis zu meinen damaligen Kenntnissen des Schwedischen stand. Romane habe ich immer gern gelesen, aber ich gebe zu, daß ich sie mir mit sehr viel Bedacht ausgesucht habe, damit ich mir nicht am Ende die Frage stellen mußte: Wozu hast du so viele Stunden in die Lektüre dieses Buches investiert?

Der Begriff Weltliteratur stammt bekanntlich von Goethe, aber wenn man mir aufs Geratewohl die Frage stellen würde, wen ich für den Begründer dieser Gattung halte, dann würde ich ebenso aufs Geratewohl Heinrich Heine nennen, und zwar den Schriftsteller und Kritiker. Seine Lyrik will ich gern ausnehmen, wenngleich sie mir in meiner Jugend sehr gefallen hat und ich sie noch heute gelegentlich zitiere. Denn wenn ein anderer einen Sachverhalt besser formuliert hat, als ich es je könnte, verwende ich gern seine Worte, natürlich unter Angabe der Quelle. Auch prägen Verse sich viel nachhaltiger ein. Um die Jagd der westlichen Industriestaaten nach Aufträgen aus Libyen und ihre gleichzeitige Weigerung, Gaddafi in ihren Hauptstädten zu empfangen, zu charakterisieren, zitiere ich neuerdings einen Heine-Vers:

> »Blamier mich nicht, mein schönes Kind,
> Und grüß mich nicht unter den Linden;
> Wenn wir nachher zu Hause sind,
> Wird sich schon alles finden.«

Eine Facette meiner Zuneigung zu Büchern ist meine große Lust, selbst zu schreiben und zu fabulieren. Dieser Lust am Schreiben hätte ich in besonderer Weise huldigen können, wenn es zur Erfüllung meines ursprünglichen Berufswunsches gekommen wäre: Journalist zu werden. Eine große Zahl heute sehr bekannter amerikanischer Schriftsteller hat so angefangen, mit Reportagen, die sie mit einer immer größeren literarischen Fähigkeit verfaßten, bis sie schließlich aufgehört haben, Journalisten zu sein und nur mehr Schriftsteller, ja Dichter waren. Zu ihnen zählt Hemingway mit seinen Reportagen aus Spanien – bis hin zu seinem großen Roman »Wem die Stunde schlägt«. Oder John Steinbeck, der über das Elend der amerikanischen Farmer berichten sollte und dieses aufwühlende Werk »Früchte des Zorns« schrieb, einer der großen Schriftsteller unserer Zeit.

Ein anderer ehemaliger Journalist war Arthur Koestler, der ebenfalls als Reporter nach Spanien ging. Auch wenn nicht alle seine Bücher Meisterwerke waren, so habe ich doch sein Spanienbuch »Spanish Testament« gelesen. Auch Erich Kästner begann als Journalist und war bald einer der meistgelesenen Lyriker unserer Zeit. Obwohl manche Banausen die Nase über seine Art von Gedichten rümpfen: er hat kein einziges Gedicht geschrieben, das unkritisch gewesen wäre.

Es hätte wenig Sinn, hier über die Bücher, die mich beeindruckt und die mir zur Erkenntnis von Zusammenhängen verholfen haben oder die zu lesen mir einfach Spaß gemacht hat, im einzelnen zu schreiben. Ich habe viel gelesen in meinem Leben, und wenn ich mit Menschen zusammenkomme, die Gelegenheit hatten, sehr viel mehr zu lesen als ich, empfinde ich einen leichten Anflug von Traurigkeit, daß ich diese Zeit nicht besessen habe. Und dennoch: es verging kein Tag, auch in meiner Zeit als Bundeskanzler nicht, wo ich mir nicht eine nächtliche Stunde oder mehr für die Lektüre von Büchern reserviert hätte. Zeitungen habe ich wenig gelesen in den letzten Jahren; die Nachrichten als solche habe ich auf den Tisch bekommen, aber die Kommentare der Journalisten haben mich fast nie interessiert, weil ich eingebildet genug war, sie mir selber zu machen.

Zu den besten Biographien unter den zahlreichen, die ich gelesen habe, gehört die von Alfred Duff Cooper, »Old men forget«. Hervorragend auch sein Buch über Talleyrand. Ich habe mich oft gefragt, wie ein so intensiv arbeitender Politiker, ein so kämpferischer Konservativer wie Duff Cooper, die Zeit finden konnte, sich so profundem Quellenstudium hinzugeben. Und in Talleyrand hat er sich keinen leichten Menschen ausgesucht! Sehr fasziniert haben mich auch die verschiedenen Bücher über Disraeli; die Biographien über Karl Marx dagegen haben mir zeitweise sehr wenig Freude bereitet. Vom Menschlichen her hat mich Karl Marx nie sehr beeindruckt.

Im Laufe meines Lebens, vor allem während meiner Gefängniszeit, habe ich viel über das Erbgut nachgedacht, das in mir steckt. Heute kommt es mir so vor, daß ich beiden Familien manches verdanke. Zur Formung meines Charakters hat natürlich auch der Umstand beigetragen, daß ich jüdischer Herkunft bin. Um so lächerlicher sind die teils versteckten, teils offenen Vorwürfe, ich versuchte, mich meines Judentums zu entledigen.

Ein wichtiges Erbteil meiner väterlichen Familie ist mein Sinn für das Politische. Der Bruder meiner Großmutter, mein Großonkel Joseph Neuwirth, hat fast genauso lang dem österreichischen Reichsrat angehört wie ich dem österreichischen Nationalrat – nur fast hundert Jahre vor mir. Er starb am 20. Mai 1895. In einem Nachruf hieß es damals: »Seit dem Jahre 1873 vertrat Joseph Neuwirth die Brünner Handelskammer im Abgeordnetenhause, woselbst er in kurzer Zeit in die Reihe der hervorragendsten Mitglieder trat. Es war ihm als volkswirthschaftlicher Schriftsteller ein bedeutender Ruf vorangegangen, den er durch seine parlamentarische Thätigkeit vollauf rechtfertigte. In den vielen wichtigen Fragen wirthschaftlicher Art, deren Lösung die Volksvertretung in den letzten Decennien beschäftigte, konnte Abgeordneter Neuwirth sein großes Wissen, seine klare Auffassung und seine genaue Kenntniß der wirthschaftlichen Verhältnisse aufs glänzendste bethätigen... Seine Reden zeichneten sich stets durch eine Fülle von Inhalt und durch großen Ernst in der Auffassung aus. Zahlreiche wichtige Referate, darunter auf dem Gebiete der socialpolitischen Gesetzgebung, waren ihm anvertraut und insbesondere im Budgetausschusse... war er einer der unermüdlichsten Arbeiter. Neuwirth war ein treuer, überzeugter Anhänger der liberalen Partei von entschieden fortschrittlicher Gesinnung, die er jederzeit offen zur Schau trug. Sein Tod hinterläßt eine große Lücke, die schwer auszufüllen sein wird.«

Joseph Neuwirth war einer der bedeutendsten unter meinen väterlichen Vorfahren und wurde in der Familie dementsprechend verehrt. Er hat viel für die Familie meines Vaters getan. In seinem Testament von 1889 bat er seine »geehrten Freunde und Kollegen, Abg. Dr. Ernst von Plener«, den späteren Finanzminister, »und Dr. Guido Freiherr von Sommaruga«, seinen »verwaisten Kindern auf ihrem Lebensweg nach Kräften schützend und fördernd beizustehen«. Überdies sprach er in diesem Testament den »Wunsch aus, daß meinen beiden Schwestern Katharina Kreisky in Kaladey« – meine Großmutter – »und

Der Großonkel, Reichsratsabgeordneter Joseph Neuwirth (1839-1895)

Lina Bratmann (in Iglau Mähren) jener Erziehungsbeitrag für ihre zahlreichen Kinder, welchen sie seit einer langen Reihe von Jahren von mir bezogen haben, in gleicher Weise wie bisher, fortan seitens meiner Kinder zugewendet werde«. Joseph Neuwirth war kein reicher, aber auch kein armer Mann. Er stiftete Legate nicht nur für die sechzehn Kinder seiner Schwestern, sondern auch für das Dienstpersonal sowie für die Armen in Triesch, seinem Geburtsort in Mähren, die Armen in Meran, Obermais, Brünn und Linz.

Bei seiner Bestattung, so verfügte Joseph Neuwirth in seinem Testament, sollte auf »religiöse Zeremonien irgendwelcher Art« verzichtet werden. Weil er konfessionslos war, soll er von Kaiser Franz Joseph einmal aus einer vorgelegten Ministerliste gestrichen worden sein. Man hatte ihn für den Posten des Finanzministers vorgeschlagen. Der Kaiser hörte sich die Vorschläge an, nahm die Mitteilung der Meriten der einzelnen Herren gnädig zur Kenntnis und stellte schließlich die obligatorische Frage nach ihrer Konfession. Fast alle dürften römisch-katholisch gewesen sein; beim Finanzminister Joseph Neuwirth stockte der designierte Ministerpräsident einen Augenblick und sagte schließlich: »Konfessionslos.« Der Kaiser horchte auf und soll der Überlieferung zufolge gesagt haben: »Ja, was ist denn das?« Als er die entsprechende Aufklärung erhielt, soll er den Namen ausgestrichen haben mit der Bemerkung: »Da wär' mir schon lieber, er wär' ein Jud'.«

Diese kleine Anekdote wurde oft in meiner Familie erzählt. Trotz ihrer Neigung, konfessionslos zu werden, weil das ihrer liberalen und agnostischen Einstellung entsprach, wurden viele Mitglieder meiner Familie aufgrund dieser Anekdote sonderbarerweise religiös. Joseph Neuwirth spricht in seinem Testament daher auch die Hoffnung aus, daß seinen Kindern, die dem römisch-katholischen Glauben angehören, aus dem Umstand, daß er sich »religiöse Zeremonien irgendwelcher Art« ausdrücklich verbittet, keine Probleme erwachsen.

Von der großbürgerlichen Familie Felix habe ich wahrscheinlich die Neigung mitbekommen, ungeachtet meiner politischen Gesinnung jenen Lebensstil beizubehalten, den ich von zu Hause kannte. Die Männer in der Familie Felix waren meist Bonvivants, die Frauen durchwegs sehr noble, intelligente Personen. Ebenso wie die Brüder meines Vaters spielten fast alle Mitglieder der Familie Felix in meinem Leben eine große Rolle.

Das erste Dokument, in dem einer meiner Vorfahren erwähnt wird, stammt aus dem Jahre 1694. Es ist ein Empfehlungsschreiben der Reichsgräfin Zierotin für ihren Bader Felix Sachs – ein Zuname, der später nicht mehr auftaucht. Nachdem Felix Sachs acht Jahre unter ihrer Herrschaft gearbeitet hatte, wollte er sein Glück offenbar anderswo suchen und bat um ein Zeugnis:

Ich Sylvia Polexina Fraw von Zierotin Wietieb, gebohrne Gräffin von Waldtstein, undt Fraw auff Eywanowitz. Vhrkhunde vndt Bekhenne hiermit uor Jedermäniglich in sonderheit aber wo es die noth erfordern mechte: waß massen Zeiger dieses Felix Sachß gebiertieg uon Trebitsch, auff meiner Herrschafft Eywanowitz, vndt zwahr allhier im Stattl in meiner Jueden Gemein vndter meinen Obriegkeitlichen Schuetz sich in die acht Jahr lang uor Einen Bader auffgehalten, vndt in wehrender zeith mit profitirung seiner Profession so wohl denen Chriesten vorderist, alß auch Jueden eine genungsambe Vergniegenheit praestiret, auch sich in allen Eehrlich, getrew, vndt fleißieg verhalten habe, daß nicht allein meine Vndterthan, sondern auch Ich allerdiengs miet ihme wohl zue frieden geweßen. Weillen er aber anietzo endtschlossen, sein glüegkh anderwehrts zue suchen; Allß hat er mich dämüethiegist gebetten: Ich mechte ihme Seines wohl Verhal-

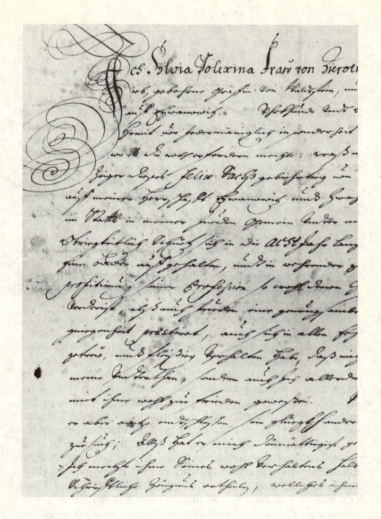

tens halber eine Schrifftliche Zeugnus ertheilen, welches ihme
in ansehung seines geleisten fleißes, nicht abschlagen, Sondern
hiemit wo er sich heündt oder morgen an mehlden mechte,
Standes gebühr nach, bester massen recommendiren wollen.
Vhrkhundt dessen Bekräfftiget sollches mein aingenhandt

Vndterschriefft, vndt vorgedrugktes Pettschafft. So Beschehen Schloß Eywanowitz den 19. Septembris Anno 1694.
L. S.   S:(ylvia) P:(olexina) wiettieb von Zierotin
        gebohrene Gräffin von Waldtstein.

Felix Sachs ist schließlich in Trebitsch geblieben. Auch seine Söhne und Enkel waren dort als Bader, Wundärzte und Chirurgen tätig. Als einer meiner Vorfahren mütterlicherseits, Salomon Felix, als Feldarzt aus einem Krieg zurückkam, zeigten seine Hände und Beine Lähmungserscheinungen, so daß er den Arztberuf nicht mehr ausüben konnte. Also verlegte er sich auf die Branntweinbrennerei. Da die jüdischen Dienstboten am Sabbat nicht arbeiten durften, er aber den Brennofen nicht ausgehen lassen konnte, bat Salomon um Erlaubnis, christliche Dienstboten halten zu dürfen:

16. März 1842.

Euere Kaiser Königliche Majestaet!
In allertiefester Ehrfurcht waget es der gefertigte, vor dem höchsten Throne Euerer Kaiser Königlichen Majestaet seine Bitte zu unterbraiten, indem er als getreueste Unterthan wegen zu befürchtender Erwerbslosigkeit hiezu bemüssiget ist.
 Er ist Familiant aus der Trebitscher Israelitengemeinde, hat sich bis itzt durch die Brandweinerzeugung, obzwar höchst kümmerlich doch redlich ernährt. Allein das Unglück so ihn nach dem ärztlichen Zeugnisse A durch die Lähmung seiner Hände getroffen hat, nöthiget ihn, sein Gewerbe ganz fremden Menschen anzuvertrauen, wodurch es sich ergab, daß er nicht nur keinen Verdienst, sondern noch Schaden von allen Seiten erleiden muste, dadurch bald in die traurigste Lage des Elendes geraten, sich und seine Familie auf den Bettelstab bringen würde.
 Die Pflicht als Familienvater und Unterthan verbindet ihn, sowohl für Nahrung der Seinigen, als auch der Leistung der ihm zukommenden kaiserlich königlichen Gaben und Schuldigkeiten zu sorgen; und nur durch den Betrieb der Brandweinbrennerey, weil er kein anderes Geschäft erlernet hat, würde er in den Stand gesetzt, seiner Obliegenheit nachzukommen. Da er jedoch wegen Lähmung seiner Hände diesem Geschäfte nicht vorstehen, und dasselbe nur durch Taglöhner betrieben kann, was aber bey gegenwärtigen Zeitverhältnissen zu kostspillig ist; so waget er in allertiefester Ehrfurcht seine Bitte zu Füssen Euerer Kaiser Königlichen Majestaet zu unterlegen und zu bitten:

Euere Kaiser Königliche Majestaet geruheten sich eines redlichen aber unglücklichen Unterthanes und seiner armen Familie zu erbarmen, und ihm aus nachstehenden Gründen, ausnahmsweise, allerhöchstgnädigst zu bewilligen, damit er sich einige Grundstücke von denen Trebitscher Bürgern pachten und zum Betrieb der Brandweinerzeugung sich Statt christlicher Taglöhner, christlicher Dienstboten bedienen dürfe, indem nur durch diese allerhöchste Gnade, es ihm möglich ist sein und der seinigen Leben vom Verderben zu retten und er waget in allertiefester Ehrfurcht seine Bitte mit folgenden Gründen zu unterstitzen.

Nicht wie seine Glaubensgenossen, um sich dem Wehrstande zu entziehen, sich durch Pachtungen ärarialischer Gegenstände zu ernähren, haben seit undenklichen Zeiten die Vorfahrer des in tiefester Ehrfurcht gefertigten, sich dem Staatsdienste, als auch dem allgemeinen Wohl geopfert. Denn nach denen von B bis J anruhenden Beylagen ist erwiesen, daß sein verstorbener Vater Joseph Felix, sowohl im Civil als auch in kaiserlich königlichen Militär die ersprißlichsten Dienste leistete. Eben so hat sein Onkel Michael Felix, welcher als Hauptmann und Auditor im Broder Regimente Fröhlich, dann als Magistratsrath in der kaiserlich königlichen Haupt und Residenzstadt Wienn, bis zu seinem gegenwärtigen Ruhestand diente, bewähren, daß er dem Staate nützlich war. Ebenso hat nach Ausweiß des sub K anliegenden Attestates, der Bruder des Ehrfurchtsvollest gefertigten in dem Feldhauptspitale Nr. 8 in den Jahren 1813 und 1814, als das Vaterland in bedrängtesten Umständen sich befand, als Unterarzt freywillig Dienste angenommen, und durch seine genaue Dienstespflichterfüllung auch sein Leben geopfert. Aber auch der tiefest gefertigte hat dem Hange seiner Familie folgend, mit dem Vorsatze dem Staate mit der Zeit nützliche Dienste leisten zu können, die Arzneykunde nach dem Allegate L erlernet, nach Ausweiß des Abschiedes sub M freywillig Militärdienste angenommen, und würde ihn das grose Unglück der Lähmung seiner Hände nicht getroffen haben; so würde der tiefest gefertigte gewiß nicht das Brandwein Erzeugungsgewerbe, welches mit so vielen Beschwerlichkeiten verbunden ist, ergriffen haben; welches Gewerbe, da keine israelitischen Dienstboten zu haben sind, und wenn ja einige sich treffen, sobald sie abgerichtet sind, diese Beschäftigung wieder fahren lassen, welches Gewerbe, der allgemeinen Verzehrungssteuer wegen, auf pünktliche Zuhaltung der angemeldeten Stunden der Unterzündung und anderer

Anlässe wegen gebunden ist, von Taglöhnern nicht besorget, sondern nur durch christliche Dienstbothen versehen werden kann, weil Endlich auch christliche Dienstboten die Woche hindurch 6 Tage arbeiten, indessen der israelitische Dienstbote immer 5 Tage des Sabates wegen arbeiten darf.

Ebenso bewähret seine Moralität das anruhende Zeugniß O und stellet seinen Karakter dar, daß er nicht wagen würde um etwas zu bitten, wenn es nicht seine Lebenserhaltung dringend erheischte.

Da nach dem erlassenen höchsten Hofdekrete vom 24ten Oktober 1828 und hohen Gubernialdekret vom 28. November 1828, Zahl 47803 denen Juden zum Betrieb der Brandweinbrenner und Bierbrauerey, christliche Dienstbothen zu halten gestattet wurde; so hat der tiefest gefertigte wegen Miethung einiger Grundstücke und Haltung christlicher Dienstboten bey Einer hochlöblich k.k. Landesstelle um Bewilligung gebeten, wurde aber gemäß des Allegates P abgewiesen, und er waget sonach fußfällig zu bitten: Euere Kaiser Königliche Majestät geruheten sich seiner allerhöchstgnädigst zu erbarmen und ihm die Bewilligung zur Pachtung von Grundstücken und zu seiner Brandweinbrennerey höchst nöthig habender Aufnahme 4 christlicher Dienstboten, allergnädigst zu ertheilen, daß der tiefest gefertigte dieser ausnahmsweisen allerhöchsten Gnade würdig zu werden sich bestrebte, erweisen die in Ehrfurcht beygelegten Allegate und seine Gründe würden, wenn nach allerhöchsten Ermessen über die Wahrheit seiner Angaben, die Einvernehmung der Herrschaft Trebitscher Oberamtes nöthig wäre, von demselben gewiß zusagend ertheilet werden.

Geruhen Euere Kaiser Königliche Majestaet der gerechten Bitte eines getreuen unglicklichen Unterthans allerhöchst gnädigst Statt zu geben.
Trebitsch am 4. März 1842.   Salomon Felix m.p.

Ich weiß nicht, ob ihm sein Ersuchen genehmigt wurde oder nicht, jedenfalls begann mit der Branntweinbrennerei der Reichtum der Familie. Bis dahin hatten sie gelebt, wie Ärzte damals halt lebten; viele Patienten waren ihnen, wie aus Testamenten hervorgeht, Geld schuldig geblieben.

Sowohl mein Urgroßvater als auch mein Großvater waren sehr unternehmerische Leute und haben das Neue stets sofort erfaßt. Mein Großvater, Moritz Felix, der ein knorriger, sehr selbstbewußter Mann gewesen sein muß, machte aus der Spiritusbrennerei eine Likörfabrik und errichtete außerdem eine Konservenfabrik in Znaim.

Das tschechischsprachige Trebitsch war ein schönes Städtchen in Mähren, das zu meiner Zeit 13.000 Einwohner zählte. An einem dieser ungeheuer großen Plätze, wie es sie nur im alten Österreich gegeben hat, besaß die Familie seit vielen Generationen ein stattliches Haus. Während mir die deutschen Städte im Kern immer als etwas eng erschienen, hatte man in Böhmen und Mähren den Eindruck, daß alle Bürger um den zentralen Platz herum lebten, was ursprünglich bei der Anlage solcher Plätze vielleicht auch beabsichtigt gewesen ist. Im Haus der Familie Felix in Trebitsch verlebte ich den Großteil meiner Ferien, und es war für mich sehr schmerzlich, als das Haus nach dem Krieg von der tschechischen Regierung in brutaler Weise erst zur städtischen Wasserverwaltung umfunktioniert und in den siebziger Jahren schließlich weggerissen wurde. Seither habe ich mich geweigert, jemals wieder nach Trebitsch zu fahren. Denn seitdem es das Haus nicht mehr gibt, sind die schönsten Erinnerungen aus meiner Kindheit und Jugend verloren.

Das großelterliche Haus lag im Herzen der Stadt und direkt neben dem Rathaus, was eine gewaltige Ausnahme darstellte, denn die Juden wohnten in der Regel in eigenen Vierteln außerhalb der Stadtmauern. Die Judenstadt von Trebitsch lag auf der anderen Seite der Iglau. Oberhalb der Judenstadt lag das Schloß der Grafen Waldstein. Man mußte also durch die Judenstadt zum Schloß hinauf, und ich erinnere mich sehr gut an diesen Weg, weil ich dort oben immer Tennis spielte. Eine alte Gräfin Waldstein hat mir einmal erzählt, daß ihr Vater Leute auf einem Turm postiert hatte, die ihm mitteilen mußten, wann mein Großvater sein Haus verließ. Dann hat sich der Graf aufgemacht, um ihm zufällig zu begegnen, weil er wissen wollte, wie die Kurse an der Börse in Prag notierten.

Aus Trebitsch stammt auch der berühmte Schuhkönig Báta, der in meiner Familie eine gewisse Rolle spielte, weil man an seinem ersten großen wirtschaftlichen Erfolg nicht ganz unbeteiligt gewesen war. Báta stellte damals Hausschuhe vom Fließband her; die Patschen bestanden aus einem besonderen Wollgemisch und hatten eine Ledersohle. Die Idee war völlig neu, und niemand wollte dem Báta das Leder für die Sohlen kreditieren.

Empfang des tschechischen Staatspräsidenten Thomas Masaryk am Hauptplatz in Trebitsch am 13. Juni 1928. Im Hintergrund das Stammhaus der Familie Felix

Trebitsch um 1900. Bildmitte: das Stammhaus der Familie Felix

Schließlich hat der Mann der ältesten Schwester meiner Mutter, der eine große Lederfabrik in Znaim besaß, das Material zur Verfügung gestellt. Der Schuhkönig, der später ganz Zlín beherrschte und heute überall auf der Welt Schuhfabriken besitzt, hat meinem Onkel diese Geste nie vergessen und dieses bestimmte Leder immer bei ihm bestellt.

Zlín war ein amerikanisches Wunder mitten in Mähren. Im Warenhaus der Stadt, das ebenfalls Báta gehörte, konnte man von der Wiege bis zum Sarg alles bestellen. In der Haupthalle hing das Flugzeug, mit dem Thomas Báta abgestürzt ist. Die Lehrlinge bei Báta wurden in Massen aus den Dörfern des Balkans geholt – man kaufte sie ihren Eltern sozusagen ab – und in riesigen Schlafsälen untergebracht. In der Früh mußten sie sehr zeitig raus und zwecks moralischer Aufrüstung in Reih und Glied singend durch die Straßen Zlíns ziehen, Gott preisend und Báta als seinen Propheten. Auch die Mauern der Stadt waren mit Bátafrommen Sprüchen verziert. Wahrscheinlich gab es in Zlín keine einzige Wand, an der man ein anders lautendes oder gar kritisches Plakat hätte anbringen können.

Als ich mir im Sommer 1933 diese sonderbare Stadt etwas genauer anschauen wollte – natürlich war das Hotel, in dem ich wohnte, ein Báta-Hotel –, wurde ich höflich, aber energisch veranlaßt, Zlín binnen 48 Stunden zu verlassen, weil ich unfreundliche Artikel über den Báta-Konzern geschrieben und darin die raffinierten Ausbeutungsmethoden geschildert hatte, die an den Lehrlingen praktiziert wurden. In der tschechoslowakischen Demokratie besaß der Schuhkönig Báta sein eigenes Königreich.

In Trebitsch war nichts geheim. Als die sehr korrekt erzogenen Mädchen den damals modischen Charleston getanzt haben, war die halbe Stadt in Aufregung. Ich erinnere mich auch noch gut an die zwei Brüder aus dem Nachbarhaus, die mit den Felix' wohl entfernt verwandt waren. Als sich das Gerücht verbreitete, daß ein dritter Bruder, ein junger Schauspieler aus Bratislava, nach Trebitsch komme, um dort seinen Urlaub zu verbringen, hätte man meine sehr hübschen Cousinen am liebsten eingesperrt. Der Tag kam, er erschien, und es war wie aus einem Film. Er trug einen Strohhut, den berühmten Girardihut, einen karierten Anzug mit einer auffallenden Krawatte und schwarze Lackschuhe. Die Blicke der Frauen richteten sich nur noch auf ihn.

Sein Bruder, ein ewiger Medizinstudent, praktizierte am Trebitscher Spital. Obwohl er mit seinem Studium nie fertig wurde, wollten die Bauern der Umgebung nur von Dr. Jiří Lederer behandelt werden, den sie taxfrei promoviert hatten. Die Brüder Lederer waren lustige junge Leute, mit denen wir wegen des Altersunterschieds aber nur selten verkehrten.

Franz Lederer ging später nach Amerika und wurde ein berühmter Filmschauspieler. Er war der einzige aus der Familie, der die begehrten Affidavits für die Einreise in die USA beschaffen konnte. Normalerweise haben die reicheren jüdischen Familien ja keine Verwandten in Amerika gehabt, weil für sie kein Anlaß zur Auswanderung bestand. Nur wer unangenehm aufgefallen war oder Spielschulden gemacht hatte, mußte fort. Die Familie kam für die Schulden auf, bezahlte die Überfahrt, gab ihm auch noch eine Wegzehrung mit und war im übrigen froh, ihn los zu sein. Gerade der aber, den man einmal hatte loswerden wollen, erwies sich nach 1933 als derjenige, der vielen Verwandten das Leben retten konnte.

Mein Onkel, seine Brüder und Freunde waren leidenschaftliche Jäger, und aus uns wollte man das gleiche machen. Wir wurden also früh auf die Jagd mitgenommen. Die Ausfahrt mit kleinen Jagdwägelchen in guter Ordnung war für mich das Schönste, das Jagen selbst das am wenigsten Spannende und die Heimfahrt das Ekelhafteste. Die nassen Jagdhunde haben fürchterlich gestunken. Die kleineren Beutestücke, zum Beispiel Rebhühner, bekamen lederne Bänder um die Brust gelegt, und auf diese Weise mußten wir sie nach Hause tragen. Die langsam auskühlenden kleinen Vogelkörper, die glasigen Augen, das läßt sich in seiner ganzen Widerlichkeit gar nicht beschreiben. Noch heute habe ich eine Abneigung gegen die Jagd und esse sehr ungern Wild.

Wenn sich die Neffen und Nichten im Haus der Vorfahren in Trebitsch einfanden, klagte der Bruder meiner Mutter, Berthold, der vom Großvater das Trebitscher Unternehmen übernommen hatte, als erstes über die schlechten Zeiten. Aber jedesmal konstatierten wir Veränderungen, die auf wachsenden Wohlstand schließen ließen. Damit wir uns das Umsteigen nach Trebitsch ersparten, ließ er uns mit der Kutsche auf der Bahnstation Okřischko abholen. Aber eines Tages kam er selber mit einem Automobil vorgefahren. Aus den Ställen wurden Garagen, und jedesmal stand dort, trotz des Jammerns über die schlechten Zeiten, ein neues Automobil. Beim Abschiednehmen bekamen wir von ihm immer ein fürstliches Zehrgeld mit auf den Weg, und immer sagte er dann dasselbe: »Brav sein und sparsam.« Und wenn wir, die Neffen und Nichten, uns später begegneten, haben wir uns gleichfalls mit diesen Worten verabschiedet: »Brav sein und sparsam.« Berthold Felix ist eines sogenannten natürlichen Todes gestorben, das heißt, er hat sich bei der deutschen Okkupation der Tschechoslowakei so aufgeregt, daß er einem Herzschlag erlag – ein gnädiges Schicksal, angesichts des Endes seiner Frau, seiner drei Kinder und Enkelkinder im Gas.

Ein weiterer Bruder meiner Mutter, Julius, war der große Kavalier der Familie. Er lebte in Mödling bei Wien das Leben eines österreichischen Grandseigneurs und ging immer mit einem dikken gelben Bambusstock spazieren. Ursprünglich war er ein hoher Richter – Bezirksrichter in Schärding und später Hofrat und Vizepräsident des Handelsgerichts –, hat sich dann aber als Advokat etabliert, und zwar ausschließlich zu dem Zweck, das Vermögen seiner Verwandten zu verwalten. Er war, weil er anders nicht Richter hätte werden können, aber wohl auch aus innerer Überzeugung, Katholik geworden. Nach dem »Anschluß« blieb er relativ lange unbeachtet, bis ihn eines Tages doch das Schicksal ereilte und er eine Vorladung der Gestapo erhielt. Er wußte, was ihm bevorstand, hat seinen besten Wein aus dem Keller geholt, ein paar Freunde eingeladen, und am nächsten Tag fand ihn die Wirtschafterin tot im Bett. Die Kirche gewährte Selbstmördern damals kein kirchliches Begräbnis, aber im Hinblick auf das Ansehen, das er genossen hatte, machte der Erzbischof von Wien, Kardinal Innitzer, eine Ausnahme.

Mich hat dieser Onkel zeitlebens freundlich, aber sehr distanziert behandelt, denn er hielt mich für ein auf Irrwege geratenes Familienmitglied. Er mochte »die Roten« nun einmal nicht, die Sozialisten waren ihm, wie übrigens allen Mitgliedern der Familie Felix, höchst suspekt. Ich bezweifle, daß er sie ernsthaft gehaßt hat, denn seiner ganzen Lebensart nach war der Haß ein zu mühsames Gefühl für ihn. Mit mir fand er sich offenbar ab, weil er der Auffassung war, daß man sich bei einer so alten und großen Familie nicht wundern dürfe, wenn es hin und wieder skurrile Erscheinungen gäbe. Dennoch ist das Verhältnis zwischen den Familienmitgliedern durch politische Zwistigkeiten niemals gestört worden. Es war eine Gemeinschaft von großer Harmonie und von einer Wärme, die ich noch heute nachempfinde.

Der jüngste Bruder meiner Mutter war Friedrich Felix, der

Besitzer der Konservenfabrik meines Großvaters in Znaim. Auf den Ansichten von Znaim aus dem 19. Jahrhundert ist in der Mitte ein großer rauchender Schornstein zu sehen. Dieser Schornstein war der Stolz meines Großvaters, weil er das Zeichen dafür war, daß dort eine der frühen Dampfmaschinen betrieben wurde. Dieses Unternehmen, das von meinem Großvater vor mehr als einem Jahrhundert begründet worden war, ist heute in tschechischem Volkseigentum – eine Umschreibung für Konfiskation. Vom einstigen Glanz ist nichts geblieben.

Damals, zu meiner Zeit, waren die Konservenfabriken das Kernstück des Familien-Konzerns; ihre Erzeugnisse, vor allem die Znaimer Gurken, wurden nach vielen europäischen Ländern exportiert, unter anderem nach Schweden. Friedrichs Sohn, mein Cousin Herbert Felix, dem der Verkauf nach Schweden oblag und der mit einer Schwedin verheiratet war, ging sehr früh nach Schweden und hat nach dem Krieg zusammen mit seinem Schwiegervater unter dem Namen Felix eine der größten Konservenfabriken des Kontinents aufgebaut.

Herbert Felix war mir von allen Verwandten der liebste. Wir waren einander nahe wie zwei Brüder und haben uns bei jeder sich bietenden Gelegenheit getroffen. Das letztemal 1973, wenige Tage vor seinem Tode, beim Skifahren in Lech. Ein prächtiger und sehr fähiger Mann. 1958 trafen wir uns in Bad Wildungen zu einem ernsten Gespräch. Er stellte mir zum letzten Mal die Frage, ob ich bereit sei – ich war damals Staatssekretär –, in seinen Betrieb als Partner einzutreten. Es schmerzte ihn ganz offensichtlich, als ich mich definitiv für die Politik entschied. Ob dann nicht wenigstens Peter, mein Sohn, dafür zu interessieren sei, fragte er. Als auch daraus nichts wurde, eröffnete er mir, daß er das Unternehmen dann nicht weiterführen und dem Wunsch seiner schwedischen Freunde folgen werde, ihnen seinen Anteil zu verkaufen. Allmählich zog er sich vollkommen aus der Firma zurück und übernahm einen sogenannten One-dollar-a-year-Job bei der FAO (Food and Agriculture Organization); ab 1965 kümmerte er sich innerhalb der UNO um die industrielle Verwertung von Agrarprodukten. Als er 1973 starb, hinterließ er ein beträchtliches Vermögen.

Ich kann sagen, daß meine beiden Familien den Nazismus in seiner grauenhaftesten und umfassendsten Form erfahren haben und daß nur wenige von uns übriggeblieben sind. Über die Welt verstreut, trifft man hier und da den einen oder anderen. Jedes-

Für den Export nach
Schweden bestimmte
Gurken

Werbung für
Znaimer Gurken der
Firma Löw & Felix;
der Schornstein der
Fabrikgebäude war
der Stolz des Groß-
vaters

Bruno Kreisky mit Herbert Felix und dessen Gattin Maj 1970 in Schweden

mal, wenn jemand herumzudividieren beginnt, ob das vier oder sechs Millionen gewesen seien, die dem Holocaust zum Opfer fielen, kann ich trotz eines gewissen Verständnisses für die Schwächen der Menschen nur sagen: von den mir Nahestehenden wurden so viele umgebracht, daß Zahlen mich nicht mehr interessieren.

Die Brüder meiner Mutter sind allesamt zugrunde gegangen; auch einige Schwestern meiner Mutter und viele Cousins, die mir sehr lieb waren und sehr nahegestanden sind. Eine Cousine, Elfi Felix, kam als einzige aus der Hölle zurück, war aber wahnsinnig geworden. Vor ihren Augen hatte man ihre Tochter umgebracht. Sie überlebte den Krieg nur um wenige Wochen.

In einer Liste, die dem polnischen Botschafter in Wien, Karski, vom damaligen Direktor von Auschwitz übermittelt wurde, findet sich eine ganze Reihe meiner Verwandten: eine große Zahl von Angehörigen der Familie Felix, darunter mein Vetter Dr. Wilhelm Felix, ein strenggläubiger Katholik, der aufgrund der Gebote seines Glaubens die Eltern nicht im Stich lassen wollte, als diese nach Theresienstadt deportiert wurden. Er selber war Halbjude und stand den katholischen Neuländern nahe.

Auf jener Liste steht auch meine Tante Grete Felix, die verheiratet war mit dem Bruder meiner Mutter, der den Trebitscher Betrieb vom Großvater übernommen hatte, eine Frau von unendlicher Güte und außergewöhnlicher Schönheit. Auf der Liste stehen noch weitere Vettern von mir, alle aus der Familie Felix, auch Ernst Felix mit allen seinen Kindern. Dann kommen die Fischers, Berta Fischer, die Schwester meiner Mutter, mit ihren Kindern, und dann die Kreiskys, Otto Kreisky, Friederike Kreisky, Karl Kreisky, auch viele Kreiskys, von denen ich bis dahin nichts wußte. Aus der kleinen mährischen Stadt Trebitsch meldet der Bericht 650 Deportierte. Ich hatte einmal grob geschätzt, daß von unserer Familie aus Trebitsch über zwanzig der nächsten Angehörigen von den Nazis ermordet worden sind; als ich jedoch die Namen durchging, stellte sich heraus, daß es viel mehr waren. Aber ich habe nicht mehr die Kraft, diese Statistik des Grauens zu vervollständigen.

Diese Auslöschung hat so viele Zeugen gefunden, es gibt eine große Anzahl mehr oder weniger bedeutender Bücher, mehr oder weniger eindrucksvoll nachempfundener Filme und Theaterstücke, und dennoch zweifle ich manchmal, ob das alles ausreicht, die Menschheit vor ähnlichem zu bewahren. Ich glaube es nicht. Der Massenmord hat seither nicht aufgehört, und in den letzten Jahren hat er eine so unfaßbare Steigerung erfahren, daß ich mich immer wieder aufs neue frage, ob der Kampf dagegen nicht vergeblich ist. Man kann einfach nicht überall dagegen ankämpfen; wenn man einiges Gehör finden will, muß man sich auf weniges konzentrieren. So lasse ich es bei einer sehr nüchternen Feststellung bewenden: Nur dann kann man die Menschen zu Mitgefühl und Einsicht bringen, wenn man irgendeine Saite ihres eigenen Schicksals zum Schwingen bringt. Deshalb habe ich oft gesagt, was 1938 für die österreichischen Juden begonnen hat, ging bald weit darüber hinaus. Erst kamen Juden anderer europäischer Nationen an die Reihe, dann die »Arier«, die Norweger, die Holländer, und eigentlich blieb niemand verschont. Ganz am Schluß stand die schreckliche Bilanz: Millionen Tote, Hunderttausende Vermißte, über Europa hin und her ziehend die Heere der Vertriebenen.

Es war für mich eine wirkliche Genugtuung, als ich nach dem Krieg den größten Wunsch meiner Mutter erfüllen konnte: ihre noch lebenden Schwestern nach Wien einzuladen. So gab ich ihnen noch einmal die Möglichkeit, einige Zeit miteinander zu verbringen. Aus England kam die älteste noch lebende Schwester meiner Mutter, Rachelle. Sie war die Witwe eines Mannes, der mir in meiner Kindheit ungeheuer imponiert hatte. Er war »Oberoffizial bei der k.k. privilegierten österreichischen Nordwestbahn« gewesen, ein stattlicher Mann, und in seiner roten Pelerine hatte er auf mich als Kind einen gewaltigen Eindruck gemacht. Außerdem hatte er immer sehr spannend von einem Freund erzählen können, der in der englischen Geschichte eine große Rolle gespielt hat, der berühmte Slatin Pascha. Der Sohn meines Onkels Gustl Herschmann war einer der erfolgreichsten Wiener Advokaten und vertrat zahlreiche Schauspieler des Theaters in der Josefstadt. Er hatte ein besonderes Faible fürs Theater. Als ich ihn das letzte Mal sah – er war an die neunzig und hatte ein sonderbar feines Gesicht –, hat er mir ganze Passagen aus dem Repertoire von Josef Kainz vorgetragen.

Die zweite Schwester, Eugenie Mayer, kam aus Israel, wo sie gar nicht gern lebte. Ihr Sohn war eines der Vorbilder meiner Jugend gewesen, ein schlanker, hochgewachsener Führer der Jugendbewegung »Blau-Weiß«. Er hatte sich früh dem Zionismus angeschlossen und war nach Palästina gegangen. Bei Kriegsende war er Major der britischen Armee. In der israelischen Armee wurde er später General der Pioniere. Seine Schwester, die mit einem polnischen Textilfabrikanten verheiratet war, ging ins Gas.

Die dritte Schwester, die überlebt hatte, war Therese Kantor, die reichste von allen, bei der ich die Stelle eines Wahlsohnes eingenommen habe – doch darüber später. Die vierte schließlich war meine Mutter. Als ich die vier Frauen nach Wien einlud, fürchtete ich, daß das Beisammensein überschattet sein werde von dem Gefühl, sich zum letzten Mal zu sehen. Wenn sie auseinandergehen, werden sie vom Abschiedsschmerz überwältigt sein, dachte ich mir. Aber das war ganz falsch. Die alten Damen waren alle froh, daß das Zusammensein, das sie sich doch so sehnlich gewünscht und auch genossen hatten, zu Ende war; endlich konnten sie wieder in ihre gewohnte Umgebung zurückkehren. Wie ich überhaupt das Gefühl habe, daß Frauen mit zunehmendem Alter immer weniger sentimental werden, während alten Männern bei jeder Gelegenheit die Tränen kommen.

4. Kapitel
Erlebnisse: Der eigene Weg in die Politik

Am 8. November 1924 nahm ich zum ersten Mal an einer Demonstration teil. Ich war noch nicht vierzehn Jahre alt. Der Sohn eines Industriellen namens Thomas Schwarz hatte sich aus dem Fenster der elterlichen Wohnung auf der Wieden gestürzt, weil er die Quälereien eines seiner Lehrer nicht mehr ausgehalten hat. Die Vereinigung sozialistischer Mittelschüler rief zu einer Protestkundgebung vor dem Gebäude des Wiener Stadtschulrats auf, und zwei Mitschüler hatten mich aufgefordert mitzukommen. Einer von ihnen wurde später Generalkonsul in Johannesburg – ein glühender Verfechter der Apartheid. So geht's halt manchmal mit den Menschen.

Mit dieser Kundgebung für einen an den Schulverhältnissen zugrunde gegangenen Mittelschüler begann mein eigentliches Engagement, und ich wurde Mitglied in der Vereinigung sozialistischer Mittelschüler. Da ich sehr jung war, gehörte ich in den sozialistischen Wanderbund, einen Ableger der deutschen Wandervogelbewegung. Diese große Aufbruchbewegung der deutschen Jugend hat im Leben Tausender junger Menschen eine entscheidende Rolle gespielt. Der Wandervogel hatte sich ja mehrfach gespalten; es gab unter anderem einen katholischen, einen deutschnationalen, einen eher liberalen und auch einen sozialistisch-kommunistischen Zweig.

»Jugendbewegt« zu sein, war auch zu meiner Zeit noch eine bestimmte Grundhaltung. Von einem gewissen Alter ab wurde das freilich mit einem leicht kritischen Unterton vermerkt. Nun machte man jedoch einen Unterschied zwischen Jugendbewegung und Jugendpflege. Unter Jugendpflege verstand man die Tätigkeit der Pfadfinder unter der Obhut von Erwachsenen, unter Jugendbewegung die sich selbst verwaltende Form des Zusammenschlusses junger Menschen.

Im Wanderbund hat es mir sehr gut gefallen. Es war die ideale Verkörperung einer neuen Gemeinschaft. Nicht mehr auf den engen Kreis der Mitschüler und der Jungen aus der Nachbarschaft begrenzt, verbrachte ich fortan meine freien Nachmittage inmitten eines Kreises, der mir das Gefühl von Geborgenheit gab und vor allem die Empfindung, einer großen, irgendwie auch politischen Aufgabe zu dienen. Meiner Neigung entsprechend, die mein Sohn einmal »missionarisch« genannt hat, habe ich mich einer intensiven Werbetätigkeit hingegeben.

Ständig strebte man nach neuen Formen des Zusammenlebens. Auch wenn wir im grundsätzlichen übereinstimmten, wurden dennoch harte Diskussionen geführt, bei denen ich freilich ein sehr stiller und passiver Teilnehmer war, denn es gab ja die »Großen«, allen voran Paul Lazarsfeld und Marie Jahoda, den redegewaltigen Alex Weissberg, der später in der polnischen Widerstandsbewegung als Oberst Cybulski aktiv war, Professor Victor Weisskopf, einen der CERN-Direktoren und Bürgermeister von Los Alamos, ferner den berühmten Mathematiker Hans Motz, der dann in Oxford lehrte, Hans Zeisel in Chikago und viele andere, die später einen großen Namen hatten.

Dieser Gruppe von Intellektuellen meist jüdischer Herkunft stand eine andere Gruppe gegenüber: die Söhne aus Arbeiterfamilien. Sie mußten sich durch besondere Tüchtigkeit bewähren, weil vielen das Studium sonst nicht möglich gewesen wäre. Da sie nicht wie andere über Beziehungen oder über Familienbande verfügten, hatten sie es von vornherein sehr viel schwerer. Die meisten von ihnen waren Techniker, und dies lag sehr oft in ihren Familien begründet: Es war fast selbstverständlich, daß der Sohn eines Metallarbeiters Ingenieur oder der Sohn eines Bauarbeiters Architekt wurde.

In meiner Mittelschülergruppe gab es zwei junge Leute, die später eine gewisse Berühmtheit erlangt haben, aber in sehr verschiedenartiger Weise. Der eine war mein Mitschüler, der spätere SS-Sturmführer Felix Rinner. Er war einer der Unbelehrbarsten und ist vor einiger Zeit als unverbesserlicher Nazi gestorben. Der andere ist der heute sehr bekannte Dichter Jura Soyfer, der Sohn eines russischen Emigranten, der in Wien reich geworden war. Jedenfalls hielt ich ihn für sehr reich, da ich ihn einmal in einem dicken Pelzmantel mit großer Pelzmütze gesehen habe. Überhaupt ist mir damals zunehmend aufgefallen, daß unter den sozialistischen Mittelschülern nur sehr wenige Arbeiterkinder waren, dafür um so mehr Kinder aus bürgerlichem Haus. Unsere Zusammenkünfte fanden meist in eleganten Bürgerwohnungen statt.

Am 15. Juli 1927 kam es vor dem Justizpalast zu ersten großen und gewalttätigen Auseinandersetzungen zwischen Demonstranten und Polizei. Tags zuvor waren jene Frontkämpfer freigesprochen worden, die bei einem Zusammenstoß mit dem Republikanischen Schutzbund im burgenländischen Schattendorf für den Tod von zwei Menschen verantwortlich waren – einem Invaliden und einem Kind. Wegen dieses Freispruchs kam es zu spontanen Arbeiterdemonstrationen gegen die »Schandjustiz«. Ich war neugierig, schnappte mir meinen Cousin Artur Kreisky, der damals mit seinen Eltern bei uns zu Besuch war, und gemeinsam gingen wir zum Justizpalast, um uns anzuschauen, was wir zunächst für ein bloßes Spektakel hielten. Plötzlich peitschten Schüsse. Wir haben die Salven nicht nur gehört, wir haben auch die fallenden Menschen gesehen, das Blut. Zum ersten Mal sah ich Menschen sterben. Das Herz klopfte uns bis zum Halse.

Als wir wieder wohlbehalten zu Hause eintrafen, hatte sich in der Stadt mit Windeseile das Gerücht verbreitet, in der Babenbergerstraße sei ein Mann namens Artur Kreisky erschossen worden. Da alle Kreiskys, die es auf der Welt gibt, vor zwei, drei und mehr Generationen miteinander verwandt waren, muß auch er weitläufig zu uns gehört haben. Nun war dies aber ein anderer Artur Kreisky, weder ein rebellierender Arbeiter noch ein Neugieriger, sondern ein angesehener Juwelier aus der Kärntner Straße, der gerade auf dem Nachhauseweg war. Er erlitt mehrere Durchschußwunden und starb drei Tage später. Die Presse hat den Fall breit ausgeschlachtet, um zu zeigen, wie sinnlos die Polizei herumgeschossen hat und daß es gar nicht darum gegangen ist, Arbeitermassen zurückzudrängen, sondern Macht zu demonstrieren. Insgesamt wurden an diesem Tag 89 Menschen getötet, darunter viele Angehörige der Sicherheitswache, und mehr als sechshundert verletzt. – Mein Cousin wurde sechzehn Jahre später, im Juni 1943, wegen Widerstandstätigkeit in Berlin-Plötzensee hingerichtet.

Der Leitartikel der Abendzeitung »Die Stunde« beschäftigte sich mit der Rolle des Bundespräsidenten Hainisch, eines auch im sozialdemokratischen Lager ob seiner Redlichkeit geschätzten Mannes. Der damals bekannteste österreichische Kaufmann Julius Meinl, der nach dem Zweiten Weltkrieg die ersten »Nobelkettenläden« errichtete, hatte dem Präsidenten spontan einen Scheck über 10.000,–Schilling zukommen lassen. Dieses Geld war für die Hinterbliebenen der Julikatastrophe auf beiden Seiten gedacht, war also eine Art Versöhnungsfonds, und sollte den Namen Hainisch tragen. Der Präsident ließ den Scheck jedoch zurückgehen: Er müsse dieses Angebot ablehnen, erklärte er, weil er fürchte, damit seine Kompetenzen zu überschreiten. Die Zeitungen waren in ihrer Kritik sehr vorsichtig: Wahrscheinlich schätze der Bundespräsident die Bedeutung des Paragraphenkordons, der ihn umgebe, richtiger ein als ein großer Teil der Bevölkerung, »die nach der Panik vom 15. Juli die Versöhnung heischt«.

Bei der »Stunde« waren auch große Literaten als Journalisten tätig, Egon Friedell, Anton Kuh und als Chefredakteur Karl Tschuppik, der von Josef Wirth – meinem späteren, von mir sehr geschätzten Kollegen in der Präsidentschaftskanzlei – abgelöst wurde. Der Leitartikel erreichte ihr Niveau, und da ich ihn auch in literarischer Hinsicht sehr eindrucksvoll finde, möchte ich einen Abschnitt zitieren:

»Der Präsident in Österreich ist der Prior eines weltlichen Klosters, das allen flüchtigen Empfindungen Asyl zu bieten hat. Den Verbrecher mag der Richter verurteilen, den Parteimann mag der andere Parteimann bekämpfen, die Straße mag der eine verunreinigen, der andere säubern, deshalb muß aber der Mensch weiter zum Menschen reden können. Der Aufrührer hat Frau und Kind zu Hause, unschuldige Menschen, die wahrscheinlich seine Gesinnung gar nicht geteilt haben und deren Elend es zu lindern gilt. Was soll aus unserer Kultur werden, wenn der Haß in der Seele der kommenden Generation gefriert, wenn er hart wird wie der Stahl, der sich gegen ihn kehrt? Mitleid mit Exklusivität gibt es nicht, sein linder Strom muß alle befruchten. Die Familie des niedergeschlagenen Wachmannes, wie die Familie des zusammengebrochenen Empörers. Zwischen dem Menschen und dem Präsidenten Hainisch hätte es keine Kompetenzkonflikte geben dürfen. Der Refus des Präsidenten beweist uns leider, daß wir noch nicht reif für die Versöhnung sind. Den Kommerzialrat Meinl ehrt es, daß er unbeschwert von Gewitterstürmen das elfte Gebot gesprochen hat: Du sollst nicht rächen! Die Türe, an die er klopfte, wurde leider verschlossen. Der Präsident trat nicht heraus aus der ihm Schutz bietenden Stube. Deren Mauern umschließen ihn fest, aber wird die Luft da drinnen nicht gar zu trocken?«

Das ist bewegend und politisch vernünftig formuliert, ein Stück zeitgenössischer Literatur. Wo, frage ich, sind die Zeiten hin, in denen glanzvolle Literaten zu aktuellen Tagesereignissen Stellung nehmen?

Betrachtet man die Geschichte der österreichischen Sozial-

Der Brand des Justizpalastes am 15. Juli 1927 und die Folgen: Fünf Tage nach den blutigen Ereignissen werden die Opfer zu Grabe getragen; Friedrich Adler bei seiner Trauerrede

demokratie in der Ersten Republik, so wird man wahrscheinlich zu dem Schluß kommen müssen, daß ihr Abstieg damals im Jahre 1927 begonnen hat. Bis zu jenem 15. Juli war die Partei von einem bis dahin unbekannten, fast rauschhaften Hochgefühl durchdrungen. Soeben erst hatte sie einen glänzenden Wahlsieg errungen, und Otto Bauer hatte die Parole ausgegeben: »Noch einmal 200.000 Stimmen, und wir haben die Mehrheit.« Einige meiner Freunde, darunter Victor Weisskopf, haben damals ein politisches Kabarett gemacht, in dem sie das Wort »Noch einmal 200.000!« selbstherrlich aufgriffen. In dem Sketch wurde der Tag geschildert, an dem wir endlich die Mehrheit hätten. Man ließ das Rathaus festlich beleuchten – an so etwas hatten die Wiener besonderen Gefallen –, und dann endete die Strophe:

»Was tamma jetzt, was tamma jetzt?
Jetzt wird a bisserl ausgesetzt.
Was tamma dann, was tamma dann?
Dann fang' ma halt wieder vom Anfang an.«

Es war ein ungeheures Kraftgefühl, das uns damals durchströmte. Schließlich hatten wir die Wahlen gegen die von Seipel konstruierte, sogenannte bürgerliche Einheitsliste gewonnen, die von dem Antisemiten Riehl, einem der Urnazis, bis hinüber zu den jüdischen Kandidaten in der Leopoldstadt reichte. Und gegenüber den Wahlen von 1923 hatten wir noch einmal drei Mandate hinzugewonnen (insgesamt 71), während die Christlichsozialen 9 Sitze verloren (insgesamt 73). Mitten in diese Hochstimmung fiel der furchtbare Schock vom 15. Juli.

Im nachhinein läßt sich natürlich leicht behaupten, daß es ein schwerer politischer Fehler war, in einem Moment, wo ganz Österreich im Bann der Sozialdemokratie stand, den Generalstreik auszurufen. Wer die Vorgeschichte kannte, mußte wissen, daß er nicht lückenlos befolgt werden würde. Man konnte sich auf die Eisenbahner verlassen, die einen sicheren Arbeitsplatz hatten und lange die Treuesten der Treuen waren, auch auf die Postbeamten und Metallarbeiter. Aber das große Wort, das uns alle in unserer Jugend faszinierte: »Alle Räder stehen still, wenn dein starker Arm es will«, das hat sich eben nicht als zutreffend erwiesen.

Und wer hätte gedacht, daß die Polizei schießen würde? Das war ja die eigentliche Tragödie. Nichts hat sich das österreichische Bürgertum sehnlicher gewünscht, als daß die von Wahl zu Wahl erfolgreichere Sozialdemokratie auf die eine oder andere

Weise einen schweren Rückschlag erleiden möge. Im gleichen Moment, in dem der Staat bewies, daß er sich traute, auf demonstrierende »Rote« zu schießen, war der Bann ihrer Politik gebrochen. Man kann also, dachten seither viele, mit der Sozialdemokratie fertig werden, sofern man nur den Mut hat, in die Leute hineinzuschießen. Diesen »Mut« hat der Staat am 15. Juli 1927 gezeigt, und der Held der Stunde war der Wiener Polizeipräsident Schober, ein im Grunde empfindsamer Beamter aus den Zeiten der Monarchie, der sich oft beschwerte, daß er ungerecht behandelt werde.

Das ärgste war, daß die Sozialdemokratie der Gegenseite einen Anlaß geboten hat oder zumindest einen Vorwand. Denn ich glaube nicht, daß der Leitartikel des Chefredakteurs der »Arbeiter-Zeitung«, auf den sich Schober berief und den man in der Tat als sehr heftig bezeichnen kann, von den Arbeitern wirklich gelesen worden ist. Die »Arbeiter-Zeitung« hatte zwar eine große Auflage, aber die Masse der Leute hat nicht um fünf Uhr in der Früh den Leitartikel gelesen, um dann um sechs Uhr in die Fabriken zu gehen und zu sagen: Jetzt marschieren wir! Das war eher ein impulsiver Entschluß, und instinktiv zogen die Massen auch zum Justizpalast als dem Inbegriff der Schandjustiz. Die Eskalation, zu der es dort kam, hat sich aus der Situation ergeben. Vielleicht steckten sogar bolschewistische Agenten dahinter, denn das Wien jener Jahre war ein Tummelplatz für sie. Viele von ihnen betrieben damals sehr stark die anarchistische Propaganda der Tat.

Die Österreicher der Ersten Republik waren leicht erregbare Menschen. Hatte man den Krieg glücklich überlebt und war nicht als Krüppel zurückgekehrt, dann wurde der Krieg im Rückblick zu dem großen Abenteuer eines sonst ereignislosen Lebens. Zwar wollte man in den ersten Jahren vom Krieg nichts hören und nichts sehen; dann aber wurde das Ereignis literarisch verarbeitet, und am Ende stand sehr oft die Apotheose des Soldatentums an sich. Der Nazismus war ja auch und ganz bewußt eine Verlängerung der Kriegserlebnisse und machte aus der Fronterfahrung den Inbegriff menschlichen Erlebens.

Auch der Republikanische Schutzbund verdankte seine Entstehung nicht nur dem Wehrwillen der Arbeiterbewegung gegen die präfaschistischen Kampfbünde, sondern entsprang auch dem Bedürfnis der Menschen, die Erinnerung an das größte Erlebnis ihres Lebens wachzuhalten. Ich erinnere mich deutlich an viele Nächte, die ich bei Schutzbundbereitschaften zubrachte. Man saß in irgendwelchen Kellern, döste vor sich hin und langweilte sich; eine allgemeine Munterkeit kam erst auf, wenn endlich die Würstel gebracht wurden. Und während dieser nächtelangen Schutzbundbereitschaft haben die Leute am liebsten vom Isonzo geredet, von Gorlice und von Wolhynien. So lernte ich sämtliche Schlachten kennen, auch wer ein guter General und ein tüchtiger Feldwebel gewesen war. Die Mentalität des Feldwebels steckt in vielen Menschen, auch in Zivilisten. Hinzu kam die krankhafte Uniformsucht, die gerade in Österreich sehr stark verbreitet ist. Wir hatten auf der Wieden einen etwas zu kurz geratenen Schutzbundführer, der mit Hochglanzreitstiefeln und in einer Phantasieuniform an der Spitze seiner Schutzbündler immer dicht am Rathausplatz vorbeimarschiert ist, und vielen hat das sehr gut gefallen.

Es gab nach dem Krieg eine Reihe von militanten Organisationen: die österreichischen Frontkämpfer, die in Wirklichkeit eine monarchistische Vereinigung mit präfaschistischem Einschlag waren; die Heimwehren, denen sich vor allem die Bauern anschlossen, ebenfalls präfaschistisch; eine ganze Reihe kleinerer Organisationen in der Politik, und natürlich die sozialdemokratischen Ordnerverbände, allen voran der Republikanische Schutzbund, die bei Demonstrationen die Leut' im Zaum hielten. Den sentimentalen Militarismus, der allen diesen Organisationen gemeinsam war, habe ich stets für eine große Gefahr gehalten. Für mich war hier eine Entwicklung vorgezeichnet, die die Jugend eines Tages zum Opfer einer viel umfassenderen, politischen Militarisierung machen würde.

Aber mit dieser Meinung stand ich ziemlich allein. Die Nostalgie kam immer mehr in Mode. Man denke nur an ein paar bekannte Filme der späten zwanziger und frühen dreißiger Jahre wie »Liebe in Uniform« oder an die Schlager, von denen viele ironischerweise von jüdischen Komponisten und jüdischen Librettisten stammten. Es klang so harmlos: »Adieu, mein kleiner Gardeoffizier«, aber es weckte doch Sehnsüchte, wo es Gardeoffiziere nicht mehr gab. Was hier beschworen wurde, war nur scheinbar die Vergangenheit.

Den Höhepunkt erreichte diese militaristische Sentimentalität später mit dem Weltschlager »Lili Marlen«, dessen Suggestion sich nicht einmal die Armeen der Alliierten entziehen konnten.

Mag sein, daß ich das Phänomen zu ernst nehme. Aber es ist viel Unfug damit getrieben worden, und wir werden ja auch heute immer wieder damit konfrontiert. Zu vorgerückter Stunde, in der die Menschen oft das besondere Bedürfnis haben, bekannte Melodien zu singen, tauchen plötzlich die alten Wehrmachtslieder auf, und bei den Jüngeren schleicht sich dann mitunter das Gefühl ein, daß das doch keine so schreckliche Zeit gewesen sein könne, wenn es so schöne Frontschnulzen gab. Ich bin nun einmal ein Mensch, der auch in diesen scheinbar banalen Fragen zu den »terribles simplificateurs« gehört, weil ich glaube, daß solche rückwärtsgewandten Gefühle zu einer resignativen Grundhaltung führen, nicht nur im Leben des einzelnen, sondern auch in der Politik. Dagegen anzukämpfen, kommt mir manchmal wie eine Donquichotterie vor. Aber nicht umsonst gehört der Don Quichotte zu meinen Lieblingsfiguren in der Literatur, und ein bißchen Donquichotterie ist mir bis heute geblieben.

Nun darf man nicht vergessen, daß das Leben in der Ersten Republik für viele sehr eintönig war. In Wien stand damals an jeder Ecke ein kleines Kaffeehaus. Heute sind viele von ihnen verschwunden, und manch einer bedauert das zutiefst. Das kleine Kaffeehaus war ein Zufluchtsort der Einsamen, und nicht zuletzt durch die Begegnung dieser Einsamen hat es seinen literarischen Charakter erhalten. Sehr oft war es aber einfach der Platz, wo man seine letzten Schillinge vertrank.

Dieses Problem hat die sozialdemokratische Bewegung in ihrer Gesamtheit erfaßt. Vielleicht mehr instinktiv als theoretisch. Jedenfalls hat sie in Österreich eine ganze Reihe bedeutender, gemeinschaftsfördernder Institutionen geschaffen. Als diese facettenreiche Kulturbewegung am 12. Februar 1934 aufgelöst wurde, hatten Zehntausende Menschen das Gefühl, in geistigem Sinne obdachlos geworden zu sein.

Die versteckten Waffenlager aus dem Ersten Weltkrieg wurden instand gesetzt, neu versorgt. Statt daß die schwarzen und roten paramilitärischen Verbände einander mieden, hat es immer wieder Sonntage gegeben, an denen die Rechten in provokatorischer Absicht in großen Arbeiterstädten demonstrierten, und da rückte dann auch der Schutzbund aus, um den terrorisierten Bewohnern die Angst zu nehmen. Ich erinnere mich noch, wie wir zu diesen Aufmärschen hinausgefahren sind, mit Zügen ähnlich denen, die früher einmal an die Front fuhren. Am Südbahnhof standen weinende Frauen und Mütter, und alle hatten nur eine Sorge: Hoffentlich kommst' gut heim! Diese ewigen Aufmärsche und Gegenaufmärsche waren eine gewaltige Herausforderung an die Exekutive. Wenn sie mit ihren »Spanischen Reitern« zwischen den demonstrierenden politischen Armeen standen, müssen die Ordnungskräfte das Gefühl gehabt haben, ein Opfer dieser Spannungen zu sein. Aufgrund ihrer politischen Herkunft – die meisten kamen vom Land – haben sie ihre Abneigung natürlich vor allem gegenüber den »Roten« zum Ausdruck gebracht.

Am 15. Juli 1927 konnte sich der Schutzbund deshalb nicht bewähren, weil er einfach nicht zusammengerufen worden war, um Brandstiftung zu verhindern. Eine vorausblickende Parteiführung hätte sich sagen müssen, daß es am nächsten Tag wegen dieses Urteils unter Umständen eine sehr aufgebrachte Stimmung geben werde, und daher hätte der Schutzbund in Bereitschaft sein müssen. Dann hätte man den Justizpalast gegen die anstürmenden Demonstranten abriegeln können. Schon an ihren Uniformen wären die Schutzbundbereitschaften erkannt worden, und Karl Seitz wäre die furchtbare Enttäuschung erspart geblieben, daß man das Feuerwehrauto, auf dem er stand, nicht hat vordringen lassen. Wenn dieser beliebte Bürgermeister dann erschienen wäre, hätten die Leute Platz gemacht. So aber haben sie ihn niedergeschrien – als Bremser und Arbeiterverräter, was beweist, daß unter den Demonstranten viele Nichtsozialdemokraten waren. Es war ein furchtbarer Tag für die Partei und, wie sich bald zeigen sollte, für die österreichische Demokratie. Es war ein furchtbarer Tag auch für mich.

Bis dahin hatte ich immer nur die wohlgeordneten Reihen demonstrierender Arbeiter und Sozialdemokraten gesehen. Das schien mir nun plötzlich wie harmloses Flanieren im Vergleich zu den zornigen Wogen der demonstrierenden Massen vor dem Justizpalast, die man mit Gewalt und unter Blutvergießen vertrieben hatte. Damals ist mir bewußt geworden, daß die Arbeit, die ich in der Vereinigung sozialistischer Mittelschüler leistete, eigentlich sinnlos war, und daß ich, wenn ich wirklich etwas tun wollte, in die Bewegung der Arbeiterjugend hineingehen mußte.

Mit diesem Entschluß zum wirklichen Engagement stand ich ziemlich allein. Plötzlich war ich die Diskussionen um der Diskussion willen satt. Denn es waren Auseinandersetzungen ohne realen politischen Sinn. Auch spielte in diesen Debatten etwas ganz anderes mit: Die Mittelschüler aus Arbeiterkreisen fühlten sich in diesem Milieu nicht wohl. Sie hielten sich auf ihre Art für eine Elite ihrer Klasse, während die Mittelschüler aus bürgerlichem Milieu sich als vom Bürgertum wegstrebende Außenseiter empfanden. Da diese oft aus jüdischen Familien kamen, schwang in allen Diskussionen immer auch eine kleine Spur des speziellen österreichischen Antisemitismus mit. Es mögen interessante Themen gewesen sein, über die wir da diskutierten, und man hat viele große Leute geholt, um sich belehren zu lassen, ob zum Beispiel in der Sowjetunion der Thermidor schon ausgebrochen sei oder nicht. Aber ich wollte mehr. Ich suchte, was mir aus meiner Klassenlage heraus nicht so leicht zu finden möglich war: den Kontakt zur jungen Arbeiterschaft.

Und so habe ich mich auf den Weg zur Arbeiterjugend gemacht. Ich wußte, daß das kein einfacher Weg war, aber so schwierig, wie er dann wurde, hatte ich es mir nicht vorgestellt. Das erste Problem war meine Mutter. Sie wollte immer wissen, wo man mich finden könne, aber ihr wollte ich von meiner neuen Welt nichts erzählen. Infolgedessen habe ich mich von ihr zum Schein überreden lassen, eine Tanzschule zu besuchen. Sie hat Elmayer geheißen und wurde von einem Rittmeister geleitet, der Generationen von Wienern nicht nur das Tanzen beibrachte, sondern auch gutes Benehmen oder was man darunter verstanden hat. Die Einschreibgebühr habe ich noch bezahlt, 20 Schilling. Aber bereits die ersten Monatsbeiträge, die ich von meiner Mutter einkassierte, habe ich schlicht veruntreut. Ausstaffiert, als ginge es zu einem Jugendball, in einem blauen Gabardineanzug mit weißem Hemd und passender Krawatte, bin ich bei der sozialistischen Arbeiterjugend in der Wiedner Hauptstraße 60 b aufgekreuzt. Mein Aufzug war offensichtlich Anlaß zum Spott; manche gaben ihrem Mißtrauen auch direkt Ausdruck. Nach dem Krieg wurde ich einmal gefragt, warum ich immer so fein »geschalt« gewesen sei. Als ich daraufhin zugab, daß ich meiner Mutter hatte vorgaukeln müssen, daß ich in die Tanzschule Elmayer ginge, rief das allgemeine Heiterkeit hervor. Zuhause habe ich mich dann in vieles leichter gefügt. Ich hatte geschnittene und saubere Fingernägel, die Haare waren in Ordnung, und meine gütige, naive Mutter war der Meinung, ich sei vernünftig geworden.

Das eigentliche Problem bereitete mir die Sozialistische Arbeiterjugend selbst. Schon am ersten Tag ist mir das widerfahren, was man die Intellektuellenfeindlichkeit nennt. Die beiden Obmänner waren zwei baumlange Kerle: Ferdinand Nothelfer, einer der Sekretäre der Gewerkschaft der Arbeiter im Hotel- und Gastgewerbe, kam aus der Bahnhofswirtschaft in Linz, der andere war Heinrich Matzner. Sie haben mich in die Mitte genommen und gesagt: »Du gehörst eigentlich nicht zu uns, für dich gibt's die Vereinigung sozialistischer Mittelschüler!« Aber von dort kam ich ja!

Verwirrt über diese ungnädige Aufnahme, wandte ich mich an einen Freund, der den Sprung bereits geschafft hatte, und der hat mich aufgeklärt: Diese Haltung sei auf Victor Adler zurückzuführen, der immer gesagt habe, Intellektuelle müsse man dreimal wegschicken, und wenn sie dann noch immer zur Mitarbeit bereit seien, dann dürfe man sie behalten. Unter denen, die von Victor Adler dreimal weggeschickt worden waren, gab es denn auch eine ganze Reihe von Leuten, die später erbitterte Feinde der Partei wurden, wie zum Beispiel der bekannte Journalist Dr. Wengraf, der im »Neuen Wiener Journal« Woche für Woche seine Tiraden gegen die Sozialdemokraten losließ. Er war ein sehr begabter Literat, aber Victor Adler hatte ihn nicht haben wollen, und das hat ihn wohl in seinem Stolz maßlos gekränkt.

Das Gespräch mit meinem Freund Baczewski, der aus einem großbürgerlichen Hause kam, hat mir wieder Mut gemacht. Es gehört zu den Paradoxien des politischen Lebens, daß er, dem ich meine Standhaftigkeit verdankte, derjenige war, an dessen Ausschluß aus der Sozialistischen Arbeiterjugend ich kurze Zeit später mitwirken sollte. Er wurde nämlich Kommunist und stand in dem berechtigten Verdacht, innerhalb der Sozialistischen Arbeiterjugend sogenannte Zellenarbeit zu leisten. Jedenfalls brachte ich nun genügend Ausdauer mit und habe die Bewährungsprobe bestanden.

Bald schon entdeckte ich, daß ich mich in diesem neuen Kreis nicht nur gesinnungsmäßig, sondern auch persönlich sehr wohl fühlte. Ich traf dort mit jungen Menschen zusammen, die die Personifizierung all dessen waren, was mich zum Sozialismus hindrängte. Das Erlebnis der letzten Kriegsjahre, die Inflation, die Entwertung aller Werte, die Arbeitslosigkeit, alles das hatte mich aufgerüttelt und in mir das Bedürfnis geweckt, diesem Phänomen auf den Grund zu kommen. Hinzu kam, daß ich in einer intellektuellen Opposition zur Gesellschaft stand. Sonderbarerweise nicht zu meinem Elternhaus, denn im Unterschied zu

Im Kreis der Sozialistischen Arbeiterjugend, Ende der zwanziger, Anfang der dreißiger Jahre. Bruno Kreisky zweiter von links (oben) bzw. dritter von rechts (am Ball)

vielen anderen jungen Leuten war ich mit meiner Familie nicht zerfallen. Aber die Kluft zwischen den Klassen war mir schon früh deutlich geworden, nicht theoretisch, sondern in ihrer Realität. Beeinflußt wurde ich wohl auch durch die Individualpsychologen, die sich um meinen kranken Bruder bemühten und wochenlang bei uns im Haus verkehrten. Sie waren zum größten Teil Sozialdemokraten. Mein politisches Interesse war also längst geweckt, als ich den entscheidenden Schritt tat. Die Entwicklung war völlig unpathetisch vor sich gegangen, und den Parteibeitritt selbst empfand ich im Grunde als selbstverständlichen Formalakt.

So bin ich in die Bewegung hineingewachsen, und da ich hartnäckig blieb und immer wiederkam, hat man mich eines Tages auch in der Arbeiterjugend gelten lassen. Meine erste Rolle war, daß ich an einem Sprechchor beteiligt wurde. Das war eine vom kommunistischen »Proletkult« wiedererweckte und von der sozialdemokratischen Kulturbewegung übernommene Kunstform. Musisch interessierte und begabte Leute, die in der Lage waren, aus verschiedenen Stücken ein neues zusammenzustellen, sollten den Zuhörern auf künstlerische Art die Geschichte der Arbeiterbewegung vermitteln.

Der erste Sprechchor, an dem ich mitwirkte, begann mit Heines Gedicht auf die schlesischen Weber:
>»Im düstern Auge keine Träne,
>sie sitzen am Webstuhl und fletschen die Zähne:
>Deutschland, wir weben dein Leichentuch,
>wir weben hinein den dreifachen Fluch –
>Wir weben, wir weben!«

Ein sehr politisches, sehr klassenkämpferisches, sehr antireligiöses Gedicht, das dem Zorn und nur sehr unterschwellig der Hoffnung Ausdruck verleiht.

Wie sehr die Kompilatoren sich über Zeit und Raum hinwegsetzten, geht daraus hervor, daß in diesem Sprechchorwerk auch die düsteren Stellen aus der »Braut von Messina« Verwendung fanden. Am Schluß dann die Apotheose, die durch mitreißende Arbeiterlieder zum Ausdruck gebracht wurde.

Manchmal trat bei diesen Feiern auch ein Redner auf, der dann irgendwo in der Mitte oder gegen Ende ein paar Worte sagte. Zu einer Jubiläumsveranstaltung hielt Otto Bauer eine kurze, aber wunderbare Rede. Es war großartig, wie er sich dieser Veranstaltung anpaßte. Ich werde das deshalb nie vergessen, weil ich das

Glück hatte, mit dem Obmann zu Otto Bauer gehen zu dürfen und ihn zu bitten, bei uns zu sprechen. Es war meine erste Begegnung mit ihm. Wir waren sehr stolz, wenn die »Alten« kamen, und hatten das Gefühl, die Veranstalter einer sozialdemokratischen Monsterkundgebung zu sein.

Es gab in den Reihen der Bewegung natürlich auch Lyriker, die für die Sprechchöre gedichtet haben, und Komponisten, die die Musik schrieben. Über diese Kunstwerke würde heute vielleicht so mancher die Nase rümpfen, aber sie waren das, was uns mitgerissen hat.

Leicht wurde es mir in der Arbeiterjugend nicht gemacht. Wenn ich einmal etwas sagen wollte und mich zu Wort meldete, was selten genug der Fall war, haben sie mich meist geflissentlich übersehen – wie der Speaker im britischen Unterhaus einen Hinterbänkler. Für diejenigen, die von vornherein gegen mich waren, war meine Herkunft noch Jahre später ein entscheidendes Argument.

Eines Tages kam, wie gesagt, mein Freund Baczewski in den Ruf, Kommunist zu sein. Er hat sich auffallend still verhalten, so still, daß einige Verdacht schöpften. Nach einer Versammlung nahmen mich die beiden Obmänner zur Seite: »Du, der Baczewski g'fallt uns net! Den haben uns die Kommunisten hereingeschickt. Im Herbst, wenn wir unsere Hauptversammlung haben, wird uns der viel zu schaffen machen. Jetzt brauch' ma einen, der bereit ist, sich darauf vorzubereiten.« Ich hatte damals schon zahlreiche theoretische Schriften gelesen, vor allem von Lenin, und galt als sehr beschlagen in allem, was die Diskussion mit den Kommunisten betraf. Das hatte eine sehr einfache Erklärung: Ich empfand mich als linker Sozialist und mußte mich daher in besonderem Maße mit der Frage beschäftigen, warum ich nicht mit den Kommunisten gehe. Den ganzen Sommer habe ich dann in Trebitsch damit verbracht, Material zu studieren. »Wenn es soweit ist«, habe ich nicht ohne Stolz gesagt, »bin ich auch bereit, von Brünn nach Wien zu fliegen.« Da gab es eine erste Flugverbindung. »Ich werde sparen und mir den Rest ausborgen. Jedenfalls bin ich da, wenn ihr mich braucht.« Diese Bereitschaft hat man mir hoch angerechnet, und als es dann zu der erwarteten Auseinandersetzung mit Baczewski kam, habe ich unsere Sache anscheinend gut vertreten. Von da an galt ich sozusagen als Spezialist für die Bekämpfung von jungen Kommunisten.

Sehr wertvoll in der Auseinandersetzung mit dem Moskauer

Kommunismus waren mir die Schriften Max Adlers. Für einen Siebzehnjährigen war es geradezu eine Offenbarung, wenn er bei Adler Sätze fand wie diesen: »So wurde aus der Diktatur des Proletariats die Diktatur über das Proletariat, aus der Diktatur der Klasse die Diktatur einer Partei.« Auch Trotzki hat das in seinem Buch gegen Kautsky »Terrorismus und Kommunismus« indirekt zugegeben. Kautsky selbst, den Epigonen des Marxismus, zitierte ich allerdings nicht, weil er allgemein als rechtsstehend galt. Meine Trumpfkarte war Lenins Buch »Der ›Radikalismus‹, die Kinderkrankheit des Kommunismus«, in dem er mit einer erstaunlichen Offenheit die Schwächen und Fehler der kommunistischen Parteien enthüllte und seine Parteifreunde mit einer Schärfe sondergleichen behandelte.

So habe ich meine politische Laufbahn in der Jugendbewegung meines Bezirkes begonnen, und noch im gleichen Jahr, 1928, wurde ich 3. Obmannstellvertreter der Sozialistischen Arbeiterjugend (SAJ) auf der Wieden. Die Wieden, der 4. Wiener Gemeindebezirk, ist einer der kleinsten Bezirke und überdies ein bürgerlicher. Die Nazis konnten dort sehr früh Fuß fassen. So entspann sich um jeden einzelnen jungen Menschen schon bald ein harter Kampf zwischen der SAJ und der Hitlerjugend.

Auch Kommunisten zogen ständig vor unseren Heimen auf und ab und haben uns Schererein bereitet. Ein Kommunist war ein richtiges Schreckgespenst. Da ich vor der Matura stand, hatte ich einige Übung in der Lektüre schwieriger Texte, und so habe ich mich weiterhin in die Auseinandersetzung mit dem Kommunismus vertieft.

Als im Sommer 1928 die Schüler aus der Pflichtschule entlassen wurden, bekam ich wie immer die undankbarste Aufgabe. Man gab mir eine Liste von 200 Buben und Mädeln, zu denen ich gehen mußte, um sie für die sogenannten »Roten 28er« zu gewinnen. Für die SAJ waren sie noch zu jung, und für die Roten Falken waren sie schon zu alt. Also hat man die Bewegung auf Vorschlag von Felix Kanitz, dem bedeutendsten Führer der Sozialistischen Jugend, sehr phantasievoll die »Roten 28er« genannt. Jeder Jahrgang sollte seinen eigenen Namen bekommen, jeweils nur ein Jahr bestehen und dann liquidiert werden: eine großartige Idee. Das war meine erste verantwortliche Tätigkeit.

Ich bin damals in viele Häuser gekommen, wurde oft von den Hausmeistern hinausgeworfen, habe aber doch einen überraschenden Werbeerfolg erzielt. Einer von denen, die ich gewonnen habe, war der kleine Sedlacek, der mich noch heute bei jeder Veranstaltung begrüßt. Das Eis war gebrochen. »Der kann mit die Buam und die Madln reden, der Kreisky«, hieß es, und so bin ich der Führer dieser kleinen Gruppe gewesen. Dann aber haben sich einige der Verantwortlichen gedacht, den Kreisky, den ziehen wir uns zu anderen Aufgaben heran. So wurde ich Obmann des gesamten Bezirkes und kam in die zentrale Obmännerkonferenz der Jugendorganisation. Dort lernte ich viele gute Leute kennen, von denen manche berühmt wurden; unter anderem kam der spätere Bundespräsident Franz Jonas aus diesem Kreis.

Meinen politischen Aufstieg verdanke ich sicherlich zum Teil dem Umstand, daß ich im Frühjahr 1929, nach der Matura, viel Zeit hatte und mich folglich der Zentrale unserer Jugendorganisation bei der Vorbereitung des Internationalen Jugendtreffens zur Verfügung stellen konnte, das vom 12. bis 14. Juli in Wien stattfinden sollte. Es war ein gewaltiges Ereignis für die jungen Sozialisten in ganz Europa, und noch heute gibt es überall auf dem Kontinent Leute, die an das Wiener Jugendtreffen als an ihr größtes Erlebnis zurückdenken.

Bei einer Konferenz in Wien-Favoriten waren der Führer der Gesamtjugendbewegung, Felix Kanitz, und Alois Piperger auf mich zugekommen und hatten gefragt, was ich denn jetzt nach der Matura so vorhätte. »No ja, jetzt werd' ich mir's erst einmal gut gehn lassen«, habe ich geantwortet, »und im Herbst werd' ich auf die Hochschule gehen.« Ich hatte also nichts vor, und da hat mir der Kanitz, der mich gern hatte, erklärt, sie brauchten Leute zur organisatorischen Vorbereitung dieses Jugendtreffens, ob ich mitmachen wolle? Ich war sehr stolz auf dieses Angebot und wurde dem internationalen Organisationsbüro zugeteilt, das man für die Veranstaltung ins Leben gerufen hatte.

Die Vorbereitungen liefen recht gut. Aber angesichts der zu erwartenden Massen überkamen mich doch gewisse Bedenken. Eines Tages meldete ich mich bei Felix Kanitz. »Wenn da tatsächlich 50.000 Leute aus ganz Europa nach Wien kommen, allein 15.000 in Sonderzügen aus Deutschland, das wird doch einen Riesenwirbel in Wien geben. Das werden wir nicht bewältigen. Wo sollen wir die Leute denn hinlotsen, wo ist die Anlaufstelle? In unserem Büro wird das nicht gehen.« Kanitz schaute mich verdutzt an, gab mir dann aber völlig recht: »Ja, das wird ein heilloser

Wirbel! Vielleicht könnten wir uns in den Bahnhöfen einrichten... Sag, was schlagst denn vor?«

Da habe ich das denkbar einfachste vorgeschlagen. Die Sonderzüge brauchten von der Grenze nach Wien ungefähr drei bis vier Stunden. Wenn wir unsere Leute mit allen Unterlagen an die Grenze schickten, sie sich im Zug etablierten und alles ausgaben, im einen Abteil die Karten für die Veranstaltungen, im andern Abteil die Formulare für die Quartiere und so weiter, dann war das ganze Problem doch bis Wien gelöst. Kanitz fand meinen Vorschlag gut.

In Pipergers Buch »Rote Jugendfahnen über Wien« gibt es einen Passus über mich: »Da war der 19jährige Bruno, Obmann einer Wiener Ortsgruppe, er stellte sich zur freiwilligen Mitarbeit zur Verfügung und übernahm das Expedit der Teilnehmerkarten und die Einteilung der Eintrittskarten für die künstlerischen Veranstaltungen. Eine schwierige, nur durch eine glückliche Verbindung von Selbständigkeit und Präzision zu vollbringende Aufgabe. Und der 19jährige, der niemals zuvor eine so schwierige, größte Aufmerksamkeit und Hingabe erfordernde Tätigkeit geleistet hatte, nimmt die Sache in Angriff und führt sie musterhaft durch.« So war ich plötzlich da, und nichts schien meinem Aufstieg entgegenzustehen.

Das Wiener Jugendtreffen war für mich eine große Erfahrung. Zum ersten Mal erlebte ich die Idee der Internationale. Damals lernte ich die wichtigsten europäischen Jugendführer kennen, aus denen später zum Teil bedeutende Politiker wurden: den Holländer Koos Vorrink, nach dem Krieg der populärste Politiker seines Landes, den früh verstorbenen Vorsitzenden der schwedischen Arbeiterjugend, Rikard Lindström, die Dänen Hans Christian Hansen und Hans Hedtoft-Hansen, beide nach dem Krieg Ministerpräsidenten, und natürlich den Sekretär der Sozialistischen Jugendinternationale, Erich Ollenhauer. Wegen seines Humors und seiner rundlichen Bonhomie war Ollenhauer überall gern gesehen. Die Deutschen hielten es in besonderer Weise mit der »jugendbewegten« Einheitstracht, und wenn der kleine, dicke Ollenhauer in kurzen Hosen und blauem Hemd erschien und sich genüßlich eine große Zigarre ansteckte, dann wirkte das schon ziemlich komisch. Auf diesem Jugendtreffen hat sich auch in Österreich das blaue Hemd durchgesetzt, das noch heute von sozialistischen Jugendlichen getragen wird.

Internationales Jugendtreffen der Sozialistischen Arbeiterjugend in Wien, Juli 1929; Großkundgebung auf dem Heldenplatz

Knapp ein Jahr später, zu Ostern 1930, fand in Eisenstadt eine Tagung des Gesamtverbands der Jugendorganisationen statt, an der ich als Delegierter teilnehmen sollte. Als ich den Saal betrat, hörte ich vom Podium, wie einer sagte: Man könne nicht akzeptieren, daß in den Verbandsvorstand als Stellvertretendes Mitglied jemand komme, der ein Intellektueller sei und zudem aus dem Großbürgertum stamme. Man müsse dieser Art von Unterwanderung Einhalt gebieten. Ein zweiter hat das bestätigt und hinzugefügt, man müsse den proletarischen Charakter der Jugendbewegung wahren. Ich habe das eigentlich ganz plausibel gefunden, jedenfalls für vertretbar, bis ich plötzlich erkennen mußte, daß kein anderer als ich damit gemeint war. Tief gekränkt ging ich zu meinem Freund Alois Piperger und sagte, ich hätte mich ja nie um eine solche Funktion beworben, warum also diese Gehässigkeit. Ich wolle doch nur meine Arbeit machen. Aber wenn man mich nicht haben wolle, dann ginge ich eben. Ich war, um ehrlich zu sein, den Tränen nahe. Es war eine Mischung von

Trauer und Zorn. Piperger hat mir lange zugeredet, und zu guter Letzt bin ich dann doch geblieben. Alois Piperger, heute Präsident des Aufsichtsrates der Länderbank, betrachte ich noch immer als meinen wichtigsten politischen Freund. Daß er mich damals zurückgehalten hat und sich auch später oft als wohlwollender älterer Freund erwies, habe ich ihm mein Leben lang nicht vergessen.

Die Delegierten aus den Bundesländern haben auf diese Weise zum ersten Mal von mir erfahren. Da die Kritik an mir von den Wienern kam – die erst später meine guten Freunde wurden –, beharrten sie darauf, daß ich meine Kandidatur aufrechterhalte. So habe ich eine ganz komfortable Mehrheit bekommen, ungefähr die gleiche wie bei meiner Wahl zum Parteivorsitzenden 1967. Da waren es wieder vor allem die Bundesländer, die mich gewählt haben.

Ich war nun Ersatzmitglied des Verbandsvorstandes und gehörte damit zu denen, die an den Sitzungen des Führungsgremiums teilnehmen durften. Etwas später wurde ich Vollmitglied, und auf dem Verbandstag in Salzburg, 1933, avancierte ich zum Vorsitzenden des Reichsbildungsausschusses. Damit trug ich die Hauptverantwortung für die politische und kulturelle Erziehungsarbeit der Sozialistischen Arbeiterjugend.

Es fällt mir schwer, retrospektiv die Gefühle zu schildern, die mich nach dieser Wahl beseelt haben. Als ich den Saal verließ, war ich ganz einfach glücklich. Mehr wollte ich für mich in dieser Zeit nicht erreichen. Ganz bestimmt wollte ich nicht der erste Mann der Arbeiterjugendbewegung werden, weil ich mir immer vorstellte, daß ihr Wortführer, der erste Mann oder die erste Frau, ohne Zweifel aus der Arbeiterjugend kommen mußte. Ein Sohn aus bürgerlichem Hause besäße bei aller Integration in den Kreis der jungen Arbeiter und Angestellten nicht jene absolute Glaubwürdigkeit, die man hierfür braucht. Man darf ja nicht vergessen, daß eine solche Funktion zwei Seiten hat. Zum einen ist man der Vertrauensmann einer sozialen Gruppe, aber andererseits muß man auch zu Zeiten ihr Wortführer sein. Der beste in meinen Augen war also der, der beides in idealer Weise verband, und wenn es einen solchen gab, dann war es Roman Felleis.

Roman Felleis war mein engster Freund. Ich habe ihn aufrichtig bewundert, und er verdient in diesem Buch eine Schilderung schon deshalb, weil er den seltenen Typ darstellte, der alles, was man sich wünschen kann, verkörpert. Er war ein Arbeiterbub im echtesten Sinn des Wortes: armer Leute Kind, die aber sehr auf sich und ihren Sohn geschaut haben. Sicher, er sprach »Erdbergerisch«, die Sprache eines besonderen Wiener Stadtteiles, aber er beherrschte auch ohne Mühe Wiener Hochdeutsch. Seine Ausdrucksfähigkeit war bemerkenswert. Er war bildungshungrig, nicht um der Karriere willen, sondern, wie man heute sagen würde, der Lebensqualität wegen. Er war mutig, opferbereit und von einer menschlichen Wärme, die mir heute noch bewußt ist; durch materielle Werte absolut unbestechlich, jahrelang arbeitslos und doch rastlos tätig. Was ich an ihm besonders geschätzt habe, war sein Humor. Noch den ernstesten Situationen haben wir eine heitere Seite abgewinnen können.

Als ich im Juni 1945 von seinem Tod im Konzentrationslager erfuhr, habe ich in tiefer Erschütterung einen Nachruf verfaßt, aus dem ich zitieren möchte: »... Roman Felleis war ein ungewöhnlicher Mensch, und trotzdem waren sein Leben und sein Tod ähnlich dem Leben und dem Tod vieler Tausender Unbeugsamer aus unseren Reihen. Wie sie kam er aus den Reihen der jungen Arbeiterschaft, weihte seine Dienste der Arbeiterbewegung, hielt ihr die Treue in den Zeiten der Niederlage, blieb ungebrochen auch in den düstersten Tagen der Hoffnungslosigkeit und mußte sein Leben lassen in den furchtbaren Mordfabriken der Nazisten.

Roman Felleis war ein leuchtendes Beispiel für den Aufstiegswillen des jungen Arbeiters. Seine Schulbildung würde gemeiniglich als ›mangelhaft‹ bezeichnet werden. Das war nicht sein Fehler, sondern der der Gesellschaftsordnung, in der er aufwuchs ... Trotz der ›mangelhaften‹ Schulbildung wußte Roman Felleis mehr von den Zusammenhängen des gesellschaftlichen Lebens, waren sie ihm klarer als den meisten akademisch Gebildeten. Ausgerüstet mit einem scharf denkenden und rasch arbeitenden Gehirn, konnte er sich die kompliziertesten Erkenntnisse rascher als die meisten aneignen. Roman Felleis war nicht nur ungewöhnlich begabt, er hatte eine Eigenschaft, die nicht immer mit Begabung zusammenfällt, er war auch fleißig. Alle Erkenntnisse, erworben durch das Studium wissenschaftlicher Werke, gingen bei ihm durch den Filter einer bei einem so jungen Menschen nicht alltäglichen Lebenserfahrung. Wenn andere eine Erfahrung mehrmals machen mußten, um aus ihr zu lernen, so war das bei ihm nicht notwendig, er war aufgeschlossen für die Erfahrungen anderer wie selten ein junger Mensch. War also Roman Felleis intellektuell im besten Sinne des Wortes, so habe ich selten

Menschen mit einem so warmen Herzen und einem so impulsiven Gemüt getroffen.

Ich habe das Glück gehabt, ihn oft zu treffen und während einiger Jahre sogar mehrere Male am Tage. Ich habe ihn gesehen, wie er Studiengemeinschaften junger, um Erkenntnis ringender Arbeiterjungen und Arbeitermädchen leitete, wie er ruhig und klar die Probleme darstellte, wie er in großen, von stürmischer Begeisterung erfüllten Jugendversammlungen – frei von billiger Demagogie – zündende Reden hielt, ich habe ihn gesehen in turbulenten Saalschlachten mit Nazisten in der österreichischen Provinz, auch hier sich ganz vorn haltend, und ich habe ihn gesehen bei Konferenzen mit den Vertretern der Jugendorganisationen anderer Parteien, wie er, nüchtern verhandelnd, Maßnahmen zu finden versuchte, die den Folgen der bei uns damals herrschenden grausamen Massenarbeitslosigkeit der Jugend entgegenwirken könnten. Unvergeßlich bleibt mir und allen, die damals dabei waren, wie er in einer Konferenz nach dem 12. Februar 1934 von den ›Siegern‹ aufgefordert wurde, seine Arbeit weiterzutun, und ungefähr folgendes sagte: Sie wollen, daß wir unsere Arbeit weitermachen sollen. In dieser Stunde sind Tausende unserer Genossen in Ihren Gefängnissen. Ihre Standgerichte sprechen täglich Todesurteile gegen unsere besten Parteifreunde aus, unsere durch freie Wahl gewählten Führer sind von Ihnen wider Recht und Gesetz ihrer Freiheit beraubt oder in die Fremde getrieben worden. Alles, worauf wir stolz waren, was unserem an materiellen Gütern wahrlich nicht reichen Leben Sinn und Inhalt gegeben hat, haben Sie vernichtet. Da kommen Sie zu uns und wollen, daß wir so machen sollen, wie wenn nichts geschehen wäre. Meine Herren, ich frage diejenigen unter Ihnen, die sich auch in dieser Zeit einen Funken Anständigkeit bewahrt haben: Was würden Sie an unserer Stelle tun? So etwa waren seine Worte, und als er gesprochen hatte, schloß der Einberufer die Konferenz ...

Natürlich war Roman Felleis unter den ersten, die die Gestapo holte, als sie in Wien eindrang. Sie haben ihn nach einiger Zeit aus der Haft entlassen, offenbar um ihn wieder zu holen. Die Gestapo wußte sehr wohl, daß ein Mann wie Felleis nicht aufgab. Roman Felleis war einer der letzten, die ich vor meinem Weggehen von Wien traf. Einen ganzen Sonntag lang sprachen wir miteinander, irgendwo bei Laab im Walde, über die neuen Probleme der Illegalität und über die Aufgaben, die im Ausland

Roman Felleis, der engste Freund Bruno Kreiskys in den dreißiger Jahren, 1945 im KZ Buchenwald ums Leben gekommen

erfüllt werden könnten. Ich versuchte auf dem Heimweg Felleis zu überreden, ins Ausland zu gehen, er wäre doch zu bekannt bei der Gestapo, als daß er wirklich illegal arbeiten könne. Er wollte davon nichts wissen, er wollte, wie man das unter den Illegalen nannte, ›untertauchen‹, irgendwie verschwinden in der Masse, die Aufmerksamkeit von sich ablenken. Er ging zum Straßenbau, er wollte eine Arbeit haben, die es ihm ermöglichte, den Arbeitsplatz oft zu wechseln, wollte einer unter vielen sein und dann im geeigneten Moment, vorsichtig tastend, die illegalen Zellen aufbauen.

Vor Ausbruch des Krieges wurde Felleis von der Gestapo geholt, einen so gefährlichen Gegner konnte man nicht in ›Freiheit‹ lassen. Die letzten Nachrichten über ihn brachte uns einer unserer Freunde, dem es gelang, der Hölle von Buchenwald während des Krieges zu entrinnen und nach Schweden zu kommen.

Es tut bitter weh, von einem Freund Abschied nehmen zu müssen, den wiederzusehen man die ganzen Jahre gehofft hat. Es sind nicht nur allein die großen Ideen, die die Arbeiterbewegung beseelen, nicht nur die Leistung, die sie vollbrachte, sondern auch oftmals die Menschen, die wir in ihr getroffen haben, die uns die Bewegung so teuer machen. Roman Felleis wäre heute ein vierzigjähriger Mann, er war 1934 ausersehen, der Führer der österreichischen Arbeiterjugend zu werden, er hatte alle Voraussetzungen, einer der Führer der österreichischen Arbeiterbewegung zu werden. Unter jenen, deren Aufgabe es ist, nach diesen Jahren der Zerstörung, die Arbeiterbewegung wiederaufzurichten, wird Roman Felleis nicht mehr dabei sein. Das ist ein schwerer Verlust. Unter jenen aber, die aus dem jungen österreichischen Proletariat heraufkamen, erfüllt von den Ideen einer neuen Welt, und im Kampfe für sie fielen, wird Roman Felleis einen Platz in der ersten Reihe bekommen.«

Es ist schwer, einen Menschen, der tief in einem lebendig ist, anderen so darzustellen, daß sie eine Spur dessen empfinden, was einen bewegt. Ich weiß nicht, ob ich die Kraft habe, derartiges zu vollbringen, aber im Fall Roman Felleis kann ich nicht anders, weil ich es mir selber schuldig zu sein glaube. Es ist sonderbar mit uns Menschen. Es gibt Freunde, die einen auch dann, wenn sie schon lange weg sind, mit großer Lebendigkeit begleiten, und wenn man über sie redet, scheint es, als redeten sie zu uns. »Er ging an meiner Seite«, heißt es in einem alten Soldatenlied, das mir zwar nie, wenn es erklang, Freude gemacht hat, das aber doch in schlichter Weise das ausdrückt, was ich empfinde. Am Ende der zweiten Strophe heißt es:

> »Er liegt mir vor den Füßen,
> Als wär's ein Stück von mir.«

Natürlich wäre es falsch zu glauben, die Jugendbewegung sei ein einziger Rausch der Kameradschaft gewesen. Es gab Menschen, die dem anderen den Aufstieg nicht gönnen wollten, und es war auch nicht jeder jedem gleich sympathisch. Aber alles das, was die menschliche Gemeinschaft im Negativen kennzeichnet, Intrigensucht, Feindschaft, Antipathie, war unter den Jungen damals sehr viel weniger entwickelt. Fast wäre ich geneigt zu sagen, daß es sich bei den Jungen um bessere Menschentypen handelte. Vielleicht ist das auch eine nostalgische Verklärung.

Ich weiß nicht, ob ich mit Gleichgesinnten gegen andere intrigiert habe, jedenfalls vorgeworfen wurde es mir eigentlich nie. Ich hatte auch wenig Gelegenheit dazu. Und dennoch waren einige meiner Genossen in Wien darauf aus, mir ein Bein zu stellen. Es gab in Niederösterreich ein paar ländliche Bezirke, die ohne Leitung waren, obwohl sie von Wien aus hätten betreut werden sollen, weil das aufgrund der damaligen Verkehrssituation am einfachsten gewesen wäre. Da haben einige hinterlistig gemeint:

»No, des soll der Kreisky machen!« Insgeheim hofften sie natürlich, daß ich mich dabei »dersteß'n« werde, wie man auf wienerisch sagt, weil sich dort noch jeder »dersteß'n« hat.

Aber das, was mir das Genick hätte brechen sollen, ist ein großer Erfolg für mich geworden. Die drei Bezirke Purkersdorf, Klosterneuburg und Tulln waren der steinigste Boden, auf dem ich bis dahin gearbeitet hatte. Das Tullnerfeld war ein extrem agrarisches Gebiet und eine der schwärzesten Bastionen, die es in Österreich gab. Klosterneuburg war eine reine Bürgerstadt, mit hoher Arbeitslosigkeit, und Purkersdorf war von alters her eine Art Sommerfrischengebiet. Noch heute zeugen viele der Häuser dort von der Pracht des Fin de siècle. Nicht zu Unrecht werden Stücke von Schnitzler, Hofmannsthal und anderen Wiener Autoren dieser Zeit mit Bühnenbildern inszeniert, die diese Sommervillen des Bürgertums nachahmen. Immer im Mai ist man hinausgezogen in seine Villa, oder man hat eine gemietet, und dort verlebte man dann den Sommer. Während die Eltern einige Wochen nach Abbazia in Istrien oder in einen anderen Kurort der Monarchie fuhren, verbrachten die Kinder die Sommerfrische in der zauberhaften Umgebung Wiens.

Diese drei Bezirke also waren mir zugeteilt worden, und im Tullnerfeld mußte man sich schon etwas einfallen lassen, um die Bauern zu unseren Veranstaltungen zu locken. In einem besonders ungastlichen Ort wollte man uns nicht einmal ein Lokal zur Verfügung stellen. So kamen wir auf die Idee, den sehr populären Generalstabschef der Isonzoarmee zu gewinnen, den unter dem Eindruck des Krieges zur Sozialdemokratie übergetretenen späteren Bundespräsidenten Theodor Körner. Ich habe Körner gebeten, über die Isonzoschlachten zu reden, weil die meisten Bauern im Tullnerfeld am Isonzo dabeigewesen waren und ihn deshalb kannten. Er wisse ja, sagte ich ihm, daß wir eine politische Rede erwarteten, aber in Sieghartskirchen könnten wir so etwas nicht ankündigen. Nach ein paar einleitenden Sätzen über die Isonzoschlachten solle er dann das Thema wechseln.

So geschah es. General Körner hatte eine für damalige Verhältnisse große Zuhörerschaft, und es brauchte lange Zeit, bis die Bauern dahinterkamen, um was es sich wirklich handelte. Eine deutlich spürbare Wut begann sich aufzuspeichern, und kaum hatte Körner zu Ende gesprochen, schwang ich mich auf mein Fahrrad und machte mich aus dem Staub. Obwohl sie mich überall abgepaßt haben, erreichte ich glücklich die nächste

Theodor Körner, der legendäre Generalstabschef der Isonzoarmee, war in den zwanziger Jahren militärischer Berater des Republikanischen Schutzbundes

Bahnstation. Ein Bauer aus Sieghartskirchen, der später im Aufsichtsrat der Länderbank saß, hat viele Jahre später zum Generaldirektor der Länderbank, der ebenfalls aus Sieghartskirchen stammte, gesagt: »Weißt, was mich heut' noch gift? Daß mir den Kreisky damals nicht derwischt haben.«

Im Laufe der Zeit kümmerte ich mich immer stärker um diese niederösterreichischen Bezirke. Ich habe die mühevolle und bisweilen hoffnungslos scheinende Arbeit in der Provinz sehr gern gehabt, und ich habe dort viele Freunde gefunden. Nach dem Krieg bin ich nach Niederösterreich zurückgekehrt, habe dort 1956 mein erstes Parlamentsmandat bekommen und wurde 1966, acht Monate vor meiner Wahl zum Parteivorsitzenden, Obmann dieses zweitgrößten Bundeslandes. Es ist mehr als ein halbes Jahrhundert her, daß ich in Niederösterreich meine politische Heimat gefunden habe, und noch immer interessiert mich sehr, was in diesen Orten los ist. Es gibt wohl kaum ein Dorf in Niederösterreich, in dem ich nicht mindestens ein- oder zweimal gewesen bin.

Auch als Parteivorsitzender habe ich den 1. Mai immer in Niederösterreich wahrgenommen. Am Vormittag nahm ich an der Wiener Großkundgebung teil, am Nachmittag sprach ich in irgendeiner kleinen Gemeinde meines politischen Heimatbezirkes, und immer freute ich mich aufs neue, wenn ich unter den Zuschauern Frauen und Männer aus meiner Jugendzeit traf. Man hat oft eingewendet, daß ich kein Niederösterreicher, sondern eine Art Leihgabe aus Wien gewesen sei. Aber wenn ich meine Schulzeugnisse aus der Monarchie zur Hand nehme, dann lese ich dort: Wien in Niederösterreich. Und so war es auch. Es war selbstverständlich, daß Wien die Hauptstadt Niederösterreichs war. Erst neuerdings ist man auf die skurrile Idee gekommen, eine künstliche Hauptstadt zu schaffen. Es ist mir unbegreiflich, wie man auf ein so gewaltiges kulturelles und gesellschaftliches Zentrum wie Wien verzichten kann. Wie hat doch Herzmanovsky-Orlando gesagt: »Auf was die Fachleut' alles draufkommen, wenn man sie laßt« – auch Quasi-Politiker.

Denke ich zurück an meine Jahre in der sozialistischen Jugendbewegung, muß ich mir selber immer wieder Grenzen setzen. Ich empfinde diese Jahre noch heute als so erlebnisreich, daß ich fast geneigt wäre, sie zu den schönsten meines Lebens zu rechnen. Man muß die Leute gern haben – dieses Wort Victor Adlers war von früh auf mein ethischer Grundsatz in der Politik. Ich habe mich in der Jugendbewegung unendlich wohl gefühlt, und das Zusammensein mit Menschen, die über den Tag hinaus lebten, große Ziele verfolgten und doch zugleich mit beiden Beinen fest auf der Erde standen, sehr genossen. Auch habe ich dort Freunde gefunden, mit denen ich den größten Teil meiner freien Zeit verbrachte.

Dennoch hatte und habe ich in allem, wie ich glaube, eine sehr persönliche Art, einen Lebensstil, den ich mir von niemandem nehmen lasse. Ich war kein sogenannter Jugendbewegter. So nannte man die ewigen Wandervögel, die nicht wahrhaben wollten, daß der Lebensstil ihrer Jugend vorbei war, und die noch im Mannesalter in kurzen Hosen, Wanderhemd und Windjacke, mit derbem Schuhwerk und möglichst ohne Socken herumliefen. Mit diesem sogenannten Stil brachten viele damals zum Ausdruck, daß sie ihr Leben so einfach wie möglich gestalten wollten. Mir lag das nicht. Meinem Äußeren nach und meinem Auftreten nach war ich, was man unter einem jungen Mann aus gutem Hause verstand. So habe ich gar nicht erst versucht, mich in meiner Kleidung, in meinem Gehaben oder in meiner Sprache anzubiedern, bin also nicht, wie das damals und auch heute allerorten üblich ist, in irgendeiner Einheitskleidung herumgegangen. Vielmehr galt ich immer als sehr gut gekleidet. Nun hatte es damit allerdings etwas Besonderes auf sich.

Ich hatte eine Tante, eine Schwester meiner Mutter, die mich wie ihren eigenen Sohn geliebt hat und die auch ich sehr gern hatte, weil sie voller Lustigkeit war. Ihr Sohn galt als große Begabung; schon in jungen Jahren war er einer der Direktoren einer Wiener Automobilfabrik geworden und war mithin das, was man in Wien leichtfertig ein Genie nennt.

Es gab damals in Österreich eine ganze Reihe von Automobilfabriken. Steyr, eine über die Grenzen hinaus bekannte Automarke, hatte einige sehr geglückte Modelle auf den Markt gebracht, unter anderem ein Auto für den Taxiverkehr, das noch lange nach dem Zweiten Weltkrieg gefahren wurde und immer wieder repariert werden konnte, weil es eine ausgezeichnete Werkmannsarbeit war. Zu den schönsten Automobilen der Zeit gehörte der Austro-Daimler. Dann gab es noch den österreichischen Rolls-Royce, er hieß Gräf & Stift.

Ich halte es für einen folgenschweren Fehler, daß wir uns 1955 nicht entschließen konnten, die Automobilproduktion in Steyr wieder aufzunehmen. Steyr war ein Markenname, und wir hatten hervorragendes Personal. Wir hätten leicht einen Mittelklassewagen produzieren können und eines Tages vielleicht einen ähnlichen Erfolg am Weltmarkt erzielt wie Volvo. Als Außenminister habe ich oft und oft mit dem damaligen Generaldirektor der Steyr-Werke gesprochen und ihn aufgefordert, sich doch nicht so stark auf eine Branche einzulassen, in der man mit gewaltigen Weltfirmen nicht konkurrieren könne – ich meine die Landmaschinenerzeugung. Man solle sich auch nicht mit dem Finishing des italienischen Fiats begnügen, wo bestenfalls einige wenige Stunden österreichischer Arbeit drinsteckten. Der Generaldirektor aber hielt die Krisenanfälligkeit der Automobilindustrie für sehr groß. Die Steyr-Werke waren in den dreißiger Jahren tatsächlich in besonderem Maße von der Krise erfaßt worden; die Stadt Steyr hatte die meisten Arbeitslosen in Österreich gehabt und war eine Stadt des Jammers und des Elends geworden. Die Erinnerung an diese Zeit veranlaßte ihn, lieber Geld zu horten, als eine neue Automobilproduktion in Angriff zu nehmen.

Bruno Kreisky 1930

Mein Cousin war früh zuckerkrank geworden und starb. Für meine Tante war dies ein unfaßbarer Verlust; daß sie überlebte, grenzte an ein Wunder. Nach dem Tod ihres einzigen Sohnes wendete sie ihre ganze Zuneigung mir zu, und bald nahm ich die Stelle eines Wahlsohnes bei ihr ein. Sie bat mich sogar darum, ihr die Freude zu machen, seine Kleidungsstücke zu tragen. Da mein Cousin ein eleganter Herr war und bei den besten Schneidern, Hemdenmachern und Schustern arbeiten ließ, bin ich in diese Art der Equipierung gewissermaßen hineingewachsen. Ich muß gestehen, daß ich nichts dagegen hatte. Noch heute trage ich – ohne Rücksicht auf das, was gerade modern ist – im wesentlichen die gleichen Anzüge, die gleichen Schuhe, die gleichen Hemden und die gleichen Krawatten.

Das war aber auch alles, was ich mit meinem Cousin gemeinsam hatte, denn er war ein geschworener Feind der Sozialdemokraten. Ich erinnere mich noch, wie er anläßlich eines großen Automobilarbeiterstreiks im Familienkreis haßerfüllt von den »Roten« sprach, und wie gern ich ihm widersprochen hätte, nur fehlte mir damals noch die nötige Sachkenntnis. Meine Unfähigkeit, das Gewußte auch zu formulieren und mit Argumenten aufzuwarten, hat mich zum ersten Mal gelehrt, wie wichtig für eine Diskussion die gründliche Vorbereitung ist. Gefühl und Instinkt reichen nicht aus. Ein Sozialdemokrat, hat Willy Brandt einmal gesagt, muß bereit sein, täglich aufs neue zu überzeugen. So habe ich es immer gehalten. Ich habe mich nie wissentlich in eine Diskussion eingelassen, wenn ich das Gefühl hatte, ich wüßte über die Zusammenhänge zu wenig Bescheid.

Auf der anderen Seite war ich sehr streng mit mir selber. Ich bin während meines ganzen Lebens kaum je in einem Nachtlokal gewesen. Nicht, daß ich Nachtlokale und Leute, die dort verkehren, verachtete, aber es hat nicht zu meinem Lebensstil gepaßt. An ein einziges Mal erinnere ich mich: Mein erster Jugendobmann, Ferdinand Nothelfer, wollte, daß ich am Abend mit ihm agitieren gehe. »Wo gehst denn hin?« hab' ich ihn gefragt. »Ins ›Moulin Rouge‹.« Wir haben uns fein herausgeputzt – für ihn war der Smoking die Berufskleidung – und sind ins »Moulin Rouge« gezogen. Als gleich ein Kübel mit einer riesigen Champagnerflasche an den Tisch gebracht wurde, ist mir ganz schwindlig geworden. Ich habe mich über den Tisch gebeugt und leise gefragt: »Ja, sag amal, wer zahlt denn das?« Er hat auf mich geschaut mit einem müden Lächeln, wie es Kellner manchmal an sich haben, und geantwortet: »Der b'soffene ungarische Graf da drüben.« Nobel wie er war, hat er wohl darauf verzichtet, die Rechnung zu prüfen.

Die sozialdemokratische oder sozialistische Arbeiterbewegung hat seit Anfang dieses Jahrhunderts in den demokratischen Staaten Europas gewaltige gesellschaftliche Veränderungen bewirkt. Die sozialistischen Parteien sind somit Parteien im historischen Sinne geworden. Zwar haben sie die Grundprinzipien der kapitalistischen Gesellschaftsordnung nicht verändert, aber durch ihre gesellschaftspolitischen Ideen haben sie ihr ein etwas menschlicheres Gepräge verliehen. In einigen Ländern droht durch den sogenannten »Neokonservativismus« allerdings eine Rückkehr zu den alten Zuständen. Die Sozialdemokratie müßte, um dem zu begegnen, wieder eine große Aufklärungs- und Kulturbewegung werden, freilich in einem ganz neuen Sinne. Früher hat sie neue Institutionen geschaffen oder vorhandene in einer Weise verändert, daß sie der nach Kultur hungernden Elite der Arbeiterbewegung entsprachen. Dazu gehören die Volkshochschulen in Skandinavien, die der Arbeiterbewegung trotz ihrer Unparteilichkeit gewaltige Dienste erwiesen haben, und alle Arten von Volksbildungseinrichtungen. In Österreich war eine davon die sogenannte Arbeitermittelschule, wo Arbeiter und Angestellte am Abend Unterricht von Mittelschullehrern erhielten; auf diese Weise wollte man ihr intellektuelles Bewußtsein stärken und sie auf die Matura vorbereiten.

An der Wiener Arbeitermittelschule unterrichtete unter anderen Otto Koenig, ein witziger und wortstarker Theaterrezensent. Das Theater war seine Leidenschaft, und als alter Sozialdemokrat wollte er auch gerne junge Arbeiter und Angestellte in diese Welt einführen. Das Fach nannte er »Dramaturgie«. Wegen dieser Dramaturgiestunden gab es bei den für die Arbeiterjugendbildung Verantwortlichen regelmäßig Verdruß. Der Arbeitermittelschule insgesamt stand man sehr positiv gegenüber, aber Robert Danneberg, eine der großen Persönlichkeiten der Partei, hat immer wieder gefragt: »Wozu braucht ein Arbeiterbub Dramaturgie?« Ich antwortete dann, daß das in Wirklichkeit qualifizierte Literaturgeschichte sei, die da auf besondere Weise vorgetragen werde. Ganz überzeugen konnten wir Danneberg wohl nicht.

Warum ich diese Episode erzähle? Weil aus dieser Arbeitermittelschule einer der bedeutendsten Dramatiker des modernen Österreich hervorgegangen ist: Fritz Hochwälder. Ich lernte ihn in den dreißiger Jahren kennen. Er war damals arbeitsloser Tapezierer – man soll über Tapezierer keine voreilige Meinung haben – und trug in den Jugendgruppen unter dem Titel »Ernstes und Heiteres« Stücke vor. Die Arbeiterbildungsbewegung zahlte für solch einen Abend fünf, manchmal sogar zehn Schilling. Das Niveau war sehr unterschiedlich. Viel Erfolg hatten diejenigen, die alte Kalauer vortrugen und damit besonders bei den älteren Leuten Anklang fanden, während die Jungen kritischer waren. Hochwälder war sehr geschätzt. Er trug Brecht, Tucholsky, Becher, Mehring, Kästner und andere vor. Eines der schönsten Gedichte, das ich bei einer solchen Gelegenheit zum ersten Mal hörte, war die »Ballade von den Augen des Heizers« von Jiří Wolker. Sie schildert die Tragik eines Mannes, der eine Dampfmaschine bedient, damals die übliche Energiequelle der Industrie. Mit jeder Schaufel Kohle warf er ein Stück seiner Augen in die Glut...

Wenn aus der Arbeitermittelschule mit ihrem Fach »Dramaturgie« auch nur ein Dichter oder Gelehrter vom Format Fritz Hochwälders hervorgegangen ist, dann hat sie sich gelohnt. Darüber hinaus aber gab die Arbeiterkulturbewegung den Menschen ein Gefühl für das, was man heute als »Lebensqualität« bezeichnen würde. Die Institutionen dieser Bewegung haben das Leben für sie erst lebenswert gemacht; Lebensqualität war also kein Luxus, sondern eine existentielle Frage. Die meisten waren arbeitslos, und wenn sie nur ein Stück Brot und eine Erbsensuppe hatten, waren sie zufrieden.

Glücklich waren sie, wenn wir ihnen am Sonntagvormittag in einem gemieteten Kino die »Dreigroschenoper« oder einen der großen Filme von G.W. Pabst vorführten; als Arbeitslose konnten sie sich eine Kinovorstellung nicht leisten. Wir haben große und kleine Arbeiterbüchereien aufgebaut, in denen Werke zur Verfügung standen, die die öffentlichen Bibliotheken gar nicht erst anschafften, und wir haben den Menschen die Möglichkeit geboten, mit den »Naturfreunden« hinaus in die Natur zu kommen. Dieser Verein – die Grünen von damals – wurde zum Kern einer gewaltigen Massenbewegung; »weg von den Wirtshäusern« lautete die Parole. Auch gesundheitspolitisch war diese Bewegung bedeutsam; Wien galt als die Stadt der Tuberkulose, die auch »Morbus Viennensis« genannt wurde.

Die Arbeiterbewegung wurde für viele zur neuen, zur eigentlichen Heimat. Man vermittelte ihnen das Gefühl, daß ihr Leben trotz allen Elends menschenwürdig sei, und der alte Heimatbegriff verblaßte immer mehr. Er hatte seine materielle Berechtigung verloren; das Leben in der »Heimat« wurde für Hunderttausende Arbeitslose immer schwieriger. Aus der Erinnerung an diese Jahre und aufgrund meiner Erfahrungen in Skandinavien war es eine zentrale Idee meiner Politik nach dem Krieg, den Begriff eines neuen österreichischen Patriotismus zu verwirklichen. Ich habe immer wieder gesagt: Was wir Sozialdemokraten wollen, ist, Österreich zu einer guten Heimat des Volkes zu machen. Mit diesem »Österreichischen Weg« – das war die Parole – haben wir immer wieder die Mehrheit gewonnen, und wenn ich vor älteren Leuten, die wußten, wovon ich redete, sagte: »Niemals ist es so vielen Menschen so gut gegangen wie jetzt in Österreich«, erntete ich immer stürmischen Beifall.

Die Jugendbewegung war nicht nur für uns, die wenigen Intellektuellen und politisch Aktiven, sondern sie war infolge der Not der Zeit die Heimat für Zehntausende junge, meist arbeits-

SAJ-Gruppe Wieden; letzte Reihe rechts (verdeckt) Bruno Kreisky; in der Mitte, mit weißem Hemd, Ferdinand Nothelfer; links hinter ihm Heinrich Matzner

lose Burschen und Mädchen. Und es wurde nicht nur über Politik und Sozialismus gesprochen; es wurde alles diskutiert, was für junge Leute irgendwie bedeutsam war. Wir persiflierten uns selbst, indem wir den Titel eines Referats erfanden: »Vom Urnebel bis zum Sozialismus«.

In Deutschland wurden damals viele mutige Versuche unternommen, das Verhältnis der Geschlechter in der Jugendbewegung neu zu gestalten. Als das Thema nach Österreich drang, war das eine kleine Sensation. Ein Buch des deutschen Mediziners und Soziologen Max Hodann erregte besonderes Aufsehen: »Bursch und Mädel. Gespräche unter Kameraden über die Geschlechterfrage«. Es war eine fundamentale Aufklärungsschrift. Die Jugendbewegung war ja, obwohl sie das Gegenteil propagierte, ein sehr prüder Verein, und es hat lange gedauert, ehe man die Gleichberechtigung der Geschlechter mehr als nur formal anerkannte. Eine Selbstverständlichkeit ist sie noch heute nicht; so können sich zum Beispiel nur wenige einen weiblichen Bundespräsidenten oder einen weiblichen Kanzler denken. In Großbritannien dagegen hat man ein Kunststück vollbracht: Sowohl das Staatsoberhaupt als auch der Premierminister ist eine

Frau, und dennoch ist die Gesellschaft durch und durch männlich geblieben.

Die Literatur hat sich des Themas Jugendsexualität immer wieder bemächtigt. Wedekinds »Frühlings-Erwachen« galt als obszön, und doch war das Thema von höchster Aktualität. Ein neues Verhältnis in der sexuellen Beziehung zwischen Männern und Frauen war schon deshalb notwendig, weil es nur wenige Verhütungsmöglichkeiten gab. Wurde ein Mädchen schwanger, so hatte das, abgesehen von der persönlichen Katastrophe, auch zur Folge, daß Eltern ihren Töchtern verboten, in die Jugendbewegung zu gehen. Das Problem kam nur deshalb nicht voll zum Tragen, weil die Diktaturen die Jugendbewegungen und ihre Aktivitäten in den Untergrund drängten.

Im Laufe der Zeit bin ich mit vielen Leuten aus dem In- und Ausland zusammengekommen. Ich war ein sehr junger Mensch, wurde immer herumgereicht als der Jüngste da und der Jüngste dort, was ein sehr angenehmes Gefühl war – im Gegensatz zu heute, wo ich überall der Älteste geworden bin. Noch einmal möchte ich sagen: Ich habe mich nirgends hineingeschmuggelt, am allerwenigsten in die Arbeiterjugend, und ich habe niemandem nach dem Munde geredet gegen meine Überzeugung. Auf eines allerdings habe ich von Anfang an geachtet: Keinen meine intellektuelle Überlegenheit spüren zu lassen, zumal ich gar nicht immer selbst davon überzeugt war. Ich griff immer sehr spät in Diskussionen ein und war sehr froh, wenn ein junger Mann oder eine junge Frau Meinungen geäußert haben, die mir nicht richtig zu sein schienen. Dann hatte ich die Gelegenheit zu zeigen, daß ich mich nicht gescheiter fühlte als sie, sondern lediglich andere Argumente zu haben glaubte. Ich habe später oft sehr hart argumentiert, aber nie jemanden zu verspotten versucht, und war immer bemüht, bei meinem Gegenüber keine allzu großen Minderwertigkeitsgefühle aufkommen zu lassen.

Verglichen mit heute war die Jugendbewegung meiner Zeit nicht nur zahlenmäßig stark, sondern genoß auch innerhalb der Partei eine sehr viel größere Wertschätzung. Da die Partei sich in Opposition befand und im Kampf gegen eine politische Übermacht stand, bedurfte sie zur Durchführung ihrer politischen Arbeit dringend der jungen Menschen. Heute vermissen viele in der Bewegung das Kämpferische. Es ist sehr schwer für junge, aktive Kräfte, in einer Partei zu wirken, die als Koalitionspartner Regierungsverantwortung mitzutragen hat. Regiert die Partei allein, wird sie immer unter dem Zwang stehen, ihre politischen Entscheidungen den kritischen jungen Leuten aus den eigenen Reihen zu erklären. In einer Koalition mit sogenannten bürgerlichen Parteien aber muß sie nicht nur ihre eigene Politik rechtfertigen, sondern auch die Politik des Koalitionspartners, und es ist schwer, jungen, politisch kämpferischen Menschen die diffizilen Manöver in einer Koalitionsregierung plausibel zu machen. Die Jungen legen dies schnell als politische Schwäche aus, berufen sich auf den einstigen Kampfgeist der Bewegung und üben härteste Kritik an der Partei, was aber nur dazu führt, daß diejenigen vertrieben werden, die sie durch diese Kritik zu gewinnen vorgeben. Die These, daß man junge Leute leichter gewinnt, wenn man sich kämpferisch zeigt, ist falsch; was soll einen jungen Menschen veranlassen, sich einer Partei anzunähern, von der er bestenfalls sagen kann, daß sie die Tätigkeit der Jungen toleriert.

Heute gibt es allerdings eine neue politische Situation, die es der sozialistischen Jugendbewegung leichter macht, den kämpferischen Geist der Jungen voll zum Einsatz zu bringen, ohne dabei den Zusammenhalt mit der Partei aufs Spiel zu setzen. Im Vordergrund steht das sehr berechtigte Interesse an der Erhaltung des Friedens. Ohne mich an dieser Stelle lange mit einer sehr komplizierten Materie auseinanderzusetzen: Es geht ganz einfach um das Leben auf diesem rollenden Planeten. Den tiefen Zukunftspessimismus der Jungen verstehe ich gut. Da ich in meinem Leben Zeuge furchtbarer Ereignisse war, sage ich mir, wenn nur ein Bruchteil dessen, was an sträflichem Leichtsinn, an grenzenloser Dummheit und an politischen Verbrechen zwischen den beiden Weltkriegen geschehen ist, wieder geschieht, dann ist das Unglück tatsächlich unaufhaltsam. Hier sehe ich die große Aufgabe der jungen Generation: Sie darf sich nicht irre machen lassen, auch nicht von Politikern, die sich aus sogenannten realpolitischen Erwägungen möglichst wenig Opposition wünschen. Das ewige Beschwichtigen und Beschwören, man möge doch die Beziehungen zu den Vereinigten Staaten nicht stören, darf uns nicht davon abhalten – als *echte* Freunde Amerikas –, wo es notwendig ist, unsere Meinung zu sagen. Es handelt sich ja in Wirklichkeit nicht um das Wohl Amerikas, sondern um die politischen Ansichten seiner herrschenden Administration. Die Einstellung, daß man um keinen Preis Kritik an dieser Administration üben dürfe, entspringt demselben Geist, mit dem man

1914 und 1938 in das Unglück rannte – nur mit dem Unterschied, daß dieser Geist damals als offizielle Politik Österreichs und Deutschlands galt. Gerade weil wir wissen, wie wenige es damals waren, die die Schuld an dem Unglück trugen, und daß es heute vieler Millionen bedarf, um eine ähnliche Entwicklung zu verhindern, dürfen wir die Auseinandersetzung nicht scheuen. In solchem Engagement sehe ich die Aufgabe der Jungen. Das Maß, in dem sich die Sozialdemokratie hier einsetzt, wird über ihre Zukunft entscheiden. Sie muß klare Fronten beziehen und darf keinen Zweifel aufkommen lassen, ganz gleich, ob sie in der Regierung oder in der Opposition ist. Es hat geradezu die Bedeutung einer Vision, sich vorzustellen, daß die Sozialdemokratie ein echter Faktor einer permanenten Friedensbewegung wird. Trotzki sprach einmal von der Notwendigkeit der »permanenten Revolution«. Wir müssen überzeugend dartun, daß wir für den permanenten Friedenskampf sind, daß wir durch unsere Politik das Leben in Frieden gewährleisten.

Ein anderes großes Gebiet, auf dem die Jungen sich engagieren können, ohne dabei mit der Sozialdemokratie in Konflikt zu geraten, ist die Bekämpfung der Arbeitslosigkeit. Der Anteil der Jugendlichen unter den Arbeitslosen ist überdurchschnittlich hoch. Es muß von Sozialdemokraten und demokratischen Sozialisten ein sehr viel gründlicheres und sehr viel wirksameres Eingreifen verlangt werden. Auch sollte man weniger beckmesserisch an die Probleme herangehen. Über John Maynard Keynes schrieb der berühmte österreichisch-amerikanische Ökonom Joseph Schumpeter 1946, daß er am Anfang immer eine Vision gehabt habe. Selbst die Ökonomen kommen ohne Visionen nicht aus, nicht einmal die konservativsten; sie sprechen sogar von »monetaristischer Revolution«. Es ist schon bemerkenswert, daß, während man sich in Europa hütet, das Wort Revolution zu verwenden, es in den Vereinigten Staaten bei jeder möglichen und unmöglichen Gelegenheit gebraucht wird. Es scheint ähnlich einem Muttermal zu sein: Man wird es nicht los.

Wenn also selbst die Ökonomie ohne Visionen nicht auskommt, so müssen erst recht wir demokratischen Sozialisten im Hinblick auf die ökonomische Entwicklung den Mut zu Visionen haben. Wie anders sollten wir der Situation in unseren modernen Industriestaaten mit über dreißig Millionen Arbeitslosen – in den OECD-Staaten – Herr werden? Wir müssen uns um die dauernde Aktualisierung des Problems bemühen und konkrete Vorschläge zu seiner Überwindung machen. Dabei dürfen wir uns vor einer phantasievollen Politik nicht scheuen. Für konservative Ökonomen ist die Arbeitslosigkeit ja nur mehr ein als Dauererscheinung akzeptiertes Phänomen, geradezu eine innere Notwendigkeit unseres Wirtschaftslebens.

Ein drittes Feld, auf dem es der politischen Vitalität der Jungen bedarf, betrifft die Umweltpolitik. Die Problematik ist durchaus neu: Man hat die Umweltpolitik bisher meist als kommunalpolitische Angelegenheit betrachtet, als Aufgabe von Naturschutzvereinen. Doch auch diese Frage ist für die Zukunft unserer Welt von entscheidender Bedeutung: Sind wir in der Lage, die Produktionsmöglichkeiten, die uns zur Verfügung stehen, vom reinen Profitdenken wegzubringen, ein neues Verhältnis von Ökonomie und Ökologie zu entwickeln und dadurch Beschäftigungsmöglichkeiten zu schaffen, wie es sie bisher nicht gab? Gelingt dies, dann wird man auch von dieser Seite der Arbeitslosigkeit zu Leibe rücken können.

Eine letzte Frage von entscheidender Bedeutung, die ich hier anschneiden möchte, ist die Frage nach neuen Beziehungen zwischen den Industriestaaten und den Ländern der Dritten Welt. Wir haben auf diesem Gebiet einen totalen wirtschaftlichen und politischen Bankrott erlebt. Alles, was sich als unwirksam erwiesen hat, muß über Bord geworfen werden, vor allem auch die These, daß Entwicklungshilfe nichts mit der eigenen Wirtschaft zu tun habe. Entwicklungshilfe kann nur wirksam sein, wenn ihre Bedeutung für die eigene Wirtschaft erkannt wird. So wie wir heute bereits die Möglichkeiten unseres Produktionsüberschusses im Hinblick auf die Staaten der Dritten Welt überlegen, so müssen wir uns auch daran gewöhnen, den großen Überschuß an Intellektuellen, den uns die kulturelle Demokratisierung schafft, in Entwicklungsländer einzubringen. Die europäischen Staaten des 19. und 20. Jahrhunderts haben Hunderttausende Bürger zu Soldaten gemacht, die der Eroberung und Erhaltung ihrer Kolonialgebiete dienten. Damit ist es vorbei. Und könnte uns eine schönere und nützlichere Aufgabe zufallen als die, Ärzte, Lehrer und Leute aus anderen Berufen, von denen wir bald viel zu viele haben werden, dazu zu bringen, in die Welt hinauszuziehen und dort zu helfen, wo an diesen Berufen Mangel herrscht? Wir haben oft von einem neuen Menschenbild gesprochen. Hier könnten wir es mitgestalten, und zwar im globalen Sinne.

Es gibt noch eine ganze Reihe anderer Bereiche, in denen junge Menschen, Sozialdemokraten vor allem, heute sinnvoll tätig werden könnten und auch bereits tätig sind. Man würde mich total falsch verstehen, nähme man an, daß ich nach Ersatzaufgaben suchte und die Jungen aus der Innenpolitik verdrängen möchte. Im Gegenteil: In allen großen Parteien sollte man den Einsatz der Jungen neu überdenken. Es kann nicht sinnvoll sein, die Jungen in Organisationsformen hineinzuzwingen, die in der Vergangenheit Gültigkeit gehabt und sich bewährt haben. Man wird sich eben den Kopf zerbrechen müssen, wie man das innere Leben der Parteien so strukturiert, daß den Jungen Aktions- und Mitsprachemöglichkeiten bereitet werden. Ich kann und will nicht auf alle diese Fragen gültige Antworten geben, aber wenn selbst die großen Naturwissenschaftler ohne Visionen nicht auskommen, wie dann wir, die wir im rauhen politischen Alltag stehen. Wenn eine sozialistische Bewegung keine Visionen hat, dann sind alle ihre Anstrengungen ein sinn- und zielloses Taktieren – oder Soldknechtschaft für Interessengruppen.

5. Kapitel
Die Sozialdemokratie in den zwanziger Jahren

Die österreichische Sozialdemokratie der zwanziger Jahre war ein politisches Phänomen, das trotz einiger großer Versuche bis heute einer wirklich umfassenden theoretischen Würdigung entbehrt. Ich werde diesen Rückstand auch nicht aufholen können, aber ich möchte ein paar kurze einfache Leitlinien skizzieren, die meiner Ansicht nach eine brauchbare Orientierungshilfe darstellen.

Die österreichische Sozialdemokratie – zumindest ihre theoretisch denkende Jugend – träumte von einer Revolution, einer sozialdemokratischen Revolution, was für viele in der Welt draußen als Widerspruch in sich gilt. Was soll man sich darunter vorstellen, wie sollte die Verwirklichung des demokratischen Sozialismus, noch dazu in einem bettelarmen Land, aussehen? Oder anders herum gefragt: Wie stellte sich dem 18jährigen Aktivisten der SAJ diese Revolution konkret dar? Vor allem als ein eindeutiger Auftrag an die Sozialdemokratie, die Geschäfte des Staates zu besorgen, und zwar so, wie es im Linzer Parteiprogramm von 1926 mit der für mich nötigen Eindeutigkeit festgeschrieben war. Nur hatte das Linzer Parteiprogramm einen furchtbaren verbalen Fehler: den Satz von der »Diktatur des Proletariats«, der der Partei wie ein Brandmal anhaftete. Es hieß dort: »Wenn sich aber die Bourgeoisie gegen die gesellschaftliche Umwälzung, die die Aufgabe der Staatsmacht der Arbeiterklasse sein wird, durch planmäßige Unterbindung des Wirtschaftslebens, durch gewaltsame Auflehnung, durch Verschwörung mit ausländischen gegenrevolutionären Mächten widersetzen sollte, dann wäre die Arbeiterklasse gezwungen, den Widerstand der Bourgeoisie mit den Mitteln der Diktatur zu brechen.« Es wird bestritten, daß dieser Satz von Otto Bauer stammt, aber ich schließe mich doch denen an, die meinen, daß die Dialektik, die sich um dieses Wort herum rankt, eine typisch Otto Bauersche gewesen ist. Es war eine gefährliche Formulierung, und sie stand im Gegensatz zu allem, was im Programm zu lesen war: Die Demokratie sollte gefestigt, am Proporzsystem sollte nicht gerüttelt werden. Die wesentliche Voraussetzung der Machteroberung war eine so starke Veränderung des Bewußtseins der Menschen, daß sie bei den Wahlen gar keine andere Möglichkeit hatten, als sich diesmal im Unterschied zu 1919 für die Sozialdemokratie zu entscheiden.

Einer der Linkesten der Linken in der österreichischen Sozialdemokratie, der bekannte Philosoph, Neokantianer und Marxist Max Adler, hat sich in seiner »Staatsauffassung des Marxismus«, einem der Standardwerke des Austromarxismus, große Mühe gegeben, den Begriff der »Diktatur des Proletariats« zu demokratisieren. Mir schien dieser Versuch nicht gelungen zu sein. Andererseits glaube ich, daß der »Verbalradikalismus« sehr dazu beigetragen hat, die Spaltung der österreichischen Sozialdemokratie zu verhindern. Dabei hat es sich nicht, wie man heute sagen würde, um ein semantisches Manöver gehandelt, sondern um echte Überzeugung. Indem Max Adler immer wieder die Irrwege des russischen Kommunismus schilderte – ähnlich wie übrigens auch Rosa Luxemburg –, hat er Tausende junger, theoretisch interessierter Sozialdemokraten daran gehindert, sich dem Kommunismus anzuschließen.

Um die Vorstellung von der sozialdemokratischen »Revolution« richtig zu verstehen, muß man wissen, daß die österreichische Sozialdemokratie in der Sozialistischen Internationale eine besondere Rolle gespielt hat. Die Spaltung in einen demokratisch-sozialistischen und einen kommunistischen Zweig, die für fast alle europäischen Länder bezeichnend war, hat in Österreich niemals wirklich stattgefunden. In Deutschland hat diese Spaltung zu einer großen kommunistischen Partei geführt; in der Tschechoslowakei waren die Kommunisten die stärkste Partei, weil in ihr alle Nationalitäten der neuen Republik vereinigt waren; in Frankreich haben die Kommunisten das politische Leben maßgeblich beeinflußt; und in Norwegen wollten Sozialisten und Kommunisten sogar geschlossen zur Komintern übertreten. Die damit verbundenen theoretischen Auseinandersetzungen haben natürlich auch die österreichische Sozialdemokratie stark beschäftigt, aber wir hatten das Glück, daß auf der Linken zwei Männer standen, die entschiedene Gegner des Kommunismus waren: Otto Bauer und Friedrich Adler.

Diesen beiden Männern vor allem ist es zu danken, daß sich in Österreich nicht wie in Ungarn oder München die Räterevolution ereignet hat. Sie haben es fertiggebracht, daß in der berühmten Sitzung des zentralen Wiener Kreisarbeiterrats vom 13. Juni 1919 nach heftigen Diskussionen die Ausrufung der Räterepublik nach dem Vorbild von München und Budapest mit großer Mehrheit abgelehnt wurde: Ein Wunder hatte sich ereignet. Otto Bauer und Friedrich Adler haben überzeugend dargelegt, daß man ohne die Kohle aus den Nachbarländern nicht länger als eine Woche überleben werde. Nicht nur Frankreich wollte seinen Sieg über Deutschland auskosten – England war hier viel zurückhaltender, wie man den Erinnerungen des Grafen Ottokar Czernin entnehmen kann –, sondern auch die neuen kleinen Sieger wollten ihren Triumph haben, und der sollte sich in Aktionen gegen das zerschlagene Österreich manifestieren. Auch wenn nach außen hin Staatskanzler Karl Renner als Exponent der sogenannten »Rechten« die führende Rolle gespielt hat, in der Partei selbst hat die Linke gesiegt. Und es war das historische Verdienst der Linken, dem Drängen von Béla Kun, dem Führer der Räterepublik in Ungarn, standgehalten zu haben.

Die erste große Spaltung in der Geschichte der Sozialistischen Internationale war die Spaltung der Sozialdemokratischen Arbeiterpartei Rußlands. Sie fand 1903 in Brüssel und London statt. »Bolschewik« ist ja historisch kein Schimpfwort, sondern so nannten sich diejenigen, die auf diesem II. Parteitag die Mehrheit errangen (von russisch »bolschinstwo«, Mehrheit). Zu ihnen gehörte vor allem Wladimir Iljitsch Lenin. Die Menschewiken waren die Minderheitler; und zu ihnen zählten so gelehrte Marxisten wie Georgij W. Plechanow, Pawel B. Axelrod und Julius Martow. Zwischen beiden Gruppierungen gab es zwar ein ständiges Hinüber und Herüber, aber vom Londoner Parteitag an war die russische Sozialdemokratie tief gespalten.
Lenin war kürzere, Trotzki längere Zeit in Österreich-Ungarn im politischen Asyl. In dem wunderbaren Buch des sonst so bitteren Solschenizyn, »Lenin in Zürich«, kann man darüber lesen: »Aber auch nach der Entlassung gingen die Aufregungen weiter. Was man einem österreichischen Minister und den schwachsinnigen Aristokraten in Wien hatte suggerieren können, das wollte den galizischen Bauern, so stur wie alle Bauern der Welt, ob in Europa, Asien oder Alakajewka, nicht in den Kopf. Für die Ureinwohner von Poronin blieb dieser Ausländer, obwohl wieder auf freiem Fuß, ein Spion.« Solschenizyn zitiert in einer Anmerkung Nadeschda Krupskaja, die sich erinnerte: »Adler erzählte von seinem Gespräch mit dem Minister [Heinold]. ›Sind Sie überzeugt, daß Uljanow ein Feind der zaristischen Regierung ist?‹ fragte ihn

der Minister. ›O ja!‹ antwortete Victor Adler. ›Ein schlimmerer Feind als Eure Exzellenz!‹« In den österreichischen Archiven gab es dazu ein Dokument, das wir in der Sowjetunion ausgestellt haben. Aus ihm ging hervor, daß Victor Adler für Lenin Asyl in Österreich erwirkt hatte, indem er sich dafür verbürgte, daß Lenin ein Gegner des Zarismus sei. Lenin blieb daraufhin in Österreich unbeanstandet.

Leo Trotzki hat in Österreich sogar Dauerasyl genossen. Offenbar hatte er es hier zu einer sehr stattlichen Bibliothek gebracht. Ich schließe das daraus, daß er auf die Frage des Grafen Czernin – des österreichischen Außenministers bei den Friedensverhandlungen von Brest-Litowsk –, ob er ihm eine Gefälligkeit erweisen könne, diesen bat, ihm seine Bibliothek zukommen zu lassen, die bei einem »gewissen Herrn Otto Bauer« aufbewahrt werde. Trotzki war ein häufiger Gast im Café Central, wo er hinter einem Berg von Zeitungen regelmäßig seinen Kaffee trank. Mit einigen österreichischen Sozialdemokraten hatte er, wie er in seinen Erinnerungen schildert, engen Umgang. Ich möchte dazu eine kleine, oft erzählte Anekdote beisteuern, die mir von meinem Vater überliefert wurde, der ebenfalls Gast im berühmten Café Central war. Gegenüber lag ein Regierungsgebäude, und höhere Beamte haben im Café Central ihren Kaffee getrunken, Schach gespielt und politisiert. Zwei dieser hohen Herren haben sich beim Aufstellen der Schachfiguren über die Lage in der Welt unterhalten. Sie gefalle ihm gar nicht, meinte der eine sehr pessimistisch; das werde alles in einer Revolution in Rußland enden. Der andere meinte darauf: »No, sag' mir einmal, wer soll denn dort eigentlich Revolution machen, vielleicht der Herr Bronstein da drüben?« Bronstein war der richtige Name Trotzkis. So sonderbar sind die Abläufe der Geschichte. Revolutionen werden oft von denen gemacht, denen man es am wenigsten zutraut.

Es gibt Wissende, die meinen, wenn Trotzki in den Tagen der Revolution nicht zu Lenin gestoßen wäre, hätte sie einen anderen Verlauf genommen. Jedenfalls kann niemand bestreiten, daß es Trotzki war, der die Rote Armee geschaffen hat. Die Armee unter Kerenski war zerfallen, weil man den Soldaten, die vorwiegend kleine Bauern waren, befohlen hatte, weiterzukämpfen, und Trotzki ihnen durch seine Emissäre sagen ließ, daß bei ihnen zu Hause der Boden verteilt werde: Wollt ihr das den Weibern überlassen? Und da sind die Bauern einfach nach Hause gegangen, um dabeizusein, wenn man die Gutsbesitzer enteignete und verjagte. So ist eine mächtige Armee in den Weiten Rußlands versickert. Als dann die Bolschewiki die Macht erobert hatten, sie aber durch die »Weißen« und ihre Armeen bedroht sahen, hat Trotzki den Bauern abermals durch seine Emissäre sagen lassen: Hinter den weißgardistischen Generalen, den Koltschaks, Denikins, Wrangels, kommen die alten Gutsbesitzer zurück und werden euch das Land wieder wegnehmen. Das hatte einen gewaltigen Mobilisierungseffekt, und die Rote Armee hat gesiegt.

Die Unbesiegbarkeit der Roten Armee hat natürlich die Idee der Weltrevolution beflügelt. In den Köpfen der Führer der bolschewistischen Revolution entstand eine neue Ideologie: Man müsse gleich bis Warschau weitermarschieren, um die neue polnische Armee unter Pilsudski zu schlagen, dann mit den sich solidarisch erklärenden Regimentern der polnischen Armee weiter nach Deutschland und von dort zusammen mit den revolutionären Soldaten des Spartakusaufstandes an den Rhein. Am Rhein sollte es dann zur welthistorischen Begegnung mit dem revolutionären Frankreich kommen. Aber dieser Traum war bereits vor Warschau ausgeträumt. Dort wurden die Russen von Pilsudski und seiner neuen polnischen Armee total besiegt. Nur war das längst nicht mehr die Rote Armee. Denn als die große Masse der Soldaten, die Bauern, merkten, daß sie nicht mehr auf russischem Boden kämpften, sondern für Ziele eingespannt wurden, die nicht die ihren waren, sind sie abermals in der Weite des russischen Raumes verschwunden und haben sich in ihre Dörfer durchgeschlagen. Besiegt wurden vor Warschau die Arbeiterregimenter, vor allem aus Petrograd und Moskau. Die Machtergreifung des Kommunismus mit den Mitteln des Krieges war gescheitert.

Noch einmal möchte ich sagen, daß die Niederlage vor Warschau im August 1920 die kommunistischen Arbeiterregimenter erlitten haben und nicht die Rote Armee im klassischen Sinn, wie sie von Trotzki konzipiert worden war. An unseren Schulen wird diese Art Geschichte leider nicht unterrichtet, obwohl sie von folgenschwerer Bedeutung noch für unsere Zeit ist. Würde man sich mit diesen Fragen intensiver befassen, könnte man vieles besser begreifen, auch die heutige Entwicklung in China.

Alte Bolschewiken erzählten mir, daß im Entwurf der Gründungsstatuten der Kommunistischen Internationale ursprünglich gestanden habe, ihr Sitz solle in Moskau sein. Als Lenin das las, habe er ironisch gemeint: Und die Delegierten seien im Hotel Lux unterzubringen. Er habe den Kopf geschüttelt und gefragt, wie man denn so etwas Unsinniges festlegen könne. Wenn es eines Tages in Deutschland oder in einem anderen hochindustriellen Staat zur Revolution komme, dann wäre es doch zweckmäßig, das Zentrum der Internationale in ein fortschrittlicheres Land zu verlegen. De facto ist es natürlich bei Moskau geblieben. Die Komintern hat sich zu einem immer stärkeren ideologischen Zentrum entwickelt, und die kommunistischen Parteien Europas wurden ihre immer willfährigeren Werkzeuge – und damit zu Werkzeugen der Sowjetunion. Deutlichster Ausdruck war die Breschnew-Doktrin, die das Recht zur militärischen Intervention in jedem Land statuierte, in dem eine kommunistische Partei herrscht. Diese Doktrin diente als formale Rechtfertigung für den Einmarsch in die Tschechoslowakei.

Die Niederlage vor Warschau hat die Ideologie des Kriegskommunismus beendet. Lenin selbst beendete sie, indem er das Signal zur sogenannten »Neuen Ökonomischen Politik« (NEP) gab. Um es drastisch, aber adäquat zu formulieren: Er rief nicht mehr die Proletarier aller Länder zum Kampf auf, sondern die Kapitalisten aller Länder, nach Rußland zu kommen, um sich dort zu bereichern. Und sie kamen aus allen Ländern: die Automobilfabrikanten aus Amerika, die Textilfabrikanten aus Europa, und auch die deutsche Wirtschaft, die sich vom Krieg noch kaum erholt hatte, war zur Stelle. Aber nicht nur die Konsumgüterindustrie kam in Schwung, auch zu essen gab es in Hülle und Fülle, und die sogenannten Kulaken – Bauern mit familienfremden Arbeitskräften – sorgten für ausreichende Ernährung.

Nach dem Tode Lenins wagte Stalin diese Politik nicht gleich zu verändern. 1928 war jedoch endgültig Schluß mit der NEP; der Machtkampf war zu Stalins Gunsten entschieden. Trotzki wurde ausgewiesen, auf die türkische Insel Prinkipo; von dort ging er nach Oslo und übersiedelte dann, offenbar aus klimatischen Gründen, nach Mexiko. Es dürfte allerdings nicht nur das Klima gewesen sein, das ihn dazu veranlaßte, denn der Arm Stalins reichte weit, und Norwegen war ein offenes Land. Ich will die ideologischen Gegensätze zwischen Stalin und Trotzki nicht unterschätzen, aber sie scheinen mir nur der sichtbare Ausdruck dafür zu sein, daß, wie so oft in der Geschichte, derjenige den Kampf für sich entschied, der den Apparat beherrschte. Das war eindeutig Stalin, auch wenn er der weniger begabte Führer gewesen sein mag. Ich konnte mich nie zu dem Gedanken durchringen, daß es sich bei Trotzki um eine andere Art von Kommunismus, um einen »Kommunismus mit menschlichem Antlitz« gehandelt haben soll. Ich bin davon überzeugt, daß Trotzki als Sieger seine Gegner ähnlich brutal behandelt hätte wie Stalin.

Natürlich war auch die bolschewistische Führung nicht frei von Gegensätzen. Es erfordert ja eine ganz besondere psychologische Struktur, für ein politisches Ziel zu kämpfen, das weit in der Zukunft liegt. Deshalb entzündet sich in der Anfangsphase interner Diskussionen oft der Streit um die Frage »Weg und Ziel« beziehungsweise »Ziel und Weg«. Viele Kommunisten sind mir deshalb oft politisch schizophren vorgekommen: Einerseits erklärten sie, daß das Endziel ihrer politischen Bestrebungen, die Verwirklichung des Kommunismus, in weiter Ferne liege, andererseits taten sie so, als ob es unmittelbar vor der Verwirklichung stehe. Das ist einer der Gründe, warum das Wort Sozialismus in der stalinistischen Ära »annektiert« wurde: nicht nur, um Verwirrung zu stiften, sondern vor allem, um den Sozialismus als den Weg und den Kommunismus als das Ziel zu postulieren. Aus dieser Schizophrenie heraus ist auch die politische Wanderung vieler Kommunisten zu verstehen. Wie viele haben nicht die kommunistische Bewegung verlassen – dort jedenfalls, wo sie sich das leisten konnten, ohne in ihrer physischen Existenz bedroht zu sein –, von Arthur Koestler bis Herbert Wehner, von Henri Barbusse bis Ernst Bloch. Sie mögen mancherlei Gründe angegeben haben, aber irgendwie sind sie sich doch ihrer schizophrenen Situation bewußt geworden, und einige haben sich denn auch in ein ganz unpolitisches Dasein zurückgezogen. So manche, die zu den Sozialdemokraten gegangen sind, haben bis zuletzt – jedenfalls in ihrer Agitation – nicht ganz verschleiern können, daß sie aus einem Lager kamen, in dem ein gewisses Maß an Intoleranz zur Grundausrüstung gehört.

Linke Sozialdemokraten, zu denen ich mich in den späten zwanziger und frühen dreißiger Jahren gezählt habe, sind immer wieder zu einem Grundthema zurückgekehrt: Wie kann man die beiden Bewegungen wieder vereinigen? Ob es mit dieser Frage ehrlich gemeint war oder nicht, niemand konnte leugnen, daß die kommunistische Bewegung aus der Sozialdemokratie heraus entstanden war. Aber alle Versuche, die Spaltung der internationalen Arbeiterbewegung zu überwinden, sind gescheitert – in Osteuropa am Machthunger der Kommunisten, an ihrer mangelnden Bereitschaft, innerhalb einer Einheitspartei auf die Hegemonie zu verzichten. Dies führte dazu, daß sich die Parteien in einigen großen Ländern der sowjetisch-kommunistischen Hegemonie entzogen haben. Alle, denen es gelungen ist, mußten diesen Weg bis zu Ende gehen, die jugoslawischen Kommunisten ebenso wie die chinesischen.

Aufschlußreich war der Verlauf der Diskussion in Deutschland. Einerseits waren die Fronten hier nach einigen Jahren sehr übersichtlich. Nach der heute in beiden Teilen Deutschlands gängigen Geschichtsauffassung zählten Karl Liebknecht und Rosa Luxemburg zu den Gründern der neuen Arbeiterbewegung. Aber unter allen Gegnern des Bolschewismus, wie er sich in der Praxis der frühen Jahre manifestiert hat, nimmt Rosa Luxemburg die erste Stelle ein. Ihre Kritik war die tiefstgreifende und effizienteste, und in der Imperialismusdebatte hat sie die sowjetischen Theoretiker von Lenin bis Bucharin widerlegt. Die Frage, inwieweit der Imperialismus die letzte Phase des Kapitalismus sei, war für die Gesamtorientierung aller sozialdemokratischen, sozialistischen und kommunistischen Theorien von entscheidender Bedeutung. Wäre Lenins Theorie übernommen worden, hätte das unabsehbare Konsequenzen für die Praxis gehabt und die Bewegung zurückgeworfen. Denn die Geschichte hat bewiesen, daß der Imperialismus eben nicht die letzte Phase des Kapitalismus war, sondern daß es noch weitere große industrielle Revolutionen gab. Heute spricht man von der postindustriellen, postkapitalistischen Gesellschaft. Alles das beweist die Unrichtigkeit der Leninschen Theorie.

Auch über das Demokratieverständnis gab es prinzipielle Kontroversen. Es ist bezeichnend, daß Rosa Luxemburg als erste die gefährlichen Tendenzen der russischen Revolution attackierte, denn als Polin hatte sie von vornherein den Russen gegenüber starke Vorbehalte. Ihr Bild wird in der Geschichtsschreibung immer wieder in einer nicht adäquaten Weise gezeichnet. In der Geschichte Deutschlands sind die Morde an Karl Liebknecht und Rosa Luxemburg die ersten Anzeichen einer politischen Entwicklung, die im Hitlerismus ihren Höhepunkt erreichte. Die Kanonisierung der beiden, denen man – wie ich glaube, zu Unrecht – in den Geschichtsbüchern der DDR die Rolle der Begründer der Kommunistischen Partei zuschreibt, hat zur Folge, daß nichts vom Gegensatz zwischen Rosa Luxemburg und Lenin sowie anderen russischen Theoretikern erwähnt wird.

Die DDR hat hier begreiflicherweise Geschichtsklitterung betrieben.

Aus der Diskussion innerhalb der deutschen Sozialdemokratie am Ende des Ersten Weltkriegs geht eines klar hervor: Der eigentliche Grund für die Spaltung der Arbeiterbewegung war nicht die russische Revolution, sondern der Krieg. So war es auch in Österreich; die Geister schieden sich nicht an der Frage, wie man die Ereignisse in Rußland zu bewerten habe, sondern daran, daß 1914 eine der Grundpositionen der Internationale aufgegeben worden war.

Die Sozialdemokratie war die bis dahin größte und bedeutendste pazifistische Bewegung, die es in der modernen Geschichte gegeben hat, allein schon aufgrund ihres weithin hörbaren Internationalismus. Dieser Internationalismus hatte sich als erstes Ziel die Verhinderung eines Krieges vorgenommen. Vielleicht hatte man sich in dieser Frage allzu großen Illusionen hingegeben, denn am Vorabend des Ersten Weltkrieges ist der Pazifismus der Arbeiterklasse wie ein Fluß im Karst verschwunden. Der Pragmatismus forderte aufgrund einer allgemeinen, unverständlichen Hochstimmung ein Bekenntnis zur Nation. Den katastrophalsten Beleg hat das in Deutschland an jenem 4. August 1914 gefunden, an dem die deutsche Sozialdemokratie geschlossen für die Kriegskredite stimmte, was Wilhelm II. zu der Feststellung veranlaßte: »Ich kenne keine Parteien mehr; ich kenne nur noch Deutsche.« Und der energische August Bebel hatte schon 1904 gesagt, daß in einem Krieg, »in dem es sich um die Existenz Deutschlands handelt«, die Sozialdemokraten »bis zum letzten Mann bereit seien, die Flinte auf die Schulter zu nehmen«.

Und wie sah es in Österreich aus? Am 5. August 1914 erschien in der »Arbeiter-Zeitung« ein Leitartikel des Chefredakteurs Friedrich Austerlitz mit der Überschrift: »Der Tag der deutschen Nation«. Ein Beweis dafür, daß die österreichische Sozialdemokratie, soweit sie deutschsprachig war, von einer großdeutschen Grundgesinnung getragen war.

In Deutschland haben sich die Gegensätze, wie gesagt, bald sehr nachdrücklich manifestiert, und am Ende des Krieges gab es zwei Parteien, die Mehrheitssozialisten und die USPD. Die Haltung zum Krieg ist also die wirkliche Ursache der Spaltung gewesen. Das hat nichts mit dem allgemeinen Gegensatz zwischen Radikalen und Gemäßigten zu tun. Es ist im Gegenteil eine

Lebensvoraussetzung der europäischen Sozialdemokratie, daß sich in einer so mächtigen Bewegung sehr verschiedenartige Gesinnungen beheimatet fühlen müssen. Eine Auseinandersetzung zwischen Rechten und Linken hätte kaum zur Spaltung geführt, denn ein solcher Zwist kann immer wieder überbrückt werden. In der Geschichte der österreichischen Sozialdemokratie gibt es hierfür ein beredtes Beispiel.

Auf dem Parteitag im Oktober 1917 prallten die Gegensätze besonders hart aufeinander. Victor Adler mit Karl Renner in seinem Gefolge stand auf der Rechten, auf der Linken führten Otto Bauer, Robert Danneberg und Friedrich Adler das Wort. Die Auseinandersetzung verlief durchwegs kultiviert, ohne jeden persönlichen Haß. Victor Adler, schon vom Tode gezeichnet, hat sich furchtbar müde und elend gefühlt. Als man für den letzten Tag verabredete, die gegensätzlichen Standpunkte in Resolutionsvorschlägen dem Parteitag vorzulegen, ging Adler zum Wortführer der Linken, zu Otto Bauer, dem er menschlich eng verbunden war, und forderte ihn auf, auch den Text der Resolution der Rechten zu schreiben. Und Otto Bauer hat in vollster Übereinstimmung mit den Forderungen der Rechten auch deren Resolutionsentwurf verfaßt, so wie er den der Linken geschrieben hat. Das war keineswegs so, wie es seinerzeit nach Gustav Freytags »Journalisten« über den Schmock hieß: »Er kann schreiben rechts, er kann schreiben links.« Nein, es war Bauers Genialität, Gedankengänge anderer nachzuempfinden, zu verstehen und zudem auch überzeugend zu formulieren – besser vielleicht, als einer der ihren es hätte können.

Als der Krieg zu Ende war, hatten sich innerhalb der sozialistischen Bewegung sehr viele Richtungen herausgebildet. Die einen wollten die alte Internationale wieder errichten; diejenigen, die von Anfang an gegen den Krieg gewesen waren, bildeten die »Zweieinhalbte« Internationale; und dann gab es noch die Dritte, die Kommunistische Internationale. Die Diskussionen wurden von den besten Köpfen geführt, und sie waren von großem Gehalt. Dennoch sind die Ideen von damals irgendwo im ideologischen Weltall verflogen und spielen in der aktuellen theoretischen Debatte kaum mehr eine Rolle. Wer die Protokolle heute nachliest, hat das Gefühl, als ob uns Lichtjahre von damals trennten. Es war die große Zeit der eloquenten Intellektuellen. Ihre gewaltigen Rededuelle uferten immer mehr aus, bis man sich entschloß, die Zeit für die einzelnen Redner zu beschränken. Und

Victor Adler (1852-1918)

Friedrich Adler (1879-1960)

Karl Renner (1870-1950)

Otto Bauer (1881-1938)

wieder möchte ich eine Anekdote aus dieser Zeit beisteuern, die mir der französische Sozialist Salomon Grumbach, ein Vertreter der Zweiten Internationale, erzählte. 1922, beim Berliner Kongreß der drei Internationalen, nachdem fast alle Delegierten schon stundenlang geredet hatten, bekam Grumbach das Wort. Er war Elsässer und sprach in französischer Sprache, aber als er kaum bei der Hälfte angelangt war, bedeutete ihm der Vorsitzende, daß seine Redezeit abgelaufen sei. Grumbach wandte sich an den Vorsitzenden mit der Bitte, seine Rede ins Deutsche übersetzen zu dürfen. Das konnte ihm nicht verwehrt werden; aber statt zu übersetzen, hat Grumbach seine Rede auf deutsch einfach fortgesetzt. So hatte er als einziger die doppelte Redezeit.

Zu den ideologischen Grundsätzen in meiner Jugendzeit gehörte die These der Einheit von Theorie und Praxis. Heute würde ich sagen, daß die sozialdemokratische Praxis von allem Anfang an der Theorie davongelaufen ist, und zwar in dem Maße, wie die Sozialdemokratie groß geworden ist und eine gewisse Mitverantwortung, wenn auch in der Opposition, übernommen hat. Seitdem sie in Parlamenten vertreten war, gab es verschiedene Formen der Bereitschaft zur Mitverantwortung.

Eine drastische Entwicklung hat es in Frankreich gegeben, wo fast alle berühmten Politiker einmal im Leben Sozialisten gewesen sind. Aristide Briand war einige Zeit Chefredakteur der antiklerikalen Tageszeitung »La Lanterne«, in der auch Jean Jaurès schrieb, mit dem Briand später die sozialistische Tageszeitung »L'Humanité« gründete. Alexandre Millerand, der sich dann auf die rechte Seite schlug, verursachte durch seinen Eintritt in die Regierung die Debatte über den »Millerandismus«. Mit dem Begriff Karrierismus ist das Phänomen sicherlich nicht hinreichend erklärt. Vielleicht war es bei manchen tatsächlich so, daß sie von der Ungeduld erfaßt wurden, endlich regieren zu können. Aber ich würde einen Mann wie Briand, der Großes in der Versöhnung mit Deutschland vollbracht hat, nicht als Verräter am Proletariat bezeichnen, auch nicht Joseph Paul-Boncour, zumal beide den späteren Führern der Sozialistischen Partei sehr verbunden blieben. Ähnlich verhält es sich auch mit Jean Jaurès, der aus den großen Diskussionen mit dem Marxisten Jules Guesde als Sieger hervorging. Ihn, der untadelig war in seinem Verhalten, hat man am 31. Juli 1914 im Café Croissant in Paris ermordet: Er, der große Friedensfreund, war gewissermaßen der erste Tote des

Ersten Weltkriegs. Er liegt heute im Panthéon, und sein Name gehört zu den ganz großen in Frankreich.

Es gibt zahlreiche Beispiele dafür, daß Sozialdemokraten vor und erst recht nach dem Ersten Weltkrieg für Gesetzesvorlagen von Regierungen stimmten, zu denen sie in Opposition standen, wenn sie dabei gewisse eigene Standpunkte durchsetzen konnten und die Gesetze für objektiv fortschrittlich hielten. Bereits Mitte der neunziger Jahre war denn auch eine heftige Diskussion darüber im Gange, ob das Ende des Kapitalismus und damit der Zusammenbruch der bisherigen Gesellschaftsordnung tatsächlich, wie Marx prophezeit hatte, kurz bevorstehe, oder ob eine dem kapitalistischen System immanente Reformpolitik angemessen sei. Dieser sogenannte Revisionismusstreit, der zwischen Eduard Bernstein und Karl Kautsky entbrannt war, erfaßte und erschütterte bald die gesamte europäische Sozialdemokratie. Sie bekannte sich offiziell zu Kautsky, was insofern paradox war, als sie Bernstein eigentlich näher stand.

Kautsky war für mich – etwas frivol ausgedrückt – der Hüter eines marxistischen Tempels, den er selber errichtet hatte. Wie alle Epigonen konnte er dem Schicksal nicht entrinnen, allmählich ein eigenes Gedankengebäude aufzustellen. Jedenfalls wurde er zum großen theoretischen Gegner der Bolschewiken, und seine marxistische Gelehrsamkeit half ihm dabei sehr. Er war sicher der große Polyhistor der Arbeiterbewegung der zwanziger und dreißiger Jahre. Manchmal machte er es sich gegenüber neuen Richtungen allerdings zu leicht, etwa wenn er über die Psychoanalyse urteilte, sie mache die Menschen zum Anhängsel ihrer Geschlechtsorgane.

Der Antagonismus zwischen Theorie und Praxis in der Sozialdemokratie führte zu einem dauernden dialektischen Prozeß, der auch das Denken der führenden Theoretiker des Austromarxismus – Otto Bauer, Friedrich Adler, Karl Renner, Rudolf Hilferding und Max Adler – kennzeichnete. Aber schon bald kam es zur Gretchenfrage: Wie kann man sozialdemokratische, das heißt dem Alltag verpflichtete Politik machen und theoretisch dennoch an der Vorstellung einer unausbleiblichen Revolution festhalten? Da haben einige sehr prominente Publizisten, darunter Oscar Pollak, die berühmte – wenn ich so sagen darf – »Theorie der Pause« entwickelt, die besonders den jungen Linken sehr zusagte. Der Kern dieser Theorie war, daß die Sozialdemokratie sich den revolutionären Gehalt bewahren müsse, weil es Revolutionen, aber auch Phasen zwischen den Revolutionen gebe. Der Kapitalismus werde, wenn es nicht wieder zum Krieg komme, eines Tages sich selbst überleben. Komme es aber zu einem neuen Krieg, dann werde die 1918 steckengebliebene Revolution vollendet werden. So oder so sei der Kapitalismus zum Tode verurteilt.

Diese »Theorie der Pause« leuchtete mir ein. Der nächste Krieg, ein Krieg zwischen Frankreich und Deutschland, schien uns unausweichlich, und wenn schon der Krieg zwischen Österreich und Serbien in einen Weltkrieg gemündet hatte, würde ein Krieg zwischen den Erzfeinden Deutschland und Frankreich erst recht einen Weltbrand auslösen. Und dieser zweite Krieg, das haben wir uns gesagt, wird zu Beginn mit jenen Waffen geführt werden, die den letzten entschieden haben, und am Ende wird alles zusammenbrechen.

Das war unser politisch-theoretisches Weltbild. Es war sehr klar, um so mehr, als die originäre marxistische Katastrophentheorie nicht vollständig ad acta gelegt worden war. In den frühen dreißiger Jahren wurde zudem bewiesen, daß der Kapitalismus aus Zeiten der Prosperität in immer schwerere Krisen abstürzen werde und daß am Ende einer solchen Krise dann die große Stunde schlage, wo die Expropriateure, um ein Wort von Marx zu gebrauchen, expropriiert würden. Alles schien zu stimmen. So hat die, wie ich selbstpersiflierend sagen möchte, heile Welt des sozialdemokratischen Revolutionärs ausgesehen. Aber auch die Reformisten haben ihre heile Welt gehabt, und so haben wir, sofern uns die Tagesarbeit Zeit dazu ließ, munter gegeneinander gefochten. Es war eine Lust, zu leben und zu streiten.

Es gab viele Strömungen, Spielarten und Abarten, aber im Grunde nur zwei große Blöcke: die revolutionären Sozialisten, denen ich mich anschloß, und die reformistischen Sozialdemokraten, die sich, so weit es irgendwie möglich war, von Marx und Engels lösen wollten. Während in der ersten Gruppe die Theoretiker überwogen, waren bei den Rechten sehr viel mehr Pragmatiker. Man übernahm sehr viel von den sogenannten »Kathedersozialisten«. Jede Diskussion konnte von der Linken spielend gewonnen werden, und das Ergebnis war dann Verärgerung auf der Rechten. Bei solchen Veranstaltungen waren immer relativ viele radikale Arbeiter; sie waren die Lernenden und Fragenden.

Auch geographisch ließen sich die beiden Gruppen voneinan-

Parteiprominenz im Sommer 1930. Von links: Otto Bauer, Karl Seitz, Adelheid Popp, Karl Renner, Wilhelm Ellenbogen (verdeckt) und Albert Sever

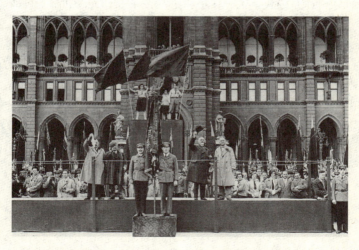

Aufmarsch der Sozialdemokraten vor dem Wiener Rathaus am 1. Mai 1931; auf der Tribüne Karl Seitz und weitere Mitglieder des Parteivorstandes

Parteitag der Sozialdemokraten, 13. November 1932. Am vorderen Tisch, von rechts: Robert Danneberg, Otto Bauer, Otto Glöckel, Paul Löbe (SPD), Friedrich Adler; am mittleren Tisch: Paul Richter, unbekannt, Karl Renner, Ferdinand Skaret, Therese Schlesinger und, links vorn, Wilhelm Böhm; im Hintergrund sind Josef Tomschik und der Gewerkschaftsführer Schorsch zu erkennen; rechts eine Bereitschaft des Republikanischen Schutzbundes

der abgrenzen: In Wien und im Osten des Landes waren die radikaleren, im Westen die gemäßigteren in der Mehrheit. Je größer die Zahl der Arbeitslosen wurde, je mehr sich die große Krise verschärfte, desto öfter drehte sich die Diskussion um die Frage: Ist das nun eine der großen Krisen des Kapitalismus, oder ist es schon seine letzte? War es seine letzte, dann mußte nach unserer Auffassung am Ende die Revolution stehen, und da hat sich gezeigt, daß weder der eine noch der andere Pfad der Sozialdemokratie ans Ziel führte.

Infolge der Massenarbeitslosigkeit ist der Sozialstaat, wie die Reformisten ihn sich vorgestellt und wie sie ihn auch verwirklicht haben, in einer krassen Weise ad absurdum geführt worden. Die beste Arbeitslosenunterstützung mußte, wenn sie Milliarden kostete, eines Tages ein Ende haben; die beste Krankenversicherung ist nicht zu verwirklichen, wenn die Menschen, die sie in Anspruch nehmen, keine Beiträge mehr zahlen können und die Unternehmer ihre Werkstore schließen müssen und auch nicht mehr zahlen. Der Reformismus war in eine Sackgasse geraten.

Damit hatten die Reformisten ihr stärkstes Argument verloren, wonach die Entwicklung zwangsläufig zu einem immer sozialeren Staat führen müsse, den sie in wachsendem Maße beeinflussen zu können glaubten. Nun wurde deutlich, daß mit der Dauer der Krise immer weniger vom Sozialstaat übrigblieb. Das sah man richtig voraus. Aber welche Konsequenzen sollte man ziehen? Eine beabsichtigte Resolution über die letzte Krise des Kapitalismus mußte auf einer Parteikonferenz in Wien von Woche zu Woche verschoben werden, weil sich immer neue Redner zu Wort meldeten. Die Debatten der Wiener Konferenzen der frühen dreißiger Jahre gipfelten in den Duellen zwischen Otto Bauer und dem Gewerkschaftsführer Johann Schorsch, der radikalere Töne anschlug. Das Paradoxe dabei war, daß der Austromarxist Otto Bauer den Standpunkt vertrat, es handle sich um eine der Krisen des Kapitalismus und nicht um seine letzte.

Wenn dies also nicht die letzte Krise des Kapitalismus war – wie schwer mußte denn eine Krise eigentlich sein, damit sich die Arbeitermassen erheben? Da ist für mich zum ersten Mal ein schreckliches Phänomen sichtbar geworden. Die Theorie war die von der einen Klasse des Proletariats, zu der ganz pauschal alle gerechnet wurden, die vom Verkauf ihrer Arbeitskraft leben, also alle Lohn- und Gehaltsempfänger. Aber was sich angesichts der großen Krise abzeichnete, war eine Spaltung innerhalb der Klasse selbst.

Eine Klasse ist dem Begriff nach eine soziologisch klar abzugrenzende Gruppe, die im Verteilungskampf, wie das heute genannt wird, ganz bestimmte Verhaltensweisen zeigt. Der arbeitende Arbeiter ist jedoch ein anderer als der arbeitsuchende Arbeiter, nicht nur in materieller Hinsicht, weil der eine über einen Arbeitsertrag verfügt und der andere nicht, sondern auch insofern, als es natürlich psychologische Folgen hat, wenn einer Arbeitslosenunterstützung oder gar Sozialhilfe bezieht. Es gibt also nicht nur, um es marxistisch zu formulieren, im gesellschaftlichen Sein einen Unterschied zwischen den beiden Gruppen, sondern auch im Bewußtsein, und von dort ist es nicht weit bis zu einer politischen Differenzierung. Die Arbeitssuchenden denken anders, reden anders, fühlen anders als die Arbeit Besitzenden. Die noch Arbeit haben, überkommt aber Angst um ihren Arbeitsplatz, und das macht sie weniger kämpferisch. Wer nichts mehr zu verlieren hat, ist nur scheinbar revolutionär, denn in Wirklichkeit ist er ganz leicht zu korrumpieren, nämlich durch Arbeit.

Das Bild von der Einheitlichkeit der Arbeiterklasse, wie es in der Frühzeit des marxistischen Denkens geprägt worden war, unterlag einem Verwitterungsprozeß, und die Verwirrung war vollständig, als die Arbeiterklasse schließlich in drei große Gruppen sich aufsplitterte: in Sozialdemokraten, die den Kern der privilegierten Arbeiter darstellten – Eisenbahner, Postbeamte, Metallarbeiter, alle, die noch eine einigermaßen sichere Beschäftigung hatten; in Kommunisten, die in den proletarischen Ghettos der Großstädte immer mehr Zulauf fanden; und in eine geheimnisvolle neue Bewegung sich deklassiert fühlender Kleinbürger. Sie nahmen bedenkenlos die rote Fahne und setzten in die Mitte die Swastika. Sie übernahmen die alten sozialistischen Lieder und unterschoben ihnen einen neuen Text. Und wie die Sozialisten und Sozialdemokraten marschierten sie an den Feiertagen. Nur teilten sie die Kapitalisten in Schaffende und Raffende ein und setzten dem Wort Sozialismus das Wörtchen national voran. Es war wie in der Legende, wonach am Jüngsten Tag der Teufel in Gestalt des Herrn erschien.

6. Kapitel
Das Studium

Nachdem ich im Juni 1929 an der Bundesrealschule in der Radetzkystraße die Reifeprüfung abgelegt hatte, stand ich vor der Frage, welches Studium ich nun wählen sollte. Meiner Neigung nach hätte ich am liebsten Medizin studiert. Mein Vater hatte mir zwar wiederholt nahegelegt, auf die Technische Hochschule zu gehen, aber dazu fehlte mir nach meinem Gefühl die Begabung. Daß bereits die erste Voraussetzung, die Mathematik, besondere Anforderungen stellte, wurde mir deutlich, wenn ich mich mit meinem Freund Hans Motz verglich, der später als Mathematiker in Oxford lehrte.

Da das Studium nicht drängte, stellte ich mich der Jugendbewegung zur Verfügung. In diesem Sommer 1929 kam es zu einem für mich denkwürdigen Gespräch mit Otto Bauer, dem Listenführer der Partei im 4. Wiener Bezirk, meinem Wohnbezirk. Wenn Bauer bei uns eine Rede gehalten hatte, pflegte er beim Weggehen einen von uns Jüngeren aufzufordern, ihn in die Redaktion der »Arbeiter-Zeitung« zu begleiten, wo für ihn dann die Nachtarbeit begann. Das war ein Spaziergang von zwanzig Minuten – für Funktionäre gab es damals noch keine Autos –, und dazu eingeladen zu werden, galt als eine besondere Auszeichnung. Ich habe nie erlebt, daß Otto Bauer von einer noch so provokanten Frage verletzt gewesen wäre oder sie als Zumutung betrachtet hätte, obwohl wir Jungen in hastigem Übermut viele Dinge zur Sprache brachten.

Bei einem dieser nächtlichen Spaziergänge nun wandte sich Otto Bauer plötzlich an mich und fragte, was ich denn eigentlich werden wollte. So kam das Gespräch auf das Studium und bald auf die Medizin. »Nun ja«, meinte Bauer, »wenn Sie Arzt werden und sich gleichzeitig politisch betätigen wollen, dann werden Sie es nicht leicht haben. Wir haben ja einige Ärzte im Parlament, zum Beispiel den Doktor Ellenbogen. Die haben ihren Beruf an den Nagel hängen müssen. Auch Victor Adler mußte seinen Beruf aufgeben. Natürlich gibt es Ausnahmen, etwa den Professor Tandler, der war aber schon ein bekannter Arzt, als er sich der Politik zuwandte.« So fragte ich Bauer, was er mir riete. »Sie müßten eigentlich, wenn Sie mir folgen, Jurist werden«, sagte er. »Die Partei braucht gute Juristen und hat davon zu wenige. Die mei-

Das Verlagshaus der »Arbeiter-Zeitung«

sten wollen eigentlich nicht ins Parlament, weil das ein großes materielles Opfer für sie ist. Für die guten jedenfalls, denn die sind sehr beschäftigt, und die schlechten können wir nicht brauchen. Also, wenn Sie der Partei wirklich einen Dienst erweisen wollen, müssen Sie Jurist werden. Studieren Sie Jus! Das kann man für alles verwenden. Und wenn Sie nebenbei auch noch Ökonomie und anderes lernen wollen, wird Ihnen dieses Studium am ehesten helfen.«

Nun gab es damals in der Partei einen bedeutenden Advokaten, der die Interessen des »Kohlenbarons« Stejskal vertrat, der verhindert haben soll, daß die Bundesbahnen weiter elektrifiziert werden, was aus manchen Gründen wichtig gewesen wäre. Dieser Dr. Eisler war sozialdemokratischer Abgeordneter und gleichzeitig der »Kronjurist« der Partei; daß gerade er sich für die Kohlenwirtschaft ins Zeug legte, hat vor allem die Jungen enorm aufgeregt, denn die Partei reagierte damals noch außerordentlich empfindlich auf solche Interessenkollisionen. »Das ist ja das Problem mit dem Doktor Eisler«, meinte Otto Bauer, als wir schon vor dem Gebäude der »Arbeiter-Zeitung« standen, »er ist ein hervorragender Anwalt, und die Partei kann kaum auf ihn verzichten. Für manche Gesetze ist er einfach unentbehrlich.«

Mein Vater hatte von jeher eine große Sympathie für Advokaten und war mit einigen sehr bedeutenden Anwälten persönlich befreundet; die meisten kannte er aus der Freimaurerloge. Meine eigentlichen Motive hat er vielleicht nie ganz verstanden, aber meine Entscheidung hat ihm gefallen. So entschloß ich mich, zunächst das Latinum zu machen und einen Kurs philosophische Propädeutik zu belegen. Latein habe ich ohne große Begeisterung gelernt. Wie unzählige Lateinschüler vor mir und nach mir hatte ich mir für die Prüfung sogenannte »Schmierer« angelegt mit Übersetzungen verschiedener lateinischer Texte. In der Straßenbahn habe ich mir noch einmal die Ciceroreden gründlich angeschaut, und in allem anderen verließ ich mich auch hier auf mein sehr gutes Gedächtnis – und auf das Glück.

Und ein Wunder geschah. Eine Cicerorede wurde verteilt, die ich so gut in Erinnerung hatte, daß ich sie nahezu aus dem Kopf wiedergeben konnte. Meine einzige Sorge war, die Arbeit nicht zu früh abzugeben und einige kleine Fehler einzubauen. Ich habe auf diese Arbeit eine gute Note bekommen und bin dann einige Tage später zur mündlichen Prüfung angetreten – bei der ich total versagte. Daraufhin hat mich der alte Professor gütig gefragt: »Sagen'S, haben'S g'schwindelt?« Nun war Schwindeln bei der schriftlichen Prüfung so gut wie ausgeschlossen: Jede Reihe wurde von einem Assistenten kontrolliert, und es waren zwei verschiedene Texte verteilt worden, so daß keiner bei seinem Nachbarn abschreiben konnte. »Das hab' ich nicht.« – »Ja, wie ist denn des möglich? San Sie so aufgeregt oder krank?« Sage ich: »Ich bin eigentlich ganz g'sund.« – »Also, ich änder' die Note nicht, aber sagen'S mir, was is g'scheh'n?« Und da habe ich ihm die Wahrheit erzählt. Da er sein Versprechen hielt, habe ich meine Lateinprüfung bestanden. Später, für die erste Staatsprüfung, bei der man wegen des Römischen Rechts dringend Latein gebraucht hat, habe ich noch ein bißchen nachgelernt.

Was mich damals am meisten faszinierte, waren die Wiener psychologischen Schulen und vor allem Alfred Adlers Individualpsychologie. Der Kampf der Freudianer gegen die Adlerianer zählte zu den großen geistigen Auseinandersetzungen meiner Jugendzeit, denen ich direkt beiwohnen konnte. Die Leitfiguren beider Seiten habe ich gehört und gesehen. Es ist gar keine Frage für mich, daß die Individualpsychologie von vornherein eine sehr viel praktischere Schule gewesen ist. Die Psychoanalyse hingegen war im Grunde eine Individualtherapie für einige Privilegierte. Den wirklichen Durchbruch schaffte sie erst in Amerika, jedenfalls was die Zahl der Psychoanalytiker betrifft und derer, die sich ihrer bedienen. Ich habe mich in die Werke Freuds vertieft und einige seiner Schriften sehr gründlich gelesen, vor allem seine »Vorlesungen zur Einführung in die Psychoanalyse«, aber auch kleinere Werke wie »Massenpsychologie und Ich-Analyse« oder »Der Witz und seine Beziehung zum Unbewußten«, »Die Zukunft einer Illusion« oder »Der Mann Moses und die monotheistische Religion«. Doch so sehr ich die Psychoanalyse und die Leistung Freuds hochschätzte, so schien mir doch die Individualpsychologie praxisorientierter zu sein. Wenn, wie Alfred Adler sagt, die Probleme der Psyche im Menschen auf Minderwertigkeitsgefühle zurückzuführen sind, dann ist deren Überwindung ein pädagogisches Ziel, und so hat die Individualpsychologie denn auch eine für die moderne Pädagogik solide Grundlage geschaffen. Ende der zwanziger Jahre setzten sich diese Anschauungen immer mehr durch, und viele junge Leute, die intellektuell etwas auf sich hielten, besuchten Montag abends die Vorträge des Vereins für Individualpsychologie. Die Individualpsychologie wurde zwar von den Psychoanalytikern als eine Art Halbwissenschaft abgetan, aber ich habe mich dort sehr viel mehr zu Hause gefühlt als in der Schule Freuds.

Die Ablösung der Psychoanalyse durch die Individualpsychologie hatte ich bereits sehr früh und aus unmittelbarer Nähe erlebt. Bei einem Jugendtreffen auf dem Sportplatz in Steyr war mein Bruder von einer schweren Eisenkugel am Kopf getroffen worden; mehrere Monate war er schwerst invalidisiert gewesen, so daß mit seinem Aufkommen gar nicht mehr gerechnet werden konnte. Nach diesem Unfall war er zusätzlich gehirngeschädigt, zusätzlich deshalb, weil er in seiner frühen Kindheit an Kinderlähmung erkrankt gewesen war. Jedenfalls war er geistig behindert und hatte große Schwierigkeiten im Leben; er selbst hat aber – wie es mir schien – nie darunter gelitten. An dem Unfall trug er selbst Schuld, weil er gedankenlos über das Sportfeld gegangen war, während dort das Kugelstoßen stattfand.

Mein Vater gab sich der Hoffnung hin, daß Psychoanalytiker in der Lage wären, meinem kranken Bruder zu helfen, und er hat ein Vermögen ausgegeben für immer neue Behandlungen. So begann auch ich mich für diese Lehre zu interessieren und habe mir als erstes Freuds »Einführung« angeschafft, ein kleines, handliches, typographisch schönes Buch, dessen Lektüre mich sehr beeindruckte. Von Anfang an hatte ich das Gefühl, daß es sich bei Freud um einen großen Mann handelte, aber ich wurde auch das Gefühl nicht los, daß es unter seinen Schülern, vor allem unter den selbsternannten Epigonen, eine ganze Reihe von Scharlatanen gab. Auch wenn die Psychoanalyse in meinen Augen eine bedeutende Wissenschaft ist, uneingeschränkt konnte ich mich für sie nicht erwärmen.

Da die Psychoanalytiker meinem Bruder nicht helfen konnten und bestenfalls bestätigten, was wir ohnehin wußten, kam mein Vater, der unter allen Umständen verhindern wollte, daß mein Bruder in irgendeinem Heim verschwand, wo er zu langem geistigen Siechtum verurteilt gewesen wäre, zu dem Entschluß, es mit der »neuen Lehre« zu versuchen. Er hatte deren Entwicklung genau verfolgt und sich von Freunden – wenn ich mich recht erinnere, war es Alfred Adler selbst – einen Individualpsychologen empfehlen lassen. Der hieß Paul Fischl und war ein junger Arbeitsloser aus einer ehemals reichen Familie, die eine Prachtvilla am Wörthersee besaß und sie jetzt als Pension weiterführte. Fischl erwarb sich um meinen Bruder große Verdienste. Er brachte ihn durch die Elementarschule, so daß mein Bruder gut lesen, schreiben und rechnen lernte und manchmal sogar einen erstaunlichen Stil schrieb.

Der Doktor Fischl, wie wir ihn einer Wiener Neigung entsprechend gern nannten, hat auch mir viel gegeben, indem er mir in eindrucksvoller Weise gewisse Erscheinungen und gesellschaftliche Zusammenhänge aufdeckte. Er war auffallend klein und hatte sehr kurze Finger, mit denen er aber seine Sätze eindrucksvoll zu unterstreichen vermochte. Ich habe viele Jahrzehnte nicht an ihn gedacht; erst jetzt, da ich meine Erinnerungen aufzeichne, kommt er mir wieder in den Sinn, und ich erinnere mich seiner mit großer Dankbarkeit. Er nahm mich auf die Wanderungen mit, bei denen er mit meinem Bruder ins Gespräch zu kommen suchte, was sehr schwierig war.

Paul Fischl lud mich auch zu den Vorträgen des Vereins für Individualpsychologie ein, die in den Räumen des Physiologischen Instituts stattfanden. Die Diskussionen waren oft so langweilig, daß ich es vorzog, meinen Platz in den hinteren Bänken einzunehmen, um bei Gelegenheit verschwinden zu können. Dennoch habe ich sehr viel mitbekommen, und die Individualpsychologie ist mir als junger Mensch immer wieder nützlich gewesen. Einmal kam ich auf die Idee, einen jungen arbeitslosen Schlosser zu meinem Stellvertreter als Obmann in der SAJ-

Wieden zu machen, um ihn auf diese Art von seinem traumatischen Stottern zu befreien. In der Tat litt er mit der Zeit und den ihm gestellten Aufgaben zusehends weniger unter diesem Handikap. Überhaupt empfinde ich es als merkwürdig, daß Menschen, die stottern – worauf man ja in England häufig trifft, wo es geradezu zum guten Ton gehört –, im Gespräch mit mir diese Sprachhemmung überwinden. Ich führe das auf den Umstand zurück, daß ich sehr langsam zu reden pflege und meine Zuhörer es folglich mit dem Sprechen auch nicht mehr so eilig haben. Es mag sein, daß langsames Reden auf manche in meiner Umgebung enervierend wirkt. Aber die pädagogischen Fähigkeiten, die man mir zuspricht, sind vielleicht und unter anderem darauf zurückzuführen. Oft hat man über mich gesagt, den Kreisky könne man verstehen. Dies offenbar deshalb, weil ich den Leuten Zeit zum Mitdenken ließ.

Viel Zeit habe ich dem Studium am Anfang nicht gewidmet. Dank der damaligen Studienordnung konnte man sich während der ersten beiden Semester sehr viele Vorlesungen ersparen, wenn man die Bücher der entsprechenden Professoren las, da ja ihre Fragen über die Jahre hinweg die gleichen blieben. Ich erinnere mich noch an einen sehr liebenswerten Professor in Deutschem Recht, Emil Goldmann, den man vollkommen zufriedenstellen konnte, wenn man nur die deutschen Kaiser und Könige auswendig und in richtiger Reihenfolge abspulte. Dieser Professor Goldmann war ein nobler Herr. Er fühlte sich von Jugend an der Sozialdemokratie verbunden und gehörte zur »Gesellschaft für Soziologie«, einer Vereinigung, in der sich liberale und sozialdemokratische Akademiker trafen. Die besondere Vorliebe dieses jüdischen Professors galt den altgermanischen Rechtseinrichtungen, über die er mit großer Begeisterung vortrug; manche Formulierungen sind mir durch ihre Schönheit in Erinnerung geblieben. Wenn man etwa zum Ausdruck bringen wollte, daß eine Rechtsnorm ewige Gültigkeit habe, so hat man, laut Jacob Grimm, gesagt: »So lange der Wind aus den Wolken weht und die Welt steht« – eine der schönsten Alliterationen, die ich kenne.

In der österreichischen Reichsgeschichte kam es vor allem darauf an, zu wissen, worüber der eigene Professor mit einem anderen seit Jahren im Streit lag. Sofern man nun seine Meinung vertrat und die seines Widersachers verwarf, hatte man es auch in diesem Fach leicht. Hart wurde das Studium erst vor der zweiten Staatsprüfung, bei der man eine ungeheure Stoffmenge durcharbeiten mußte, und am Ende gehörte eine große Portion Glück dazu, gerade solche Fragen zu erwischen, auf die man gründlich vorbereitet war. Mich hat das alles nicht sonderlich interessiert – ich blieb aber dabei und mußte es eben lernen.

Einen gewaltigen Vorteil hat mir das Studium dennoch gebracht. Während meiner Schulzeit hatte ich große Schwierigkeiten beim Lesen des »Kapitals« und anderer Schriften von Marx. Stundenlang saß ich da und quälte mich furchtbar. Um am Text zu bleiben und mich zu zwingen, hatte ich damals mit einem Lineal Satz für Satz die wichtigsten Begriffe unterstrichen (was gegenüber Büchern an sich barbarisch ist). Marx schrieb ja einen extrem schwierigen Stil. Aber nachdem ich jetzt meine beiden Staatsprüfungen hinter mir hatte, ging es mit der Lektüre theoretischer Werke plötzlich viel besser: Ich hatte auf eine neue Art zu lesen gelernt. In späteren Jahren habe ich mir dann die Fähigkeit des »Crossreading« angeeignet, was mir das Lesen sehr erleichtert hat. Man kann dieses Querlesen nicht als bloße Flüchtigkeit abtun. Ich weiß oft noch nach Jahren, wo eine Passage, die ich zitieren will, zu finden ist; ich habe mich selten dabei geirrt.

So bin ich allmählich Jurist geworden. Damals und auch noch später habe ich das oft bedauert. Denn das schien mir ein Studium zu sein, das für die praktische Arbeit in der Politik wenig Hilfen gibt. Immerhin hat diese Berufswahl mir die Möglichkeit gegeben, mich ausführlich mit anderen Dingen zu beschäftigen. So habe ich mich damals sehr viel mit der Rassenfrage, der Geschichte und der Ökonomie beschäftigt. Solche Freiräume gibt wahrscheinlich nur das Rechtsstudium, und hätte ich mich beispielsweise für die Medizin entschieden, wäre mir das wohl kaum möglich gewesen. Natürlich habe ich von meinem Jusstudium am Ende auch direkten Nutzen gehabt, denn es ermöglichte mir, Gesetze zu lesen und zu verstehen.

Mit dem Studium der Ökonomie, dem ich mich bald intensiver zuwandte, hatte ich es leichter. In Österreich war auf diesem Gebiet zu meiner Zeit allerdings nicht mehr viel los. Denn die bedeutendsten Ökonomen waren zum Teil lange vor dem Durchbruch des Faschismus aus Österreich weggegangen: Gottfried Haberler, Ludwig Mises und natürlich Joseph Alois Schumpeter. Oskar Morgenstern emigrierte erst 1938; ihm bin ich zu besonderem Dank verpflichtet, weil er mir als Leiter des österreichischen Instituts für Konjunkturforschung in den Jahren 1936/38, als ich von sämtlichen Hochschulen Österreichs relegiert war, heimlich Zutritt zu seinem Institut gewährte. Eine Reihe österreichischer Wirtschaftswissenschaftler konnte sich in den USA etablieren; gefördert von einem der größten amerikanischen Nationalökonomen, Paul Samuelson am Massachusetts Institute of Technology, sind sie in den Vereinigten Staaten zu erheblichem Einfluß gelangt. Der ewige Spötter, mein Freund John Kenneth Galbraith, meinte einmal in einer Tischrede für mich, daß das österreichische ökonomische Wunder darauf zurückzuführen sei, daß wir unsere Nationalökonomen an die Vereinigten Staaten losgeworden sind.

Symbolhaft für den Ungeist und die Intoleranz des damaligen wissenschaftlichen Lebens erscheint mir bis heute die Ermordung des Begründers des sogenannten Wiener Kreises, Moritz Schlick. Obwohl sich diese Schule um politische Neutralität bemühte, hat es dennoch unterirdische Strömungen hinüber zu den sozialistischen Theoretikern gegeben; den Rechten jedenfalls war Schlick ein Dorn im Auge. Aus Wien gingen in diesem Jahrhundert übrigens auch drei Große in der Philosophie hervor: Ludwig Wittgenstein, dem ein entscheidender Durchbruch in der angelsächsischen Welt gelang, Kurt Gödel, der heute als einer der größten Mathematiker und Logiker betrachtet wird – auch unter seinen Fachkollegen kannten ihn die wenigsten; ich selbst wurde durch einen Brief Oskar Morgensterns auf ihn aufmerksam gemacht –, und als dritter Karl Raimund Popper, dem ich zu meinem Glück noch begegnen konnte. Daß alle drei, sobald sie konnten, weggingen, zeigt, in welch üblen Dunstkreis die österreichische Wissenschaft geraten war.

Der Inbegriff eines neuen »Typus« von Wissenschaftler, der in den kommenden Jahren immer mehr gefragt sein sollte, war der Nationalökonom Othmar Spann. Spann hat sich als wissenschaftlicher Wegbereiter des korporativen Staates, des Ständestaates und letztlich des Nationalsozialismus betrachtet, was ihn allerdings nicht davor bewahrt hat, später von den Nazis eingesperrt zu werden. Ursache dafür war wahrscheinlich seine Zugehörigkeit zur »Deutschen Gemeinschaft«, einem von Klerikalen und Studentenverbindungen gegründeten Verein zur Förderung des Anschlusses an Deutschland, dem auch später so prominent gewordene Nationalsozialisten wie Arthur Seyss-Inquart angehörten.

Othmar Spann war ein Romantiker; einer seiner Säulenheiligen, derjenige, mit dem seiner Meinung nach die moderne Wissenschaft begonnen hatte, war der Freiherr von Gentz, der engste Mitarbeiter Metternichs. Sein ganzes sozialökonomisches Wissen hatte er in einem kleinen Büchlein mit blauem Umschlag zusammengefaßt, und wer dieses blaue Büchlein, »Haupttheorien der Volkswirtschaftslehre«, kannte und seinen Inhalt zum besten geben konnte, brauchte zumindest bei Spann keine Prüfungssorgen mehr zu haben.

Die Theorien Othmar Spanns und anderer rechtsstehender Professoren fanden in den späten zwanziger Jahren immer mehr Anhänger. Der große Staatsrechtler Hans Kelsen war einer der ersten, der die Konsequenzen zog; bereits 1929 verließ er Wien, ging zunächst nach Köln, später nach Genf und schließlich nach Prag an die Karls-Universität. Heute will jeder bessere Jurist Kelsen-Schüler gewesen sein. Aber damals wollte niemand etwas mit jüdischen Professoren zu tun haben. Noch als Mittelschüler hatte ich mir einmal einen Vortrag Kelsens angehört, und 1929 nahm ich als Gasthörer an einer Staatsprüfung teil, bei der er den Vorsitz führte. Der Prüfer sollte eigentlich Othmar Spann sein, doch der war aus irgendeinem Grunde nicht erschienen. So mußte Kelsen einspringen. Er verstand zwar ein wenig von Nationalökonomie, war aber auf diesem Felde nicht sehr versiert. In seiner Not fragte er den Kandidaten: »Sagen Sie, was ist denn eigentlich der Merkantilismus?« Und der Kandidat, der natürlich ganz auf Spann eingestellt war, hat so geantwortet, wie es Spann gern gehört hätte. Da hat Kelsen nur den Kopf geschüttelt und gemeint: »Komisch, zu meiner Zeit war das ganz was anderes.«

Das Klima an der Universität war schon dadurch verpestet, daß man bei Professoren inskribieren mußte, die aus ihrer antisemitischen Gesinnung überhaupt kein Hehl machten. Das gehörte offenbar zu jener Lehrfreiheit, die verfassungsmäßig garantiert war. Natürlich gab es Ausnahmen. In meinen Fächern gehörten Professor Hans Voltelini, ein Südtiroler, und mein Lehrer für österreichische Reichsgeschichte, Alfons Dopsch, zu denjenigen, die sich nie zu irgendwelchen Exzessen ex cathedra herbeigelassen haben.

Die jüdischen Professoren waren natürlich allen möglichen Schikanen ausgesetzt. So wurde Max Adler trotz seiner hohen Gelehrsamkeit nie zum ordentlichen Professor ernannt. Er war infolgedessen gezwungen, seine Vorlesungen am Nachmittag zu halten. Im Grunde war das ein Glück für ihn, denn um diese Zeit waren die meisten Studenten nicht mehr auf der Universität und standen daher für Störaktionen nicht zur Verfügung. Die Hörer jüdischer Professoren waren meist selbst jüdischer Herkunft oder kamen aus sozialistischen Kreisen. Im allgemeinen aber gehörte es einfach zum guten Ton, Vorlesungen jüdischer Professoren nur zu besuchen, wenn man sie stören wollte.

Der Antisemitismus trieb die kuriosesten Blüten. Anatomie zum Beispiel, sollte man meinen, ist ein unpolitisches Fach. An der Wiener Universität war das jedoch anders, wie das Beispiel des berühmten Anatomen Julius Tandler zeigt. Tandler saß auch im Wiener Gemeinderat, und das Wiener Gesundheitswesen nach dem Ersten Weltkrieg hatte ihm viel zu verdanken. Unter jungen, theoretisch interessierten Sozialdemokraten war es damals Mode, auch einige naturwissenschaftliche Fächer, zumindest als Gasthörer, zu besuchen. Meist wurde man von Freunden aus der Bewegung mitgenommen, die meinten, diesen oder jenen Professor müsse man einfach gehört haben. Die Vorlesungen von Professor Tandler zu besuchen war auch ein Akt der Solidarität, denn sein Hörsaal war meist ziemlich leer. So bin auch ich, obwohl mein Interesse für Anatomie eher bescheiden war, einige Male dorthin gegangen. Offenbar in der Absicht, zu provozieren, hat einmal ein Nazi, als Tandler einen Witz machte, dazwischengerufen: »Herr Professor, den Witz haben Sie aber schon voriges Jahr erzählt!« Und Professor Tandler erwiderte: »Herr Kollege«, was schon an sich eine Bosheit war, »Herr Kollege, für 20 Schilling Kollegiengeld kann ich Ihnen nicht jedes Jahr einen neuen Witz erzählen.«

Das österreichische Universitätsleben jener Jahre hatte nichts, aber auch gar nichts von dem legendären Gaudeamus igitur. Es war schlicht und einfach eine Hölle. Hörer, von denen man wußte, daß sie jüdischer Abkunft waren, oder die so aussahen, wurden immer wieder aus den Universitäten hinausgeprügelt. Man saß in einer Vorlesung, und plötzlich stürmte ein Haufen Nazistudenten in den Hörsaal – meist in Stiefeln –; sie sprangen auf die Bänke und riefen »Juden raus!« und »Rote raus!«. Bei den Roten war die Herkunft natürlich nicht so deutlich sichtbar, aber wer von ihnen sich profiliert hatte, zählte unumstößlich zu den ersten Opfern der sogleich beginnenden Prügelei. War man aus dem Hörsaal einigermaßen heil heraus, stand das Schlimmste noch bevor. Auf den langen Gängen und auf den Stiegen pflegten

Demonstration der deutschnationalen Studentenschaft auf der Rampe der Wiener Universität, Februar 1927 ...

... zehn Jahre später

Der Landesinspekteur der NSDAP in Österreich, Theo Habicht, fliegt am 3. Mai 1933 nach Berlin, begleitet von Mitgliedern des Steirischen Heimatschutzes

Nationalsozialistische Kundgebung in der Aula der Universität Wien in Anwesenheit des Gauleiters von Wien, A.E. Frauenfeld

die Nazis nämlich sogenannte Salzergassen zu bilden, durch die man hindurchgeprügelt wurde, bis man mit Müh und Not den Ausgang erreichte – meistens verletzt.

Immer häufiger kam es zu dramatischen Zusammenstößen. Bei den Resten der alten Bastei sammelten sich einmal die sozialistischen Studenten, ein andermal die jüdischen. Die Sozialisten standen unter der Führung des späteren Staatssekretärs Raimund Gehart – damals Vorsitzender der Akademischen Legion des Republikanischen Schutzbundes – und des späteren Feuerwehrhauptmanns von Floridsdorf, Georg Weissel, der sich 1934 als Funktionär des Republikanischen Schutzbundes mutig zu seinem Widerstand und dem seiner Männer bekannte und vom Dollfußregime hingerichtet wurde. Auf der anderen Seite, auf der Rampe der Universität, standen die Nazistudenten. Sie kamen zum größten Teil aus schlagenden Verbindungen, und während sie ihre Lieder absangen, haben wir auf der anderen Seite zum Trotz unsere Lieder angestimmt. So sind wir uns eine ganze Weile singend und grölend gegenübergestanden, bis diejenigen, die sich in der Überzahl gefühlt haben, losstürmten. So kam es zu wilden Prügeleien, die aber auf die Rampe der Universität beschränkt blieben, weil dort die Polizei nicht eingreifen durfte. Es war bezeichnend für die reaktionäre Gesinnung der Wiener Polizeibehörden, daß sie unter dem Vorwand der akademischen Freiheit auch den Aufgang zur Universität als Gelände außerhalb ihres Zuständigkeitsbereiches betrachteten. Die Rampe war ein Teil der Straße, und die Polizei wäre durchaus berechtigt gewesen einzugreifen. Das ist aber nur einmal, im Mai 1933, nach einer Schlägerei zwischen katholischen Studenten und Nazis geschehen.

Ich selbst war von den Prügeleien nicht besonders begeistert und bin, wenn Gewalttätigkeiten vorauszusehen waren, meist nur aus Gründen der Solidarität erschienen, damit man mich nicht für einen Drückeberger hielt. Nicht, daß mir Prügeleien in der Seele zuwider gewesen wären oder daß mir die natürliche Rauflust junger Leute gefehlt hätte. Aber von früh an waren mir andere Formen der Auseinandersetzung sehr viel sympathischer. Im politischen Bereich jedenfalls war ich oft in der Lage, mich auszuraufen – bis in ein Alter hinein, in dem man das eigentlich längst überwunden haben müßte. Politische Versammlungen der frühen dreißiger Jahre, zumal in sogenannten bürgerlichen Bezirken, sind vom politischen Gegner jedoch fast immer gestört worden, und auch wir haben auf diese Methode nicht ganz verzichten können – manchmal haben wir es sogar bewußt darauf angelegt. Unsere jungen Männer wollten gegenüber gleichaltrigen Kommunisten, Nazis und Austrofaschisten nicht als »Seicherln« erscheinen (ein schwer definierbarer, ins Hochdeutsche fast nicht zu übersetzender Begriff: eine Mischung aus Zögerer und Feigling). Die Auseinandersetzungen lagen sozusagen in der Luft und verliehen den Versammlungen beträchtliche Spannung.

Auch beim Aushecken eigener Provokationen ließen wir uns nicht lumpen. Einmal wollten wir eine Versammlung unbedingt auf der Wieden abhalten. Die Wieden war ein bürgerlicher Bezirk, in dem die Nazis sehr früh hatten Fuß fassen können; wir rechneten damit, daß viele von ihnen kommen würden, denen wir dann das Wesen des Nazismus enthüllen wollten. Ein provokantes Plakat wurde entworfen, dessen Text von mir stammte: Die deutsche Schwerindustrie habe den Nazismus mit Millionen Mark gefördert – wenn ich mich richtig erinnere, wurden auch Namen von deutschen Industriellen genannt, die nachweisbar Spender waren –, und da sich die Partei »Nationalsozialistische Deutsche Arbeiterpartei« nennt, stelle sich die Frage, ob sie tatsächlich noch eine Arbeiterpartei sei.

Die Nazis kamen tatsächlich, nur leider sehr viel mehr, als uns lieb sein konnte. Auch SA wurde aufgeboten, und die ganze Versammlung nahm ein schmähliches Ende. Die Drei-Engel-Säle auf der Wieden – ein Ballokal aus der Zeit der Strauß-Dynastie – haben sich entsprechend den rauhen Zeiten in ein ideales Versammlungslokal verwandeln lassen, das etwa vier- bis fünfhundert Personen faßte. Unsere Niederlage war schon so gut wie sicher, als ein kühner Kellnerlehrling aus dem Hotel Imperial der Schlacht eine entscheidende Wendung gab. Dieser Lehrling hörte auf den wunderschönen Namen Achilles Sebesta; seine Mutter, so hieß es, war Stubenmädchen in der österreichischen Gesandtschaft in Athen gewesen und wußte vom Vater nicht mehr als den Vornamen Achilles. Dieser Riesenlackel von achtzehn Jahren, sonst die Gutmütigkeit in Person, kam auf die grausame, aber kampfentscheidende Idee, von der Galerie der Drei-Engel-Säle einen Tisch genau an der Stelle herunterzuwerfen, wo sich die SA zum Gegenstoß formierte. Das hat eine solche Verwirrung unter ihnen angerichtet, daß sie das Lokal fluchtartig räumten. Es war ein Pyrrhussieg. Unsere Parteileitung war nämlich verpflichtet, den Lokalbesitzern den Schaden zu ersetzen.

Ich wurde in einer unglaublichen Weise abgekanzelt, die in der Drohung gipfelte, daß man uns aller unserer Funktionen entheben werde. Beim Geld hat die Partei auch damals keinen Spaß verstanden, und es hat lange gedauert, bis die Sache einigermaßen vergessen war.

Noch ein weiterer Zwischenfall steht mir anschaulich vor Augen, weil ich dabei sehr hart angefaßt wurde. Es war in einer Versammlung der Heimwehr, zu der wir als Störenfriede erschienen sind. Mit von der Partie war der Arbeiterdichter Josef Luitpold Stern, ein großer Pazifist aus dem Ersten Weltkrieg und ein in der Bewegung sehr populärer Mann. Er kam aus der jüdischen Arbeiterschaft und hat einige sehr schöne Gedichte geschrieben. Als die Heimwehr mit ihrer Marschmusik begann, alles in Uniform, alles sehr militant, rief Josef Luitpold Stern in den Saal hinein: »Aufhören, aufhören!« Und als alles still wurde, rief er: »Mörder sollen nicht musizieren!« Das war der Auftakt zu einem Riesentumult. Da man mich in diesem winzigen Bezirk gut kannte, packten mich sogleich ein paar kräftige Heimwehrleute, um mich hinauszubefördern. Da aber die Schwingtür blockierte, warfen sie mich kurzerhand durch die Glasscheibe. Blutüberströmt wurde ich in das damals noch bestehende Wiedner Krankenhaus gebracht, wo mir meine Kopfhaut genäht werden mußte.

Manche gefallen sich heute sehr in ihrer Kritik der zunehmenden Politisierung der Universität. Damals gab es hierüber wenig Klagen, denn die Studenten waren vielfach nach dem Sinn der Professoren und so manche Professoren nach dem Sinn der Studenten. In Deutschland war das sehr ähnlich, auch wenn an manchen deutschen Universitäten die akademische Freiheit länger respektiert wurde. Aber ein ideales Studienklima hat auch dort nicht immer geherrscht. Eric Warburg schildert in seinen Erinnerungen die ersten Vorlesungen Einsteins zur Relativitätstheorie: »Seine Kollegs waren mit über 500 Teilnehmern für damalige Begriffe völlig überfüllt, und ich erinnere mich noch, wie rechtsradikale Studenten den armen Mann, der sich in solchen Situationen wirklich nicht zu helfen wußte, mit unflätigen nationalistischen und antisemitischen Äußerungen und Drohungen unterbrachen.« Aber denen, die mit historischen Parallelen schnell zur Stelle sind und die Studentenunruhen der späten sechziger und der siebziger Jahre ins Feld führen, um zu beweisen, daß sich nichts geändert habe, muß ich sagen, daß sich derartiges auf unseren Universitäten seit langem überlebt hat. Die Studentenrevolten unserer Zeit, die aus den Vereinigten Staaten zu uns gekommen sind, haben eine ähnliche historische Bedeutung, wie sie sie bereits vor hundertzwanzig Jahren, 1848, hatten.

Die Nazifizierung der deutschen und österreichischen Universitäten scheint mir einer der Gründe für die geistige Verarmung Mitteleuropas zu sein. Eine Gelehrtenflucht trat ein, wie es sie bis dahin nicht gegeben hat. Die Listen der Nobelpreisträger nach 1933 zeugen davon. Wer diese Entwicklung miterleben mußte, der weiß, wie großartig die Leistung derer war, die nach 1945 für den Wiederaufbau der Universitäten verantwortlich gewesen sind. Es waren nicht nur die akademischen Lehrer, die Wissenschaftspolitiker, die Regierungen, die mehr Geld als je zuvor zur Verfügung stellten – es waren auch die Studenten, deren Begabungen aufgrund einer gewissen Demokratisierung sehr viel stärker ausgeschöpft werden konnten.

Sehr bald begann ich unter der Enge und Intoleranz der Wiener Universität zu leiden, und zeit meines Lebens habe ich sie nur ungern und mit gemischten Gefühlen betreten. Ich habe nie ein Hehl daraus gemacht – auch nicht vor den Honoratioren dieser Institution –, und noch heute ist jeder Schritt auf akademischem Boden für mich eine Erinnerung an etwas sehr Unangenehmes. Mich verbindet nicht das geringste Gefühl der Dankbarkeit mit der berühmten Alma mater Rudolphina, und so hat es seinen guten Grund, daß man dort niemals auf die Idee gekommen ist, mir eine Ehrung zuteil werden zu lassen. Ich hätte sie, jedenfalls was diesen Abschnitt ihrer Geschichte betrifft, nicht verdient.

Wie sehr mir trotz oder gerade wegen dieser Erfahrungen die Sache der Universität am Herzen lag, kann man aus dem Umstand ersehen, daß ich in dem Augenblick, als ich erstmals über die Zusammensetzung einer Regierung zu entscheiden hatte, trotz des Widerstandes der Kleinbürgerlich-Konservativen, die Gründung des Ministeriums für Wissenschaft und Forschung verwirklichte. Wenn man nämlich, wie es bei uns der Fall war, lediglich ein Unterrichtsministerium hat, so dominieren dort diejenigen, die sich mit dem Grund- und Mittelschulwesen beschäftigen, denn darauf richtet sich das Hauptinteresse sowohl jener Staatsbürger, die Eltern sind, als auch das der Lehrer, die eine sehr aktive »pressure group« bilden und die sich mit besonderer Vorliebe im Bereich der Politik bewegen. Für sie ist die Beschäftigung mit der Politik der zweite Beruf. Deshalb schien uns ein eigenes Wissenschaftsministerium so wichtig. Dieses Ministerium hat in den vergangenen fünfzehn Jahren unter der Führung einer sehr gescheiten und energischen Ressortleiterin, der Frau Minister Hertha Firnberg, eine wissenschaftliche Epoche herbeigeführt, wie es sie in Österreich nie zuvor gegeben hat. Es galt, einen jahrhundertealten Nachholbedarf wettzumachen, denn immer, auch in den als vorbildlich hingestellten Epochen der Monarchie, hat es ein hohes Maß an Einmischung gegeben. Erst jetzt hat Österreich ein wissenschaftsfreundliches Klima, und ich bin glücklich, diesen Prozeß administrativ eingeleitet und gefördert zu haben.

7. Kapitel
Im Schatten kommender Ereignisse

Über die sozialistische Jugendbewegung in Österreich legte sich in diesen Jahren der Schlagschatten kommender Ereignisse. Von Woche zu Woche wurde die faschistische Gefahr für uns greifbarer. Das hat unter anderem dazu geführt, daß wir über die Barrieren der Theorie hinweg Formen pragmatischer Zusammenarbeit mit den sogenannten Bürgerlichen suchten. Obwohl die Sozialdemokraten und die Christlichsozialen kaum noch Berührungspunkte hatten, gelang es uns Jungen, gewisse Gemeinsamkeiten herauszufinden. In der Zeit der größten Feindschaft zwischen der Regierungspartei und der sozialdemokratischen Opposition brachten wir neue Verbindungen zustande.

Es war die Not der Zeit, besonders die Not der jungen Arbeiter, die uns zusammenführte. Gemeinsam mit den katholischen Jugendverbänden riefen wir Einrichtungen für die arbeitslose Jugend ins Leben und begannen unter dem Motto »Jugend in Not« eine rege Tätigkeit zu entfalten. Wenn wir am Nachmittag die Heime öffneten, gaben wir erst einmal Erbsensuppe und ein Stück Brot aus, und wer Glück hatte oder mithalf, bekam sogar zwei Stück Brot. Finanziert wurde das Projekt zum größten Teil von der Gemeinde Wien. In weiterer Folge entstand die Institution »Jugend am Werk«. Das waren, so würde man heute sagen, Hobbywerkstätten, in denen junge Leute Dinge herstellten, die den Arbeitsmarkt nicht noch mehr verengten. 1933 schließlich haben wir uns den faschistischen Vorstellungen vom »Arbeitsdienst« durch eine Institution »Jugend in Arbeit« entzogen. Unter anderem haben wir in den Wäldern um die Wiener Hochquellwasserleitung Säuberungsarbeiten zur Reinerhaltung des Quellwassers durchgeführt. Abends saßen wir dann oft zusammen und haben die Jugendbewegung wieder aufleben lassen.

Die Bedeutung der Kommunalpolitik für die Sozialdemokratie und umgekehrt die Bedeutung der Sozialdemokratie für die Kommunalpolitik sind ein Kapitel für sich. Hier findet eine Wechselwirkung statt, von der sich viele keine Vorstellung machen, die aber nicht hoch genug eingeschätzt werden kann. Ich gehöre zu denen, die glauben, daß in der Kommunalpolitik die eigentlichen Erfolge erzielt werden, die das tägliche Leben der Menschen beeinflussen. Hier entfaltet sich die Demokratie am

Bruno Kreisky (ganz rechts) mit Mitgliedern der SAJ auf der Rax, vor 1930

grünen Holz der Praxis, hier muß sie sich bewähren, hier liegen die »grassroots« der Demokratie. In den zwanziger und dreißiger Jahren vollbrachte die Wiener Kommunalverwaltung Glanzleistungen, die in der ganzen Welt als leuchtendes Vorbild einer modernen Kommunalpolitik galten. Sie nahm Rücksicht vor allem auf die ärmeren Schichten der Bevölkerung.

Massenarbeitslosigkeit, Dauerelend und Hungerlöhne prägten das Leben in Österreich und beeinflußten auch das politische Geschehen. Ein Bundeskanzler nach dem anderen wanderte – sozusagen mit dem Hut in der Hand – in die Hauptstädte Europas, und jeder neue Finanzminister begab sich nach Berlin und Rom, London und Paris, um Anleihen zu bekommen. 1931 hat Otto Bauer auf dem Kongreß der Sozialistischen Internationale einen grandiosen Vorschlag gemacht: Überall auf der Welt, in

Amerika, in Frankreich, lägen gewaltige Kapitalien brach, und es sollte den Regierungen doch möglich sein, diese Kapitalien nach Mitteleuropa zu lenken und hier jene Prosperität zu schaffen, mit der die Arbeitslosigkeit überwunden werden könnte. »Wir fordern darum eine großzügige Kreditaktion für Deutschland, weil diese Probleme heute nicht mehr Probleme der Kapitalisten allein sind, weil sie nur gelöst werden können durch die bewußte Aktion der Regierungen.« Der Gedanke dahinter war natürlich die Aufschließung Osteuropas, denn dorthin hätte man ja liefern müssen. Also eine Art Marshallplan für Osteuropa, der Deutschland und Österreich aus der Krise und damit vor dem Nazismus retten sollte.

Während Österreich immer tiefer in Armut versank und kaum noch in der Lage war, seine Menschen ordentlich zu ernähren, schienen sich in Deutschland alle Kräfte zu regen. Dort war, begünstigt durch die Friedensverträge, in denen deutsche Sachleistungen vorgesehen waren, eine hypermoderne Industrie entstanden. Während die französische und britische Industrie langsam veraltete, ist die deutsche immer leistungsfähiger geworden, und sehr bald gewann man den Eindruck, daß, wirtschaftlich gesehen, Deutschland der Gewinner des Krieges war. Bei der Lektüre des Tagebuchs des Harry Graf Kessler wird einem bewußt, daß Deutschland schon bei der Weltwirtschaftskonferenz in Genua 1922 wieder eine große Rolle zu spielen begann. Wie so oft im politischen Geschehen, ergab sich diese Entwicklung aus zufälligen Fügungen; dahinter stand nicht so sehr eine klare Konzeption als eine gewisse Eigendynamik.

Zur Zeit der Großen Koalition unter dem Sozialdemokraten Hermann Müller-Franken schien der Höhenflug der deutschen Wirtschaft ungehindert weiterzugehen. Alles schaute damals wieder gebannt über die Grenze, und der Anschlußgedanke, der vor allem Frankreich mit Sorge erfüllte, erwachte zu neuem Leben. Nicht, weil es so viele Deutschnationale in Österreich gegeben hätte, sondern weil der sich abzeichnende wirtschaftliche Aufschwung die Österreicher faszinierte, kam es 1931 zu dem bekannten Schober-Curtius-Abkommen über eine Zollunion, ein Abkommen, das von den Alliierten, vor allem von Frankreich, gnadenlos bekämpft wurde. Karl Renner schrieb darüber einen interessanten Artikel im »Kampf«, der Monatsschrift der Sozialdemokraten: »Nicht kritiklos hat die Sozialdemokratie Deutschlands und Österreichs den Schritt beider Regierungen, in Vertragsverhandlungen über eine Zollunion einzutreten und von dieser Absicht die beteiligten Mächte zu verständigen, hingenommen, aber sie hat die Aktion in ihren Gründen und Zielen gutgeheißen und ist sie zu unterstützen entschlossen... Die erste Reaktion auf diese Vereinbarungen war nicht nur in den beiden deutschen Staaten, sondern im ganzen Ausland und vor allem in Frankreich der Ausruf: Das ist der erste Schritt zum Anschluß! Der wirtschaftliche Anschluß soll den politischen bloß vorbereiten! Es kann und soll auch nicht bestritten werden, daß das gemeinsame Vorgehen der Regierungen beider deutscher Staaten die Anschlußfrage wieder aufrollt. Aber es greift weit über sie hinaus und offenbart einen Zusammenhang des Anschlusses mit europäischen Fragen... Wie 1918 sind wir bei unserer Zielsetzung uns heute bewußt, auch als gute Internationale vorzugehen. Wir werden es begrüßen, wenn dieser gegebene Anstoß über unser Land und Deutschland hinauswirkt. Es ist das ganze handelspolitische System des west- und mitteleuropäischen Teiles unseres Kontinents, das für alle Völker gleich unerträglich geworden ist und nach Abhilfe schreit. Wir wollen, daß dieser Anstoß die Bestrebungen nach einem generellen politischen und wirtschaftlichen Übereinkommen zwischen Frankreich und Deutschland weitertreibt, sie beschleunigt und nicht hemmt. Eingeweihte Ökonomen versichern, daß sich die beiden Nationalwirtschaften dies- und jenseits des Rheines schon heute viel mehr ergänzen als konkurrieren, daß also ein solches Generalabkommen möglich und für beide Teile vorteilhaft wäre. Auf der anderen Seite besteht heute auch zwischen Österreich und der Tschechoslowakei nur eine ›papierdünne Wand‹.«

Es gehörte damals zum guten Ton, daß führende Politiker unter eigenem Namen ihre politischen Gedanken im wissenschaftlichen Organ der Partei vertraten. Der »Kampf« war gewissermaßen Pflichtlektüre in sozialdemokratischen Kreisen, auch außerhalb Österreichs. Die Autorenliste des Jahrgangs 1931 nennt unter anderem die Namen von Friedrich und Max Adler, Austerlitz, Helene und Otto Bauer, Braunthal, Danneberg, Ellenbogen, Benedikt und Karl Kautsky, Otto Leichter, Nenni, Oscar Pollak, Renner, Szende, Emile Vandervelde.

Die Sozialistische Jugend Österreichs war frei vom Anschlußfanatismus. Heute erscheint es mir eigentlich als ein Wunder, daß diese Frage im Bildungsprogramm der Arbeiterjugend kaum eine Rolle gespielt hat, obwohl die Partei dem Anschlußgedanken sozusagen huldigte. Und wenn die Partei sich für den späteren Wiener Nazibürgermeister Hermann Neubacher begeistert einsetzte, haben wir uns von dieser Aktivität distanziert.

Im Sommer 1930 fuhr ich zum ersten Mal nach Deutschland. Zum einen wollte ich dort Freunde besuchen, die ich mir im Jahr zuvor beim Internationalen Treffen der Sozialistischen Arbeiterjugend erworben hatte, zum anderen hatte ich den Wunsch, einige Hochburgen der deutschen Arbeiterbewegung kennenzulernen. So fuhr ich zunächst nach Berlin. Im Sekretariat des Verbands der Sozialistischen Arbeiterjugend (SAJ) wollte ich mich informieren und meine Reise, für die ich mir relativ viel Zeit genommen hatte, besprechen. Ich freute mich auf das Zusammensein mit alten und neuen Freunden, mit Erich Ollenhauer – damals Sekretär der Jugendinternationale –, Max Westphal, dem einarmigen Ideologen der SAJ, und August Albrecht. Berlin war eine hektische, faszinierende Stadt. Ich hatte nie zuvor dergleichen erlebt. Daß diese brodelnde Kulturmetropole – gegen die Wien eine tote Stadt zu sein schien – zweieinhalb Jahre später von einer Diktatur gebändigt werden sollte, lag außerhalb meines Vorstellungsvermögens. Was ich in Berlin sah, war in Wirklichkeit der Totentanz der Demokratie.

Von Berlin fuhr ich ins Ruhrgebiet. Dort präsentierte sich die deutsche Arbeiterbewegung in ihrer ganzen Zerrissenheit, und ich spürte zum ersten Mal die politische Krise. Unter den katholischen Arbeitern gab es eine starke Anhängerschaft der Zentrumspartei, und auch die Losungen der Kommunisten fanden Zuspruch. In voller Breite aber brach die NSDAP in das politische Leben ein. Am 14. September sollte der Reichstag neu gewählt werden, und die Nazis, die sich in einer unvorstellbaren Aufbruchsstimmung befanden, überzogen Deutschland mit einer totalen Propaganda- und Versammlungskampagne, wie es sie nirgends und niemals zuvor gegeben hat. Für den 15. August war in den Essener Ausstellungshallen eine Großkundgebung angekündigt, auf der der Führer der NSDAP als Hauptredner auftreten sollte. Ich beschloß, hinzugehen.

Die Halle war zum Bersten voll, und es herrschte eine brodelnde Stimmung, die durch Marschmusik immer aufs neue angeheizt wurde. Ich kann mich natürlich nicht für alle Einzelheiten, die ich hier darstelle, verbürgen, aber im Rückblick stellt es sich mir so dar: In regelmäßigen Abständen wurde bekanntgegeben, was der Führer gerade tut. »Der Führer verläßt unter dem Jubel der Massen den Versammlungssaal in Dortmund...« – »Der Führer eilt zu seinem Mercedes; am Steuer sitzt sein treuer Fahrer Schreck...« Dazwischen immer wieder Militärmärsche, Parolen, Propagandareden unterer Chargen. Das alles war so fein abgestimmt und so perfekt organisiert, daß man den Eindruck hatte, als rolle ein Film ab. Und dann betrat der »heißersehnte Führer« mit bewußt kalkulierter Verspätung endlich den Saal. Die Nervosität, mit der man auf ihn gewartet hatte, entlud sich in einem Orkan der Begeisterung. Alles sprang auf und schrie. Ich habe mich so klein wie möglich gemacht, und da alle auf den Führer starrten, ist es mir auch gelungen, nicht aufzufallen. Natürlich war ich gefährdet, da ich durchaus als Jude erkennbar war – zumindest konnte ich nicht ganz ausschließen, daß plötzlich jemandem mein Gesicht nicht paßte. Ich fühlte mich fortwährend von bösen Blicken gemustert und fürchtete, daß die SA-Leute, die als Ordner fungierten, jeden Moment auf mich losstürzten. Zum Glück haben mich meine beiden Begleiter, eine Freundin und ihr Bruder, ein bißchen abgedeckt.

Am Schluß des grandiosen Spektakels wurde eine neue Fahne geweiht. Neben dem Führer wurde die sogenannte Münchner »Blutfahne« aufgepflanzt; auf die andere Seite stellte man die zu weihende Fahne. Dann streckte Hitler beide Arme aus und berührte die Fahnen mit den Händen, so daß gewissermaßen durch den Körper des Führers der Geist des 9. November 1923 auf das neue Tuch überging. Es war ein Ritual, das die Menschen in einer Weise ergriffen hat, daß mir der kalte Schauer über den Rücken rann.

Bei jenen Septemberwahlen trugen die Nazis einen gewaltigen Sieg davon; plötzlich waren sie die zweitstärkste Partei in Deutschland. Von zwölf Mandaten auf 107! Damit stand das Thema Nationalsozialismus auch für die österreichische Sozialdemokratie auf der Tagesordnung. Alle starrten wie gebannt nach Deutschland. Vor allem unter den jungen Leuten hat es viele gegeben, die meinten, man müsse aus der Strategie und der politischen Dramaturgie der Nazis lernen und den Kampf gegen sie mit ihren eigenen Waffen führen, bevor es auch in Österreich zu spät wäre. Ich hielt diese Furcht für maßlos übertrieben.

»Es wurde davon gesprochen«, schrieb ich im Februar 1931 in der »Sozialistischen Erziehung«, »daß wir unsere Arbeit nicht der marktschreierischen Art der Nationalsozialisten anpassen sollen. Dazu wäre zu sagen: erstens sind die Erfolge der Nationalsozialisten nicht so überwältigend, daß man ihre Methode übernehmen sollte, zweitens liquidiert man Arbeitsmethoden erst dann, wenn sich herausgestellt hat, daß sie falsch und unbrauchbar sind. Trifft das bei den unseren zu? Also nur keine Wendepunktpsychose und Voreiligkeit! Ein Übernehmen der Nazimethoden wäre eine Veräußerlichung unserer Arbeit und damit eine Verflachung. Können wir uns so etwas erlauben? Im Gegenteil, gerade heute eher denn je sollten die Parolen lauten: Mehr Arbeit nach innen, mehr Vertiefung unserer Arbeit, mehr politische Schulung!«

Das politische Alltagsgeschäft mit aller Nüchternheit anzugehen war schon damals eines meiner Grundprinzipien. Die furchterregende Dynamik, die die Nazis entfalteten, war für mich in erster Linie ein Exzeß der Propaganda, eine Demonstration von Widerwärtigkeit und Haß. Aber ich habe es selbst erlebt: Wenn einer in einer marschierenden, begeisterten Masse plötzlich einen unendlich dummen oder ordinären Spruch erfindet, stimmen die anderen begeistert ein; er verbreitet sich wie ein Lauffeuer durch den ganzen Zug und wird zur Parole. Man denke an das berüchtigte: »Heute gehört uns Deutschland und morgen die ganze Welt.« Ursprünglich lautete es viel banaler: »Heute, da hört uns Deutschland, und morgen die ganze Welt«. Aber im jugendlichen Überschwang wird eines Tages einer gesungen haben: »Heute gehört uns Deutschland ...« Im Grunde war das sogar logisch, denn das war die Richtung, in die es gehen sollte.

Meine zuversichtliche Einschätzung der politischen Situation in Österreich war gar nicht so falsch gewesen. Bei den Nationalratswahlen am 9. November 1930 – knapp zwei Monate nach ihren spektakulären Gewinnen in Deutschland – erreichten die Nazis in Österreich nur drei Prozent der Wählerstimmen und kamen zu keinem einzigen Mandat. Gut anderthalb Jahre später zog die NSDAP mit 230 Abgeordneten als weitaus stärkste Partei in den Berliner Reichstag ein: 37,8 Prozent der Deutschen standen am 31. Juli 1932 hinter ihr. Hätten in diesem Sommer auch in Österreich Nationalratswahlen stattgefunden, die Nazis hätten – so jedenfalls wurde errechnet – nicht mehr als 20 Prozent der Stimmen erreicht.

Natürlich haben wir die Entwicklung in Deutschland zwischen 1930 und 1933 sehr aufmerksam verfolgt. Eine Fülle einschlägiger Propaganda bezogen die österreichischen Nazis aus der Essener

Joseph Goebbels spricht in der Engelmann-Arena in Wien,
18. September 1932

»National-Zeitung«; sie kam zwar aus Essen, war aber auch für die Nazis in Österreich gedacht. Vor allem nach dem Juli-Abkommen 1936 war sie eine in Österreich viel gelesene Zeitung. Die Ereignisse sind mit rasender Geschwindigkeit vor uns abgelaufen, und ihre innere Logik ist auch heute noch schwer faßbar.

Bis 1933 mochten ideologische Differenzen und persönliche Rivalitäten die Spaltung der deutschen Arbeiterklasse in zwei große Blöcke als unüberwindbar erscheinen lassen. Spätestens vom 30. Januar an hätte jedoch klar sein müssen, daß es gegen die gesamte deutsche Demokratie ging, gegen die bürgerlich-demokratischen Parteien ebenso wie gegen die Sozialdemokraten und die die Weimarer Republik in blindem Haß bekämpfenden Kommunisten.

Als es am 9. August 1931 zu einem vom »Stahlhelm« eingeleiteten und von der NSDAP propagandistisch ausgenutzten Volksentscheid zur Auflösung des preußischen Landtags kam, unterstützten die Kommunisten diesen Schlag gegen das »Bollwerk der Demokratie« unter der Parole »Macht den braunen Volksentscheid zum roten Volksentscheid!« Pietro Nenni, wahrlich ein unverdächtiger Zeuge, hatte beim Kongreß der Sozialistischen Arbeiter-Internationale in Wien prophezeit: »In einer Woche werden die deutschen Kommunisten an der Seite des Faschismus marschieren, um die Position der deutschen Sozialdemokratie zu schwächen: Dies stellt ein Verbrechen gegen die Einheit der Arbeiterklasse dar.«

Die knapp zehn Millionen Stimmen (36,8 Prozent) reichten zwar nicht aus, aber sie leisteten den Angriffen auf die demokratische Preußenregierung weiter Vorschub. Ein Jahr später, im Juli 1932, erklärte Reichskanzler von Papen den sozialdemokratischen Ministerpräsidenten Braun für abgesetzt. Für uns war das alles unfaßbar: Die Regierung des größten deutschen Staates mit ihren Zehntausenden verläßlicher Polizisten, deren demokratische Gesinnung außer Zweifel stand, kapitulierte gewissermaßen vor »einem Leutnant und zwei Mann«. Der preußische Innenminister Carl Severing, dem man eine gewisse Festigkeit zugetraut hatte, gab sein Amt widerstandslos preis. Nicht eine Hand erhob sich. Eine Regierung, die sich am Ende noch auf immerhin fast neun Millionen Wähler stützen konnte, war im Chaos untergegangen, und die Hoffnung, daß im letzten Augenblick Sozialdemokraten und Kommunisten – so vieles sie auch trennte – gemeinsam Widerstand leisten würden, war endgültig zerbrochen.

Die SPD galt als die bestorganisierte Massenpartei der Welt, und die KPD war eine straff geführte Kaderpartei: Sang- und klanglos sind sie beide abgetreten. Wie ist es zu dieser Lähmung gekommen? Wenn die Einigung der deutschen Arbeiterklasse angesichts der wachsenden Bedrohung durch den Nationalsozialismus nicht möglich war, so lag das vor allem daran, daß die Kommunisten sich längst – im wahrsten Sinne des Wortes – auf einen anderen Gegner eingeschossen hatten, nämlich auf die Sozialdemokraten. Man kann nicht jeden Sonntag der von Sozialdemokraten geführten preußischen Polizei Straßenkämpfe liefern und dann plötzlich mit eben diesem Staat zusammenarbeiten. Man kann nicht jahrelang von den Dächern Berlins herunter die Einrichtungen des demokratischen preußischen Staates bekämpfen und dann von heute auf morgen Hand in Hand mit der »Knüppelpolizei« der Herren Severing und Zörgiebel gegen die Nazis marschieren. Das hätte die Anhängerschaft wahrscheinlich total verwirrt. Man hatte ohnehin den Eindruck, daß es bei den Arbeitslosen ein ständiges Hin und Her gab, ein Schwanken der Massen von den Kommunisten zu den Nazis, von den Nazis zu den Kommunisten. Die Wahlstatistiken schienen das zu bestätigen; man hatte das Gefühl, daß große Gruppen von Wahl zu Wahl in Bewegung gewesen sind.

Was nun die Absichten Stalins betraf, so schien uns – nicht zuletzt aufgrund der ständigen Auseinandersetzungen mit den den Kommunisten nahestehenden »Linken« – seine Politik durchaus folgerichtig. Was scherte ihn die deutsche Demokratie? Was interessierte ihn das Schicksal der deutschen Kommunisten? Und das Schicksal der Sozialdemokraten interessierte ihn schon gar nicht. Sie alle mußten geopfert werden, damit er seinen teuflischen Plan verwirklichen konnte: Hitler sollte in Deutschland an die Macht gelangen! So hatte Stalin es programmiert. Der Kommunistenführer Ernst Thälmann, der fliehen wollte, wurde verraten und so ein Opfer des Nationalsozialismus. Wie sollte man sich das alles erklären?

Die Masse der organisierten Kommunisten in aller Welt und ihre »fellow travellers« waren jedoch so stark auf Moskau hin orientiert, daß sie alle auch noch so hastigen politischen Wendungen getreu nachvollzogen. Fast hatte man den Eindruck von Spontaneität. Nachdem Ernst Thälmann in den Gestapokerkern verschwunden war, hatte man einen neuen Helden bereit: den bulgarischen Kommunisten Georgi Dimitroff, der im Reichstagsbrandprozeß Göring mit einem Mut sondergleichen entgegentrat. Durch Dimitroff wurde die Legende vom kommunistischen Widerstand gerettet.

Eine eindeutige Antwort bekam man am 24. August 1939, als die Unterzeichnung des deutsch-sowjetischen Nichtangriffspaktes bekanntgegeben wurde: Stalin wollte den Sieg der Nazis. Er wußte oder glaubte zu wissen – und letzten Endes hat er damit recht behalten –, daß Hitler das Deutsche Reich in einen Konflikt mit England und Frankreich verwickeln werde. Indem er Hitler zunächst gewähren ließ und im August 1939 offen an seine Seite trat, verhinderte er jene Koalition, die für ihn lebensgefährlich gewesen wäre. Die Engländer wie die Franzosen beruhigten sich angesichts der Aggressivität Hitlers mit der Überzeugung, daß ein möglicher Krieg auf jeden Fall ein Krieg Deutschlands gegen Rußland sein werde. Davon waren Henderson, Chamberlain, Daladier, als sie im September 1938 nach München gingen, so überzeugt, daß sie tatsächlich glaubten, ihren Ländern durch Nachgiebigkeit den Frieden bewahrt zu haben. In diesem Glauben hat sie Hitler offenbar bestärkt. Daß er selbst keinen Angriff von sowjetischer Seite zu befürchten hatte, schien ihm vor allem durch das geheime Zusatzprotokoll zum Nichtangriffspakt gewährleistet, in dem er sich mit Stalin über die Aufteilung des europäischen Ostens geeinigt hatte. Es war die erste große Teilung Europas, was von so manchen Kritikern der westlichen Politik und vor allem der Politik von Jalta immer wieder übersehen wird.

Hitler hat sich dann doch bald zum Krieg gegen die Sowjetunion entschlossen. Denn im Mittelpunkt seines Denkens stand immer die Überzeugung von der Notwendigkeit der Eroberung deutschen Lebensraums im Osten. Hinzu kam, daß er glaubte, auf diese Weise werde er den Krieg mit England beenden können, bevor die Vereinigten Staaten zum Eingreifen in der Lage wären. Aus diesem Grunde scheint es mir übrigens wenig glaubwürdig, daß Rudolf Heß, als er sechs Wochen vor Beginn des Rußlandfeldzugs nach England flog, ohne Auftrag Hitlers gehandelt haben soll. Plausibler ist, daß Hitlers Stellvertreter die ihm nahestehenden britischen Aristokraten davon überzeugen sollte, daß jetzt der eigentliche Krieg beginne. Der, den Hitler schon immer versprochen habe.

Anläßlich eines Besuches von Chruschtschow in Wien entspann sich einmal eine kurze, sehr bittere Kontroverse. Chruschtschow meinte, meine Haltung wundere ihn nicht, da ich aus einer Partei käme, die seinerzeit dem Nationalsozialismus zur Macht verholfen habe. Ich erwiderte scharf, daß es die deutschen Kommunisten gewesen seien, die die Machtergreifung Hitlers begünstigt hätten. Bundeskanzler Raab, der Zeuge dieser Kontroverse war, schien sichtlich irritiert.

Bei der Reichspräsidentenwahl 1932 glaubte man, mit Hindenburg das kleinere Übel zu wählen, aber das große hat man damit nicht verhindert. Die Linke und die demokratische Mitte waren nicht einmal in der Lage gewesen, sich auf einen demokratisch zuverlässigen Präsidentschaftskandidaten zu einigen. Um Hitler zu verhindern, wurden die sozialdemokratischen Arbeiter aufgerufen, für den Mann zu stimmen, der ihnen seit Jahren als Inbegriff der Reaktion galt: Paul von Hindenburg. Auch an dieser Zwangslage trifft wiederum die Kommunisten erhebliche Schuld. Ihr Kandidat Thälmann, der von vornherein keine Chancen hatte, erreichte im ersten Durchgang immerhin 13,2 Prozent; in Wirklichkeit schwächte er nur das Lager der Hitler-Gegner. Es ist die historische Schuld der Kommunistischen Partei Deutschlands, die Sozialdemokratie immer aufs neue in solche Zwangslagen gebracht zu haben.

Was nun die SPD selbst betrifft, so hätte sie, retrospektiv beurteilt, sich natürlich entschließen müssen, an der Macht teilzuhaben, um so den Nazismus mit allen Mitteln zu verhindern. Hätte man sich die Macht in Preußen nicht so schändlich nehmen lassen und hätte der Reichskanzler Kurt von Schleicher sich nicht dem Willen Hindenburgs und seiner Kamarilla gebeugt, dann hätte er zusammen mit dem Führer des ADGB, Theodor Leipart, und Gregor Strasser den 30. Januar verhindern können. Davon bin ich noch immer überzeugt. Die erforderlichen Verbindungen hat Schleicher Ende 1932 auch gesucht. Hätte er diese politische Front zustande gebracht, hätte Hindenburg nicht gewagt, ihn abzusetzen. Was Schleicher aber vor allem brauchte, war die parlamentarische Mehrheit; dazu bedurfte er der Sozialdemokraten. Und die haben sich ihm versagt.

Es ist für mich überhaupt keine Frage, daß die deutsche Sozialdemokratie ein gerüttelt Maß an Schuld bei der Machtübernahme Hitlers trifft. Als die größte demokratische Gegenkraft hätte sie von sich aus eine Strategie entwickeln müssen, um den Sturmwind des deutschen Faschismus abzufangen. Sie hätte sich von Anfang an an die Spitze des Widerstands stellen und ihn auch planen müssen. Zwar komme ich aus einer Partei, die auch kein Vorbild gewesen ist, aber wir haben ein Argument, das mehr als eine Ausrede ist: Österreich war 1933 von faschistischen und kryptofaschistischen Staaten eingekreist: vom Italien Mussolinis, vom Ungarn Horthys, das zu den extrem reaktionären Staaten gehörte, und von der jugoslawischen Königs- und Militärdiktatur. 1933 kam Hitlerdeutschland dazu. Demokratisch geblieben waren einzig und allein die Tschechoslowakei – sie war durch Nationalitätenprobleme in großen inneren Schwierigkeiten – und die Schweiz.

Man hat mir wiederholt den Vorwurf gemacht, ich gehörte zu jenen, die glauben, daß alles machbar sei. Ich habe das niemals als Kritik verstanden, auch wenn es so gemeint war. Vielleicht bin ich sogar deshalb in die Politik gegangen, weil man hier an Veränderungen mitwirken kann. So jedenfalls will ich sie verstanden haben. Das wienerische Wort »da kann man halt nix machen« liegt mir nicht. Was sollte einen denn an der Politik faszinieren, wenn nicht das Bewußtsein, Zustände, die man für schlecht und ungerecht hält, verändern zu können? Wenn das ein Laster ist – ich jedenfalls werde es nicht mehr loswerden. Trotzdem hasse ich das, was die Franzosen »faire la mouche du coche« nennen – im Wienerischen simpler ausgedrückt mit »G'schaft'lhuberei«.

Hätte die Verteidigung der deutschen Demokratie wirklich ausschließlich im Parlament erfolgen sollen? Was hätte denn dann die Gründung der Organisation des Reichsbanners »Schwarz-Rot-Gold« für einen Sinn gehabt? In der Stunde der Not muß sich die Demokratie auch außerhalb des Parlaments bewähren. Niemand kann mir einreden, daß 1930, als sich die ersten Einbrüche bei den Wahlen zeigten, nicht jener Augenblick gekommen war, in dem sich alle demokratischen Möglichkeiten hätten entfalten müssen: vom Koalitionsrecht in seiner äußersten Form über das Demonstrationsrecht bis hin zur Drohung mit dem Generalstreik, der ja schon einmal die deutsche Demokratie gerettet hatte. Ich bin der letzte, der das Wort vom »demokratischen Kretinismus« zu akzeptieren bereit ist. Aber man bedenke, was auf dem Spiel gestanden ist und was schließlich die Folge der Widerstandslosigkeit war: ein Krieg, der 55 Millionen Tote gekostet hat. Ich erinnere an das Wort des alten Filippo Turati, das wir übernommen hatten, das wir aber den Massen in Deutschland nicht vermitteln konnten: Der Faschismus beginnt als Krieg innerhalb eines Volkes und muß zwangsläufig als Krieg zwischen den Völkern enden.

Für uns Junge jedenfalls war die SPD die Partei der ewigen Kompromisse. Ihre Tolerierungspolitik haben wir für zutiefst falsch gehalten. Was sie auch war. Denn entweder toleriert man eine Politik, dann kann man aber gleich selber mitregieren und trägt dann auch die Verantwortung. Oder man geht auf eindeutigen Oppositionskurs. Eine halbherzige Politik dagegen, wie sie die SPD damals trieb, vertreibt nur die eigenen Leute.

Viel gehalten haben wir damals von Leuten wie dem preußischen Innenminister Severing, von dem wir bis zum 20. Juli 1932, an dem Preußen entmachtet wurde, geglaubt haben, daß er mit seiner Polizei dem ganzen Spuk ein Ende bereiten werde. Innerlich standen wir also dort, wo auch die kritischen Jungen in der SPD standen, Julius Leber, Theo Haubach, Willy Brandt und viele andere. Aber da wir uns an das Prinzip der Solidarität hielten, haben wir mit unserer Kritik zurückgehalten. Wir gaben uns zufrieden mit den Solidaritätsbekundungen unserer Parteiführung.

Andererseits – und das soll nicht mit einer Handbewegung abgetan werden – fühlten sich die Sozialdemokraten ihrem humanistischen Erbe verpflichtet. Es scheint mir auch heute undenkbar, daß sozialdemokratische Führer den Befehl zu einem politischen Kampf geben, bei dem das Leben von Parteimitgliedern, ja Menschenleben überhaupt aufs Spiel gesetzt werden. Mit Feigheit hat das nichts zu tun. Otto Wels zum Beispiel, wie farblos er auch als Parteiführer gewesen sein mag, bewies großen Mut, als er am 23. März in der Berliner Krolloper seine berühmte, von Friedrich Stampfer verfaßte Rede gegen das Ermächtigungsgesetz hielt: »Freiheit und Leben kann man uns nehmen, die Ehre nicht!« In seiner Rocktasche, so erzählte mir einmal Otto Bauer, trug er eine Giftkapsel für den Fall, daß ihn die Nazis tätlich angriffen. Aber persönlicher Mut ist eine Sache; etwas anderes ist es, ob man ihn auch von anderen verlangen darf. Otto Bauer hat diesen inneren Zwiespalt auf eine für ihn typische Formel gebracht. Als ihm bei einer Wahlkreiskonferenz, an der auch ich teilgenommen habe, vorgeworfen wurde, daß man 1933 nicht losgeschlagen habe, erwiderte er: »Weil wir's den Müttern dieses Landes ersparen wollten...«

Auch die Sozialdemokratische Partei Österreichs war in diesen Jahren alles andere als eine einem besonderen Konzept verpflichtete Partei. Mit der Brutalisierung der Politik, wie sie sich seit 1927 abzeichnete, ist sie einfach nicht fertig geworden. Im österreichischen Parlament kam es immer häufiger zu rüden Auseinandersetzungen, die alles in den Schatten stellten, was es an stürmischen Debatten im alten österreichischen Reichsrat gegeben hatte. Die politische Stimmung im Land war durch und durch vergiftet. Das Bürgertum war zutiefst uneinig, einig nur in einem: die Sozialdemokraten um keinen Preis an die Regierung kommen zu lassen.

Selbst der Republikanische Schutzbund war geistig nicht in der Lage, sich auf die neue, bürgerkriegsähnliche Situation einzustellen. Theodor Körner, der legendäre Generalstabschef der Isonzoarmee, von dem man angenommen hatte, daß er den Republikanischen Schutzbund militärisch führen werde, hat sehr bald erkannt, daß der Schutzbund nur die Aufgabe hatte, präventiv zu wirken, und da Körner für eine solche Aufgabe nichts übrig hatte, zog er sich bald zurück. So blieb es bei einer von ehemaligen Offizieren und Unteroffizieren geführten Parteiarmee, die bestenfalls eine warnende Wirkung auf Leute ausüben konnte, die von Bürgerkriegen nichts verstanden. Schon Friedrich Engels, von Karl Marx scherzhaft »der General« genannt, hatte festgestellt, daß gegen die intakte Exekutive des Staates keine Revolution zu machen ist – eine Ansicht, die Körner, ein begeisterter Anhänger von Engels, übernommen hat.

Gewisse Ereignisse unserer Zeit lassen allerdings den Schluß zu, daß diese Erkenntnis einer gewissen Modifizierung bedarf. Als Militär hatte Körner sofort durchschaut, daß die Schutzbündler zwar gerne als Soldaten auftraten und kriegsähnliche Situationen besprachen, daß sie aber den Anforderungen eines echten Bürgerkrieges schon vom Politischen her nicht gewachsen sein würden. Bürgerkriege gelten als das Grausamste und fordern die Mobilisierung des ganzen Volkes. Es gehe um jedes Haus, um jede Straße, und auch die Frauen müßten beteiligt sein, wie Körner mir einmal sagte. Der spätere militärische Führer des Schutzbundes, der Berufsoffizier Alexander von Eifler, Sohn eines Feldmarschalleutnants, und der politische Führer des Schutzbundes, der Parteisekretär Julius Deutsch, nach dem Ersten Weltkrieg Staatssekretär für das Heer, haben das alles, so glaube ich, nicht bedacht. Julius Deutsch meinte, die Angst vor dieser großen paramilitärischen Organisation werde ausreichen, und der Major Eifler, der durch seinen Tod im Konzentrationslager zum Märtyrer wurde, sah sich überhaupt nur als eine Art militärischer Fachmann. Ich erinnere mich an eine Episode während einer jener Übungen, die meiner Meinung nach sinnlos waren. Einem Jungen wurde irgendeine Weisung gegeben, die ihm nicht einleuchtete, und als er seinen Einwand vorbringen wollte, wurde ihm befohlen, zu schweigen. Ich wollte das nicht einsehen, aber Eifler herrschte mich an: »Das ist eben das, was Sie nicht begreifen. Das ist eben das Militärische.« Alles, was lediglich aus Pflichtgefühl getan wurde, war mir in der Seele zuwider.

Unerklärlicherweise haben sich viel kluge Sozialdemokraten der Selbsttäuschung hingegeben, der Schutzbund sei die letzte Trumpfkarte der Demokratie. Das einzig Reale daran war, daß der Schutzbund offenbar Eindruck auf die Bürgerlichen machte, indem er unterstrich, daß ein Abgehen von der Demokratie nicht ohne Bürgerkrieg möglich wäre. Daß am Ende nichts von dem verwirklicht wurde, was in unzähligen Übungen immer wieder durchgespielt worden war, lag an der Einstellung der Parteiführung, die einen von ihr provozierten Bürgerkrieg im Grunde ihres Herzens ablehnte und ihn auch dann nicht wirklich akzeptieren wollte, als er ihr förmlich aufgezwungen wurde. So kam es im Februar 1934 zu einem heroischen Kampf der wenigen Aufrechten. Es waren Gefechte einer verzweifelten Nachhut, der Nachhut des österreichischen Proletariats, dessen Niederlage schon längst besiegelt war.

Der Generalstreik ist eine wirkungsvolle Drohung, solange man ihn nicht zur Anwendung bringt. Für diese Erkenntnis, die in der Arbeiterbewegung Skandinaviens und Großbritanniens eine große Rolle spielt, gibt es in der Geschichte der österreichischen Sozialdemokratie zwei Belege. Der Generalstreik funktionierte nach dem 15. Juli 1927 nur teilweise und fast überhaupt nicht nach dem 12. Februar 1934. Vielleicht hätte er 1933 Erfolg gehabt. Als in der Nacht vom 11. zum 12. Februar 1934 der Führer des Schutzbundes in Linz, Richard Bernaschek, Otto Bauer davon unterrichtete, daß am nächsten Morgen im Linzer Parteiheim eine Hausdurchsuchung bevorstehe, empfand man dies mit Recht als einen Akt reiner Provokation. Das Signal zum Losschlagen war gegeben. Aber es war zu spät; das ununterbrochene Zurückweichen hatte die Partei in ihrer Organisationsstruktur so geschwächt, daß ihre Kraftquellen versiegt waren. Ich wiederhole, daß wir Jungen damals erkannten, daß es ein schwerer taktischer Fehler war, so lange zugewartet zu haben. Hätte man im 33er Jahr losgeschlagen, hätte man die Dinge noch retten können. Einem Prinzip in der Politik folgend, bin ich der Auffassung, daß dies richtiger gewesen wäre, denn die Streiks wären damals viel lückenloser erfüllt worden. 1933 hätten wahrscheinlich noch die Eisenbahner ziemlich geschlossen mitgetan, vielleicht auch die Brotfabriken und andere lebenswichtige Industrien. Und Leute aus den bürgerlichen Parteien hätten möglicherweise Verhandlungen aufgenommen und Dollfuß fallenlassen. Es hätte theoretisch eine Möglichkeit bestanden, zur Demokratie zurückzukehren, und es hat auch diesbezüglich parteiinterne Diskussionen gegeben. Heute wissen wir, daß Mussolini einen Ausgleich niemals erlaubt hätte.

Warum man aber eine Koalition mit den beiden anderen möglichen Partnern nie ernsthaft erwogen hat, ist mir nie recht klargeworden. Es gab 1933 durchaus Anknüpfungspunkte, und auch im Parlament hatte man mit den Stimmen des Landbunds – einer großdeutsch orientierten Bauernpartei – und der Großdeutschen Volkspartei hin und wieder Mehrheiten erzielt, vor allem, wenn es um sogenannte antiklerikale Schulfragen ging. Ob eine solche Koalition regierungsfähig gewesen wäre, mag dahingestellt bleiben. Jedenfalls wäre es eine denkbar bessere Alternative gewesen.

Auf dem Parteitag im Herbst 1927 hatte Karl Renner eine für die Geschichte der Partei entscheidende Rede über das Für und Wider einer Koalition gehalten. Zum Entsetzen vieler verlas er ein Manuskript, statt, wie es damals üblich war, frei, auf Notizen gestützt zu reden. Und das Thema war meiner Ansicht nach ganz und gar unzeitgemäß. Die gewalttätigen Ausschreitungen vor dem Justizpalast einige Monate zuvor waren eine katastrophale Niederlage gewesen, und nach Niederlagen redet man nicht über Koalitionen. Es war übrigens der erste Parteitag, an dem ich als Zuhörer auf der Galerie teilnahm, und er ist mir auch deshalb gut in Erinnerung geblieben, weil ich neben der Prinzessin Windisch-Graetz saß, die ihre bildhübsche Tochter mitgebracht hatte.

Die »rote Prinzessin«, wie sie genannt wurde, war Mitglied der Partei und mit einem niederösterreichischen Sozialdemokraten verheiratet, der Petznek hieß. Sie war eine interessante Erscheinung, eine der schönsten Enkelinnen Kaiser Franz Josephs und seine Lieblingsenkelin obendrein. Den Namen Windisch-Graetz trug sie, weil sie sich bei einem Hofball in den Fürsten Otto zu Windisch-Graetz verliebt hatte, und wenn die Enkelin des Kaisers einen Windisch-Graetz heiraten wollte, mußte ein Windisch-Graetz sie eben heiraten, auch wenn er mit einer Schauspielerin in Prag liiert war.

Vier Jahre später, 1931, sah sich Ignaz Seipel, der Führer der Christlichsozialen, ein erbitterter, aber zugleich auch kluger Gegner der Sozialdemokratie, einer schier ausweglosen Situation gegenüber. Die Weltwirtschaftskrise war auf dem Höhepunkt, die Banken brachen zusammen. Da hat Seipel – die dominierende Erscheinung auf der Rechten – Otto Bauer eine Koalition angeboten. Wenn Leute wie er und Bauer sich zur Zusammenarbeit entschließen würden, könnte man das nicht als eine Regierung der »Packler« bezeichnen. Wie diese beiden politischen Gegner zueinander standen, beweist der ergreifend schöne Nachruf Otto Bauers auf Seipel: ein Beispiel politischer Noblesse, wie es sie in Österreich nicht oft gegeben hat. Mit Seipels Vorschlag ist Bauer zum Parteivorstand gegangen. Nun gibt es Historiker, die behaupten, daß Bauer diesen Vorschlag nicht ernst genommen habe. Aus den Protokollen des sozialdemokratischen Abgeordnetenklubs geht hervor, daß Otto Bauer im Jahre 1931 meinte, daß eine Mitverantwortung »nicht zu früh« übernommen werden dürfe und daß die Sozialdemokraten zum aktuellen Zeitpunkt in einer Regierung »sehr schwach« wären. Man solle eine Konzentrationsregierung jedoch nicht völlig ausschließen, »weil das eine vernünftige Möglichkeit verschütten würde«.

Die Forderungen, die von den Sozialdemokraten dann gestellt wurden, konnten von den bürgerlichen Parteien zwar nicht angenommen werden, aber aus heutiger Sicht scheinen sie durchaus nicht übertrieben: Kontrolle der Creditanstalt durch das Finanzministerium, Kontrolle der Industrie durch den Bund, was damals wohl eine wenig zweckmäßige Forderung war. Sinnvoll dagegen war das Getreidehandelsmonopol gegen Zölle, um Mehl- und Brotpreise niedrig zu halten. Andere Forderungen betrafen einen Finanzplan auf Kosten der Besitzenden, die Stabilisierung der Arbeitslosenversicherung und die vollständige Abrüstung der Selbstschutzverbände. Ein Abbau des Bundesheeres war zu diesem Zeitpunkt undenkbar, Ernennung einer Wahlübergangsregierung und Neuwahlen hielt Bauer für möglich. Wie immer man diese Forderungen beurteilen mag, im

Rückblick scheint es mir eindeutig falsch, daß man nicht stärker für einen Kompromiß eintrat, um in einem so kritischen Augenblick in der Regierung zu sein. Der Fehler lag auf seiten der Sozialdemokraten, die, ähnlich wie in Deutschland, eine Tolerierungspolitik führten.

Ich erinnere mich an ein Gespräch mit Otto Bauer, in dem er mir erklärte, daß er über den Vorschlag Seipels im Parteivorstand gesprochen, daß sich aber niemand gefunden habe, der für die Koalition eintreten wollte. Auch Karl Renner nicht, der damals Erster Präsident des Nationalrats war. Karl Renner hielt sich grundsätzlich für den einzig denkbaren Chef einer Koalitionsregierung – und wahrscheinlich war er es auch. Hätte man innerhalb des sozialdemokratischen Parteivorstandes den Mut gehabt, auf das sehr nuancierte Angebot Seipels einzugehen, wäre manches sicherlich anders gekommen. Meiner Meinung nach war das die letzte Chance zur Rettung der österreichischen Demokratie. Hätte man damals ja gesagt, dann hätte man uns nicht nachsagen können, wir seien unversöhnlich und zu keiner Zusammenarbeit bereit. Ganz gewiß aber wäre es nicht zum 12. Februar 1934 gekommen. Denn daß die Koalitionspartner von 1931 wenige Jahre später aufeinander geschossen hätten, ist sehr unwahrscheinlich. Zwar hätte man in der eigenen Partei große Schwierigkeiten bekommen, aber dazu sind Parteiführer ja da, solche Schwierigkeiten aus dem Weg zu räumen. Immerhin waren die Sozialdemokraten nach den Nationalratswahlen 1931 ungeschwächt. Zusammen mit den Christlichsozialen hätte man einen Block gebildet, hinter dem mehr als 75 Prozent der Wähler standen. Und wenn dieser Block entschlossen gewesen wäre zusammenzubleiben, wäre er ein Gegengewicht gegen die drohende nazistische Gefahr gewesen.

In der Politik gibt es eine gewisse Gesetzmäßigkeit, und eines der Gesetze würde ich das Gesetz des Minimums nennen. Es besagt, daß die kleinsten Veränderungen im Zentrum eines Kreises große Auswirkungen an der Peripherie haben. Die Physik spricht von Zentrifugalkraft: je mehr ich mich vom Zentrum entferne, desto gewaltiger ist die Fliehkraft. Genauso ist es in der Politik. Die kleinsten Veränderungen haben an der Peripherie der politischen Ereignisse, dort, wo sich politische Entscheidungen letztlich manifestieren, oft unvorhersehbare Folgen. Hätten die Franzosen im Frühjahr 1936 ein paar Divisionen an den Rhein geworfen – so sagte mir einmal De Gaulle, der damit seine

Gegnerschaft zu Léon Blum zum Ausdruck brachte –, dann hätte sich Hitler, wie er nachträglich selber eingeräumt hat, sofort zurückgezogen, und der mißlungene Coup hätte ihn bloßgestellt. Und hätte man 1938 im Fall der Tschechoslowakei Entschiedenheit an den Tag gelegt, dann hätte Hitler es vermutlich nicht gewagt, einzumarschieren und anschließend Polen zu überfallen. Zwei Beispiele von vielen in einer langen Kette von Verstrickungen. Hätte man dies oder jenes nicht zugelassen und anders reagiert, niemand weiß, wie es ausgegangen wäre. Ich kann nicht an jene berühmte Schicksalhaftigkeit glauben, deren Apologeten behaupten, alles sei zwangsläufig, von Station zu Station gegangen, bis sich am Ende die Deutschen unserer bemächtigten. Wenn Hitler in Österreich mit dem Widerstand katholischer Bauern und sozialdemokratischer Arbeiter hätte rechnen müssen – die sehr kämpferische Traditionen gehabt haben –, und wenn er sich überdies einer entschlossenen Regierung gegenübergesehen hätte, hinter der 75 Prozent des österreichischen Volkes standen: er hätte sich den Einmarsch sehr gründlich überlegt.

8. Kapitel
Der 12. Februar 1934 und die Folgen

Am 12. Februar 1934 saß ich zu Hause über meinen Büchern, um mich auf Prüfungen vorzubereiten, als plötzlich das Licht ausging. Da hatte ich gleich das Gefühl, daß etwas los sei. Ich bin hinunter zum »Vorwärts«, dem Hauptquartier der Partei auf der Rechten Wienzeile, und sah, wie dort die großen Tore des Parteihauses – ein Glanzstück aus der Jugendstilzeit – geschlossen wurden. Die Leute gingen einfach weg. Ich hatte immer angenommen, daß beim Ausbruch eines Konflikts das erste Angriffsziel der Austrofaschisten natürlich das »Vorwärts«-Gebäude sein werde und daß man deshalb Vorkehrungen getroffen habe, dieses Gebäude, das in einem Arbeiterbezirk lag, wenigstens symbolisch zu verteidigen. Das Hauptquartier der Partei preiszugeben war der erste schwere Fehler. Der zweite – noch größere – war, daß man statt dessen aus den Wohnhäusern der Arbeiter in den berühmten Gemeindebauten zu schießen begann. Es sprach gegen jede Vernunft, den Kampf dorthin zu verlegen, wo Frauen und Kinder waren.

Ich habe auch später nie begriffen, warum der Stabschef des sozialdemokratischen Schutzbundes, der Major Eifler, diese Strategie entworfen hatte. Allerdings saß er am entscheidenden Tag schon einige Zeit im Gefängnis. Der Hauptschuldige, wenn man von einem solchen überhaupt reden will, war ohne Zweifel der Obmann des Schutzbundes, Julius Deutsch. Dadurch, daß er seine Führungsrolle nach den blutigen Ereignissen weiterhin als selbstverständlich betrachtete, machte er sich bei uns besonders unbeliebt.

So stand ich da, enttäuscht, daß anscheinend gar nichts vorbereitet war. Da kam eine enge Freundin aus der Jugendbewegung, Paula Mraz, auf mich zu, die später eine große Rolle gespielt hat und im Mai 1935, weil sie als Illegale kein Spital aufsuchen konnte, an einer harmlosen Angina gestorben ist. Sie teilte mir mit, daß die Partei einen Aufruf verfaßt habe, der in einer kleinen Druckerei in Margareten hinterlegt worden sei. Diese Druckerei hat Kamus geheißen. Offenbar hatte jedoch niemand daran gedacht, daß es an diesem Tag keinen Strom zum Betrieb der Druckerei geben würde.

In der Nähe der Druckerei, auf der Margaretenstraße, lag das

Hauptquartier der Holzarbeitergewerkschaft. Dort trafen wir Franz Olah, den ich flüchtig kannte, und zusammen gingen wir dann in die Wohnung eines Funktionärs der Holzarbeiter in der Fendigasse – in der Nähe lag eines der ersten Kampfgebiete –, um auf einem alten Apparat den Aufruf zu vervielfältigen. Als wir den Text auf die Matritze brachten, entdeckten wir zu unserem Entsetzen, daß der Aufruf zwei Seiten umfassen würde. »Das ist ja der helle Wahnsinn! Wie sollen wir das in die Arbeiterbezirke hinausschaffen? Jetzt wiegt alles das Doppelte!« Also mußte der Aufruf gekürzt werden, damit er auf eine Seite ging.

Man muß sich das sonderbare Satyrspiel vorstellen. Da saßen die besten Köpfe der Partei zusammen und verfaßten einen Aufruf, der ein historisches Dokument werden sollte. Sicherlich hatte man tagelang an jedem Satz herumgefeilt, den Text nach allen Seiten hin diskutiert, und keiner hatte gemerkt, daß er viel zu lang war. Und nun stehen drei Leute beieinander, alle um die zwanzig, und sagen: »Des muß ausse und des; auf des könn' ma a verzichten! Hauptsache, es wird eine Seite!« Und es wurde eine Seite. Paula Mraz, die meine Art zu diktieren gewohnt war, nahm dem, der gerade damit anfangen wollte, den Text aus der Hand und gab ihn mir. So ist mir – obwohl mir das erst sehr viel später bewußt wurde – aufgrund der Stümperhaftigkeit, mit der alles vorbereitet worden war, eine historische Aufgabe zuteil geworden.

Anschließend bin ich zu den beiden Fortbildungsschulen in die Mollardgasse und in die Märzstraße gegangen, dafür war ich schließlich zuständig. »Jetzt gehts z'Haus«, habe ich zu den Lehrbuben gesagt. Aber die haben mich ganz ungerührt angeschaut und keine Anstalten gemacht zu gehen. In meiner Verzweiflung habe ich argumentiert, jetzt sei Schluß mit allen ihren Rechten, Achtstundentag und so weiter. Da hat einer eine sehr typische Antwort gegeben: »No, den möcht ich sehen, der mi zwingt, mehr als acht Stunden zu arbeiten.« So tief waren die sozialen Rechte in den Menschen verwurzelt. Aber die Problematik der Situation ist ihnen verschlossen geblieben.

Nach dieser Niederlage machte ich mich mit Paula Mraz auf den Weg zur sogenannten Kampfleitung, die sich in einem Gemeindebau in Wien-Favoriten, im sogenannten Ahornhof, befand. Noch ehe wir hinkamen, trafen wir vor dem Café Westbahn den damals sehr bekannten August Forstner, den Vorsitzenden der Transportarbeitergewerkschaft. Forstner war ein alter

Arbeiterführer und ein berühmter Parlamentarier, ein ehemaliger Droschkenkutscher, der sich durch seine Ursprünglichkeit im Parlament einen Namen gemacht hatte. Paula Mraz war eine der jungen Funktionärinnen in seinem Bezirk, die er sehr gefördert hat, und mich kannte er von meiner Arbeit im Tullnerfeld, wo er ein kleines Häuschen besaß, das ihm von der damaligen Skandalpresse nicht vergönnt wurde. Er war ziemlich verzweifelt, der große, traurige Mann, schaute uns wohlwollend und mitleidsvoll an und sagte: »Ihr seids arm! Ihr seids grad zum Zusperrn z'rechtkommen!« Damit meinte er offenbar, daß wir Jungen bei keinem der großen Siege der Partei noch dabei waren, sondern erst zu ihr stießen, als die Niederlagen begannen. Ich weiß noch, daß mir damals das Wort Georg Herweghs durch den Kopf schoß: »Partei! Partei! wer sollte sie nicht nehmen, die stets die Mutter aller Siege war.« Die Partei, wie wir sie kannten, war eigentlich – so wenig uns das damals auch bewußt war – die Mutter vieler Niederlagen, und doch hielten wir zu ihr, war die Bewegung für uns die große Mutter.

Später suchte ich Julius Braunthal auf, den großartigen Zeitungsmacher, den Schöpfer des »Kleinen Blattes«, das eine für unsere Verhältnisse hohe Auflage hatte. Seine Frau wußte nicht, wo er war. Dann ging ich noch hinaus zu einigen Gruppen, die mir anvertraut waren und denen ich sagen wollte, daß es lebensgefährlich und aussichtslos sei zu kämpfen. Sie würden sich nur dem Standrecht ausliefern.

Als ich zu einer der noch kämpfenden Gruppen kam, begann ein junger Mann, ein Freund aus Mödling, in den Wäldern draußen sinnlos mit dem Maschinengewehr herumzuschießen. »Ja, sag einmal, bist du verrückt geworden?« habe ich ihn angeschrien. »Du rufst ja geradezu die Heimwehren und die Gendarmerie her.« – »Ja«, hat er gesagt, »ich werd' kämpfen! Man soll nicht sagen, der Jockel, der Jud, ist feig!«

Am darauffolgenden Sonntag, als die Kämpfe schon vorbei waren, sind wir in den tiefverschneiten Wienerwald gegangen und haben auf einer Lichtung, die wir alle aus schöneren Tagen kannten, die »Revolutionäre Sozialistische Jugend« (RSJ) gegründet. Revolutionär deshalb, weil wir überzeugt waren, daß nur eine Revolution die Demokratie zurückbringen könne. Es müsse – so meinten wir – eine revolutionäre Demokratie sein, die den Arbeitern und den Menschen endlich das bringe, was ihnen 1918 versagt geblieben war. Als wir nach Hause fuhren, hörten wir

Wien, 12. Februar 1934 – die Folgen des mißglückten Aufstands: tote und verhaftete Schutzbündler

Die zerschossenen Gemeindebauten, in denen sich der Widerstand konzentriert hatte (Goethehof und Karl-Marx-Hof)

in der Straßenbahn, das Radio habe eben mitgeteilt, daß Koloman Wallisch, den sie als Räterevolutionär denunzierten – er kam aus Westungarn und war nicht radikaler als andere Funktionäre der Partei auch – verhaftet worden sei. Er wurde am nächsten Tag hingerichtet und für uns damit zum Symbol des 12. Februar – des Tages, an dem nicht nur die Partei unterging, sondern auch die Demokratie endgültig verloren war.

Ich möchte bei dieser Gelegenheit ein Phänomen erklären, das unsere Freunde draußen nie verstanden haben. Für die österreichische Arbeiterschaft war der Tag, an dem sie vernichtet und ihr Wiedererstehen in die ferne Zukunft verlegt wurde, ein so schwerer Schlag, daß sie diesen 12. Februar als *die* Konfrontation erachtete, mehr als vier Jahre später den Einmarsch Hitlers.

Damit begann die Diskussion über die Niederlage der Sozialdemokratie. Die einen haben gesagt: das ist die Schuld der Führer; die anderen meinten: die ganze Partei hat keine Zukunft mehr. Wieder andere sind zu den Kommunisten übergelaufen und wollten nichts mehr mit uns zu tun haben. Schließlich gab es noch die, denen alles recht war, Hauptsache, das Dollfuß-Regime verschwindet. Dollfuß war der unmittelbare Gegner, der auf sie hatte schießen lassen. Vielleicht würden die Nazis mit ihm fertig werden.

Meine Verwandten sahen zwar meine sozialistischen Aktivitäten nicht gern, waren aber doch der Meinung, ich solle erst einmal nach Trebitsch in das großelterliche Haus ausweichen. Mein Vater war immer auf meiner Seite gewesen und meinte, das müsse ich natürlich selbst entscheiden, meine Mutter hingegen drängte mich, zu ihren Brüdern nach Mähren zu gehen. Ich blieb, weil viel zu viele in diesen Tagen weggegangen sind, nicht nur die Großen, die in Lebensgefahr schwebten. Aber warum sollte jemand wie ich, der doch der Polizei nur von kleinen Zusammenstößen her bekannt war, weglaufen? Ich entschied, daß das Weglaufen für Leute, die eine Untergrundbewegung aufbauen wollten, der falsche Weg war, und ich beschloß ohne Pathos, hierzubleiben. Das haben mir diejenigen, die noch Zweifel an mir hatten, hoch angerechnet.

Ich möchte in Parenthese ein Ereignis aus der Gegenwart anführen. Wenn auch alles, was 1934 passierte, nicht ganz so dramatisch war wie in Beirut, als sich Arafat entschloß, wegzugehen, so bin ich doch der Meinung, daß jemand, der eine Bewegung wie die PLO anführt, sich zu diesem Rückzug nicht hätte entschließen dürfen. Er hätte unter allen Umständen bleiben müssen, selbst wenn sein Schicksal unbestimmt gewesen wäre. Er hätte in einen anderen Teil Beiruts flüchten können, und selbst wenn er in israelische Gefangenschaft gefallen wäre, hätte er seiner Bewegung einen Dienst geleistet, den sie ihm nie vergessen hätte. Aus dem Kampfgebiet wegzugehen mußte einem politischen Selbstmord gleichkommen, und in der Tat hat es Arafat beträchtlichen Schaden zugefügt. Als er nach Tripolis zurückkam, haben Palästinenserverbände gegen ihn gekämpft. Sein Mythos konnte nicht mehr wiederhergestellt werden, obwohl er die Führungspersönlichkeit blieb, jedoch sehr umstritten und nicht mehr wie zu jener Zeit, als sein Wort für Millionen von Palästinensern Gesetz war.

Ich habe an diesem 12. Februar 1934 mit großer Deutlichkeit erkennen müssen, daß das, was ich für meine Welt hielt, zusammengebrochen war. Eine neue zu finden wäre für mich gewiß einfacher gewesen als für viele andere. Ich hätte mich mehr der Wissenschaft widmen und eine akademische Laufbahn einschlagen können. Ich hätte wahrscheinlich auch ein ganz guter Advokat werden können. Auch in die Wirtschaft hätte ich gehen können. Es hätte aber auch die Möglichkeit bestanden, ein neues Studium, Medizin, zu beginnen und später ins Ausland zu gehen. Ich hatte immer einmal in den Norden gehen wollen, da ich eine große Liebe für die Länder Nordeuropas, insbesondere Schweden, hegte. Ich habe das alles nicht getan. Im Bewußtsein, daß meine Welt zerschlagen war, half ich, eine neue im Untergrund aufzubauen. Es wurde meine Bewährungsprobe in der sozialistischen Bewegung. Sie führte knapp ein Jahr später ins Gefängnis, wo sie dann zwangsläufig weiterging.

Als die Partei zerschlagen wurde, galt ich, zusammen mit Roman Felleis, als einer der hoffnungsvollen jungen Leute der Partei. Aber es war sehr schwierig, einen neuen Anlauf zu nehmen, weil wir unsere Herkunft aus der Sozialdemokratie ja nicht verleugnen konnten, und die hatte gerade schmählich versagt. Es gab damals noch keine Romantisierung der Februarereignisse. Sie waren schlicht und einfach die Niederlage.

Es entstanden damals überall neue Bewegungen mit neuen Führern, und niemand konnte sich so recht vorstellen, wie die Versprengten gesammelt werden sollten, zumal die KP bereits illegale Sammelbewegungen mit besten Verbindungen hatte. Wir Jungen waren besser dran als die Älteren, da man uns nicht in gleichem Maße die Verantwortung für die Niederlage anlasten konnte und wir vom Vorwurf des Nahverhältnisses zur Parteiführung frei waren. Junge Leute sind auch gegen die Bedrohung der Familie und der gesicherten Existenz immun. Da die meisten arbeitslos waren, fanden sie sich eher bereit, im Untergrund zu wirken. Hinzu kam, daß wir uns zu jeder beliebigen Tages- und Nachtzeit versammeln konnten. Und so banal es klingen mag, wir konnten auch sehr rasch laufen. Denn davonlaufen zu können, sobald die Polizei auftaucht, ist eine wesentliche Voraussetzung erfolgreicher illegaler Arbeit. Von den älteren Leuten, die ohnedies den Ideen der Partei treu blieben, konnte man das nicht erwarten. Wir Jungen konnten auf Schornsteine klettern, ganz oben eine rote Fahne befestigen und dann beim Abstieg die Steigleiter mit Stacheldraht umwickeln. Die Menge, die dieses Schauspiel von der Straße aus verfolgte, wuchs in Windeseile oft auf mehrere hundert Leute an. Aber bevor die Polizei erschien, waren wir schon wieder weg. Dann mischten wir uns unter die Zuschauer und amüsierten uns über die Bemühungen der Polizei oder der Feuerwehr, die Fahne zu entfernen. Man konnte sehen, wie unwillig sie dabei zu Werke gingen, und alles dauerte furchtbar lang. Solche Aktionen symbolischer Art haben eine ungeheure Bedeutung für eine Untergrundbewegung.

Natürlich organisierten wir auch Kundgebungen. Dann gaben wir die Parole aus, wir treffen uns am soundsovielten um soundsoviel Uhr an dem und dem Platz. Das wurde immer ganz kurzfristig geplant, und da es sehr schnell gehen mußte, hing alles von einem perfekten Nachrichtensystem ab. Bis die Polizei dahinterkam, verging viel Zeit, und wenn sie dann anrückte, waren auf dem Platz nur noch die Marktfrauen. Mit solchen Aktionen haben wir natürlich beträchtliche Aufmerksamkeit auf uns gezogen, und genau darum ging es ja – der Öffentlichkeit zu beweisen: Wir sind noch da, oder genauer, wir sind wieder da. Die Kommunisten und die Nazis, die seit langem illegalisiert waren, haben das ganz ähnlich gemacht. Abgesehen davon, daß die österreichische Sozialdemokratie ihre bis dahin schwerste Niederlage erlitten hatte, gab es für uns ein zusätzliches Dilemma. Einige unserer bedeutendsten Führer saßen im sogenannten Anhaltelager Wöllersdorf oder im Landesgericht, andere waren ins Ausland geflohen. Das Dollfuß-Schuschnigg-Regime fürchtete sich vor langen Prozessen, aber vielleicht hätte sich doch eine Methode finden lassen, die einen Prozeß unumgänglich gemacht hätte. Dann hätten unsere Führer, ähnlich wie Léon Blum, ihre große Reputation wiederherstellen können. Wer weiß, wie es dann gekommen wäre. Vor allem nach außen hin war die Flucht sehr schwer zu rechtfertigen. Wenn die Funktionäre in die Betriebe kamen, hat man sie mit Spott empfangen: »Na, eure Führer, die san ja davong'rennt!« Das hat die neue Bewegung sehr belastet. In den alten Industriegebieten, vor allem in der Steiermark und in Oberösterreich, sind wir immer wieder auf Ablehnung auch in den eigenen Reihen gestoßen. Dann mußten wir hören: »Liebe Freunde, was habt's denn für Aussichten? Was könnt's denn machen? Die Partei wird net wiederkumma.«

Daß diese so geliebte Partei, die für viele eine wirkliche Heimat war, ihrer zutage getretenen Unzulänglichkeiten wegen vom einen auf den anderen Tag abgelehnt, ja verachtet wurde, traf mich hart. Ich habe das lange nicht verwinden können. Die Ablehnung quer durch die Reihen war unter den jungen Funktionären besonders stark. Wenn ich mit ihnen diskutierte und sie zu überzeugen suchte, daß die Partei eben nicht zu existieren aufgehört habe, daß sie nicht tot sei, sondern daß es nur vom einzelnen Genossen abhänge, wie erfolgreich der Widerstand geführt werde, meinten sie am Ende meist, sie wollten sich das alles noch einmal überlegen. Am wichtigsten sei doch, mit dieser »schwarzen Brut«, gemeint war der Kleriko-Faschismus, fertig zu werden, und wenn das den Nazis gelinge, dann sei es ihnen auch recht. Es gab also vor allem unter den militanten Leuten der alten Partei eine gewisse Tendenz, nach den Braunhemden zu schielen und von dort, vom militant rechten Flügel, das Heil zu erwarten – aus einer Art Rachsucht, die aus der Niederlage kam. Insgesamt vertrauten sie wohl darauf, daß die Nazis mit dem Dollfuß-Regime aufräumen würden.

Ihre Kinder, die dann höhere Schulen besucht haben, sind aufgrund dieser radikalen Gefühle Mitglieder der NSDAP geworden; sie haben sich an den Untergrundkämpfen beteiligt und nach dem Einmarsch Hitlers dann Funktionen übernommen. Ein typischer Fall ist der ehemalige FPÖ-Obmann Friedrich Peter. Sein Vater war – soviel ich weiß – Lokomotivführer in Attnang, Sozialdemokrat und Schutzbündler. Sein Großvater mütterlicherseits war hingegen ein Großdeutscher, und der Bruder seiner Mutter wurde als Nationalsozialist von einem Heimwehrmann erschossen. Diese so gespaltene Familie war, wie ich glaube, der Nährboden für Peters damalige Gesinnung. Da ich

Parole 1934

verstanden habe, warum Leute wie er Hitler-Anhänger wurden und auch die materiellen Ursachen einer solchen Bewußtseinsänderung aus der Nähe gesehen habe – nämlich die Beseitigung der Arbeitslosigkeit, zuerst in Deutschland, dann in Österreich –, ist mein Verhältnis zu ehemaligen Nazis ein anderes.

Der Haß auf Dollfuß war stärker als die Angst vor allem anderen. Als nach Hitlers Einmarsch 1938 die Führer des klerikofaschistischen Regimes in den Konzentrationslagern landeten, haben die Nazis eine aufwendige Ausstellung unter dem Titel »Der ewige Jude« veranstaltet. Dort waren unter anderem Photos aus den KZs zu sehen. »No, des ham's jetzt davon!« So oder ähnlich konnte man es damals in Arbeiterkreisen hören. Das Rachegefühl hat dominiert.

Mir schien Dollfuß zunächst eine jener Persönlichkeiten zu sein, mit denen sich unter normalen Bedingungen eine akzeptable Zusammenarbeit zwischen Opposition und Regierung hätte herstellen lassen. Ich selbst habe ihn ein einziges Mal gesehen. Das war 1929. Ich schrieb damals an einer Matura-Arbeit »Die Wirtschaftsverhältnisse und ihre Entwicklung in der Republik Österreich«, die mein Professor nur widerwillig akzeptieren wollte. Der Professor, ein sogenannter »Nationaler«, war der

Ansicht, es widerspreche gewissermaßen der Theorie der Sozialdemokratie, wenn ein junger Parteifunktionär in einer solchen Arbeit zu dem Schluß komme, Österreich sei wirtschaftlich unter bestimmten Bedingungen lebensfähig. »Damit befinden Sie sich«, und dabei grinste er ironisch, »doch im Gegensatz zu Ihren Parteifreunden!«

Auf der Suche nach Quellen und Beweisen, die meine These stützten, ging ich zu meinem Lehrer Benedikt Kautsky, dem Sohn Karl Kautskys, der als Sekretär der Kammer der Arbeiter und Angestellten besonders mit Landwirtschaftsproblemen wie dem Milchausgleichfonds und solchen Dingen befaßt war und der eine sehr große Personenkenntnis im Bereich der österreichischen Landwirtschaft hatte. Jeden Sonntag sprach Kautsky vor sozialistischen Jugendfunktionären. Bei diesen Vorträgen hat er viele originelle und nützliche Gedanken entwickelt.

Benedikt Kautsky war einer von jenen, die den Marxismus theoretisch nicht abgeschrieben hatten, in der Praxis aber der Auffassung zuneigten: Da wir ein kapitalistisches System haben, müssen wir auch, wenn wir in diesem System Politik machen wollen, in diesen Kategorien denken. Jedenfalls kann man nicht umhin, den Kapitalismus funktionell zur Kenntnis zu nehmen und zuzusehen, wie man sich darin einrichtet. Das entsprach im Grunde der marxistischen Auffassung, wonach man sich keinen Illusionen hingeben dürfe, solange die sozialistische Gesellschaftsordnung noch nicht verwirklicht sei.

Dennoch waren Revisionismus und Reformismus antimarxistisch. Es gelang Benedikt Kautsky, dies in überzeugender Weise zu demonstrieren. Nach dem Zweiten Weltkrieg und nach den ersten Versuchen, sich kritisch vom Marxismus zu lösen und zu profilieren, flüchtete man in der Phase des Kalten Krieges unter das Dach einer Überideologie – der Demokratie an sich. Danach entstand das dringende Bedürfnis nach neuen, möglichst profunden Parteiprogrammen. Kautsky, der viele Jahre im Konzentrationslager überlebt hatte, wurde damals für die deutschen und österreichischen Sozialdemokraten gleichermaßen die Zentralfigur.

Zu diesem Benedikt Kautsky ging ich also und fragte, wer mir über die Landwirtschaftsprobleme des kleinen Österreich Auskunft geben könne. »Da gibts«, meinte er, »einen Landwirtschaftskammerdirektor, Dr. Engelbert Dollfuß. Das ist ein sehr kenntnisreicher und umgänglicher Mann. Gehen Sie zu dem, und berufen Sie sich auf mich. Er wird Sie sicher empfangen.«

So habe ich mich bei Dollfuß angemeldet. Bis dahin hatte ich seinen Namen kaum gehört. Dollfuß erläuterte mir die Probleme der österreichischen Landwirtschaft sowie Fragen des Getreideanbaus, des Milchausgleichsfonds, die Problematik der Forstwirtschaft und Elemente einer agrarischen Planwirtschaft, die damals schon in den Köpfen der Agrarier war. Da mir vor allem an Literatur gelegen war, habe ich Dollfuß gefragt, ob er mir eine kurzgefaßte Geschichte der österreichischen Landwirtschaft empfehlen könne. »Sie sind ja Sozialdemokrat«, meinte Dollfuß in etwa, »für die konzentrierteste Darstellung der österreichischen Landwirtschaft halte ich die Einleitung zum Agrarprogramm der Sozialdemokraten, die Otto Bauer unter dem Titel ›Kampf um Wald und Weide‹ geschrieben hat.«

Später wurden diese Männer zu den größten Gegnern der dreißiger Jahre, aber sie hatten lange Zeit große Achtung füreinander. Als Dollfuß Bundesbahnpräsident wurde, schrieb Otto Bauer in einem Artikel in der »Arbeiter-Zeitung«, Dollfuß sei ein kenntnisreicher Agrarier und auch ein umgänglicher Mann, aber auf manchen anderen Gebieten sei er gar nicht beschlagen, von der Bundesbahn zum Beispiel verstehe er nichts. Es kommt ja immer wieder vor, daß Menschen füreinander hohen Respekt bekunden, dies sogar öffentlich zum Ausdruck bringen und dann doch durch einen politischen Streit zu Todfeinden werden. Ich erinnere mich an die berühmte Auseinandersetzung am 21. Oktober 1932, als Otto Bauer Dollfuß einen Zwischenruf machte, indem er sagte: »Eine Woche tragen Sie den Demokratenhut und eine Woche den Heimwehrhut!« Dollfuß erwiderte, ganz der vulgärösterreichische Reaktionär: »Sie sind in Ihrer Gesinnung ständig ein Bolschewik!« Mit diesem Phänomen, wie Hochachtung für den politischen Gegner plötzlich in Todfeindschaft umschlagen kann, bin ich des öfteren konfrontiert worden; ich habe immer darauf gedrungen, daß man, wo so etwas passiert, sich sofort entschuldigt. Daß die Diskussionen im Parlament eine gewisse Schärfe haben, halte ich nicht für schlecht, weil sie sonst noch weniger Interesse fänden. Doch sollte man nicht zu viele Gräben aufreißen.

Dollfuß wurde am 20. Mai 1932 Bundeskanzler. Zunächst war er einer von vielen: Die Erste Republik hatte zwölf Kanzler in zwanzig Jahren, die Zweite Republik acht in einundvierzig Jahren. Offensichtlich hat sich Dollfuß, bei aller Abneigung gegen die Sozialdemokratie im allgemeinen und gegen Otto Bauer im besonderen, bald ganz nüchterne Gedanken darüber gemacht, was man gegen den wachsenden Nazismus unternehmen könne. Er konnte versuchen, eine Zusammenarbeit mit jenen herzustellen, die niemals mit den Nazisten paktieren würden, das heißt mit den Sozialdemokraten. Oder er konnte sich auf Mussolini verlassen, also auf eine ausländische Macht, die damals sicherlich stärker als die deutsche und überdies den Westmächten verbunden war. Dollfuß entschied sich eindeutig zugunsten Italiens, und wann immer irgendwelche Sonntagsredner der Christlichsozialen den Versuch machten, auch nur die kleinste Brücke zu den Sozialdemokraten zu schlagen, hat Mussolini interveniert, so im Januar 1934, als er seinen Staatssekretär Fulvio Suvich schickte und ausrichten ließ, das ginge zu weit.

Mussolini empfand geradezu Haß auf die österreichische Sozialdemokratie, vor allem wegen Wilhelm Ellenbogen, der perfekt Italienisch sprach und als regelmäßiger Gastredner auf den Parteitagen der italienischen Sozialisten antifaschistische Reden gehalten hatte. Ellenbogen kannte Mussolini aus der Zeit, als dieser noch Redakteur des »Avanti« war. Er hat sehr früh die Gefahren des Faschismus gesehen und schon 1923 ein Buch veröffentlicht »Faschismus! Das faschistische Italien«, in dem die Verfolgung der Gegner Mussolinis geschildert wird. Auch mit den führenden Persönlichkeiten des italienischen Antifaschismus hat er uns vertraut gemacht, vor allem mit Giacomo Matteotti, dem großen Gegner Mussolinis, der 1924 ermordet worden war – ein Name, der damals um die ganze Welt ging. Wegen des kleinen Wilhelm Ellenbogen und seiner Stellungnahmen zur Südtirolfrage ließ Mussolini sich sogar zu der Drohung hinreißen, wenn solche Reden im österreichischen Parlament nicht unterblieben, werde er die Trikolore über den Brenner tragen. Er hat sie dann indirekt bis Wien getragen, damals, als die Sozialdemokratie verschwand und der »christliche Ständestaat« eingerichtet wurde.

In der Politik muß man immer wieder abwägen, wo die wirkliche Macht liegt. Wenn man sich Irrtümern hingibt, sind sie folgenschwer. Dollfuß entschied sich 1934 dafür, sich auf die Machthaber im faschistischen Italien zu verlassen, und verzichtete auf Alternativen. Die unglaubliche Freundschaft mit Mussolini machte ihn zum Komplizen des Faschismus. Dollfuß ist an dieser Politik nicht nur gescheitert, sondern hat dafür auch mit seinem Leben bezahlen müssen. 1936, in der Rede während meines Prozesses, habe ich die Alternative folgendermaßen formuliert: »Es ist nicht ausgeschlossen, daß sich die Bauern mit den Arbeitern für die Wiederherstellung der Freiheitsrechte zusammenschließen; die Rückkehr zur Demokratie muß nicht eine Folge blutiger Kämpfe sein.« Was für die Rückkehr zur Demokratie gegolten hätte, hätte erst recht der Erhaltung und Bewahrung der österreichischen Unabhängigkeit dienen können.

Noch am 25. Juli 1934, nach der Ermordung von Dollfuß durch die österreichischen Nazis, hat Mussolini seine Truppen am Brenner und an der Grenze zu Kärnten aufmarschieren lassen. Hitler zeigte sich beeindruckt. Aber als er wirklich hätte eingreifen müssen, um Österreich zu schützen, hat Mussolini uns preisgegeben.

Dollfuß war ein auffallend kleiner Mann mit einer wenig eindrucksvollen Stimme. Vulgärpsychologisch ließe sich das Phänomen Dollfuß leicht erklären. Es liegt mir fern, mich über körperliche Eigenheiten lustig zu machen, aber sie haben natürlich Auswirkungen auf den Charakter. Dieser Mann von unnatürlicher Kleinheit hatte zu allem Unheil noch jene Uniformsucht, die in Österreich sehr verbreitet ist. Er war Kaiserschütze gewesen und als solcher sicher sehr tapfer. Kleine Leute sind oft sehr tapfer – das ist eine Art Überkompensation. Übrigens war auch der bekannte österreichische Kabarettist Fritz Grünbaum von ähnlicher Kleinheit. Als ich mit ihm in der Nazizeit eingesperrt war, entdeckte ich im Bad eine breite Schramme auf seinem Rücken, die er bei einem Säbelduell erhalten hatte.

In der vollen Kriegsmontur der Kaiserjäger hat Dollfuß sehr komisch ausgeschaut. Wenn bei einer dieser bombastischen Heimwehrdemonstrationen der winzige Dollfuß neben dem baumlangen Starhemberg stand, der seinen Stahlhelm tief ins Gesicht gezogen hatte, sofern er nicht mit dem feschen Hahnenschwanzhütchen erschien, dann war das schon ein groteskes Bild, das allseits große Heiterkeit weckte. Für die Welt war das eigentlich ein eher rührendes Schauspiel: der kleine Dollfuß, der dem großen Hitler Widerstand leistet. Nur war es mit diesem Widerstand nicht weit her. Ihrer ganzen politischen Einstellung nach hätten Dollfuß und Hitler nämlich durchaus zusammenfinden können – ähnlich wie Hitler und der Katholik Franz von Papen. Es verging kaum ein Monat, wo nicht von Wien ein Versuch unternommen wurde, sich mit Berlin zu arrangieren. Einmal waren einige Heimwehrführer schon auf dem Weg in die Reichs-

Dollfuß bei Mussolini in Rom, 15. April 1933

hauptstadt, da wurden sie per Funk zurückgerufen, weil in der Zwischenzeit neue Entwicklungen eingetreten waren; Dollfuß erschien es plötzlich unzweckmäßig, so offen mit dem Reich zu verhandeln. Er selbst führte Anfang Mai 1933 vertrauliche Gespräche mit dem »Landesinspekteur« der NSDAP für Österreich, Theo Habicht. Solche und ähnliche Versuche korrigieren jedenfalls das Bild vom »unerschütterlichen Feind Hitlers«, mit dem sich Dollfuß dem demokratischen Ausland zu präsentieren suchte, jenes Bild vom »Retter des Vaterlands«, zu dem er hochstilisiert wurde.

Das Bündnissystem zwischen Österreich, Ungarn und Italien: Das war gewissermaßen die Königsidee des Austrofaschismus, gedacht als Gegengewicht gegen die kleine Entente der Tschechen, Rumänen und Jugoslawen. Das Nahverhältnis zum kryptofaschistischen Ungarn des Nikolaus Horthy hat unter anderem dazu geführt, daß die Italiener auf dem Wege über Österreich Waffen an die Ungarn lieferten. Die österreichischen Eisenbahner sind übrigens bald dahintergekommen, daß die Waffenkisten falsch deklariert waren. Angeführt von Berthold König, dem Vorsitzenden der Eisenbahnergewerkschaft, machten die Sozialdemokraten Dollfuß auf die verdächtigen Trans-

Dollfuß während seiner Rede über die ständische Neuordnung Österreichs am 11. September 1933 auf dem Wiener Trabrennplatz

porte durch Österreich aufmerksam. Er hat den Eisenbahnern überschwenglich für ihren Patriotismus gedankt und ließ die Transporte an den Brenner zurückschaffen. Dort sind die Waffen aber lediglich umgepackt und geschickter deklariert nach Ungarn gebracht worden. Daß Österreich bei diesen Waffenschiebungen zwischen Rom und Budapest mit im Bund war, kam aber doch heraus und hat nicht nur die innenpolitische Lage verschärft, sondern auch den Druck von Mussolini und Horthy auf Dollfuß verstärkt, solchen Elementen wie den Sozialisten den Garaus zu machen.

Wer Wind sät, erntet Sturm. Ein Mann wie Dollfuß, der verantwortlich war für die faschistische Entwicklung im eigenen Lande und für das Bündnis mit Mussolini, ein Mann, der an den Exekutionen sozialdemokratischer Arbeiter Mitschuld trug, der es geschehen ließ, daß ein schwerverwundeter Schutzbündler, Karl Münichreiter, gegen alles Recht zum Galgen geschleppt wurde – als dieser Mann am 25. Juli 1934 von den Nazis ermordet wurde, war ich keines Mitleids fähig. Ich will das ganz offen sagen. Auch wenn Dollfuß noch heute in der ÖVP heroisiert wird, für mich ist er ein Mann, der in der Geschichte nur einen sehr kleinen Platz hat. Dennoch ließ ich in meiner Zeit als Bundeskanzler die Gedächtnisstätte an der Stelle, wo er starb, nicht beseitigen und gab den Beamten des Bundeskanzleramtes die Möglichkeit, alljährlich am Tag seiner Ermordung an dieser Stätte der Gewalttat zu gedenken.

Gewiß, während der Dollfußregierung und später unter Schuschnigg wurde die Diktatur nicht mit der gleichen Perfektion praktiziert wie unter Hitler. Aber die Pressefreiheit war verschwunden, die Parteien waren verboten, wer sich gegen das Regime stellte, wurde ins Gefängnis geworfen: all das waren Elemente der Diktatur. Gleich in den Februartagen war die gesamte österreichische Arbeiterbewegung durch die Nachricht über eine Hinrichtung im Hausruckviertel, dem oberösterreichischen Bergarbeitergebiet, aufgerüttelt worden. In Holzleithen, einem kleinen Bergarbeiterdorf, hatte man sechs junge Leute, die zum Arbeiter-Samariterbund gehörten, also keineswegs als militant gelten konnten, festgenommen, auf die Bühne des örtlichen Arbeiterheims gestellt und kurzerhand von einem Kommando erschießen lassen; nur zwei überlebten. Als ich einige Wochen später in diese Gegend kam, war der Zorn noch immer nicht verebbt. Es war daher nicht verwunderlich, daß die Nazis, als sie ein paar Monate später, im Juli 1934, ihren Putsch gegen die Regierung inszenierten, unter den Schutzbündlern eine ganze Zahl von Versprengten, im ideologischen Sinn Versprengten, fanden, die sich ihnen anschlossen.

Die österreichische war die erste und einzige sozialdemokratische Partei der Welt, die wenigstens den Versuch des Widerstands unternommen hatte. Dieser Kampf einer Partei, nicht um ihr eigenes Überleben, sondern um die Erhaltung der Demokratie, hat die kampflose Niederlage der deutschen Sozialdemokraten gewissermaßen zugedeckt und der Sozialdemokratie im ganzen wieder zu internationalem Ansehen verholfen. Nicht zu Unrecht spricht man in der Sozialistischen Internationale noch heute vom »Wunder von Österreich«. Damals schlug uns eine ungeheure Welle der Sympathie entgegen. So haben uns die britischen Gewerkschaften über die Quäker Millionen und Abermillionen Schillinge für die Familien der Opfer zukommen lassen, und die Regierung hat es nicht gewagt, diesen Geldstrom zu unterbinden. Denn nicht nur die Labour Party, sondern selbst die Konservativen, allen voran die Herzogin von Atholl, haben sich damals sehr für uns engagiert.

Besonders wichtig waren für uns die Sympathien der angrenzenden Tschechoslowakei, die ihre schützende Hand über die Flüchtlinge aus Österreich hielt. Einheiten des Schutzbundes haben sich dorthin durchgeschlagen; eine ganze Reihe dieser Schutzbündler ist dann in die Sowjetunion weitergegangen, wo sie – vor allem bei ihrem Einzug – in überschwenglicher Weise gefeiert wurden. Die meisten von ihnen fielen später den stalinistischen Säuberungen zum Opfer; nur wenige sind 1945 zurückgekehrt.

Die österreichische Sozialdemokratie verfügte über eine große, heute würde man sagen »Umweltschutzorganisation« – die Naturfreunde. Die Freude an der Natur war eines der Motive bei ihrer Gründung; die wichtigere Aufgabe aber sahen ihre Gründer und Förderer darin, die Arbeiter, und in diesem Fall wirklich nur die Arbeiter, aus den Wirtshäusern wegzuholen und ihnen eine würdige Gestaltung ihrer Freizeit anzubieten. Im Kampf gegen die Trunkenheit, die damals unter der Arbeiterschaft so verbreitet war, daß eine Arbeiterabstinenzbewegung gegründet wurde, prägte Victor Adler das Wort: »Der trinkende Arbeiter denkt nicht, der denkende Arbeiter trinkt nicht.« Diese Tradition wurde Jahrzehnte später von Otto Bauer aufgegriffen, der in einem faszinierenden Vortrag aus Anlaß des Jubiläums des Arbeiter-Abstinentenbundes über Idealismus und Nüchternheit gesprochen hat.

Die österreichischen Intellektuellen, vor allem die jüdischer Herkunft, waren große Spötter, was seinen Niederschlag auch in der österreichischen Literatur gefunden hat. Sie wußten die Vielseitigkeit der Arbeiterbewegung immer aufs neue zum Anlaß ihres Spottes zu machen und sprachen vom sozialdemokratischen »Kanarizüchterverein«. Als dann die große Arbeitslosigkeit über das Land kam, erwies sich das breite Angebot der Arbeiterbewegung für viele Menschen als ein persönliches Glück. Sie wußten, wohin sie gehen, wofür sie tätig sein konnten und wo sie einen geheizten Raum fanden. Als Ausgestoßene der Gesellschaft waren sie dankbar für alles. Auf der einen Seite das Erlebnis der Arbeitersymphoniekonzerte – oft dirigiert von Anton Webern –, auf der anderen Seite die Arbeiter-Sportvereine bis hin zu den Arbeiter-Olympiaden der Gleichgesinnten aus aller Welt.

Der 12. Februar hat für Zehntausende eine unvorstellbare Wende gebracht: das Gefühl plötzlicher Heimatlosigkeit. Nichts konnte ihnen die illegale Partei mehr bieten, nicht einmal mehr die ideologische Grundlage. Die Sozialdemokratie mußte ihre Einstellung von Grund auf ändern und sich in eine Rolle fügen, mit der sie sich in ihrem Legalitätsdenken nicht einmal theoretisch abzufinden wußte.

Ganz anders die Kommunisten. Schon beim Studium ihrer Parteigeschichte lernten sie, was Illegalität bedeutet. Sie unterhielten darüber hinaus enge Beziehungen zu ihren Genossen in Jugoslawien, Ungarn und in den übrigen Balkanländern und profitierten nun von deren Erfahrungen im Untergrund. Eine literarische Darstellung finden wir in Manès Sperbers Romantrilogie »Wie eine Träne im Ozean«. So waren die Kommunisten sowohl von ihrer Einstellung her als auch organisatorisch auf den 12. Februar vorbereitet gewesen.

Den Kommunisten blähte damals ein starker Wind die Segel. Sie haben uns viele gute Leute abspenstig gemacht, und viele unserer Besten haben mit ihnen zu sympathisieren begonnen. Das wurde dadurch erleichtert, daß sie in zahlreichen überparteilichen Organisationen wie etwa in den Gewerkschaften stark verankert waren. Im Vergleich zu den straff geführten, seit Jahren eingespielten »Kaderleuten« der Kommunisten agierten wir anfänglich ein bißchen wie der Elefant im Porzellanladen. Wir zerbrachen uns 1934 noch immer den Kopf darüber, wie denn dieser berühmte Zusammenhang zwischen Theorie und Praxis herzustellen sei. Eine Frage, die die Sozialdemokraten seit dem Erfurter Programm von 1891 beschäftigte. Da ich zu den Mitbegründern der Jugendorganisation der neuen illegalen Partei gehörte, befand ich mich in einem zusätzlichen Dilemma. Denn die revolutionäre Bewegung zog einen deutlichen Trennungsstrich zwischen sich und den alten Führern, die ja auch in unseren Augen versagt hatten.

Zwar waren wir der eigenen Vergangenheit gegenüber äußerst kritisch, aber um eine neue Bewegung aufzubauen, braucht man doch sehr viel Imagination; in der Zweiten Republik, als die Partei ihre Freiheit wiedererlangte, kam sie aus dem Bewußtsein einer langen und stolzen Parteitradition. Das Gefühl, daß es weitergeht und deshalb der Widerstand sinnvoll ist, entsteht nach einer schweren Niederlage nicht von heute auf morgen. So waren wir bemüht, eine Synthese zu finden zwischen der alten Sozialdemokratie und ihrem Ruhm – der allmählich den Menschen wieder zu Bewußtsein kam, je länger die Diktatur am Ruder war – und den Erfordernissen der Stunde. Aus dem Bedürfnis heraus, die Einheit von Theorie und Praxis wiederherzustellen, kam es zu einer Diskussion darüber, ob wir uns nicht doch des alten Namens bedienen sollten. Mit dem Kompromiß, der dann in Brünn ausgehandelt wurde, »Vereinigte Sozialistische Partei«, konnten wir uns allerdings nie anfreunden. Dennoch wurde der Name bis zur Gründung der neuen Partei, für die Adolf Schärf die Bezeichnung »Sozialistische Partei – Revolutionäre Sozialisten« gefunden hatte, bis 1945 beibehalten.

Auf der anderen Seite durften wir uns nicht allzu stark von der alten Partei absondern, weil uns sonst nichts geblieben wäre, was unsere neue Bewegung hätte motivieren können. Gewiß, wir schrieben auf die Wände der Gemeindebauten: »Wir kommen wieder«, aber das war eher der Ausdruck politischen Trotzes. Und doch gab es etwas, was uns beeindruckte. Das war die in vielem ungebrochene Autorität Otto Bauers, des großen Alten, der die Einheit der Partei gerettet hatte. Eine Spaltung damals wäre gefährlicher gewesen, als man heute glaubt. Wie kompliziert das Verhältnis zwischen den Generationen geworden war, habe ich am eigenen Leib erfahren, als ich Ende Februar nach Brünn geschickt wurde, um Briefmarken hinüberzubringen, und dort mit Otto Bauer zusammentraf.

Ich habe mich mit dem Wort Charisma nie sehr beschäftigt. Und doch ist es meiner Ansicht nach überaus wichtig, was man darunter zu verstehen hat. Wenn man herauszufinden versucht, warum ein junger Mann oder eine junge Frau einer Partei beitritt, stellt sich die Frage, ob es eher ein Programm und mithin ein Abstraktum oder nicht vielmehr diese oder jene Persönlichkeiten sind, die den einzelnen motivieren, so daß am Ende aus der Begeisterung für die Personen an der Spitze eine Begeisterung für die Sache erwächst. Alles in allem lassen sich die Parteien natürlich nicht von ihren Protagonisten trennen. Es gibt eine ganze Reihe von Gründen, sich einer Partei anzuschließen, wobei ich einmal von jenen absehe, die einfach der Meinung sind, daß ihnen ein Parteibeitritt nützt – und dazu haben sie in der Demokratie durchaus das Recht. Wir Sozialdemokraten haben jedenfalls immer versucht, die Menschen zu überzeugen, daß wir, je stärker wir werden, desto mehr für sie tun können.

Eine oder zwei eindrucksvolle Persönlichkeiten sind die conditio sine qua non für das Gewinnen neuer Mitglieder. Wenn es nicht gelingt, diese Persönlichkeiten heranzuziehen, wobei die anderen Großen in der Partei sich sozusagen mit der Rolle der Paladine begnügen müssen, dann nimmt die Partei Schaden. Immer dann, wenn die Partei keine oder nur blasse Bezugspersonen gehabt hat, rutschte sie in eine Identitätskrise. Die Tragödie der deutschen Sozialdemokratie nach 1914 hat man meist darin sehen wollen, daß sie unvermittelt und eigentlich wider ihren Willen in die Rolle einer staatstragenden Partei gedrängt wurde. Das ist gewiß nicht von der Hand zu weisen. Aber die alles in allem doch schwache Rolle der SPD nach 1914 – ich meine die Rolle der SPD als einer historischen Partei – ist nicht zuletzt darauf zurückzuführen, daß es Bebel nicht gelang, geeignete Nachfolger heranzuziehen. Das hat die Partei gelähmt, bis sie 1933 schließlich zugrunde ging. Breitscheid und Wels, Ebert und Scheidemann, Hermann Müller oder Otto Braun, Rudolf Hilferding oder Carl Severing: sie alle waren hochehrbare Personen, Menschen mit großem persönlichem Mut, auch von beachtlicher Intelligenz. Aber eben ohne jenen Bebelschen Zug ins Große und Allgemeine, vor allem ins Kämpferische. Auch wenn wir diesem oder jenem im Rückblick historische Bedeutung zusprechen, eindeutig repräsentativ für die Bewegung war keiner von ihnen, so sehr sie es auch verdient hätten.

In Frankreich war das im übrigen sehr ähnlich. Am Anfang war der große Jean Jaurès, der leidenschaftliche Pazifist und der erste Tote des Ersten Weltkrieges. Nach dem Krieg und nach der Spaltung der französischen Arbeiterbewegung in die kommunistische und die sozialistische Partei kam Léon Blum. Ich bin ihm einige Male begegnet, zuletzt auf dem Kongreß der Sozialistischen Jugendinternationale in Lille 1939. Acht Jahre zuvor, während des Kongresses der Sozialistischen Arbeiter-Internationale in Wien, war ich noch Bleistiftspitzer und eine Art messenger boy. Meine Aufgabe war, darauf zu achten, daß die gespitzten Bleistifte und Schreibpapier auf dem Tisch lagen, daß Vergessenes nachgetragen wurde und daß die Redner rechtzeitig in den Veranstaltungssaal kamen.

Léon Blum scheint außerhalb Frankreichs in Vergessenheit geraten zu sein. Er kam aus der Literatur, war Kunstkritiker der »Humanité« und später, als »l'Humanité« kommunistisch wurde, Chefredakteur des »Populaire«. Im feinsten und besten Französisch schrieb er fast täglich seinen Leitartikel. Viele meinten, daß dieser elegante Mann nicht der richtige Führer einer großen Arbeiterpartei sei. Dennoch wurde er zum Architekten der Volksfront und setzte eine großartige Reformpolitik in Gang. Gescheitert ist diese Politik an der kommunistischen Sabotage.

Mitten im Krieg, im Frühjahr 1942, wurde Léon Blum vom Frankreich Pétains und Lavals der Prozeß gemacht. Durch den Bericht eines schwedischen Journalisten, Viktor Vinde, erfuhr ich damals von jenem ergreifenden Satz, den ich während meiner Kanzlerschaft einige Male auf Österreich übertragen habe: »Ich vergesse nicht, daß in der besetzten Zone die Kommunistische Partei einen großen, sehr großen Anteil an Geiseln und Opfern hatte. Kürzlich las ich auf einer Liste von Geiseln den Namen des kleinen Timbaud. Ich habe den kleinen Timbaud sehr gut gekannt: Er war Sekretär beim Verband der Metallarbeitergewerkschaften der Region Paris ... Ich sah ihn oft, und ich habe mich sehr oft mit ihm gestritten. Nur: er ist erschossen worden und er ist gestorben, indem er die *Marseillaise* sang, jene *Marseillaise*, die wir, allem zum Trotz, die Arbeiter wieder zu singen gelehrt hatten. Vielleicht nicht die offizielle *Marseillaise*, nicht die *Marseillaise* der offiziellen Umzüge und der Großen Bahnhöfe; vielmehr die *Marseillaise* von Rouget de l'Isle und den Freiwilligen des Jahres II, die *Marseillaise* der Gruppe von Rude, die *Marseillaise* von Hugo – die geflügelte und im Kugelhagel fliegende. Genauso ist der kleine Timbaud gestorben. Aus diesem Grunde habe ich dem Gesagten, was die Kommunistische Partei angeht, nichts hinzuzufügen.«

Mit dem Tod Léon Blums war die Partei bedeutungslos geworden. Sie blieb es auch unter Guy Mollet, der 1958/59 unter De Gaulle Minister war. Der Versuch mit dem Außenseiter Pierre Mendès-France ist gescheitert, leider, wie ich sagen muß, denn Mendès-France war eine starke Persönlichkeit. Während ich dieses Buch schreibe, steht Mitterrand mitten im Wahlkampf für die Politik der französischen Sozialisten. Es ist heute schon sicher, daß er seinen Platz in der Geschichte der Partei und in der Geschichte der Republik haben wird.

Als er das erste Mal bei einer Beratung der Internationale in Salzburg auftauchte, hielten ihn viele Parteiführer für Episode. Ich begann mich um ihn zu kümmern. Er schien mir ein verflogener Vogel zu sein, der sich in der neuen Umgebung gar nicht zurechtfand. Die Zurückhaltung erwies sich später jedoch als eine seiner Charaktereigenschaften. Weil ich ihm näherkommen und ihn mit uns persönlich vertrauter machen wollte, habe ich ihn nachher nach Wien eingeladen. Er hielt im Rahmen des Renner-Instituts einen großartigen Vortrag vor fast zweitausend Menschen.

Als ich 1972 meinen offiziellen Besuch in Paris abstattete – Präsident war Valéry Giscard d'Estaing, Premierminister Jacques Chirac –, bat ich um ein Zusammentreffen mit Mitterrand. Im Protokoll war das nicht vorgesehen. Ich insistierte, und so trafen wir uns. Damals stand die Erneuerung des Bündnisses mit den Kommunisten auf der Tagesordnung, und ich fragte ihn, wie er die Zukunft dieses Bündnisses sehe. Mitterrand sagte damals schon, wenn die Kommunisten eine gemeinsame Regierung eines Tages nicht mehr unterstützen würden, werde er sie auffordern, die Regierung zu verlassen. Und in der Tat, Mitterrand entließ die kommunistischen Minister, obwohl sie offenbar hervorragende Arbeit geleistet haben.

Mitterrand ist der einzige, der heute im westlichen Bündnis Grundsätze vertritt, die für uns Sozialdemokraten wichtig sind. Er hat den Mut, der konservativen Administration in den USA Widerstand zu leisten und eine politische Gesinnung zu vertreten, die schließlich die einer großen Zahl von Europäern ist. Frankreich hat vier ruhige Jahre erlebt ohne generalstreikähnliche Demonstrationen. Es ist von seiner hohen Inflationsrate heruntergekommen, und die Wirtschaft des Landes beginnt sich wieder zu entfalten. Vielleicht werden die anderen die Früchte ernten. Aber die Menschen werden mit der Realität des konservativen Kurses konfrontiert werden, und in zwei Jahren, wenn die Präsidentenwahl ansteht, wird der erste Glanz der neuen Regierung verflogen sein. Wer dann siegen wird? Doch wieder ein sozialistischer Kandidat? Die Voraussetzungen jedenfalls werden gegeben sein.

Nach dem Tod Victor Adlers galt Otto Bauer unumstritten als die große Führungspersönlichkeit des Austromarxismus und Karl Seitz als sein Nachfolger innerhalb des Parteivorstands. Wenn auch mein Entschluß, der Partei beizutreten, nur ganz entfernt und unbewußt mit der Person Otto Bauers zu tun haben mochte, so fühlte ich mich doch von Anfang an mit allen Fasern meines politischen Denkens an ihn gebunden.

Das mit der Ablehnung des Personenkultes ist so eine Sache. 1929, kurz vor seinem 50. Geburtstag, hat Friedrich Adler, der ungefähr gleichaltrig mit Otto Bauer war, in der »Arbeiter-Zeitung« einen Artikel publiziert, in dem er die Meinung vertrat, daß man den 50. nicht öffentlich feiern möge. Man sollte sich auf den 60. oder gar auf den 70. einigen. Derjenige, der aufgrund seiner Persönlichkeit einen Personenkult nicht nötig hat, kann es sich leisten, dagegen aufzutreten oder zumindest so tun, als ob er das nicht brauche. Der Kult wird dennoch bis in alle Zeiten fortgesetzt werden. Diejenigen, die weniger dieser Gefahr ausgesetzt sind, haben natürlich allen Grund, dagegen zu protestieren und zur Schlichtheit aufzurufen. Dabei geht es nicht immer ehrlich zu, oder, wie man im Wienerischen sagt, »und a bißl Falsch is a dabei«.

Während der Personenkult in der Demokratie gewissermaßen von selbst wächst, wird er in der Diktatur mit gewaltigem Propagandaaufwand forciert. Was immer man über Lenin sagen mag, der Kult, der mit seiner Person getrieben wurde und der seinen Namen weit in die Welt hinausgetragen hat, war ihm zuwider. Die Vergötterung Stalins – »Stalin, unsere Sonne«, sang man damals – hat so manchen Kommunisten vertrieben. Ernst Fischer schrieb dazu: »Der XX. Parteitag der KPdSU hat den Stalin-Mythos ins Wanken gebracht, leider nicht gestürzt. Chruschtschow unterlag dem Apparat. Die immer deutlicher werdende Mißachtung aller sozialistischen, demokratischen, humanen Grundsätze durch die Epigonen, neue Verhaftungen, neue Prozesse, neue Maßnahmen gegen jeden Hauch der Freiheit nötigen uns zur Frage: Ist das noch Sozialismus?«

Da mein Bezirk zu Bauers Wahlkreis gehörte, hatte ich verschiedentlich Gelegenheit, ihn zu sehen. Und was mich am meisten überraschte, war seine manchmal fast arrogant anmutende Bescheidenheit. Zwischen dem jungen Bezirksdelegierten und dem bewunderten Theoretiker entwickelte sich ein Verhältnis, das ich bei aller Ehrfurcht, die ich vor ihm hatte, und trotz des Altersunterschiedes als vertrauensvoll bezeichnen möchte, jedenfalls was mich betraf, und Otto Bauer akzeptierte es. Wenn er zur Redaktion der »Arbeiter-Zeitung« ging, forderte er mich oft auf, ihn zu begleiten. Die Gespräche, die wir dabei führten, waren für mich schon deshalb wichtig, weil er Intellektuelle gewöhnlich nicht mochte. Während er sich von Arbeitern, denen er mit einer fast rührenden Zurückhaltung begegnete, alles sagen ließ, hat er Intellektuelle oft sehr hart angefaßt. Das lag ganz in der Tradition Victor Adlers und hat, da es oft ungerechtfertigt war, manch einen verschreckt. Mir schmeichelte es natürlich, daß ich zu den wenigen sogenannten Intellektuellen gehörte, die Bauer gut behandelte.

Wenn ich all die großen Männer, denen ich begegnet bin, Revue passieren lasse, so scheint mir Otto Bauer auch heute noch trotz mancher Fehlbeurteilung von überlegenem Intellekt. Was seine intellektuelle Ausrüstung betraf, gehörte er zu den größten, denen ich je begegnet bin. Er besaß die unglaubliche Gabe, das Gedachte in Worte umsetzen und sich in einer Art ausdrücken zu können, die dem Intellektuellen nicht als Zumutung erschien und dem Stahlwerksarbeiter begreifbar war. In den größten Versammlungen sprach er, als ob er zu einem einzelnen redete. In dieser Kunst war mir Otto Bauer das große Vorbild. Ich habe mich immer bemüht, die Dinge so einfach wie möglich zu sagen, und glaube, daß mir das gelungen ist.

Bevor ich Otto Bauer kennenlernte, war ich, wenn ich mich zu Wort meldete, von hastiger und nervöser Dialektik. Aber ein Redner, das habe ich durch das Zuhören bei Bauer gelernt, muß vor allem Zeit haben. Das habe ich so sehr praktiziert, bis es mir zur zweiten Natur wurde. Noch heute neige ich dazu, lieber etwas länger bei einem Punkt zu bleiben, weil mich der Gedanke quält, im Publikum könnten Leute sitzen, die nicht wirklich erfassen, worum es mir geht. Das mag eine Schwäche sein, aber der Lohn war groß. Ausländer, die in Wien lebten, sagten, daß sie das bißchen Deutsch, das sie erlernt haben, beim Zuhören meiner Reden im Fernsehen begriffen hätten. Auch alte Leute hören mir gern zu, da ich so langsam spreche, daß sie gut folgen können.

Auch was meine Art zu schreiben betrifft, ist Otto Bauer mein Lehrmeister gewesen. Er hatte einen so prägenden Stil, daß auch andere, wie beispielsweise Oscar Pollak, sich darin zu üben versuchten. Das hat dazu geführt, daß man bei ungezeichneten Artikeln in der »Arbeiter-Zeitung« manchmal nicht mehr wußte, wer von beiden der Autor war. Auch sie selbst nicht.

Viele Formulierungen Otto Bauers, etwa zur Judenfrage, habe ich mit großer Begeisterung übernommen; sie bildeten die theoretische Grundlage meiner späteren Haltung zum Judentum: »... wenn wir uns erinnern, dass die letzte Berufserhebung unter den österreichischen Juden 42.681 Angestellte, 81.455 Arbeiter, 31.567 Taglöhner und 16.343 Dienstboten ermittelt hat und dass überdies zu den 235.775 Juden, die die Statistik als Selbständige anführt, sehr viele proletarische Existenzen, kapitalshörige Hand-

Otto Bauer

Léon Blum am Grab
Otto Bauers

werker und Heimarbeiter gehören. Die Frage ist also für die sozialdemokratische Arbeiterpartei wichtig genug, um diesen Exkurs zu rechtfertigen. ... mit dem Fortschritte der kapitalistischen Produktionsweise ändert sich auch die Stellung der Juden in der Gesellschaft. ... Im 18. Jahrhundert beginnt die jüdische Bourgeoisie sich aus der alten jüdischen Kulturgemeinschaft loszulösen und in die Kulturgemeinschaften der europäischen Völker einzugliedern. Die jüdische Bourgeoisie fängt an, sich den Völkern, in deren Mitte sie lebt, anzupassen, zu assimilieren. ... Die Juden passen ihre Kultur der Kultur der europäischen Nationen an, seit die Geldwirtschaft, die einst nur die Juden vertraten, zur Wirtschaftsverfassung aller europäischen Völker wurde. ›Weil das reale Wesen des Juden in der bürgerlichen Gesellschaft sich allgemein verwirklicht, verweltlicht hat‹, darum passt sich der Jude dem allgemeinen Wesen dieser bürgerlichen Gesellschaft an. Diese tatsächliche Anpassung hat schliesslich die rechtliche Emanzipation der Juden, ihre rechtliche Gleichstellung mit den Christen herbeigeführt. ›Die Juden haben sich insoweit emanzipiert, als die Christen zu Juden geworden sind.‹ Und diese rechtliche Gleichstellung hat die tatsächliche Anpassung dann wieder ihrerseits gefördert. Seit auch der Jude am öffentlichen und politischen Leben der Nationen teil hat, auch das jüdische Kind die öffentliche Volksschule besucht und auch der Jude im Heer seine Wehrpflicht erfüllt, geht die kulturelle Anpassung der Juden schnell vor sich ... «

Bauer glaubte an die Eigendynamik der Dinge und hielt nicht viel davon, in den Lauf der Ereignisse einzugreifen. Den Zerfall der Monarchie nahm er als ebenso schicksalhaft hin wie die Gründung der Nachfolgestaaten und beurteilte beides eigentlich positiv. Das neue Österreich betrachtete er als das Rudiment eines Staates und eigentlich nicht als lebensfähig. Er war es, der ab 1918 für die Vereinigung mit dem Deutschen Reich eintrat. Bis Hitler an die Macht kam. Dann übernahm er es, seine Ablehnung zu begründen: »So blieb die Partei dem Gedanken des Anschlusses mit friedlichen Mitteln an die Deutsche Republik treu, so lange, bis in Deutschland die Katastrophe kam, die die Republik vernichtete und an ihre Stelle den Despotismus Hitlers gesetzt hat. Da war es klar, daß es einen Anschluß mit friedlichen Mitteln nicht geben kann, und jeder Sozialdemokrat und Arbeiter in Österreich war sich darüber klar, daß wir den Anschluß an die Deutsche Republik, nicht aber an das Zuchthaus Hitlers wollten.

Daher hat die Partei eine Wendung vollzogen, auch noch bevor ein Parteitag stattfinden konnte. Wir haben in einer Erklärung, die die Parteivertretung mit dem Klub der Abgeordneten gemeinsam am 13. Mai 1933 beschlossen hat, die Forderung gestellt, in diesem Europa, in dem es wieder mehr als je seit 1914 nach Krieg riecht, die größtmögliche Sicherung davor, in Kriegsabenteuer gezogen zu werden, durch die völkerrechtliche Neutralisierung Österreichs zu schaffen. Und diesen Gedanken haben wir verbunden mit dem anderen, daß gerade, wenn wir politisch neutralisiert werden, jene wirtschaftlichen Verbindungen mit den Nachbarn erst möglich werden, deren Österreich, den politischen Machtkämpfen der Großmächte entrückt, im Interesse seiner Volkswirtschaft und der Arbeitsbeschaffung für die Arbeitslosen bedarf.

Wir haben diese Wendung bereits vollzogen. Aber da kein Parteitag stattfand, war es nicht möglich, diese Grundsätze in unser Parteiprogramm aufzunehmen. Daher entstand ein Widerspruch zwischen dem Parteiprogramm und unserer Politik. ... Das ist der einzige Punkt, von dem ich meine, daß wir eine programmatische Änderung heute machen müssen. Im übrigen ist es unsere Aufgabe heute nicht, das Programm zu revidieren, sondern die Taktik im gegenwärtigen Augenblick, im Kampf gegen die unmittelbare Gefahr der beiden Faschismen, die hier miteinander konkurrieren und sich morgen miteinander verbinden können, gegen den schwarz-grünen und braunen Faschismus, festzulegen.«

Das war auf dem Parteitag 1933. Im Juni 1938, drei Monate nach dem »Anschluß«, schrieb Bauer: »Aus allen diesen Erwägungen müssen wir uns, um mit Engels zu reden, der vollzogenen Tatsache der Annexion gegenüber *kritisch verhalten*, aber *nicht reaktionär*. Wir haben in unversöhnlicher Kritik an der despotischen Herrschaft des deutschen Faschismus das österreichische Volk zu überzeugen, dass seine gewaltsame Unterwerfung unter die Tyrannen des Dritten Reichs nicht der Anschluss, nicht die nationale Einheit in Freiheit ist, die wir in den Tagen des Zusammenbruches der Habsburgermonarchie gewollt haben.« Und er gab die bereits zitierte Parole der gesamtdeutschen Revolution aus, »die allein mit den anderen deutschen Stämmen auch den österreichischen Stamm der Nation von der Gewaltherrschaft der faschistischen Zwingherren befreien kann«.

Unverkennbar ist die Handschrift, die dieser Text trägt: Otto

Bauer hat sich immer als Deutscher betrachtet und gefühlt. Er hat zu jenen gehört, die – um ein Wort Goethes abzuwandeln – das Land der Deutschen mit der Seele suchen. Ich hingegen habe mich immer als Ergebnis jenes gewaltigen *melting pot* gefühlt, der die Monarchie nun einmal war: als Ergebnis einer brodelnden Mischung von Deutschen, Slawen, Magyaren, Italienern und Juden. Die Menschen sind, wie einmal jemand schrieb, eben nicht nur Zeitgenossen, sondern auch Raumgenossen.

In jungen Jahren bot man, so wurde mir erzählt, Otto Bauer die Möglichkeit, nach Deutschland zu gehen. Die SPD wollte damals einen der großen austromarxistischen Autoren haben, entweder Rudolf Hilferding oder Otto Bauer. Hilferding hat dieses Angebot angenommen und dann einen bemerkenswerten Aufstieg in der deutschen Sozialdemokratie gemacht. Bauer dagegen ist auf Zureden Victor Adlers geblieben. Was aus Otto Bauer geworden wäre, wenn er in Deutschland Politik gemacht hätte, weiß ich nicht. Manche glauben, er sei zu groß für Österreich gewesen. Ich bin kein Spieler, ich kenne kaum die Karten, aber ich bin ein leidenschaftlicher Anhänger jener geistigen Spielerei, was geschehen wäre, wenn. Vielleicht entspringt dies meiner Neigung zur Dialektik: These, Antithese, Synthese.

Da ich es mir leisten konnte zu reisen und dies für die Bewegung keinerlei finanzielle Belastung mit sich brachte, da ich zudem Verwandtschaft in Mähren hatte und somit einen unverdächtigen Grund für eine Reise in die Tschechoslowakei, wurde ich Ende Februar nach Brünn geschickt. Dort war das Auslandsbüro der Sozialistischen Partei, das sogenannte ALÖS. Anders als die SPD, für die sich die Entscheidung, den Parteivorstand im Ausland zu etablieren, sehr bald als fatal herausstellte, hatten wir in der Tschechoslowakei lediglich ein Auslandsbüro gegründet. So wurde denn in Brünn auch die erste illegale »Arbeiter-Zeitung« ins Leben gerufen, und die Exemplare, die gerade frisch ausgedruckt waren, sollten nun, Ende Februar, über die Grenze geschmuggelt werden. Man hat sie nach Znaim gebracht und dort in Gurkensäcke verpackt – in Znaim nämlich wurden Gurken eingelegt, und zwischen Znaim und Retz auf der österreichischen Seite der Grenze wurden die Gurkensäcke hin- und hertransportiert. Auch die Familie Felix besaß Gurkenfelder in dieser Gegend und stellte Säcke zur Verfügung.

Es waren rund tausend, auf Dünndruckpapier hergestellte

Exemplare, die auf diese Weise die Grenze passierten und dann auf verschiedenen österreichischen Grenzpostämtern aufgegeben wurden. Die Empfänger waren vielleicht noch mehr verblüfft als die Polizei, hatten wir doch den gesamten Adressenbestand noch vor dem 12. Februar aus Österreich herausgeschafft, auf Papierrollen, wie man sie damals für Rechenmaschinen verwendete. Ich erzählte bereits, daß ich Tausende österreichische Briefmarken nach Brünn brachte. Wir hatten sie in Wien gekauft, natürlich auf verschiedenen Postämtern, und mit dieser sonderbaren Fracht bin ich dann über die Grenze gefahren.

Nachdem ich meine Briefmarken abgeliefert hatte, ergab sich eine Gelegenheit, mit Otto Bauer zusammenzutreffen. Ich wollte darüber nicht recht froh werden und war ein wenig befangen, denn die Stimmung in Wien war alles andere als Bauer-freundlich. Vor allem Karl Czernetz, der damals Mitglied der Leitung der »Funke«-Gruppe war – »Funke« war die Übersetzung von »Iskra«, der von Lenin mitherausgegebenen Exilzeitschrift –, dem zentralen Schulungsausschuß der Revolutionären Sozialisten angehörte und später einer der ideologisch beschlagensten Spitzenfunktionäre der Partei wurde, zog mit fast alttestamentarischem Zorn immer wieder gegen Bauer los. Er forderte, daß wir uns von ihm lösen sollten, da seine wankelmütige Politik mitverantwortlich an der Katastrophe sei. Dabei war Bauer selbst einer der ersten, der weithin verkündet hatte, daß die neue Führung im Lande entstehen müsse, weil sie, die Emigranten, nur als diejenigen angesehen würden, die versagt hätten. Ähnlich wie Czernetz argumentierten auch Joseph Buttinger sowie die beiden Kulczars, Leopold und Ilse.

Mein Gespräch mit Otto Bauer hatte nur ein einziges Thema: die Entwicklung des Austrofaschismus. Als ich ihn fragte, wie lange dieses System wohl dauern werde, holte er weit aus, um mir, als erstem aus der illegalen Jugendbewegung und vielleicht als erstem überhaupt, seine später so bekannt gewordene »lange Perspektive« zu entwickeln. »Schauen Sie«, sagte er, »ein Regime, wie es Dollfuß errichtet hat, kann höchstens mit einer vier- bis fünfjährigen Lebensdauer rechnen. Innerhalb dieses Zeitraums kann es eine partielle Redemokratisierung geben. Wenn das Regime erkennen läßt, daß es zu schwach ist, daß sich unter ihm Kräfte entwickeln wie etwa um Ernst Karl Winter und andere (Winter war damals Vizebürgermeister von Wien), die halt doch eine Rückkehr zur Legalität fordern, dann hätte der eigentliche

Putsch noch nicht stattgefunden. Das ist die kurze Perspektive, und sie ist der wenig wahrscheinliche Fall.

Wahrscheinlicher dagegen ist, daß der sehr viel mächtigere Nationalsozialismus dieses Regime ablösen wird, und das wird für die Illegalen, ob Sozialisten oder Kommunisten, eine weit gefährlichere Situation schaffen. Denn die verfügen über eine große Personenkenntnis und können unserer neuen Bewegung ein furchtbares Ende bereiten. Vielleicht solltet ihr euch überlegen, daß die lange Perspektive die wahrscheinlichere ist.« – »Lange Perspektive«, habe ich ihn gefragt, »wie schaut das zeitlich aus?« Und Otto Bauer erwiderte – das war Anfang März 1934: Nationalsozialismus und Faschismus würden in einem neuen Weltkrieg enden. Das Buch, an dem er damals schrieb und das er 1936 veröffentlichte, hat er denn auch prophetisch »Zwischen zwei Weltkriegen?« genannt. Ein Krieg werde, aus Gründen der Kriegstechnologie, ungefähr sieben Jahre dauern. »Der erste hat vier Jahre gedauert, rechnen wir also mit sieben Jahren.« Das könne man aus der Entwicklung der Tanks und anderer Waffen im ersten Krieg ableiten. »Es wird das Ganze also unter Umständen zwölf bis dreizehn Jahre dauern, und da werden ungeheure Opfer gebracht werden müssen. Die Frage, die ihr euch also stellen müßt, lautet: Wie sieht eure illegale Tätigkeit aus, wieviel persönlichen Mut wollt ihr einsetzen?«

Bauers intellektuelle Unbestechlichkeit und die Schärfe seiner Logik waren überwältigend. Plötzlich taten sich ganz neue Dimensionen auf, und angesichts der Verwirrung, in die wir Jungen damals gestürzt waren, hätten seine Nüchternheit und sein Zuspruch eine mehr als wohltuende, hoffnungspendende Wirkung gehabt. Denn daß er unser Führer war, daran gab es für mich nach diesem Gespräch, das Stunden dauerte, nichts zu rütteln. Auch wenn ich mich nach dem Tode Bauers politisch von ihm distanzierte, so zähle ich diese nächtlichen Stunden in Brünn – nach allem, was in der Zwischenzeit geschehen ist – nach wie vor zu den ganz großen Glücksfällen meines Lebens.

Auf Vermittlung von Otto Bauer kam ich in Brünn auch mit Karl Frank zusammen, alias Willi Müller, alias Paul Hagen, alias Josef, alias Maria. Frank, ein sehr eindrucksvoller junger Mann, der mit der Schauspielerin Liesl Neumann liiert war, leitete die Auslandsabteilung von »Neu Beginnen«, jener radikal aktivistischen Gruppe meist junger, intellektueller Sozialisten, die sich in Deutschland schon vor Hitlers Machtübernahme auf die Illegalität vorbereitet hatten. Im August 1933 hatte ihr Organisationschef, Walter Löwenheim, unter dem Pseudonym Miles eine Faschismus-Analyse veröffentlicht, die auch unter den österreichischen Sozialisten beträchtliches Aufsehen erregte, weil Miles einen jahrelangen, erbitterten Kampf voraussagte. Diese lange Perspektive von »Neu Beginnen« hat sich unter dem Einfluß Franks, der diesen Standpunkt sehr überzeugend vertreten konnte, Otto Bauer angeeignet. Auch ich habe mich der intellektuellen Brillanz und Eindringlichkeit Karl Franks nicht entziehen können.

Die Nachricht, daß ich in Brünn mit Otto Bauer zusammengetroffen war, verbreitete sich bei den Illegalen in Windeseile. Immer wieder mußte ich berichten, was Bauer gesagt hatte. Da ich damals alle seine Argumente noch im Kopf hatte und ziemlich wörtlich wiedergeben konnte und weil wohl auch die Faszination, die Bauer auf mich ausgeübt hatte, spürbar gewesen sein muß, kam es in diesen Tagen zu zahlreichen, recht heftigen Grundsatzdiskussionen über die lange und die kurze Perspektive. Wir wollten einfach nicht, aus allzu großer Rücksichtnahme auf die Konspiration, die mühsam begonnene Tätigkeit preisgeben; wir wollten nicht, wie wir damals sagten, die neue Bewegung zu Tode konspirieren. Einer derjenigen, die am eifrigsten für eine stärkere Konspiration eintraten, war Hans Kunke, ein liebenswerter, bescheidener, in seiner Bescheidenheit aber dominierender Mann, der 1938 mit einem der ersten Transporte in ein KZ gebracht wurde. Wir dagegen meinten, in erster Linie käme es darauf an, den Leuten zu zeigen, daß wir wieder da sind. Allein die Tatsache, daß über die Perspektiven diskutiert wurde, war eine theoretische Rehabilitierung Bauers, auch wenn manche ihn später zu einem Säulenheiligen degradieren und keine anderen Götter neben sich dulden wollten. Bauer aber blieb für die meisten von uns bis zu seinem Tode im Juli 1938 der große Alte.

Ich habe mir immer die Frage gestellt, ob ich den Bruch mit der These Otto Bauers – gesamtdeutsche Revolution statt Rückkehr zur österreichischen Unabhängigkeit – auch dann vollzogen hätte, wenn er noch am Leben gewesen wäre. Wie wäre eine Diskussion zwischen uns wohl ausgegangen? Ich fürchte, daß Otto Bauer mit seiner intellektuellen Überlegenheit seine Wirkung auf mich nicht verfehlt hätte. Ich erinnere mich, daß ich bei meiner Rückkehr aus Brünn zu Manfred Ackermann ging, der mit meinem Vater beim Militär gedient hatte, und sagte: »Du, die können sagen, was sie wollen, der bleibt unser Führer. So g'scheit, wie der mir das alles erklärt hat, was da jetzt kommt, so g'scheit ist keiner von uns.« Geistige Überlegenheit muss also nicht immer und unbedingt Ressentiments wecken, sie kann einem auch wirklichen Respekt abnötigen.

Das Jahr 1934 war ein Jahr intensiver illegaler Tätigkeit, wobei fast nichts in Erinnerung blieb, außer der Aktion, an der man beteiligt war oder die man vorbereitet hatte, und einigen hastigen persönlichen Erlebnissen. In Erinnerung sind mir die häufigen Reisen in die Tschechoslowakei, vor allem die Gespräche mit Otto Bauer und anderen, auch deutschen Parteifreunden in Brünn und Prag. In dieser Zeit gab es ein für mich sonderbares Ereignis: Otto Bauer, der große Theoretiker der internationalen Sozialdemokratie, und Nikolaj Bucharin, der einst hochgeschätzte Theoretiker und Ideologe der Komintern, trafen sich, um über den Verkauf des Marx-Engels-Nachlasses zu verhandeln. Das gleichnamige Institut in Moskau wollte den Nachlaß, der sich im Besitz der SPD befand, käuflich erwerben. Die Verhandlungen scheiterten, weil man sich über den Preis nicht einigen konnte. Ich selbst wurde in Prag über das Gespräch informiert und war sozusagen ein Zeuge, daß es sich nicht um Einigungsgespräche zwischen den beiden Internationalen handelte. Dazu wären beide übrigens gar nicht mehr legitimiert gewesen. Otto Bauer deshalb nicht, weil seine Rolle auch in der Internationale im Jahre 1934 deutlich reduziert war, und Bucharin stand längst nicht mehr in der Gnade Stalins; am 15. März 1938 wurde er hingerichtet.

In den folgenden Wochen und Monaten bin ich in der Vorbereitung illegaler Aktionen vollkommen aufgegangen. Von »Neu Beginnen« haben wir sehr viele, für die tägliche Untergrundarbeit nützliche Techniken gelernt. Wenn zwei unserer Leute zum Beispiel Schriftstücke austauschen sollten, gingen sie zu dem verabredeten Treffpunkt mit gleich aussehenden Aktentaschen. Und wenn sie dann auseinandergingen, nahm der eine die Tasche des anderen. Oft auch hatten diese Taschen doppelte Böden, die sehr kompliziert zu verschrauben waren.

Auch sonst haben wir uns eine Menge einfallen lassen. So haben wir zum Beispiel ein privates Gymnastikinstitut, das einer der früheren Funktionäre der Arbeitersport- und Turnbewegung eingerichtet hatte, ganz einfach in ein illegales Parteilokal umfunktioniert. Jeden Montag sind wir in Turnhosen angetreten und haben dann auf einer Matte sitzend unsere nächsten Aktionen besprochen. Auch andere Vereine haben wir schamlos mißbraucht. Mein Vater war in einer Freimaurerloge, und der Jugendvereinigung dieser Loge bin ich beigetreten, allerdings nicht in der Absicht, Freimaurer zu werden. In der relativen Sicherheit des Freimaurerhauses in der Dorotheergasse habe ich innerhalb der sogenannten »Kette« organisiert und eine gewisse konspirative Tätigkeit entfaltet.

Ehemalige Funktionäre der Gewerkschaft der Gastgewerbebediensteten machten kleine Kaffeehäuser auf, in denen wir uns trafen, um bei einem »kleinen Schwarzen« Weisungen auszutauschen. Wir überlegten, ob es zweckmäßig wäre, daß hübsche Mädchen mit weniger gut aussehenden Burschen zusammenkamen, um den Eindruck von Liebespaaren zu erwecken. Als einmal ein sehr hübscher Junge bei einer bestimmten Bank in der dunklen Prater-Hauptallee mit einer Funktionärin zusammentreffen sollte, die nicht eben als Schönheit galt, weigerte er sich: Es sei unkonspirativ, ihm eine so häßliche zuzumuten.

Eines Tages kam es in einer Buchbinderei zu einem unangenehmen Zwischenfall. In großen Säcken, die mit Sägespänen ausgestopft waren, wurde dort die »Arbeiter-Zeitung« angeliefert. Einer der Lehrlinge begann, mit einem Messer, wie man es in Buchbindereien verwendet, die Säcke in großer Hast aufzuschneiden. Dabei rutschte er ab und traf eine Ader in seinem Arm. Das Blut schoß heraus und färbte die Sägespäne rot. Man mußte die Rettungsgesellschaft verständigen; die wiederum glaubte, daß es einen Überfall gegeben habe, und rief die Polizei. So flog eine der verläßlichsten Verteilungsstellen auf. Der Fahrer der Rettungsgesellschaft, ein alter Sozialdemokrat, mußte am nächsten Tag als Zeuge auftreten.

Die Großverteilung der »Arbeiter-Zeitung« wurde von Tag zu Tag gefährlicher, und so ging man zu einem anderen System über. Jeder Verteiler sollte nur noch fünf Exemplare bekommen. Wurde er erwischt, spielte es keine Rolle, ob er fünf oder fünfhundert Exemplare bei sich hatte: das Strafmaß war dasselbe. Aber die Chance, nicht erwischt zu werden, war sicher größer. Im Gefängnis hatte ich einen Zellengenossen, einen Straßenbahner aus dem Wiener Arbeiterbezirk Favoriten, in dessen Spind in der Remise der Straßenbahn fünf Exemplare der »Arbeiter-Zeitung«

gefunden worden waren. Wegen Betätigung für eine verbotene Partei hatte man ihm zwei Jahre Kerker aufgebrummt. Außerdem wurde er entlassen. Und da er in einer Gemeindewohnung wohnte, erhielt seine Frau obendrein nach einiger Zeit die Kündigung der Wohnung. Als seine zwei Jahre um waren – ich erzähle diesen Fall so ausführlich, weil er die ganze Heimtücke des Regimes zeigt –, kam er anschließend in das sogenannte Anhaltelager Wöllersdorf. Nachdem er bereits vor Abbüßung der zweijährigen Gerichtsstrafe eine dreimonatige Verwaltungsstrafe ohne Verfahren abgesessen hatte! Im Austrofaschismus konnte man also drei Strafen für ein und dasselbe »politische« Delikt bekommen. Ein Schwerverbrecher allerdings wurde nur einmal bestraft.

Nach einem grauenhaften Mord, bei dem die Polizei die Bevölkerung aufforderte, an der Aufklärung mitzuwirken, prägten wir den Satz: Die Kriminellen soll die Bevölkerung finden, die Politischen findet die Polizei.

Die österreichischen Nazis wurden langsam ungeduldig. Nach den Februarkämpfen, die die Schwächen des Regimes bloßgelegt hatten, dachten sie noch intensiver über die Möglichkeiten nach, eine Machtergreifung in Österreich zu beschleunigen. Aber Hitler, der ja der oberste Führer auch der österreichischen NSDAP war, hatte ganz anderes im Sinn. In Österreich wollte er nicht darauf warten, bis ihn ein greiser Bundespräsident rufen würde. Die österreichische SA gab sich anfangs zwar demokratisch und verlangte immer wieder Neuwahlen, aber gleichzeitig betätigte sie sich illegal. In der Teinfaltstraße saß der sogenannte »Siebener-Ausschuß«, der einen Plan ausgeheckt hatte, Unruhen in Österreich hervorzurufen, um die Regierung zum Einsatz von Bundesheertruppen zu provozieren und Hitler so einen Vorwand zum Eingreifen zu liefern.

Im Juni 1933 hatte Dollfuß ein Betätigungsverbot der NSDAP sowie die Auflösung ihrer Verbände angeordnet, den Landesleiter der NSDAP, Theo Habicht, ausgewiesen und mehrere NS-Funktionäre verhaften lassen. Bereits einen Monat zuvor war die KPÖ verboten worden. Bei allen diesen Schritten konnte er sich der Rückendeckung Mussolinis sicher sein, der seinen Willen, eine deutsche Einmischung in Österreich nicht zu dulden, mit den Römischen Protokollen im März 1934 noch einmal unterstrich.

Theo Habicht hatte aus München im Rundfunk verkün-

Starhemberg mit dem Hahnenschwanz, dem Symbol der Heimwehr

Aufmarsch der Heimwehr am Heldenplatz: erste Reihe, Mitte, der Steirische Heimwehrführer Pfrimer, links neben ihm der Bundesführer Richard Steidle; zweite Reihe, zweiter von links, Major Fey

det, daß bei dem ersten Todesurteil, das vollstreckt werde, eine folgenschwere Antwort zu erwarten sei. Der Zufall wollte es, daß der erste Hingerichtete einer aus der illegalen Sozialistischen Jugend war. Er hieß Josef Gerl. Gegen unseren Rat hatte er sich an einem unbedeutenden Sprengstoffattentat beteiligt, nicht gegen Menschen, sondern gegen einen Pfosten der Donauuferbahn. Es gab keine Toten, aber er wurde dennoch hingerichtet.

Am nächsten Tag haben die österreichischen Nazis ihren Putsch gemacht. Am Vormittag trafen sich Mitglieder der illegalen SS-Standarte 89 in der Bundesturnhalle in der Wiener Siebensterngasse. Der Ministerrat wurde unterbrochen, Dollfuß jedoch blieb im Bundeskanzleramt. Es wurde von 154 Nationalsozialisten besetzt, ebenso der Rundfunksender. Zur selben Zeit, als der Sender zurückerobert werden konnte, wurde Dollfuß im Bundeskanzleramt schwer verwundet. Knapp drei Stunden später erlag er seinen Verletzungen. 107 Tote auf Regierungsseite und 153 getötete beziehungsweise hingerichtete Putschisten sowie neun unbeteiligte Opfer: das war die traurige Bilanz des Putschversuchs.

Der 25. Juli war nicht nur ein Aufstand der Nationalsozialisten, er war auch und vor allem ein Verrat innerhalb der eigenen Reihen. Keiner hat dem andern vertraut in der Regierung, und jeder verriet den anderen. Der frühere christlichsoziale Landeshauptmann der Steiermark, Anton Rintelen, ließ sich als »Nachfolger« von Dollfuß aufstellen. Aber der Mann, der in diesen Tagen die dunkelste Rolle gespielt hat, war ohne Zweifel der Maria-Theresien-Ritter Emil Fey, der radikale Wiener Heimatschutz-Führer. Den Maria-Theresien-Orden hat man angeblich für eine befehlswidrige Tat bekommen, mit der man dennoch Erfolg hatte, obwohl diese Bestimmungen nicht in den Ordenssatzungen zu finden sind. Jedenfalls war es der höchste Tapferkeitsorden, den man in Österreich für militärische Leistungen bis 1918 bekommen konnte. Daß er Träger dieses Ordens war, erlaubt doch einige Rückschlüsse auf den Charakter des Majors Fey. Man war immer der Meinung, daß dieser Scharfmacher indirekt mit der Ermordung Dollfuß' zu tun und sehr früh von den Attentatsplänen erfahren hatte. Es wurde ihm auch vorgeworfen, daß er den Putsch mit Gewalt hätte verhindern können, es aber nicht getan hat, weil er hinterher als Retter des Vaterlandes auftreten wollte. Da war es allerdings zu spät, denn Dollfuß war schon tot.

Eine weitere zentrale Figur in diesen Tagen war Ernst Rüdiger

Fürst Starhemberg. Er ist mir in seiner ganzen Haltung zutiefst fremd gewesen, und dennoch hatte seine Persönlichkeit Kraft und Ausstrahlung. Politisch war der hünenhafte Mann mit seinen extrem faschistischen Tendenzen eine Gefahr für die Republik. Im Parlament ist er durch sein rüpelhaftes Wesen aufgefallen und hat ständig für Krawalle gesorgt. Ich selbst war Augenzeuge, als Starhemberg bei irgendeinem Streit den Griff in die Tasche machte und ein sozialdemokratischer Abgeordneter entsetzt aufschrie: »Der Kerl schießt!« Starhemberg, zum Gaudium seiner Leute, zog eine goldene Tabatiere aus der Tasche. Das war so sein Stil.

Starhemberg kam aus einer der ältesten österreichischen Adelsfamilien. Seine Vorfahren waren die Verteidiger Wiens gegen die Türken gewesen. Er galt als Playboy und hatte zahlreiche Affären, bis er sich mit der Schauspielerin Nora Gregor verheiratete. Seine Mutter war anscheinend eine sehr gescheite Frau. Als Seipel einmal gefragt wurde, wie er es sich erkläre, daß eine solche Frau einen so dummen Sohn habe, soll er lakonisch geantwortet haben: »Der hat auch einen Vater gehabt!«

Meine Beurteilung Starhembergs, der später von Schuschnigg abgehalftert wurde, hat sich geändert, als ich während des Krieges sein Buch »Between Hitler and Mussolini« las. Es war die größte Rechtfertigung der österreichischen Sozialdemokratie, die es überhaupt geben konnte. Die Schuld am 12. Februar habe einzig und allein bei Fey gelegen, der genau wußte, daß die Sozialdemokraten gar nicht mehr an einen bewaffneten Aufstand dachten. Am Tag vor dem Zusammenprall sagte er in einer Rede: »Wir werden morgen an die Arbeit gehen und wir werden ganze Arbeit leisten«, womit er offensichtlich den Überfall auf das Linzer Arbeiterheim meinte, der ja das auslösende Moment für die Unruhen gewesen ist.

Starhemberg schildert die österreichische Arbeiterbewegung eigentlich mit einem gewissen Respekt. Natürlich unterläßt er es nicht, an einigen Stellen die jüdischen radikalen Führer anzuschwärzen, fügt aber korrekterweise hinzu, daß sie 1934 schon bedeutungslos gewesen sind. Im ganzen wird die Sozialdemokratie freigesprochen. Bemerkenswert ist Starhembergs Feststellung, »daß sehr viele unnütze Härten, mit denen in den folgenden Wochen und Monaten, ja in den folgenden Jahren sogar, Sicherheitsorgane des Staates und Vertreter der Justiz gegen Sozialisten und ehemalige Schutzbündler vorgingen, von Personen angewendet wurden, die auf Grund ihrer nationalsozialistischen Einstellung ein Interesse daran hatten, die Verbitterung in den Kreisen der Sozialisten gegen die österreichische Regierung zu vergrößern. Denn vieles, was sich später ereignete, ist nur so zu erklären.« Starhemberg gibt offen zu, daß er ursprünglich nazistisch orientiert war, und erzählt von seiner Begegnung mit Hitler, von dem er später angewidert gewesen sei – wenn auch vielleicht mehr aus aristokratisch-snobistischen Gefühlen heraus. Alles in allem ist sein Buch das wertvolle Dokument eines politischen Condottieres.

Als der Krieg begann – Starhemberg lebte damals noch in Frankreich –, wollte er eine eigene österreichische Brigade gegen Hitler aufstellen. Aber die Österreicher sind damals ebenso schnöde abgeblitzt wie später, als sie sich im Sinne der Moskauer Deklaration bereit erklärten, als Gegengewicht gegen das kommunistische Bataillon unter Honner Freiwilligen-Legionen gegen Hitler einzuberufen. Das habe ich später immer wieder als Argument verwendet, wenn Paris oder London fragten, was wir denn zu unserer Befreiung beigetragen hätten. »Hier sind die Listen«, sagte ich dann, »von den ersten dreihundert Freiwilligen. Ihr habt sie nur nicht genommen.«

Starhemberg ist nach dem Kriege nach Österreich zurückgekommen. Eine politische Rolle wollte er nicht mehr spielen; er war heilfroh, daß man ihn in Österreich in Ruhe ließ. Eines Tages ging er in Schruns spazieren, wo er ein Herzleiden ausheilen wollte. Da ist ihm ein Photograph in den Weg getreten. Starhemberg hat sich so erregt, daß er mit seinem Spazierstock auf ihn losgegangen ist; dabei hat er einen Herzanfall erlitten und starb. Der Photograph hat das nie veröffentlicht. Es gibt also auch solche Photographen.

Für die Linke stellte sich am 25. Juli natürlich die Frage, inwieweit sie den Nazi-Putsch unterstützen sollte. Die Kommunisten hatten – ich weiß immer noch nicht, ob auf zentrale Weisung – die Parole zum Streik ausgegeben. Wir Revolutionäre Sozialisten waren jedoch der Meinung, daß im Falle unserer Unterstützung die Nazis unter Umständen Erfolg haben könnten – wir hörten bereits von Kämpfen in Kärnten –, und so waren wir dagegen. Die Sitzung des Wiener Zentralkomitees, auf der das entschieden wurde, fand in der Wohnung meiner Eltern statt, die als relativ sicher gelten konnte. Dort wurde beschlossen, die Anti-Streik-

Parole auszugeben, und dann wurde festgelegt, wer von uns in welche Arbeiterbezirke gehen sollte, um mit den Vertrauensmännern der Betriebe zu reden. In den niederösterreichischen Bezirken, die ich zu betreuen hatte, gab es kaum einen industriellen Großbetrieb, und überdies galt Niederösterreich als extrem schwarz. Ich habe mir daher gesagt, du gehst am besten nach Simmering, denn in diesem großen Arbeiterbezirk kannte ich einige Funktionäre und einen Schutzbundführer. Ich selbst hatte dort meine erste Polizeistrafe verbüßt – im Anschluß an die Demonstration am 11. November 1933.

Über den Schutzbundführer wollte ich versuchen, an die Leute heranzukommen. Ich verabredete mich mit ihm in einem Kaffeehaus, in dem sich überwiegend Stoßspieler – ein Hasardspiel der Unterwelt – aufhielten. Man mußte sich an einer Wand entlangtasten, bis man einen Knopf erreichte und die Tür aufsprang. Das war für die Illegalen ein idealer Platz, denn die Polizei, die den Auftrag hatte, nach »Politischen« Ausschau zu halten, wäre kaum auf den Gedanken gekommen, sie unter Spielern und Kriminellen zu suchen.

In dem Raum saßen etwa dreißig Leute aus den Betrieben Simmerings, aus dem Gaswerk, dem Elektrizitätswerk, der Waggonfabrik. Die anwesenden Kommunisten waren keine gewählten Funktionäre, sondern durchweg kommunistische Berufsrevolutionäre. Einer von ihnen, ein Mann namens Othmar Strobl, der nach dem Krieg Vizepräsident der Wiener Polizei wurde, war mit einer sehr hübschen Freundin angerückt, die auch sehr politisch argumentierte. Die beiden haben dort alle Register gezogen. Die Attraktivität der Freundin von Strobl war in dieser Männergesellschaft ein kaum zu widerlegendes Argument. Das hat mich an die Anekdote vom alten Hugo Haase erinnert, einem unabhängigen Sozialdemokraten, der einmal in einer Diskussion mit Berliner Arbeitern, in der die berüchtigte Schwester des Komponisten Hanns Eisler, die Trotzkistin Ruth Friedländer, Stürme des Beifalls erntete, gesagt haben soll, nachdem sie während der Diskussion sehr gekonnt ihre Schultern entblößt hatte, daß er, Haase, den »nackten Tatsachen« der Genossin Friedländer keine ebensolchen entgegenhalten könne.

In jenen Tagen hat übrigens der frühere Chefredakteur der »Arbeiter-Zeitung«, Oscar Pollak, ohne daß das vorher verabredet worden wäre, dem Nachfolger von Dollfuß als Kanzler, Schuschnigg, ein bemerkenswertes Angebot gemacht. Durch den

Wiener Vizebürgermeister Ernst Karl Winter hat er Schuschnigg wissen lassen, wenn eine gewisse Demokratisierung, vor allem der freien Gewerkschaftsbewegung, stattfinden würde, ließe sich angesichts der Bedrohung durch das Deutsche Reich und die Nazis vielleicht ein gemeinsamer Weg finden. Wenn die Austrofaschisten noch die Spur einer Einsicht gehabt und das Ausmaß der tödlichen Gefahr erkannt hätten, hätte es noch einmal eine Chance gegeben, die Demokratie und damit Österreichs Selbständigkeit zu retten. Aber auch dieser letzte Hoffnungsfunke ist von den überzeugten Austrofaschisten ausgetreten worden – so sehr waren sie Mussolini verfallen.

Weihnachten 1934 waren wir soweit, daß wir in einem alten Bauernhof am Lahnsattel, an der niederösterreichisch-steirischen Grenze, die erste Jugendkonferenz der RS einberufen konnten. Wir standen unter dem Druck von links, so daß wir auch den kommunistischen Jugendfunktionären die Gelegenheit geben mußten, dort ihre Sache zu vertreten. Sie hatten uns die Vereinigung beider Jugendorganisationen vorgeschlagen. Wir erklärten uns bereit, alle anzuhören und dann abzustimmen: Soll

Oscar Pollak, 1931-1934 und nach seiner Rückkehr aus dem Exil 1945-1961 Chefredakteur der »Arbeiter-Zeitung«; Aufnahme aus den dreißiger Jahren

die Sozialistische Jugend, die RSJ, ihre eigene Organisation entwickeln, oder soll sie sich mit der Kommunistischen Jugend zusammenschließen und damit zur Kommunistischen Jugendinternationale gehen?

Wir trafen uns am Westbahnhof und fuhren mit einem gemieteten Bus auf den Lahnsattel. Von uns waren ungefähr achtzig Leute da. Oscar Pollak und der spätere Gewerkschaftsführer Thaller hielten Referate. Später tauchten führende Kommunisten auf, unter ihnen die als Brüder Lauscher bekannten, nicht unsympathischen Funktionäre.

Nach unendlich langen Diskussionen, die Tage und Nächte dauerten, wurde endlich abgestimmt. Schlafen hat's kaum gegeben, außer es ist einer eingeschlafen, wie jener kommunistische Führer, der, als er erwachte, nur gerufen hat: »Zur Sache, zur Sache, Genossen!« Wir haben mit großer Mehrheit entschieden, einen Zusammenschluß der beiden Organisationen vorerst nicht zu forcieren. Das war ein großer Sieg für uns, auch wenn wir die Einschränkung »zur Zeit nicht« in die Resolution aufnehmen mußten. So konnten wir auch zu der einige Tage später, zu Silvester 1934/35 stattfindenden ersten Reichskonferenz der Vereinigten Sozialistischen Partei, wie sie sich nun nannte, zwei Delegierte nach Brünn schicken. Die Wahl fiel auf Roman Felleis und mich.

Vier Wochen später, Ende Januar, kam es plötzlich zu einer Verhaftungswelle, die uns vollkommen mysteriös war. Während wir bis dahin relativ sicher sein konnten, hatten die Kommunisten sehr viele Spitzel in ihren Reihen, weil diese Bewegung schon viel länger von der Polizei beobachtet wurde. Wir hatten auch Beweise, daß an der Silvesterkonferenz in Brünn ein Spitzel teilgenommen hatte.

Einige Monate zuvor hatte ich mir wohlweislich einen zweiten Paß beschafft. Meinen ersten hatte ich als verloren angegeben, und so wurde mir ein neuer ausgestellt. Von da an benutzte ich die beiden Pässe abwechselnd. Durch diesen zweiten Paß erfüllte sich mein Schicksal.

Die dümmsten Zufälle konnten sich oft verhängnisvoll auswirken. Ich fuhr einmal mit Roman Felleis, der einen gefälschten Paß besaß, in die Tschechoslowakei. Bei einem Wiener Kriminalbeamten – keine Zierde seiner Zunft – hatten wir den Paß ein paar Tage zuvor abgeholt. Weil es in der Illegalität keine Quittungen geben durfte, mußte bei solchen Transaktionen möglichst ein Zeuge dabeisein, der bestätigen konnte, daß ein bestimmter Betrag für den angegebenen Zweck verwendet worden war. Wir hatten ein sehr kompliziertes Buchhaltungssystem. Wir gingen also zu der angegebenen Adresse; es war bei einer sehr stark gealterten Prostituierten offenbar der übelsten Sorte. Dieses ganz sonderbare Milieu aus Slum und Unterwelt war eigentlich ein bißchen schauerlich, jedenfalls war es neu für mich. Während wir da so standen, hat der Mann den Paß ausgefertigt; er hatte alles, was er brauchte, eine ganze Batterie von Stempeln. Dann hat er uns das gefälschte Dokument für ein paar hundert Schillinge ausgehändigt, was damals sehr viel war. Als wir dann endlich, getarnt als Wintersportler, im Zug nach Brünn saßen, die Skier draußen auf dem Gang – da sind die Skier plötzlich umgefallen und einer Frau auf den Kopf geschlagen. Es gab eine riesige Aufregung, und wir zitterten ganz schön, denn der Paß, das wußten wir, war nicht sehr gut gefälscht.

Es war ein Samstag – der 26. Januar 1935 –, als ich zu Otto Bauer nach Brünn fuhr. Da ich dort sehr spät eintraf, mußte ich ihn in seiner Wohnung aufsuchen. Natürlich wußte ich nicht, wo er wohnte; das wurde geheimgehalten. Aber wir hatten einen Treffpunkt ausgemacht, und dort ließ er mich abholen. Er und seine Frau lebten in einem kleinen möblierten Zimmer, in dem nichts als ein Messingbett und ein Diwan standen, das war alles. Er war ein wirklicher Puritaner. An diesem Abend hat er über einen Schmerz im linken Arm geklagt; als ich ihm in den Rock half, sagte er: »Ich hab' da so einen Rheumatismus im Arm.« Aber seine Frau, Helene Bauer, die bekannte Marxismus-Theoretikerin, hat mir zugeflüstert: »Das ist kein Rheumatismus, das sind die Moskauer Prozesse.«

Bauer, der perfekt Russisch sprach – er war als Offizier in russischer Gefangenschaft gewesen –, hat nämlich alles verfolgt, was in der Sowjetunion geschah, und diese Inquisitionswelle, die damals auf vollen Touren lief, hat ihn tief erschüttert. Ich berichtete ihm dann, welches Malheur wir zu Hause hätten und daß wir nicht herausfinden könnten, was es mit den vielen Verhaftungen auf sich habe. Außer mir seien gar nicht mehr so viele übrig. Dann haben wir besprochen, was geschehen und wer gegebenenfalls nachrücken solle. Wahrscheinlich war ich einer der letzten aus der österreichischen Illegalität, der Otto Bauer noch gesehen hat.

Auf der Rückfahrt am Sonntag fielen mir im Nebencoupé zwei Männer auf, die deutlich erkennbar Kriminalbeamte waren. Damals hatte man ja einen Blick dafür, und ich war darauf vorbereitet, daß bei meinen häufigen Reisen nach Brünn eines Tages so etwas passieren würde. Kurz entschlossen bin ich nicht bis zum Nordbahnhof gefahren, sondern schon vorher in Floridsdorf ausgestiegen und ihnen tatsächlich entkommen.

Die Freude, der Polizei ein Schnippchen geschlagen zu haben, sollte nicht lange währen. Einige Tage später – es war die Nacht vom 30. Januar – läutete es um 6 Uhr in der Früh an der Tür. Wir hatten eine Tür aus Mattglas mit einem sehr schönen Jugendstilgitter, und noch bevor ich öffnen konnte – ich war der erste an der Tür, weil ich geahnt habe, was da kommt –, haben sie mit der Taschenlampe hereingeleuchtet und nur gesagt: »Staatspolizei«. Mir blieb nichts anderes übrig, als sie hereinzulassen. Allmählich kam das ganze Haus zusammen. Die Polizei hatte inzwischen mit der Durchsuchung angefangen. Am meisten Mühe hat ihnen meine Ullstein-Weltgeschichte gemacht. Sie blätterten alle sechs Bände durch, aber das Dokument, das sie offenbar suchten, haben sie nicht gefunden.

Ich mußte mich anziehen. Dann nahmen sie mich in die Mitte, und zu dritt stapften wir durch die Dunkelheit zur Straßenbahnhaltestelle. Als wir einstiegen, verlangte der Schaffner, daß ich einen Fahrschein löse. Ich sagte: »Die Fahrt trete ich nicht freiwillig an, das müssen die Herren zahlen, die da sitzen.« Da begann erst einmal ein Streit, wer die Fahrt bezahlt. Sehr österreichisch. Ziel der Reise war das zentrale Wiener Polizeigefangenenhaus. Zunächst passierte eine Zeitlang gar nichts. Ich nahm die Gelegenheit wahr, mit den Beamten auf dem Gang laut und vernehmlich zu reden, damit möglichst viele hörten, wer da eingeliefert worden ist. Dann sperrte man mich in eine Zelle. In der Nachbarzelle saß der später bekannt gewordene kommunistische Chef der Wiener Staatspolizei, Dr. Heinrich Dürmayer.

Irgendwann begannen die Verhöre. Der Kommissar war vor allem an der Brünner Konferenz interessiert, aber ich habe geleugnet, daß ich in Brünn dabeigewesen bin. Eines Nachts hat er mich wieder zum Verhör rufen lassen und gesagt: »Na, was is mit Brünn? Also machen'S uns des Leben net so schwer.« – »Na, i war net in Brünn.« Er beharrte: »Sie waren doch in Brünn. Erzähln's ma nix.« Und dann hielt er mir meinen Paß unter die Nase: »Na, was is mit dem Paß?« Der kann mir lang den Paß zeigen, dachte ich, den Stempel, den er sucht, findet er in diesem Paß bestimmt nicht. Und auf einmal bin ich ganz bleich geworden: Er hatte tatsächlich den Paß, den ich auf der Reise zur Brünner Konferenz benutzt hatte. Die Tatsache, daß ich damit überführt war, hat mich weniger beschäftigt als die Frage, wie denn die Freundin, bei der ich den Paß deponiert hatte, auf die Idee kam, ihn der Polizei zuzuspielen. Das war ein Verrat, so ungeheuerlich, wie ich es nie für möglich gehalten hätte. Dieser Gedanke war mir unerträglich.

Sehr viel später erst erfuhr ich, was passiert war. Die Freundin war von der Maria-Treu-Gasse in eine andere Wohnung umgezogen, und beim Umzug hatten die Packer den Schreibtisch, in dem mein Paß versteckt war, so ungeschickt getragen, daß der Paß herausfiel. Irgend jemand hat ihn dann auf das Fundamt gebracht. Der brave Beamte auf dem Fundamt hat gemeint, na, einen Paß, den werden wir gar nicht lange aufheben, bis der Besitzer kommt, den werden wir gegen Erlag der Postgebühr gleich zustellen. Man hat also beim Meldeamt gefragt, wo wohnt der Bruno Kreisky. Und daraufhin wurde sehr gründlich, wie man war, mitgeteilt: derzeit Roßauer Lände, Gefangenenhaus. Der Paß wurde also vom Fundbüro an mich ins Gefängnis geschickt. Der Oberpolizeirat Haslinger, der mich verhört hat und der auch meine ganze Post zensurierte, hat die Sendung eine Weile liegenlassen, weil schließlich ein Gefangener nicht so rasch die Briefe zu bekommen braucht. Meistens waren das private Briefe von Freunden oder Freundinnen, und nun plötzlich kam ihm so etwas in die Hände!

Leugnen hatte jetzt keinen Sinn mehr. »Wenn mir vorgehalten wird«, sagte ich ganz beamtenmäßig, »daß ich aufgrund der Eintragungen in diesem Paß in Brünn gewesen bin, so gebe ich das zu.« Wer noch dabeigewesen sei, wollte er wissen. Der Proksch und der Wirlander hätten ja bereits gestanden. Hab' ich gesagt: »Bitte, i kann nur sagen, das sind so gute Bekannte von mir, der Proksch jedenfalls, daß, wann die dort gewesen wären, hätte ich sie jedenfalls sehen müssen. I hab die aber dort net g'sehen.« Und so ging das Spiel noch stundenlang weiter, und ich habe niemanden denunziert. Denn das war das Ärgste, wenn einer umgefallen ist und alles ausgeplaudert hat.

Der entscheidende Tag war natürlich der Tag der Anklageerhebung. Darauf haben wir alle gewartet, darauf haben wir uns vorbereitet. Wir ließen bei der Partei anfragen, ob wir uns offensiv oder defensiv verteidigen sollten. Aber während die Kommunisten für solche Prozesse eindeutige Weisungen erhielten, wurde uns lediglich mitgeteilt, das müsse jeder für sich entscheiden. Die maßgebenden Angeklagten sollten sich allerdings nicht zu klein machen und sich durch ihre Anwälte nicht als harmlose Mitläufer darstellen lassen. Für diesen oder jenen könne man gewisse Vorschläge machen, und natürlich sei die Partei froh, wenn der Prozeß zu einer Art Demonstration der Revolutionären Sozialisten werden würde. Aber wir seien politische Menschen, und jeder müsse wissen, was er tue. Man wolle uns nicht gefährden. Das war eine sehr sozialdemokratische und noble Haltung. So blieb uns nichts anderes übrig, als uns untereinander abzusprechen.

Es war ein Amalgamprozeß. Dieser Ausdruck war im Zusammenhang mit den stalinistischen Schauprozessen entstanden. Wir waren dreißig Angeklagte, darunter zwei namhafte Kommunisten, der spätere Staatssekretär für Inneres, Franz Honner, und der ewige Zentralsekretär Friedl Fürnberg. Beide hatten gar nichts mit der Brünner Konferenz zu tun. Man nahm sie nur deshalb hinzu, um uns bloßzustellen. Man wollte die Revolutionären Sozialisten in der Welt draußen als Krypto-Kommunisten denunzieren, und wenn ausländische Diplomaten intervenierten, wurde ihnen geantwortet: »Aber das sind doch Kommunisten!«

Meine Überzeugung war, daß der Prozeß, schon aufgrund der großen Zahl der Angeklagten, von uns zu einer politischen Demonstration genutzt werden müsse. Sehr schwierig war die Wahl der richtigen Verteidiger. Es gab einen Rechtsanwalt, Dr. Hugo Sperber, der seine Mandanten dadurch freizubekommen hoffte, daß er sie lächerlich machte. Einem verdienten Parteifreund zum Beispiel, Pepi Cmejrek, der einer der wichtigsten Großdistributeure der illegalen »Arbeiter-Zeitung« war, warf der Staatsanwalt düstere revolutionäre Gesinnung vor. Cmejrek wohnte in einer Souterrainwohnung, wo gewöhnlich die Hausmeister wohnten. »Der Staatsanwalt hat meinen Mandanten zu einem Weltrevolutionär gestempelt«, rief Dr. Sperber pathetisch, »ich sage Ihnen, Hoher Gerichtshof, er ist bestenfalls der Hausmeister der Weltrevolution gewesen.« So sehr uns die Erfolge Dr. Sperbers belustigten, so wenig wollten wir auf diese Art verteidigt werden.

"These Brave Men," Counsel Says Of Vienna Socialists

DEATH SENTENCES UNLIKELY

"GOOD WILL COME OF TRIAL"

From Our Own Correspondent
VIENNA, Friday.

"THE picture of this trial is sad and yet, at the same time, gladdening. For nobody can deny the deep personal impression that the defendants have made.

"What a loss for the State that these brave men remain idle. . . . But probably good will come from the trial if it serves as a wheel to drive forward history."

This was the passionate declaration of Dr. Steinitz, chief counsel for the defence, addressing the court at the trial of the 30 Vienna Socialists to-day.

"CANNOT BE HIGH TREASON"

"WE ask," he went on, "for just moderation and understanding of the great political importance of the judgment in this trial."

Dr. Steinitz submitted that it could not be high treason if the accused continued to do what they had done before the suppression of their party.

Such activities might, perhaps, be punishable by the police as forbidden political action but not by the court as high treason.

The party had had the same democratic aims as long ago as 1889, and yet its supporters had not been accused of high treason under the old Austro-Hungarian Monarchy.

The Public Prosecutor, Dr. Scheibert, in his summing up, said the events of February, 1934, had been a great blow to the Austrian Social Democratic Party.

It had been forbidden, and its members had lost the possibility of engaging in legal activity.

"THE PARTY HAS CHANGED"

THEY had, however, soon collected again and had carried on illegally. But they had changed.

The change of name from Social Democrats to Revolutionary Socialists was the sign of a similar change in their ideas.

They were preparing a revolution against the regime and working to undermine the power of the State.

"It is untrue," said Dr. Scheibert, "that we prosecute anybody for his convictions. The defendants are prosecuted not for their convictions but for their activities."

He then said it would be a matter for the discretion of the court whether the activities of Herr Sailer and Frau Emhart were sufficient to stamp them as ringleaders.

This is believed to indicate that the prosecutor himself does not insist on the death sentences which he originally asked for.

Defence lawyers of Frau Emhart and Franz Rauscher addressed the court late to-day.

To-morrow the last speech will be made.

Sentences will be delivered either to-morrow afternoon or Monday.

TRIAL HASTENED

IT is believed that the trial has been hastened so that the sentences can be made public while Chancellor Schuschnigg is still on his visit to Rome.

Schuschnigg could then show Mussolini that he is still using a strong hand against the Socialists.

Captain Kendrick, of the British Consulate in Vienna, attended the trial to-day.

This again disproves the contention of the Austrian Government that it could not allow Mr. Phillips Price, M.P., to be present owing to lack of room.

LAST SPEECH TO BE MADE TO-DAY

NEW PICTURE of Frau Emhart, and (left) Bruno Kreisky, two of the thirty defendants.

»Daily Herald« vom 21. März 1936 mit Photos von Bruno Kreisky und Marie Emhart

»The Times« vom 17. März 1936; Bruno Kreisky wird in diesem Artikel irrtümlicherweise als Lehrer bezeichnet

TREASON TRIAL IN AUSTRIA

SOCIALISTS ACCUSED

ATTEMPT TO REBUILD PARTY

FROM OUR OWN CORRESPONDENT

VIENNA, March 16

A Vienna Court, consisting of three regular and three lay judges, to-day began the trial of 30 former officials of the now proscribed Austrian Socialist Party, chief among them Herr Karl Hans Sailer, formerly editor of the Socialist *Arbeiter-Zeitung*, Frau Marie Emhart, a prominent woman Socialist leader, and others. They are charged with treason in attempting to reorganize the forbidden Socialist Party, in particular at a conference held at Brünn in Czechoslovakia at the beginning of 1935. Under the present law the accused are liable to be sentenced to death or to heavy terms of imprisonment.

One of the accused, a teacher, Bruno Kreisky, said the Socialists had certainly tried to reorganize after their suppression by arms in February, 1934, but they had always conducted the struggle in a way consistent with the feeling of the people. They had not wanted a sanguinary conflict. A moment might come when a threat from without would make a rally of the people necessary to defend Austrian independence. This would be possible only if Austria were a free and democratic country so that the workers might fight for their rights. Some years ago, when Signor Mussolini had threatened to carry the Italian tricolour across the Brenner, the workers had at the request of the then Government undertaken to defend the frontiers.

The President of the Court sharply curtailed these remarks.

Am 16. März 1936, also mehr als ein Jahr nach meiner Verhaftung, kam es zur Hauptverhandlung. Die Anklage lautete auf Hochverrat. Der Vorsitzende des Gerichtshofs, Alois Osio, war ein österreichischer Italiener. Er war bekannt für harte Strafen und endete in einem deutschen KZ. Ich war für ihn ein Objekt tiefster Abneigung. Ein Freund meines Vaters, der ungarische Adelige Carl Lónyay – ein Vetter der »roten Erzherzogin« Elisabeth –, hatte ihn vorsichtig auf mich aufmerksam gemacht. Osio war der Ansicht, daß ein Junge aus »gutem Hause« unter den »Proletariern« nichts verloren habe. Daß ein Arbeitsloser in der illegalen Partei tätig sei, verstehe er noch. »Aber was machen eigentlich Sie da, der Sie in Ihrem ganzen Leben keine nützliche Arbeit geleistet haben? Sie wurden nie ausgebeutet, im Gegenteil, für Sie war das nur eine Hetz!« So versuchte er mich immer wieder zu provozieren.

In meiner Rede legte ich dar, was ich glaubte, darlegen zu müssen, und die Rede hatte eine gewisse Bedeutung für die Partei. Alle Angeklagten haben sich gleichermaßen richtig verhalten. Besonders eindrucksvoll, weil menschlich großartig, war die Rede der Textilarbeiterin Marie Emhart. Karl Hans Sailer sprach sehr nuanciert und maßvoll. Die kämpferischste Rede, die uns alle begeisterte, hielt mein guter Freund Roman Felleis. Alle haben ihr Bestes gegeben.

Für die Leute draußen war jeder Prozeßtag ein Ereignis. Der Verlauf der Verhandlungen wurde in den Betrieben diskutiert, und die Parolen, die wir zu formulieren versuchten, wurden weitergegeben. Jeder wollte uns die Begeisterung vermitteln, die überall in den Betrieben herrschte. Diese Zeichen der Solidarität waren die Luft unter den Flügeln, die wir brauchten. Die Menschen haben gesehen, daß die Partei wieder da ist, und die Namen der Angeklagten wurden bekannt. Man sprach von Felleis, Probst, Kratky, Kreisky und anderen. Für mich, den jungen Intellektuellen, den man einmal hatte verstoßen wollen, war es die Bewährungsprobe. Ich erlebte einen Durchbruch, der, um offen zu sein, ein Hochgefühl der Freude bei mir auslöste. 1970 wurde ich der erste wegen »Hochverrats« verurteilte Bundeskanzler. Ich habe nie den Versuch unternommen, dieses Urteil tilgen zu lassen, und weiß bis heute nicht, wie damit verfahren wurde.

Diejenigen, die wegen Hochverrats angeklagt waren, haben zwischen einem Jahr und achtzehn Monaten bekommen, die meisten ein Jahr, und die mit achtzehn Monaten wurden später vorzeitig entlassen. Ziemlich viele sind freigesprochen worden, weil ihnen nicht nachgewiesen werden konnte, in Brünn dabeigewesen zu sein. Die Urteile waren vergleichsweise milde, wohl auch deshalb, weil am Tag vor Prozeßbeginn der Wiener Kardinal Innitzer gemahnt hatte, man solle die Arbeiterschaft nicht noch mehr in die Enge drängen. Vor allem aber gab es eine außerordentliche Aufmerksamkeit des Auslands, nachdem es Friedrich Adler im Sekretariat der Internationale gelungen war, Léon Blum, Arthur Henderson, Emile Vandervelde, kurz alles, was einen großen Namen hatte, für die Sache zu interessieren. Auch die französische Botschaft in Wien hat sich nach der Intervention von Joseph Paul-Boncour an unserem Schicksal interessiert gezeigt; ebenso waren die Schweden mobilisiert worden. Und da hat die Staatsanwaltschaft wohl die Weisung bekommen, keine zu harten Anträge zu stellen. So haben die sehr sympathischen Staatsanwälte Dr. Scheibert und Dr. Bulla im wesentlichen die Anständigkeit und hohe Moral der Angeklagten hervorgehoben und darauf hingewiesen, daß wir nicht aus Gewinnsucht gehandelt hätten. Am Ende des Prozesses hat es einige eindrucksvolle Plädoyers der Anwälte gegeben. Die längste und ergreifendste Rede hielt Dr. Heinrich Steinitz, ein Dichter und im wahrsten Sinne des Wortes ein Anwalt des Rechts. Er zitierte Philipp II. aus dem »Don Carlos«: »Wenn solche Köpfe feiern, welch ein Verlust für meinen Staat.«

ROTE JUGEND

Organ der Revolutionären sozialistischen Jugend Österreichs.

Doppelnummer 9-10.   Preis 15 g.

Ein Prozeß gegen das herrschende Regime.

Der große Prozeß der Revolutionären Sozialisten ist vorbei. Vierzehn Monate dauerte die Untersuchungshaft, Todesstrafe für Sailer und Emhart, Kerkerstrafen von zehn bis zwanzig Jahren für die übrigen Genossen beantragte der Staatsanwalt.

Zum erstenmal seit dem Februar 1934 mußte ein Prozeß gegen Sozialisten vor der Öffentlichkeit des Auslandes abgeführt werden.

Das mutige und aufrechte Verhalten unserer Genossen brachte der österreichischen Arbeiterbewegung einen glänzenden Sieg über das faschistische Regime.

Wie jämmerlich ist die Methode gescheitert, unsere neue Bewegung durch Verschweigen ihres Namens zu schädigen. Wie dumm haben sich die Polizeifunktionäre vor Gericht benommen.

Wie mutig und klar waren dagegen die Reden unserer Jugendgenossen Felleis und Kreisky, wie beispielgebend die Haltung der Genossin Emhart und der anderen Angeklagten. Durch ihre Haltung wurden sie aus Angeklagten zu Anklägern, nicht unsere Genossen waren es zum Schluß, über die zu Gericht gesessen wurde, sondern das Blut- und Mordregime, das uns unterdrückt.

Wir sind stolz auf unsere Genossen! Wir sind stolz darauf, daß so viele der Angeklagten, daß Roman Felleis, Bruno Kreisky, Otto Probst, Karl Fischer, Josef Kratky, Lisl Zerner, Franz Jonas, Alfred Weißmann und Knechtelsdorfer aus der sozialistischen Jugendbewegung hervorgegangen sind.

Wir sind aber auch stolz auf die Solidarität der Internationale, die durch eine Riesenagitation gegen den Prozeß mitgeholfen hat, den Faschismus zum Zurückweichen zu bringen. So wurde vor der ganzen Welt die Jämmerlichkeit und Erbärmlichkeit des herrschenden österreichischen Systems enthüllt.

Eine Schlacht ist geschlagen und ein Sieg ist errungen!

An uns liegt es, ihn auszunützen!

Die Aktionen gegen den Prozeß

Aus Anlaß des großen RS.-Prozesses wurden in ganz Österreich große Aktionen durchgeführt. In den Wiener Bezirken wurden ganze Straßenzüge mit Streuzetteln belegt. In Favoriten brannten auf den vier größten Plätzen zu gleicher Zeit rote Leuchtkörper ab, wobei gleichzeitig der ganze Boden mit Streuzetteln bedeckt wurde. In einigen Bezirken sausten Autos ohne Nummerntafeln durch die Straßen und streuten hunderttausende Flugzettel.

Eine besondere Aktion fand am Sonntag vor der Urteilsverkündung im Stadion beim Fußballänderkampf Österreich — Tschechoslowakei statt.

Als die Zuschauer, unter denen sich auch viele Ausländer befanden, durch die beiden großen Ausgänge verließen, ergoß sich ein Regen von Streuzetteln auf sie herunter. Diese Aktion fand lebhafter Anklang und war Tagesgespräch von Wien.

Die Polizei konnte trotz lebhafter Bemühungen keinen der Täter verhaften. Sie stellte dann von Kommunisten und alten sozialdemokratischen Vertrauensmännern Putzscharen zusammen.

Unser Jugendgenosse Bruno Kreisky vor Gericht.

„Ich war bis zur Auflösung der „Sozialistischen Arbeiterjugend" deren Funktionär. Ich bin auf einer Konferenz von 600 Jugenddelegierten der sozialistischen Jugend gewählt worden, war somit als gewähltes Mitglied der Exekutive der SAJ.

Vertrauensmann von 30.000 Jugendlichen

Durch die Auflösung der Partei ist mir die Ausübung dieser Funktion unmöglich gemacht worden, trotzdem fühle ich mich noch heute als Vertrauensmann der Arbeiterjugend.

Durch die Auflösung der Partei ist zwar die Betätigung verboten worden, nicht verbieten konnte man aber die Vertrauensstellung, die ich gegenüber meinen Jugendgenossen habe. Ich fühle mich so lange als Vertrauensmann der 30.000 Jugendgenossen,

bis ich wieder abberufen werde

von einem freiwillig gewählten Forum der Arbeiterjugend.

Ich gebe zu, an der Brünner Konferenz teilgenommen zu haben. Ich erweitere mein Ge-

---

Artikel der illegalen »Roten Jugend« über Bruno Kreisky vor Gericht, März 1936

ständnis dahin, daß ich im vollen Bewußtsein des Zwecks der Besprechung dorthin gefahren bin. Ich hielt es für meine selbstverständliche Pflicht als

Vertreter der Arbeiterjugend nach Brünn

zu gehen; als Vertrauensmann wollte ich über das Schicksal der österreichischen Arbeiterklasse mit anderen Vertrauensleuten beraten. Ich wollte aber auch die

Wahrheit über die Februarkämpfe

erfahren. Nach dem Februar wurden die verschiedensten Gründe über den Ausbruch und Verlauf der Februarereignisse angegeben. Es ist mir wohl bekannt, daß der damalige Vizekanzler Fey in einer Rede am Sonntag den 11. Februar 1934 erklärte:
‚Es muß mit den Sozi Schluß gemacht werden.'
Das war mir aber zu wenig, ich mußte mehr erfahren.

Unmittelbar nach den Februarereignissen habe ich mich nicht illegal betätigt, nicht deshalb, weil es verboten war — das konnte für mich kein Hindernis sein —, sondern weil ich meine Studien beenden wollte. Ich habe aber auch in dieser Zeit viel mit Genossen diskutiert und illegale Literatur gelesen. Bei einer

Bewegung, die 700.000 Menschen erfaßt,

kann man ja nicht auf die Straße gehen, ohne immer wieder Genossen zu treffen. Ich habe gesehen, welch

ungeheures Interesse für illegale Zeitungen

besteht, da in Österreich Zeitungen nicht berichten dürfen, was in Österreich wirklich vorgeht. Es berichtet über diesen Prozeß zum Beispiel nur die amtliche Nachrichtenstelle.

So sieht es in Österreich mit der Preßfreiheit aus.

(Hier wird der Angeklagte vom Vorsitzenden unterbrochen.) Genosse Kreisky fährt fort:
Die Anklage wirft uns vor,

daß wir den Klassenkampf predigen.

Wir haben das nie verheimlicht, wir sehen ihn als einziges Mittel zur Befreiung der Arbeiterklasse an. Man erzählt uns immer wieder, daß

in Österreich der Klassenkampf abgeschafft

sei, aber in einer der letzten Nummern der von der Regierung gleichgeschalteten ‚Arbeiterwoche' erklärt ein von der Regierung eingesetzter Gewerkschaftskommissär ... (hier wird Kreisky wieder vom Vorsitzenden unterbrochen). Der Begriff der Revolution ist nicht unbedingt gleichbedeutend mit blutiger Gewalt. Nicht wir haben den freigewählten Bürgermeister ... (Vorsitzender: Das gehört nicht hieher.) Wir alle wünschen, daß sich die kommenden Ereignisse im Zeichen der Humanität abspielen, aber darüber entscheiden nicht wir, sondern die heute Herrschenden. Die Anklage wirft uns Putschabsichten vor. Die sozialistischen Parteien aller Länder verurteilen das, und wir wissen, daß es unsinnig wäre, in einem Staat, der für seine Exekutive 100 Millionen Schilling ausgibt, mit Krampen und Spitzhacken zu bekämpfen. Wir haben eine andere Ansicht. Es ist denkbar, daß in den großen, für Österreich wichtigen Ländern linke Regierungen ans Ruder kommen, die bereit wären, die Unabhängigkeit Österreichs zu garantieren,

wenn das heute herrschende Regime verschwindet

und in Österreich die Demokratie und die Freiheitsrechte wieder hergestellt werden. Es kann einen Augenblick in Österreich geben, wo durch Bedrohung von außen ein großes Volksaufgebot notwendig wird, um die Unabhängigkeit des Landes zu verteidigen. Dieser Wille, das Land zu verteidigen, wird in Österreich nur vorhanden sein,

wenn Österreich ein freies, demokratisches Land ist

und wenn die Arbeiterschaft ihre Freiheiten verteidigt. Wir sind für die Unabhängigkeit dieses Landes. Ich erinnere daran, als Mussolini vor einigen Jahren drohte, die Trikolore über den Brenner zu tragen, da hat sich die Arbeiterschaft auf Ersuchen der damaligen Regierung bereit erklärt, das Land zu verteidigen ... (Der Vorsitzende unterbricht wieder und macht die freche Bemerkung, daß Kreisky als junger Mann sich größerer Bescheidenheit befleißigen solle.) Kreisky: Ich bin ebenso wie alle anderen angeklagt und habe daher das Recht, zu sagen, was ich für notwendig erachte. Was die Einheitsfront betrifft, so wünschen sie alle Arbeiter der ganzen Welt, ob sie nun in Moskau regieren oder morgen in der englischen Regierung sitzen werden, oder ob sie in der Volksfront in Frankreich sind. Aber

die heiße Sehnsucht der Arbeiter nach Einheit

ist eben ein Zeichen dafür, daß es eine sozialistische und eine kommunistische Bewegung gibt, während der Herr Staatsanwalt in seiner Anklageschrift beide durcheinander wirft. Wie leicht die

Hochverräter von heute morgen wieder legale Partei

sind, zeigt uns am klarsten Spanien..."
Kreisky machte schließlich noch einige Angaben über seine Teilnahme an der Brünner Konferenz, verweigert aber kategorisch die Aussage über die anderen Angeklagten.

Unsere Genossen vor Gericht sind ein leuchtendes Beispiel für die ganze internationale Arbeiterklasse.

9. Kapitel
In Haft

Die Hochstimmung des Prozesses war vorüber, der Gefängnisalltag begann von neuem. Für einen so lebenslustigen Menschen, wie ich es eigentlich immer war, gehört die Freiheitsberaubung sicher zum Unerträglichsten. Gewiß, es gibt noch Ärgeres, Konzentrationslager, Folter, Zwangsarbeit. Aber für mich mit meinen damals 24 Jahren war es das Ärgste, was ich bis dahin durchgemacht hatte. Ich bin weder leichten Herzens noch als Märtyrer ins Gefängnis gegangen, aber ich entschloß mich, die vor mir liegende Zeit, von der ich wußte, daß sie sich sehr lange hinziehen würde, ganz bewußt als Charakterprobe aufzufassen. Unter allen Umständen aber wollte ich mich in meine Lage schicken. Dazu gab es, wie sich bald herausstellen sollte, genügend Möglichkeiten.

Ich habe immer großen Wert auf »privacy« gelegt. Nun saß ich Tag und Nacht mit Leuten beisammen, die ich mir nicht aussuchen konnte. Immer in meinem Leben hatte ich einen Raum für mich allein gehabt, und Einlaß fanden nur die, die ich einlassen wollte. Hinzu kam, daß ein Leben ohne Frauen für einen jungen Menschen eine besondere Belastung darstellt. Das war nun anderthalb Jahre lang meine Wirklichkeit, und als alles vorüber war, empfand ich es doch als eine gewisse Genugtuung, eigentlich keinen Augenblick die Beherrschung verloren zu haben. Nur einmal wäre es beinahe so weit gewesen. Einer meiner Mithäftlinge, ein Nazi, der Tapezierer auf dem Schloß der Liechtensteins war, fiel mir irgendwie auf die Nerven. Einmal, bei einer Essensausgabe, stand er neben mir und goß eine heiße Suppe, die schlecht genug war, aus einem Blechnapf in einen anderen. Ein paar kochendheiße Spritzer fielen mir dabei auf die Hand, so daß ich aufsprang und ihm eine Ohrfeige runterhauen wollte. Glücklicherweise besann ich mich noch rechtzeitig, aber die Blicke, die wir uns zuwarfen, waren wirklich voller Haß. Dennoch blieb uns nichts anderes übrig, als uns am Abend desselben Tages wortlos zu versöhnen. Das habe ich als charakterliche Bewährung betrachtet und immer scherzhaft gemeint: Wer das ausgehalten hat, mit ein und demselben scheußlichen Kerl Tag und Nacht beisammen zu sein, der hält alles aus.

Von irgendeiner Überzeugung konnte bei dem Weninger

Sepp, wie er geheißen hat, keine Rede sein. Er war der typische antisemitische Kleinbürger, obwohl er bei der Fürstin Liechtenstein angestellt war, einer geborenen Baronin Gutmann, und Juden ihm immer nur Gutes getan hatten. Aber als Tapezierer fühlte er sich offenbar von Hitler besonders angesprochen. Er war ins Gefängnis gekommen, weil er als »Illegaler« im Verdacht stand, an einem Sprengstoffattentat beteiligt gewesen zu sein. Einmal wollte ich einen Kassiber für ihn hinausschmuggeln, den mein Anwalt an seinen Anwalt weiterleiten sollte. Bei einer überraschenden Kontrolle durch die Justizwache mußte ich den Kassiber verschlucken. Wie mir der Weninger Sepp gestand, war der Kassiber so leichtfertig formuliert, daß er einem Geständnis gleichkam, und so habe ich ihn vor einem viel härteren Urteil bewahrt.

Wir waren zu dritt in einer Einzelzelle: der Weninger, ein junger Kommunist namens Auerhahn und ich. Auerhahn war mir menschlich sympathisch, ein lieber, frecher Kerl, sehr eloquent, politisch allerdings unerträglich, weil er Stalin in allem und jedem verteidigte. Es war die düstere Zeit der Moskauer Prozesse. Die Kommunistische Internationale stand voll und ganz hinter dieser Politik und hielt an der Strategie des Trojanischen Pferdes fest, das heißt, in die bürgerlichen Organisationen hineinzugehen, um sie zu unterwandern.

Gewaltakte wie Sprengstoffanschläge sollten hart bestraft werden, jedenfalls war das die erklärte Absicht des Regimes. Als der Weninger einmal strafweise verlegt wurde, kam an seiner Stelle ein anderer Nazi in unsere Zelle, der gerade seinen Prozeß hatte. »No, wieviel hast ausg'faßt?« fragte ich ihn. »Sieben Jahr«, sagte er und hat dabei höhnisch gelacht. Wir beiden anderen waren doch ein bißchen nachdenklich. Denn die Verhandlung eines politischen Gefangenen ist immer seine Hoch-Zeit, und wenn nachher der Katzenjammer kommt, dann merkt man allmählich, was das bedeutet: sieben Jahre! Infolgedessen haben wir ihn ob seines Frohsinns einigermaßen erstaunt angesehen. »Schaut's, liebe Freunde«, hat er da gesagt – wir waren alle Freunde in der winzigen Einzelzelle –, »schaut's, übers Jahr kommt der Hitler, und dann bin i frei, dann bin i wer, und des werd i noch aushalten.« – »Naja«, hat der Auerhahn gesagt, dem dann später im spanischen Bürgerkrieg eine Bombe den Schädel zerrissen hat, »aber der Hitler wird ja Krieg machen, und er wird den Krieg verlieren, dann kommt der Stalin, und dann sind wir

> *Lieber Freund und Kamerad!*
>
> *Zum neuen Jahre senden Dir die freundschaftlichsten und herzlichsten Grüße*

Solidaritätsadresse prominenter Führer der Sozialistischen Internationale an Bruno Kreisky zum Jahreswechsel 1935/36, unterschrieben von Jean Zyromsky, Pietro Nenni, Léon Blum und Paul Faure

dran!« Und da saß der kleine Sozialdemokrat Kreisky zwischen diesen beiden, die einen Stalin und einen Hitler hatten, und er hatte gar nichts.

Dennoch habe ich mich eigentlich nicht sehr bedrückt gefühlt. Denn die Ideen, die wir vertraten, das war mir klar, würden sich eines Tages gegen alle Despoten durchsetzen. Es kam der Stalin, es kam der Hitler, beide verschwanden wieder, aber übriggeblieben ist die österreichische Sozialdemokratie. Nach dem Krieg habe ich mich übrigens nochmals für den Weninger Sepp verwendet: Wenige Tage vor Kriegsende – in Wien verhandelte Karl Renner bereits über die Bildung einer Provisorischen Staatsregierung – war er als Beisitzer eines Standgerichts mitverantwortlich gewesen für die widerrechtliche Erschießung von fünf Volkssturmangehörigen. Er ist dafür vor ein Gericht gestellt worden. Meine Entlastung hat ihm freilich nichts genützt, er wurde hingerichtet.

Da ich die Neigung habe, unangenehmen Dingen immer etwas Heiteres abzugewinnen, und ein meiner Auffassung nach relativ glücklicher Mensch bin, der auch in düsteren Zeiten immer irgend etwas Positives findet, ist mir die Gefängniszeit lebhaft in

Erinnerung geblieben. Es gibt eine Fülle von komischen Erlebnissen und Anekdoten. Ich weiß allerdings nicht, ob der Leser genügend Vorstellungsgabe für den Gefängnisalltag mitbringt, um an diesen Geschichten tatsächlich etwas Komisches zu finden.

Wenn man im Polizeigefängnis auf der Roßauer Lände Klosettpapier gebraucht hat, mußte man an die Zellentür klopfen. Die Zellen sind ja gleichzeitig die Klos, was in einer Einzelzelle als Erleichterung empfunden werden mag, in einer Zelle mit mehreren Insassen jedoch zur Höllenqual wird. Nach einiger Zeit brachte einer der Wachbeamten – meistens altgediente Polizisten, die nicht mehr auf Streife gingen – ein paar zusammengeschnittene alte Zeitungen und Zeitschriften. Wenn man diese Zettel geschickt zusammenlegte und ein bißchen Glück hatte, erwischte man eine Seite aus der illegalen »Arbeiter-Zeitung«. Viele von uns, die wegen Verteilung dieser Zeitung im Gefängnis waren, haben auf diese Art die Nummern, die sie draußen nicht mehr kennengelernt haben, nachgeliefert bekommen. Das war sehr österreichisch! Da suchen sie die »Arbeiter-Zeitung« mit Akribie und Eifer im ganzen Land, konfiszieren sie und liefern sie – da es für den Einkauf von Klosettpapier keine Mittel gab – franko in die Zellen!

Die Bibliothek des Polizeigefängnisses war dagegen völlig veraltet. Ich hatte nach einiger Zeit zwar eine Lesebewilligung für die Bibliothek bekommen, aber da es kein Verzeichnis gab, konnte ich mir die Lektüre nicht aussuchen. Es wurde einem irgendwelches buchartige Zeug in die Zelle gebracht. So bekam ich einmal einen Jahrgang der »Gartenlaube«, einen dicken gebundenen Band, in dem unter anderem über den Boxeraufstand berichtet wurde und auch ein Photo Kaiser Wilhelms abgebildet war, als er die ausfahrenden Marinesoldaten aufforderte: »Wie vor tausend Jahren die Hunnen unter ihrem König Etzel sich einen Namen gemacht haben, der sie noch jetzt in Überlieferung und Märchen gewaltig erscheinen läßt, so möge der Name Deutscher in China auf tausend Jahre durch Euch in einer Weise bestätigt werden, daß niemals wieder ein Chinese es wagt, einen Deutschen auch nur scheel anzusehen.« Da sage ich zu einem der altgedienten Polizisten, den wir scherzhaft Erbsensackl nannten, weil er solche Hängebacken hatte: »Haben Sie nichts Interessanteres als die ›Gartenlaube‹?« Und da sagt der zu mir: »I kann für Ihna ka ›Arbeiter-Zeitung‹ aus Brünn daherschmuggeln.«

Wer von Natur aus ein unverträglicher Mensch ist, dem wird die Zelle zur Hölle. Drei Menschen rund um die Uhr auf engstem Raum beisammen, da gibt es Tage, an denen man nicht ein Wort miteinander wechselt, nicht einmal in der Früh, denn wozu soll man sich im Gefängnis einen guten Morgen wünschen. Der tägliche Spaziergang im Hof war die einzige Gelegenheit, seinen Zellengenossen für eine Dreiviertelstunde zu entrinnen. Man muß ein hohes Maß an Langmut und Verständnis für die mannigfachen Äußerungen der physischen und psychischen Not von Menschen aufbringen, die einem fremd sind.

Das Wichtigste aber ist wohl die Selbstdisziplin. Um nicht zu versanden, muß man sich ein paar eiserne Regeln machen und den Tagesablauf sehr genau unterteilen. Das fängt bei der Hygiene an. Bäder gab es damals in den Gefängnissen nicht, und da man von dem Wasser, das man einmal in der Früh und einmal am Abend in einer Kanne hereinbekam, sich nicht auch noch waschen konnte, mußten wir ein kompliziertes Reinigungssystem entwickeln. Wir hatten ein Wasserklosett in der Zelle, so konnten wir aus der Toilette frisches Wasser gewinnen, um wenigstens den primitivsten Regeln der Hygiene zu genügen. Ich schildere das nur deshalb, um zu zeigen, wie leicht sich das so sagen läßt, daß man sich im Gefängnis schon irgendwie zu helfen wußte. Aber es war schwer, sich Tag für Tag aufs neue zu überwinden.

Für die Aufseher war Hygiene anscheinend ein Fremdwort. Da der Staat sparen mußte und der Hahn für uns nur ein Viertel aufgedreht werden durfte, war der Wasserstrahl lächerlich dünn, und alles dauerte entsprechend lang. Als einmal ein Häftling aus seiner Hose eine Zahnbürste herauszog und begann, sich die Zähne zu putzen, meinte der Aufseher, der solches wohl noch nie gesehen hatte, fassungslos: »Was, Sie putzen Ihnen die Zähnd, san Sie a Hur?«

Es gab die skurrilsten Gestalten. So erinnere ich mich an einen Mann, der im »Metropol«, das damals noch ein relativ gutes Hotel war, von der Hotelpolizei verhaftet worden war. Er erzählte mir eine abenteuerliche Geschichte. Danach war er der verlorene Sohn und auf dem Weg zu seinem Vater nach Debrecen. Unterwegs habe ihn die Polizei verhaftet und ihm all sein Geld abgenommen. Er war sehr elegant gekleidet, und ich habe ihm alles aufs Wort geglaubt. In der Zelle saß noch ein Einbrecher jüdischen Glaubens – jüdische Einbrecher waren eine Rarität.

Polizeiphoto nach der Verhaftung am 30. Januar 1935

Dieser Mann hieß Brossmann, ein gutmütiger Kerl mit einem ganz vernarbten Gesicht, und als der verlorene Sohn zur Einvernahme geführt wurde, sagte der Brossmann zu mir: »Herst, des is alles erlogen. Des is entweder a Schlafwagendieb oder a Taschelzieher.«

Nachdem wir ein paar Tage beisammen waren, trennte er vor meinen Augen plötzlich das Innenfutter seines Rockes auf, und darin eingenäht waren eine Menge von Valuten, Schweizer Franken, englische Pfund und französische Francs. Als er den Rock wieder zunähen wollte, gelang ihm das nicht. Da ich in den Lagern der Jugendbewegung ein wenig nähen gelernt hatte, übernahm ich es. Er sah mir fassungslos eine Weile zu, bewunderte meine Technik und sagte dann: »Schade, daß du ein Politischer bist. Aus dir könnt' ich noch was machen.«

Der verlorene Sohn war einer der erfolgreichsten Schlafwagendiebe Europas. Schlafwagen waren ein Ausdruck höchsten Luxus und wurden nur von sehr reichen Leuten benutzt. Es war die Zeit der strengen Devisenkontrollen, und der Besitz von Geld in fremden Währungen war in vieler Hinsicht wichtig: Man konnte damit sehr viel Geld verdienen und war in diesem währungspolitisch restriktiven Europa ein relativ unabhängiger Mann. Für einen Schlafwagendieb hatten Valuten noch eine zusätzliche Bedeutung: Er weckte so das nötige Vertrauen, um an neue Valuten heranzukommen.

Später war ich noch einmal mit einem berühmten Taschendieb

zusammen. Er hat mir die spannendsten Geschichten über die Taschendiebe erzählt, die offenbar eine richtige Zunft und international organisiert sind. Es sei das Wichtigste, so hat mir dieser Taschendieb erzählt, in jeder Stadt, in der man arbeite, zu wissen, wie die Detektive aussehen, die auf die Taschendiebe angesetzt sind. Er hat mir auch die Geschichte erzählt, was sich beim Begräbnis des Marschalls Pilsudski ereignet hat. Der Polizeipräsident von Warschau ließ den Chef der Taschendiebe kommen und sagte ihm: »Du, entweder ich sperre euch alle ein beim Begräbnis, weil das ist ja für euch ein gefundenes Fressen. Oder du versprichst mir, daß nichts passiert.« Da habe der Taschendieb dem Polizeipräsidenten in die Hand versprochen, sie seien zwar Taschendiebe, aber doch auch Patrioten. Und er garantiere, daß auf diesem Begräbnis kein polnischer Taschendieb etwas anstellen werde! Und wehe den ausländischen Taschendieben, die da angereist kämen! Bei einer so perfekten Organisation und bei all den Geschichten, die mir mein Taschendieb erzählte, war es mir schleierhaft, wie ihn die Polizei je hatte erwischen können.

Das war so gekommen: Er hatte im Prater die Bekanntschaft eines Kindermädchens gemacht, das mit dem Kind seiner Herrschaft unterwegs war. Er hatte wirklich nur das Kindermädchen kennenlernen wollen. Als sie jedoch mit der Straßenbahn in die Stadt zurückfuhren, sah er einen Mann mit einer dicken, goldenen Uhrkette, und da hat es ihn gepackt. Eine solche Gelegenheit konnte er sich einfach nicht entgehen lassen. Er war immer wohl ausgerüstet und hat also die ganze Kette mit der Uhr dran abgezwickt. Eine Haltestelle weiter hat der Besitzer gemerkt, daß die Uhr nicht mehr da war, und einen riesigen Wirbel veranstaltet. Da hat der Dieb die Uhr der Kleinen ins Rockerl hineingegeben, und die Polizei ist gekommen, alles zu durchsuchen, aber die Uhr war nicht mehr zu finden. Denn niemand kam auf die Idee, das Kind zu verdächtigen. Als das Kindermädchen nach Hause kam und die Kleine auszog, fand sich plötzlich die gesuchte Uhr. Das Mädchen meldete das ihrer Herrschaft, die sofort die Polizei rief. Und die Polizei nahm das Kindermädchen auf die Wache und zeigte ihr die ganze Galerie der Taschendiebe. »Der war's«, rief das Kindermädchen, und zwei Stunden später wurde der Dieb in einem Kaffeehaus verhaftet.

Ich bin mit solchen Leuten eigentlich gut ausgekommen, und selbst unter härteren Burschen habe ich mich alles in allem ganz gut behaupten können. Im Gefängnis herrschen ja nicht die Aufseher oder gar der Präsident des Gerichtshofes. Es herrschen vielmehr einzelne Gefangene, meist Schwerkriminelle, die lange Strafen absitzen und schon deshalb ein ganz anderes Verhältnis zum Gefängnisalltag entwickeln.

Manche von den »Politischen« ließen sich damals einen Bart wachsen, um sich von den Kriminellen zu unterscheiden. Vor allem sozialdemokratische Arbeiter hatten große Scheu, mit den Kriminellen in irgendein Nahverhältnis zu kommen, und lehnten strikt alles ab, was einem das Zellenleben erleichtert. Mein Sinn für das Komische und Merkwürdige hat mir über das Schauerliche vieler Situationen hinweggeholfen; jedenfalls wurde ich von den Kriminellen gut behandelt. Ich habe immer wieder das psychologisch Interessante gefunden, und so wurde mir viel von den »Nachtseiten der menschlichen Seele« vermittelt.

In der sogenannten Transportzelle bin ich einmal mit einem richtigen Verbrecher ins Gespräch gekommen. Er gehörte zu den Langsitzern, war schon mehrfach in dem großen Gefängnis in Stein an der Donau gewesen und wartete nun darauf, wieder dorthin verbracht zu werden. Er war ein origineller Mann, versonnen, nachdenklich, und da er lungenkrank war, hat er in der Gefängnisbibliothek von Stein Dienst gemacht. Wir sprachen über die Unterdrückung des Proletariats. »Du, paß auf, die Proleten sind nichts wert.« Ich fragte ihn, wie er zu diesem Urteil komme. »Schau«, meinte er, »wenn irgendwas geschieht und du rennst weg und die Polizei ist hinter dir her und schreit ›aufhalten, aufhalten, Polizei‹, na, wer halt dich auf? A Schaffler, a Prolet halt dich auf! Die Polizei hätt dich nimmer derwischt, aber der halt dich auf. Also, was sind das für Leut?« Bei seinem Dienst in der Gefängnisbibliothek war er einmal auf das Wort Expropriation gestoßen, und er fragte mich nach der Bedeutung. Nachdem ich ihm das zu erklären versucht hatte, meinte er nach einer Pause nachdenklich: »Des ist ja desselbe, was wir auch woll'n, aber ihr redt's nur davon!«

Es ist nicht immer leicht, mit Mitgefangenen ins Gespräch zu kommen, und so habe ich die meisten zuerst einmal gefragt, warum sie denn hier seien. Da habe ich die komischsten Ausreden gehört. Einer hat mir zum Beispiel gesagt, ein Zigeuner: »Allerweil bin i gangen mit einem Strickel über Grenz.« Sag ich: »Des is ja net strafbar.« – »Allerweil is gangen.« Darauf ich: »No, was ist dann passiert?« Sagt er: »Amal war halt a Kua dran.« Ein anderer hat gesagt: »I bin einekommen wegen dem verfluchten

Kartenspielen.« Sag ich: »Des is ja net strafbar in Österreich, des Kartenspielen.« Was kam am Schluß heraus? Er hatte am Pferdemarkt einen wunderschönen Rappen verkauft und ist, wie es sich gehört nach einem guten Handel, mit dem Käufer ins Wirtshaus gegangen und hat den Kauf sozusagen konfirmiert. Und da ist ein Sommergewitter aufgezogen, und als sie aus dem Wirtshaus traten, war aus dem Rappen ein Apfelschimmel geworden.

Von den Kriminellen konnte man unter anderem auch lernen, wie man mit dem Wachpersonal umzugehen hat. Unter den Beamten im Landesgericht gab es zum Beispiel einen Milizionär der Vaterländischen Front, den wir sehr gequält haben. Während er von einem von uns in ein Gespräch verwickelt wurde, hat ihm ein anderer mit der Zigarette Löcher in die Uniform gebrannt, bis er am Ende ganz kleinlaut war und gefragt hat, was wir denn gegen ihn hätten. Haben wir gesagt: »Was hast du gegen uns?« Damit war das Eis gebrochen, und von da an behandelte er uns geradezu zuvorkommend.

Auch mit kleinen Bestechungen konnte man sich eine ganze Reihe von Annehmlichkeiten verschaffen. Käuflich war zum Beispiel ein Mann in der Zahnarztordination des Gefängnisspitals, allerdings auf eine sehr komplizierte Art. Wenn man sich bei ihm zur Zahnbehandlung angemeldet hatte, wollte es der Zufall, daß man im Wartezimmer mit den Leuten zusammenkam, mit denen man zusammenkommen wollte. Eine Plombe hat fünf Schilling gekostet, und so hat man sich ein paar überflüssige Plomben einsetzen lassen, um im Wartezimmer ungestört konspirieren zu können. Vor unserem Prozeß habe ich auf diese Weise mit dem späteren Bundespräsidenten Franz Jonas die gemeinsame Verteidigungsstrategie durchgesprochen.

Den »Roten« gegenüber war das Wachpersonal besonders scharf. Zwar gab es unter den Wärtern offensichtlich auch einige Sozialdemokraten, aber sie hielten sich mit Sympathiebekundungen sehr zurück; die meisten waren eben doch eingefleischte Reaktionäre mit einer weit in die Kaiserzeit zurückreichenden Dienstauffassung. Man hat uns manchmal in einer unglaublichen Art schikaniert. Wenn wir Lebensmittel von draußen bekamen, haben die Wachbeamten auf der Suche nach Verstecktem darin herumgestochert, bis am Schluß nur noch Krümel übrig waren. In einer Zelle, in der ausschließlich Politische saßen, hatten wir eine Art Kommune gebildet. Alles, was wir von zu Hause bekamen, wurde auf dem Tisch ausgebreitet und zu gleichen Teilen verteilt. Der eine hat viel bekommen, der andere wenig, und es wäre unerträglich gewesen, wenn sich da in einer Ecke einer hingesetzt und sich aus einem wunderbaren Schinken etwas herausgeschnitten hätte, während der in der anderen Ecke nicht einmal ein Stück Brot bekam.

Eines Tages kam der Chef des Gefangenenhauses herein, ein Polizeimajor mit riesigen O-Beinen und Ledergamaschen. Er wollte wissen, was los sei. »Wir essen grad einen Kuchen, den einer unserer Mitgefangenen bekommen hat.« Das sei nicht erlaubt, schrie er, dies sei ein Akt politischer Betätigung, und wenn es noch einmal vorkäme, würden wir bestraft. Dann hat er den Erbsensackl, den Aufseher mit den Hängebacken, furchtbar beschimpft, und der kam herein und sagte ganz zerknirscht: »Jetzt hab' i's aber kriagt, wegen euerm bleden sozialdemokratischen Kuchen.« Dieser sozialdemokratische Kuchen war von da an ein geflügeltes Wort.

Das Wachpersonal war zum Teil unglaublich beschränkt. Da

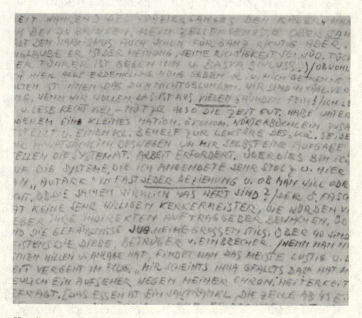

Kassiber von Bruno Kreisky

gab es einen Lackel bei der Polizei, der hat die Bücher angeschaut, die man sich zur Lektüre von zu Hause kommen ließ. Marxistische Bücher ließ er ohne weiteres passieren, weil er gar nicht begriff, um was es da ging. Aber eines Tages schlug er zu. Das Buch hat geheißen »Aufruhr des Herzens«, und da hat er gesagt: »Was, Aufruhr? Hier gibt's kan Aufruhr. Bleibt da, Schluß, aus, net wahr.«

Ich habe in dieser Zeit viel gelesen, das Gefängnis war, wie der alte Bebel einmal gesagt hat, meine Universität. Zum ersten Mal hatte ich wirklich Gelegenheit, die Originalliteratur zu studieren. Ich habe also tatsächlich »Das Kapital« durchgearbeitet, als sollte ich darüber geprüft werden, und dabei den ganzen Text mit Unterstreichungen, Ausrufungszeichen und Bemerkungen versehen. Ich wollte es genau wissen, im Unterschied zu vielen, vor allem kommunistischen Mithäftlingen, die ihren Marx zwar nicht so gründlich gelesen hatten, aber um so uneingeschränkter dafür waren.

Ich habe die unglaublichsten Dinge gelesen, die »Utopia« von Thomas Morus, »Materialismus und Empiriokritizismus« von Lenin und eine Menge Standardwerke, aber auch Literarisches. In meinem Gefängnistagebuch finde ich die folgenden Namen: Polgar, Ehrenburg, Rilke, Altenberg, Torberg, Robert Neumann, H. G. Wells, Heinrich Mann, Einstein, Silone, Kautsky, Hilferding und Max Adler. Besonders interessierten mich Bücher historischen Inhalts und Biographien. Notgedrungen mußte ich in vielen Fällen auf die Werke des damaligen Erfolgsautors Emil Ludwig zurückgreifen; man bekam sich alles und brauchte nur Listen aufzustellen. Zwar durfte man sich keine Bibliothek einrichten und mußte, was man gelesen hatte, wieder zurückgeben, aber jede Woche gab es Nachschub. Später unter den Nazis, als ich noch einmal für sechs Monate eingesperrt wurde, war es mit dem Lesen allerdings vorbei. Nicht einmal der »Völkische Beobachter« ist uns erlaubt worden, weil das eine Schande gewesen wäre, den »Völkischen Beobachter« von Juden oder Roten lesen zu lassen. Dennoch habe ich eine der traurigsten Nachrichten meines Lebens – die Meldung vom Tod Otto Bauers – dieser Zeitung entnommen. Ein Mitgefangener hatte sie auf dem Weg von einem Verhör zurück in die Zelle angeblich zugesteckt bekommen.

Für den Fall einer längeren Kerkerstrafe legte ich mir zwei Pläne zurecht und begann, dafür Material zu sammeln. Ehrgeizig wie man als junger Mensch nun einmal ist, wollte ich mich literarisch auseinandersetzen mit der Formel Treitschkes, wonach Männer die Geschichte machen. Ich habe viel über die Großen der Geschichte gelesen, über Wallenstein, über Napoleon, und auch über die neuen »Großen« wie Hitler und Mussolini. Provoziert durch den ungeheuren Personenkult dieser Zeit, wollte ich ein Buch schreiben, um den Zusammenhang zwischen diesem Kult und dem Faschismus darzustellen. Aus diesem Grund las ich auch viele rassentheoretische Werke. Aber bald schon mußte ich feststellen, daß es über die damals zur politischen Mode gewordenen und in der Folge zur gigantischen Tragödie führenden Rassentheorien kaum eine seriöse, wissenschaftliche Literatur gab.

Die Absicht, dieses Buch zu schreiben, habe ich noch heute, auch wenn die Literatur, sieht man vom Schrifttum zum Thema Antisemitismus ab, noch immer nicht sehr viel umfangreicher geworden ist. Rassismus gehört mit zu den ältesten Zwangsvorstellungen der Geschichte. Es braucht viel Sachkenntnis und sehr viel Mut, hierüber wahrheitsgemäß zu schreiben. Die eigentlichen Widersacher der Wahrheit auf diesem Gebiet findet man bei den zionistischen Juden. Daß ihre Staatsräson kein Interesse daran hat, die wissenschaftliche Forschung voranzutreiben, zählt zu meinen großen Enttäuschungen. Vielleicht hat die tiefgehende Ablehnung, die es gegen meine Person in Israel gibt, hier ihre eigentliche Motivation.

Durchschnittspolitiker glauben, ohne viel historisches Wissen auskommen zu können. Das ist ein grundlegender Irrtum. Wenn ich heute behaupten kann, von der österreichischen Geschichte der zwanziger und dreißiger Jahre einiges mehr zu verstehen als manch anderer, dann nicht nur, weil ich im Gefängnis ausgiebig Zeit zum Lesen hatte, sondern vor allem deshalb, weil viele meiner Mitgefangenen mir eine unmittelbare Kenntnis von Personen und Zusammenhängen vermittelten. Das wäre durch noch so ausgedehnte Lektüre niemals zu ersetzen gewesen. Zuerst Kommunisten, Sozialdemokraten und Nazis, verhaftet von den Kleriko-Faschisten, später Kommunisten, Sozialdemokraten und Kleriko-Faschisten, verhaftet von den Nazis: Es gibt wohl kein zweites Land auf der Welt, in dem so konträre politische Gruppen gleichzeitig und über Jahre hin im Gefängnis saßen. So hatte ich reichlich Gelegenheit, mich in den politischen Gegner hineinzuversetzen und seine Mentalität kennenzulernen. Prominente und kleine Mitläufer, Fanatiker und Leute, die im Grunde nicht einmal wußten, warum man sie eingesperrt hatte, unsympathische Kommunisten und sympathische Nazis, mit allen habe ich mich unterhalten, und bei allen hat mich das gleiche interessiert: Was hatte sie in die Politik geführt? Was dachten sie über uns, die Sozialdemokraten? Welche Hoffnungen bewegten sie? Solange man draußen in Freiheit lebte, war man immer beschäftigt mit der eigenen Bewegung, immer aktiv, um zu überzeugen. Man hatte wenig Gelegenheit zur Kontemplation, vielleicht auch kaum die Neigung, sich in andere Menschen hineinzuversetzen.

Zwangsläufig ist der Politiker schon von seiner Tätigkeit her stark auf die Außenwelt hin orientiert. Er muß seine Überzeugung vermitteln und kann es sich nur selten leisten, wirklich zuzuhören. Das ist ja sein Malheur und macht ihn oft ein bißchen zu selbstgefällig. Die Politiker glauben alles am besten zu verstehen und alles über einen Leisten schlagen zu können. Im Gefängnis war man einfach gezwungen zuzuhören. So habe ich, auf der Pritsche liegend, mir das Leben vieler Menschen erzählen lassen und zum Beispiel verstanden, was viele in der Partei eben nicht begriffen und nach dem Krieg nicht verstehen wollten: warum Leute aus proletarischem Milieu Nazis geworden sind. »Na, wie bist du a Nazi worden?« habe ich gefragt, und dann haben sie drauflos erzählt.

Bei vielen war es die Überzeugung, daß an dem Elend, in das sie geraten waren, die Juden schuld seien. Oft haben sie sich ihr Elend nicht erklären können, und die Art, wie wir es ihnen erklärt haben, war ihnen viel zu kompliziert. Zu sagen, daß das, was sie erleiden, ein unentrinnbares Klassenschicksal ist und daß man dem nur entrinnen kann, wenn man eine neue Gesellschaftsordnung schafft, war für die meisten nicht überzeugend. Die kurze Erklärung, daß die Juden an ihrem Elend schuld seien, war weitaus einleuchtender. Sie alle haben in Wien oder irgendwo einen Juden gekannt, dem es besser ging als ihnen. Es war der genialste Schurkenstreich, den Antisemitismus in die Politik einzuführen. Karl Lueger hat das einmal sehr treffend formuliert: »Ja, wissen S', der Antisemitismus is a sehr gutes Agitationsmittel, um in der Politik hinaufzukommen; wenn man aber amal oben ist, kann man ihn nimmer brauchen; denn dös is a Pöbelsport!« Hitler hat in »Mein Kampf« zugegeben, daß er diese Personifizierung der Schuld als Patentlösung von Lueger übernommen habe.

Das ist das eine, was mir damals deutlich wurde, daß diese

Kassiber an
Bruno Kreisky

> Wehrter Freund
>
> Habe den Samstag den 18.
> 18 Monate bekommen und
> gehe Morgen Früh schon
> weg auf die Strafe.
> Mündlich kann ich Dir meinen
> Dank für alles gute was Du
> mir in einer Zeit von 3 Monaten
> erwiesen hast nicht sagen, so tue
> ich es schriftlich. Du warst mir
> eine recht grosse Stütze in Räucherwaren
> und so einer langen Zeit, da ich
> hatte ja keinen Groschen zum
> Ausspeisen. Die Post geht wenn
> Du etwas hast so weiter, auch
> bis jetzt, das habe ich
> schon geregelt.

Komponente des Nazismus schon die ausschlaggebende war, weil sich die Leute damit alles, was ihnen Unangenehmes widerfuhr, von der Seele schimpfen konnten. Man darf nicht vergessen, daß in dieser Zeit die meisten, wenn sie sich etwas kauften, eine Hose oder ein Paar Schuhe, nur in Raten zahlen konnten. Und meistens war der, mit dem sie es dann zu tun bekamen, ein jüdischer Trödler. Daraus ist der einfache Schluß gezogen worden, wer einem die unangenehmen Raten abverlangt, ist der unmittelbar Schuldige. Dem Besitzlosen hat man eingeredet, daß er eigentlich der Herrenmensch sei. Der Antisemitismus hat ihm das Gefühl gegeben, immer auf einer höheren Stufe zu stehen; ein Wissenschaftler konnte noch so hochbegabt sein, war er ein Jude, so war er ein Untermensch. Der Nichtjude sei ihm auf jeden Fall überlegen. Ich habe eine grausliche Szene in Erinnerung: da wurde der berühmte Professor Ferdinand Blumenthal, einer der großen Krebsforscher Deutschlands, den man in Wien verhaftet hatte, zu einer sogenannten Häuseltour verurteilt. Mit bloßen Händen und einer kleinen Zahnbürste mußte er ein Klosett in furchtbarem Zustand reinigen. Und daneben stand, am Türpfosten angelehnt, ein SA-Mann und hat so überlegen auf diesen Professor herabgeschaut, daß der Herrenmensch geradezu aus ihm heraussprang.

Im Ersten Weltkrieg gab es einen jüdischen Oberstleutnant mit Namen Emil Sommer. Er war mit mir im Gefängnis, ein richtiger Frontoffizier, worauf er auch sehr stolz war. Mit Recht. Die Nazis sind von Zelle zu Zelle gelaufen und haben aufgenommen, wer im Krieg gewesen sei. Viele haben sich da Hoffnungen gemacht. Aber Sommer ist sehr zurückhaltend gewesen. Als sie bei uns vorbeikamen, fragten sie auch ihn ironisch, welche Auszeichnungen er habe. Sommer hat in der Tat eine Fülle von Auszeichnungen gehabt und bis auf den Maria-Theresien-Orden praktisch alle hohen Orden. Da fragte der impertinente SS-Mann: »Wo ham S' denn die her? Von welchem Trödler?«

Ohne Zweifel hat der Nazismus vielen ein gewisses Elitebewußtsein vermittelt. Wer bei den Nazis war, gehörte nicht einfach zu irgendeiner beliebigen Partei, sondern zu einer, die angab, ein Tausendjähriges Reich zu schaffen. Da viele, vor allem Arbeitslose, gleichzeitig der SA beitraten, bekam ihr Leben, das bis dahin von Hoffnungslosigkeit gekennzeichnet war, einen gewissen Inhalt. Man muß im übrigen zwischen Arbeitern und Kleinbürgern unterscheiden. Der Arbeiter hat es als etwas Besonderes empfunden, wenn er als Proletarier kein Sozialdemokrat war. Er war anders als die anderen, die in seinen Augen wie Stimmvieh hinter der roten Fahne herliefen. Man hat in dieser Zeit nach jedem Strohhalm gegriffen. Wenn Hitler kommt, so suggerierte man ihnen, wird es Arbeit geben: So war es in Deutschland gewesen, und so, glaubten sie, werde es auch in Österreich sein. Und was die Berichte über die Greuel der Nazis anging, war man durch Dollfuß schon abgestumpft oder sagte sich auch, so arg werde das schon nicht werden.

Auch das Bewußtsein, daß man es mit einer ganz fremden, die politischen Spielregeln völlig außer acht lassenden Bewegung zu tun hatte, war in Österreich viel weniger ausgeprägt als in Deutschland. Für deutsche Demokraten, ganz gleich, wo sie standen, war die Machtergreifung Hitlers im Jahr 1933 das Ende von allem, was Demokratie bedeutete. Sie erlebten – und das galt auch für die deutschen Kommunisten – ein politisches Trauma. Für sie waren das Ende der Demokratie und die Grausamkeit der Diktatur eine selbstverständliche Folge des Nazismus. Nicht so in Österreich. Dort kam das Ende der Demokratie mit dem

12. Februar 1934. Dieser Tag war, wenn man so will, das antifaschistische Fronterlebnis für große Teile der österreichischen Arbeiterschaft. Die Machtergreifung Hitlers in Österreich war die lange vorausgesehene unentrinnbare Konsequenz der Niederlage gegen Dollfuß: Die »Dollfuß-Straße«, wie man die Errichtung des Ständestaates nannte, mußte unweigerlich zu Hitler führen.

In den Augen so mancher war die Hitlerbewegung, wie man sie früher einmal nannte, auch eine Art Rache der Geschichte für die unter dem Schutz des Faschisten Mussolini etablierte österreichische Diktatur. Daß Mussolini ein Italiener war, schuf zusätzliche Aversionen. Denn unter den verschiedenen Xenophobien, die es in der alten Monarchie gegeben hat, war die gegenüber den Italienern eine der stärksten. Die Italiener hatten dem Dreibund angehört und waren in dem Moment abgesprungen, als sich das Kriegsglück wendete. Begreiflicherweise wurden sie als Verräter betrachtet.

Die Wahrheit jenes Wortes, wonach das gesellschaftliche Sein das Bewußtsein bestimmt, habe ich in den vielen Erzählungen von Mitgefangenen immer wieder bestätigt gefunden. Ein arbeitsloser Arbeiter, der sich als Ausgestoßener empfand, hatte tatsächlich ein anderes Bewußtsein als ein arbeitender Arbeiter. Die Sorge um die Sicherheit zum Beispiel hat es für jenen nicht gegeben, weil er keine Sicherheit mehr hatte. Der arbeitende Arbeiter dagegen sah mit Angst in die Zukunft. Immerhin hatte er noch Arbeit. Dann gab es noch eine dritte Gruppe wie etwa die Eisenbahner, die ein hohes Maß an Sicherheit eingetauscht hatten für ein relativ bescheidenes Gehalt. Das waren sehr deutliche Trennlinien, und sie liefen quer durch die gesamte Arbeiterklasse.

So muß man vieles betrachten, wenn man versucht, das Verhältnis Österreichs zum Nazismus zu deuten. Es versteht sich von selbst, daß das auf meine spätere Haltung nicht ohne Einfluß bleiben konnte. Wenn es wahr ist, so habe ich immer wieder meinen Freunden gesagt, daß das gesellschaftliche Sein das Bewußtsein bestimmt, dann ändert sich das nicht von einem auf den anderen Tag. Wer will denn ein paar hunderttausend kleinen Leuten vorwerfen, daß sie Nazis geworden sind? Sie sollten doch – das Wort Jacob Burckhardts abgewandelt – die Chance haben, klüger zu werden für ein andermal. Und eine Partei, die Menschen gewinnen und überzeugen will, kann doch gar nicht anders, nach all dem, was uns widerfahren ist, als konsequenterweise davon ausgehen, daß die Menschen nicht die Alleinschuld für das tragen, was sie unter bestimmten Umständen geformt und politisch beeinflußt hat. Intellektuellen gegenüber, die es besser wissen müßten, bin ich sehr viel härter.

Aber damals – wer kann sich zum Richter machen über die Menschen dieser Zeit? Doch nur der, der die Verhältnisse selbst gesehen hat, der die Verzweiflung der Menschen mitempfunden hat und ihre brennende Sehnsucht nach Arbeit. Die meisten von ihnen haben damals nicht verstanden, daß die Arbeit, die sie erhielten, zu ihrem raschen Tod führen würde. Wir sind mit unserer Überzeugung, wonach der Nazismus Krieg bedeutete, nicht bis zu ihnen durchgedrungen. Und wahrscheinlich hätten sie es uns damals gar nicht geglaubt.

Als Hitler kam, waren sich im übrigen viele Sozialdemokraten, wenn ich so sagen darf, ihrer Sache nicht mehr ganz sicher. Immerhin kann man ja wirklich die Frage aufwerfen, ob und wie lange, wenn Hitler gesiegt hätte – was zeitweilig gar nicht ausgeschlossen schien –, der Nazismus die Geschichte beeinflußt hätte. Die Nazis jedenfalls haben vom Tausendjährigen Reich gesprochen, und wenn auch die meisten nicht geglaubt haben, daß es tausend Jahre dauern werde, weil noch kein Reich tausend Jahre gedauert hat, so haben viele sich doch gedacht: Nun, fünfzig Jahre genügen auch! Unser Leben erfüllt sich ja in einer relativ kurzen Zeit.

Die Grenze zwischen Tragik und Komik ist nicht immer leicht zu ziehen. Was dem einen makaber vorkommt, kann auf den anderen eher grotesk wirken. Der Mann, von dem ich am Schluß dieses Kapitels noch erzählen will, da er mir auf liebenswürdigste Weise den kuriosen Aspekt der Weltgeschichte zu verkörpern schien, trug die Initialen A. H. Er hieß Abraham Haliczer.

Aufgefallen war mir A. H. durch eine unglaublich schäbige Eleganz. Er trug einen todschicken Anzug von Knize, Wiens teuerstem Maßschneider. Der Anzug war im Laufe der Jahre allerdings so speckig geworden, als habe man ihn mit Fett abgerieben. Das Jackett hängte der merkwürdige Kauz an den einzigen vorhandenen Nagel in der Zelle, und zwar immer das Innere so nach außen gekehrt, daß man sehen konnte, der Anzug war von Knize.

Eines Tages spielten wir wieder einmal das Gesellschaftsspiel, mit dem wir uns die oft schreckliche Langeweile vertrieben. Einer nannte einen meist ziemlich entfernten Namen, und die anderen mußten angeben, wieviel »handshakes in between« lagen. Einer nannte geheimnistuerisch den Namen Adolf Hitler. Das schien für die meisten die schwerste Frage. Nicht für Abraham Haliczer. Er sagte frech: »Ein Händedruck.« Worauf ihn alle entrüstet beschimpften, man müsse ein Spiel auch ernst nehmen. Aber Haliczer sagte: »Das ist ernst, sehr ernst sogar.« Ich war der Schiedsrichter, und also fragte ich den Haliczer, wie er das meine. »Ganz einfach. Ich war Tellerwäscher in der jüdischen Mensa. Dort hat auch die Schwester vom Hitler gearbeitet, ich glaub', Angela hat sie geheißen. Na, der hab ich doch sicher die Hand gegeben. Und sie wird doch gegeben haben die Hand ihrem Bruder, nicht wahr?« Also war der Haliczer, der kleine bessarabische Jude, der einzige von allen, den nur ein Händedruck von Hitler trennte. Eine reife Leistung, würde man in Deutschland sagen. Ich selbst kannte Angela Raubal, die Halbschwester Hitlers, übrigens auch; ich wollte sie für ein Volksbegehren über die Altersversorgung der Arbeiter gewinnen. Obwohl sie im Prinzip dafür war, hat sie abgelehnt: »Sie verstehen ...«

Ich begann mich für den Mann zu interessieren, und er hat sich zu mir gesellt. Als er wieder einmal sein Jackett mit dem Futter nach außen an den verrosteten Nagel hängte, fragte ich ihn, wie er zu diesem Anzug von Knize komme. Auch das war ganz einfach: Ein Bekannter, der Karriere gemacht hatte, ein Rechtsanwalt, hatte ihm in Erinnerung an seine arme Zeit diesen Anzug geschenkt, und Haliczer trug ihn mit Stolz.

Wir hatten unter uns noch einen Generaldirektor aus der Textilindustrie, dem das Essen nicht schmeckte, in der ersten Zeit jedenfalls, solange er noch keinen Hunger hatte. Der pflegte seinen Schekel, die Menageschale, immer dem Haliczer hinzuschieben. Da sagte einmal ein Aufseher: »Du, mir scheint, du hast da Amerika entdeckt.« Und Haliczer antwortete mit einem alten jiddischen Sprichwort, das ich erst nach langem Nachdenken verstand, heimlich auf den Generaldirektor hindeutend: »Das, was sie nicht zu geben bereit waren Jakob dem Guten, müssen sie geben Esau dem Bösen.« Das schien mir so klug und so weise. Er meinte damit, was diese reichen Juden den armen Juden nicht freiwillig hatten geben wollen, müßten sie jetzt Hitlers Drittem Reich abtreten.

Allmählich hat mich der Haliczer mit seinem Mutterwitz und seiner östlichen Weisheit begeistert. Eines Tages fragte ich ihn, wie er überhaupt nach Österreich gekommen sei. Da erzählte er mir: Es hatte wieder einmal ein Pogrom in Bessarabien gegeben, und das Kostbarste, das Haliczer besaß, war eine Geige. Er war das berühmte Jiddel mit der Fiddel, das es in jedem Dorf gegeben hat. Die Violine war das billigste Instrument, unter diesem Aspekt muß man die jahrhundertealte Tradition des Geigenspiels bei den Ostjuden auch sehen. Wo sollte einer auch ein Klavier herhaben in so einem kleinen Städtl, wo ein Klavier gewissermaßen größer war als die ganze Wohnung.

Also haben sie alle ihre Geigen gehabt, in jedem Dorf gab's eine Handvoll Geigenspieler. Bei dem Pogrom hat der Haliczer sich mit seinen Eltern und seiner Geige in den Wald geflüchtet und sich gedacht: Was soll ich da immer zurückgehen, nur um auf das nächste Pogrom zu warten; ich geh weg! Und er ging. Da die Grenze zwischen Rußland und Österreich nicht deutlich markiert war, wanderte er und wanderte er und spielte einmal bei diesem, einmal bei jenem Dorfkirtag auf. Er hat das wunderbar geschildert, wie in einer Novelle, wie da die Dörfer in Bessarabien und Ruthenien ihre Kirtage abgehalten haben und wie da immer eine große Linde stand, unter der er zum Tanz aufspielte. So ist er durchs Leben gezogen.

Eines Tages kam er wieder zu einer solchen Linde, die sehr viel Schatten gab. Da saßen hinter einem Tisch ein paar Soldaten, und einer sagte: »Da, stell dich hin!« Da hat er sich hingestellt. Und dann nahmen sie ihn einfach mit. Erst später ist er dahinter gekommen, daß das nicht russische, sondern österreichische Soldaten waren, und das hatte Folgen. Da er alle Sprachen verstand, auf seine Art halt, wurde er zum Ausspionieren der russischen Linien bestellt. Einmal schlich er sich durch die wogenden Felder und hörte plötzlich, wie zwei russische Offiziere einen Vorstoß besprachen; im Kornfeld versteckt, trug der Wind ihm das zu. Er schlich sich zurück und berichtete seinem Hauptmann in seinem Jiddisch: »Herr Hauptmann, die Russen planen einen Vorstoß!« Der Hauptmann erwiderte: »Gut hast du das gemacht, Haliczer, ich werd dich eingeben für eine Auszeichnung.« So bekam der Abraham Haliczer einige Monate später eine Auszeichnung, die mindestens so hoch war wie die des Gefreiten A. H. Und er wurde zu alledem noch das, was der Hitler auch gewesen ist, nämlich Meldegänger. Die Kuriosität der Weltgeschichte hat also dazu geführt, daß der kleine bessarabische Jude Abraham Haliczer nicht nur dieselben Initialen wie Hitler gehabt hat, nicht nur mit dessen Halbschwester in derselben jüdischen Mensa arbeitete, sondern zu allem Überfluß auch noch den gleichen militärischen Rang in einer mit den Deutschen verbündeten Armee hatte.

Ich habe wiederholt versucht, diese Geschichte, die man leicht mit vielen Details ausschmücken könnte, befreundeten amerikanischen Filmproduzenten schmackhaft zu machen. Aber den Amerikanern geht das Verständnis für den Witz, der in dieser Geschichte liegt, anscheinend vollkommen ab.

10. Kapitel
Ein kurzes Intermezzo

Insgesamt habe ich einundzwanzig Monate im Gefängnis verbracht. Sieht man von den zehn Tagen Haft im November 1933 ab, dann begann alles mit meiner Festnahme am 30. Januar 1935. Bis zum Prozeß, vierzehn Monate später, bin ich vier Monate im Polizeigefängnis auf der ehemaligen Elisabethpromenade (Roßauer Lände) gesessen, danach fast zehn Monate in ein und derselben Zelle im Landesgericht I. Nach meiner Entlassung im Juni 1936 genoß ich eindreiviertel Jahre die Freiheit, bis ich am 15. März 1938 noch einmal für sechs Monate hinter Schloß und Riegel kam.

Als ich im Juni 1936 aus der Haft entlassen und das Gefängnistor hinter mir geschlossen wurde, überkam mich ein einzigartiges Lustgefühl. Dieses Gefühl hatte vor allem damit zu tun, daß ich zu meinen nahen Angehörigen, fast möchte ich sagen, ein neues Verhältnis fand. Die Trennung über eine so lange Zeit hatte mich spüren lassen, was Familienbande bedeuten. In den Beziehungen zu meinen Eltern gab es jetzt sehr viel mehr Augenblicke des Glücks und der Freude, mehr Verständnis und etwas, was ich als Güte bezeichnen möchte.

Es ist eine wohl allgemeine Erfahrung, daß Eltern zwar zu ihren Kindern ein Verhältnis besonderer Art empfinden, daß aber die Kinder dieses Verhältnis oft als selbstverständlich voraussetzen, weil junge Menschen weniger zur Sentimentalität neigen. Arthur Schnitzler hat die Sentimentalität als Surrogat für Gefühle bezeichnet. Die Beziehungen zu meinen Eltern waren bis dahin zwar immer gut, aber von meiner Seite aus emotionsfrei gewesen. Nach meiner Rückkehr aus dem Gefängnis bekamen sie eine neue Qualität. Auch meine Verwandten lernte ich nun sehr viel mehr schätzen, weil die meisten von ihnen während der vergangenen Monate, auch wenn sie meine politischen Ansichten nach wie vor nicht teilten, doch zu mir gehalten hatten.

Mich traf es besonders hart, daß ich mein Studium nicht fortsetzen konnte, da man mich von allen Hochschulen Österreichs ausgeschlossen hatte. Ich begann mich nach Möglichkeiten im Ausland umzusehen. Freunde in der Sozialistischen Internationale, die mich aufgrund meiner Rede bei dem Prozeß als einen der ihren feierten, luden mich auf ihre Universitäten ein, darunter der spätere Statthalter des Königs in Stockholm, Hjalmar Mehr, der damals Führer der Linken war. Ich hätte nach Uppsala gehen können, und mein Vater erklärte sich bereit, mir ein solches Studium zu finanzieren. Aber von den österreichischen Behörden wurde mein Antrag auf Ausreise brüsk abgewiesen und die Ausstellung eines Passes verweigert. Zudem verfügte der »Generalstaatskommissär für außerordentliche Maßnahmen zur Bekämpfung staats- und regierungsfeindlicher Bestrebungen in der Privatwirtschaft«, daß ich in Wien nicht bei privaten Firmen arbeiten dürfe, nicht einmal in Betrieben, die meinem Vater nahestanden. Ich würde nur die Arbeiter verhetzen, hieß es. Ich durfte nicht studieren, ich durfte nicht verreisen, ich durfte keine Stelle antreten. Auf diese Weise war ich, wie ich es einmal dem Chef der Staatspolizei, Hofrat Weiser, gegenüber formulierte, eigentlich gezwungen, wieder illegal zu arbeiten.

Der Weg zurück in die illegale Arbeit war weit schwieriger, als ich mir das vorgestellt hatte. Ich mußte meiner Freunde im Untergrund wegen eine gewisse Vorsicht üben, die ich bis dahin nicht praktiziert hatte. Alle wußten, daß man unter besonderer Beobachtung stand. Das war einer der Gründe, warum die in der Zwischenzeit nachgerückten Funktionäre uns fernhalten wollten. Sie mußten fürchten, daß wir einen Rattenschwanz von Agenten hinter uns herziehen würden.

Aber es gab noch einen anderen Grund, der einer Wiedereingliederung im Wege stand. Auch in der Politik ist nicht alles hell und klar wie in einem Kristall; es gibt, um bei diesem Bild zu bleiben, kleine egoistische Einschlüsse, Animositäten, Rivalitäten. Die Neuen, die draußen auf den inzwischen allerdings gefährlichen Plätzen der Alten saßen, wollten sie denen, die aus dem Gefängnis kamen, nicht wieder freimachen. Das war in jeder Hinsicht vernünftig und auch selbstverständlich. Aber es machte sich doch Enttäuschung breit, die bei manchen »Herausgekommenen« bis zur Verbitterung ging. Der neue Führer der illegalen Partei, Joseph Buttinger, lehnte Otto Bauer auf sehr entschiedene Weise ab, ließ es aber nie an Respekt vor seiner außerordentlichen Intelligenz fehlen. Buttinger und ich trafen uns nach meiner Haftentlassung in regelmäßigen Abständen bei einem meiner Freunde aus der Jugendbewegung, einem wohlbestallten Gewerbetreibenden in der Hauptstraße meines Bezirkes, der es zu einem schönen Haus mit Garten gebracht hatte. Dort, am Rande der Stadt, saßen wir, reich versehen mit Speis und Trank, und

W i e n, am 9. Oktober 1936

An den

Herrn Kommissär für die Aufrechterhaltung
der Disziplin unter den Studenten
an den Hochschulen.

W i e n I.
Minoritenplatz 4

Zufolge eines Bescheides vom 28./8.1935 wurde ich auf die Dauer der Studienjahre 1935/36 und 1936/37 von der Zulassung zu allen, mit dem Hochschulstudium im Zusammenhang stehenden Prüfungen und der Verleihung akademischer Grade, sowie von jeder Benützung der Hochschuleinrichtungen an allen österr. Hochschulen ausgeschlossen.

Ich ersuche um gnadenweisen Erlaß der restlichen Frist und gestatte mir zur Förderung meines Ansuchens Nachfolgendes anzuführen:

Da ich bereits absolvierter Hörer der juridischen Fakultät bin und die Hochschule nur zwecks Ablegung zweier Rigorosen und der Einreichung zu diesen betreten muß, bitte ich, wenigstens mir die Zulassung zu allen mit dem Hochschulstudium in Zusammenhang stehenden Prüfungen, zu gestatten und verpflichte mich gleichzeitig ansonsten weder die Einrichtungen der Hochschule zu benützen, noch die Hochschule selbst zu betreten.

Ich wurde bereits am 30./1.1935 verhaftet, wodurch der größte Teil des Wintersemesters 1934/35 für mich verloren ging, sodaß ich im gegenwärtigen Zeitpunkt beinahe 4 Semester meinen Studien nicht obliegen konnte. Da nun der Bescheid des Herrn Kommissär eine Fernhaltung nur für die Dauer von 4 Semestern vorsieht, diese aber bereits erfolgt ist, so bitte ich aus diesem Grunde meine Zulassung zu den Prüfungen zu gestatten.

Müßte ich, wie der Bescheid lautet, auch während des Studienjahres 36/37 den Prüfungen fernbleiben, so wäre ich nicht

Bruno Kreisky, Gnadengesuch vom 9. Oktober 1936

verbrachten unter Bäumen mit reifenden Kirschen und Marillen so manche Stunde mit Diskussionen über die politische Situation und die Zukunft unserer Bewegung. Diese Zusammenkünfte taten mir wohl und entschädigten mich dafür, daß ich nach meiner Freilassung keinen meinem vormaligen Platz entsprechen-

> nur wie alle anderen Hörer, die sich ein ähnliches Delikt zuschulden kommen ließen, auf 4 Semester, sondern auf 6 Semester relegiert. Ich glaube nicht, daß eine derartige Verschärfung in der Absicht des Herrn Bundeskommissär liegen kann.
>
> Zur Unterstützung meines Ansuchens möchte ich mitteilen, daß ich vollkommen vermögenslos bin und von meinem über 60 Jahre alten Vater erhalten werden muß. Es ist mir gänzlich ausgeschlossen, irgend einen Posten zu erlangen. Auch eine Reise ins Ausland, zwecks Erlangung eines Lebensunterhaltes ist vor allem deshalb unmöglich, weil ich von der Bundespolizeidirektion Wien keinen Reisepaß bekomme und ich auch außerdem nur sehr schweren Herzens meine Angehörigen und meine Heimat verlassen könnte.
>
> Anläßlich meiner Enthaftung habe ich auf der Polizeidirektion die Erklärung abgegeben, jede Tätigkeit im staatsfeindlichem Sinne zu unterlassen. An diese Erklärung fühle ich mich auch heute noch gebunden.
>
> Auf Grund all der von mir vorher angeführten Tatsachen, bitte ich nochmals mir wenigstens die Zulassung zu dem mit dem Hochschulstudium in Zusammenhang stehenden letzten Prüfungen zu gestatten.
>
> *Bruno Kreisky*
>
> Bruno K r e i s k y Z:947/DHS
> W i e n IV., Rainerg.29/9

den Einbau in die illegale Bewegung gefunden habe. Ich kann nicht bestreiten, daß ich, ohne Buttingers Auffassungen zu teilen, seine Klugheit außerordentlich schätze. Vielleicht schmeichelte es mir auch, daß er meine theoretischen Überlegungen ernst nahm.

Buttinger hatte vor allem pädagogische, politisch-psychologische Gründe für seine Distanz zu den aus der Haft Entlassenen.

1936 Bundesministerium für Unterricht.

Geschäftszahl	Vorzahl	34066/I/1/36	Genehmigungs-, Dringlichkeits- und Verschlußvermerk
41.044 /-36	Nachzahlen		
Miterledigte Zahlen	Bezugzahlen		

Skart. im Jahre 19

Gegenstand	Bruno Kreisky, Stud.d.rechts-u. staatsw.Fak.Wien, Ausschliessung von allen österr. Hochschulen. Gnadengesuch.	Frist	zu betreiben am
			neue Frist

Zur Einsicht vor Genehmigung, Abfertigung, Hinterlegung

zu lesen Sachverhalt der Vorzahl 34066/I/1/36

Kreisky hat zwar die Hälfte seiner Verweisung verbüsst, eine Stattgebung des Antrages des Herrn Komm.f....ist aber mit Rücksicht auf den Polizeibericht nicht möglich. Kr. ist übrigens auch erst am 3. Juni 1936 aus der Haft entlassen worden.

./.

Bescheid des Bundesministeriums für Unterricht vom 16. Oktober 1936: »... eine Stattgebung ... ist aber mit Rücksicht auf den Polizeibericht nicht möglich.«

Er war vor allem daran interessiert, daß wir uns ruhig hielten, damit die neue Schicht, die aus einer eigentlich peripheren Umgebung stammte, etwa aus der Sportbewegung, besser zum Zuge käme. Das stand im Gegensatz zur Realität, denn die Mehrheit in der Partei war eigentlich der Auffassung, daß die neuen Leute Felleis, Jonas, Probst, Kreisky und andere wären.

Buttinger, der mit der reichen Amerikanerin Muriel Gardiner verheiratet war, die er während ihres Medizinstudiums in Wien kennengelernt hatte, kehrte nach dem Krieg nur mehr gelegentlich nach Österreich zurück. Wir haben bei seinen Besuchen immer mehr zueinandergefunden, und nachdem ich Bundeskanzler geworden war, schien es mir, als ob er es tief bedauerte, der Tätigkeit der Partei in den Nachkriegsjahren so kritisch gegenübergestanden zu haben. Mit der Zeit habe ich es ihm auch nicht mehr verübelt, daß er 1945 nicht dorthin gegangen war, wo sein Platz gewesen wäre – einen so intelligenten Menschen hätte man in der Partei dringend gebraucht –, sondern es vorgezogen hat, in Amerika zu bleiben.

Daß er nicht zurückgekommen ist, hing wohl auch damit zusammen, daß die politische Landschaft eine andere geworden war. Ich glaube nicht, daß Buttinger die Zähigkeit besessen hätte, in einer höheren und einflußreicheren Funktion in der Partei durchzuhalten. Und wenn er diese Rolle hätte spielen können, hätte er sie ungern gespielt. Er huldigte nun einmal einer gewissen politischen Intransigenz, doch war damals alles andere gefragt als das. Er wäre des Dogmatismus, vielleicht sogar des sturen Dogmatismus beschuldigt worden. An der Ambivalenz der österreichischen Situation, an der Notwendigkeit pragmatischen Handelns wäre er gescheitert, ähnlich wie Otto Bauer. Man hätte dann vielleicht auch für ihn jene Formel gefunden »zu groß für dieses Land«. Das mag anerkennend gemeint sein, aber es trifft die Sache nicht. Eine sozialistische Spitzenpersönlichkeit muß mit den vorgegebenen Proportionen rechnen. Wer das nicht kann, ist für ein Führungsamt nicht geeignet. Gerade in der sozialistischen Bewegung gibt es viele Möglichkeiten, das eine und das andere zu sein. Oscar Pollak, Adolf Schärf, Karl Czernetz, Karl Renner und andere hätten in kleinen und großen Bewegungen die gleiche Rolle gespielt, die gleiche, durch niemand anderen zu ersetzende Rolle. Und für Victor Adler – wenn er die Erste Republik erlebt hätte – wäre es das gleiche gewesen!

In dem Buch, das Buttinger nach dem Krieg veröffentlichte, bin ich, im Vergleich zu anderen, sehr gut weggekommen. Buttinger hat sich damals wohl ein bißchen wie Lenin gefühlt. Mit ähnlicher Rücksichtslosigkeit, wie Lenin einst Abrechnung gehalten hatte, zog er alle zur Rechenschaft. Dabei mag eine Rolle gespielt haben, daß er sich getrieben sah, zu begründen, warum er nicht nach Österreich zurückkehren wollte. Es war in der Tat ein ziemliches Dilemma: Er führte das Leben eines amerikanischen Millionärs, hatte ein eigenes Haus in der Nähe der Fifth Avenue und eine große Bibliothek, die zum Teil auf die versteigerte Bibliothek Otto Bauers zurückging und jedem offenstand. Andererseits wollte er den Anspruch auf eine Führungsrolle in der Partei nicht aufgeben. So blieb er in den Vereinigten Staaten und war dort erfolgreich. Er war ein ausgezeichneter Südostasienkenner und hat grundlegende Bücher über Vietnam geschrieben.

Psychologisch gesehen stand Buttinger vor der Wahl, sich entweder in einen Schmollwinkel zurückzuziehen und sich von der Partei abzuwenden oder aber seinen Frieden mit ihr zu machen. Zu letzterem hat er sich schließlich durchgerungen; bei seinen vielen Reisen nach Österreich trat das immer wieder zutage. Er war am Schluß mit der Partei im reinen, hat sich aber nie mehr mit ihr identifizieren können. Joseph Buttinger ist eine der großen Begabungen der österreichischen Arbeiterbewegung, die nicht voll zur Entfaltung gekommen sind. Er hätte sicherlich ein anderes politisches Schicksal verdient.

Die Zeit vom Sommer 1936 bis zum Frühjahrsbeginn 1938 verging sehr rasch. Ich hatte das Gefühl, daß meine Tage in Freiheit kurz sein würden, und in der dumpfen Vorahnung, ich könnte am nächsten Tag schon wieder hinter Gittern sein, führte ich ein hektisches Leben. 1936 erschien Otto Bauers Buch »Zwischen zwei Weltkriegen?«, das er uns, den jungen kämpfenden Sozialisten, gewidmet hat: »Ich widme dieses Buch meinen jungen Freunden, den *Revolutionären Sozialisten* in Österreich: denen von ihnen, die der österreichische Faschismus in seinen Kerkern, Polizeigefängnissen und Konzentrationslagern gefangenhält, und denen, die, Tag für Tag und Stunde für Stunde von den Schergen des österreichischen Faschismus gesucht, verfolgt, gehetzt, den heroischen illegalen Kampf gegen die faschistische Despotie führen.« Durch die liebenswerte Frieda Nödl, die zu Otto Bauer Kontakt hatte – nach 1945 war sie unter anderem

Wiener Landtagsabgeordnete –, erhielt ich ein Exemplar mit einer persönlichen Widmung. Bauer habe ihr gesagt, versicherte Frieda Nödl, er habe dieses Buch vor allem im Hinblick auf unser Verhalten im Prozeß geschrieben und widme es daher uns, das heißt, denen, die sich vor Gericht besonders bewährt hatten.

Ich verschlang das Buch und war abermals fasziniert von der Klarheit der Otto Bauerschen Gedanken und seiner Fähigkeit, sie auszudrücken. Alles war so geschrieben, wie wenn er vor uns säße und zu uns redete. An vielen Stellen ist noch heute spürbar, wie sehr er den Staatsmännern seiner Zeit voraus war, und man empfindet es als um so schmerzlicher, daß kein Daladier und kein Chamberlain die Entwicklung auch nur annähernd so klar erkannt haben wie dieser Mann. »So ist die Gefahr, daß die großen Arbeiterparteien im Kriege abermals zu Organen der Kriegführung kapitalistischer Regierungen werden, heute nicht kleiner, sondern größer als 1914.« Andererseits darf man aber den historischen Irrtum Otto Bauers nicht verschweigen. Er gab sich der Hoffnung hin, daß angesichts der Fronten, die der Krieg aufreißen werde und die Bauer, auch wenn er den Hitler-Stalin-Pakt nicht einkalkulierte, alles in allem richtig voraussah, es am Ende zu einer Versöhnung der Arbeiterbewegung kommen werde. »Die englischen Arbeiter werden nicht Bolschewiken, die russischen Arbeiter nicht Labouristen werden. Die Überwindung der Gegensätze kann nicht erreicht werden durch einen Siegfrieden einer der beiden großen Richtungen des Weltsozialismus über die andere. Sie kann nur erreicht werden durch eine Synthese, die die geschichtlich gewordenen Gegensätze in sich aufhebt.« Die große Vision der Einheit, der wiedergefundenen Einheit der Arbeiterbewegung, war schon damals definitiv zur Illusion geworden. Mit der Arbeiterbewegung des letzten halben Jahrhunderts ist es wie mit einem Baum: er wächst in die Höhe und treibt Äste. Aber je älter er wird und je stärker die Äste treiben, desto mehr wachsen sie auch auseinander. Der Baum der Arbeiterbewegung hat mehrere starke Äste. Aber die beiden großen Bewegungen – der demokratische Sozialismus und der Kommunismus als Partei – werden nie wieder zusammenfinden. Dort, wo die Sozialdemokraten keine Einigung akzeptiert haben, im Osten Europas, sind sie, sofern sie sich nicht aus Feigheit unterworfen haben, Opfer einer Illusion geworden und haben furchtbar dafür bezahlt. Das müssen wir zur Kenntnis nehmen. Beide Bewegungen sind einander vom Grunde her so fremd geworden, daß auch dort, wo die Einigungsversuche illusionsloser betrieben werden, ein Zusammenwachsen unmöglich ist. Das sieht man am deutlichsten an den Verständigungsversuchen der Parteien in Frankreich.

Mein Vater hatte damals geschäftlich mit einer kleinen Tuchfabrik in Kärnten zu tun. Da ich nach Meinung der Wiener Staatspolizei in Jadersdorf im Gitschtal nicht viel anstellen konnte, ging ich 1937 für einige Monate nach Kärnten. Der kleine Ort, inmitten einer Hügellandschaft nahe der italienischen Grenze, bot ein gespenstisches Bild. Es gab fast keine jungen Männer dort. Die meisten hatten, um der Eintönigkeit und Armut ihres Bergbauernschicksals zu entrinnen, einen einfachen Weg gefunden: Sie malten auf eine Kapelle, auf ein öffentliches Gebäude oder auf einen Felsen ein großes Hakenkreuz und hatten damit – die NSDAP war ja seit Juni 1933 verboten – einen Anlaß zur Flucht nach Deutschland, wo sie in die »Österreichische Legion« eintraten. Waren sie verheiratet, konnten sie mit einem so großen Sold rechnen, daß sie ihre Angehörigen unterstützen konnten. Nazi-Deutschland war sehr großzügig, wo es um die Aufstellung einer antiösterreichischen Schattenarmee ging. Diese Legion rekrutierte sich aus Tausenden von Flüchtlingen, und man kann sich gut vorstellen, wie sehr dieses Potential die Nationalsozialisten in Österreich zwischen 1934 und 1938 beflügelte. Man mußte sich nur illegal betätigen, und schon konnte man in das ersehnte Deutschland gehen.

Weder die Kommunisten noch die Sozialdemokraten hatten ähnliche Möglichkeiten. Bei den Sozialdemokraten gab es ein strenges Reglement, wer wann ins Ausland gehen dürfe. Wenn ich mich richtig erinnere, mußte einem eine Gefängnisstrafe von mindestens fünf Jahren drohen, und das Risiko, möglicherweise für Jahre hinter Gittern zu sitzen, hat die meisten vor radikalen Aktionen abgeschreckt. An einer regulären Auswanderung konnte man natürlich niemanden hindern. Aber eine politische Emigration war das dann nicht. Diesen Unterschied hat man bis in die vierziger Jahre hinein gemacht.

Jadersdorf ist einem kleinen Kreis deshalb bekannt, weil der österreichische Kommunistenführer Koplenig aus diesem Dorf stammte. Sein Vater war dort Holzfäller; er selbst wurde Schuster. Koplenig soll zwar ein extrem linientreuer Kommunist gewesen sein, aber nicht ohne eine gewisse Eignung zur Politik. Bei seinen

Parteifreunden galt er als aufrichtiger Kerl. Die österreichischen Kommunisten haben es ja nie zu etwas gebracht. In der Ersten Republik lagen die Prozentsätze, die sie bei Nationalratswahlen erreichten, zwischen 4,9 Prozent (1920) und 3 Prozent (1927). Ihre Führungsgremien bestanden fast zur Gänze aus Intellektuellen und Berufsrevolutionären. Schon deshalb waren Leute wie Koplenig und Honner aufgrund ihrer proletarischen Herkunft herausragende Figuren, die durch ihre politische Betätigung zweifellos persönliche Statur gewannen.

In Jadersdorf also gab es kaum noch junge Männer, ein paar Dorftrottel, wie sie in jedes Dorf gehören, ein paar zugewanderte Burgenländer, die in der Weberei arbeiteten, einen bayrischen Werkmeister, dazu ein paar Greise und natürlich viele Frauen. Arbeit gab es fast keine; zwei oder drei Männer waren bei der Regulierung der Drau beschäftigt und kamen deshalb nur sonntags nach Hause.

In Jadersdorf habe ich gelernt, wie man Textilmaschinen bedient. Ich weiß, wie man Wolle reißt und krempelt; ich verstehe den sehr komplizierten Prozeß des Spinnens. Auch habe ich gelernt, den sogenannten Selfaktor zu bedienen und schließlich auch den einfachen Tuchwebstuhl, der sich vom Baumwollwebstuhl in vielem unterscheidet. Die über dreißig Meter langen, feuchten Tuche wurden im Freien auf Rahmen gespannt, und da das bei eisiger Kälte geschehen mußte, war man immer vollständig durchgefroren. An den Nägeln der Rahmen riß man sich die Finger wund, aber wenn dann die Kälte die Feuchtigkeit aus dem Tuch herausgetrieben und man mit einem Staberl das Eis abgeschlagen hatte, bekam der Loden einen besonders schönen Glanz. Ich bin also, wenn man so will, ein angelernter Hilfsarbeiter der Textilindustrie – leben hätte ich davon allerdings nicht können.

Eines Tages ging ich einfach nach Wien zurück. Ich schrieb wieder manches illegale Flugblatt, manchen Aufsatz in illegalen Schriften. In der Illegalität hatte das Wort seine eigene große Bedeutung. Es mußte vorsichtig gehandhabt werden. Es war wie eine Kugel, die aus dem Lauf war, und niemand konnte sie zurückholen. So war auch hier am Anfang das Wort. Die Tat kam erst danach, wenn, wie sich immer wieder zeigte, das Wort versagte. Vor allem die Jungen neigten zur »Propaganda der Tat«. Es genüge nicht, meinten viele, Fahnen auf Schornsteinen zu hissen und es der Polizei schwer zu machen, die Fahnen herunterzuholen. Vielmehr solle man auch wirkliche Zeichen setzen, ein bißchen krachen müsse es schon. Es war allerdings eine eiserne Regel, daß dabei niemals Menschen gefährdet oder gar geopfert werden durften. Ich glaube, daß terroristische Aktivitäten sich erst im Laufe der Zeit entwickeln. Am Anfang steht der Protest, der hörbare, sichtbare Protest, die mörderische Tat kommt erst als ultima ratio.

Noch immer mußte ich mich regelmäßig bei der Polizei melden, und wiederholt, wenn das Regime eine Aktion der Sozialdemokraten befürchtete, etwa am 1. Mai, am 12. November oder an anderen Erinnerungstagen der Arbeiterbewegung, sollte ich in Verwahrungshaft genommen werden. Nur war ich dann meistens nicht da, so daß die Versuche, mich zu holen, regelmäßig scheiterten. Schließlich gab die Polizei auf.

Schuschnigg setzte das autoritäre Regime und die handfeste Diktatur, die Dollfuß errichtet hatte, konsequent fort: Parteienverbot, Zeitungsverbot, Zensur, Verbot der freien Gewerkschaften, Überwachung bis hinein ins privateste Leben. Menschen, die sich für eine verbotene politische Partei auch nur von fern interessierten, indem sie etwa illegale Zeitungen lasen, verloren ihre Existenz. Eine politische Clique, die sich am Ende auf bestenfalls dreißig Prozent der Bevölkerung stützen konnte, hat sich mit den Mitteln eines Polizeistaats an der Macht gehalten. Als das Ultimatum Hitlers kam, ist sie nackt und wehrlos dagestanden.

Was das Studium betrifft, so konnte ich erst im November 1937 meine staatswissenschaftliche Staatsprüfung ablegen, obwohl ich bereits im Juli 1934 die judizielle erfolgreich bestanden hatte. Aufgrund meiner Relegierung von allen Hochschulen des Landes hatte ich dreieinhalb Jahre verloren. Im Frühjahr 1938 nun sollte die letzte Prüfung stattfinden, das sogenannte Romanum, eine meiner Meinung nach ganz sinnlose Prüfung, die in der neuen Studienordnung auch abgeschafft worden ist. Man mußte noch einmal den Stoff der ersten rechtshistorischen Staatsprüfung lernen, den man längst vergessen hatte und den man als praktizierender Jurist nie wieder brauchen würde.

Mitten hinein in die Vorbereitungszeit kam die Verschärfung der außenpolitischen Lage. Am 12. Februar 1938 wurde Schuschnigg nach Berchtesgaden vorgeladen. Hitler behandelte ihn in erniedrigender Weise und drohte: »Wer weiß – vielleicht bin ich über Nacht auf einmal in Wien; wie der Frühlingssturm. Dann sollen Sie etwas erleben.« Man findet das Zitat bei Joachim Fest, dem meiner Meinung nach besten und objektivsten Hitler-Biographen.

Die Lage hatte sich damit auch für uns schlagartig verändert. Waren wir in der Widerstandsarbeit während der vorangegangenen Wochen und Monate nicht übermäßig aktiv gewesen, so erfaßte uns plötzlich Aufbruchstimmung. Ich bin damals mit dem späteren Justizminister Christian Broda zusammengekommen, und wir befaßten uns mit der Vorbereitung einer neuen Zeitung für die Arbeiterjugend, die in einer der uns wieder zur Verfügung stehenden Druckereien erscheinen sollte. Aber für Theorie war nun keine Zeit mehr. Jetzt mußte gehandelt werden. Schuschnigg war von Hitler so in die Ecke gedrängt worden, daß er, wie wir glaubten, einfach nicht umhin konnte, sich im Interesse Österreichs mit den Sozialdemokraten und den illegalen Gewerkschaften zu verbünden. Wir mußten also dekonspirieren, wie der Fachausdruck lautete, um Schuschnigg deutlich und in aller Öffentlichkeit unsere Mitarbeit im Kampf gegen Hitler anzubieten.

Ich erinnere mich noch sehr lebhaft, wie ich einen alten Lehrer aus der Jugendbewegung, einen Bankdirektor aus einer streng Luegertreuen Familie, traf, der aus ideellen Gründen Sozialdemokrat geworden war. Er war sehr aufgeregt: »Seid ihr denn alle verrückt geworden? Wie könnt ihr euch denn so der Gestapo ausliefern? Jetzt wissen sie, wer ihr seid, und sie werden euch alle einsperren! Sie werden die Bewegung köpfen!« Ich antwortete ihm, ein letzter Versuch müsse einfach unternommen werden, jedenfalls dürften wir uns nicht mit dem Vorwurf belasten, im entscheidenden Augenblick nichts getan zu haben. Wenn Schuschnigg uns entgegenkomme, gäbe es eine gewisse Chance. »Und selbst, wenn es vergeblich sein sollte: es gibt Dinge in der Politik, die einfach getan werden müssen!« Das war der Standpunkt, den auch Zehntausende Arbeiter teilten; nur sind wir damit in Gegensatz zu Buttinger und seinen Freunden gekommen. Vielleicht war bei uns der Wunsch der Vater des Gedankens, denn von heute aus beurteilt, war es eigentlich zu spät. Wie ja überhaupt das »zu wenig und zu spät« die Signatur der österreichischen Politik bis zum Jahre 1938 gewesen ist. Die Politik vom alten Österreich über die Erste Republik bis hin zur austrofaschistischen Epoche war durch dieses »zu wenig und zu spät« gekennzeichnet.

Wenige Tage nach der Rückkehr Schuschniggs aus Berchtesgaden, als ich mittags nach Hause kam, sagte mir unsere Kärntner Haushälterin, ein Hofrat von der Polizei habe angerufen, ich sollte mich melden. Wenn die Polizei etwas von mir wollte, habe ich mir gedacht, dann hat sie noch immer gewußt, wie sie mich holen kann. Ich telefonier' nicht. Ich habe dann aber doch den Hofrat angerufen, weil ich sicher sein wollte. »Gehn'S, kommen'S zu mir«, hat der Hofrat gesagt, »es geschieht Ihnen nix.« So gute Erfahrungen hatte ich mit der Polizei bis dahin zwar nicht gemacht, aber ich riskierte es. Kaum war ich bei ihm im Büro, stellte er mir die Frage: »Was werdet ihr jetzt tun?« Unter »ihr« verstand er die illegalen Sozialisten. Etwas frech, wie immer, antwortete ich: »Merkwürdig, wenn die Regierung mit der Opposition zu sprechen wünscht, muß sie sich der Staatspolizei bedienen!« Hofrat Weiser wies diese Bemerkung ärgerlich zurück, aber ich meinte, wieder sehr forsch, es stünde ja für die Regierung sehr viel mehr auf dem Spiel als für uns. Was *sie* denn eigentlich vorhabe. Dann begann das Gespräch ernst zu werden. Ich schlug ihm vor, doch mit den Vertretern der illegalen Gewerkschaften zu reden; die hätten über die Betriebe den Kontakt zu den Massen und müßten zuerst eingeschaltet werden.

Am 3. März 1938 kam es zu einem Gespräch zwischen Fritz Hillegeist, einem der maßgebenden Gewerkschaftsfunktionäre, und Schuschnigg. Die Vertrauensleute von vierzehn der wichtigsten Wiener Betriebe stellten vier Hauptforderungen, die Hillegeist in seiner Autobiographie folgendermaßen beschreibt:

»1. Bekenntnisfreiheit auch für Sozialisten und Freigewerkschaften in gleicher Weise, wie sie den Nazis zum Teil schon vor, aber jedenfalls nach Berchtesgaden gegeben worden war.
2. Freie Wahlen in der offiziellen Einheitsgewerkschaft.
3. Zulassung einer freien Gewerkschaftspresse mit Rede- und Diskussionsfreiheit auch für unsere Anhänger.
4. Aufhebung aller durch das vaterländische Regime nach 1934 verfügten Notverordnungen, durch die die wirtschaftliche und soziale Lage der Arbeiter und Angestellten verschlechtert worden war.«

Also nichts Übertriebenes, um nur Hitler keinen Vorwand zu liefern, in Österreich stehe eine kommunistische Revolution vor der Tür. Aber Schuschnigg hat die Verhandlungen dem Führer der regimeabhängigen Einheitsgewerkschaft, Staud, anvertraut, und dieser hat, offenbar aus reiner Ranküne, die Gespräche sabotiert. Staud war sicherlich kein brutaler Faschist. Aber er wollte das Monopol, das ihm die Diktatur eingeräumt hatte, nicht preisgeben und hat sich zuviel Zeit gelassen.

Die Arbeiterbewegung schien in diesen Tagen wie neugeboren. In den sozialdemokratischen Kerngebieten brach ein ungeheurer Jubel aus, und die Versöhnungsbereitschaft war ganz außerordentlich. Bei Siemens & Halske und Siemens-Schuckert in Floridsdorf unterzeichneten Tausende von Arbeitern mit ihrem Namen, daß sie zum Kampf bereit seien.

Hillegeist berichtet, daß die Resolution trotz der durch Funktionäre der Einheitsgewerkschaft veranlaßten Einschaltung von Worten wie »christlich und deutsch« von rund einer Million Arbeitern und Angestellten unterschrieben wurde. Auch die Kommunisten machten mit. Die starke kämpferische Tradition der österreichischen Arbeiterschaft schien auf einmal wieder lebendig zu sein. Diese Kampfstimmung hätte man ausnützen können. Es hätte jedenfalls gelohnt, und Österreich wäre 1945 auch anders dagestanden, wenn es im Jahre 1938 eine gemeinsame Widerstandsfront gegen Hitler gegeben hätte. Manches kann als Beweis dafür herangezogen werden, daß es auch anders gegangen wäre. Jedenfalls gab es Augenblicke, in denen die Parteigrenzen überschritten wurden.

Es ist nie zu spät für eine sinnvolle Aktion: das ist mein politisches Credo gewesen. Selbst wenn alles vergeblich war, ist sie doch verzeichnet auf irgendeinem Blatt der Geschichte und hat Konsequenzen, die man nicht abschätzen kann. So war der 12. Februar 1934 für uns zwar eine vernichtende Niederlage und ist in der Geschichte doch ein stolzes Blatt. Und so hätte man auch vier Jahre später, beim Einmarsch Hitlers, bei sofortigem Widerstand, wahrscheinlich ein Volksaufgebot zustande gebracht, und der Widerstand wäre wahrscheinlich zu einem Ruhmesblatt für Österreich geworden. Wenn es möglich war, im Februar 1934 unter den ungünstigsten Verhältnissen Widerstand zu leisten, wenn auch nur ein paar Stunden lang, so mußte das erst recht denkbar sein mit der eigenen Staatsgewalt im Rücken. Unter ihrem Schutz hätte man gewiß einen echten Streik organisieren können, der im ganzen Land gezündet hätte. Ich kann es zwar nicht beweisen, aber die anderen können nur das beweisen, was sie verursacht haben, nämlich die würdeloseste Kapitulation. Fünf Jahre lang haben sie geschrien, sie hätten nur das Vaterland im Sinn; dann kommt das Vaterland in die größte Gefahr, und der

Führer der Vaterländischen weiß nur eines zu sagen: Er weiche der Gewalt – »So verabschiede ich mich in dieser Stunde von dem österreichischen Volk mit einem deutschen Wort und einem Herzenswunsch: Gott schütze Österreich!«

Ich bin am Ende meines politischen Lebens glücklich darüber, daß ich kein Menschenleben auf dem Gewissen habe. Und dennoch kann ich mir Augenblicke vorstellen, in denen man den Mut haben muß, zu sagen, daß man sogar das Leben riskieren solle. Wenn es uns in Österreich nach dem Zweiten Weltkrieg gelungen ist, uns von einer Russifizierung zehn Jahre lang freizuhalten, obwohl die Sowjets mit ungeheurer Macht präsent waren, hätten wir dann nicht auch einer damals gar nicht so gut vorbereiteten deutschen Armee, die, wie wir wissen, nicht einmal genügend Benzin hatte und sich aus österreichischen Quellen für die Weiterfahrt nach Wien versorgen mußte, einige Tage standhalten können? Wenn nur wenige Tage in und um Österreich gekämpft worden wäre, hätte uns dies nach dem Krieg das moralische Recht gegeben, gegen die Viermächteokkupation zu protestieren.

Man denke nur an die sehr sporadischen Kämpfe in Norwegen, man denke an den passiven Widerstand in Dänemark, an den Widerstand in anderen Ländern wie Holland und Belgien. Wie erst wäre Österreich dagestanden, wenn es den Mut gehabt hätte, sich zu wehren. Manches, behaupte ich, wäre anders gelaufen.

Als man die Tschechen das Fürchten lehren wollte, sind die Deutschen mit ihren Militärfahrzeugen überall aufgefahren, um den Eindruck zu erwecken, man sei zum Vormarsch gegen die Tschechoslowakei bereit. Ich kam damals zufällig in der Argentinierstraße an einem dieser Konvois vorbei. Unter den Fahrern erkannte ich meinen Freund Werndl aus der Jugendbewegung. Er flüsterte mir zu, daß sie gerade noch so viel Benzin im Tank hätten, um in die Radetzky-Kaserne zurückzukommen. Und wenn man weiß, daß der Polenfeldzug später mit Waffen geführt wurde, die zum größten Teil aus der Tschechoslowakei stammten, dann wird man vielleicht anders über diese Jahre urteilen, als es heute viele in ihrer Gedankenlosigkeit tun.

Ich bin sicher, daß diese Überlegungen Diskussionen entfachen und die Apologeten des austrofaschistischen Systems auf den Plan rufen werden. Sie werden alles bestreiten und die Hitlersche Aggression gegen Österreich als schicksalhaft begründen.

Aber am Ende müssen sie doch auch die Frage beantworten, warum das kleine Luxemburg erst dem Krieg gegen Frankreich zum Opfer fiel, warum schließlich die Schweiz nicht angegriffen wurde. In diesem Fall wird dann plötzlich die Verteidigungsbereitschaft hervorgehoben. Man stelle sich einmal vor, in welch entsetzliche Lage Hitler gekommen wäre und wieviel Mut und wieviel weniger Pessimismus und Kapitulantentum es im Westen gegeben hätte, wenn Österreich sich gewehrt hätte. Das beste Beispiel ist die Tschechoslowakei, die fest zum Kampf entschlossen war und erst kapitulierte, als sie sah, wie Österreich von allen im Stich gelassen wurde. Und ich wiederhole noch einmal, daß in der Geschichte und in der Politik das Prinzip des Minimums gilt: Selbst kleinste Veränderungen in zentralen Bereichen – etwa in der Haltung der maßgebenden Leute – können an der Peripherie unabsehbare Konsequenzen haben.

Es ist meine Überzeugung, daß es keine ausweglose Situation gibt und daß man grundsätzlich zum Widerstand bereit sein muß. Das war übrigens auch meine Überzeugung während der tschechischen Krise 1968. Bundeskanzler Klaus hatte mich damals zu einer vagen Besprechung des Landesverteidigungsrats eingeladen, bei der überhaupt nichts herauskam. Da habe ich ihn gefragt, ob er denn mit dem Führer der größten österreichischen Arbeiterpartei im Zusammenhang mit dem, was passieren könnte, nichts Konkretes zu besprechen habe. Er wisse doch, daß wir fast 90 Prozent der Eisenbahner hinter uns haben könnten, die für eine Behinderung des militärischen Nachschubs sorgen würden für den Fall, daß der Einmarsch der Warschauer-Pakt-Truppen in der Tschechoslowakei Konsequenzen habe. Daraufhin sah er mich an wie ein neugeborenes Kind und sagte: »Ich wüßte nicht, was wir eigentlich noch weiter reden sollen.« Damals gab es innerhalb der österreichischen Regierung Überlegungen, wie die katholische »Kleine Zeitung« in Graz meldete, unter gewissen Umständen den Regierungssitz nach Linz und Bad Aussee zu verlegen.

Schuschnigg persönlich habe ich nie kennengelernt, ich kann ihn daher nur politisch beurteilen. Sein erster Fehler war, daß er als Justizminister keinen Antrag stellte, den bei den Februarkämpfen 1934 schwer verletzten Schutzbundführer Karl Münichreiter vor dem Galgen zu retten. In seinem Amt hätte er ohne weiteres einen Antrag auf Begnadigung beim Bundespräsidenten stellen können. Diese Rigorosität Schuschniggs war für mich immer ein Beweis dafür, wie Menschen, die Religiosität mit Politik vermengen, in der Politik zur Härte neigen. Der katholische Prälat Ignaz Seipel ist ein weiteres Beispiel für einen hochintelligenten und hochbegabten, aber trotz seiner Religiosität unnachgiebigen Mann. Nach den Juliereignissen 1927 prägte er als Bundeskanzler den Satz: »Verlangen Sie nichts vom Parlament und von der Regierung, das den Opfern und den Schuldigen an den Unglückstagen gegenüber milde scheint, aber grausam wäre gegenüber der verwundeten Republik.« Führende Sozialisten waren entweder Atheisten oder Agnostiker, und so war uns die unerschütterliche Härte eines Seipel oder eines Schuschnigg besonders fremd. Darin lag für uns ein großer innerer Widerspruch.

Während Dollfuß starke Sympathien und bei seinen Anhängern geradezu eine Hingabe besonderer Art erweckte, war Schuschnigg ein frustrierter, verschlossener Mann ohne jegliche Popularität. Er war, mehr noch als Dollfuß, die Inkarnation des Kleriko-Faschismus. Weil er den Eindruck erweckte, österreichischer Patriot *und* Deutscher zu sein, hat er am Ende alles verloren. Als er aus Berchtesgaden zurückkam, war er eigentlich erledigt. Immer wieder fragten wir uns, ob es denn in den Reihen der Kleriko-Faschisten nicht wenigstens drei oder vier beherzte Männer gäbe, die zum Widerstand gegen Hitler bereit wären? Wozu hatte man denn die Milizen über Jahre hin zu einer Art Mittelpunkt des Staatsinteresses gemacht, wenn man den damit bekundeten Verteidigungswillen mit ein paar Sätzen über Bord werfen konnte? Dieses Regime ist zugrunde gegangen, wie es an die Macht kam: an den Sünden wider die Demokratie.

Das Wort Republik war aus der Verfassung praktisch ausgemerzt, es war immer nur vom Bundesstaat die Rede, für den man das Letzte geben wollte: Das war angesichts der nationalsozialistischen Bedrohung eine fatale Akzentverschiebung. Und wenn manche sagen, die einen seien zu wenig österreichischpatriotisch, die anderen zu wenig demokratisch gesinnt gewesen, so ist das eine auf den ersten Blick vielleicht faszinierende Formel, eine jener griffigen Zweckformeln, denen das vielzitierte Prinzip einer gewissen ausgleichenden Gerechtigkeit zugrunde liegt. Nur gestimmt hat diese Formel nie. Es gab innerhalb der österreichischen Arbeiterschaft nie jenen rückwärtsgewandten Kulturpatriotismus, der sich vor allem in Salzburg manifestierte. Es gab nichts, wofür sich die große Masse des österreichischen

Volkes patriotisch hätte begeistern können. Und die sogenannten Patrioten haben keineswegs für Österreich gekämpft, sondern lediglich die Demokratie zugrunde gerichtet. Sie versagten in dem Augenblick, wo sie sich hätten bewähren müssen, obwohl ihnen die Sozialisten und auch die Kommunisten, die in dieser Frage zur Zusammenarbeit bereitstanden, die Zusage gegeben hatten, in allem zurückzustecken und sich ihnen im Kampf um die Behauptung der Unabhängigkeit anzuschließen. Die Zurückweisung dieses Angebots war die große politische Untat des Kleriko-Faschismus am österreichischen Volk. Ich bin diesem Regime gegenüber deshalb so unversöhnlich, weil es nichts, einfach nichts gegeben hat, was die Diktatur wenigstens im nachhinein gerechtfertigt hätte.

Dieses Regime erwies sich als stark nur uns gegenüber, nur brutal gegenüber den Arbeitslosen, von arrogantem Übermut. Überall aber, wo es der echten Stärke bedurfte, Hitler gegenüber und Mussolini gegenüber, war es unterwürfig und servil, immer zur Kapitulation bereit. In seinen letzten großen Reden in Innsbruck und vor dem Wiener Parlament hat Schuschnigg scharfe Töne gegen Hitler angeschlagen. Wir waren damit einverstanden – wären die Worte nur Unterpfand tatsächlichen Widerstands gewesen. Seine eigenen Leute aber haben diese Töne verurteilt, weil sie glaubten, Schuschnigg habe Hitler damit zum sofortigen Einmarsch provoziert. Das ist natürlich ein Unsinn. Hitler war zum Einmarsch gegen dieses Regime, dessen Schwäche er kannte, entschlossen. Die Eskalation seiner Forderungen im letzten Augenblick zeigte deutlich, daß längst nicht mehr Schuschnigg, sondern Hitler den Gang der Dinge bestimmte. Das einzige, was Hitler noch hätte aufhalten können, wäre die Volksbefragung gewesen, die Schuschnigg für den 13. März 1938 angekündigt hatte. In einem Plebiszit sollte das österreichische Volk über die Unabhängigkeit und Freiheit seines Landes entscheiden. Am 11. März ließ Hitler mitteilen, daß er eine solche Volksbefragung nicht wünsche. Eine Mehrheit für Österreich hätte seine Pläne durchkreuzt und einem Einmarsch, zunächst jedenfalls, vor der Welt die Motivation entzogen.

Schuschnigg ging auf Hitlers Forderung ein. Für die Volksbefragung gab es zwar keine Vorbereitungen, nicht einmal ein Wählerverzeichnis, nichts. Aber ein großer Teil von uns war willens mitzutun, um zu zeigen, daß wir bis zum äußersten gehen würden, Österreich gegen Hitler zu verteidigen. So weit ist es nicht mehr gekommen, denn am Freitag vor der Volksbefragung kapitulierte die Regierung.

Historisch gesehen hat es meiner Meinung nach vier Chancen gegeben, die sich abzeichnende Machtergreifung Hitlers in Österreich abzuwehren: Die erste war das Koalitionsangebot des Prälaten Seipel im Jahre 1931. Ich habe darüber ausführlich berichtet und festgestellt, daß der Fehler auf seiten der Sozialdemokraten lag. Eine zweite Chance war das Angebot Oscar Pollaks über Ernst Karl Winter nach dem Juliputsch 1934, eine maßvolle Forderung nach einer Redemokratisierung in Österreich. Schuschnigg lehnte ab. Eine dritte Gelegenheit war das Bekenntnis der illegalen Sozialisten zu Österreich, im Sozialistenprozeß am deutlichsten formuliert, und die letzte, wohl unsicherste, bot sich nach Schuschniggs Rückkehr aus Berchtesgaden: die Volksbefragung.

Wenn Schuschnigg daran festgehalten oder wenn man sie ein Jahr zuvor durchgeführt hätte, wäre Hitler nicht so leicht nach Österreich gekommen. Der österreichische Historiker Erich Zöllner konnte nachweisen, daß sich zwar bei den am 24. April 1932 in Wien, Niederösterreich und Salzburg abgehaltenen Landtagswahlen und bei den Gemeinderatswahlen in Kärnten und Steiermark der Nationalsozialismus als politische Kraft etablierte, daß aber bei Nationalratswahlen in ganz Österreich wohl nicht mehr als zwanzig Prozent der Stimmen für die Nationalsozialisten abgegeben worden wären. In Deutschland gewann die NSDAP am 31. Juli 1932 hingegen 37,3 Prozent der Stimmen und wurde die stärkste Fraktion im Reichstag. Auch bei der letzten relevanten Wahl in Österreich, bei den Landtagswahlen im extrem konservativen Vorarlberg, erreichten die Nationalsozialisten nur rund 10,5 Prozent der abgegebenen Stimmen.

Was wäre geschehen, wenn man diese letzte Chance rechtzeitig wahrgenommen und sich nicht unglückseligerweise auf Mussolini verlassen hätte? Wenn das kleriko-faschistische Österreich nicht diesem Aberwitz Schuschniggs gefolgt wäre, ein zweiter, sogar besserer deutscher Staat zu sein? Hätte man sich auf die Grundlagen einer demokratischen Republik berufen, hätte sich manches anders gestalten lassen.

Sein 1937 erschienenes Buch »Dreimal Österreich« habe ich seinerzeit hastig durchgelesen – natürlich mit den Augen eines Illegalen. Schuschniggs These, Österreich sei der zweite deutsche Staat, sozusagen das katholische Gegenstück zum Deutschen

Reich, war im Grunde eine vorweggenommene Kapitulation. Mit dieser These provozierte er nämlich die Frage, wozu man eigentlich zwei deutsche Staaten brauche, zumal beide im höchsten Maße autoritär waren.

11. Kapitel
Der »Anschluß« kam anders

Die österreichische Diktatur, die gut vier Jahre gedauert hatte, war der fruchtbarste Boden für die Drachensaat des Nazismus. Im Grunde war der Kleriko-Faschismus ein einziges Vakuum. Und in dieses Vakuum stieß eine Bewegung vor, die ihre politischen Ziele sehr viel hemmungsloser manifestierte. Das Regime hatte immer mehr an Boden verloren und in steigendem Maße Unsicherheit verbreitet. Zwar wußte niemand genau, was der Nazismus bringen würde, aber daß er anders aussehen würde als das mit den Mitteln der Diktatur mühsam aufrechterhaltene System der Unfreiheit, lag auf der Hand. Anders als das, was man hatte – das hieß für die meisten eben, daß es nur besser werden könne.

Das alte Kampflied der sozialistischen Bewegung hieß: »Den Feind, den wir am tiefsten hassen ... das ist der Unverstand der Massen.« Aber der Austrofaschismus war eine solche Realität, daß man nicht mit »Unwissenheit« argumentieren kann. Man muß die Menschen verstehen, die diese Realität erlebt haben: für die einen war der »Anschluß« eher ein Akt der Befreiung, für die anderen zunächst nur das Loswerden des verhaßten Regimes. Nicht anders ist das hohe Maß an Zustimmung zu Hitler zu erklären. Denn charakterlich sind die Österreicher nicht schlechtere Menschen als andere. Nur war im Bewußtsein der Österreicher die Demokratie nicht so tief verwurzelt wie etwa bei Schweizern, Engländern oder Skandinaviern. Sie verbanden mit der Demokratie viel zu wenig Positives. Die Erste Republik war für sie ein Staat der Unordnung, der Bürgerkriege und der großen Arbeitslosigkeit gewesen, und sie waren außerstande, den Sinn der Parteien in der Demokratie der zwanziger Jahre zu verstehen. Mit Hitler hat sich die Vorstellung verknüpft, daß sich das eigene Schicksal wenden würde.

Deutsch-national im eigentlichen Sinne waren die Österreicher nicht. Vielleicht zwanzig Prozent haben sich als Deutsche empfunden, aber politisch hätte sich das kaum manifestieren können. Diesen Prozentsatz an gefühlsmäßigen Deutsch-Nationalen hat es wohl auch im alten Österreich gegeben. Verzichten auf den eigenen Staat wollte die große Mehrheit der Österreicher jedoch erst, als die Demokratie vernichtet worden war.

Österreich hatte eines nicht in jenen Jahren: einen zuverlässigen politischen Liberalismus. Er beschränkte sich auf einige sehr wenige, aber prominente Träger des kulturellen Lebens. Zu einem Teil waren sie jüdischer Herkunft und stießen schon deshalb auf der rechten Seite auf Ablehnung oder fanden eine nur scheinbare Anerkennung, wie etwa Hofmannsthal und Reinhardt durch die Salzburger Festspiele. Hinzu kamen einige Journalisten, die aber aus Angst vor Hitler die Konservativen stützten. Und es gab jene, die, wenn auch nicht aus ganzem Herzen, die politische Heimat ihres Liberalismus in der Sozialdemokratie sahen. So ist der berühmte Aufruf von 1927 zu erklären, der eine Reihe der glanzvollsten Namen des kulturellen Lebens der Zwischenkriegszeit umfaßte:

»Angesichts des politischen Kampfes in dieser Stadt fühlen wir uns vor unserem Gewissen verpflichtet, folgende Erklärung abzugeben: Der geistig wirkende Mensch steht zwischen und über den Klassen. Er kann sich keinem politischen Dogma beugen, denn der Geist allein ist es, der die neuen Wirklichkeiten schafft, deren sich die Politik erst später bemächtigt. Ein Augenblick aber wie dieser verlangt von uns Entscheidungen, die im geistigen Sinne getroffen werden müssen. Es ist nicht unsere Absicht, in den Kampf der Wirtschaftsauffassungen einzugreifen und zu Steuerfragen etwa das Wort zu nehmen. Nach unserer Meinung haben Staat und Gesellschaft die Pflicht, dem einzelnen Menschen das Leben zu erleichtern und nicht zu erschweren. Wir verwerfen daher alle unbillige Härte obrigkeitlicher Forderungen. Es wäre aber ein wahres Versäumnis, wenn man im Abwehrkampf gegen Steuerlasten die große soziale und kulturelle Leistung der Wiener Stadtverwaltung übersähe. Diese große und fruchtbare Leistung, welche die Bedürftigen leiblich betreut, die Jugend nach den besten Prinzipien erzieht und entwickelt, den Strom der Kultur in die Tiefe leitet, diese Taten wollen gerade wir anerkennen, dieses überpolitische Werk möchten gerade wir erhalten und gefördert wissen. Geist und Humanität sind ein und dasselbe. Sie vermögen die lauten und gierigen Gegensätze des materiellen Lebens zu mildern. Mögen auch die ökonomischen Bewegungen und politischen Schlagworte schreiend den Vordergrund behaupten, wir werden uns nicht betäuben lassen. Wir können das Opfer des beseelten Intellekts nicht bringen. Wir müssen daher dem Versuch entgegentreten, die Öffentlichkeit durch eine wirtschaftliche Kampfparole zu blenden, die aber in

Unter Jubel und Glockengeläut hält Hitler Einzug in Wien; der Konvoi in der Mariahilferstraße

Wirklichkeit nur auf den Stillstand, ja auf den Rückschritt abzielt. Wesen des Geistes ist vor allem Freiheit, die jetzt gefährdet ist, und die zu schützen wir uns verpflichtet fühlen. Das Ringen um eine höhere Menschlichkeit und der Kampf gegen Trägheit und Veródung wird uns immer bereit finden. Er findet uns auch jetzt bereit.«

Zu den neununddreißig Unterzeichnern zählten Alfred Adler, Sigmund Freud, Fritz Grünbaum, Hans Kelsen, Alma Mahler, Robert Musil, Alfred Polgar, Anton Webern und Franz Werfel.

Das Bild jener Tage im März 1938 wird dadurch verzerrt, daß man nur den Jubel auf den Straßen und Plätzen gesehen hat und nichts von den Millionen, die zu Hause blieben oder sich gar auf einen Widerstandskampf vorzubereiten begannen. »Und man sieht nur die im Lichte, die im Dunkeln sieht man nicht.« Protestieren hieß damals zu Hause bleiben und die Fenster zumachen. Die ganz Mutigen hatten keine Hakenkreuzfahne zum Fenster hinausgehängt; das war ein erhebliches Risiko angesichts einer siegestoll gewordenen »Volksgemeinschaft«.

Betrachtet man die Dinge genauer, konnten sich die Nazis auf nicht mehr als ein Drittel der Bevölkerung stützen. Die NSDAP

Wien, 15. März 1938: Adolf Hitler betritt den Heldenplatz, um »vor der Geschichte« den Eintritt seiner Heimat in das Deutsche Reich anzumelden. In seiner Begleitung der Oberbefehlshaber des Heeres, Generaloberst von Brauchitsch, der Chef des Oberkommandos der Wehrmacht, General Keitel, die späteren Feldmarschälle Milch und Bock, Heinrich Himmler (im Hintergrund) sowie Generäle des österreichischen Bundesheeres.

hatte ja, anders als etwa die Kommunistische Partei in der Sowjetunion, am Anfang keine Mitgliedersperre. Wer zu ihnen kommen wollte, durfte kommen, vorausgesetzt er war kein Anhänger des früheren »Systems« gewesen. Infolgedessen konnte jeder zu ihnen stoßen; auch jeder frühere Sozialdemokrat durfte Nazi werden.

Im Jahre 1946 gab es 536.662 registrierungspflichtige Nationalsozialisten. Das sind viele, und wenn man noch die Familienmitglieder dazurechnet, kommt man sicher auf eine Million. Man kann davon ausgehen, daß jeder, der ein Nazi war, es auch durch seine Mitgliedschaft demonstrieren wollte, so daß die sogenannten Mitläufer hierbei schon eingerechnet wären. Ein Austritt aus der Nationalsozialistischen Partei war undenkbar, weil das zur Existenzvernichtung geführt hätte. Österreich hatte damals fast 6,8 Millionen Einwohner. Den kühnen Schluß zu ziehen, wonach alle Österreicher oder doch die gewaltige Mehrheit

Nazis waren, ist also falsch. Eine Berufsstatistik der Parteimitglieder zeigt, daß etwa 120.000 Arbeiter und Arbeiterinnen zur NSDAP gehörten, das heißt ungefähr ein Fünftel. Es waren vor allem Arbeiter bei selbständigen Betrieben. Selbständige hatten den Ehrgeiz, die bei ihnen Beschäftigten zu Parteigenossen zu machen, um als Musterbetrieb zu gelten. Die Zahl der Angestellten lag höher: 161.346.

Prozentual gesehen, gab es bei uns allerdings mehr Nazis als in Deutschland, wo am 1. Mai 1933, dem Tag der Mitgliedersperre, auf eine Gesamtbevölkerung von 66 Millionen 3,9 Millionen Parteimitglieder kamen. Nach dem Krieg waren von den sogenannten Spruchkammerverfahren in den drei westlichen Zonen Deutschlands etwa 6 Millionen betroffen. Aber mit Blick auf die Entwicklung in Deutschland muß man zugeben, daß es die meisten bei uns sehr viel eiliger hatten, sich rechtzeitig unter das schützende Dach der Parteimitgliedschaft zu flüchten, vor allem die Massen des Kleinbürgertums. Ich sage das alles nicht, um die Österreicher besser zu machen als sie sind, sondern um zu zeigen, daß sie, jedenfalls in ihrer großen Mehrheit, keine überzeugten Nazis waren.

Nehmen wir an, daß alle Plätze der Republik, auf denen sich von Freitag an die Menschen versammelten, zum Bersten überfüllt waren. Nehmen wir den Heldenplatz, auf dem Hitler am 15. März den Eintritt in das Deutsche Reich verkündete. Ich selber hatte einmal eine Großkundgebung auf dem Heldenplatz mit zu organisieren. Dichtgedrängt haben dort etwa 250.000 Menschen Platz, aber Wien hatte damals 1,8 Millionen Einwohner. Wo waren die anderen? Braunau, Linz, St. Pölten, Wiener Neustadt – nehmen wir an, daß sich überall, wo es Plätze gab, Menschen versammelt haben: dann kommt man im besten Fall auf 500.000 bis 600.000. Aber Österreich hatte 6,8 Millionen Einwohner. Schließlich sind auch sehr viele Jugendliche und Kinder durch dieses Schauspiel mobilisiert worden, und so kann man mit Recht sagen, es haben doch beträchtliche Millionen gefehlt. Wo sind sie geblieben?

Es gibt eine hübsche Wiener Anekdote aus dieser Zeit, die ich hier erzählen möchte. Es sagt ein Mann in der Straßenbahn: »Ka Butter hamma und ka Fleisch hamma, aber an Führer hamma.« Die Leute hören sich das an, keiner rührt sich, und nach einiger Zeit sagt der wieder: »Ka Butter hamma und ka Fleisch hamma und kane Schuach hamma, aber an Führer hamma.« Nachdem sich das ein paarmal wiederholt, sagt der Schaffner: »Sie, also das kann ich nicht zulassen, Sie führen hier Reden ... Wenn'S nicht aufhören, hol' ich einen Wachmann.« Der Murmler hört nicht auf. Darauf wird ein Wachmann geholt, und der Wachmann läßt sich von dem Kondukteur den Vorfall erzählen. Ein Zeuge wird gesucht. Keiner rührt sich, jeder hat eine Ausrede. »Also«, sagt der Wachmann schließlich, »ich kann da ohne Zeugen nichts machen.« Der Schaffner läutet, und die Straßenbahn fährt weiter. »Ka Fleisch hamma«, fängt der Mann wieder an, »ka Butter hamma, kane Schuach hamma, aber a Volksgemeinschaft hamma.«

Der Mann in der Straßenbahn hatte völlig recht. Die österreichischen Nazis waren bis zum Einmarsch Hitlers wirklich eine Minderheit. Die Mehrheit bildeten die bis dahin siegreichen Austrofaschisten und die besiegten Austromarxisten. Die Herrschaft war den Nazis von den Deutschen geschenkt worden. Eben das erklärt auch, warum unter den führenden Nazis so viele Österreicher eine Rolle gespielt haben. Sie hatten auf die Machtergreifung in Österreich sehr lange warten müssen. Infolgedessen waren sie sehr viel stärker brutalisiert und reagierten im Augenblick des Triumphs mit besonderer Niedertracht und suchten auch später im Großdeutschen Reich, sich hervorzutun. Das ist ein Phänomen, das man oft beobachten kann. 1945 haben wir es bei den Tschechen ähnlich erlebt. Da sie so wenig für ihre eigene Befreiung getan hatten, traten sie im Moment der Befreiung um so leidenschaftlicher auf – fast möchte ich sagen, brutal –, was sich bei der Vertreibung ihrer deutschsprachigen Mitbürger in manchmal sehr grausamer Weise gezeigt hat.

Das Schicksal des österreichischen Ständestaates vollendete sich an einem Wochenende, am Freitag, dem 11. März 1938. Ich habe an einem Vorbereitungskurs für meine letzte Prüfung teilgenommen, aber es hielt mich dort nicht lange. Ich ging aus meinem Kurs weg und hörte dann vor dem Radio Schuschniggs Kapitulationserklärung. Wir, die Sozialdemokraten, hatten in der Hoffnung, daß es in den Verhandlungen mit Schuschnigg doch zu einem Durchbruch kommen werde, überall unsere Leute versammelt, um ihnen zu sagen, daß sie sich trotz aller Feindschaft gegen das Regime an der Volksbefragung beteiligen sollten, die für den Sonntag festgesetzt war. Unsere Parole lautete vieldeutig: Nach diesem Sonntag wird der Montag anders ausschauen in

Österreich. Er sah in der Tat anders aus, als wir erhofften, und ärger, als wir befürchteten.

An diesem Montag wollte ich rasch mein Rigorosum ablegen, um dann voll mit dabei zu sein, falls ... Aber nach der deplorablen Rücktrittserklärung Schuschniggs war alles verloren, jede Illusion zerstört, jeder Traum ausgeträumt. Und unsere Leute, die sich überall wieder versammelten, haben es mit Entsetzen zur Kenntnis genommen. Sie hatten das Gefühl, daß es endgültig aus war, und zwar für lange, lange Zeit; wieder einmal waren sie betrogen worden. Noch am 11. März unterschreibt Hitler den Befehl für den Einmarsch in Österreich mit dem Decknamen »Unternehmen Otto«, und am 12. März überschreitet er in der Nähe seiner Heimatstadt Braunau die deutsch-österreichische Grenze. In der Nacht noch hat sich die Machtübernahme der österreichischen Nazisten verwirklicht, und am Abend des 13. März – es war der Sonntag, an dem die Volksbefragung hätte stattfinden sollen – proklamierte Hitler die Eingliederung Österreichs in das Deutsche Reich.

Für Montagmorgen war seit langem mein letzter Prüfungstermin angesetzt. Ich war immer sehr bemüht gewesen, meine Prüfungen rechtzeitig zu machen, denn nichts war damals in der

Nach dem »Anschluß«: das »jüdische« Kaufhaus Herzmansky im Fahnenschmuck ...

Sozialdemokratischen Partei mehr verpönt als ein Student, der seine Prüfungen nicht machte, denn viel zu viele unter den intelligenten Arbeitern berührte es schmerzhaft, daß sie trotz ihrer intellektuellen Voraussetzungen nicht das Glück hatten, studieren zu dürfen. Vier Jahre lang hatte ich wegen meiner Relegierung und Haft darauf gewartet, endlich fertig zu werden, und so konnten mich auch die Ereignisse vom Wochenende nicht davon abbringen.

Einige der Professoren allerdings waren so verschreckt, daß sie zum Teil gar nicht erschienen sind; man mußte sie aus den Betten holen, weil an diesem Tag auch einige Nazis Prüfungstermine hatten. Die Professoren waren, sofern sie nicht selber seit langem sogenannte Nationale waren, relativ klerikal. Einer der klerikalsten sagte uns: Da heute für viele ein Freudentag sei, wolle er ihnen die Prüfungen ersparen, und nur der, der mehr als »Genügend« haben wolle, werde geprüft werden; es werde aber nur eine einzige Prüfungsfrage gestellt werden. Der Professor in Kirchenrecht war besonders zuvorkommend. Er meinte: »Fragen werde ich Sie nicht. Welche Frage wollen Sie denn beantworten?« Ein anderer, ein sehr boshafter und haßerfüllter Nazi mit einer ekelhaften Fistelstimme, hat, nachdem er meinen Akt gelesen hatte

... ein paar Häuser weiter, Mariahilferstraße 73, das Café Ritter und Strasser

und den Grund meiner Vorstrafen wußte, mir die Frage gestellt: »Herr Kandidat, sagen Sie mir, wie begründen Sie staatsrechtlich den ›Anschluß‹ Österreichs an Deutschland?« Ich erwiderte, vor so manchem Zeugen: »Herr Professor, ich bitte vielmals zu entschuldigen, aber ich bin ja, wie Sie aus den Unterlagen erkennen, aus politischen Gründen im Gefängnis gewesen, eben weil ich mich schon mit der Rechtsgrundlage des früheren Regimes nicht abfinden konnte. Ich bitte um eine andere Frage.« Schönbauer meinte: »Wären Sie nicht von dieser Abstammung, hätte man das vielleicht als mutig bezeichnen können, so aber kann ich das nur als Chuzpe bezeichnen.« Da aber heute ein so großer historischer Tag sei, wolle er mir kein Hindernis in den Weg legen; ich werde ja, meinte er, ohnehin nicht viel Freude haben.

Auf den Gängen draußen randalierten die Nazis. Die Universität war wie eine große Kaserne; es wurden Hemden, Stiefel und Hosen anprobiert. Dann stürmten einige in den Prüfungssaal. Einen von ihnen erkannte ich als meinen alten Mitschüler Felix Rinner, der, aus einer sozialdemokratischen Arbeiterfamilie kommend, während seines Studiums ein leidenschaftlicher Nazi geworden war. Dies ist er bis zu seinem Ende auch geblieben. Ich war mit Rinner in der Mittelschule sehr befreundet gewesen. Aus Bewunderung teilte ich oft mit ihm mein bescheidenes Taschengeld. Er war sehr sportlich und galt als einer der besten Mittelstreckenläufer. Bei der Olympiade in Berlin zeichnete er sich allerdings dadurch aus, daß er sich als Österreicher zu »Großdeutschland« bekannte. Dies machte ihn zum beliebtesten aller österreichischen Nazis. In Rinner personifizierten sich sehr viele soziologische Aspekte. Sein Vater war Rentner, und da es damals für Arbeiter keine Altersrente gab, waren die Verhältnisse zu Hause erbärmlich. Wie ich bereits erzählt habe, hatte sich Felix Rinner durch mich für die Sozialistischen Mittelschüler im dritten Wiener Gemeindebezirk anwerben lassen, war aber wahrscheinlich nur ein einziges Mal bei einem Gruppenabend erschienen. Seine freie Zeit verbrachte er lieber in einem Sportklub im Prater. Dort hat er seine ersten Nazifreunde getroffen, die ihn später, als er unsere Schule verlassen mußte, und auch während des Studiums finanziell unterstützten.

Felix Rinner stürmte also an der Spitze einiger Leute in den Saal, um zu sehen, ob da Juden wären. Er hat mich natürlich sofort erkannt, ging aber ostentativ an mir vorüber. So kam ich an diesem 14. März ohne Schwierigkeiten aus der Universität, während ich bei früheren Anlässen sehr oft unter denen war, die mit den anderen jüdischen und sozialistischen Studenten hinausgeworfen wurden. Es ist eine Laune des Schicksals, daß ich gerade an diesem Tag ungeprügelt davonkam.

Das Doktordiplom habe ich nicht mehr selbst in Empfang genommen, sondern einer meiner gesinnungsfestesten Freunde, Dr. Kurt Scheffenegger, hat das für mich erledigt. Ohne ihn wäre ich kein österreichischer Doktor geworden. Und noch einer hatte mir dabei geholfen und sicher ein Auge zugedrückt: der Nationalökonom Prof. Dr. Hans Mayer.

Glücklich aus der Universität heraußen – ich glaube mich noch an das laute Pochen meines Herzens zu erinnern –, ging ich, um mich ein wenig zu beruhigen, in mein geliebtes Stammcafé, das leider nicht mehr bestehende Café Schottentor. Dieses Café spielte zwar keine so herausragende Rolle wie die zehn Minuten entfernt liegenden Cafés Central und Herrenhof, aber es gab auch hier eine sehr intellektuelle Klientel, bedingt durch die Nähe der Universität. Im Café Schottentor gab es den berühmten Oberkellner Tschada, einen der schönsten Oberkellner Wiens. Er war bekannt dafür, ihm unsympathische Gäste auf eine einzigartige Weise zu vertreiben. Wenn ein solcher Gast das Lokal betrat, konnte Tschada durch das ganze Kaffeehaus rufen: »Herr Doktor, eine Dame hat angerufen, aber es war sicher nicht die Frau Gemahlin!«

Jeder, der die erste Staatsprüfung hinter sich hatte, wurde von Tschada mit einem leicht ironischen Unterton »Herr Doktor« genannt. Besonders prononciert tat er das bei einem Mann, der angeblich bereits elf Jahre lang Jus studierte. Wieder einmal vor einer Prüfung stehend, geht er nervös, die Gäste irritierend, in dem kleinen Kaffeehaus auf und ab. Immer wieder hört man die Kellner rufen: »Bitte Vorsicht, Herr Doktor! Bitte Herr Doktor, danke Herr Doktor!« Schließlich soll einer der irritierten Gäste – man sagte, es sei Anton Kuh gewesen – die Geduld verloren haben: »Was ist, Herr Doktor, den ganzen Tag hier so herumpromovieren?«

An besagtem Montag war der Oberkellner Tschada zutiefst bedrückt. Auch für ihn ist damals eine Welt untergegangen. Er teilte mir mit, daß man mich bereits von zu Hause angerufen und mir in verschlüsselter Weise empfohlen habe, nicht nach Hause zu kommen. Ich rief meinen Vater im Büro an. Ich hätte wieder Besuch gehabt, sagte er, und ich verstand sofort, daß es die Polizei war. Mein Vater riet mir, an dem geplanten Skiausflug nach Lech teilzunehmen, zu dem sich auch eine englische Studentengruppe angemeldet hatte. Es wäre mir ein leichtes gewesen, mit dieser Gruppe Österreich zu verlassen, indem ich den Paß eines englischen Studenten genommen hätte, dem beim nächsten Konsulat sofort ein neuer ausgestellt worden wäre. Ich wollte das nicht. Als ich das Café Schottentor verließ, verabschiedete ich mich mit Galgenhumor vom Oberkellner: »Herr Tschada, wenn wir wiederkommen, dann werden Sie unser Zeremonienmeister.«

Als ich nach Hause kam, war die Polizei tatsächlich bereits dagewesen. Unserer Haushälterin hatte man gesagt, wenn man mich nicht fände, werde die Familie »drankommen«. So ging ich am nächsten Tag aufs Polizeikommissariat. Die Polizisten kannte ich aus der Zeit meiner Meldepflicht. »Meine Herren, Ihr habts mich verlangt, da bin ich.« Dann wurde ich in die nächste Zelle gesteckt. Es war die übliche schlechte Beleuchtung, der schlechte Geruch, das schlechte Essen, alles, was ich schon kannte – aber eine andere Klientel.

Es gab einen einzigen Sozialdemokraten, Hermann Lackner. Er war der nächste Mitstreiter des sagenumwobenen Koloman Wallisch gewesen. Von den elf Jahren Diktatur in Österreich saß Lackner 10 Jahre, 6 Monate und 5 Tage im Gefängnis, am längsten von allen Sozialdemokraten. Er war gerade aus der Haft entlassen worden und wollte vom Südbahnhof aus nach Hause in die Steiermark fahren, als er schon wieder festgenommen wurde. Mit ihm freundete ich mich damals an, und wir blieben Freunde bis zu seinem Tode 1984. Er war für mich die Inkarnation des neuen Menschen, wie ihn die Sozialdemokratie schaffen wollte: aus der Arbeiterschaft kommend und von einem brennenden Wissensdurst erfüllt.

Unter den Mitgefangenen war auch ein sogenannter »Fassltippler«, ein Mann, der davon lebte, daß er die fast leeren Bierfässer, die nachts vor den »Beiseln« standen, austrank. Als er in der Nacht des »Anschlusses« seine Runde beendet hatte, war er offenbar reichlich betrunken. Er hat noch »Heil Schuschnigg« gerufen, bevor er dann auf einer Parkbank einschlief. Als er aufwachte, hat er halt wieder »Heil Schuschnigg« gerufen, aber da hätte er schon »Heil Hitler« rufen müssen, was er ja ohne Not auch getan hätte. Nur hat er sich nicht realisiert, daß das so geschwind geht. Und da war er auch schon drin.

Nach kurzer Zeit brachte man mich auf die mir wohlvertraute »Elisabethpromenade« und von dort ins Landesgericht II, in dem ich bis dahin noch nicht gewesen war. Im Einser hatte man es uns immer als ein Dorado gepriesen, natürlich mit den Einschränkungen, die ein Gefängnis mit sich bringt, und so war ich sehr neugierig. Es war weder ein schönes noch ein besonders komfortables Gefängnis. Aber es hatte einen leicht provinziellen Charakter und wirkte dadurch etwas milder als der Gefangenensilo des Einser. Auch war das Essen besser, was Häftlinge besonders zu schätzen wissen.

Im »Grünen Heinrich«, dem Transportwagen für Gefangene, saß mir ein Mann gegenüber, den ich nur vom Sehen und aus der Zeitung kannte, der Finanzminister Dr. Ludwig Draxler. Er hätte seinem Habitus nach und mit den Schmissen im Gesicht eigentlich ein Nazi sein können. Dr. Draxler hatte es als Anwalt zu einer großen Kanzlei gebracht und, als er Finanzminister wurde, ungeniert auch alle jene Fälle übernommen, die in die Kompetenz seines Ministeriums fielen.

Dr. Draxler saß dann mit mir im Zweier Landesgericht in der gleichen Zelle. Da ich als einziger die Gebräuche des Gefängnisses kannte und auch die Sprache verstand, die man sprechen mußte, begann ich sofort mit einem »Fazi«, einem der Kriminellen, die Dienst gemacht haben, alles mögliche zu organisieren: Rasierklingen, Schreibzeug, Zigaretten und was so dazugehört. Und da stand neben mir ganz fassungslos der Herr Bundesminister a. D. Dr. Draxler: »Herr Doktor«, sagte er zu mir, »woher wissen Sie denn das, woher können Sie denn das alles?« Ich habe ihm süffisant geantwortet: »Weil Sie mich eingesperrt haben.« »Wieso?« fragte er, »wieso ich? Ich hab nie jemanden...« Ich fiel ihm ins Wort: »Nein, aber Ihre Regierung. Und jetzt sitzen wir alle da, und das habe ich euch schon vor ein paar Jahren in meinen Aufsätzen vorausgesagt, daß das so ausgehen wird.«

Als einer der Gefolgsleute des Fürsten Starhemberg ist der Dr. Draxler auf der falschen Seite gestanden, aber irgendwie waren wir uns sympathisch, und daraus entwickelte sich eine regelrechte Freundschaft, die bis zu seinem Tode gedauert hat. Er war ein angenehmer Zellengenosse, weil er ganz einfach ein zivilisierter Mann war und auf sich geschaut hat. Außerdem war er zutiefst deprimiert und hat mich immer wieder gefragt, wie ausgerechnet ihm derartiges widerfahren konnte. Seine Argumentation ist im wesentlichen in die Richtung gegangen: Was hab' ich eigentlich hier verloren – ehemaliger Kriegsflieger, abgestürzt, schlagender Student, ein grenzenloser Bewunderer Mussolinis. Vielleicht, so fragte er sich, war es falsch von mir, mich mit der ehemals demokratischen Partei, den Christlichsozialen, einzulassen, wo ich doch aus dem nationalen Lager kam. Was er nicht einbekannte, war, daß er in erster Linie eigentlich ein großer Karrierist war.

Allmählich wurde ich Tröster vom Dienst. Ich war so etwas wie sein Beichtvater und Ratgeber. Als die SS Dr. Draxler verhörte, wurde er auch nach seinen Konten gefragt; man vermittelte ihm den Eindruck, er sei ein Verirrter und könne daher mit Gnade rechnen, und Dr. Draxler, beeindruckt von der Höflichkeit des SS-Offiziers, gab bereitwillig Auskunft über seine Vermögensverhältnisse. Der SS-Mann, erzählte Dr. Draxler nach der Rückkehr in die Zelle, habe ihm sogar sein Offiziersehrenwort gegeben. »Na, da werden Sie sich noch wundern«, sagte ich nur, und wenige Tage später war sein Bankkonto ganz und gar ausgeplündert. Sicher hat seine Familie noch genug zum Leben gehabt, denn er war in wenigen Jahren ein reicher Mann geworden.

Als Dr. Draxler später nach Dachau abtransportiert wurde, hat er mir beim Abschied eines seiner Hemden geschenkt, hergestellt bei der nobelsten Hemdenfirma Wiens. Das Hemd war mir um vieles zu groß, und ich hab' ausgeschaut wie ein »Kropferter«, der plötzlich seinen Kropf verloren hat. Aber da meine eigenen Hemden fast alle zerschlissen waren, lief ich mit dem Hemd des Dr. Draxler herum. In der Emigration ließ ich es dann in Erinnerung an ihn und diese Zeit umarbeiten. Als wir uns nach dem Krieg wiedersahen, sagte ich ihm: »Du, ich trag noch immer dein Hemd.«

In der Haft war auch ein alter, sympathischer Direktor der christlichsozialen Druckerei, ein armer Teufel, der schwer unter Arthritis litt. Als er eines Tages ins Konzentrationslager abmarschieren mußte, habe ich ihm meinen Wintermantel mitgegeben, weil ich sah, wie krank er war.

So bildete sich eine neue Gefängnisgemeinschaft, bestehend aus den Ehemaligen – den Sozialisten und den Kommunisten – und den Neuen, den Vertretern des Kleriko-Faschismus, die die Stelle der Nazis eingenommen hatten. Wir waren ohne Rachegefühle diesen Leuten gegenüber, und auch Schadenfreude haben wir nicht empfunden; wir haben sie einfach als Mitgefangene betrachtet, die mit uns jetzt dasselbe Schicksal teilten. Es war eine kuriose Mischung, und durch das viele Umschaufeln der Gefangenen kam ich im Laufe der Zeit mit vielen prominenten Vertretern des Kleriko-Faschismus zusammen.

Unter ihnen befanden sich Schuschniggs Pressechef Walter Adam sowie der Chauffeur des »Propagandaministers« Guido Zernatto, Franz Kriklan. Der hatte seinen Chef noch über die Grenze nach Preßburg gebracht und war dann zurückgekehrt, mit Roß und Wagen sozusagen. Er war später, nach dem Krieg, unter Bundeskanzler Figl Fahrer im Bundeskanzleramt. Die führenden Persönlichkeiten der Vor-Hitler-Diktatur haben mir natürlich – ohne Details auszuplaudern – viele Interna erzählt; dadurch ist mir die Ohnmacht dieser sich omnipotent gebenden Regierung noch bewußter geworden.

Alles, was Rang und Namen hatte unter den Kleriko-Faschisten, war jetzt eingesperrt. Es hat deshalb so gut geklappt, weil die österreichischen Polizeibeamten größtenteils Nazis waren und genau wußten, wen sie einzusperren hatten. Sehr viele Sozialisten dagegen sind damals merkwürdigerweise noch nicht eingesperrt worden, und vor allem die Schutzbundführer sind meist ungeschoren geblieben. Ich glaube, man war deshalb so zurückhaltend, weil die Gestapo sich gesagt hat, die sollen sich nur sicher fühlen; aus dem Gefühl der Sicherheit heraus werden sie zu arbeiten beginnen, und wenn sie dann – um in der Sprache der Gestapo zu bleiben – aus ihren Löchern hervorkommen, werden wir zuschlagen.

Eines Tages verbreitete sich das Gerücht, aus Anlaß des ersten offiziellen Besuches von Göring in Wien werde man alle politischen Gefangenen auf Bewährung entlassen. Dies sei ein Akt Göringscher Generosität. Als wir spätabends in die Grünen Heinriche verladen wurden, mußten wir durch ein Spalier von SS-Leuten, die uns schärfstens bewachten. Da sagte ich zu Ludwig Draxler: »Du, wenn das wahr wäre, daß wir jetzt freikommen, dann würden uns die wegen der halben Stund nicht so bewachen!« Die Fahrt schien endlos. Dann sah ich durch den Schlitz des Grünen Heinrichs etwas glitzern – das Wasser des Donaukanals. Das bedeutete, daß wir über eine Brücke fuhren und entweder in den 2. oder in den 20. Bezirk geführt wurden.

Das Ziel der Fahrt ins Ungewisse war eine ehemalige Volksschule in der Karajangasse. Dort hatte man ein Notgefängnis eingerichtet. Jedes andere Gefängnis wäre mir lieber gewesen, aber was half's. Man gab uns Stroh, das wir in Säcke füllen mußten;

das waren unsere Betten. Tagsüber mußten die Säcke an der Wand aufgestellt werden, damit wir Platz hatten, uns zu bewegen. Wir sind den ganzen Tag im Kreis gegangen, was eine beträchtliche Strafverschärfung war. Da sagte der berühmte Wiener Kabarettist Fritz Grünbaum zu mir: »Und die draußen glauben, wir sitzen.«

Die Freunde aus der Bewegung waren auch in der Karajangasse nicht sehr zahlreich. Mein Freund Hans Kunke war dabei und Friedrich Hillegeist.

Nicht so klar ist mir gewesen, warum gerade ich verhaftet worden war; eine so prominente Rolle habe ich eigentlich gar nicht gespielt. Die offizielle Begründung lautete, daß ich wegen »staatsabträglichen« Verhaltens in »Schutzhaft« genommen worden sei. Verhört wurde ich in dieser Sache nie. Im Entwurf eines Schreibens an die Gestapo hielt ich fest, daß ich nicht geflüchtet sei, sondern mich freiwillig gestellt und schon deshalb Anspruch auf ein Verhör hätte. Gleichzeitig betonte ich, »daß ich natürlich weiterhin meine sozialistische Gesinnung nicht verleugnen« werde.

Nahezu alle Juden, die man verhaftet hatte, waren in der Karajangasse zusammengebracht worden: Industrielle, die von Angestellten ihrer eigenen Betriebe angezeigt worden waren, Schauspieler und Kabarettisten, die, wie Grünbaum, irgendwann einmal eine antinazistische Bemerkung gemacht hatten, Journalisten und Literaten und andere. Unter ihnen befand sich auch der bekannte Librettist Alfred Grünwald, der zusammen mit Julius Brammer zahlreiche Libretti geschrieben hatte, unter anderem für Leo Falls »Die Rose von Stambul« und Emmerich Kálmáns »Gräfin Mariza«. Viel später lernte ich auch seinen Sohn, den Herausgeber von »Time Magazine«, Henry A. Grunwald, kennen.

Im April ging der erste Transport nach Dachau. Fünf Jahre lang hatten wir Berichte über deutsche Konzentrationslager gelesen, aber den Greuelgeschichten hatten wir nicht geglaubt. So arg kann es gar nicht sein, sagten wir uns. Man wird halt arbeiten müssen, ziemlich schwer sogar, aber frische Luft haben und wahrscheinlich eine einigermaßen erträgliche Verpflegung. Von Panik war jedenfalls keine Rede. Und von denen, die schon einmal in Dachau gewesen und freigelassen worden waren, erfuhr man überhaupt nichts. Sie waren so verängstigt, daß sie den Mund nicht mehr aufmachten. Bald kursierten die ersten Witze:

Propaganda für die Volksabstimmung über die »Wiedervereinigung« am 10. April 1938

Einer, der aus dem KZ kam, wurde gefragt, wie es dort gewesen sei. Er schilderte das Leben in den leuchtendsten Farben. Sein Gesprächspartner meinte, er habe von einem anderen Freund etwas ganz anderes gehört. »Ja, aber der ist auch jetzt wieder dort.«

Als die Liste mit den Namen derer verlesen wurde, die für den Transport nach Dachau bestimmt waren, wurde auch mein Name aufgerufen, und ich meldete mich. In dem allgemeinen Durcheinander ging das unter. Und beim zweiten Mal wurde ich nicht mehr aufgerufen. Es gibt eine alte Regel, die wohl vom Militär stammt und die sich auch im Gefängnis bewährt hat: man soll, lautet sie, wenn man einmal aufgerufen wird, dann aber nicht mehr, sich ja nicht vordrängeln und fragen, ob das ein Versehen sei. Das kann schlecht ausgehen, denn dann wird nachgeschaut. Später habe ich erfahren, daß sich einer der damals wachhabenden Polizisten, ein alter Sozialdemokrat – der Bruder eines mir bekannten Gewerbetreibenden auf der Wieden –, offenbar gesagt hat, daß bei der Schlamperei, der auch die deutschen Nazis zum Opfer gefallen sind, es durchaus passieren könne, daß es den Kreisky gar nicht gibt. Im Gegensatz zu den meisten Häftlingen wußte er, was Dachau bedeutete, und so bin ich das erste Mal davongekommen.

Meine Eltern hatten offenbar die Nachricht erhalten, ich sei bereits in Dachau, und so habe ich vergeblich auf ein Lebenszeichen von ihnen gewartet. Auch die Mitteilungen des Auslandsbüros der österreichischen Sozialdemokraten in Paris schrieben am 22. April 1938: »Nach Dachau wurde auch der Student Bruno Kreisky gebracht...« Ich trug mein letztes Hemd auf dem Leib – das Hemd vom Dr. Draxler –, war sehr verkühlt und litt zum ersten Mal unter meiner Isolation. Eines Sonntags kam ein Polizeiwachkommandant – ich nehme heute noch an, daß er es war, der mich kurz zuvor aus der Liste gestrichen hatte – und sagte: »Sie sind doch der Kreisky?« Er nahm mich mit in seine Wachstube und gab mir eine Schale Tee. Von seiner Menschlichkeit und seinem Tee gewärmt, berichtete ich ihm von meinem Schicksal. »Wissen'S was«, sagte er, »ich laß Sie mit Ihren Eltern telefonieren! Aber nur kurz, nur sehr kurz!« Ich hatte Tränen in den Augen. Meine Eltern waren natürlich froh, meine Stimme zu hören, auch wenn ich sehr verkühlt klang; ich hatte eine schlimme Angina. Einer der Ärzte, die noch da waren, ein sehr bekannter Frauenarzt, behandelte mich, so gut es eben ging. Damals habe ich erfahren, daß man auch ohne Medikamente gesund werden kann. Meine Genesung war in der Tat ein Wunder.

Bei der nächsten Bestandsaufnahme wurde ich dann gewissermaßen wiederentdeckt. Man stellte fest, daß ich mich eigentlich gar nicht mehr in der Karajangasse befinden dürfe. Nach Dachau gehörte ich aber ebensowenig. Es war nämlich noch ein Verfahren gegen mich anhängig. Schließlich einigte man sich darauf, mich ins Landesgericht I zu überführen. Im Landesgericht, das ich nach den wenig erfreulichen Verhältnissen in der Karajangasse wie eine alte Heimat empfand, erwartete ich mir eine gewisse Ordnung und Ruhe. Aber bevor man mich tatsächlich in Ruhe ließ, holte man mich erst noch zu Verhören ins berüchtigte Hotel »Metropol«, wo die Gestapo ihr Hauptquartier eingerichtet hatte.

Das Hotel lag am Franz Josefs-Kai und gehörte einem Deutschen jüdischer Herkunft, der mit mir in der Karajangasse war. Er behauptete, er sei der Erfinder eines speziellen Verfahrens zur Herstellung von Petkin, dem Stoff, den man aus einem französischen Apfel gewinnt, der sonst nicht verwertet werden kann. Pektin wurde damals zum Konservieren von Marmeladen benutzt. Aber das war nicht der Grund seiner Verhaftung; er war einfach eingesperrt worden, weil er einer der Besitzer des

»Metropol« war, und er sollte so lange in Haft bleiben, bis er sich bereit erklärte, das Hotel für einen von der Gestapo bestimmten Preis herzugeben. Nun hatte er mit der deutschen Wehrmacht schon sehr weitgediehene Verhandlungen über das Pektin geführt, das möglicherweise zum Blutstillen verwendet werden konnte. Er war deshalb ganz sicher, daß man seine Entlassung durchsetzen werde. Das ist dann auch geschehen.

Stefan Zweig schildert in seiner »Schachnovelle« sehr eindrucksvoll, wie man in den Badezimmern des »Metropol« mit ihren getönten Scheiben endlos gewartet hat. Wie ich da so an meinem Fenster herumtastete, ging es plötzlich einen Spalt auf, und ich konnte in ein Verhörzimmer sehen. Am Schreibtisch des Gestapo-Mannes saß einer meiner Mitgefangenen. Sofort wurde mir klar: Er war ein Spitzel. In einer Zelle von sechzehn Leuten saß also ein Gestapo-Agent, der offenbar auf einen in dieser Zelle angesetzt war. Aber auf wen? Wir hatten gehört, daß unter uns Häftlingen auch einige Nazis seien, die zu irgendeiner Clique gehörten, die ihren gerade an die Macht gekommenen Rivalen nicht paßte. Die waren nach den Verhören immer besonders niedergeschlagen, denn sie waren ja sicher gewesen, daß sie unter den Aufsehern und nicht unter den Gefangenen sein würden. Durch einen reinen Zufall hatte ich also diesen Spitzel entdeckt. Aber was sollte ich tun? Wie warnte man die anderen? Ich habe diesen Mann dann ständig beobachtet und versucht herauszufinden, wen er besonders im Auge behält, aber ich weiß bis heute nicht, was sein Auftrag war.

Ich habe dann ein sehr unangenehmes und brutales Verhör durchgemacht. Halb bewußtlos und blutüberströmt kam ich zurück in die Zelle. Mit einem Überschwung, so nannte man die breiten Militärgürtel, hatte man mir zwei Zähne ausgeschlagen. An diese Stunden erinnere ich mich nicht gerne.

Die Fragen waren vollkommen sinnlos gewesen. Angeblich hatte ich eine Tätigkeit entfaltet, die zum Wiederaufleben des kommunistischen Jugendverbandes hätte führen sollen. Die Deutschen meinten offenbar ganz jemand anderen. Sie haben mich noch ein bißchen geprügelt, dann mußte ich unterschreiben, daß ich gut behandelt worden bin. Danach kam ich ins Landesgericht I, und man ließ mich in Ruhe.

Beim Eintreffen im Einser standen wie üblich alle wieder auf dem Gang. Der erste alte Bekannte, den ich traf, war der Chefarzt des Inquisitenspitals, jener Dr. Kretschmer, der für die fingierten

Zahnschmerzen zuständig war. Die Plomben kosteten noch immer fünf Schillinge. Die Nazis, mit denen er seinerzeit ja auch seine Plombengeschäfte gemacht hatte und die ihm deshalb zu Dank verpflichtet waren, ließen ihn zwar ungeschoren, aber die einträglichen Tage im Inquisitenspital waren für ihn gezählt. Denn dieses segensreiche Plombieren konnte man nun, da man selbst an der Macht war, natürlich nicht dulden.

Dr. Kretschmer erkannte mich sofort als alten Patienten und sagte: »Kreisky, was machen Sie denn wieder hier?« »Ich bin nur da, weil ich das letzte Mal auch da war«, habe ich geantwortet, denn einen anderen Grund wußte ich selbst nicht. »Da werde ich mal mit Ihren alten Haftgenossen reden«, sagte der Dr. Kretschmer und meinte damit natürlich die Nazis. Er hat es sicher auch getan, davon bin ich überzeugt, denn anders kann ich mir nicht erklären, daß ich eines Nachts zum Verhör gerufen wurde.

Mir gegenüber saßen ein österreichischer und ein deutscher SS-Offizier höheren Rangs; um mich einzuschüchtern, hatten sie ihre Gürtel und Pistolen auf den Tisch gelegt. Sie eröffneten mir, da ich mich in der Systemzeit – damit war die Dollfuß-Schuschnigg-Diktatur gemeint – als wider Erwarten mutig erwiesen hätte und aufgrund der Tatsache, daß ich einigen ihrer Parteigenossen als kameradschaftlicher Mithäftling bekannt sei, bekäme ich die Möglichkeit, ins Ausland zu gehen. Um zu verhindern, daß ich die Ausreisegenehmigung mißbrauchte und illegal wieder zurückkäme, halte man es für gut, wenn ich als Emigrationsland irgendeinen Staat weit weg von Europa anvisierte. Leute wie ich sollten weit weg von Deutschland sein, damit den Deutschen das Unheil des Ersten Weltkrieges, der Dolchstoß von hinten, erspart bliebe. Sie warnten mich: der Arm der Gestapo reiche weit. »Also, wohin können Sie auswandern?« Aufs Geratewohl erwiderte ich: »Nach Bolivien.« Ich habe zwar nicht gewußt, wo Bolivien liegt, aber es war das erste weit entfernte Land, das mir in den Sinn kam.

Kurz darauf, am 8. August 1938, wurde ich tatsächlich entlassen. Man hatte mir nicht viel Zeit gegeben, und so klapperte ich in den nächsten Tagen eine ganze Reihe südamerikanischer Konsulate und Botschaften nach Einreisevisa ab. Unterdessen kam eine Nachricht von Torsten Nilsson, man habe mir eine Einreisebewilligung für Schweden besorgt. Nilsson, der später schwedischer Außenminister wurde, spielte damals in der Jugendinternationale eine beträchtliche Rolle, und dort hatte man nach dem Einmarsch Hitlers alle Hebel in Bewegung gesetzt, um mich aus Österreich herauszuholen. Ebenso hatte Alan Sainsbury, der Besitzer der großen englischen Ladenkette, von dem ich gar nicht gewußt hatte, daß er ein bekannter Sozialist war, für mich eine Einreisebewilligung nach England erwirkt, verbunden mit der Zusage, daß ich bei ihm arbeiten könnte. Das hatte ich einer englischen Freundin zu verdanken, die in Wien studiert hatte und deren Mutter wiederum mit Sir Stafford Cripps befreundet war, der während meiner Haft 1935/36 sozusagen mein Schutzherr gewesen war.

So hatte ich also Einreisevisa für zwei europäische Länder, aber mein deutscher Reisepaß war nur gültig für Großbritannien, Südamerika und Mexiko; außerdem für die Tschechoslowakei und Polen, weil ich über den polnischen Hafen Gdingen auswandern sollte. Die polnischen Behörden waren damals willfährige Vollzugsorgane der Gestapo. Mein Paß trug kein »J«, wie es ab 5. Oktober 1938 gesetzlich vorgeschrieben war, und auch der zweite Vorname »Israel«, den man einige Wochen später jedem Mann jüdischer Herkunft verpaßte, fehlte. Ich besaß also einen »arischen« Paß; das Land aber, für das ich mich entschieden hatte, Schweden, war in diesem Paß nicht aufgeführt.

Der Reisebüroleiter, ein alter Parteifreund, Jenschik, hat sich die Schrift in meinem Paß angeschaut und gesagt: »Ja, ich weiß, wer den Paß geschrieben hat. Ich geh' morgen zu dem Mädchen hin und sag', sie soll auch noch Schweden dazuschreiben. Das kostet fünf Mark.« So ist dieses ganze komplizierte Überwachungssystem, das die Gestapo um mich herum aufgebaut hatte, mit fünf Mark aus der Welt geschafft worden.

Für meinen Weggang aus dem Dritten Reich brauchte ich auch ein sogenanntes Wehrunfähigkeitszeugnis. So ging ich zu der zuständigen Behörde in der Millergasse und sagte zu dem diensthabenden Offizier, ich sei jüdischer Herkunft und brauchte ein Wehrunfähigkeitszeugnis. Ich könne meine Herkunft allerdings nicht belegen, da die Israelitische Kultusgemeinde erklärt habe, ich fände mich nicht in ihren Papieren. Die Israelitische Kultusgemeinde wollte mir keine Bescheinigung ausstellen, da ich seit 13. Oktober 1931 auch offiziell konfessionslos war. Der Angestellte teilte mir mit, er habe keinerlei Unterlagen über mich – was sicher nicht wahr gewesen ist. Die Kultusgemeinde hat damals eine politische Wandlung durchgemacht. Da ich meine

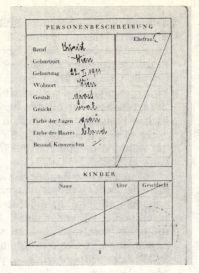

Bruno Kreiskys Reisepaß, ausgestellt am 2. September 1938.
Auf Seite 4 ist deutlich zu erkennen, daß der Punkt am Ende der Eintragung in ein Komma verändert und das Wort »Schweden« hinzugefügt wurde. »Das kostet fünf Mark.«

jüdische Herkunft also nicht nachweisen könne, die Gestapo mir aber zur Auflage gemacht habe, innerhalb kürzester Zeit das Land zu verlassen, wüßte ich mir keinen Rat. Da sagte der Offizier zu mir: »Herr Kreisky, Sie sind der erste, der zu mir kommt und von mir seine jüdische Herkunft reklamiert.« Dann stellte er mir, auch ohne Bestätigung der Israelitischen Kultusgemeinde, mein Wehrunfähigkeitszeugnis aus, und damit konnte ich mir die letzten noch fehlenden Papiere und Ausweise beschaffen.

In diesen Tagen hatte ich zwei höchst merkwürdige Begegnungen. Einmal traf ich in der Straßenbahn die Schwester zweier guter Freunde aus der Jugendbewegung, die ich sehr verehrte. Nach landläufigen Vorstellungen sah sie sehr »arisch« aus. Sie trug zwar kein Hakenkreuz, aber sie hatte sich doch dem neuen Geist angeschlossen, obwohl in ihrer Familie ein anderer Geist herrschte. Ich fühlte, daß ihr die Begegnung mit mir nicht ganz angenehm war, verabschiedete mich rasch, stieg aus und ging den Rest traurig zu Fuß.

Ganz anders die Begegnung mit einer jungen Verkäuferin, die ich auch aus der Jugendbewegung kannte und die gleichermaßen sehr arisch aussah. Im Autobus erzählte ich ihr, daß ich in den nächsten Tagen nach Schweden gehen würde. Sie werde mitfahren, meinte sie auf der Stelle. Sie war überzeugt, daß, wenn wir es geschickt einfädelten, auch ihre Eltern zustimmen würden. Natürlich konnte ich an so etwas nicht denken, da ich selbst nicht wußte, welches Schicksal meiner harrte. In dieser unsicheren Situation ein so hohes Maß an Verantwortung zu übernehmen und sich obendrein nach den strengen Rassegesetzen strafbar zu machen, dazu konnte ich mich nicht entschließen. In Stockholm habe ich später einmal einen Brief von ihr erhalten, in dem mir ein ähnliches Angebot gemacht wurde, auf das ich aber ebenfalls eine ausweichende Antwort gab. Die Entwicklung in Skandinavien hat mir schließlich recht gegeben. Norwegen und Dänemark waren okkupiert, Finnland hatte sich dem Krieg gegen Rußland angeschlossen, und es war nicht abzusehen, ob Schweden unbesetzt bleiben würde. Man kann sich die Unsicherheit der damaligen Lage nur sehr schwer vorstellen. Den wenigsten gelingt es, sich in das Denken derer hineinzuversetzen, deren Zukunft so viele Unbekannte enthielt. Gefühlsfragen sind für Außenstehende voll von Imponderabilien, und ein Versuch, meine Gefühle an dieser Stelle vermitteln zu wollen, wäre von vorneherein zum Scheitern verurteilt.

Bis zur Abreise mußte ich mich regelmäßig auf dem Wiedener Polizeikommissariat melden, und jedesmal war ich erleichtert, wenn ich wieder draußen war. Der Ausreisetermin rückte immer näher. Als ich eines Tages einen Wink bekam, daß ich in Gefahr sei, wieder verhaftet zu werden, beschleunigte ich meine Ausreisevorbereitungen.

Ein erhebliches Problem war die Finanzierung meiner Reise. Das Konto meines Vaters war gesperrt, und er durfte pro Tag nur einen kleinen Betrag abheben. Meine Verwandten waren in der gleichen Situation, und aus dem Ausland durfte man ohnehin kein Geld bekommen. Die dänische Fluggesellschaft, mit der ich weiter fliegen mußte, verkaufte ausschließlich Tour-Retourkarten, und die kosteten etwa sechshundert Mark. Das war eine unerschwingliche Summe.

Da kam mir mein alter Freund Beppo Afritsch zu Hilfe. Er arbeitete damals bei den Quäkern, die nach dem Februar 1934 eine große Aktivität in Österreich entfaltet hatten. Sie wurden von der englischen Arbeiterbewegung und den englischen Gewerkschaften mit Geld versorgt, das sie für die Unterstützung der verfolgten Schutzbündler und ihrer Familien zur Verfügung stellten. Beppo ging kurzerhand mit mir zu dem Luftfahrtsbüro und kaufte mir ein Ticket.

Mit Beppo war ich seit früher Jugend befreundet. Er war von sehr dickem und besonders sympathischem Äußeren; wann immer man mit ihm zusammentraf, war er heiter und frohgemut. Ursprünglich Gärtnergehilfe, hatte er es zu einem hohen Posten in der Gartenverwaltung der Stadt Wien gebracht. Als Stadtrat hat er beim Wiederaufbau nach dem Zweiten Weltkrieg einen besonderen Beitrag geleistet. Er war der Erfinder des Begriffs vom »sozialen Grün«, gewissermaßen der erste »Grüne« im politischen Sinn. Ihm ist es zu verdanken, daß der Anteil der Grünfläche in Wien wesentlich vergrößert wurde und auch in den Vorstädten, wo es ja in der Monarchie nichts als Mietskasernen gab, neue Gärten entstanden. Mit einem großen Teil dieser Entwicklung ist der Name Josef Afritsch untrennbar verbunden.

Sein Vater war der Gründer der großen sozialen Kinderbewegung, der sogenannten Kinderfreunde. Eine jener genialen Ideen, die aus der österreichischen Sozialdemokratie eine umfassende Kulturbewegung machten und für zahlreiche andere Parteien in Europa vorbildlich wurden. Die theoretische Grundlage dieser Organisation waren die Ergebnisse und Errungenschaften der modernen Psychologie, vor allem der Individualpsychologie. Diejenigen, die dort wirkten – vor allem Lehrer –, haben in der Sozialdemokratischen Partei eine große Rolle gespielt. An der Wiener Schulreform zum Beispiel – getragen von dem Namen des Präsidenten des Wiener Stadtschulrates, Otto Glöckel – haben sehr viele hervorragende Pädagogen mitgewirkt, unter anderem Anna Freud, Siegfried Bernfeld und August Aichhorn. Die Erkenntnis, daß Erziehungs- und Schulfragen eine gesellschaftliche Rolle erhalten müssen, war ein wichtiges ethisches Element der österreichischen Sozialdemokratie. Das Recht auf Menschlichkeit anstelle privater Wohltätigkeit hatte damals geradezu axiomatischen Charakter.

Außer einer großen Reisekiste, für die ich ziemlich hohe Frachtkosten zahlen mußte, durfte ich nichts mitnehmen. Dazu kamen die üblichen zehn Mark, mehr war nicht erlaubt. Mein Vater hatte mir noch schnell einen kostbaren Winterrock machen lassen, der nicht ganz zu dieser warmen Jahreszeit paßte. »Wer weiß«, meinte er, »wann du dir einen Winterrock wirst leisten können, und dort oben, wo du hinfährst, pflegt es sehr kalt zu werden.« In den großen Taschen dieses Mantels ließ sich allerhand verstauen. Bei der Suche nach einer Reiselektüre fiel mir die kartonierte Rowohlt-Ausgabe von Robert Musils »Mann ohne Eigenschaften« in die Hände. Das ist wohl das beste, was ich mitnehmen kann, dachte ich mir, es wird mich immer an Österreich erinnern und ein Mittel gegen allzu großes Heimweh sein.

Aber wie es mit Büchern so geht: Das, was mir helfen sollte gegen Heimweh, hat es nur gefördert. Denn vieles von dem, was ich bis dahin als literarisch bedeutsame und kritische Schilderung meines Landes empfunden hatte, erschien mir plötzlich liebenswert. Ein melancholischer Ernst lag über diesem Österreich, und in dem Maße, wie die Jahre gingen, und jenes Österreich, das ich kennengelernt hatte, in der Erinnerung verblaßte, trat in mir ein anderes Österreich hervor, eines, das es erst zu schaffen und zu erwerben galt.

Und so hat Robert Musil mir zu einem, wenn ich so sagen darf, sublimierten Patriotismus verholfen, der sicher auch meine politische Vorstellungswelt beeinflußt hat. Fast sieben Jahre lang sollte ich Österreich nicht wiedersehen. Und noch einmal über fünf Jahre sollte es dauern, bis ich endgültig in meine Heimat zurückkehrte.

12. Kapitel
Die ersten Jahre in Schweden

Es war ein sonniger Spätsommertag, der 21. September 1938, als ich mich auf dem Asperner Flugplatz von meinem Vater und meinem Freund aus der illegalen Jugendbewegung, Alois Reitbauer, verabschiedete. Nach meiner Haftentlassung 1936 war Reitbauer, ein Funktionär der illegalen Sozialistischen Jugend, ein enger Freund geworden; diese Freundschaft fand in Schweden ihre Fortsetzung. Ich bestieg eine Junkers-Maschine der Deutschen Lufthansa, und da es sich um den offiziellen Eröffnungsflug der Strecke Berlin – Wien handelte, waren fast nur geladene Gäste an Bord. Neben mir saß ein begeisterter Holländer, der davon schwärmte, wie wunderbar alles bei den Deutschen sei. Wir flogen über die Tschechoslowakei, als eine Karte verteilt wurde: »Sie sind Gast der Deutschen Lufthansa«.

In Berlin gab es für mich einen Zwischenaufenthalt von einigen Stunden. Seltsamerweise fühlte ich mich wie in einer von den Nazis befreiten Stadt. Auf der Tauentzienstraße sah ich einen müden Zug der Deutschen Arbeitsfront, und kein Mensch hatte, wo immer ich ging, ein Hakenkreuz angesteckt. Ich mußte an Wien denken, wo jeder, der nur konnte, eine so große Pletschn als möglich trug – ein Wiener Ausdruck für Orden – und manch einer sich in Ermangelung alter Parteiabzeichen mit Phantasiehakenkreuzen verschiedener Größe dekorierte. Auf dem Flughafen Tempelhof, beim Einsteigen in das rote Flugzeug der dänischen Luftfahrtgesellschaft, hatte ein Beamter der Grenzpolizei plötzlich Einwände gegen mich. Ich sei ein Jahrgang, der, wie er wisse, einberufen werde; er müsse meine Ausreise erst überprüfen. Sein Kollege, der dabeistand, meinte, er solle keine Geschichten machen.

In Kopenhagen auf dem Flugplatz Kastrup wollten die dänischen Grenzbeamten mich nicht durchlassen, weil ich kein Visum hatte. Um nach Schweden zu gelangen, war ein Transitvisum für Dänemark nötig, aber der dänische Konsul in Wien hatte es mir verweigert, obwohl er wußte, daß man mich mit einem solchen Visum jederzeit nach Stockholm hätte abschieben können. Als ich kurz nach Kriegsende in Gesellschaft des dänischen Außenministers und späteren Ministerpräsidenten H. C. Hansen nach Wien kam, waren wir bei diesem Konsul eingeladen. Nach langem Zögern entschloß ich mich, die Einladung anzunehmen, konnte es mir aber nicht verkneifen, ihn zu fragen, ob er mich kenne. Als er dann die Geschichte von damals erfuhr, hat er sich viele Male entschuldigt.

»Wenn Sie mich jetzt zurückschicken«, habe ich in Kopenhagen einem dänischen Beamten gesagt, »liefern Sie mich den Leuten aus, denen ich gerade entkommen bin.« Der Grenzbeamte behauptete, auch für einen Zwischenaufenthalt sei eine Einreiseerlaubnis nötig; wenn ich die nicht hätte, müsse er mich mit dem Abendflugzeug zurückschicken.

In diesem Augenblick kam der Flughafenbus aus Kopenhagen, und Freunde aus der Dänischen Sozialistischen Partei sowie Joseph Simon, ein alter Freund aus Wien, hatten alle Dokumente mit, die ich brauchte. Ich erinnere mich noch heute, wie ich in diesem Augenblick das fast unabweisbare Bedürfnis hatte – ich sage das ohne jegliches Pathos –, auf dem freien Boden Dänemarks auf die Knie zu sinken. Es gibt Augenblicke, in denen auch nichtreligiöse Menschen danken wollen. Die ähnliches erlebt haben, verstehen's. Wer nahezu fünf Jahre lang den bitteren Becher der politischen Drangsalierung bis zur Neige geleert hat, ist überwältigt, wenn er endlich den Boden eines freien Landes betritt, das ihm die Menschenwürde zurückgibt. Hat man das einmal erlebt, so wird man das Gefühl für die Freiheit sein Leben lang nicht mehr verlieren.

Am Abend holte mich ein deutscher Sozialdemokrat ab, ein alter Freund aus der Jugendbewegung, Max Geissler, der bereits in der dritten Emigration war. Er war zunächst nach Österreich, dann in die Tschechoslowakei und schließlich nach Dänemark geflüchtet. Bei der Familie, bei der er wohnte, konnte ich die folgenden Tage unterkommen. Ich blieb länger als geplant, denn mich umfing eine sympathische Atmosphäre, wie sie in einem Land mit freundlichen Menschen und gemütlichen Lebensgewohnheiten eben herrscht. Am ersten Abend schon gingen wir auf den großen Platz vor dem Rathaus. »Berlingske Tidende« und »Politiken«, die beiden großen Zeitungen des Landes, hatten auf dem Dach eine Leuchtschrift, die für den nächsten Tag ein Treffen zwischen Chamberlain und Hitler in Bad Godesberg ankündigte.

Die Dänen waren sehr hilfsbereit, und da sich meiner zudem eine sehr hübsche junge Dänin annahm, wollte ich eigentlich nicht so bald aus Kopenhagen weg. Die Verteilung der sozialistischen Emigranten über die verschiedenen, noch freien europäischen Länder war von der Sozialistischen Internationale in groben Zügen jedoch vorgegeben: Die Österreicher sollten nach Norwegen gehen, die Sudetendeutschen und die deutschen Sozialdemokraten waren für Schweden und Dänemark vorgesehen. Allerdings hat man sich nicht so genau an diese Richtlinien gehalten.

Als ich an einem düsteren Herbsttag zum ersten Mal schwedischen Boden betrat, reute es mich sehr, daß ich das freundliche Dänemark bereits nach einer Woche verlassen hatte. Die Umstände waren anders, als ich es mir gewünscht hätte. Ich hatte ja aus Österreich nicht endgültig weggehen wollen und bis zum Schluß gehofft, daß es mir möglich sein werde, in meinem Heimatland zu bleiben. Sehr bald mußte ich jedoch einsehen, daß ich unter dem nazistischen System nicht die geringste Überlebenschance haben würde, und ich erinnere mich gut, wie einer meiner Freunde, Roman Felleis, der nicht in der gleichen Weise wie ich doppelt bedroht war, während einer langen Nacht mir klarmachte, es sei meine Pflicht, für die gemeinsame Sache zu leben und nicht sinnlos zu sterben.

Ich war schweren Herzens weggefahren. Ich wollte kein Davonlaufer sein, weder damals noch irgendwann sonst in meinem Leben. Nach dem 12. Februar 1934 bin ich nicht zu den reichen und freundlichen Verwandten in Mähren gefahren, um dort Zuflucht zu suchen, und nach Kriegsausbruch bin ich nicht aus Schweden weggegangen, obwohl mir von Joseph Buttinger alle Möglichkeiten geboten wurden; ich hätte den langen Weg über Moskau mit der transsibirischen Eisenbahn nach Wladiwostok und über Japan in die Vereinigten Staaten nehmen oder mit einem der letzten Frachter aus der Sowjetunion nach Amerika fahren können. Buttinger hatte ein nahes Verhältnis zu Eleanor Roosevelt und beschaffte damals Visa für politisch gefährdete Leute; er forderte mich sehr eindringlich auf, aus Schweden wegzugehen – es werde nicht frei von Hitler bleiben. Noch einmal wurde ich beschworen, mein Heil in der Flucht zu suchen: im Sommer 1940, nach der Besetzung Dänemarks und Norwegens, diesmal von Friedrich Adler. Ich bin geblieben. Ich wollte nicht wieder auf der Flucht sein. Sollte es zum Schlimmsten kommen, so dachte ich irgendwo in den riesigen Wäldern im Norden Schwedens unterzutauchen.

Diese Vorstellung entbehrte nicht einer gewissen Romantik, und vielleicht war es sogar eine unbewußte Untergangsstimmung, die sich meiner damals bemächtigte: Wenn Europa im Hitlerismus untergeht, warum sollte ich von diesem Schicksal dispensiert werden? Zudem bot Schweden wenigstens die Chance, mit den Freunden in Österreich in Verbindung zu bleiben – was sich als richtig erwiesen hat. Im Verlauf des Krieges wurde Stockholm immer mehr zum Umschlagplatz für Nachrichten aus Österreich. Wir wußten bald mehr als die Österreicher selber. Über schwedische Journalisten erfuhren wir auch sehr viel aus Deutschland und vor allem aus Berlin. Alles, was uns wichtig schien, gaben wir weiter, und vieles davon kam schon am nächsten Tag über die BBC zurück auf den Kontinent. Die Deutschen waren sehr erstaunt, woher die BBC zum Beispiel wußte, welche Straßen Berlins unter Luftangriffen gelitten hatten. Durch die Lektüre lokaler »ostmärkischer« Naziblätter erfuhren wir sogar von den Hinrichtungen, die in diesen Zeitungen zur Warnung mitgeteilt wurden.

Das kalte und neblige Stockholm am Tag meiner Ankunft machte auf mich einen trostlosen Eindruck und war in allem das Gegenteil des heiteren und damals noch glücklichen Kopenhagen. Am Flugplatz wurde ich von österreichischen und schwedischen Freunden abgeholt, und als die Österreicher am Abend unter sich waren, machte ich meiner Enttäuschung Luft: »Was war ich doch für ein Dummkopf, daß ich aus Dänemark weggegangen bin! Ein so fröhliches Land! Und hier ist alles so grau und feucht.« Ich war unglücklich wie lange nicht. Am zweiten Tag fühlte ich mich noch immer verloren, und als ich spätabends in meine Pension zurückfand, war meine Konsternation komplett. Ich wußte genau, daß links von der Flurtür mein Zimmer lag, nur hatte ich mich im Stockwerk geirrt und war in ein falsches Zimmer gegangen. Zimmerschlüssel gab es in dieser Pension nicht. Als ich mich zu meinem Bett vorgetastet hatte – wo man Licht macht, wußte ich nicht –, stellte ich mit Entsetzen fest, daß da schon jemand schlief. Zu allem Unglück hatte man mir also auch noch mein Bett weggenommen. Ich fand es furchtbar! Nachdem ich von Stockwerk zu Stockwerk gelaufen war, kam ich schließlich in das richtige Zimmer. Meine Orientierung war nicht zuletzt durch eine ausgedehnte Begrüßungsfeier getrübt worden, bei der ich reichlich mit schwedischen Schnäpsen traktiert worden war. Zwar hatte ich von den Gläsern, die mir zugedacht waren, nur einige geleert; alle anderen hatte der einladende Schwede selber ausgetrunken. Aber die schwedische Trinkfestigkeit war mir damals noch fremd, und richtig habe ich sie nie erlernt.

Nachdem ich die Nostalgie, die mich nach den schönen Tagen in Kopenhagen erfaßte, überwunden hatte, erschien mir das Leben in Stockholm von Woche zu Woche freundlicher. Dazu trugen in erster Linie meine österreichischen Exilgefährten bei, die mir einen rührenden Empfang bereiteten und mir versprachen, mich in jeder Hinsicht zu unterstützen. Einige von ihnen hatten schon Arbeit gefunden, darunter Franz Novy, ein Gewerkschaftsfunktionär, der später in Wien eine entscheidende Rolle spielen sollte, ferner Erwin Billmaier von den Revolutionären Sozialisten, mit dem ich 1935 im Gefängnis gesessen war. Sie arbeiteten beide am Bau, und Billmaier, der allein war, sagte mir – und das wird mir unvergeßlich bleiben: »Du, ich verdien sehr viel Geld, und solang i a Geld hab, hast du auch eins.« Von der Flüchtlingsunterstützung, hundert schwedischen Kronen, konnte man nicht leben. Die Schweden haben die Unterstützung mit Absicht so niedrig gehalten; es gab damals genügend freie Arbeitsplätze im Land, und hinsichtlich der Zukunft Europas war man so pessimistisch, daß man die Assimilation der Emigranten anstrebte.

Einige Zeit später wurde mir in einem der neuen Stadtteile außerhalb Stockholms eine nagelneue Wohnung angeboten, die ich mit dem Ehepaar Neumann, früheren Kommunisten, teilen sollte. Ich schaute mir die Wohnung an und war sehr zufrieden; es gab ein herrliches Badezimmer, eine komplett eingerichtete Küche, Einbauschränke und einen Lift. Alles war sehr modern und durchaus praktisch; am typischsten aber war der Fahrstuhl, den es sonderbarerweise in jedem Haus in Schweden gibt, auch wenn es nur ein paar Stockwerke hat. Manche Emigranten, die zu Anfang oft nicht einmal einen Spiegel besaßen, sind im Lift auf- und abgefahren und haben sich dabei rasiert.

Es war eine Dreizimmerwohnung. Ein Zimmer sollte mir gehören, die beiden anderen den Neumanns. Ihn kannte ich von Wien her flüchtig. Nachdem er aus der Kommunistischen Partei ausgetreten war, wurde er – wie es so oft geschah – ein kämpferischer Antikommunist. Einige Zeit nach dem Krieg kehrte er wieder in den Schoß Moskaus zurück, um Jahre später erneut die Fronten zu wechseln. Seine Frau, Grete Neumann, war einmal Sekretärin Trotzkis gewesen.

Nachdem ich die Wohnung besichtigt hatte, traf ich mich mit Moritz Robinson, mit dem ich damals jeden Tag um vier Uhr ins »Kaffeehaus« ging. Es handelte sich eigentlich um eine gewöhnliche Konditorei im Zentrum Stockholms, wo man rasch einen Kaffee trank, ein Stück Kuchen aß und wieder ging. Wir, das heißt einige Emigranten, machten daraus ein Kaffeehaus nach unserem Sinn und blieben oft stundenlang sitzen. Allmählich gewöhnten sich die hübschen Serviererinnen an unsere Gruppe und brachten – was durchaus nicht selbstverständlich war – neue Gläser frischen Wassers. In dieser Konditorei ist mir so manche Lehre fürs Leben zuteil geworden.

Moritz Robinson war der Chefredakteur des ehemaligen Grazer »Arbeiterwillens«, der Entdecker von Ernst Fischer und anderen, später bekanntgewordenen österreichischen Kommunisten – ein nobler Herr von großer politischer Erfahrung. Vom Charakter her war er ein Pessimist in einem Ausmaß, das ich bis dahin nicht kannte. Ich erzählte ihm von meinem künftigen Wohnungsglück, und er sagte mir in seiner ruhigen, ernsten Art: »Genosse Kreisky, ich bin ein alter Emigrant, schon in der zweiten Emigration. Ich sag' Ihnen nur eines, den Hitler werden wir nicht mehr los in unserem Leben. Ich jedenfalls nicht. Richten Sie sich darauf ein, daß Schweden Ihr Heimatland wird. Möge Gott verhindern, daß Sie noch einmal woandershin emigrieren müssen. Schweden ist ein gutes Land, in dem Sie große Chancen haben, und die erste Voraussetzung dafür ist, daß Sie sich frei machen von der Emigration. Nur nicht im Emigrantenmilieu leben, sonst werden Sie ein ewiger Emigrant bleiben! Wollen Sie die Existenz dieser armen Luftmenschen führen, die keinen Boden mehr unter den Füßen finden? Assimilieren Sie sich, und Sie werden Ihren Weg machen!«

Moritz Robinson selbst ist 1941 zum dritten Mal emigriert, diesmal in die USA. In einem ausführlichen Brief hat er mir die lange und beschwerliche Reise mit der transsibirischen Eisenbahn geschildert. Mit ihm reiste eine Gruppe von orthodoxen Juden aus Riga. Plötzlich habe es ein furchtbares Entsetzen unter ihnen gegeben, weil sie feststellten, daß die Reise über den Samstag hinaus dauern werde. Das war der Sabbat, an dem orthodoxe Juden nicht reisen dürfen. Sie verlangten vom Zugpersonal, daß der Zug anhalte; sie wollten sogar aussteigen und warten. Der Zug hat nicht angehalten. Verzweifelt saßen sie beisammen und wußten nicht, wie sie dem Sündhaften ihres Schicksals entrinnen könnten. Doch sie vertrauten ihrem Rabbi, und das mit Recht. Er entdeckte, daß das Verbot, am Samstag zu reisen, nicht gilt, wenn man auf einem Schiff ist. Was also taten sie? Sie saßen einen ganzen Tag lang auf feuchten Polstern und überwanden so das Verbot.

Ich habe mir die Ermahnungen des alten Moritz Robinson sehr zu Herzen genommen, und binnen kurzer Zeit haben schwedische Freunde mir ein anderes Quartier besorgt. Es war zwar ein winziges Zimmer, eigentlich das Hausgehilfinnenzimmer in einer altmodischen Stockholmer Wohnung, in das mit knapper Not ein Bett, ein Schrank, ein Schreibtisch und meine Wiener Kiste hineingingen. Aber es war eine noble Adresse im Osten der Stadt. Das entsprach auch einer Lebensweisheit, die mir mein Vater schon früh mit auf den Weg gegeben hatte: »Wenn du in der Welt herumfährst, dann wohne immer im billigsten Zimmer des besten Hotels. So genießt du die Vorteile eines reichen Gastes.« Die Dame, bei der meine Freunde mich einlogierten, war die Witwe eines deutschen Konsuls. Wenn ich ihr meinen monatlichen Zins bezahlt hatte – inklusive Frühstück, denn ich bin ein Frühstücksfanatiker –, dann blieben mir ganze vierzig Kronen zum Leben. Das hat hinten und vorn nicht gereicht. Große Sorgen habe ich mir darüber allerdings nicht gemacht. Schließlich hatte ich für den Notfall Verwandte in Schweden, meinen Vetter Herbert Felix.

Schon nach ein paar Wochen erhielt ich meinen ersten journalistischen Auftrag. Für das Organ des sozialdemokratischen Jugendverbandes sollte ich über die letzten Tage in Wien berichten und schildern, was unter den Nazis aus dem »singenden und klingenden Wien« geworden sei. Der Artikel erschien unter einem Pseudonym am 7. Dezember 1938; das Honorar, einen Hunderter, hatte ich im voraus bekommen und schon bald ausgegeben.

Mein Gesellenstück war gut aufgenommen worden, und ich sollte weitere Aufträge bekommen. Der Haken an der Sache war, daß ich meine Artikel notgedrungen auf deutsch schrieb. Ole Jödahl, der spätere schwedische Botschafter in Bonn, übersetzte sie als der zuständige Redakteur, aber ewig konnte ich es ihm neben seiner Arbeit nicht zumuten, meine Artikel zu übersetzen.

Mitten in dieser Bedrängnis, als ich schon fürchtete, bald wieder auf dem trocknen zu sitzen, besuchte ich den sozialistischen Jugendverband. Dort stellte man mir mit der größten

Bereitwilligkeit ein Zimmer mit Telefon zur Verfügung. Was mich dabei am meisten freute, war, daß ich Zugang zur Portokasse hatte. Emigranten schreiben ja ununterbrochen Briefe in die ganze Welt, und das konnte ich nun nach Herzenslust, ohne an die Portokosten denken zu müssen.

Ich bin immer sehr viel länger in meinem Büro gesessen als die anderen. Eines Abends, als ich gerade gehen wollte, trat aus einem der Zimmer des langen Korridors ein Mann mittleren Alters, dessen asketisches Gesicht mir bekannt vorkam. Wer als letzter das Haus verließ, mußte die Tür abschließen, und so fragte ich ihn radebrechend, ob er oder ich das tun sollte. Er konnte ebensowenig schwedisch wie ich. Es war, was ich aber erst später herausfand, Bertolt Brecht, der damals beim Reichsverband der Amateurtheater, der sein Sekretariat in der Partei hatte, Lehrstücke schrieb.

Brecht ist dann über Finnland und die Sowjetunion nach Amerika ausgewandert. Wenn ich mich recht erinnere, so wurde er durch den russisch-finnischen Winterkrieg aufgehalten. Während dieser Zeit traf ich ihn bei einer finnischen Schriftstellerin. »Warum bleiben Sie nicht in Moskau?« fragte ich ihn, »Sie sind doch Kommunist.« Brecht antwortete barsch, das sei seine Sache, wohin er fahre! Ich hätte ihn besser nicht fragen sollen, denn die Antwort ergab sich von selbst: Das Stalinsche Schreckensregime hatte seinen Höhepunkt erreicht, und Brecht wollte sein Werk nicht vorzeitig beenden.

Anfang Dezember war mein Geld restlos aufgebraucht. Ich begleitete eine gute Freundin, die nach Finnland reiste, zum Schiff und gab anschließend in einem kleinen Seemannskaffeehaus für einen heißen Kaffee die letzte Krone aus. Auf dem Weg zurück vom Hafen überkam mich eine recht zuversichtliche Stimmung: Es konnte nur besser werden.

Bei der Ankunft im Jugendsekretariat, wo es warm und behaglich war, erfaßten mich aber doch Zweifel. Natürlich konnte ich mir Geld ausborgen. Aber in dieser Frage hatte ich einen Grundsatz: Schulden machen wollte ich nur, wenn ich auch eine gewisse Vorstellung davon hatte, wie ich sie zurückzahlen könnte, aber die Aussichten waren nicht gut. Da kam einer meiner neuen Freunde, ein großer dicker Schwede, in mein Zimmer: »Du anrufen, du telefonieren« – das hatte ich schon verstanden –, »einen Herrn ...« Er zeigte mir den Zettel; dort stand Habsburg! »Das ist ein blöder Witz«, meinte ich. Wenig später ging ich hinüber ins Flüchtlingssekretariat, wo mein Freund Karl Heinz, der Sekretär des Republikanischen Schutzbundes und Vorsitzende der Sozialistischen Jugendinternationale, saß, und dort erlaubte sich ein anderer den gleichen Scherz: Ich solle Habsburg in der Skandinaviska Banken anrufen.

Einer, der nicht ein Öre in der Tasche hatte, sollte ausgerechnet einen Habsburg in der größten Bank des Landes anrufen: Das schien mir allzu barock, und ich rätselte, was wohl dahinterstecke. Ich erkundigte mich nach dem Kontor der Bank, ging hin und fand heraus, daß es dort in der Tat einen Beamten namens Habsburg gab, einen Nachfahren des Erzherzogs Karl, des Herzogs von Teschen, wie sich später herausstellte. Herr Habsburg war zwar gerade nicht da, aber für Herrn Kreisky gab es ein Telegramm und – eine Geldüberweisung! Man fragte an, ob ich eine Korrespondententätigkeit bei der radikalen, der Labour Party nahestehenden Zeitschrift »Tribune« übernehmen wolle. Die »Tribune« war das Organ der Linken in der Labour Party. An ihrer Spitze stand Sir Stafford Cripps; unterstützt wurde sie von einem der berühmtesten britischen Kaufleute, Alan Sainsbury. In einem Brief erinnert sich Lord Sainsbury: »Als Bruno untergetaucht war und Gefahr lief, verhaftet zu werden, haben Freunde von mir namens Chance, Bruder und Schwester, die ihn in Österreich getroffen hatten, bevor es bedrohlich für ihn wurde, mich gebeten, ihm zu helfen, Österreich zu verlassen. Ich konnte ihm ein wenig Geld für die Reise schicken und hoffte, daß er nach England käme, aber er hielt es wahrscheinlich für leichter, über Skandinavien zu entkommen.« Ohne mir weiter Gedanken zu machen, ließ ich mir die stattliche Summe von fünf Pfund auszahlen, was damals recht viel Geld war.

Mitte Dezember stand ich also finanziell gut da. Nach einiger Zeit entschloß ich mich, in ein geräumigeres Quartier umzuziehen. Es lag wiederum in einem guten alten Viertel; im selben Haus war die Schweizerische Botschaft einquartiert. Ich hatte diese »großartige« Wohnung durch eine gute Freundin bekommen und wohnte dort mit einem schwedischen und einem englischen Künstler zusammen, die beide kräftig dem Alkohol zusprachen.

Auch wer gelernt hat, das Schicksal der Emigration bewußt auf sich zu nehmen, wird ein wenig schwermütig, wenn jene Feiertage nahen, die ihn zwangsläufig an sein Zuhause erinnern. Den 1. Mai, den konnte man noch überwinden, indem man an den

Feiern der Freunde teilgenommen hat. Aber Weihnachten, das war ein so ausgeprägtes Fest der Familie, daß einen unwillkürlich Erinnerungen und tiefes Heimweh überfielen.

Als ich gerade von diesem schmerzhaften Gefühl des Alleinseins überfallen wurde, kam der Hausbesorger und teilte mir mit, daß auf jedem Stockwerk die Treppen gereinigt seien, nur nicht auf unserem. Jeder Mieter habe die Verpflichtung, für sein Stockwerk zu sorgen. Meinen Mitbewohnern, die von den Weihnachtsfeiern in ihren Ateliers schon stark hergenommen waren, konnte diese Aufgabe nicht zugemutet werden. Vom Landesgericht her war ich eigentlich ein Spezialist für Bodenreiben. Als ich fertig war und wieder in meinen beiden Zimmern saß, klingelte plötzlich das Telefon. Am Apparat war die Frau meines späteren Chefs, des Generaldirektors Carl Albert Anderson, und fragte mich, was ich denn vorhätte. Ich wußte es selbst nicht. Ich hätte zwar zu Verwandten gehen können, aber dazu verspürte ich keine Lust. »Dann kommen Sie doch zu uns«, meinte sie. Das tat ich auch, und so verbrachte ich meine ersten Weihnachten in Schweden im Kreis dieser Familie. Es war ein schönes Fest, und ich bekam sogar einige Geschenke.

Meine Tätigkeit für die »Tribune« brachte mich auf die Idee, daß ich auch bei anderen ausländischen Zeitungen mitarbeiten könnte. Interessiert war man unter anderem an Reportagen über das Erzgebiet von Kiruna, weit oben im Norden Schwedens. Gleichzeitig war ich von meinen schwedischen Parteifreunden eingeladen worden, an der Maifeier in Kiruna teilzunehmen und dort eine Rede zu halten. Alles paßte gut zusammen, und die Kosten waren auf jede Weise gedeckt. Die Reisespesen, die mir die schwedische Partei zur Verfügung stellte, und das Honorar, das ich für die Reportagen zu erwarten hatte – das Tagegeld betrug, glaube ich, fünfzig Kronen, jedenfalls war es eine irrsinnig hohe Summe –, erlaubten es mir sogar, ein paar Tage Skiurlaub zu machen in einem der herrlichsten Skigebiete des europäischen Nordens. Meine Freunde in Stockholm waren einverstanden.

Zunächst jedoch fuhr ich nach Kiruna. Zwischen zwei Meter hohen Schneedünen machte ich dort die kälteste 1.-Mai-Veranstaltung meines Lebens mit. Torsten Nilsson, mein großer schwedischer Freund, damals noch Vorsitzender des Jugendverbandes, hatte mich als Redner vermittelt. Der Hauptredner der Veranstaltung, Karl Kilbom, ein in Skandinavien berühmter Mann,

1.-Mai-Feier in Kiruna, Lappland; Bruno Kreisky in der Mitte unter dem Banner

erklärte sich bereit, meine Rede zu übersetzen. Kilbom gehörte zur ersten Generation der Kommunisten und war einer ihrer intelligentesten Repräsentanten in Schweden. Nach verschiedenen Umwegen kam der hochbegabte Mann wieder zurück in die schwedische Sozialdemokratie, die ihre verlorenen Söhne immer wieder aufnahm. Obwohl Per Albin Hansson die Partei damals zum rechten Flügel der Sozialistischen Internationale hinführte, war man großzügig, was die Wiedereingliederung auch sehr linksstehender Sozialisten betraf. Das hat der Partei sehr genützt, und es herrschte ein Klima großer Toleranz.

In der Garderobe des Versammlungslokals fielen mir die vielen teuren Damenpelze auf, und ich zögerte, in den Saal zu gehen. Einem Besucher stellte ich die Frage, ob ich hier bei der sozialdemokratischen Maifeier sei. »Nein«, meinte er lächelnd, »da sind Sie hier falsch. Das ist die Feier der Syndikalisten.« Syndikalisten nannten sich in Schweden die Anhänger des Anarcho-Syndikalismus, die Anarchisten. Ich war also bei der »falschen Leich'« gelandet! Später erfuhr ich, daß es unter den Erzarbeitern im Norden Schwedens zahlreiche Anhänger des Anarcho-Syndikalismus gab. Der Anarcho-Syndikalismus war durch die sogenannten »Rallare« in den Norden gekommen, die Männer, die das tausend Kilometer lange schwedische Eisenbahnnetz errichtet hatten. Es gab eine Tradition, ähnlich wie sie Jack London in

»Abenteurer des Schienenstranges« geschildert hat. Die Anarcho-Syndikalisten haben übrigens auch die erste amerikanische Gewerkschaft gegründet, die »Industrial Workers of the World« (IWW).

Bei der sozialdemokratischen Maiversammlung, bei der ich mit einiger Verspätung schließlich doch noch eintraf, sah es in der Garderobe nicht sehr anders aus. Die Erzarbeiter von Kiruna beanspruchten eine Art Kolonialstatus für sich, verdienten sehr viel Geld und konnten ihren Frauen daher teure Pelze kaufen. Nachdem ich meine kleine Rede gehalten hatte, stand Kilbom auf und fing an zu übersetzen. Ich habe so gut wie nichts verstanden, aber einiges konnte ich erahnen. Was mich wunderte, war, daß die Leute immer wieder unglaublich Beifall klatschten – so ungewöhnliches konnte ich doch nicht gesagt haben. Als Kilbom geendet hatte, fragte ich ihn: »Genosse Kilbom, womit haben Sie denn diesen Applaus herbeigeführt?« Er erwiderte: »Ich habe Sie übersetzt, aber Sie können mir glauben, daß ich eine wesentlich bessere Rede gehalten habe als Sie.« Und dann hat er mir die wunderbare Geschichte erzählt, wie einmal bei einem Kommunistenkongreß Karl Radek, den er gut gekannt hatte, alle fremdsprachigen Reden übersetzt habe. Und da hat ihn der kleine Komsomolz gefragt: »Sagen Sie, Genosse Radek, daß Sie Französisch können, versteh ich, daß Sie Englisch können, auch, und daß Sie alle möglichen anderen Sprachen verstehen, kann ich mir vorstellen, aber eines versteh ich nicht: Wie konnten Sie die Rede übersetzen, die der Vertreter der Bantunegritischen KP gehalten hat?« Radek antwortete: »Genosse Komsomolz, was kann er schon gesagt haben?«

Am nächsten Tag marschierte ich beim Umzug mit. Da meine Rede ein großer Erfolg gewesen war und man sich überdies erzählte, daß ich gerade erst den Nazigefängnissen entronnen sei, hat mich ein junger Sozialist aufgefordert, vom Balkon des Rathauses aus noch einmal zu reden. Ich habe mich aber auf ein paar Grußworte der österreichischen Sozialisten beschränkt.

Begleitet von sachkundigen Parteifreunden, ging ich dann zu den Lappen. Ich stellte jedoch bald fest, daß das Material für eine ernst zu nehmende Reportage nicht ausreichte; auch stand mir nur eine relativ kurze Zeit zur Verfügung. Die Lappen wollten eigentlich wenig von unserer Zivilisation wissen, und die Schweden respektierten das. Es wurden für sie eigene Schulen gebaut, in denen die Kinder wie im Zelt der Eltern lebten.

K. SOCIALSTYRELSEN
UTLÄNNINGSBYRÅN
BIRGER JARLS TORG 5, STOCKHOLM 2
Tel. Namnanrop: *Socialstyrelsen*
Tjänstemännens mottagn. o. tel.-tid
kl. 10—13

Ifylles i *två* exemplar. — In *zwei* Exemplaren abzugeben.
— To be completed *in duplicate*. — A remplir *en double*.

Beakta anvisningarna! — Vorschriften beachten!
Read the instructions carefully. — Observez les indications s. v. p.

Inkom till Socialstyrelsen
den 6 SEP 1940
38603

Till Kungl. Socialstyrelsen

ANSÖKAN — Gesuch — Application — Demande.

---

1. Uppehållstillstånd – Aufenthaltsgenehmigung – Permission to sojourn – Permis de séjour
   Arbetstillstånd – Arbeitsgenehmigung – Permission to take up employment – Permis de travail
   Uppehållsvisering – Aufenthaltsvisum – Visa for sojourn – Visa de séjour
   Arbetsvisering – Arbeitsvisum – Visa for employment – Visa de travail
   för (für, for, pour)

2. Tillnamn: **KREISKY**   Fullst. förnamn: **BRUNO**

3. Född den 22./I. 1911 i (ort) Wien
   (land) Österrike
   4. Nationalitet: österrikisk
   Religion: konf. lös

5. Yrke (titel): Dr. jur.
   6. Gift? — Nej   När? —

7. Vistats i Sverige sedan den 29./4. 1938
   8. Tidigare vistats i Sverige: Nej

9. Nuvarande vistelseort (fullst. adress): Götgatan 85 I, Stockholm

10. Vistelseort framdeles i Sverige:

11. Passet giltigt till den 10./IX. 1945
    12. Passet bilägges i Orig.

13. Tillståndet, tecknat i passet, avhämtas hos (namn, adress): Socialstyrelsen

14. Referenser i Sverige (namn, adress): 793/40
    ARBETARRÖRELSENS
    FLYKTINGSHJÄLP
    [signature]

Vänd! — Wenden! — Please turn over — Tournez, s. v. p.

Bruno Kreiskys Aufenthalts- und Arbeitsgenehmigung für Schweden, gültig von September 1940 bis September 1941

15. *Uppehållstillstånd — Uppehållsvisering* sökes för tiden; Aufenthaltsgenehmigung — Aufenthaltsvisum wird nachgesucht für; Permit of sojourn — visa for sojourn is required for; Permis de séjour — visa de séjour est demandé pour

10./IX.19 40 — 10./IX.19 41

Syftet med vistelsen; Zweck des Aufenthalts; The purpose of the sojourn; L'objet du séjour

16. *Arbetstillstånd — Arbetsvisering* sökes för tiden; Arbeitsgenehmigung — Arbeitsvisum wird nachgesucht für; Permission to take up employment — visa for employment is required for; Permis de travail — visa de travail est demandé pour

10./IX.19 40 — 10./IX.19 41

för anställning såsom; zur Anstellung als; for employment as; pour emploi comme

Kontorsvell

Röjgivare

i (ort) *Stockholm*
in (Ort); at (place); à (lieu)

hos (arbetsgivarens namn, adress) *Konsumtions-*
bei (Name und Adresse des Arbeitgebers); at (employer's name, address); chez (n
föreningen Stockholm
et adresse de l'employeur)
Magnus Ladulås g. 19

17. Lönevillkor — Gehaltsbeträge — Salary to be paid — Appointements:

kontant kr. 350:— per *månad*
bar; cash; comptant

in natura
in kind; en nature

18. Närmare motivering — Nähere Begründung — Further particulars — Renseignements complémentaires

KONTROLLAVD.
7 SEP 1940

Överståthållarämbetet
11 SEP. 1940

19. *Stockholm* den 11/IX 19 40

Egenhändig namnteckning:
Eigenhändige Unterschrift — Applicant's signature — Signature du demandeur

Postadress: *Pålgatan 85 III*
Postadresse — Postal address — Adresse postale

Tel. 42.42.30

Anschließend habe ich mich auf den Weg nach Narvik gemacht. Wenn man über Riksgränsen hinunter nach Narvik kommt, bietet sich einem ein unfaßbar schöner Blick auf den Fjord, der von einem unwirklichen Grün zu sein schien. Mit einigen Freunden wanderte ich durch den Hafen, und am Abend setzte ich mich in eine kleine Konditorei, um meine Eindrücke festzuhalten. Die Schilderung der Hafenanlagen schien mir nicht sehr ergiebig für meine potentiellen Leser in England, und so schloß ich meinen Bericht mit einer Betrachtung ab. Hier saß ich im größten Erzhafen des Nordens – was wäre eigentlich, wenn ich ein Gestapospion wäre? Hunderte von Photos und Skizzen von ankommenden Waggons und auslaufenden Schiffen hätte ich an diesem Tag anfertigen können, und der Hafen von Narvik wäre für die Deutschen ein aufgeschlagenes Buch gewesen – er war es auch.

Im Frühjahr 1939 bekam ich bei den schwedischen Genossenschaften eine Anstellung. Nicht, daß ich qualifiziert gewesen wäre und mich dadurch vor anderen ausgezeichnet hätte. Schwedische Parteifreunde haben mich vielmehr zu dem neuen Generaldirektor der Genossenschaften geschickt, dem ich Deutschunterricht erteilen sollte. Carl Albert Anderson, der spätere Stadtpräsident von Stockholm, war ein sehr beschäftigter Mann; wenn wir verabredet waren, ließ er mich oft über eine Stunde warten, bis er mir eines Tages gestand, er habe keine Zeit, Deutsch zu lernen, ein bißchen könne er ja schon, und das andere werde sich finden. Als Entschädigung könne ich jedoch eine Stelle beim Konsum Stockholm bekommen. Später wurde ich, wie es in meiner Arbeitsbewilligung hieß, »kommersiell rådgivare«, also Konsulent in wirtschaftlichen Angelegenheiten. Mein kleines Arbeitszimmer, das direkt neben dem des Generaldirektors lag, zeigt man heute noch: Da ist der österreichische Bundeskanzler Kreisky gesessen. Ich habe dort anfangs halbtags gearbeitet und soviel verdient, daß ich davon gut leben konnte. Hinzu kamen die steigenden Einnahmen aus meiner journalistischen Tätigkeit; je besser ich schwedisch sprach, desto leichter brachte ich meine Artikel unter. Es war ein gutes Leben, und finanzielle Sorgen brauchte ich mir von da an nicht mehr zu machen.

Weil niemand befürchten mußte, daß ich als Ausländer in die Geschäftsführung des Konsumvereins aufrückte, war ich vor Rivalitäten sicher und habe mich nützlich zu machen versucht, was mir, wie ich glaube, auch gelungen ist. In Voraussicht auf einen möglichen Krieg habe ich aus österreichischen Publikationen unser seinerzeitiges Rationierungs- und Rayonierungssystem studiert, wie es vom späteren Minister für Volksernährung, Hans Löwenfeld-Russ, während des Krieges und danach praktiziert wurde. Ich konnte meinen Chef davon überzeugen, daß es wichtig sei, die Schwächen dieses Systems rechtzeitig zu erkennen, um im Kriegsfall gut vorbereitet zu sein.

Auch meine zweite Aufgabe habe ich gleichsam selbst an mich herangetragen. Eine große Gefahr für das moderne Konsumgenossenschaftswesen war in meinen Augen das schweizerische Migros-System; von dieser Gefahr habe ich meinen Kollegen erzählt, und die meinten, daß das sehr interessant sei, ich sollte es studieren. Da ich zu dieser Zeit auch Korrespondent der von Duttweiler, dem Schöpfer des Migros-Systems, gegründeten schweizerischen Wochenzeitung »Die Tat« war, habe ich mich nicht nur mit dem Migros-System und Duttweiler befaßt, sondern auch noch Artikel für seine Zeitung geschrieben. Nur wenige wurden gebracht. Ich saß in einem Winkel Europas, für den sich damals kaum jemand interessierte, und mußte mir die Themen suchen.

Schweden war das Land der Elektrizität und hatte aufgrund der besonderen Lichtverhältnisse selbst einen großen Bedarf an elektrischen Glühbirnen. Damals gab es noch das Glühlampenkartell in Europa, und so beschloß die mächtige schwedische Konsumgenossenschaft die Errichtung einer Glühlampenfabrik. Sie sollte »Luna« heißen. Als der Plan bekannt wurde, verlangte einer der Vertreter des Glühlampenkartells, mit dem obersten Chef der schwedischen Konsumgenossenschaften zusammenzukommen. Er hieß Albin Johannsson und war ein faszinierender Mann, eine Mischung aus einem originellen Prediger und einem phantasievollen Geschäftsmann. Er hatte den »Konzern« – den man unter Genossenschaftern nicht so nennen durfte – aufgebaut und ihn bis zum Ende erfolgreich geführt.

Ein Vertreter des Glühlampenkartells kam zu Johannsson und teilte ihm mit, wenn sich der Verband tatsächlich entschließen sollte, Glühlampen zu erzeugen, werde das Kartell den Preis so tief ansetzen, daß die Genossenschaftsbewegung viele Millionen Kronen verlieren werde und ihre Fabrik bald wieder schließen müßte. Johannsson gab eine klare Antwort: wenn die Initiative der Genossenschaften dazu führe, daß die Schweden so billige Glühlampen bekämen, dann würde man dieses Opfer gern bringen.

Nach dieser Maxime sind die Genossenschaften in Schweden auf vielen Gebieten vorgegangen. Sie haben Margarine erzeugt, das wichtigste Nahrungsmittel der kleinen Leute, die sich Butter nicht leisten konnten, und haben so die Preiskontrolle übernommen. Sie haben komischerweise Galoschen hergestellt, ein in dem feuchten und kalten Schweden dringend benötigter Konsumartikel. Sie haben natürlich Brot gebacken, das haltbare, typisch schwedische Brot. Sie hatten ihre eigenen Lagerhäuser, ihre eigenen Mühlen, ihre eigene Porzellanfabrik. Als sie feststellten, daß das Porzellan nur ein Nebenartikel sein konnte, haben sie sich auch dem sogenannten Sanitärporzellan zugewandt, also Badezimmereinrichtungen hergestellt. Auch Restaurants haben sie errichtet. Mit einem Wort: sie waren Meister in der Diversifikation. Sieben Jahre habe ich in diesem zu meiner Zeit 7.500 Beschäftigte zählenden Unternehmen praktische wirtschaftliche Erfahrungen gesammelt. Heute arbeiten knapp 30.000 Angestellte für den Konsumverband und seine Tochtergesellschaften.

Im Juli 1939 sollte ich als österreichischer Delegierter zum Kongreß der Sozialistischen Jugendinternationale nach Lille fahren. Die Kosten wollten meine schwedischen Freunde tragen. Eingeladen war ich in meiner Eigenschaft als Exponent der österreichischen Jugendbewegung im Untergrund. Wir fuhren von Göteborg mit dem Schiff über England nach Frankreich. Das Visum, das mir die Franzosen in meinen deutschen Reisepaß stempelten, sollte mir noch einiges Kopfzerbrechen bereiten.

Ohne mir zu viel einzubilden, möchte ich behaupten, daß ich in Lille sehr dringend gebraucht wurde. Zum einen war ich einer der letzten österreichischen Genossen, die aus dem Lande herausgekommen waren. Die eigentliche Rolle aber, die ich bei diesem Kongreß übernahm, war alles andere als einfach. Auf dem Programm stand eine intensive Debatte mit dem Führer der Vereinigten Jugend Spaniens, Santiago Carrillo. Im Lichte der Niederlage in Spanien vertrat Carrillo den Standpunkt, so wie sich der Sozialistische Jugendverband Spaniens mit den kommunistischen Jugendorganisationen des Landes im Kampf gegen Franco verbunden habe, so solle es die SJI in Zukunft auch halten. Über die Frage der Vertretung der spanischen Sozialistischen Jugend in der Sozialistischen Jugendinternationale mußte in Lille endgültig entschieden werden.

Die Freunde standen vor der unangenehmen Aufgabe, Car-

Das Visum für die Fahrt nach Lille: »Motif du voyage: pour assister au Congrès Socialiste International«

rillo reinen Wein einzuschenken. Sie brauchten jemand, der dem aus dem kämpfenden und terrorisierten Spanien kommenden Carrillo – was die revolutionäre Reputation betraf – einigermaßen entgegentreten konnte. Die Skandinavier mit ihrer wohlfunktionierenden Demokratie kamen hierfür nicht in Frage, da sie das Hin und Her um die Einheitsfront kaum interessierte. Die Franzosen kamen deshalb nicht in Frage, weil der Führer der französischen Jugenddelegation, Bernard Chochoy, ein Sekretär Paul Faures war, von dem das Wort stammte: »Pas mourir pour Danzig!« Andere kamen aus verschiedenen Gründen auch nicht in Frage, kurz und gut, der geeignetste, so sagte man sich, sei der Kreisky. Der ist schließlich einer der Mitbegründer der Revolutionären Sozialistischen Jugend in Österreich gewesen und war im Gefängnis; die Österreicher hatten auch gekämpft und waren daher gleichwertige Diskussionspartner der Spanier. Ich diskutierte am Kongreß unter dem Namen Pichler und hielt eine Rede gegen Carrillo, wobei ich sehr vorsichtig sein mußte, weil ich den linken Flügel der SJI repräsentieren sollte.

Der Kongreß in Lille war auch deshalb ein besonderes Ereignis, weil ich die lange, skandinavisch-reformistische Rede von Torsten Nilsson ins Deutsche zu übersetzen hatte. Vielleicht lag es daran, daß die Rede mit der Politik der kontinentalen Sozialdemokratie sehr hart ins Gericht ging, jedenfalls war ich mit der Übersetzung nicht recht zu Rande gekommen und hatte die Hilfe eines schwedischen Freundes, Hjalmar Mehrs, in Anspruch nehmen müssen. Mehr war der Führer der Linken, und für ihn war es eine unglaubliche Zumutung, beim Übersetzen einer Rede eines Führers der Rechten in der Sozialdemokratie mitzuhelfen. Diese Arbeit hat jedoch schließlich dazu geführt, daß sich die beiden Männer durch mich einander nähergekommen sind, und so ist die Kluft zwischen der »linken« Stockholmer Parteijugend und der »rechten« Mehrheit im Jugendverband der Partei überwunden worden. Am Ende kam es zu einer echten Freundschaft zwischen beiden, und manche erinnern sich noch heute an die Rolle, die ich dabei gespielt habe.

Den Linken in Stockholm war ich durch meine Herkunft als österreichischer Sozialist verbunden, den Rechten dadurch, daß sie mich gerettet hatten. Durch meine persönlichen Beziehungen zu beiden Seiten erfüllte ich eine nützliche Funktion, die ich zwar nicht überbewerten möchte, die aber immerhin menschlich einiges gebracht hat. Mehr starb 1979 als Statthalter des Königs in Stockholm. Er hat sich das sicher nicht träumen lassen, der Sohn eines 1905er Emigranten aus Lettland, das damals auch zu Rußland gehörte. Sein Vater hatte ihm den Namen Hjalmar gegeben aus Dankbarkeit und Respekt vor dem Begründer der schwedischen Sozialdemokratie, Hjalmar Branting.

Es gab noch ein drittes Ereignis in Lille, das für mich von Bedeutung war. Als ich in die laufende Diskussion eingriff und versuchte, den Delegierten deutlich zu machen, daß wir am Vorabend eines neuen Krieges stünden, fielen die Franzosen über mich her und riefen mir zu: »Quel pessimiste, quel pessimiste! Pas mourir pour Danzig!« Bernard Chochoy meldete sich zu Wort und empörte sich, sie seien nicht dazu da, in den französischen Schützengräben die deutsche und die österreichische Freiheit wiederzuerobern. Ich replizierte, es sei schon lange nicht mehr unsere Freiheit, die gefährdet sei. Und ihr werdet sie als nächste verlieren, sagte ich, wenn ihr nicht erkennt, vor welcher Gefahr ihr steht! »Pas mourir pour Danzig« heiße in Wirklichkeit, Hitler freien Lauf zu lassen.

Was ich damals, wenige Wochen vor Kriegsausbruch, gesagt habe, war durchaus keine »selffulfilling prophecy«, wie man heute weiß. Und wieder glaube ich, daß ich die Situation aufgrund der objektiven Umstände und der Erfahrung richtiger beurteilte als diejenigen, die mir damals widersprachen. Vielleicht waren im stillen auch die Delegierten aus den skandinavischen Ländern ein bißchen der Meinung Chochoys. Ich habe unter anderem auch meine Zweifel angemeldet, ob die skandinavische Sozialdemokratie, die sich auf dem Höhepunkt ihrer politischen Entfaltung befand, den Ereignissen auf dem Kontinent standhalten werde. Mit Ausnahme der schwedischen Sozialdemokratie konnte sie es nicht: nicht in Norwegen, nicht in Dänemark und eigentlich auch nicht in Finnland. In Norwegen und Dänemark mußte die Sozialdemokratie entweder in den Untergrund gehen oder nach England emigrieren. Die finnische Sozialdemokratie aber hat sich durch ihren damaligen Parteiführer Väinö Tanner für eine Politik einspannen lassen, die in höchstem Maße unglücklich war, weil sie mit dazu geführt hat, daß Finnland 1941 ein Verbündeter Hitlers wurde.

Am letzten Tag fand eine Massenkundgebung in Tourcoing statt, bei der Léon Blum eine große Rede halten sollte. Zehntausende Franzosen kamen mit Kind und Kegel. Das letzte Stück durch einen kleinen Wald ging ich zu Fuß, zusammen mit Friedrich Adler. Adler, der eine gewisse Ähnlichkeit mit Blum hatte – beide trugen den charakteristischen langen Schnauzbart –, wurde einige Male mit den Worten »Vive Léon Blum!« begrüßt. Er war ein sehr bescheidener Mann, und es war ihm doppelt peinlich, weil ihn derartige Huldigungen ohnehin in Verlegenheit brachten. Er hat abgewinkt, aber je mehr er abwinkte, desto mehr schrieen die Leute »Vive Léon Blum!«

In krassem Gegensatz zu dieser erlebnisreichen Fahrt stand der folgende Abend in Lille, wo ich bei einem Textilindustriellen einen Besuch machte, der ein guter Bekannter meines Vaters war. Ich fand dort jene Atmosphäre wieder, die André Maurois in seinem Buch »Die Fabrik« literarisch schildert: jene merkwürdige Atmosphäre nordfranzösischer Textilindustrieller, die wie die Fürsten lebten und sich für die Herren Frankreichs hielten; die größten von ihnen gehörten zu den »zweihundert Familien« des Landes. Irgendwie kam das Gespräch bald auf die Politik, und noch heute ist mir jener fürchterliche Satz im Ohr: »Lieber Hitler als noch einmal Léon Blum!« Später habe ich die schöne

Tochter des Hauses nach dem Grund gefragt, da es mir unverständlich war, wie ein Franzose so etwas auch nur denken könne. Sie erklärte es mir: Als die Arbeiter während des ersten Volksfrontregimes den Betrieb besetzten, habe ihr Vater über eine Feuerleiter fliehen müssen. Das könne er Léon Blum nie verzeihen.

Von Lille aus fuhr ich nach London, um Freunde zu besuchen und meinen Gönner Alan Sainsbury persönlich kennenzulernen. Von Tilbury fuhren wir dann per Schiff zurück nach Göteborg, und als ich in Schweden an Land ging, war eingetreten, was so viele – auch ich – lange »prophezeit« hatten und so viele andere nicht für möglich hielten: Hitler und Stalin waren sich einig geworden. Ich konnte es kaum erwarten, in Stockholm einzutreffen: Der Tag der großen Abrechnung mit den Kommunisten schien mir gekommen zu sein. Die österreichischen Kommunisten waren in Stockholm als Flüchtlinge überrepräsentiert und machten sich immer wieder an uns heran: Jetzt war Schluß damit! Wir, die linken Sozialdemokraten, hatten in unserer ablehnenden Haltung gegenüber den Kommunisten historisch recht behalten. Auch wenn wir uns des Sinnes der Vereinbarung durchaus bewußt waren: in den wenigen Tagen, die bis zum Kriegsausbruch noch blieben, bemächtigte sich unser das Gefühl, die Kommunisten seien nun ein für allemal geschlagen.

Nach einem kurzen Schock haben sich die Kommunisten allerdings schnell wieder – wie wir in Wien sagen – »derfangen«. Der Pakt, so argumentierten sie, sei die Antwort auf den Versuch des Westens, mit Hitler ins Geschäft zu kommen und einen Krieg Deutschlands gegen Rußland zu provozieren. Der Pakt sei nur ein Schachzug Stalins, der seine innere Begründung habe, und so weiter. Überschattet waren die Auseinandersetzungen mit den Kommunisten zudem noch von den nicht abreißenden Meldungen über die Stalinschen Prozesse und die immer neuen Hinrichtungswellen. Die bedeutendsten russischen Kommunisten, die ganze Garde der alten Revolutionäre, fielen den Hinrichtungen zum Opfer, und im Westen konnte man sich darauf kaum einen Reim machen. Die Ermordungen der Trotzkisten, dann der rechten und linken »Abweichler«, schließlich die für die deutschen Kommunisten schmerzhafte Ermordung vieler Emigranten, auch der österreichischen Schutzbündler, die Flüchtlinge in der Sowjetunion waren – das alles hat uns sehr beschäftigt.

Man kann aus meiner Sicht der Dinge unschwer erkennen,

warum ich niemals auch nur in die Nähe des Bannkreises kryptokommunistischer Bewegungen und Parteien gekommen bin. Trotz meiner Gegnerschaft zum Kommunismus, dem ideologischen und praktischen, habe ich mir eine tiefe Abneigung denen gegenüber bewahrt, die von extremen Vertretern der kommunistischen Heilslehre zu extremen Antikommunisten geworden sind. Es gab klassische Beispiele hierfür. Der Fall des berühmten Abgeordneten Jacques Doriot, 1934 aus der KPF ausgeschlossen und in der Folge einer der führenden Faschisten Frankreichs, wurde in den nie enden wollenden Diskussionen mit den Kommunisten als Argument verwendet. Auch manche Sozialisten und Sozialdemokraten in der Zeit nach dem Zweiten Weltkrieg sind vorher durch die harte Schule der kommunistischen Parteien gegangen – einige freilich allzu lang, und vielen hat man ihre Herkunft noch Jahre später angemerkt. Das war nicht nur in Frankreich so, sondern auch in Amerika, wo einer der Denunzianten im Prozeß gegen den amerikanischen Diplomaten Alger Hiss – Whittaker Chambers – ein früherer Kommunist war. Aber auch die Sozialisten haben so manche Enttäuschung erlebt: etwa in Belgien, wo der hoffnungsvolle Theoretiker Hendrik de Man – er schien mit seinem Buch »Le plan du travail« eine neue Art von pragmatischer Sozialdemokratie einzuleiten – sich als Kollaborateur entpuppte; er ist nach dem Krieg nicht mehr in seine belgische Heimat zurückgegangen. Manche französische Neosozialisten schlossen sich später dem Ministerpräsidenten der letzten Pétain-Regierung, Laval, an – auch Laval selbst soll einmal Sozialist gewesen sein. Und nicht vergessen werden sollte in diesem Zusammenhang der englische Adlige Sir Oswald E. Mosley, der zum Begründer des englischen Faschismus wurde.

In meiner agitatorischen Bekämpfung des Kommunismus gab es mehrere Stationen. Unter den Kommunisten waren einige, die mir bisweilen – im eigentlichen Sinne des Wortes – dialektisch überlegen waren. Sie waren besser in der Diskussion. Sich das einzugestehen und dennoch standzuhalten, war für einen Intellektuellen sehr schwer. Man darf schließlich nicht vergessen, daß einige der markantesten Persönlichkeiten der sozialistischen Studentenbewegung Kommunisten wurden und jeden auf ihre Seite zu treiben versuchten. Ich möchte den Eindruck vermeiden, als ob ich der einzige gewesen wäre, der dieser Versuchung widerstanden hat. Viele junge Leute waren in gleicher Weise standhaft. Sie haben Dutzende Einladungen zu Reisen in die

Sowjetunion abgelehnt, obwohl ihnen das manchmal sehr schwerfiel, denn natürlich wollten sie die Sowjetunion aus der Nähe kennenlernen. Alles in allem widerstanden wir der Verlockung, einem Sozialismus der Wiedervereinigung des Proletariats das Wort zu reden, so sehr wir auch von Anbeginn an von dieser Illusion fasziniert waren.

Ich sprach davon, wie sehr mich das Bündnis Stalins mit Hitler veranlaßte, Begegnungen mit Kommunisten in der Emigration herbeizuführen, die ich bis dahin vermieden hatte; jetzt wollte ich ihnen den Spiegel ihrer Niedertracht und ihres Verrats an der Idee des Antifaschismus vorhalten. In der Tat waren die Kommunisten unglaublich verwirrt; sie wurden aber rasch wieder auf die Generallinie gebracht. Es schien mir eine Ironie des politischen Schicksals, daß auch jene Kommunisten, die jüdischer Herkunft waren, den Pakt mit Hitler verteidigen mußten. Das ist übrigens nicht das einzige Mal gewesen, daß es zu einer gründlichen Praktizierung des Grundsatzes »Les extrêmes se touchent« gekommen ist. Uri Avnery berichtete kürzlich in einem Artikel über den israelischen Außenminister Schamir, daß die Stern-Gruppe, in der Schamir die Nummer zwei war, Kontakte zu den deutschen Nazis gesucht habe, und es ist niemals ein Dementi darauf erfolgt. Klassisch geworden ist geradezu die Begegnung zwischen Albert Leo Schlageter und Karl Radek, dem deutschen Nationalisten und dem kommunistischen Spitzenfunktionär, von denen dann jeder auf seine Weise Opfer der Zeit geworden ist.

Unter den sozialdemokratischen Emigranten in Stockholm begann in den letzten Augusttagen des Jahres 1939 eine hektische politische Diskussion. Nicht nur, daß wir angesichts des nun sicheren Krieges nach der Sicherheit des skandinavischen Exils fragten; genauso beschäftigte uns die Frage nach den Überlebensmöglichkeiten und mithin nach der Zukunft der österreichischen sozialdemokratischen Bewegung.

Ich fand damals einen starken Rückhalt bei Helene Bauer, der Witwe Otto Bauers, mit der ich mich sehr gut verstand. Gemeinsam stellten wir unter anderem ein Thesenpapier zur Beurteilung der Sowjetunion auf, die sie allerdings sehr viel besser als ich kannte. Helene Bauer war eine elegante, äußerst gepflegte Polin, nicht hübsch, aber eine eindrucksvolle alte Dame. Sie war viel älter als Otto Bauer. Ihre Ehe lebte stark von dem Intellektualismus beider, sie ergänzten einander in idealer Weise. Wenn Otto

Bruno Kreisky im Alter von 33 Jahren

Bauer über ökonomische Fragen arbeitete und zusätzliche Fakten benötigte, vertiefte sie sich in die Literatur und hielt ihn sozusagen auf dem laufenden; das tägliche Gespräch zwischen beiden war die Quelle vieler Bücher. Übrigens ging auch die Ehe selbst auf ein Buch zurück: »Die Nationalitätenfrage und die Sozialdemokratie« des jungen Bauer hatte Helene Bauer so beeindruckt, daß sie sich scheiden ließ und den Autor heiratete.

Nach dem Februar 1934 wurde diese Ehe dadurch getrübt, daß eine Freundin Otto Bauers aus Wien, eine außergewöhnlich hübsche Frau, nach Brünn reiste und so dieses lange verborgene Verhältnis nicht mehr zu verheimlichen war. Ich selbst bin durch einen Zufall etwas früher auf diese Liebesaffäre gekommen. Ich begleitete Otto Bauer von einer Versammlung in der Wipplingerstraße hinunter zur sogenannten Stadtbahn. Er wollte wie immer zur »Arbeiter-Zeitung«, und eigentlich wollte ich ihn begleiten, denn von dort hätte ich einen Anschluß nach Hause gehabt. Vor der Stadtbahnstation bekam ich plötzlich das Gefühl, daß Otto Bauer auf meine weitere Begleitung offenbar keinen Wert legte. Um mich möglichst unauffällig von ihm zu verabschieden, habe ich mich zur gegenüberliegenden Station begeben, um von dort aus weiterzufahren; da bemerkte ich die hübsche Frau, die auf ihn wartete.

Helene Bauer, die bis zuletzt mit ihrem Mann zusammenlebte, wurde Zeugin seines frühen Todes in Paris. Danach übersiedelte sie nach Stockholm, das sie 1941 verließ, als sich die Gefahr andeutete, daß auch Schweden in den Bannkreis Hitlers gezogen werde. Sie fuhr mit der transsibirischen Eisenbahn nach Wladiwostok und von dort mit dem Schiff nach Amerika – zusammen mit Moritz Robinson. 1942 ist sie in Berkeley gestorben. In einer der letzten Nummern des »Social-Demokraten« schrieb ich einen kurzen Nachruf, in dem es hieß: »Friedrich Adler hat in einem Telegramm aus Amerika die traurige Nachricht überbracht, daß Dr. Helene Bauer plötzlich gestorben ist ... Helene Bauer war eine hochgeschätzte Lehrerin mehrerer junger Generationen innerhalb der österreichischen Arbeiterbewegung. Ihr Einsatz bei den Bildungsbestrebungen der Arbeiter war sehr groß. Es gab kein Problem, mag es noch so kompliziert gewesen sein, das sie ihren Schülern nicht entwirren konnte. Es gab keine Situation, wie düster sie auch erscheinen mochte, in der sie nicht etwas Trostreiches entdecken konnte ... Es liegt eine große Tragik darin, daß diese wunderbare Frau in einem Augenblick, in dem die ersten Silberstreifen von dem, worauf sie hoffte, am Horizont zu schimmern begannen, vom Tod erreicht wurde. Alle, die das Glück hatten, diese gute und weise Frau zu kennen, werden sie niemals vergessen. Und das sind viele, über alle Kontinente verstreut.«

Am 30. November 1939 fiel Stalin mit fünfundvierzig Divisionen in Finnland ein. In Skandinavien verfolgte man diesen Krieg vom ersten Tag an mit besonderem Interesse und großer Besorgnis, und sehr bald hatte der tapfere und zähe Widerstand der Finnen die Sympathie der ganzen westlichen Welt gewonnen.

Im Dezember erging eine Einladung der finnischen Jugendbewegung an die Genossen in Dänemark, Norwegen und Schweden, diesen Krieg aus nächster Nähe zu beobachten, und mein

Freund Torsten Nilsson fragte mich, ob ich nicht mitkommen wolle. Ich hatte große Lust, weniger auf das Abenteuer des Krieges als auf die journalistischen Aufgaben, die mich dort erwarteten. Die Reise wollte ich mir von den Zeitungen zahlen lassen, für die ich schrieb und von denen ich wußte, daß ihre Haltung zu den Finnen aus sozialdemokratischer Tradition eher reserviert war.

Die Klischeevorstellung innerhalb der Sozialdemokratie Europas war die, daß dieses neue Finnland eine problematische Geschichte habe. Man erinnerte sich an den Bürgerkrieg zwischen den »Weißen« und den »Roten«, und der Führer der »Weißen«, der spätere Feldmarschall Mannerheim, ein Schwede, der im zaristischen Rußland Militärdienst geleistet hatte, galt als Inbegriff der Reaktion. Er hatte unter Sozialdemokraten einen ähnlich schlechten Ruf wie Nikolaus Horthy, der in der österreichisch-ungarischen Monarchie Vizeadmiral und letzter Oberbefehlshaber der Kriegsmarine gewesen war. Dieses Urteil wurde Mannerheim jedoch nicht gerecht. Er war in Wirklichkeit ein Mann, der sich ganz zum Westen gehörig fühlte, und 1939 war er der Held des finnischen Widerstands. Ich sah es als eine meiner wichtigsten Aufgaben an, den Lesern diesen Mann verständlich zu machen und ihnen zu erklären, daß er nicht der Faschist war, für den sie ihn hielten.

Die zweite Figur, die mit großer Skepsis betrachtet wurde, war Väinö Tanner, der eigentliche Führer der finnischen Sozialdemokraten und Exponent der rechtesten Sozialdemokratie, die damals denkbar war. Tanner war eine sehr starke Persönlichkeit und im Norden sehr angesehen, weil er zu den demokratischen Überwindern des Lappofaschismus gehört hat. Den Finnen war, anders als uns Österreichern, Anfang der dreißiger Jahre die Überwindung ihres nationalen Faschismus gelungen, was wegen der Nachbarschaft der skandinavischen Länder leichter war; auf der anderen Seite gab es nur den Kommunismus. Viele haben uns damals vorgeworfen, daß wir nicht Männer wie Tanner an der Spitze gehabt hätten, die in der Lage gewesen wären, den Faschismus zu überwinden. Väinö Tanner war zwar ein großartiger Praktiker, ein überaus fähiger Genossenschafter, aber bei aller Klugheit und Geschicklichkeit einer jener merkwürdigen Demokraten, die, wie ich 1944 in einem Porträt in der »Tribune« schrieb, »nur Verachtung für die Regeln der Demokratie übrig haben«.

»Die finnische Sozialdemokratie hat den traurigen Ruhm«,

schrieb ich in diesem Artikel, »als einzige Arbeiterpartei der Welt Hitlers Krieg gegen die Sowjetunion unterstützt zu haben. Und das war in erster Linie das Verdienst ihres Führers Väinö Tanner gewesen. Die Geschichte Väinö Tanners und der finnischen Sozialdemokratie ist sehr bittere Lehre dafür, wie weit es kommen kann, wenn eine Partei nahezu die ganze Fülle der Macht an einen wenn auch noch so klugen und geschickten Mann abgibt. Die Verdienste Tanners um die Verbesserung der Lebenshaltung des kleinen Mannes in Finnland sind sehr groß, seine innenpolitische Geschicklichkeit war sprichwörtlich im ganzen Norden, seine organisatorische Begabung machte ihn zu einem der erfolgreichsten Kooperateure der Welt, sein persönlicher Mut zur Zeit der Blüte des Lappofaschismus war Gegenstand zahlreicher Anekdoten in Finnland. Aber Tanner ist machtlüstern und rücksichtslos gegen seine Widersacher und geradezu brutal gegenüber seinen Opponenten in der eigenen Bewegung ... Die finnische Arbeiterbewegung trägt durch die unglaubliche Hasardpolitik ihres Führers das Kainszeichen der Bundesverwandtschaft mit Hitler auf ihrer Stirn. Jeder Versuch der Entschuldigung mit dem Winterkrieg 1939/40 fällt durch diese Bundesverwandtschaft in sich zusammen. Die finnische Hoffnung, eine Revision des für die Finnen so unglücklichen Friedens von Moskau im Jahre 1940 zu erreichen, wäre höchstwahrscheinlich ohne diesen Krieg an der Seite Hitlers heute der Erfüllung näher gewesen. Und darin vor allem scheint uns vom nationalen finnischen Standpunkt das katastrophale Unglück der Politik Tanners und Konsorten zu liegen.«

Tanner war ein Opportunist aus Überzeugung. 1936 hatte er als finnischer Sozialistenführer an einem Kongreß der gleichgeschalteten österreichischen Genossenschaften teilgenommen. Wie andere auch, glaubte er, es könne in den Diktaturen eine einigermaßen freie Genossenschaftsbewegung geben. Als einer unserer illegalen Leute ihn ersuchen wollte, als Sozialdemokrat nicht öffentlich aufzutreten in einem Land, in dem Hunderte von Sozialdemokraten eingesperrt waren, hat Tanner ihn in sehr brüsker Form abgewiesen und gemeint, er sei als Genossenschafter nach Österreich gekommen und habe nur die Aufgabe, mitzuhelfen, die österreichische Genossenschaftsbewegung zu legalisieren, was ihm vom Regime zugesagt worden sei. Auch ich saß damals im Gefängnis, und wie ich später erfuhr, hat mein Onkel Rudolf Kreisky, der mit Tanner eng befreundet war und ebenfalls den Kongreß besuchte, diesen gebeten, ein gutes Wort für mich einzulegen. Der Landwirtschaftsminister Strobl hat die Sache dann in die Hand genommen und versucht, für mich zu intervenieren. Ich wußte nichts davon und bin eigentlich nicht unglücklich, daß Strobl nichts erreicht hat.

Tanner war am Ausbruch des russisch-finnischen Krieges nicht schuldlos. Stalin und Hitler hatten sich den Osten Europas aufgeteilt; zu den Einflußsphären der Sowjetunion gehörten ein Teil Polens, die kleinen baltischen Republiken sowie Finnland. Stalin hat Tanner, der damals Außenminister war, nach Moskau bestellt und ihn dort relativ freundlich empfangen – sie kannten sich aus der zaristischen Zeit. Aus dieser persönlichen Beziehung heraus, so nahm man an, würde sich für Finnland eine Art Koexistenz finden lassen. Aber Tanner, der an einen Krieg mit Rußland nicht glaubte, wollte keine Konzessionen machen. Die Finnen wären damals relativ billig davongekommen und hätten sich zwei Kriege erspart. Tanner kam mit dem Gefühl aus Rußland zurück, daß, wenn die Finnen nur hart blieben und den Russen nicht nachgäben, Stalin deshalb keinen Krieg führen werde. Das war ein folgenschwerer Irrtum.

Während ich mich darum bemühte, die Zeitungen der sozialistischen Parteien von der Notwendigkeit einer Reportage über den finnischen Winterkrieg zu überzeugen, hatte ich mich gleichzeitig um einen neuen Paß zu kümmern, denn als ich im Sommer nach Lille gefahren war, hatten die Franzosen in meinen deutschen Paß ein Visum mit dem Vermerk »Pour assister au congrès Socialiste Internationale« gestempelt. Damit konnte ich nicht aufs deutsche Konsulat gehen, um ihn verlängern zu lassen. Aber mit einem deutschen Paß wäre ich ohnehin kaum nach Finnland gekommen. Die Finnen waren damals sehr antideutsch und vertraten die Auffassung, daß die Deutschen sie den Russen ausgeliefert hätten, was ja mehr oder weniger auch gestimmt hat. In dieser Situation suchte ich um einen schwedischen Fremdenpaß an.

Auch Pässe haben ihr Schicksal. So wie mir 1939 das französische Visum in meinem deutschen Paß sehr geschadet hat, so hätte mir sieben Jahre später, als ich mit dem Arlbergexpreß nach Wien fuhr und die russische Demarkationslinie passierte, das finnische Visum in meinem schwedischen Fremdenpaß durchaus zum Verhängnis werden können. Die Russen wußten natürlich von meinem finnischen Engagement.

Mehrere Zeitungen waren auf mein Angebot eingegangen, und so hatte ich am Ende einen Pool beisammen, der es mir ermöglichte, die Reisekosten und mehr als das zu decken. Anfang Januar flogen wir hinüber. Die Reise hätte leicht schiefgehen können, denn in Stockholm machten wir es uns in einem Flugzeug bequem, von dem wir glaubten, daß es nach Helsinki fliege; in Wirklichkeit saßen wir in der Maschine nach Moskau. Die Finnen sind ein sehr kleines Volk in einem sehr großen Land, und mit den Journalisten, die in immer neuen Scharen aus der ganzen Welt anreisten, konnten sie gar nichts anfangen; sie empfanden diese Fremden vielmehr als eine unerwünschte Behinderung. So saßen die Journalisten, vor allem die amerikanischen, in dicken weißen Pelzen im besten Hotel am Platz und warteten darauf, Augenzeugenberichte zu erhalten. Wenn sie dann an die Front durften, gab man ihnen, um sie unter Kontrolle zu halten, Marschordonnanzen und behandelte sie wie einberufene Soldaten. Wich einer von der vorgegebenen Route ab, wurde er von einer Militärstreife aufgegriffen und zu seinem Zug zurückgebracht. Viele von ihnen erfuhren damals zum ersten Mal in ihrem Leben die Wirkung von Bomben und schwerer Artillerie, und für die war das Ganze dann kein Spaß mehr.

Unsere skandinavische Delegation wurde zwar ein wenig freundlicher behandelt, aber die Finnen ließen keinen Zweifel daran, daß sie die Lage als sehr ernst ansahen. Jeder von uns bekam einen weißen Pelz, dann wurden wir in Autos verfrachtet, und ab ging's, hinauf zum Ladogasee. Vorsichtshalber hatte man jedem von uns einen Mannlicher-Stutzen in die Hand gedrückt. Ich hatte in meinem Leben noch nie ein Gewehr in der Hand gehabt und konnte überhaupt nichts damit anfangen. Man erklärte mir zwar, wie man damit umgeht, aber ich habe bis heute das Schießen nicht gelernt, und bin froh, nie in eine Situation gekommen zu sein, in der ich auf einen Menschen schießen oder den Befehl dazu hätte geben müssen.

Die Finnen hatten in den ersten Tagen des Krieges große und überraschende Erfolge zu verzeichnen. Wie wir aus der Geschichte des Zweiten Weltkriegs wissen, ist die militärische Effizienz der Sowjets am Anfang sehr schlecht; das hat sich immer wieder gezeigt – zuletzt noch in Afghanistan. In Finnland gingen sie von einer totalen Fehleinschätzung der politischen Lage aus. Zu den ersten Beutestücken, die die Finnen uns zeigten, gehörten eine große Menge Blasinstrumente. Es wurde uns

Beim Skifahren in Lappland

erzählt, daß die Russen in Schwarmlinie über den zugefrorenen Ladogasee marschiert seien und dabei die Internationale gespielt hätten, in der Meinung, daß die Finnen beim Klang dieses Liedes, das damals in Finnland verboten war, zu ihnen überlaufen würden. Statt dessen sind zu den Klängen der Internationale Tausende von russischen Soldaten gefallen. Die Finnen haben eine Salve nach der anderen abgefeuert, bis sie einfach nicht mehr die Nerven hatten. Auf dem zugefrorenen See türmten sich tote und verletzte russische Soldaten, und dennoch wurden immer neue Truppen nach vorn geworfen. Die jungen Soldaten der Leningrader Regimenter, die auf diese Weise geopfert wurden, waren auf einen solchen Krieg nicht vorbereitet gewesen.

Als die Russen an anderen Stellen dann in die Wälder vordrangen, ließen sich die Finnen, die sehr gute Sportler waren, von den Bäumen herunter auf die vorbeifahrenden Tanks und warfen Handgranaten durch die Luken. Überall sah man ausgebrannte sowjetische Panzer. Die Front war schachbrettartig: Niemand wußte, wo genau die Russen waren, und die meisten Gefechte fanden hinter der gegnerischen Linie statt. In den gewaltigen Wäldern mußte man immer wieder damit rechnen, einer russischen Patrouille zu begegnen. Einmal, als wir uns ausgehungert und müde gerade zum Essen setzen wollten – es war in einem Apothekerhaus in einem Ort am Ladogasee –, gab es Alarm, und wir mußten weg. Wenige Minuten später erschienen sowjetische Flugzeuge, und von dem Haus blieben nichts als Trümmer übrig. Torsten Nilsson beschreibt diesen Bombenangriff in seinen Erinnerungen sehr plastisch: »In Villmanstrand gab es Fliegeralarm. Wir ... landeten in einem Schutzraum, der aus Holzbalken und notdürftig aufgeworfener Erde bestand. Nach einer Weile hörten wir das Donnern der Flugzeuge. Der Höllentanz begann. Die Bombenexplosionen kamen so dicht wie Hagelschauer. Die Maschinengewehre antworteten mit ihrem Knattern. Ein unbeschreiblicher Lärm und ein Heulen erfüllten die Luft. Die Menschen im Schutzraum waren stumm und bleich, und das Herz schlug ihnen bis zum Hals hinauf. Da entdeckte ich Bruno, der neben mir stand, gegen die Erdwand des Schutzraumes gelehnt, und tief und fest atmete. Er schlief ganz einfach und verbreitete mitten in diesen Ungeheuerlichkeiten ein Gefühl der Geborgenheit um sich. Das nenne ich gute Nerven, und dieses Ereignis bestätigte unseren früheren Eindruck von ihm.« Offenbar mußte jemand die Russen verständigt haben. Es gab während dieses Krieges viele Kommunisten, die für die Russen nicht nur eintraten, sondern auch eine gewisse Informationstätigkeit ausübten.

Im Februar entsandten die Russen dann die kriegsgewohnten Truppen des 1938 hingerichteten Marschalls Blücher von der fernöstlichen Front zur karelischen Landenge, um die Mannerheimlinie zu durchbrechen. Systematisch bombardierten und zerschossen sie Quadratmeter für Quadratmeter, und Anfang März mußten die Finnen schließlich Friedensverhandlungen anbieten.

So fuhr Tanner zum zweiten Mal nach Moskau, um jenen Krieg zu beenden, den er für unmöglich gehalten und durch seine falsche Lagebeurteilung mitprovoziert hatte. Stalin akzeptierte ihn. Später hat uns Tanner erzählt, daß ihm Stalin eine russische Zigarre angeboten und sich dabei entschuldigt habe, daß die russischen Zigarren so schlecht seien. Tanner kostete sie und sagte, sie seien gar nicht so schlecht. »Sie sind schlecht«, beharrte Stalin, aber Tanner meinte noch einmal: »Schlecht sind sie wirklich nicht.« Stalin soll die Diskussion mit den Worten beendet haben: »Mit dem Tanner kann man wirklich nicht reden.« Stalin war großzügig und fragte nach Abschluß der Verhandlungen, ob sich die Finnen irgend etwas wünschten. Die Finnen baten darum, in Rußland einige Schiffsladungen Getreide kaufen zu können. Man erzählte sich damals, daß das letzte russische Getreide nach dem Ausbruch des zweiten finnisch-russischen Krieges in einem finnischen Hafen eintraf.

Als sich Finnland im Juni 1941 entschloß, an der Seite Deutschlands in den Krieg gegen die Sowjetunion einzutreten, hat Tanner noch einmal eine maßgebende Rolle gespielt. Es war sein zweiter großer politischer Fehler, der schicksalhaft für sein Land wurde. 1946 verurteilte man ihn als Kriegsverbrecher zu fünfeinhalb Jahren Gefängnis. 1948, inzwischen vorzeitig entlassen, kam er zu mir auf die Gesandtschaft, um ein Visum für Österreich zu beantragen. »Wenn Sie mit der Eisenbahn nach Linz fahren«, sagte ich zu ihm, »müssen Sie durch die russische Zone. Das kann unter Umständen für Sie gefährlich werden.« Aber Tanner war ein Mensch besonderer Art, und das Risiko, von den Russen verhaftet zu werden, störte ihn nicht im geringsten.

Beide Fehlentscheidungen Tanners hätten unter Umständen zur Vernichtung Finnlands als demokratischer Staat führen können. Aber Stalin hatte, wie ich glaube, vor den Finnen einen großen Respekt und mag sich gedacht haben, daß er mit einem okkupierten Finnland nicht so leicht fertig werden würde. Das Land ist groß, unübersichtlich und gewöhnt, mit den Russen in einer Art historischem Gegensatz zu leben. Daß Finnland nicht okkupiert wurde, war offenbar auch der sowjetischen Gesandtin, der sagenumwobenen Madame Alexandra Kollontai, zu verdanken. Madame Kollontai, die erstaunlicherweise alle stalinistischen Säuberungen überlebt hat, war Halbfinnin, ihre Eltern waren Gutsbesitzer in Finnland. Auch bin ich überzeugt davon, daß Finnland durch die Intervention führender schwedischer Sozialdemokraten, vor allem Gustav Möllers, des damaligen Sozialministers, der mit Madame Kollontai befreundet war, gerettet werden konnte.

Die Russen hielten lediglich Nordkarelien besetzt, das ja bereits seit 1920 zur Sowjetunion gehörte. Bei Ausbruch des Krieges gab es eine bemerkenswerte Konstellation, an die ich aus Gründen der Aktualität erinnern möchte. Es handelte sich um einen Modellfall, der mich später, während der Besatzungszeit in Österreich, immer wieder beunruhigte. Und entlang der Demarkationslinie, die den kommunistischen Osten vom demokratischen Westen trennt, könnte etwas Ähnliches eines Tages wieder passieren. Die in Nordkarelien errichtete Regierung des eigentlichen Führers der Kommunisten Finnlands wurde von der Sowjetunion als die einzige legale finnische Regierung angesehen. Der Führer der »Demokratischen Republik Finnland« und Chef der Marionettenregierung, Otto Kuusinen, war ein finnischer Emigrant und ein enger Freund Stalins, der viele Jahre lang Mitglied des ZK der KPdSU gewesen ist, von 1957 bis zu seinem Tod 1964 sogar im Präsidium. Kuusinen erscheint mir wie ein Vorgänger der heutigen Contras. Eine Fremd-Regierung inszeniert den Überfall auf ein Land und legitimiert diesen Überfall damit, daß sie eine im Ausland entstandene Gruppe zu den wahren Machthabern erklärt. Ich habe Freunde in Amerika wiederholt auf die Gefährlichkeit einer solchen Politik hingewiesen: Sie sollten sich das alles auf Europa übertragen vorstellen. Das Beispiel der Regierung Kuusinen könnte, wenn es zu großen militärischen Spannungen kommt, Schule machen, und dann wäre die heutige Förderung der Contras gegen Nicaragua ein Präjudiz. Nebenbei gesagt, ist das für mich der wichtigste Grund für die Verteidigungsbereitschaft Österreichs, weil Österreich im Falle einer solchen Kriegführung durch Stellvertreter einen aussichtsreichen Beitrag leisten könnte. Alles andere scheint mir Illusion zu sein.

Den Krieg gegen das kleine Finnland hatte Stalin zwar gewonnen, aber die Auseinandersetzung mit dem demokratischen Sozialismus hatte er verloren – und damit den Rest seines Ansehens in der Welt. Ohne in einen primitiven Antikommunismus zu verfallen, habe ich versucht, die Gründe für diesen Krieg aufzuzeigen, der eine echte militärische Aggression und Expansion darstellte.

Der Winterkrieg hat mir als Journalist, ganz ohne mein Zutun, eine Reihe von Zufallsengagements gebracht. Wenn Korrespondenten anderer Blätter nicht durchkamen oder nicht rechtzeitig eintrafen, benachrichtigte mich ein finnischer Freund, und ich sprang ein. So habe ich mir damals ein beachtliches Honorar zusammengeschrieben, aber dennoch endete der Krieg in finanzieller Hinsicht sehr schlecht für mich. In den Unterständen der Finnen habe ich nämlich zum ersten Mal in meinem Leben Karten gespielt, eine Art von leichtem Hasard; der Verlierer hatte zu zahlen, sobald man wieder friedlichen Boden betrat. Da wurde ich meine Honorare wieder los. Der einzige Trost war, daß ich mein Geld an meinen Freund Torsten Nilsson verlor.

Unsere Gruppe erreichte vollzählig und wohlbehalten Haparanda im hohen Norden Schwedens. Die Freunde aus Dänemark und Norwegen kehrten umgehend in ihre Heimat zurück; sie waren von dem düsteren Gefühl erfaßt, daß aufgrund der Kriegsereignisse bald mit einem deutschen Angriff auf ihre Länder zu rechnen sei. Ich selber hätte große Lust gehabt, meine Tätigkeit als Kriegskorrespondent in der Türkei oder in Persien fortzusetzen, aber die Anzeichen dafür, daß der Krieg auf Skandinavien übergreifen werde, mehrten sich, und es schien mir deshalb besser, in Schweden zu bleiben. Nach der Besetzung Dänemarks und Norwegens am 9. April 1940 war Schweden praktisch abgeschnitten, und es wäre Leuten wie mir wahrscheinlich nicht möglich gewesen, nach Stockholm zurückzukehren.

Im Februar 1940, während ich an der finnischen Front meine ersten und letzten unmittelbaren Kriegserfahrungen machte, trafen endlich meine Eltern in Schweden ein. Immer wieder hatte ich sie beschworen, mir nachzukommen, aber mein Vater wollte Wien nicht verlassen. Ihm werde schon nichts passieren, hatte er mir geschrieben. So mußte ich ein Druckmittel anwenden und erklärte ihm, daß ich in meiner politischen Tätigkeit immer Rücksicht würde nehmen müssen, falls er und meine Mutter im Dritten Reich blieben. Dies bürde mir eine zusätzliche Verantwortung auf. Hinzu käme, daß ich um ihr Schicksal bangte. Schließlich stimmte ich meinen Vater um. Das Leben in Wien war Ende 1939 bereits unerträglich geworden; in der Wohnung meiner Eltern hatte man andere Familien einquartiert, und wahrscheinlich wären sie innerhalb weniger Wochen deportiert worden. Meine Eltern durften einen kleinen Liftvan vollpacken und aus jedem Zimmer *ein* Möbelstück mitnehmen. Alle Wertgegenstände, vor allem die Bilder, wurden konfisziert, darunter ein berühmter Segantini, den ich Jahre später bei einer Ausstellung in der Schweiz wiedergesehen habe. Das Bild hatte schon den dritten Besitzer, und deshalb war an eine Rückstellung nicht mehr zu denken.

Vom ersten Tag seines Exils an lebte mein Vater in der Hoffnung, so bald als möglich zurückzukehren. Er war nicht unglücklich in Schweden, aber er hat, wenn ich so sagen darf, mit der Seele nur in Österreich gelebt. Die Rückkehr war für ihn nicht einen Augenblick lang fraglich. Mein Vater litt auch in Schweden keine Not; er starb jedoch vergleichsweise jung, mit achtundsechzig Jahren, und in Wirklichkeit starb er an der Emigration. Er hat dreieinhalb Jahre schwer an ihr gelitten. Sein Leben in Wien war in geregelten Bahnen verlaufen; er hatte seinen Beruf, ging von seinem Büro zu Fuß in sein Kaffeehaus – Milan Dubrovic, der Chefredakteur der »Presse« und spätere österreichische Presseattaché in Bonn, erzählt in seinen Erinnerungen, wie mein Vater das beim Tarock gewonnene Geld weniger gut situierten Besuchern des Café Herrenhof für die Konsumation zur Verfügung stellte –, und er hatte seine über alles geliebten Brüder um sich, die alle in guten Positionen waren und eine gute Reputation besaßen. Seine einzige Sorge war ich. Dennoch stand er zu mir, vor allem während meiner verschiedenen Gefängnisaufenthalte. Gewiß wär's ihm lieber gewesen, ich hätte meine Abschlußprüfung gemacht und meinen Namen endlich mit dem Doktortitel verbunden.

In Schweden kam mein Vater bei einer kleinen Textilfabrik unter, die Decken für militärische Zwecke produzierte, und entwickelte ein Verfahren zu ihrer Herstellung. Die Arbeit war ihm offenbar zu viel. Und dennoch: Eines Tages besuchte ich ihn in einer dieser Fabriken und sah ihn unter einer in Montage befindlichen Maschine am Boden liegen: Er zeigte den Mechanikern, wie sie es machen sollten. Ich habe ihm lange ins Gewissen geredet, sich zu schonen, aber sein Pflichtgefühl war zu groß. Er erkrankte und starb sehr bald – einen Monat nach der Geburt meines Sohnes.

13. Kapitel
Neue Freunde

Unter den zahlreichen Emigranten, die nach dem deutschen Überfall auf Norwegen über die Grenze kamen, war ein junger Deutscher, mit dem man mich schon lange hatte zusammenbringen wollen: Willy Brandt. Über ein halbes Jahr hatte er im norwegischen Untergrund gearbeitet, ehe er sich im Dezember 1940 entschloß, nach Schweden zu gehen. Eines Tages begegneten wir einander, wobei ich nicht einmal genau weiß, was der Anlaß war. Vom ersten Augenblick an haben wir Sympathie füreinander empfunden; zudem gab es gemeinsame Freunde. Brandt arbeitete vor allem für ein norwegisch-schwedisches Pressebüro. Mit den Norwegern war ich bereits 1939 in Kontakt gewesen. Ein Artikel über Österreich erschien in einem illegalen, weitverbreiteten Blatt in Norwegen. In diesem Aufsatz schrieb ich am Schluß, wir hätten keinen Tito, ich sähe auch weit und breit keinen, der eine ähnliche Rolle spielen könnte, und so werde sich Österreich wohl damit abfinden müssen, nach dem Ende des Krieges wieder auf die alten führenden Leute der ehemaligen Parteien zurückzukommen. So ist es dann auch geschehen.

Brandt war ein junger, sehr gutaussehender Mann, der über eine starke Ausstrahlung verfügte und überall sofort Freunde fand. Die Schweden schätzten ihn bald ebenso wie die Norweger, auch bei den Engländern und Amerikanern in Stockholm war er gern gesehen. Er hatte es schon deshalb leicht in Skandinavien, weil er ein sehr geselliger Mensch ist. Es wird dort am Abend gern gelacht und gern gesungen und natürlich auch getrunken. Brandt und ich waren, das darf ich wohl sagen, gern gesehene Gäste bei unseren schwedischen Freunden.

Unter den deutschen Emigranten gab es einige bedeutende Persönlichkeiten, ich denke etwa an Kurt Heinig. Heinig, bis 1933 Mitglied des Reichstages, hat in der Emigration ein dreibändiges Werk über das Budgetwesen geschrieben, aus dem ich viel gelernt habe. Ansonsten wollte er lieber in einer »splendid isolation« leben. Er stand, soweit ich mich erinnern kann, nicht gerade in einem Nahverhältnis zu Willy Brandt und schon gar nicht zu dem berühmten Gewerkschaftsführer Fritz Tarnow, den er offenbar als Laienökonomen betrachtete. Diesen Gegensatz gibt es in allen Gewerkschaftsbewegungen der Welt: auf der einen

Seite Gewerkschafter mit einem beachtenswerten Talent für das Ökonomische und auf der anderen die Wissenschaftler.

Zu Fritz Tarnow stand Willy Brandt in engstem Kontakt. Tarnow war der Mann, der auf dem letzten Parteitag in Leipzig 1931 von der Sozialdemokratie als dem »Arzt am Krankenbett des Kapitalismus« gesprochen hatte; dieser Vergleich plazierte ihn bei den Sozialdemokraten in der ganzen Welt auf die extrem rechte Seite. Wir, Willy Brandt, Fritz Tarnow und einige andere Exil-Sozialdemokraten, haben uns zu einer internationalen Arbeitsgemeinschaft zusammengefunden, die von manchen die kleine Stockholmer Internationale genannt wurde. Wir leisteten, glaube ich, gute Arbeit und waren sehr unvoreingenommen. Das Manifest dieses Kreises, dem Tschechen, Polen, Ungarn, Franzosen, Dänen, Norweger, Amerikaner, Engländer und Österreicher angehörten, wurde am 1. Mai 1943 in Stockholm in einer großen Veranstaltung, an der nicht nur Emigranten teilnahmen, unter starker schwedischer Beteiligung veröffentlicht.

An den Diskussionen der »Kleinen Internationale« haben auch andere teilgenommen, die ihren Parteien nach dem Krieg wertvolle Dienste leisteten, so Ernst Paul aus Prag, der später Mitglied des Bundestages und Repräsentant der Sudetendeutschen war; ferner Vilmos Böhm, ein ungarischer Sozialdemokrat und der erste ungarische Botschafter in Stockholm nach dem Krieg; Stefan Szende, ursprünglich ungarischer Kommunist, ein intimer Freund Willy Brandts; Norman Lamming, der im Genossenschaftsverband und später als Presseattaché auf der englischen Botschaft tätig war und der die Labour Party vertrat; oder Jules Guesde, der auf der französischen Gesandtschaft arbeitende Enkel des berühmten Mitbegründers der französischen Sozialistischen Partei. Unter den skandinavischen Sozialdemokraten, die sich an unseren Gesprächen beteiligten, waren der große norwegische Sozialistenführer Martin Tranmael, der wie eine Figur aus »Peer Gynt« wirkte, sowie die Schweden Alva und Gunnar Myrdal. Dazu kamen viele andere – »nicht zu zählen die, die der Fluß verschlang«.

Es gab eine nicht endende Diskussion um die Frage, wie Europa nach dem Krieg aussehen sollte. Im wesentlichen sind die Ergebnisse dieser Diskussion in dem Buch »Efter segern« (Nach dem Sieg) von Willy Brandt festgehalten. Brandt hatte ja damals die Gewohnheit, jedes Jahr ein Buch erscheinen zu lassen, und zwar in einem der großen Verlage Schwedens. Schon damals hat er sich dadurch ausgezeichnet, daß er immer wieder mit einem Einfühlungsvermögen sondergleichen das Ergebnis der Diskussionen in sehr brauchbaren Formulierungen zusammenfaßte.

Der große Protektor dieser internationalen Arbeitsgemeinschaft war der nächste Mitarbeiter Myrdals, Richard Sterner, ein sehr bedeutender Wissenschaftler, der an einem Standardwerk über die Negerfrage mitarbeitete, »An American Dilemma«. Myrdal ist einer der Mitbegründer der Stockholmer Schule gewesen, die die Keynesschen Ideen auf neue Art und fast unabhängig von Keynes weiterführte; Weltruhm erlangte er durch viele, gemeinsam mit seiner Frau Alva publizierte Arbeiten. Alva und Gunnar Myrdal spielten eine ähnliche Rolle wie das berühmte Ehepaar Sidney und Beatrice Webb, die Begründer der für die moderne Arbeiterbewegung so bedeutenden »Fabian Society«, der auch George Bernard Shaw angehört hat.

Willy Brandt vertrat auf eine sehr einprägsame Weise neue politische Ideen für die Zeit nach dem Krieg. Zudem hatte er die Fähigkeit, die sehr divergenten Strömungen dieses so divergenten Kreises zusammenzufassen. Mir ist aufgefallen, daß er, der seinerzeit in dem Ruf stand, auf dem linken Flügel der neuen deutschen Sozialdemokratie zu stehen, in Stockholm gar keinen Zweifel daran ließ, daß er ein Sozialdemokrat sei und nicht die geringste Neigung zum Dogmatismus habe. Ich hatte auch das Gefühl, daß er sich gar nicht sehr mit der marxistischen Literatur befaßt habe; sich da hindurchzuarbeiten ist für Aktivisten rein physisch ein Problem. Er hatte sicherlich beträchtliche Kenntnisse auf diesem Feld, aber wirklich profund waren sie, wie ich glaube, nicht. Wer sich nicht mindestens einmal für längere Zeit elf Stunden am Tag mit diesen Dingen befaßt, kann durch die Menge dieser Literatur nicht hindurchkommen. Wenn das wie Selbstgefälligkeit klingt, so will ich gleich hinzufügen, daß ich ohne meine relativ lange Zeit im Gefängnis auch nicht dazu gekommen wäre, mich in das Gedankengebäude des Marxismus einzulesen. Brandt war in den dreißiger Jahren ununterbrochen tätig, er hat große und kühne Reisen unternommen; ich hingegen war eingesperrt in einer Zelle von sechs Quadratmetern, und da ist das Lesen das einzige, was einen sozusagen aufrecht hält.

Entgegen allen böswilligen Behauptungen, er habe sich nie konzeptiv und programmatisch betätigt, bin ich in Stockholm zu der Überzeugung gelangt, daß Brandt auf diesem Gebiet Beträchtliches geleistet hat. Jedenfalls war Willy Brandt damals der

Inbegriff des politischen Verstandes in dieser Zeit und darüber hinaus eine politische Führungskapazität. Er war auch der hervorragendste Exponent der deutschsprachigen politischen Emigration, weil er in die skandinavische Landschaft paßte; norwegisch sprach er wie ein Norweger, so daß er nicht nur von der norwegischen Arbeiterpartei, sondern von den Norwegern überhaupt als einer der ihren betrachtet wurde. So wurde Willy Brandt fast zwangsläufig zur repräsentativsten Figur der deutschsprachigen Emigration. Und als er nach dem Krieg in einer norwegischen Pressefunktion nach Deutschland ging, war mir vom ersten Augenblick an klar, daß das sozusagen nur das Seil war, das ihm geholfen hat, über die Mauern zu klettern, die die Alliierten für viele von uns errichtet hatten.

Wir sind damals enge Freunde geworden – eine Freundschaft, die sich im Laufe der Jahre noch verstärkt hat. Nach dem Krieg haben wir, jeder an seiner Stelle, Aufgaben übernommen, mit denen wir uns viele Jahre vorher schon beschäftigt hatten. Wenn wir trotz der Unzulänglichkeit alles menschlichen Strebens nicht ganz erfolglos waren, so verdanken wir das auch jener beträchtlichen Gedankenarbeit, die wir in den langen Jahren des Exils geleistet haben. Vieles ist unerfüllt geblieben, und doch gab es in unserem Kreis einen immer anwesenden, unsichtbaren, aber jederzeit spürbaren Gast – das andere, das bessere Deutschland. Wenn dieser Begriff irgendwo lebendig war, dann unter diesen Menschen, zu denen auch Angehörige derjenigen Völker zählten, die von Hitler-Deutschland vergewaltigt wurden, die Norweger, die Polen, die Tschechen.

Ruth Brandt habe ich zum ersten Mal bei einem Abendessen gesehen, das einer der begabtesten norwegischen Parteiführer, Nils Langhelle, gegeben hat. Langhelle ist früh verstorben, sonst wäre er heute noch ein führender Mann im norwegischen politischen Leben. Ich erinnere mich an eine attraktive junge Frau, die sich bei ihm verabschiedete. Nachdem sie gegangen war, sagte mir unser Gastgeber, das sei Ruth Hansen gewesen, die jetzt zu Willy Brandt nach Berlin fahre, um ihn wahrscheinlich zu heiraten. Ich kannte auch Brandts erste Frau, Carlota.

Während des Krieges traf ich Brandt regelmäßig, fast jede Woche, und nach dem Krieg bin ich mit ihm öfter in Berlin zusammengekommen. 1948 war ich in Stockholm dabei, als er dort über die Berliner Blockade berichtete – mit großer Loyalität Ernst Reuter gegenüber, dem er die Rolle der Hauptfigur

Von links: Bruno Kreisky, Vera Kreisky, Willy Brandt, Carlota Brandt

zuteilte. Dennoch waren es Ernst Reuter, damals Regierender Bürgermeister, und Willy Brandt gemeinsam, die diesen großen Akt des Widerstandes gegen die sowjetische Diktatur vollbracht hatten. Über Nacht waren sie mit der Stalinschen Blockade Berlins konfrontiert worden, und als die Alliierten ihnen die Frage stellten, was sie jetzt zu tun gedächten, haben Brandt und Reuter die Gegenfrage gestellt, was eigentlich sie beabsichtigten – sie, die Alliierten. Die Berliner würden durchhalten, wenn die Alliierten ihre Pflicht erfüllten; die Bevölkerung sei bereit, mit einem Minimum an Lebensmitteln auszukommen, sofern die Alliierten die Position nicht räumten. So entstand die Idee einer Luftbrücke. Am Ende wurde die Berliner Blockade zu einer der schwersten Niederlagen Stalins im Kalten Krieg und zu einem großen Erfolg der »Policy of Containment«. Ein Beispiel auch dafür, was Spontaneität in der Politik bedeuten kann.

Die Frage Berlin bleibt primär eine Leistung der Berliner und der beiden großen deutschen Sozialdemokraten Ernst Reuter und Willy Brandt. Um so unverständlicher ist es, daß die Sozialdemokratie in Berlin heute nur mehr eine zweitrangige Rolle spielt. So unsympathisch vereinfachend mir das Wort Treitschkes scheint, wonach Männer die Geschichte machen, so beweist doch das Verhalten Reuters und Brandts, wie sehr es auf den subjektiven Faktor ankommt. Die Überwindung der Stalinschen Blockade hat Willy Brandt zum natürlichen Nachfolger Reuters gemacht – nach dem Zwischenspiel des CDU-Abgeordneten Walther Schreiber und des SPD-Politikers Otto Suhr – und 1964 auch zum Nachfolger Erich Ollenhauers, obwohl so manche in der deutschen Sozialdemokratie das nicht haben wollten.

Berlin war für uns von da an eine Heldenstadt. Es gibt solche Städte in der Geschichte, nicht nur in der Antike, sondern auch in der modernen Zeit. Schon Marx hat von den Opfern der Pariser Commune gesagt, daß sie eingeschrieben bleiben würden in die großen Herzen der Arbeiterklasse; die Pariser Commune als solche wurde von Marx und Engels kritisiert. Andere Städte dämmern in der Geschichte dahin; sie mögen schöner und reicher sein, aber sie sind Städte – sonst nichts.

Zurück zu meinen Aktivitäten in Stockholm. Es muß irgendwann um 1940 gewesen sein, daß mir mein Freund Moritz Robinson mitteilte, der ehemalige tschechische Gesandte in Wien, Zdenek Fierlinger, sei auf der Durchreise von Moskau nach London, wo er sich mit Beneš treffen würde. Es böte sich die Gelegenheit, ihn kennenzulernen. So erfuhr ich, wie sich Moskau 1938, als die Tschechoslowakei von Deutschland unmittelbar bedroht wurde, den Tschechen gegenüber tatsächlich verhalten hat. Fierlinger erzählte, daß er damals den Versuch gemacht habe, im russischen Außenamt vorzusprechen, um auf die Gefahr hinzuweisen. Aber er hatte nicht einmal einen stellvertretenden Außenminister erreichen können; schließlich sei er von einem kleinen Sekretär empfangen worden. Fierlinger vermittelte den Eindruck, daß er die Russen an ihre Bündnispflicht habe erinnern wollen, aber daran schien man in Moskau nicht interessiert gewesen zu sein. Nach dem Krieg wurde vom Kreml immer wieder behauptet, daß die Sowjetunion bereit gewesen wäre, die Tschechoslowakei zu verteidigen, notfalls auch allein. Aber das ist, nach der Darstellung Fierlingers, eine Legende. Bei Kriegsende ging Fierlinger nach Prag zurück, gelangte in die Führung der tschechischen Sozialdemokratie und spielte dann eine große Rolle bei ihrer Selbstaufgabe im Zuge der kommunistischen »Einigungsbestrebungen«. 1976 ist er in Prag gestorben.

Nach dem Sieg Hitlers über Frankreich im Juni 1940 hatte ich ein bestürzendes Erlebnis – ähnlich wie damals im Hause des Textilfabrikanten in Lille. Ich war zu dieser Zeit mit einer Französin befreundet, die viele wunderbare Eigenschaften besaß, aber sie war unberechenbar und temperamentvoll. Die Kapitulation Frankreichs war gemeldet worden. Zum Trost lud ich sie in eines der teueren Lokale von Stockholm, in das Opernrestaurant ein. In sehr bedrückter Stimmung nahmen wir unser Essen ein. Wie in vielen schwedischen Lokalen gab es auch dort einen Raum, in dem getanzt wurde. Daran hatten wir nicht gedacht. Plötzlich sahen wir etwas Unfaßbares: den französischen Militärattaché auf der Tanzfläche – tanzend, und das am Tage der Kapitulation. Meine Freundin drang zu ihm vor und machte vor allen Gästen eine Szene, wie schändlich es sei, am Tage der größten Niederlage seines Landes sich so zu verhalten. Es war eine Situation wie aus einem Film, aber doch auch ein Erlebnis, das Rückschlüsse auf die damalige Kampfmoral der Franzosen zuließ. Ich glaube, daß, hätte man damals, als der alte Marschall Pétain die Macht ergriff und in der Folge mit Hitler-Deutschland konspirierte, eine Wahl abgehalten, die gewaltige Mehrheit der Franzosen für Pétain gewesen wäre – das wird auch von selbstkritischen Franzosen bestätigt.

Und noch ein drittes Erlebnis, das unmittelbare Rückschlüsse auf das Kriegsgeschehen zuließ, möchte ich hier erwähnen. In meiner Tätigkeit als ökonomischer Ratgeber des Generaldirektors der Stockholmer Kooperative habe ich im Frühjahr 1941 den Auftrag bekommen, mich mit der Tiefkühlung von Lebensmitteln zu beschäftigen. Das einschlägige Material aus Amerika war schwer zu beschaffen, aber ich bekam es. Auch mit den Deutschen sollte ich in unverbindlicher Weise über diese Fragen sprechen. Das Gespräch sollte geheimgehalten werden; es war lediglich als Informationsgespräch gedacht, und die Deutschen haben uns dazu eingeladen. Ich sagte zu meinem Chef: »Wenn ihr von dem deutschen Angebot Gebrauch macht, werdet ihr nach dem Krieg einen Rattenschwanz kostspieliger Prozesse bekommen, denn das Verfahren, nach dem die Deutschen tiefkühlen, scheint mir das Birdseye-Verfahren zu sein, ein amerikanisches Patent, das gestohlen wurde.« Angesichts der überwältigenden deutschen Siege machte das jedoch keinen großen Eindruck. Während der Verhandlungen bin ich den Deutschen gegenüber unter einem schwedischen Namen aufgetreten, und auf die Frage, woher ich so gut Deutsch könne, antwortete ich – die halbe Wahrheit sagend –, ich hätte in Wien studiert. Beim Abschied sagte mir einer aus der deutschen Gruppe: »Wir hoffen, daß unsere Gespräche fruchtbringend sein werden. Im Frühjahr schicke ich Ihnen die ersten tiefgekühlten Erdbeeren aus der Krim.« Was sollte das heißen? Mit einem Mal lief ein Gedanke durch meinen Kopf – der Krieg gegen Rußland! Am 22. Juni 1941 erfolgte der Überfall auf die Sowjetunion.

Eine Freundin meiner Frau war mit einem Deutschen verheiratet, mit dem sich ein vor kurzem erschienenes Buch der Bonner Historikerin Ingeborg Fleischhauer beschäftigt. Er war ein Deutsch-Balte namens Edgar Klaus und gehörte zum Geheimdienst des Admirals Canaris. Mir war er deshalb aufgefallen, weil er überhaupt keine Hemmungen zeigte, mit mir über Dinge zu sprechen, die auch in höchsten deutschen Kreisen nur vertraulich behandelt wurden. So erzählte er mir auf einem Spaziergang, daß der Krieg gegen Rußland trotz großer Widerstände im Generalstab in nächster Zeit bevorstehe. Er erwähnte dabei den Namen des Generalstabschefs Halder und anderer deutscher Generäle, die den Versuch machten, Hitler vor den Folgen dieses Krieges zu warnen.

Eines Tages wurde ich von meinem Vorgesetzten zu einer Besprechung über Unternehmensprobleme geholt. Vor allem das, was man damals in amerikanischen Unternehmungen »human relations« nannte, ließ nach Meinung aller sehr zu wünschen übrig. Das war auf die Taktik des Unternehmens zurückzuführen, die Vertreter der Angestellten grundsätzlich zu Personalchefs zu befördern. Durch ihre neue Position gerieten sie in einen natürlichen Gegensatz zu den Leuten, die sie früher vertraten, und verloren infolgedessen ihr Prestige. Da ich bei der Sozialistischen Arbeiterjugend in ihrer legalen Zeit die Bildungs- und Kulturtätigkeit geleitet und einige Erfahrungen auf diesem Gebiet gesammelt hatte, wurde ich gefragt, was da meiner Meinung nach zu machen sei. Mir schwebte vor, für das Personal in der Stockholmer Konsumgenossenschaft – das waren immerhin Tausende – eine Einrichtung zu schaffen, die ihnen das Gefühl vermittelte, daß ihre Unternehmen nicht nur Lohn- und Gehaltsauszahler sind. Wir renovierten ein kleines, sehr altes Haus in der Nähe der Zentrale und etablierten dort den Buchklub des Konsumpersonals – vorerst natürlich nur für eine Elite.

Das Verlagswesen in Schweden wie in ganz Skandinavien war sehr entwickelt. Trotz der geringen Bevölkerungszahl erreichten selbst literarisch anspruchsvolle Werke hohe Auflagen. Was mich am meisten beeindruckte, war das gewaltige Interesse dieses Sechs-Millionen-Volkes an Gedichten. Einer der bedeutendsten Verlage in Schweden war Bonnier, und auch er veröffentlichte zahlreiche Gedichtbände lebender Autoren. Das gehörte zum Renommee des Hauses. Bonnier hat für die schwedische Literatur eine ähnliche Rolle gespielt wie S. Fischer zu Anfang des Jahrhunderts für die deutsche.

Bonniers waren eine alte, schwedisch-jüdische Familie. In seinen Erinnerungen, die er mit 90 Jahren schrieb, teilt Tor Bonnier eine Lebensweisheit mit, die sich ein naher Verwandter der Familie, der Polizeichef von Stockholm, Rubenson, zu eigen gemacht hatte: Es gäbe zwei Arten von Menschen, die höflicher und ordentlicher sein müßten als andere – Polizisten und Juden. Auf die achte man besonders. Bonnier fügt hinzu: »Da war es für uns klar, daß wir unter diesen Umständen auf keinen Fall Polizisten werden wollten...« In Schweden enden ja bekanntlich die meisten Namen auf -son, und es gibt für alle diese Namen zwei Möglichkeiten: Man kann Abrahamson heißen und kann ein Urschwede sein, man kann Abrahamson heißen und kann Jude sein. Heißt man Philipson mit Ph, ist man jüdischer Herkunft, heißt man Filipson mit F, ist man ein Christ.

Mit meiner Buchklubidee bin ich zu Bonnier gegangen und habe einem der Brüder meinen Plan dargelegt. In Schweden war es üblich, mit Neuerscheinungen um die Weihnachtszeit herauszukommen und die nicht verkauften Exemplare ziemlich bald in die Lager zu legen. Ich schlug vor, der Verlag solle mir zu einem günstigen Preis die Restposten guter Bücher verkaufen. »Sie haben eine ganze Reihe von sehr guten Büchern herausgegeben, die aber kein Erfolg geworden sind. Sie müssen doch riesige Lagerbestände haben.« So kaufte ich unter anderem Ignazio Silones »Fontamara« – ein großartiges Buch –, Werke von Erich Kästner und vieles andere, selbst Lyrikbände, aus Prinzip jedoch nur solche Bücher, die ich für gut hielt.

Mit diesem Grundstock habe ich eine Lotterie eingerichtet, bei der jedes zweite Los gewann. Mit den erzielten Überschüssen finanzierte ich andere Bildungsaktivitäten. Das Lotterieprojekt wurde ausgebaut und hat einem Freund die Möglichkeit gegeben, in der Konsumgenossenschaft eine eigene Buchabteilung zu entwickeln. Dafür schlug ich den schwedischen Arbeiterdichter Carl-Emil Englund vor, der als Vorstand einer Konsumfiliale immer wieder beurlaubt werden mußte, weil er an einer Lungenkrankheit litt und in einem Lebensmittelladen nicht gerade am rechten Platz war. Wir wurden bald Freunde. Englunds Buchabteilung war schließlich so erfolgreich, daß ein Literaturpreis gestiftet werden konnte, dessen Verleihung auch heute ein Ereignis in Schweden ist.

Mit Englunds Hilfe habe ich bekannte schwedische Dichter zu Vorträgen eingeladen, die sehr gut besucht waren und großzügig honoriert werden konnten. So lernte ich die meisten schwedischen Schriftsteller kennen, mit denen ich dann auch gesellschaftlich verkehrte. Besonders gern denke ich an den bekannten schwedischen Lyriker Nils Ferlin zurück, der ein großer Trinker und ein gottbegnadeter Dichter war. Er hat in Wolf Biermann einen kongenialen Übersetzer gefunden. Ich habe mich in diesem Kreis sehr wohlgefühlt und begann mich immer mehr für die schwedische Literatur zu interessieren. Auf diesen Umstand führe ich es zurück, daß ich – ohne Schwedisch systematisch gelernt zu haben – über einen großen Wortschatz verfüge und mir eine beträchtliche Geläufigkeit in dieser Sprache erworben habe. Ich halte auch häufig Vorträge auf schwedisch – meistens ohne Manuskript. Durch die schwedische Literatur und durch meine Freunde habe ich mir den Sinn für die tiefere Bedeutung der Wörter und Ausdrücke verschafft. Ich liebe diese Sprache, die so wenige in der Welt sprechen. Sie scheint mir mehr Ausdrucksmöglichkeiten als das Deutsche zu bieten; es gibt Wendungen, die prägnant und unübersetzbar sind.

Gewissermaßen als Gegengabe brachte ich meine Kenntnisse der österreichischen Literatur mit, von der man damals in Schweden so gut wie nichts wußte. Ich konnte meinen Freunden von Musil, Kafka und Broch erzählen, die damals noch Außenseiter waren, und die an Literatur interessierten Schweden waren fasziniert. Arthur Schnitzler blieb ihnen allerdings fremd.

Die Zeit war wunderbar und konfliktfrei. Eines Tages erschienen jedoch zwei Polizeibeamte in meinem Büro und forderten mich auf, nachdem sie unauffällig meinen Schreibtisch überprüft hatten, sie in meine Wohnung zu begleiten, da sie dort eine Hausdurchsuchung durchführen müßten. Der Besuch war mir schon deshalb unangenehm, weil mein Büro Glaswände hatte und also jedermann zuschauen konnte. Ich hatte aus der Zeit der Illegalität die Gewohnheit, möglichst wenig in meinen Schreibtischladen aufzuheben, und noch heute türmen sich bei mir die Papiere: Alles, was wirklich wichtig ist, liegt immer obenauf. Schreibtischladen sind Briefgräber, und was einmal in den Schreibtisch gerät, ist für lange Zeit, wenn nicht für immer verschwunden.

Als wir das Gebäude des Konsumvereins verließen, fragten mich die Beamten, ob wir nicht ein Taxi nehmen sollten. Hierin kam ein Unterschied zwischen der schwedischen und der österreichischen Polizei zum Ausdruck: Die Schweden haben mir für etwa 500 Meter ein Taxi angeboten, während die beiden österreichischen Kriminalbeamten 1935 mit mir darüber gestritten haben, wer von uns meinen Straßenbahnfahrschein zu zahlen habe. Da es nicht weit zu meiner Wohnung war, gingen wir zu Fuß, und unterwegs versuchte ich herauszubekommen, worum es eigentlich ging. Die Beamten waren sehr verschlossen; anscheinend hatte es mit einem Brief zu tun, den ich aus London erhalten hatte. Eine andere Gewohnheit aus der illegalen Zeit war es, Briefe, die gefährlich werden konnten, weder in Büchern noch sonstwo zu verstecken – bei Hausdurchsuchungen pflegt die Polizei zuerst ein Buch nach dem anderen durchzublättern –, sondern sie ganz offen herumliegen zu lassen. Kurz und gut: Die Schweden gaben endlich offen zu, daß sie einen Brief aus England suchten, und ich sagte, daß ich keine Ahnung hätte, worum es gehe. Am Schluß mußte ich in die Polizeizentrale mitkommen.

Beim Weggehen steckte ich den ominösen Brief in die Tasche. Er war von Oscar Pollak, der mir für einige Informationen dankte. Gerade das war damals das Gefährliche, denn bei Informationen, gleich welcher Art, handelte es sich grundsätzlich um »förbjuden underrättelseverksamhet«, verbotene Nachrichtentätigkeit. Die Schweden wollten mit strengen Bestimmungen verhindern, daß Stockholm zu einer Nachrichten- und Informationszentrale für die Kriegführenden werde. In der Polizeidirektion mußte ich alle meine Habseligkeiten in meinen Hut tun – Uhr, Ring und alles, was ich in den Taschen hatte –, und natürlich habe ich auch den gesuchten Brief hineingetan. Bei meiner Entlassung bekam ich ihn mit allen anderen Habseligkeiten wieder zurück.

Der einvernehmende Beamte enthüllte mir, um was es ging. »Sie wissen, daß in Schweden jede Nachrichtentätigkeit für Ausländer verboten ist!« Auf nachrichtendienstliche Tätigkeit stand bis zu einem Jahr Gefängnis, und war man erst angeklagt, war man so gut wie verloren. Die Art und Weise, wie man meinen Briefwechsel mit Oscar Pollak entdeckt hatte, war bemerkenswert. Ich verfügte über keinen besonderen Kurier, aber es war mir gelungen, mich an den wohlorganisierten norwegischen Kurierdienst anzukoppeln. Man hatte einige in diesem Kurierdienst mitarbeitende Schwedinnen verfolgt, als sie mir den Brief überbrachten. Der Chef des Kurierdienstes war übrigens Malcolm Munthe, der Sohn des als äußerst rechtsstehend bekannten Axel Munthe. Malcolm hieß er offenbar seiner englischen Mutter wegen.

Das Ganze ereignete sich im Frühjahr 1941, auf dem Höhepunkt der Hitlerschen Macht, und die Schweden waren äußerst empfindlich in allen Fragen, die ihre Neutralität betrafen. Es war allgemein bekannt und für die schwedischen Behörden sehr irritierend, daß in der britischen Gesandtschaft ein »press reading office« bestand und daß in diesem Büro verschiedene Emigranten angestellt waren, die Nachrichten in deutschen Provinzblättern auswerteten. Auf diese Weise erfuhr man sehr viel über die inneren Ereignisse im Dritten Reich. Im diplomatischen Bereich konnten die schwedischen Behörden nichts unternehmen, aber Privatleute machten sich durch dergleichen strafbar. »Sehen Sie«, sagte mir ein intelligenter Polizeibeamter, »man berichtet nach der Lektüre einer Breslauer Zeitung zum Beispiel, daß dort um fünf Uhr nachmittags die Musikkapelle des soundsovielten Regiments spielt, und daraus kann dann geschlossen werden, daß dieses Regiment in Breslau liegt. Das ist dann eine Nachrichtentätigkeit, die Leuten, die sich auskennen, hilft.« Dies hat mir mit erschreckender Deutlichkeit gezeigt, wie sehr man sich auch in Schweden mit den von Hitler getroffenen Maßnahmen abfand.

Das Verhör begann mit der Aufnahme meiner Personalien: Name, Geburtsort, Wohnort, politische Gesinnung, Verdacht auf Fortsetzung der politischen Tätigkeit im Zusammenhang mit nachrichtendienstlicher Tätigkeit. Bei der Frage nach meiner Nationalität zögerte der Beamte einen Augenblick: »Deutsch.« Ich antwortete rasch: »Nein, Österreicher.« Der Beamte wurde streng: »Das gibt es nicht, Österreicher gibt es nicht mehr. Aus! Wir schreiben in das Protokoll: Deutsch.« Ich bestand darauf, daß ich Österreicher bin. »Meine ganze Familie ist österreichisch.« Ganz brüsk sagte er: »Ich schreibe hinein, was gilt. Deutscher, punktum!« Ich muß hier in Parenthese anmerken, daß ich dieses Erlebnis einmal in einer Diskussion mit Golda Meir angeführt habe. Bei einer Sitzung der Sozialistischen Internationale sprach ich von den Palästinensern. Palästinenser gäbe es nicht, erklärte Golda Meir in ihrer Antwort, es gäbe nur Araber. »Warum lassen Sie den Palästinensern nicht das Recht, sich als Palästinenser zu erklären«, fragte ich und erzählte von meinem Erlebnis mit der schwedischen Polizei. So wenig ich mich in der Diskussion mit Golda Meir durchsetzen konnte – sie war sehr eloquent –, so überzeugend war mein Beispiel.

Ich habe meine Haft mit einem Hungerstreik eröffnet; nur so hatte man eine Chance, in die Zeitung zu kommen. Das Essen, das aus einem nahegelegenen Gasthof geholt wurde, sah sehr verlockend aus, aber ich habe es zurückgehen lassen. Mein Freund Franz Novy – während des Krieges der Repräsentant der illegalen österreichischen Gewerkschaften, später ein bedeutender Funktionär der Sozialistischen Partei in Wien – war sehr dick und im Gefängnis sehr hungrig. Wie schade um das schöne Essen, hat er sich offenbar gedacht, ohne von meinem Hungerstreik zu wissen, und übernahm mein Essen als Zubuße. Damit war der Hungerstreik gescheitert. Freunde aus der schwedischen Regierung haben schnell und nachdrücklich interveniert, und da außerdem keine Beweise gegen mich vorzubringen waren, bin ich nach zwei Tagen wieder freigelassen worden. Immerhin – es war der einzige unerfreuliche Zwischenfall in zwölf langen Jahren gewesen.

Der schwedische Lebensstil sagte mir sehr zu. Viele leben ab Mittsommer auf dem Lande; fast alle schwedischen Familien, auch Arbeiterfamilien, haben ein kleines Häuschen draußen, und dort verbringt man die Sommermonate. Im September gibt es ein besonderes Fest: »Kräftor« (Krebse). An diesen Abenden werden in Dill gekochte, kalte Krebse vertilgt, und es wird viel Schnaps getrunken – ein teurer Spaß. So wird der Sommer in heiterer Weise verabschiedet.

Dann kommt der Herbst mit den Theaterabenden, für die ich damals noch sehr viel mehr Zeit hatte. Das schwedische Theater hat ein sehr hohes Niveau; klassische und moderne schwedische Stücke werden in großartigen Aufführungen auf die Bühne gebracht. Ich sah einmal eine Inszenierung des »Kaufmanns von Venedig«, die mir nach fast einem halben Jahrhundert noch in Erinnerung ist. Mitten im Krieg, in der grauenhaften Zeit der Judenverfolgungen, den Shylock auf die Bühne zu bringen, war ein problematisches Unterfangen, das Fingerspitzengefühl und hohes schauspielerisches Können verlangte. Die Theaterbesucher waren von vornherein entschlossen, sich reserviert zu verhalten. Holger Löwenadler aber, ein mit mir befreundeter Schauspieler, hat es durch seine Darstellung verstanden, das Publikum für Shylock zu gewinnen, und Shylocks grenzenlose Liebe zu seiner Tochter in den Vordergrund gerückt.

Auch zu anderen Schauspielern habe ich einen recht guten Kontakt entwickelt. Man ahnt gar nicht, wieviel Möglichkeiten man hat, wenn man nicht Abend für Abend zu politischen Veranstaltungen gehen muß! Als einer, dem das Beisammensein mit Freunden immer sehr viel bedeutet hat, muß ich einbekennen, daß, wenn ich nicht ein so tief überzeugter und an der Veränderung der Gesellschaft leidenschaftlich interessierter Sozialist wäre, ich der Politik an sich wenig hätte abgewinnen können.

Auf den schönen Frühherbst folgt in Schweden eine kurze scheußliche Spätherbstperiode, die kalt und feucht ist. Um den anschließenden langen Winter zu verkürzen, beginnen die Schweden früh zu feiern. Ein Fest besonderer Art ist der heiligen Lucia gewidmet. Es ist eine Art Lichtfest, für das man immer die hübschesten blonden Mädchen aussucht, die dann mit Lichtern im Haar einen Umzug veranstalten. 1941 war ich mit einer dieser hübschen Lucias für den Abend verabredet. Mittags rief mich ein Freund an, den ich beim Skifahren in Lappland kennengelernt hatte, und bat mich, ihm den Gefallen zu tun, zu ihm zu kommen. Er habe eine Verabredung mit einem Mädchen, das aber unter gar keinen Umständen allein zu ihm kommen wolle und deshalb zwei Freundinnen mitbringen werde. Er brauche daher zwei zusätzliche Kavaliere. Schweren Herzens habe ich das Rendezvous mit meiner Lucia verschoben. An diesem Abend habe ich dann meine spätere Frau getroffen, Vera Fürth. Sie studierte Sprachen, italienisch, französisch, englisch, deutsch und Religionsgeschichte, auch an ausländischen Universitäten, und war einige Semester an der Sorbonne gewesen.

Am 23. April 1942 fand die Hochzeit statt – sehr zum Mißvergnügen meiner Schwiegereltern nicht im traditionellen Rahmen. Auf dem Standesamt fand ich den Ehering nicht gleich, und es entstand eine peinliche Situation. Anschließend gab es in einem feinen Hotel Stockholms, dem Grand Hôtel Royal, das Mittagessen, zu dem meine Frau ihre und ich meine Freunde einlud. Zunächst wohnten wir in verschiedenen Pensionen, im Sommer

Bruno Kreisky und Vera Fürth im Kreise österreichischer Freunde (rechts Alois Reitbauer, später Generalsekretär im Außenministerium)

draußen in Skärgården, später in Stockholm. Unsere erste Wohnung – schön und sehr modern – lag im Süden der Stadt, in der Nähe meines Büros. Bei uns würde man Söder als Arbeiterbezirk bezeichnen. 1944 kam mein Sohn Peter zur Welt, vier Jahre später wurde meine Tochter geboren. Da ich damals schon im diplomatischen Dienst war, zogen wir in den Osten der Stadt, ins Diplomatenviertel, wo auch die österreichische Gesandtschaft untergebracht war. In diesem Teil der Stadt, in den alten noblen Häusern, hatte ich immer den Eindruck, als spielten hinter den Türen Strindbergs Dramen, was wohl auch sehr oft zutraf. Für ein jungvermähltes Paar war das Milieu im Süden der Stadt, wo wir anfangs gewohnt hatten, sehr viel freundlicher gewesen.

Die Fürths stammten ursprünglich aus Österreich. Sie gehörten zu den ersten industriellen Familien; Papier-, Textil- und Zündholzfabriken waren von ihnen errichtet worden. Mein Schwiegervater, Theodor Fürth, war 1908 nach Schweden ausgewandert. Er hatte sich im Dunstkreis dieser reichen Leute nicht wohl gefühlt und gründete in Schweden zunächst eine Textilimportfirma. Er war ein Mann mit erheblichen Vorurteilen; von

Sozialpolitik und Arbeitszeitbegrenzung hielt er nichts, obwohl er ansonsten recht großzügig war. Von meiner politischen Tätigkeit hielt er ebenfalls nichts. Er war ein Kapitalist und immer der Meinung, daß das, was ich vertrat, eigentlich ein Unfug wäre. Infolgedessen machte er mir das seiner Meinung nach großzügige Angebot, mir zu seinen Lebzeiten noch ein Viertel des Eigentums an seinem sehr gutgehenden Unternehmen zu überlassen, den gleichen Anteil, den sein Sohn bekam. Nach seinem Ableben sollten wir das Unternehmen dann teilen. Die Bedingung war, daß ich der Politik den Rücken kehrte. Politik war in seinen Augen ein undankbares Geschäft, das noch dazu nichts einbrachte. Als ich im Frühjahr 1946 zum ersten Mal nach Österreich einreisen konnte, meinte er ironisch: »Mit großen Blumensträußen werden sie dich nicht empfangen.« Mein Schwiegervater war ein Anhänger des rigorosesten Manchester-Liberalismus und fand den Staat eigentlich überflüssig. Er vertrat das, was heute als Neo-Konservativismus bezeichnet wird: Arbeitslosenunterstützung fördere nur die Arbeitsunwilligkeit der Menschen, Altersversorgung hindere sie bloß daran, für ihr Alter vorzusorgen, und dem Gleichheitsgedanken zu frönen sei nichts als zerstörerisch.

14. Kapitel
Schweden – die große Lehre

Ich war vom ersten Tag an auf zweierlei Art politisch engagiert: Einerseits schloß ich mich gegenüber der österreichischen Emigration nicht ab, zum anderen versuchte ich so rasch als möglich, das politische Leben in Schweden zu verfolgen und zu verstehen. Schweden war in jeder Beziehung für mich ein faszinierendes Erlebnis. Immer wieder habe ich das Bedürfnis, diesem Land zu danken für alles, was es mir gegeben hat – nicht zuletzt an politischer Klugheit. Zum ersten Mal war es mir vergönnt, eine gut funktionierende Demokratie zu erleben. Für einen, der nur die heiß umstrittene, an der Brutalisierung des politischen Kampfes zugrunde gehende Demokratie in Österreich kannte, schien sich hier Unfaßbares zu vollziehen. In dieser hohen demokratischen Kultur, in der die Demokraten für mich gebremst wirkten, war man voller Respekt für den politisch Andersdenkenden, den man schon deshalb nicht als Gegner verstand, weil man im schwedischen Reichstag nicht nach Parteigruppierungen saß, sondern nach der Landschaft, aus der man kam. So saßen Sozialdemokraten neben Konservativen, Kommunisten neben Liberalen, Bauern neben Arbeitern; sie kamen aus derselben Landschaft – »Landskap«, wie es in Schweden heißt – und waren oft von Kindheit an Freunde gewesen.

Wenn auch hier und da der düstere Schatten des mächtiger werdenden Hitlerismus auf Schweden fiel: Man wußte, hier ist ein Volk, dem seine Freiheit viel bedeutet. Man spürte es schon, wenn man die Zeitungen aufschlug. Die große bürgerliche Presse war auf hohem Niveau – auch kulturell – und hielt sich beinhart an den Grundsatz: Die Nachricht ist heilig, der Kommentar ist frei (news sacred, commentary free). Natürlich gab es auch eine nazistische Strömung, und sie hatte entsprechende Blätter. Diese Presse, die von manchen als »Quisling-Presse« bezeichnet wurde, gehörte Torsten Kreuger, dem Bruder des großen Bankrotteurs Ivar Kreuger. Zwei auflagenstarke Zeitungen, »Stockholm Tidningen« und »Aftonbladet«, traten für Hitler und sein Regime ein und waren – mit unverkennbar antisemitischen Untertönen – täglich voller Polemik gegen die Emigranten. Aber ins Gewicht fielen diese Blätter nicht.

Die dominierende Zeitung des Landes war der liberale

»Dagens Nyheter« und später der im gleichen Verlag erscheinende »Expressen«. An der Gründung des »Expressen« war ich indirekt beteiligt. Der große Zeitungsverleger Albert Bonnier jun. hatte nach einem Abendessen bei einem Freund eine Diskussion über ein neues Abendblatt in Gang gesetzt. Es ging vor allem um die Kosten einer solchen Investition. Der Journalist C. A. Nycop veranschlagte hierfür etwa hundert Millionen Schwedenkronen. Bonnier meinte, die Gewerkschaften hätten eine Abendzeitung, die nur vierzig Millionen gekostet habe. Da entgegnete Nycop: »Sie werden diese vierzig Millionen verlieren und noch viel mehr. Wenn du mir aber hundert Millionen für die Zeitung gibst, wirst du nach sehr kurzer Zeit jährlich hundert Millionen daran verdienen.« »Expressen« wurde in der Tat die auflagenstärkste Zeitung Schwedens. An dieses Gespräch habe ich später immer denken müssen, wenn in unserer Partei Zeitungspläne erörtert wurden. Meine Meinung war stets, man dürfe die Millionen nicht kleinweis verläppern – also vertun und vergeuden –, sondern müsse, um eine erfolgreiche Zeitung zu machen, einen so großen Betrag bereitstellen, daß man aus dem vollen schöpfen könne.

Die kultivierten Leute in Schweden waren in der Regel westlich orientiert – die Intellektuellen vor allem; Schweden konnte als das amerikanischste Land Europas gelten. Die Leute der Mittelklasse waren über den Hitlerismus geteilter Meinung und wollten lange Zeit nicht glauben, was wir aus Deutschland berichtet haben. Unsere Anklagen und Warnungen führten die Gutmeinenden auf das Emigrantenschicksal zurück: Man müsse uns mit mitleidsvollem Verständnis entgegenkommen.

Im Süden Schwedens gab es unter den Großgrundbesitzern, dem Adel, der übrigens dänischen Ursprungs war, starke Sympathien für Deutschland und die Deutschen. Dort hat man mit Vorliebe Deutsch gesprochen. Auch das Offizierskorps neigte größtenteils Deutschland zu. Die prodeutschen Neigungen des alten Königs, Gustavs V., reichten noch in die Zeit des Ersten Weltkriegs zurück. Der Thronfolger, eine noble Gelehrtenerscheinung, der eine große Rolle spielte, war hingegen sehr anglophil, was einen gewissen inneren Ausgleich schuf. Der König war schon sehr alt und begriff die Dinge gar nicht mehr; er wußte eigentlich nicht, von welchem Deutschland die Rede war. Dennoch war er stark genug, der schwedischen Regierung die Durchgangserlaubnis für deutsche Divisionen abzutrotzen, die durch

Schweden nach Finnland gehen sollten. Diese Forderung verband er sogar mit der Drohung der Abdankung.

Ein großer Bewunderer der Deutschen war seit jeher Sven Hedin, der in einer Art freiwilliger Emigration in Schweden lebte. Er erzielte dort mit seinen Büchern Bestsellerauflagen. Von seiner Sympathie für die Deutschen ließ er sich durch Hitler nicht nur nicht abbringen, sondern es kam sogar zu einer Audienz. Ein ähnlich begeisterter Hitler-Anhänger war auch der Norweger Knut Hamsun. Man kann nicht sagen, daß Leute wie sie daraufhin als Außenseiter betrachtet wurden, vielmehr blieben sie lange als Forscher und Reiseschriftsteller oder als Dichter außerordentlich geschätzt.

1942 fiel mir eine neue Aufgabe zu, die mich lange beschäftigen sollte und die schon auf jenen unabhängigen Staat Österreich hindeutete, dem mein ganzes Trachten galt. »Deserteure« aus der deutschen Wehrmacht, die nach Schweden geflohen waren, wurden dort anfänglich eingesperrt und in einigen Fällen sogar an Nazi-Deutschland ausgeliefert – auch Österreicher. Die Mutter eines dieser österreichischen »Deserteure« berichtete mir später vom langen Todesweg ihres Sohnes. Durch Zufall erfuhren die Zeitungen davon und veröffentlichten die unfaßbare Geschichte – ich weiß bis heute nicht, wer hierfür verantwortlich war. Jedenfalls ging ich zu meinen Freunden in der Regierung und erreichte dort – vor allem bei Gustav Möller –, daß ich mit einem hohen schwedischen Beamten in alle Lager fahren durfte, in denen sich Österreicher befanden. Bald konnte ich durchsetzen, daß alle Soldaten, die sich als Österreicher bekannten, als Militärflüchtlinge zu betrachten seien und nicht als Deserteure; sie unterstanden daher zivilen Behörden und nicht mehr den Militärbehörden. Ich sollte beim »Screening« dabeisein, zuhören und Fragen nach den Gründen und Motiven stellen, um den Wahrheitsgehalt der Aussagen zu überprüfen. Man hatte große Angst, es könnten SS-Leute eingeschleust werden.

Wir konnten diesen vielen hundert Flüchtlingen Arbeit verschaffen, am Anfang nur Waldarbeit, aber das war für viele deshalb kein Problem, weil sie aus den Bergen kamen. Unter ihnen waren zahlreiche Gebirgsjäger aus Kärnten. Behilflich bei der Arbeitsbeschaffung war mir mein alter Freund und verläßlichster Berater in Stockholm, Hans Menzl, ein Schlosser aus den ehemaligen Daimler-Werken in Wiener Neustadt. Nach dem Krieg war er niederösterreichischer Landtagsabgeordneter; leider ist er viel zu früh verstorben.

Allmählich haben wir zur politischen Emigration, die relativ klein war, und zur jüdischen Emigration, die sich zu Österreich bekannte, eine dritte Emigrationsgruppe bekommen, nämlich die Militärflüchtlinge. Alle waren in der »Österreichischen Vereinigung« organisiert. Innerhalb der Vereinigung wollten so manche unter den jüdischen Emigranten die Militärflüchtlinge nicht anerkennen – sie sprachen von ihnen nur als von den »Nazisoldaten« –, und das brachte jene wiederum auf. Die Diskussion wurde mit viel Verständnis geführt.

Mit den Militärflüchtlingen sollte es nach der deutschen Kapitulation zu tragischen Verwicklungen kommen. Es gab eine Absprache der Alliierten, wonach die deutschen Soldaten der Macht zugesprochen werden sollten, der sie gegenüberstanden. Daran fühlte sich, nach einer Forderung der Alliierten, auch das neutrale Schweden gebunden. In der Schlußphase des Krieges suchten viele Soldaten der im Baltikum stehenden deutschen Armeen Zuflucht in Schweden, um der sowjetischen Kriegsgefangenschaft zu entgehen. Das stellte Stockholm vor eine furchtbare Aufgabe, denn die Russen waren hartnäckig, und die Schweden sahen bei allen humanitären Bedenken keinen Ausweg. Die Auslieferung dieser Soldaten, zu denen zahlreiche Österreicher gehörten, gestaltete sich zu einem Drama; viele von ihnen glaubten, daß ihnen nun eine mehrjährige Gefangenschaft oder sogar der Tod bevorstehe. Unter ihnen waren manche, die sich, verführt durch einige österreichische Nazi-Offiziere, nicht als Österreicher bekennen wollten, obwohl es in Wien schon die Provisorische Staatsregierung Renner gab.

Nach dem Kriege ist oft behauptet worden, ich hätte trotz meines Einflusses in Stockholm viele Österreicher unter den gefangenen Deutschen ihrem Schicksal überlassen. Aber die Sache war komplizierter und tragischer. Es ging ja nur um die Österreicher, die sich bis dahin nicht zu Österreich bekannt hatten. Ich versuchte alles, sie umzustimmen. Aber in einer erschütternden Treue hielten viele zu ihren reichsdeutschen Kameraden. Ich seh' sie noch vor mir, wie sie da in der Reihe gestanden sind und ein Österreicher vorsprang und rief: »Die Kameraden aus dem Reich waren uns gut im Krieg! Sie müssen auch jetzt gut sein! Wir müssen zu ihnen halten!« Nur ganz wenige traten vor und sagten, sie wollten als Österreicher behandelt werden; die anderen waren eingeschüchtert. Hätten sie sich als Österreicher bekannt, wären sie sofort freigelassen worden. So aber sind sie als deutsche Soldaten betrachtet worden, und das brachte mich in ein schweres Dilemma. Die Bestimmungen des Waffenstillstandsvertrags waren stärker als ich. Ich konnte so gut wie nichts ausrichten, obwohl ich bis zur Ministerebene vordrang; die Frau des Ministers Möller, Schwester eines hohen Offiziers, eine berühmte Journalistin und Freundin von Frau Kollontai, und selbst der alte König intervenierten. Aber die schwedische Regierung lehnte ab; man sei verpflichtet, die Leute zurückzuführen, daran führe kein Weg vorbei. Die schwedische Sammlungsregierung hat in dieser Frage keinen großen Mut bewiesen. Sie hätte auch sagen können, es sind Flüchtlinge, die bleiben da. Jedenfalls habe ich alles getan, was in meiner Macht stand, und habe auch einigen zur Flucht verholfen. Über Frau Else Möller-Kleen erreichte ich, daß Frau Kollontai der schwedischen Regierung das Versprechen gab, die österreichischen Soldaten würden auch dann als Kriegsgefangene behandelt werden, wenn sie zu einer SS-Einheit gehört hatten, nicht als Kriegsverbrecher. Wir haben deshalb allen gesagt: Laßt euer Gepäck da! Wir werden es verwahren und nach Wien an die Lager der Volkshilfe schicken. Dort könnt ihr es dann abholen. Tatsächlich haben alle innerhalb von zwei Jahren ihr Gepäck in Empfang genommen.

Der Mann, der mich in diesem Zusammenhang am meisten beschimpfte, war der berühmte Vinzenz Müller, der später beim Aufbau der Volkspolizei und der Nationalen Volksarmee der DDR eine wichtige Rolle gespielt hat.

Im Jahre 1945, nachdem Österreich seine Freiheit und Unabhängigkeit zurückerhalten hatte, bemächtigte sich der österreichischen Militärflüchtlinge eine große Unruhe. Sie wollten so rasch als möglich nach Hause. Das war deshalb sehr schwierig, weil es keine direkte Verkehrslinie nach Österreich gab; man hätte durch das besetzte Deutschland fahren müssen, und die Alliierten machten große Schwierigkeiten. Wir bemühten uns, ein eigenes Schiff zu bekommen. Insgesamt waren es etwa vier- bis fünfhundert, die nach Hause drängten. Es gab eine große Abschiedsfeier im Hafen von Stockholm. Mein bester Freund, Hans Menzl, sollte als offizieller Begleiter mitfahren. In Kiel stiegen sie in Autobusse um. In sehr mühsamen Verhandlungen mit den Besatzungsbehörden war es gelungen, die Durchreise durch Deutschland zu bewerkstelligen. Auch einige politische Flüchtlinge konnten in dieser Gruppe untergebracht werden.

Kurz vor Schluß des Krieges änderte sich die Haltung der schwedischen Aristokraten zu Deutschland. Es war die Zeit, als die ersten entlassenen Häftlinge aus den Konzentrationslagern in den südschwedischen Häfen ankamen; eine Welle unfaßbaren Elends wurde an die schwedische Küste gespült. Die Rettung dieser Menschen war vor allem die Leistung des Grafen Folke Bernadotte, des Präsidenten des Schwedischen Roten Kreuzes. Er hatte von Heinrich Himmler gegen Kriegsende eigentlich nur das Zugeständnis erwirkt, die Skandinavier zu holen, ohne Rücksicht auf ihre Religion, aber er brachte alle, unter ihnen Tausende Juden aus allen europäischen Ländern und auch eine große Zahl von Österreichern. Noch und noch trafen im Februar und März 1945 die »weißen Busse« ein. Schon nach Stalingrad hatte es in der öffentlichen Meinung einen Umschwung gegeben, aber das geschah eher aus opportunistischen Gründen. Mit den Transporten aus den Konzentrationslagern kam ein moralischer Schock. Die Greuelnachrichten waren auf einmal keine mehr: Die Wirklichkeit übertraf alles, was die Emigranten erzählt hatten.

Ich habe den Grafen Folke Bernadotte bei verschiedenen Anlässen getroffen und mit ihm auch nach Kriegsende in der Hilfe für Österreich zusammengearbeitet. Er war eine eindrucksvolle Erscheinung, von vornherein fest entschlossen, sich im öffentlichen Leben zu betätigen. Das Rote Kreuz, das in Schweden eine besonders große Bedeutung hat, gab ihm die Gelegenheit zu einem starken persönlichen Einsatz. Man nimmt immer an, daß Bernadotte ein schwedischer Graf war – das war er nicht. Die Bernadottes stehen nicht im schwedischen Adelskalender; sie gehören jedoch zur königlichen Familie, und wenn einer eine »Bürgerliche« heiratet, dann wird er Herr Bernadotte. Den Grafentitel hatte Folke Bernadotte in Belgien erhalten.

Hier muß aber noch ein Mann erwähnt werden, der eine besondere Leistung vollbracht hat. Ein deutsch-jüdischer Emigrant namens Masur, ein wohlhabender Pelzhändler mit gutem Auftreten, das sehr oft deutsche Juden bürgerlicher Herkunft kennzeichnete. Ich habe ihn mitten im Krieg kennengelernt; wenn ich mich recht erinnere, nach einer Bridgepartie, von der ich meine Frau abholte. Ich selbst war nie ein Kartenspieler und habe mich gern der schwedischen Sitte angepaßt, daß die Damen sich am frühen Abend zum Bridgespiel einfinden und die Männer später dazustoßen, um am Souper teilzunehmen.

Eines Tages, ich glaube, es war Ende 1944, teilte mir Masur bei einer Gelegenheit mit, daß er nach Deutschland fahre. Ich war sehr erstaunt, und als er hinzufügte: »Ja, um Himmler zu treffen«, war ich noch erstaunter, aber in diesen Tagen war alles möglich. Als er zurückkam, traf ich ihn wieder, und was er mir berichtete, war so interessant, daß ich ihn auch in meinen Konsumklub einlud. Himmler, so erzählte er, habe ihm den Eindruck eines sehr korrekten »Oberlehrers« vermittelt. Es gehört wahrlich zur Ironie der Geschichte, daß der größte Menschenmörder aller Zeiten sich wie ein deutscher Oberlehrer verhielt. Sie hätten sich sehr ruhig und nüchtern unterhalten und das Geschäft abgeschlossen: Es ging um Tausende überlebende Juden, von denen jedoch viele später an den Folgen des Konzentrationslagers starben. Ganz beiläufig und am Schluß meinte Himmler, daß seine Haltung auch einmal gewürdigt werden sollte.

Ich sprach schon davon, welches Mitleid diese an die schwedische Küste gespülte Welle von Elend auslöste. Die reichen Aristokraten auf den südschwedischen Schlössern hatten vieles als Propaganda abgetan. Jetzt konnten sie sich mit eigenen Augen überzeugen, und die Hingabe, deren ich Zeuge wurde und die nicht nur vorübergehend war, gehört zu einem der eindrucksvollsten Erlebnisse in Schweden. Für mich war es eine Lehre. Ich gehöre zu denen, die glauben, daß es so manchen gab, der »nichts gewußt hat«, allerdings auch nichts wissen wollte. Wen die Menschenliebe zur Neugier trieb, wer etwas über die Schicksale der Gepeinigten in Erfahrung bringen wollte, der konnte es natürlich.

Neben dem zutiefst Tragischen gab es auch hier wieder die komische Episode. Ein langweiliges schwedisches Kleinstädtchen, das bestenfalls als Umsteigestation bekannt war, gelangte plötzlich zu origineller Berühmtheit. Der Grund: In der Nähe dieses Ortes waren die aus den Konzentrationslagern befreiten Insassinnen einiger französischer Bordelle untergebracht worden. Sie waren unbotmäßig, aber sie hatten, was zu ihrer besonderen Ehre gesagt werden muß, der Widerstandsbewegung geholfen und Flüchtlinge versteckt. Die kleinen Kaffeehäuser dieser Ortschaft umgab plötzlich der Hauch der großen lasterhaften Welt; für kurze Zeit gab es dort ein Klein-Paris, wie es nicht im Baedeker stand. So blühen am Rande der tragischen Ereignisse die kleinen Blumen der Kuriosität, die einem ein Lächeln abringen.

Ich sagte schon, daß mit den Bussen des Grafen Bernadotte auch Österreicher aus den Konzentrationslagern kamen – Männer und Frauen, darunter viele österreichische Juden. Ich traf unter ihnen einen Freund aus meiner Kindheit und Schulzeit, einen der komischsten Menschen, denen ich je begegnet bin. Sein Sinn für Humor hatte alle Schrecknisse überstanden, und er vermochte dem Schaurigen etwas Bizarr-Komisches abzugewinnen. So schilderte er zum Beispiel, wie zum Tode verurteilte Juden noch wenige Tage, bevor sie das grausige Schicksal ereilte, mit dem Spaten auf der Schulter ins Moor marschierten und dabei das Lied singen mußten »Die blauen Dragoner, die reiten mit klingendem Spiel durch das Tor...« Als ich als Bundeskanzler einmal österreichische Soldaten irgendwo draußen am Lande mit diesem Lied auf den Lippen vorbeiziehen sah, ist mir der kalte Schauer über den Rücken gelaufen. Ich erinnere mich, daß wir in der Jugendbewegung zwar auch die alten Landsknechtlieder gesungen haben, ihnen in der Regel aber einen anderen Sinn gaben. Eines endete, wenn ich mich richtig erinnere, mit der Mahnung: »Jungvolk gib acht, daß man dich nicht zum Landsknecht macht.«

Dieses Kapitel kann ich nicht abschließen, ohne das Schicksal des mir freundschaftlich verbundenen Folke Bernadotte zu erwähnen, zumal es von einer gewissen Aktualität ist: Er wurde ein Opfer des Terrorismus der zionistischen Rechten Israels. Von den Vereinten Nationen nach Palästina geschickt, um den Boden zur Verwirklichung des UN-Teilungsplanes von 1947 zu bereiten – der die Errichtung zweier Staaten vorsah, eines arabischen und eines jüdischen –, wurden er und der Jerusalem-Beauftragte der UNO, der französische Oberst André Sérot, am 17. September 1948 von israelischen Terroristen ermordet. Einer der führenden Leute der für dieses Attentat verantwortlichen »Stern-Gruppe« war der spätere Außenminister und Ministerpräsident Schamir.

Nur wenige der geretteten österreichischen Juden kehrten zurück. Auch die meisten politischen Emigranten haben in Schweden einen Beruf ergriffen und nahmen später die schwedische Staatsbürgerschaft an. Dennoch blieben sie von einer manchmal unfaßbaren Sehnsucht nach der Heimat erfüllt. Das werden viele nicht verstehen, die den Wunsch haben, in der Welt herumzukommen, und für die Schweden ein Traumland ist. Aber die meisten der geretteten österreichischen Juden wollten von all dem Schönen und Guten, das sie umgab, eigentlich nichts wissen. Sie lebten in diesem Land, manche sogar sehr gut, aber mit allen Fasern ihres Herzens waren sie an Österreich gebunden. So meine beiden guten Freunde Josef Hindels und Hans Menzl. Mit Hans verbrachte ich einmal einen wunderschönen Sommertag in den Schären, der Inselgruppe vor Stockholm; diese Sommertage sind von einer unwirklichen Schönheit, das Blau des Meeres und das Blau des Himmels werden durch ein paar herausragende Inseln voneinander getrennt. Wir saßen in einem Segelboot, und die Welt war schöner denn je. Ich meinte: »Na, ist das nicht schön?« Da überzog sein kantiges Gesicht ein trauriges Lächeln: »Hinter dem schäbigsten Strauch in der Lobau is' ma lieber.« In diesem einen Satz war alles enthalten: die Nostalgie gegenüber der Jugendzeit, die Sentimentalität eines populären Liedes, aber vor allem eine unstillbare Sehnsucht nach Österreich.

Ich habe einmal leichthin gemeint: »Emigration ist ein sehr vieldeutiges Wort«; man kann alle seine Varianten nachlesen bei Heine oder Marx, und der fundamentale Unterschied zwischen der Existenz von Marx und Engels lag in dem Umstand, daß der eine, ein angesehener Industrieller, ein ganz anderes Verhältnis zu seiner Heimat hatte. Eines vor allem darf man bei dem Begriff »Emigration« nicht übersehen: den Umstand, nicht nach Hause gehen zu dürfen und zu können.

Die Jahre in Schweden waren eine wesentliche Bereicherung und Abrundung meiner politischen Vorstellungen. Viele meinen, ich hätte später versucht, das schwedische Modell auf Österreich zu übertragen. Das ist unrichtig. Es wäre schon deshalb nicht gegangen, weil Situation und geschichtlicher Hintergrund beider Länder zu verschieden waren und sind. Richtig dagegen ist wohl, daß mir aufgrund meiner Erfahrungen in Schweden gewisse politische Ideen sehr viel realistischer erschienen sind, als sie es vorher waren. Damit meine ich die ausgezeichnet funktionierende schwedische Demokratie und das geglückte Beispiel des Reformismus, der die schwedische Gesellschaft in ihrer ganzen Struktur verändert hat. In Schweden lernte ich aus der Praxis den Unterschied zwischen dem, was man später systemimmanente und systemverändernde Reformen nannte. Ich habe diese Problematik übernommen und weiterzudenken versucht. Aufgrund des österreichischen Beispiels bin ich zu dem Schluß gekommen – dem sehr einfachen und zugleich dialektischen

Schluß –, daß es durchaus die Quantität der Reformen sein kann, die die Qualität der Gesellschaft verändert.

In den dreißiger Jahren hatte ich erlebt, wie der Reformismus der zwanziger Jahre in die Sackgasse geriet, weil sich die Sozialpolitik in der großen Weltwirtschaftskrise nicht mehr finanzieren ließ. Sie wurde obsolet. In Schweden aber war die Situation eine ganz andere. Schweden war gegen Ende des vorigen und in den frühen Jahren dieses Jahrhunderts ein sehr armes Land gewesen. Seine Literatur ist ein Spiegelbild dieser heute unwahrscheinlichen Armut; auch ist eine eigene Gattung großer Literatur entstanden – die Arbeiterdichtung. Man würde es nicht für möglich halten, aber es gibt noch alte Leute in Schweden, die davon erzählen können, daß die alt gewordenen Armen im Dorf versteigert wurden, und zwar an denjenigen, der glaubte, noch etwas aus ihnen herauspressen zu können. Die schwedischen Arbeiter sind aus der Kleinbauernschaft und den Landarbeitern hervorgegangen; oft liegt nur eine Generation dazwischen, und dies erklärt auch, warum sich die Menschen in Schweden der Segnungen des Wohlfahrtsstaates sehr viel bewußter sind ais bei uns die Jüngeren.

Der schwedischen Sozialdemokratie war bald klar geworden, daß ihr großes Reformwerk auf vielen Gebieten einen gewaltigen finanziellen Aufwand erforderte und daß die Mittel nur zur Verfügung gestellt werden konnten, wenn sich das Land in einer Art Dauerprosperität befand. Als Ende der zwanziger Jahre auch über Schweden eine große Wirtschaftskrise hereinbrach, verbunden mit einer relativ großen Arbeitslosigkeit – im Jahre 1933 betrug sie ein Drittel der österreichischen –, hat man eine aktive ökonomische Politik eingeleitet und der Wirtschaft eine ganze Reihe von »Incentives« gegeben, unter anderem durch eine gigantische Wohnungsbautätigkeit und eine die Investitionen fördernde Steuerpolitik, aber natürlich auch durch wachsende Steuern.

Die schwedische Sozialdemokratie hatte sich die Erkenntnisse der »Stockholmer Schule« als theoretische Grundlage zu eigen gemacht. Die Namen der Väter der schwedischen ökonomischen Schule erlangten überall in der Welt Bedeutung: Gunnar und Alva Myrdal, Gustav Cassel, Dag Hammarskjöld, Sven Nilson, Erik Lundberg und andere. Die Stockholmer Schule vertrat, vereinfacht ausgedrückt, den Standpunkt, man könne mit den Mitteln der modernen Ökonomie krisenhaften Entwicklungen zuvorkommen oder zumindest deren Intensität beeinflussen und so mit der Krise fertigwerden. Das war reiner Keynesianismus, aber eben Stockholmer Schule – ähnlich wie die Kant-Laplacesche Theorie hatten sich die Ideen parallel entwickelt. Vieles davon war für mich von großem Nutzen.

Die schwedische Sozialdemokratie zog aus diesen theoretischen Erkenntnissen praktische Folgerungen für ihre Wirtschaftspolitik: sie strebte die Überwindung der Krise durch Vollbeschäftigung an. Sehr bald folgte ganz Skandinavien diesem Beispiel, und damit begann eine neue sozialdemokratische Epoche im Norden Europas, die in Norwegen, Dänemark und Finnland durch den Krieg ein jähes Ende gefunden hat, aber in Schweden weiterentwickelt wurde.

Die wirtschaftspolitischen Auffassungen der schwedischen Sozialdemokraten waren vollständig neu für mich. Wir in Österreich waren davon ausgegangen, daß man es eben mit einer bestimmten Phase der kapitalistischen Ordnung zu tun habe, an der auf absehbare Zeit wenig zu ändern sei. Veränderungen seien der Zukunft vorbehalten. Diese altmarxistisch-fatalistische Auffassung, daß man mit politischen Zielsetzungen in der Wirtschaft nichts anfangen könne, ist durch die schwedischen Sozialdemokraten total desavouiert worden. Ihr Reformismus war nicht nur in keine Sackgasse geraten, sondern hatte die einander scheinbar widersprechenden Ziele der Konjunktur und der Sozialpolitik synchronisiert. Dabei gingen die sozialen Leistungen weit über das hinaus, was man sich damals in Deutschland und Österreich überhaupt vorstellen konnte.

Diese umfassende Sozialpolitik wiederum war verbunden mit außerordentlichen Fortschritten im gesellschaftlichen Bewußtsein. Das war das ganz neue, das die dogmatisch-marxistischen Sozialdemokraten vor allem in Zentraleuropa lange nicht wahrhaben wollten. Ihre Vorstellung war: Solange es den Kapitalismus gibt, wird es Krisen geben. Und solange es Krisen und Kapitalismus gibt, hat es wenig Sinn, Wirtschaftspolitik zu betreiben, weil sie an der kapitalistischen Realität zerschellen wird. Nur nicht sich mitschuldig machen an den Konsequenzen des Kapitalismus, so lautete die Parole. Nur nicht vom faulen Brot des Kapitalismus essen, denn daran stirbt die Arbeiterbewegung!

Merkwürdigerweise gibt es auf dem rechten Flügel viele Sozialdemokraten, die unter dem Eindruck des Neokonservativismus die Ansicht vertreten, die Politik dürfe sich nicht in die

Wirtschaft einmengen, da diese doch am besten funktioniere, wenn sie ihren eigenen »Nicht-Gesetzen« unterworfen bleibe. »Les extrêmes se touchent«: Die Altmarxisten und die Neokonservativen, jeder von einer anderen Seite kommend, vertreten hier im Prinzip das gleiche.

Heute weiß man, daß eine plötzliche totale Veränderung in der wirtschaftlichen Struktur einer Gesellschaft mit schweren Krisen einhergeht, Krisen, deren Folgen sich jahrzehntelang auswirken und oft nur durch die Rückkehr zu früheren Wirtschaftsstrukturen überwinden lassen. Beispiele dafür gibt es viele, in den ehemals kolonialen Ländern, aber vor allem in den kommunistischen Ländern wie der Sowjetunion und China.

Ich gehe nicht so weit, zu behaupten, der gegenwärtige westliche Kapitalismus sei ein Kapitalismus mit menschlichem Antlitz. Diese Definition scheint mir sehr problematisch zu sein, wenn man etwa bedenkt, wohin die großen Konzerne ihre umweltgefährdenden Betriebe exportieren. Natürlich haben wir es nicht mehr mit einer kapitalistischen Ordnung zu tun, wie sie von Marx und Engels und ihren Epigonen geschildert wurde. Aber die neuen Machtstrukturen belegen immer wieder, daß Marx richtig prophezeit hat. Eine der Thesen von Marx, die vor mehr als hundert Jahren formuliert wurde, sagt die unablässige Konzentration des Kapitals voraus, und wenn Marx nichts als diese These entwickelt hätte, wäre er schon deshalb einer der großen Propheten in der Geschichte der Wirtschaftstheorie und damit der Geistesgeschichte des 19. Jahrhunderts.

Unsere wenig berühmten ökonomischen Lehrmeister – zum Unterschied von jenen, die aus der »Wiener Schule« kamen und nach Amerika auswanderten – wollten uns einreden, daß diese Marxsche These sich als unrichtig herausgestellt hätte. Das kann heute niemand mehr ernsthaft behaupten. Wir haben nicht nur die multinationalen Konzerne überall in der Welt, wir erleben sogar die Konzentration der »Multinationalen«, der amerikanischen mit den japanischen, der japanischen mit den europäischen, der amerikanischen mit anderen europäischen Multis. Jeden Tag künden uns die Wirtschaftsspalten der Zeitung atemberaubende Entwicklungen auf diesem Gebiet an. Multi-Multis schließen sich zusammen, und in naher Zukunft werden wir vielleicht eine neue Konzentrationsform erleben. In Japan gibt es um eine große Industriegruppe herum bereits eine spezielle Bank, eine eigene krause Gewerkschaft, eigene Zeitungen, Universitätsinstitute. Diese gestern noch unvorstellbare Machtkonzentration im Kleid der modernen Wirtschaft hat der Gesellschaft in vielen Ländern nicht ein menschliches, sondern eher ein unmenschliches, im besonderen wertfreies Antlitz gegeben. Zum Glück ist in diesen Ländern durch das Wirken der Sozialdemokratie oder indirekt durch sie beeinflußt ein System sozialer Leistungen und Sicherheiten geschaffen worden, das kaum mehr reversibel zu sein scheint.

Nebenbei bemerkt: Eine der kleinen Launen der Geschichte schien mir immer der Umstand, daß der Gründer einer der großen Multinationalen, der Firma Philips in Eindhoven, ein naher Verwandter von Karl Marx war. Er hat Marx oft aus der Bredouille geholfen, und Marx seinerseits hat immer Wert darauf gelegt, daß seine Gegnerschaft zum Kapitalismus eine objektive und keine subjektive war.

Ich war als politischer Flüchtling nach Schweden gekommen, und was ich an ideologischen Vorstellungen mitbrachte, paßte nur bedingt in diese ganz anders geartete Welt. Ich wurde mit anderen politischen Kategorien konfrontiert. In allen skandinavischen Ländern konnte ich so etwas wie einen neuen Patriotismus erkennen. Überall sang man lieber als die eigene Nationalhymne das jeweilige Königslied, ein Lied, das für die demokratischen Schweden schließlich die eigentliche Nationalhymne geworden ist. Wenn die Armee eine Feier veranstaltet, spielt man nach wie vor den »Kungssången«. Ein drittes, populär gewordenes Lied kam aus Dänemark; es hieß: »Danmark för Folket« und wurde abgewandelt in »Sverige för Folket« – »Schweden dem Volk«.

Ein skandinavischer Patriotismus entfaltete sich vor allem innerhalb der Arbeiterbewegung; er stand im Zusammenhang mit den wirtschaftlichen und politischen Integrationsbemühungen des Nordens. Man hatte das Gefühl, die sozialdemokratischen Skandinavier wollten dem aufbrechenden Faschismus auf dem Kontinent instinktiv Paroli bieten. Dieser soziale Patriotismus – eines der vielen Schimpfworte, mit denen die Sozialdemokratie von den Kommunisten bedacht wurde; Sozialfaschisten war ein anderes – beeindruckte mich sehr. Ich nahm mir damals vor, eines Tages auch in Österreich einen solchen Patriotismus zu verwirklichen. Das Ziel der Sozialdemokraten sollte sein, diesen neuen Patriotismus, in dem der Wohlfahrtsstaat seine höchste Entfaltung erfuhr, zu motivieren. Es war nicht leicht, nach den Erfahrungen des Jahres 1934 und dem Exzeß eines falschen Patriotismus durch die Vaterländische Front diese Botschaft in Österreich zu verkünden. Dennoch habe ich so manches von dem neuen Patriotismus verwirklichen können, und ich glaube, daß er dauern wird.

Schweden war für mich das große Erlebnis einer funktionierenden und lebendigen Demokratie, wie es sie in dieser Form auch im alten Österreich nie gegeben hat. Vor allem der Ton, in dem Opposition und Regierung miteinander verkehrten, das politische Klima, imponierte mir. Hier allerdings muß ich das erschütterndste Ereignis im Zusammenhang mit Schweden erwähnen: die Ermordung Olof Palmes.

Ich weiß nicht, wer Olof Palme ermordet hat, aber es ist gar keine Frage, daß in den letzten Jahren der Ton in der Politik sich rapide verschlechtert hat. Ich war immer wieder entsetzt, in den Familien meiner Verwandten – »Bürgerlicher«, wie man in Schweden sagt – Haßgesänge auf Olof Palme zu hören. Erst als er tot war, hat er sich die Zuneigung fast der ganzen Nation erworben. Man hat mir erzählt, daß so mancher von denen, die vor einiger Zeit den bösen Ton angaben, tiefe Gewissensbisse hatte, an seinem Tod mitschuldig zu sein. Ich glaubte das auch beim Begräbnis zu erkennen. Seither sind einige Monate vergangen, und das politische Klima ist wieder ähnlich dem, das ich in den vierziger Jahren erlebte. Es ist also nicht wahr, daß, wenn die politischen Sitten sich einmal verschlechtert haben, es immer so bleiben muß. Das gilt glücklicherweise auch für Österreich.

Als ich nach Schweden kam, hatten die Sozialdemokraten einen sehr populären Führer, Per Albin Hansson, den Nachfolger des Parteigründers Hjalmar Branting. Er war von 1932 bis 1946 schwedischer Ministerpräsident. In seiner Epoche begannen die Pläne der Verwirklichung des Wohlfahrtsstaates. Um Per Albin – wie er von Freund und Feind genannt wurde – gab es eine Reihe von großartigen Persönlichkeiten. Gustav Möller, der Sozialminister, war der Architekt des schwedischen »Folkhemmet«, das man, um falschen Vorstellungen entgegenzuwirken, richtig »Heimat des Volkes« übersetzen müßte. Ernst Wigforss war einer der bedeutendsten Theoretiker der skandinavischen Sozialdemokratie, ein überzeugter Sozialist, der sich auch nach dem Krieg sehr intensiv mit der Frage beschäftigt hat, was nach dem Wohlfahrtsstaat käme. Ich habe durch seine Schriften und durch die

Gespräche mit ihm eine sehr wertvolle Bereicherung meines theoretischen Verständnisses erfahren. Es ist ganz falsch zu glauben, was man gelegentlich hört, daß die schwedische Sozialdemokratie sich vollkommen dem Pragmatismus hingegeben hätte. Ernst Wigforss war in vielem Otto Bauer ähnlich, nicht im Äußeren, aber was seinen Lebensstil, seine intellektuelle Brillanz und manchmal auch seine Ungeduld betraf.

Per Albin Hansson war im Krieg sehr umstritten. Als der Krieg ausbrach und die Neutralität sozusagen täglich auf dem Prüfstand war, verkündete man zur Abwehr der äußeren Gefahr den politischen Burgfrieden zwischen den traditionellen vier Parteien und bildete dementsprechend auch eine Sammlungsregierung. Die Scheidelinie verlief dabei nicht zwischen, sondern innerhalb der Parteien. Außenminister wurde der parteilose Beamte Christian Günther. Er war der Hauptverantwortliche der flexiblen Außenpolitik Schwedens und bot daher viele Angriffsflächen. Per Albin Hansson war der Mann, der unentwegt an seiner Seite stand. Ungewöhnlich heftige Kritik an ihm kam von den bürgerlichliberalen Zeitungen; sie gaben der Hoffnung Ausdruck, daß sich das schwedische Volk nicht um »sein sonniges Antlitz und seine von leichtfertigem Defaitismus geprägte Außenpolitik sammeln möge«. Vor allem in der Zeit des russischen Überfalls auf Finnland griff die Opposition auch auf einzelne ihm nahestehende Politiker über; die Fronten verliefen jedenfalls anders, als viele meinten, die die Linken in der Sozialdemokratie als seine großen Kritiker sahen. Es waren ebenso die sogenannten »Rechten«, die einst unentwegten Paladine Per Albin Hanssons.

Die Auseinandersetzung spitzte sich zu, als die aktive, bis zur militärischen Unterstützung reichende Solidaritätspolitik mit Finnland zur Diskussion stand. Hanssons Festigkeit siegte schließlich. Es wurde damals ein Verteidigungsbündnis der nordischen Länder diskutiert, das seine politische Relevanz allerdings dadurch verloren hat, daß jedes skandinavische Land einen anderen Hauptfeind sah. Hans Hedtoft, der spätere dänische Ministerpräsident, meinte aufrichtig, daß Dänemark an ein nordisches Verteidigungsbündnis nicht denken könne, wenn dieses Bündnis nicht von Hitler-Deutschland akzeptiert werde. Das hat die Norweger furchtbar verbittert. Die Finnen wiederum waren verbittert über die norwegische Sorglosigkeit und die schwedische Nüchternheit. Man glaubte damals nicht zu Unrecht, daß die Sowjetunion zum Atlantik hindränge. Gustav Möller meinte, daß aus schwedischer Sicht die Bedrohung, die von Deutschland ausgehe, gefährlicher sei als die russische. Niemand wußte, was am nächsten Tag geschehen konnte, und so schien es vielen das Beste, sich weiterhin ruhig zu verhalten.

Am 28. März 1940 wurde der »Kleine Plan« der Alliierten beschlossen. Die nordischen Territorialgewässer sollten vermint werden, um die Erztransporte von Narvik zu verhindern. Das geschah am 8. April. In Noten an Schweden und Norwegen hatten die Alliierten erklärt, daß sie es nicht akzeptieren könnten, daß Deutschland lebenswichtige Güter aus Skandinavien erhalte. Churchill schrieb damals an Halifax, er sei überzeugt, daß die Deutschen »bestimmt einen Plan haben«. Die Deutschen hatten einen, einen viel besser ausgearbeiteten als die Engländer. Das, was ich mir seinerzeit bei meinem Besuch in Narvik ausgemalt hatte, trat ein: Die Deutschen kannten die ganze Küste sehr genau.

Unter den führenden Politikern wuchs der Zorn über die Unbekümmertheit, mit der vor allem die Engländer die Neutralität im Norden zu ignorieren bereit waren. Es waren spannende Tage damals in Stockholm. Innerhalb der Bevölkerung wußte man von alldem nur wenig; es wurden auch keinerlei Verteidigungsvorbereitungen getroffen – die Möglichkeiten in diesem ungeheuer langgestreckten Land waren ohnehin begrenzt. Man gab sich dem Gefühl hin, daß die Deutschen gar nicht in der Lage wären, die langen Küsten der skandinavischen Staaten zu besetzen. Auch die politische Führung in Schweden dachte so. Allmählich wuchs das Mißtrauen.

Am 9. April, zeitig am Morgen, wurde der schwedische Ministerpräsident mit der Mitteilung geweckt, daß die deutsche Aktion begonnen habe. Um 9 Uhr trat die Regierung zusammen und begab sich zum alten König ins Schloß, um die deutsche Note zu diskutieren. Die Deutschen verlangten, das schwedische Telefonnetz nach Norwegen benützen zu können; die schwedischen Erzlieferungen sollten aufrechterhalten werden, und es dürfte keinerlei schwedische Flottentätigkeit außerhalb der territorialen Gewässer stattfinden. Die Diskussion, wie man diese Note beantworten sollte, ging bis in die königliche Familie: Der Kronprinz, der spätere König Gustav VI. Adolf, war für eine harte Politik gegenüber Deutschland und für die Mobilmachung – »Schweden müsse seine Seele retten«. Der alte König, von dem man sagte, daß er während des Ersten Weltkrieges sehr deutschfreundlich gewesen sei, war jedoch äußerst vorsichtig. In der Regierung herrschte eine gewisse Spannung.

Der Experte des Deutschen Reiches für Schweden war Göring. Er war mit einer Schwedin aus einer adeligen Familie verheiratet gewesen, die 1931 gestorben war; in Erinnerung an sie nannte er einen seiner zahlreichen Wohnsitze »Carinhall«. Es gab manche in Schweden, die sich deshalb Hoffnungen machten. Aber der Druck von seiten der deutschen Regierung war sehr groß. Man mißtraute den Schweden und bediente sich des Arguments, sie würden nur darauf warten, daß die Engländer irgendwo an der norwegischen Küste landen, um sich dann mit ihnen zu verbünden. Eine schwedische Delegation unter Leitung eines Admirals begab sich nach Deutschland und traf auch mit Hitler zusammen. Nach ihrer Rückkehr schrieb der alte König persönlich einen Brief an Hitler und wiederholte das Bekenntnis zu absoluter Neutralität. Die deutsch-schwedischen Beziehungen jedenfalls standen im Zentrum der politischen Diskussionen in Stockholm.

Man hatte den Eindruck, als ob sich manche Schweden, darunter auch führende sozialdemokratische Politiker und Journalisten, der Hoffnung hingaben, daß sich Hitler und Göring mit einem demokratischen Schweden, das Deutschland gegenüber Sympathie zeigt, abfinden könnten. Schweden müsse sich nur von seiner marxistischen Vergangenheit glaubwürdig lösen. Man ging davon aus, daß sich Schweden nach einem deutschen Sieg ohnedies mehr oder weniger dem Reich anschließen werde. Es gab auf beiden Seiten, vor allem auf seiten der Deutschen, Phantasien, wie sie auch der neugewählte Bundespräsident Waldheim in seiner Dissertation vertrat. Göring deutete sogar die Möglichkeit an, Schweden in ein künftiges »Großgermanien« miteinzuschließen.

Man muß zugeben, daß die schwedische Neutralitätspolitik viele Klippen zu umschiffen hatte. Nach der Aufteilung Osteuropas zwischen Stalin und Hitler kam es zum finnischen Winterkrieg, in dem Schweden besondere Aufgaben zugedacht schienen. Dann kam es zur Besetzung Norwegens und Dänemarks; es wäre eine Selbsttäuschung, hierfür die englische Aktion verantwortlich zu machen, denn die Pläne Hitlers waren viel zu weitgehend und gründlich. Die großen Siege Hitlers auf dem Kontinent und schließlich der Krieg gegen die Sowjetunion belasteten die Situation Schwedens als des einzigen nichtbesetzten Landes in einer Weise, wie es dieses Land in den langen Jahren seiner

Geschichte wohl nie gekannt hatte. Schließlich trat das demokratische Finnland an der Seite Großdeutschlands freiwillig in einen Krieg gegen die Sowjetunion – ein Schritt, der wenig Sympathien in Schweden fand, weil allmählich doch die Zahl derer, die an einem Sieg Hitlers zu zweifeln begannen, sowie die Zahl derer, die aus demokratischer Gesinnung gegen den Faschismus waren, immer größer wurde. Die Nachgiebigkeit der schwedischen Regierung gegenüber immer neuen deutschen Forderungen geriet zunehmend ins Kreuzfeuer der Kritik: Man laufe mit dieser Politik nicht nur Gefahr, in eine politische Front gegen die Westmächte, sondern an der Seite Deutschlands in den Krieg getrieben zu werden.

Zur Ehre Schwedens muß gesagt werden, daß es sich um ein kleines Land handelt, das damals jedenfalls nicht leicht zu verteidigen war. Schweden hat viel aus dieser Zeit gelernt und hat sich nach dem Krieg zu einer sehr kostspieligen Verteidigungspolitik entschlossen, die mit dazu beitrug, daß die Steuern in diesem Land so außergewöhnlich hoch sind. Es ist also nicht der Sozialstaat allein, der soviel kostet, sondern auch die Verteidigungspolitik, die von der Arbeitshypothese ausgeht, im Ostseebereich eine gewisse Parität mit der Sowjetunion herzustellen. Neben einer kostspieligen Marine leistet sich Schweden eine beachtenswerte Luftrüstung aus eigener Produktion. Die schwedische Armee ist eine der modernsten der Welt, und die Verteidigungsgesinnung ist der schweizerischen vergleichbar. Große Beachtung hat man der Offiziserziehung geschenkt, vor allem deshalb, weil man aus den historischen Erfahrungen in Norwegen gelernt hat, wo während des Krieges den Offizieren gegenüber größtes Mißtrauen bestand.

Per Albin Hansson starb unerwartet 1946. Mir ist die überraschende Ehre widerfahren, bei der offiziellen Trauerfeier im Namen der ausländischen Sozialdemokraten als Österreicher eine kurze Trauerrede zu halten. Auch in einer großen österreichischen Wochenzeitung habe ich die Persönlichkeit dieses Mannes damals gewürdigt. Mit ihm hatte die schwedische Sozialdemokratie zwar keine Galionsfigur, aber eine echte Führerpersönlichkeit verloren. Als Per Albin plötzlich starb, haben alle gedacht, es werde ihm Gustav Möller, einer der beliebtesten älteren Sozialdemokraten, im Parteivorsitz nachfolgen. Die Frage der Nachfolge hat jedoch zu einer kurzen Krise in der Sozialdemokratie geführt, bei der einige seit Jahrzehnten befreundete Spitzenmänner aus sachlichen Gründen in ein kühles Verhältnis zueinander gerieten. Einige der Großen, die einen Anspruch auf die Nachfolge erheben konnten, wollten keinem anderen ihrer Generation den Platz überlassen. Sie meinten, der Generationswechsel möge gleich stattfinden. Ich erinnere mich, daß das Argument vom notwendigen Generationswechsel großen Eindruck auf mich gemacht hat. Die Wahl fiel auf Tage Erlander. Ähnlich war es auch nach seinem Ausscheiden – die Wahl fiel auf Olof Palme.

Tage Erlander ist und war ein klassisches Beispiel für eine sozialdemokratische Führerpersönlichkeit. In den ersten Jahren war er das Ziel heftiger Angriffe der Presse; man beschuldigte ihn, in Schweden ein System des »vanstyre« eingeführt zu haben. Dieses Wort mit Mißwirtschaft zu übersetzen wäre ein understatement; »vanstyre« ist eher eine Kombination von Mißwirtschaft und Machtmißbrauch. Derselbe Erlander ist, als er zurücktrat, der große Mann des schwedischen Volkes gewesen. Das hat mich gelehrt, über die in der Politik Wirkenden nicht zu früh den Stab zu brechen.

Erlander war ein hochbegabter Intellektueller und eine breit angelegte Persönlichkeit. Was ihn unter anderem so beliebt gemacht hat, war seine Fähigkeit zur Selbstkritik, die er in Form von witzigen Bemerkungen in der Öffentlichkeit kundtat. Eine davon – eine sehr bezeichnende – möchte ich hier wiedergeben. Im Sommer 1967 wohnten wir auf den Åland-Inseln. Dort verbrachten wir einen wunderbaren Sommer. Präsident Kekkonen, den ich schon lange kannte, ließ mich mit einem uralten Wasserflugzeug holen. Er erzählte mir, er habe Erlander, der kurz zuvor bei ihm gewesen war, gefragt, wer denn sein Nachfolger sein werde. Er wollte unbedingt einen Namen hören. Erlander gab nur ausweichende Antworten. »Wird's Olof Palme?« »Niemals«, erwiderte Erlander, »der ist zu intelligent für einen Ministerpräsidenten.«

Als ich als Legationssekretär 1. Klasse am 1. Januar 1951 die Stockholmer Gesandtschaft verließ, gab es ein Abschiedsessen; Erlander erwies mir die Ehre, dabei zu sein. Er hielt eine launige Rede und meinte, wenn es mir in Österreich nicht gefallen sollte, könne ich nach Schweden zurückkehren und hätte die Chance, jeden Posten zu bekommen – außer dem seinen.

Ich sah Erlander zuletzt 1985, anläßlich einer Feier in einer sozialdemokratischen Jugendvolkshochschule. Dort wohnte er in einem eigenen Häuschen – sozusagen ein sozialdemokratisches »Altenteil«. Außerdem waren dort Torsten Nilsson, langjähriger Außenminister und Verteidigungsminister und einer meiner besten Freunde, Verteidigungsminister Sven Andersson, früher ebenfalls Außenminister, und Sven Aspling, der frühere Sozialminister und Parteisekretär. Daß sie mich zu dieser kleinen Feier eingeladen hatten, hat mich sehr gefreut, weil sie damit zum Ausdruck brachten, wie sehr ich zu ihnen gehöre. Es war eine Veranstaltung, der ich das Motto gab: Die Jungen fragen, und die Alten antworten.

Noch im gleichen Jahr starb Tage Erlander, und wieder hatte ich die Aufgabe, namens der ausländischen Sozialisten und Sozialdemokraten die Trauerrede zu halten. Er war der zweite sozialdemokratische Regierungschef in Schweden nach dem Krieg gewesen, und das Versöhnliche an seinem Tod war, daß er – weit über achtzig – ein erfülltes Leben hatte.

Ich war auch dabei, als wir den dritten sozialdemokratischen Ministerpräsidenten begruben: Olof Palme. Es war ein Tod lange vor der Zeit. Ich weiß seine Persönlichkeit nicht besser zu schildern, als wie ich es unmittelbar nach dem Attentat getan habe: Olof Palme war wahrscheinlich der weitaus brillanteste unter den schwedischen Ministerpräsidenten, und das war zunächst auch sein großes Problem. Dieser junge, hochintelligente, aus dem schwedischen Bürgertum stammende Sozialdemokrat hatte es anfänglich sehr schwer. Er war durchaus nicht der Typ von Politiker, den man in Schweden gewöhnt war, schon gar nicht als sozialdemokratischen Arbeiterführer nach Per Albin Hansson und Tage Erlander. Olof Palme hatte es auch schwer aus einem anderen Grund. Schweden war damals, als er kam, einer der höchstentwickelten Sozialstaaten der Welt. In der Sozialpolitik war das meiste geschehen, sie konnte bestenfalls noch ausgebaut und ergänzt werden. Aber er hat ein psychologisches Phänomen bewirkt, ähnlich wie 1961 Kennedy. Durch ihn haben die jungen Menschen das Gefühl bekommen, daß es Sinn hat, in der Politik zu wirken, und vielleicht sogar mehr als das, daß man sie braucht.

Palme hat viel dazu beigetragen, daß auch andere sozialdemokratische Parteien in der Welt allmählich begannen, sich mit besonderer Intensität brennenden Fragen der internationalen Politik zu widmen und alte Grundthesen, die im Laufe der Zeit verblaßt waren, wieder zur Geltung zu bringen. So hat die Parole von der internationalen Solidarität eine neue Dimension erhalten, und die Sozialistische Internationale, die früher ein Klub vor allem sozialdemokratischer Parteien in Europa war, ist heute unter Willy Brandt so etwas wie ein internationales clearing-house sozialdemokratischer und liberaler Ideen geworden, in dem die alten traditionellen Parteien Europas mit den neuen Bewegungen in Lateinamerika, in Afrika und Asien zusammentreffen und zusammenwirken. Sicher, diese Institution bringt keine konkreten Lösungen, aber sie hat sehr viel dazu beigetragen, einige wichtige Probleme der Lösung näherzubringen.

Olof Palme war einer der ersten, der die Apartheidfrage vor vielen Jahren in besonderer Weise aktualisiert hat. Heute hat sie ihre extreme Aktualität erreicht.

Es ist merkwürdig: Man hat Olof Palme, als er als Minister an einer Vietnam-Demonstration teilnahm, des Anti-Amerikanismus geziehen, und er war eine Zeitlang recht unpopulär in den Vereinigten Staaten. Und das, obwohl er sich auf den amerikanischen Universitäten in für ihn entscheidender Weise zu entwickeln begann. Er war fasziniert von den großen amerikanischen Wissenschaftlern und von der Unerschütterlichkeit der amerikanischen Demokratie und ihren Einrichtungen. Er war ein Freund bedeutender amerikanischer Zeitgenossen, sein intellektueller Habitus ist in den Vereinigten Staaten geprägt worden. Es hat sich abermals das Sonderbare ereignet, daß Olof Palme sich in Wirklichkeit als Pro-Amerikaner erwies, als er durch den Kampf für die Beendigung des Vietnamkrieges dem amerikanischen Volk eine militärische Niederlage – die erste in seiner Geschichte – ersparen wollte. Diejenigen, die glaubten, sie müßten eine Politik der Stärke führen, haben das Gegenteil bewirkt.

Olof Palme war der Mann, der die unabhängige Kommission für Abrüstungsfragen geschaffen hat, in der hervorragende Spezialisten aus den Vereinigten Staaten und der Sowjetunion zusammenwirkten. Der Bericht seiner Kommission hat den großen Vorteil, daß sich seine Vorschläge auf Nüchternheit und Idealismus gründen und vertrauensbildende Maßnahmen herbeiführen könnten, die die Voraussetzungen für ein neues politisches Klima zwischen den Mächten zu schaffen in der Lage wären.

Hinzu kommt, daß vor etwa einem Jahr Olof Palme einer der Autoren der sogenannten Fünf-Kontinente-Initiative gewesen ist, an der mit ihm unter anderem der indische Ministerpräsident

Rajiv Gandhi, der argentinische Präsident Alfonsín, der griechische Premierminister Papandreou, der mexikanische Präsident de la Madrid und der ehemalige Präsident Tansanias Nyerere teilgenommen haben. Sie haben eine deutliche Aufforderung an die Adresse der beiden Supermächte gerichtet.

Diese hervorragende Rolle und dieser große persönliche Einsatz haben ihn aber nie gehindert, vor allem den jungen Menschen zu sagen, wie sehr es auf sie ankommt. Er ging überall hin, in die Schulen, in die großen Volksversammlungen, auf die Universitäten, zu Studenten und Professoren. Er ging, wenn es notwendig war, auf die Straße und verteilte Flugblätter. Er war immer bereit, für die Sache, für die er eintrat, mit dem Einsatz seiner ganzen Persönlichkeit zu wirken. In den großen Konferenzen vertrat er in faszinierender Weise seine Grundsätze, seine Vorschläge und seine Ideen. Sie reichten von den Menschenrechten über die Fragen der täglichen Politik bis hin zu den Aktivitäten der Diplomatie. Er vertrat sie mit einer stillen, fast möchte man sagen pathetischen Eindringlichkeit. Für schwedische Verhältnisse besaß er eine Leidenschaftlichkeit, die ihm da und dort sogar Feinde machte. Schließlich aber hat man seine kluge und vorsichtige Art, mit der er Innenpolitik machte und seine Mitarbeiter aussuchte, schätzen gelernt.

Er gehörte zu jenen wenigen in der Politik, für die es fast undenkbar ist, jemanden zu finden, der seinen Platz füllen könnte. Bei all meiner großen Zuneigung und der tiefen Trauer über die Sinnlosigkeit dieses Mordes finde ich kein besseres Wort, ihn zu würdigen, als Conrad Ferdinand Meyers Beschreibung des Ulrich von Hutten: Er war kein ausgeklügelt Buch, er war ein Mensch mit seinem Widerspruch – aber ein großartiger.

15. Kapitel
Österreichische Politik im Exil

Es gibt einen Gelehrtenstreit, einen Juristenstreit und einen Politikerstreit darüber, ob das, was 1938 in Österreich geschah, eine »Annexion« oder eine »Okkupation« war. Nach dem Willen Hitlers und des nazistischen Deutschlands war Österreich ein integrierter Teil des »Dritten Reiches«, das man auch »Großdeutschland« nannte. Was sich in den zehn Jahren der Vier-Mächte-Besatzung, 1945 bis 1955 abspielte, wurde dagegen einfach »Okkupation« genannt.

Otto Bauer war nach der »Annexion« Österreichs von Brünn nach Paris übersiedelt. Er starb dort am 4. Juli 1938 an einem Herzversagen. Ich erzählte bereits, daß ich davon im Gefängnis erfuhr – aus dem »Völkischen Beobachter« – und zutiefst erschüttert war. Eine Epoche, in der ich meine politische Formung erhalten habe, war damit zu Ende gegangen – und sehr viel mehr mit ihr. Mein politisches Schicksal erfüllte sich auf eine merkwürdige Art.

In seinem letzten Artikel, erschienen im »Sozialistischen Kampf« in Paris, hatte Otto Bauer als Ziel der Revolutionären Sozialisten Österreichs die Gesamtdeutsche Revolution gegen Hitler vorgegeben. Ähnlich wie Renner war er der Meinung, der »Anschluß« Österreichs an Deutschland sei nun einmal eine vollzogene und irreversible Tatsache. Ein Kampf um die österreichische Selbständigkeit sei nicht nur eine Illusion, sondern habe seinen geschichtlichen Sinn verloren. Darin waren beide Männer einer Meinung: Österreich sei ein Teil Deutschlands geworden, und daran führe kein Weg vorbei. Friedrich Adler hingegen war auch nach 1938 ein Vertreter des Selbstbestimmungsrechts der Österreicher und meinte bei Kriegsende, sie selbst müßten nun wieder frei über diese Frage entscheiden. Es war die große politische Schicksalsfrage der österreichischen Sozialdemokraten dieser Zeit.

Mein eigener Standpunkt war von Anfang an der, daß beide, der italienische und der deutsche Faschismus, nur in einem von ihnen angezettelten Krieg besiegt werden könnten. Innere Entwicklungen würden einen Mann, der von Erfolg zu Erfolg schreitet, nicht stürzen; es gehörte zum Wesen des Faschismus, daß das Volk, von dem in der Demokratie das Recht ausgeht, zum passiven Material der Diktatur wurde. Die Propaganda, der im Faschismus eine besondere Bedeutung zukam, hatte die Massen mit einer Souveränität ohnegleichen mobilisiert. So bestand die Gefahr einer langen faschistischen Epoche. Ich hielt es sogar für möglich, daß Hitler und sein Faschismus Macht über das Denken der Massen gewinnen würden. Tatsächlich schien es zunächst ja so, als ob er vielen vieles bringen werde: Er brachte ihnen Arbeit, und nichts verlangten sie mehr als das; er versprach ihnen den »Volkswagen«, und jedermann sah schon die Straßen dafür. An den unausweichlichen Krieg dachten sie nicht; ganz im Gegenteil: sie glaubten nicht daran. Aufgrund dieser Erfahrungen konnte ich mir die »Großdeutsche Revolution« einfach nicht vorstellen.

Auch auf dem Höhepunkt der Hitlerschen Macht, als er von Erfolg zu Erfolg schritt und der gesamte Kontinent bis auf die Sowjetunion ihm unterworfen war, hielt ich an der Überzeugung fest, daß Hitler diesen Krieg verlieren werde. Im Dezember 1940, in einer Phase hoffnungsloser politischer Einsamkeit, habe ich in einigen Reden, anschließend an eine Analyse des aktuellen Faschismus, folgende Gedanken vertreten: »... Versucht, diese Gedanken mit dem, den ihr über die kommende Neuordnung gehört habt, zu verbinden. Ihr versteht sofort, worauf die Entwicklung ausgerichtet ist. Es würde nur eine einzige große Industriewerkstatt in Europa geben – das wäre Deutschland. Und alle anderen europäischen Staaten würden nur die notwendigen Rohstoffe und Lebensmittel heranschaffen, Schweden z. B. Eisen und Holz, Dänemark und Holland und die Balkanstaaten werden Lebensmittel liefern, einige andere Länder werden sich zu Monoindustrieländern entwickeln ...

Das bedeutet, daß die gegenwärtige militärische Hegemonie sich zu einer politischen und ökonomischen Hegemonie auf ewige Zeiten entwickeln soll. Es ist sehr leicht zu verstehen, was es bedeutet, wenn ein Bauer in Dänemark oder irgendwo in Europa seine Pflugeisen nur aus Deutschland bekommen kann oder wenn man seine Kleider – kurz und gut – wenn man alle Waren, die man für das tägliche komplizierte Leben benötigt, nur aus Deutschland bekommen kann. Das ist ein teuflisch geschickter Gedanke, einen Kontinent zu beherrschen. Aber jetzt gehen wir zu der Frage über, die ganz automatisch für uns entstanden ist: Was bezweckt der gegenwärtige Krieg? Als ich meine Heimatstadt verließ, erlebte ich eine kleine Geschichte, die ich nie vergessen werde. Es waren 10- bis 12jährige Jungen und Mädchen, die durch die Straßen meiner Heimatstadt marschiert sind und ein Lied gesungen haben ... ›Wir werden weiter marschieren, bis alles in Scherben fällt, denn heute gehört uns Deutschland und morgen die ganze Welt.‹ Eigentlich ist ein Kommentar nicht notwendig. Die Entwicklung von diesem sonnigen Sommertag in Wien 1938 bis heute ist schnell gegangen. Man spricht von Hitlers Dynamik, und ich will nur einige Umrisse skizzieren. Hitlers Großdeutschland hat Europa besiegt. Hitlers Neuropa wird die Welt besiegen. Aber vorher wird die Sowjetunion eine deutsche Kolonie werden. Hitlers Antibolschewismus hat einen ganz anderen Charakter, als es die Plutokraten in Frankreich, England und den USA sich vorstellen können. Hitler wird keinen neuen privaten Kapitalismus in Rußland schaffen. Das kann er niemals. Rußland würde nach Hitlers Plänen die riesige slawische Kolonie werden ... Ich glaube, daß wir gerade in dieser Zeit uns über das Ziel im klaren sein müssen, damit wir uns durch die Finsternis der Zeit hindurch orientieren können. Wir müssen die sinkende Lichtfahne der Idee vielleicht an mehreren Orten aufrichten. Es ist ein grenzenloser Optimismus notwendig, aber ich habe aus eigener Erfahrung gemerkt, daß es gerade bei denen Optimismus gibt, die am meisten leiden. Das ist die große Stärke unserer Idee.«

Der Titel von Otto Bauers letztem großen Buch war für mich, trotz einiger darin enthaltener Irrtümer, überzeugend: Es hieß »Zwischen zwei Weltkriegen?«, und die Fragen, die ich mir stellte, beschäftigten sich mit dem Ende des zweiten Krieges. 1943 drückte ich das so aus: Dort, wo die einen Sieger sein werden, werden sie das ihnen genehme Regime errichten; und dort, wo die anderen, die Westmächte, Sieger sein werden, wird es die Chance einer Rückkehr zur Demokratie geben, nirgends aber die Chance für eine echte Revolution. Der Westen werde, wie zu hoffen stand, ein demokratisches Deutschland und ein demokratisches Österreich zu verwirklichen trachten, aber Stalin und die Rote Armee würden nicht zu Geburtshelfern einer neuen Demokratie in Osteuropa werden. Dort werde es zu einer Herausbildung kommunistischer Diktaturen kommen. Deutschland, der Norden und der Westen Österreichs würden wieder demokratisch werden, zur Hälfte auch die Tschechoslowakei. Aber schon hinsichtlich Polens begannen sich nach dem heldenhaften Aufstand in Warschau deutlich Zweifel zu regen.

Die große Frage war: Was wird aus Deutschland werden? Ich war fest davon überzeugt, daß die Sowjetunion keiner Lösung für das ganze Deutschland zustimmen werde. Dies konnte nicht in den Intentionen des Kreml liegen. Hierfür gibt es so manchen Beleg. Harry Graf Kessler schildert in seiner Monographie über Walther Rathenau die Hintergründe für den Rapallovertrag, der eine »Wiedereinreihung« Deutschlands »als Großmacht in das europäische Konzert« gebracht hatte: »Wenn Rußland sich zu einem Ring mit den Westmächten gegen Deutschland zusammengeschlossen hätte, so wie Barthou noch in Genua wollte, wenn England aus Mißtrauen gegen Deutschland Frankreich unterstützt hätte, so muß es fraglich erscheinen, ob die separatistische Bewegung am Rhein in den Jahren 1923/24 nicht gesiegt hätte, die deutsche Einheit nicht, wenigstens zeitweise, zertrümmert worden wäre.« Aus dieser Erfahrung heraus scheint die sowjetische Deutschlandpolitik nach 1945 etwas verständlicher zu werden.

Meine Skepsis gegenüber der Idee einer gesamtdeutschen Revolution hat mich die Situation sehr realistisch einschätzen lassen – lange bevor es zur Moskauer Deklaration kam. Und sie war der Grund für meine Haltung, daß man für die Wiederherstellung eines demokratischen Österreichs – des Österreichs vor 1933/34 – eintreten müsse, und nicht für die Wiederherstellung jenes »Vaterländischen Österreichs«, das so mancher mit hinaus trug. Ich war einer der wenigen unter den ins Ausland gegangenen höheren Funktionären, die die Wiederherstellung eines unabhängigen demokratischen Österreichs vertraten. Das brachte mich in Gegensatz zu vielen Freunden in England und Amerika. Wie notwendig die Forderung nach einer Rückkehr zum demokratischen Österreich vor 1934 war, geht daraus hervor, daß, wie Adolf Schärf berichtet, noch vor dem Ende der Kämpfe um Wien der Oberbefehlshaber der 3. Ukrainischen Front, Marschall Tolbuchin, in einer »Proklamation an das österreichische Volk« gefordert hatte, »daß in Österreich die Zustände wiederhergestellt werden, die bis zum Jahre 1938 in Österreich bestanden«. Die Kommunisten, so Schärf, hätten sich von einer gründlichen Verfassungsberatung außerordentlich viel erwartet. Schärf verhinderte die Verwirklichung dieser Forderung: »Durch die Rückkehr zur alten Verfassung (1929), der die Alliierten zunächst zugestimmt haben, ist vermieden worden, daß sich das Parlament später in langwierigen Verfassungsberatungen ergehen mußte – auf deren Ausgang die Alliierten, vor allem Rußland, entscheidend Einfluß genommen hätten.«

Nach langen Diskussionen kam es zu jener Stockholmer Erklärung, die mir bei manchen Historikern der Zweiten Republik eine positive Beurteilung einbrachte:

Resolution

angenommen in der Vollversammlung des Klubs österreichischer Socialisten am 28. Juli 1943 in Stockholm:

1. Die österreichischen Socialisten in Schweden fordern die Wiederherstellung einer selbständigen, unabhängigen, demokratischen Republik ›ÖSTERREICH‹ und lehnen vorbehaltlos ein Verbleiben im Rahmen des deutschen Reiches im Einverständnis mit der österreichischen Arbeiterschaft und in Kenntnis ihrer Anschauungen ab.

2. Der Minister des Innern der čechoslovakischen Regierung in London erhob in seinem Bericht an den čechoslovakischen Staatsrat gegen eine österreichische Emigrantengruppe den Vorwurf, nach wie vor einen großdeutschen Standpunkt einzunehmen, ein Großdeutschland mit der Parole ›ein Reich – ein Volk‹ zu propagieren. Die in Schweden befindlichen österr[eichischen] Socialisten verlangen eine Aufklärung, ob unter dieser Gruppe der Klub österreichischer Socialisten in London gemeint war und ob diese Behauptung eines verantwortlichen Ministers einer befreundeten alliierten Regierung berechtigt war. In jedem Falle wird die Leitung der Klubs in London aufgefordert, diese Behauptung richtigzustellen und klipp und klar und eindeutig der čechischen Regierung in London klar und ohne irgendwelche Reservation die Erklärung abzugeben, daß die österreichischen Socialisten im Einvernehmen mit der überwiegenden Mehrheit der österreichischen Bevölkerung auf dem Standpunkt der Restituierung der österreichischen demokratischen Republik stehen.

3. Wir wissen aus Erfahrung, daß eine demokratische Republik Österreich in ihren alten Grenzen lebensunfähig ist. Wir sind daher für eine wirtschaftliche Union vor allem mit der zukünftigen ČSR, eventuell auch mit anderen demokratisch regierten Nachbarn wie Ungarn, Jugoslavien außer Deutschland und sind bereit auch zu einer politischen Zusammenarbeit mit diesen Staaten.

4. Wir wünschen vollständige Neutralität im bedauernswerten

Bruderkampf der deutschen Socialdemokraten aus der ČSR. Es soll durch politische Bindungen oder nur durch Sympathiebeweise mit der Jakschgruppe der čechischen Regierung kein Anlaß gegeben werden, unsere Erklärung von vornherein zu mißkreditieren und unsere Bereitwilligkeit zur Zusammenarbeit zu kompromittieren.

5. Wir sind in Kenntnis der Wünsche unserer österreichischen Genossen für eine einheitliche Arbeiterbewegung im Lande nach dem Kriege und sind schon jetzt bereit, mit der kommunistischen Partei Österreichs zusammenzuarbeiten und die Einigung vorzubereiten. Die Voraussetzung dazu ist aber, daß die österreichischen Kommunisten in der Emigration jede Zusammenarbeit mit den Dollfußfaschisten und Monarchisten aufgeben. Es geht nicht an, die deutschen, italienischen, spanischen Faschisten und die aller anderen Staaten mit Wort und Schwert zu bekämpfen und mit den eigenen Faschisten, die die Totengräber nicht nur unserer Demokratie, sondern [auch] unserer freien Gewerkschaftsorganisation waren, zu kooperieren.

Die verschiedenen Auffassungen über den Weg der Sozialdemokratischen Partei nach dem Krieg haben die Diskussionen unter uns Emigranten sehr belebt. Alle machten den Eindruck, untereinander zerstritten zu sein – vor allem die Deutschen. In der deutschen Emigration wollte man, im Sinne Otto Bauers, zu einer Vereinigung aller deutschsprechenden Sozialisten kommen. Ich habe diese Initiative vom ersten Augenblick an nach allen Regeln der Kunst sabotiert und immer neue Vorwände gefunden. Ich war fest entschlossen, nicht nachzugeben, selbst wenn Willy Brandt, der damals schon eine gewisse Autorität besaß, es wollte. Eine leichte Spur der Enttäuschung findet man in Willy Brandts Buch »Links und frei«; in dem Kapitel »Von Bauer zu Kreisky« deutet er an, daß ich kein Schüler Otto Bauers sei. Er stellt fest, daß »... Kreisky ein linker Sozialdemokrat war. Doch anders als viele seiner exilierten Landsleute hielt er nichts von einer ›Großdeutschen‹ Initiative. Das Argument, Österreich habe sich als nicht lebensfähig erwiesen, ließ er nicht gelten. Er war engagierter Österreicher und blieb es.«

Von allem Anfang an war klar, daß es nach diesem Krieg – entgegen dem, was Otto Bauer gemeint hatte – nicht zu einer echten Annäherung zwischen Kommunisten und Sozialdemokraten kommen werde. Die Entwicklung hatte uns weit von all jenen

Wiedervereinigungsbestrebungen abgebracht, wie sie nach der Machtergreifung Hitlers im Umlauf gewesen waren.

Je näher das Kriegsende rückte, desto unverblümter erhoben die Kommunisten – getarnt als österreichische Superpatrioten – ihren Monopolanspruch. Es war die Zeit, in der sie sich als die wahren Patrioten hinstellten und einem Nationalismus das Wort redeten, wie es ihn nie zuvor unter den deutschsprachigen Österreichern gegeben hat. In dieser Zeit gerieten auch der bereits mehrfach genannte Sozialdemokrat Hans Menzl und ein kommunistischer Metallarbeiter und ehemaliger sozialdemokratischer Betriebsrat in den Steyr-Werken in Streit. Der eine, Menzl, vertrat eine maßvolle Position in der Österreichfrage, der andere, August Moser, eine extrem nationalistische. Als der spätere österreichische Botschafter in Stockholm, Carl Buchberger, Menzl die Frage stellte, warum er so viel nüchterner sei als der kommunistische Repräsentant, erwiderte er: »Der Gustl Moser ist ein Oberösterreicher, und ich bin ja nur ein Niederösterreicher.«

Die Kommunisten hatten damals viele kleine Erfolge und gründeten das »Free Austrian World Movement«, eine Art österreichischer Volksfront. Die österreichischen Sozialdemokraten entschlossen sich in der Regel, ihm nicht anzugehören, und ich habe mich als Vorsitzender der »Österreichischen Vereinigung in Schweden« stets geweigert. Ich hatte ein Argument, das mir sehr stark erschien: Man müsse die Entwicklung im Lande selbst abwarten und dürfe sie nicht präjudizieren. Es bestand nämlich die Gefahr, daß eine kommunistisch beherrschte Bewegung ihren Widerhall auch in Österreich finden könnte. Wäre es dazu gekommen, hätten die Kommunisten in den ersten Nachkriegstagen in bewährter Manier alles an sich gerissen. Denn es war ihre Taktik in der Welt, die vorgeblich überparteilichen Gruppen zu unterwandern und in die Hand zu bekommen.

So mancher Graf und so mancher altösterreichische Monarchist leisteten den verschiedenen »Free Austrian Movements« in aller Welt Hilfsdienste. Auch dem sehr kleinen »Free Austrian Movement« in Stockholm stand am Anfang ein Prinz zur Verfügung. Als der Krieg vorbei war, durchschauten sie sehr rasch die Rolle, die man ihnen zugedacht hatte. Unlängst schrieb mir einer von ihnen, ein gescheiter Graf, der der Zweiten Republik große Dienste geleistet hat: »In Argentinien, wohin es mich verschlug, war ich Gründungs- und Vorstandsmitglied des dortigen ›Comite Austriaco‹... Nach Kriegsende betrachteten die Bürgerlichen die

Aufgabe des ›Comites‹ als erfüllt und beantragten seine Auflösung. Einige Mitglieder des Vorstandes widersetzten sich diesem Ansinnen. Gegen den ›Faschismus‹, meinten sie, müsse weiter gekämpft werden. Die Bürgerlichen traten daraufhin aus. Die ›Große Koalition‹ der Österreicher in Argentinien zerfiel damit in ihre traditionellen Komponenten.«

Eines Tages, ich glaube, es war kurz nach der Moskauer Erklärung 1943, zeigte mir ein in Stockholm akkreditierter britischer Diplomat eine künftige Karte Österreichs jugoslawischer Provenienz. Der Grenzverlauf entsprach meinen Vorstellungen von der österreichischen Landkarte ganz und gar nicht: Die Grenze zu Jugoslawien plante man mitten durch den Wörthersee bis kurz vor Klagenfurt. Ich erklärte aufgebracht, daß darin der Keim zu neuen Kampfhandlungen und Grenzkonflikten liege. Der britische Diplomat meinte wegwerfend, das möge unerfreulich für die Österreicher sein; aber schließlich müsse ich doch zugeben, daß Tito und die jugoslawischen Partisanen mehr im Kampf gegen Hitler geleistet hätten als die in der Mehrheit auf deutscher Seite kämpfenden Österreicher. Die Auseinandersetzung wurde ziemlich heftig geführt. Unmittelbar danach informierte ich meine Freunde in London und beschwor sie, alles Menschenmögliche zu unternehmen, um diese Grenzziehung zu verhindern.

Das geschah auch. Oscar Pollak konnte die Führer der gegen Ende des Krieges regierenden Labour Party, in der er große Freunde hatte, überzeugen, daß Österreich ein Recht auf ein ungeteiltes Kärnten habe. Und wenn manche fast neonazistisch sich gebärdende Kärntner sich einbilden, auf den Kampf für ein ungeteiltes Kärnten ein Monopol zu haben, dann muß ich ihnen die historische Wahrheit entgegenhalten: Niemand hat so viel für ein ungeteiltes Kärnten getan wie manche sozialdemokratische Emigranten in London. Sie waren österreichisch-jüdischer Herkunft. Ihnen ist es gelungen, der Labour Party klarzumachen, daß die Erhaltung der Vorkriegsgrenzen eine Bedingung für die Existenz eines unabhängigen Österreichs sei. Es war auch auf britischer Seite die Labour Party, die hier den höchsten Einsatz geleistet hat. Und es war die britische Armee, die nach dem Einmarsch die jugoslawischen Partisanen gezwungen hat, ihre Positionen in Kärnten aufzugeben.

In diesem Zusammenhang sollte jedoch auch nicht vergessen werden, darauf hinzuweisen, daß die britischen Diplomaten über

Eine Gruppe von Österreichern verschiedener politischer Richtungen, ausschliesslich von dem Bestreben geleitet, einen Einsatz für Österreich zu leisten, hat sich bei der Diskussion der österr.Frage auf folgende Vorschläge geeinigt:

1. Eine umfassende gesamtösterreichische Vertretungskörperschaft soll gebildet werden.

   Besonders seit der Moskauer Konferenz ist die Bildung einer möglichst umfassenden und repräsentativen Vertretung im Ausland zur dringendsten Notwendigkeit geworden. Ihre Aufgabe ist, die Interessen Österreichs wahrzunehmen und die Freiheitsbewegung im Lande zu fördern. Sie kann aber nicht die Funktionen einer Regierung ausüben.

Wer soll das österr. Repräsentationskomitée wählen?

   Die zweckmässigste Vorgangsweise scheint uns die Einberufung eines österr. Nationalkongress nach London zu sein. An diesem Nationalkongress sollen nicht nur in England lebende Österreicher teilnehmen, sondern es muss Wert darauf gelegt werden, dass auch andere Delegierte aus USA, der Sowjetunion und andern Ländern an ihm teilnehmen können. Die Teilnehmerzahl wird aus technischen Gruenden auf das unbedingt notwendige Mass beschränkt werden müssen.

2. Wer soll am österreichischen Nationalkongress teilnehmen?

   Voraussetzung ist das Bekenntnis zu einem unabhängigen demokratischen und republikanischen Österreich.

   a. Im Ausland leben eine Anzahl österreichischer Gewerkschaftsfunktionäre aus der legalen und illegalen Periode der Freien Gewerkschaften Österreichs. Einigen von ihnen müsste die Teilnahme ermöglicht werden.

   b. Einige der angesehensten Persönlichkeiten der früheren Sozialdemokratischen Partei und einige der zentralen Funktionäre der illegalen sozialistischen Partei, die Nachfolgerin der Sozialdemokratischen Partei in der Periode der Illegalität leben gegenwärtig im Auslande. Einer Gruppe von ihnen müsste als Vertrauensleuten der sozialistischen Arbeiterbewegung Österreichs die Teilnahme am Kongress ermöglicht werden.

   c. Im Auslande, u.a. in Moskau leben eine Anzahl Vertrauensleute der Kommunistischen Partei Österreichs. Einige von ihnen, dabei auf die in Moskau lebenden nicht vergessen werden darf, sollen am Kongress teilnehmen.

   d. Vertreter aus den Kreisen des österr. Bürgertums, könnten aus den im Ausland verbliebenen Beamten rekrutiert werden, die sich nicht im nazistischen oder faschistischen Sinne betätigt haben. Als Vertreter des österreichischen Bürgertums könnten auch angesehen werden: Gelehrte, Ärzte, Künstler und Männer des Wirtschaftslebens. Als unabdingbare Voraussetzung aber muss gelten, dass diese sich niemals in antidemokratischem Sinne betätigt haben.

   e. Vertreter aus den Kreisen der österr. Bauernschaft. Diese gibt es, soweit uns bekannt ist, im Auslande nicht. Es kann aber nicht unmöglich sein aus der grossen Zahl österreichischer Kriegsgefangenen in den verschiedenen Gefangenlagern eine Anzahl bäuerlicher Repräsentanten als Delegierte auf für den Nationalkongress ausfindig zu machen.

   f. Abgesandte der kriegsgefangenen Österreicher. Den österr. Kriegsgefangenen in den Lagern der Alliierten müsste die Möglichkeit gegeben werden durch Delegationen auf dem Kongress vertreten zu sein.

Memorandum zur Bildung einer gesamtösterreichischen Vertretungskörperschaft; Entwurf und Korrekturen von Bruno Kreisky

2.

g. Abgesandte aus dem Lande. Inwieweit das möglich ist, hängt von Faktoren ab auf die hier nicht näher eingegangen werden kann.

(I.)

Die Einberufung der Delegierten zum Kongress soll durch ein provisorisches Präsidium erfolgen das aus je einem Vertreter der vorher genannten Gruppen besteht. *soweit als möglich*

(eines für den Fall seiner Betagung)

3. Aufgaben des österreichischen Nationalkongresses.

    a. Wahl eines ständigen Präsidiums, das die Aufgabe hat, die Geschäfte des Nationalkongresses zu führen.
    b. Wahl eines österreichischen Repräsentationskommittes bestehend aus allen am Kongress repräsentierten Gruppen
    c. Erwirkung der Anerkennung des Repräsentationskommittes als Vertretung Österreichs bei den Alliierten.
    d. Wahl von Delegationen, die in andern Ländern je nach Möglichkeit, offiziell oder halboffiziell ~~den Kongress~~ ~~das~~ Rep.Kommitte zu vertreten haben. ~~a. Gegenüber den Behörden, b. Gegenüber den Landsleuten.~~

Wir sind uns vollkommen im klaren darüber, dass auch die ~~oben~~ vorgeschlagenen Körperschaften kein zuverlässiges Bild der Lage und politischen Strömungen im Lande widerspiegeln. Es kann aber nicht bestritten werden, dass sie zu- *ihre Wirksamkeit könnte* ~~sammengesetzt wären~~ aus einer Reihe der ~~bedeutungsvollsten~~ Persönlichkeiten über die Österreich heute im Auslande verfügt. ~~Diese vorgeschlagenen Körperschaften könnten mit dem gleichen Recht wie zahlreiche andere nicht Auslandsausschüsse der verschiedensten Nationen die Rechte ihres Landes wahrnehmen.~~

Auf Grund unserer Verbindungen zum Lande sind wir überzeugt, dass die Bildung der vorgeschlagenen Körperschaften sehr grossen Widerhall im Lande *allein* finden werden. *Es kann nicht die Aufgabe*

Der vorliegende Entwurf ~~erhebt nicht den Anspruch darauf~~ so umfassend sein ~~zu wollen~~, dass er auch noch den grossen Aufgabenkreis der zu bildenden Vertretungskörperschaft umreisst ~~wenn~~ *er sich erlaubt auf* zwei sehr wichtige Aufgaben ~~nicht~~ *unter anderem* hinzuweisen: Geistige Kriegsgefangenenbetreuung und Vorbereitungs~~arbeit~~ für den geistigen und materiellen Wiederaufbau unseres Landes.

X) Wir wollen nicht schliessen ohne noch einmal auf die Dringlichkeit der Bildung einer umfassenden österreichischen Vertretungskörperschaft hinzuweisen.

Die Zeit drängt! ~~Die~~ Österreicher im Auslande müssen ~~ihren~~ *unseren* Einsatz für den Aufbau ~~der Zweiten Republik~~ leisten.

Österreichs! X)

Stockholm im Februar 1944

mein Engagement keineswegs erfreut waren. In einer handschriftlichen Aktennotiz vom Juli 1944 heißt es: »Was sein Gerede über die Einheit der österreichischen Emigranten betrifft, so ist Dr. Kreisky ein ziemlich typischer Sozialdemokrat, nicht ganz auf dem laufenden und genauso verdächtig wie irgendeiner seiner kommunistischen Genossen.« Diese Bemerkung wird dadurch entschärft, daß nach Ansicht von Beamten des Foreign Office »keiner dieser Österreicher in Stockholm irgendwelche Bedeutung hat – auch keine Bedeutung erlangen wird«.

Die Österreicher haben vom ersten Tag der Befreiung an, also ab dem 27. April 1945, die Wiederauferstehung Österreichs trotz allen Elends als großes Glück empfunden. Es gab zum Unterschied vom 12. November 1918 keine Katastrophenstimmung, obwohl das Land noch schlechter dran war als damals. Die einen hatten zu jener Zeit um ein versunkenes Reich getrauert, die anderen vom Aufgehen in einem neuen Reich geträumt, und fast niemand wollte die eigenständige Republik. Die konnte man sich einfach nicht vorstellen. 1945 war das gerade Gegenteil der Fall. Über Nacht war ein österreichischer Patriotismus entstanden, wie ich ihn bis dahin nie wahrgenommen hatte. Die überwältigende Mehrheit – selbst viele unter den mehr als 500.000 registrierpflichtigen österreichischen Nazis – wollte plötzlich diesen Staat und glaubte in fast irrationaler Weise an seine Zukunft.

Dieser Wille zum Kleinstaat hat sich in allem geäußert. Der Anschlußgedanke war tot, ein für allemal. Und nicht aus Opportunismus, wie manche Leute meinen, sondern aus einer tiefen inneren Überzeugung, die sich aus der historischen Erfahrung ergab. Alles war menschlich so begreiflich. Adolf Schärf hatte das schon im Frühsommer 1943 dem prominenten deutschen Sozialdemokraten Wilhelm Leuschner gegenüber so ausgedrückt: »Der Anschluß ist tot. Die Liebe zum Deutschen Reich ist den Österreichern ausgetrieben worden ...«

Um so erschütternder war für mich jener Exzeß an »Pflichterfüllung«, der bei der letzten Bundespräsidentenwahl in Österreich zutage trat. Es waren Hunderttausende Österreicher gewesen, die 1945 glücklich waren, der weiteren »Pflichterfüllung« enthoben zu sein. Die Väter und Mütter von 247.000 Gefallenen und über 100.000 bei Kriegshandlungen ums Leben gekommenen oder vom NS-Terrorregime ermordeten Zivilisten verfluchten den Krieg, den Hitler und seine letzten getreuen Generäle –

MITTEILUNGSBLATT
DER ÖSTERREICHISCHEN VEREINIGUNG IN SCHWEDEN

Postbox 4043
Stockholm 4

Mai
1945

Gruss an die Provisorische Österreichische Regierung.

Wenige Tage nach der Befreiung Wiens überraschte der Moskauer Rundfunk die Welt mit der Mitteilung von der Bildung der Provisorischen Österreichischen Regierung. Unsere Freude über diese Mitteilung war gross. An der Spitze der Provisorischen Regierung steht Karl Renner und ihm zur Seite stehen Männer aus allen politischen Parteien. Die Neue Regierung ist eine Regierung der Zusammenarbeit und wenn uns auch im Augenblick das Regierungsprogramm noch nicht bekannt ist, so kann jedoch aus der Zusammensetzung der Regierung geschlossen werden, dass sie von dem festen Willen beseelt ist, ein freies, unabhängiges Österreich wiederherzustellen.

Die neue Regierung in Wien hat noch nicht die Anerkennung aller vereinigten Nationen, aber wir hoffen, dass diese Anerkennung bald erfolgen wird.

Wir Österreicher in Schweden begrüssen die Provisorische Österreichische Regierung und versprechen in ihrem Sinne zu wirken. Wir schliessen in unseren Gruss auch die drei Bürgermeister des befreiten Wiens ein.

Österreich ist wiedererstanden und mit unserer Freude verbinden wir den tiefen Dank für den Kampf der Armeen der Vereinigten Nationen.

zu denen auch der Österreicher Löhr gehörte – bis zum bitteren Ende durchkämpfen wollten.

Wir bekamen also den eigenen Staat, die Demokratie; der Krieg war für uns aus. Das war zunächst einmal alles. Die Österreicher machten sich da weniger Gedanken als die Deutschen. Manche, auch wenn sie keine Nazis waren, mögen das Kriegsende als eine Niederlage empfunden haben, denn der Krieg, den ein Mensch, der in den Schlachten war, überlebt, ist sein persönliches »Weltereignis«. Das Feuer der Schlachten hinterläßt ein Engramm in der menschlichen Seele, und je länger man von den furchtbaren Ereignissen entfernt ist, desto stärker empfindet man sie – mit Recht – als höchste Steigerung der persönlichen Existenz. Das läßt viele so schwer damit fertigwerden. Und so ist für den einen das Kriegsende dann die Niederlage, für den anderen ein unfaßbares Glück.

Die historische Bedeutung des 8. Mai ist gewaltig. Hätte Hitler gesiegt, wäre die Geschichte auf unabsehbare Zeit anders verlaufen. Das Großdeutsche Reich wäre aufgrund eines beispiellosen Kolonialismus zu gewaltigem Wohlstand gelangt. Der ganze Kontinent wäre unterworfen gewesen. Es sind nur wenige, die sich heute Rechenschaft darüber ablegen, welcher Kelch an uns vorübergegangen ist. Wahnsinnige Herrschaftsträume und Herrschaftsmethoden wären verwirklicht worden. Die Wende war, ob man es will oder nicht, Stalingrad. Das Ausmaß des russischen Sieges ist nach den Vorstellungen mancher Konservativer im Westen Europas zu hoch ausgefallen. Aber daß Hitler ohne die Russen nicht besiegt worden wäre, scheint ziemlich sicher, und man muß, ob man will oder nicht, diese Rolle der Sowjetunion sehen.

Das wichtigste Ergebnis des 8. Mai ist jedoch die Wiederherstellung der Demokratie in Westeuropa. Für die Länder, die eine lange und gute demokratische Tradition besessen haben, war das die Lebensluft, die ihnen 1940 geraubt wurde – für die Holländer, die Dänen, die Norweger, die Belgier, auch, wenn man will, für die Franzosen, obwohl viele von ihnen Pétain ähnlich zujubelten wie viele Österreicher Hitler. Für sie, alte Rechtsstaaten mit funktionierenden Verwaltungen, kehrte jenes Klima zurück, in dem sie sich ganz natürlich bewegt haben und das für sie einfach durch nichts anderes ersetzbar gewesen wäre.

Nicht aufgebaut werden konnten Demokratie und Rechtsstaatlichkeit in den Ländern, die man früher den Balkan genannt hat.

> PRESIDENT OF THE
> CZECHOSLOVAK REPUBLIC.
>
> London, 31st May, 1944.
>
> Dear Sir,
>
> I write this to thank you for the telegram which you have sent me from the Club of Austrian Socialists in Sweden on the occasion of my sixtieth birthday. It arrives at a moment when we can look to the future with justified confidence.
>
> Yours sincerely,
>
> [signature]
>
> Mr. Bruno Kreisky,
> Austrian Socialists Club,
> STOCKHOLM.

Dankschreiben von Edvard Beneš an Bruno Kreisky

Allen ungestümen Kritikern Jaltas muß man entgegenhalten, daß diese Völker, mit der einzigen Ausnahme der Tschechoslowakei, keine haltbare demokratische Tradition besaßen, weil sie nie Demokratien waren. In ihnen herrschten, von kurzen Perioden abgesehen, Generäle und korrupte Advokaten. Die Tschechoslowakei aber hat eine schwere Sünde gegen die Demokratie kurz nach dem Krieg begangen: durch die Vertreibung von Millionen Sudetendeutschen.

Man behauptet, daß der europäische Osten auf der Konferenz von Jalta abgeschrieben wurde. Man wirft vor allem Roosevelt Leichtgläubigkeit und Naivität vor; durch seine nachgiebige Haltung habe er Ost- und Mitteleuropa dem Bolschewismus preisgegeben. Roosevelt habe den Russen »erlaubt«, bis in die Mitte Europas, nach Berlin und Wien, vorzudringen. Der Umstand, daß für die Haltung des amerikanischen Präsidenten die Entscheidung seines Generalstabs von allergrößter Bedeutung war, wird dabei völlig ignoriert. Wie ich bereits 1963 in meinem Buch »Die Herausforderung« schrieb, war es lediglich General Clark, »der das britische Konzept eines Vordringens der Alliierten über den Balkan und in Richtung Jugoslawien unterstützte. Gravierender für Roosevelt aber war, daß eine Offensive vom Balkan her gegen die deutschen Armeen und die Errichtung einer zweiten Front in Europa – lange vor Stalingrad – mit Sicherheit Hunderttausenden britischen und amerikanischen Soldaten das Leben gekostet hätte; ganz abgesehen davon, daß eine ›Gallipoli-Offensive‹ wie im Ersten Weltkrieg hätte mißlingen können. Roosevelt telegraphierte damals an Churchill: ›For purely political reasons over here I should never survive even a slight set-back in Overlord if it were known that fairly large forces had been diverted to the Balcans.‹

Chester Wilmot berichtet, daß Roosevelt alles zu vermeiden hatte, was ihm den Vorwurf hätte eintragen können, er verwende amerikanische Streitkräfte im Dienste britischer politischer Ziele. Er wußte, daß ein Feldzug auf dem Balkan ihn einem solchen Verdacht ausgesetzt hätte.

Aber nur ein Feldzug auf dem Balkan, eine diesmal erfolgreiche ›Gallipoli-Offensive‹ hätte es gestattet, parallel mit den sowjetischen Truppen nach Zentraleuropa vorzudringen. Wobei es höchst zweifelhaft ist, ob Stalin einer solchen Offensive zugestimmt hätte und ob nicht damit die Gefahr eines Hitler-Stalinschen Separatfriedens heraufbeschworen worden wäre. Da aber weder die amerikanische noch die englische Regierung zur Errichtung einer zweiten Front in einem so frühen Stadium bereit und in der Lage waren, kam es nach der Niederlage der deutschen Armeen vor Stalingrad zur totalen Besetzung Ost- und Mitteleuropas durch die sowjetischen Truppen.

Der Vormarsch der sowjetischen Truppen nach Berlin und Wien, die Eroberung des Ostens und Südostens Europas, haben das Leben von Millionen russischer Soldaten gekostet. Weder

Roosevelt noch Churchill konnten ihren demokratischen Staaten zumuten, diesen Preis zu bezahlen. Und so kam es zur Teilung Europas. Unbestreitbar ist: bei Ausbruch des Zweiten Weltkrieges waren die Grenzen Rußlands 600 bis 700 Kilometer weit von Wien und Berlin entfernt; erst Hitler und Goebbels haben mit ihrem ›antikommunistischen Feldzug‹ die sowjetischen Soldaten in die Mitte von Europa geholt; daß sie im Frühjahr 1945 über die Ringstraße und den Kurfürstendamm paradierten, war das Verdienst Hitlers.«

Stalins Zusage, in den eroberten Ländern demokratische Regierungen zu etablieren, war vielleicht von vornherein gar kein politisches Betrugsmanöver gewesen; es gibt Hinweise, daß er – natürlich im Rahmen des sowjetischen Imperiums – nationale Marionettenregierungen akzeptieren wollte. So hat er Tito zum Beispiel befohlen, den König Peter II. anzuerkennen, auch wenn man ihn später wieder los werden müsse; das jedenfalls berichten Djilas und Dedijer. Es ist nicht ausgeschlossen, daß Stalin mit dem Gedanken spielte, eine Art Demokratie einzuführen; das dürfte auch die Tautologie von der Volksdemokratie erklären. Der Ausdruck hat sich bis heute gehalten. Er versinnbildlicht die Art, wie sich Stalin die Einhaltung seiner Zusagen in Jalta und die Einführung der Demokratie vorstellte. Sicher wäre ihm auch 1955 in bezug auf Österreich eine ähnliche Interpretation des Begriffs Neutralität eingefallen.

Die österreichische Demokratie hatte sich innerhalb des Habsburg-Absolutismus mühsam zu entfalten begonnen. Erst 1918 ist sie wirklich entstanden, auch wenn sie von vielen Bürgern von Anfang an geleugnet wurde. Ärger war jedoch, daß die sechzehn Jahre Demokratie in der Ersten Republik von Hunderttausenden Arbeitslosen begleitet wurden, die in ihr nicht ihr kostbarstes Gut erkennen wollten. Eine Blüte und weithin anerkannte Stellung hat die österreichische Demokratie erst in der Zweiten Republik erfahren. Dieser politische Erziehungsprozeß ist noch immer nicht abgeschlossen.

Auch in Deutschland ist 1949 ein demokratischer Staat gegründet worden, und dank dem Umstand, daß die Demokratie dort nicht durch eine große Koalition eingeleitet wurde, die bei uns während der zehnjährigen Besatzung mit Recht als Urgrund politischer Weisheit verstanden wurde, hat sich in der deutschen Demokratie von Anfang an das Spiel von zeitweilig sehr starker Opposition und schwacher Mehrheit entwickeln können. Dies hat die deutsche Demokratie einen Reifeprozeß durchmachen lassen, und sie scheint heute sehr viel fortgeschrittener zu sein als die österreichische. Denn die Opposition hat auf diese Weise viel Lebensraum bekommen und konnte viele Gemeinsamkeiten mit der Regierung entwickeln. Zudem gab es das Gegengewicht sehr flexibler Landesmajoritäten, die einen wirklichen Ausgleich erlaubten. Die Redemokratisierung Deutschlands war ein großer Erfolg – für knapp drei Viertel des deutschen Volkes. Die Teilung hat den Deutschen im Westen die Demokratie sehr viel bewußter gemacht. Sie sind meiner Meinung nach sehr zuverlässige Demokraten geworden, was aber nicht heißt, daß nicht irgendwann wieder irgendein politischer Gaukler auftreten könnte.

16. Kapitel
Im Diplomatischen Dienst

Der Krieg war aus, und dennoch dauerte es ein ganzes Jahr, bis ich zum ersten Mal wieder nach Österreich fahren durfte. Das Hindernis waren die Amerikaner. Ich kann mir das nur so erklären, daß der Gewährsmann, den ich bei den Amerikanern in Stockholm gehabt habe, mit einem Kurierflugzeug über Schottland abgestürzt ist; er hätte dem in Frankfurt am Main stationierten Oberkommando, das für Emigranten in Schweden zuständig war, über meine Person Auskunft geben können. Die Gründe für die Skepsis der Amerikaner kenne ich nicht; selbst eine Intervention von Staatskanzler Renner war erfolglos.

Im Herbst 1945, als es schon eine provisorische Regierung gab, flog ein schwedisches Rot-Kreuz-Flugzeug nach Österreich, und ich hätte als Vertrauensmann der schwedischen Regierung mit dabei sein sollen. Die Maschine sollte auf dem amerikanischen Flugplatz in Langenlebarn landen, aber die Amerikaner erklärten von vornherein, wenn Kreisky an Bord sei, würden sie keine Landeerlaubnis geben. Notgedrungen blieb ich also in Schweden, obwohl ich schon alles für Wien vorbereitet hatte. Als sich das schwedische Flugzeug Langenlebarn näherte, fragte die Bodenstation noch einmal nach, ob ich tatsächlich nicht im Flugzeug sei. Es ist eine Kuriosität, daß gerade ich von den Amerikanern daran gehindert wurde, nach Österreich zu kommen, während einige Zeit später die Russen mich anstandslos durchließen – obwohl ich in meinem schwedischen Fremdenpaß das Visum aus dem Winterkrieg hatte und sie wußten, daß ich als Journalist dort tätig gewesen war.

Die Engländer hätten keine Bedenken gehabt, aber um in die britische Zone zu gelangen, nach Kärnten oder Steiermark, hätte ich den Weg über Jugoslawien nehmen müssen, und das kam nicht in Betracht. Mein Freund Dr. Kurt Grimm hatte großartige Beziehungen zu den Franzosen, und von ihnen bekam ich schließlich mein Permit. Die Zugänge zur französischen Zone lagen in Tirol und in Vorarlberg.

Im Mai 1946 fuhr ich mit einem der ersten Züge des »Arlbergexpreß« nach Österreich. Für eine solche Fahrt brauchte man damals viel Zeit. Wir standen unendlich lange an der Grenze zur sowjetischen Besatzungszone an der Ennsbrücke. Schon in Innsbruck erwarteten mich zwei alte Freunde, der spätere Landeshauptmann-Stellvertreter Karl Kunst und der frühere Obmann der Tiroler Sozialistischen Jugend, Karl Knechtelsdorfer. Es war ein froher Empfang. Am Wiener Westbahnhof, der völlig zerstört war, standen viele Freunde, und zum Unterschied von dem, was mein Schwiegervater prophezeit hatte, empfingen sie mich mit gewaltigen Blumensträußen im Arm. Sie hatten sie natürlich nicht kaufen können, sondern aus ihren Gärten mitgebracht. Es war – ich weiß es noch heute – die Zeit der Blüte des Jasmins: duftende Sträuße in den Armen ausgemergelter Leute, gezeichnet vom Hunger und der Not der Zeit und durch die Gefängnisjahre, die viele hinter sich hatten. Die Seligkeit der Rückkehr, der Duft der Blüten: Ich war wie betäubt und »schwebte« über die Trümmer des Wiener Westbahnhofs. Binnen weniger Augenblicke schien es mir so, als wenn ich nie weggegangen wäre.

In Wien hatte ich einen alten Friseur, einen k.u.k. Sozialdemokraten, wie ich scherzte. Er hatte Lenin den Bart gestutzt, als dieser zu Gorki nach Italien reiste. Für jeden seiner Kunden hatte er ein eigenes Fach, in dem die Bürsten und sonstigen Utensilien lagen, und auf kleinen Emailschildern standen die Namen großer österreichischer Familien: Liechtenstein, Schwarzenberg, fast nur Adelige. Das »Ladl« für mich hatte er nie mit einem Schild versehen, mein Name war nicht nobel genug. Ich habe ihn immer Herr Jaroslav genannt; die anderen sagten zu ihm nur Jaroslav: Das war ein – auch ihm – sehr wichtiger Unterschied. Einmal kam einer seiner adeligen Kunden mit einem runden Gesicht, einer großen Glatze und einem dunklen Schnurrbart und sagte: »Jaroslav, der Bart muß weg.« – »Den können Sie Ihnen abschneiden lassen, wo'S woll'n, Hoheit«, antwortete Jaroslav, der Böhme. »Ich mach's nicht!« – »Ja, was heißt das, wenn ich sag', der Bart muß weg, dann haben Sie das zu machen.« Sagte Jaroslav: »Durchlaucht, wenn ich das mache, werden Sie ausschauen, mit Verlaub, wie ein Arschloch.«

Mich hat er sehr gern gehabt, und vollends begeistert war er von mir, als ich ihm im Mai 1946 zwei riesige Flaschen besten schwedischen Haarwassers mitbrachte. Er hat ganz kleine Portionen zugeteilt, und immer wenn ich nach Österreich kam, habe ich für Nachschub gesorgt. Später, als er seinen Friseurladen schon verkauft hatte, ist er noch zu mir »pfuschen« gekommen, bis er so schwach auf den Beinen wurde, daß er nicht mehr gebeugt arbeiten konnte. Als er starb, war ich bereits Bundeskanzler und gerade im Ausland. Gerne hätte ich ihm das letzte Geleit gegeben. Er war ein Wiener Original: Monarchist aus Tradition, Sozialdemokrat aus Gesinnung, Österreicher aus seinem innersten Wesen, ein Hasser Hitlers – ein prächtiges Stück Mensch und voll von ursprünglicher Heiterkeit.

Meine alten Freunde aus der illegalen Bewegung, die sogenannten RSler, bedrängten mich, für sie ins Zentralsekretariat zu gehen. Die Sozialistische Partei, wie sie sich damals nannte, war ein Gebilde, das man als schöpferische Parenthese bezeichnen könnte. Der Grund, warum die Partei nicht wieder Sozialdemokratische geheißen hat, lag in der Illegalität. 1934 hatten sich die Wege der Illegalen oder Revolutionären Sozialisten und die der alten Sozialdemokraten getrennt. Um nun die Partei zu vereinigen, hat man sie Sozialistische Partei genannt und in Klammern »Sozialdemokraten und Revolutionäre Sozialisten« hinzugefügt. Die Revolutionären Sozialisten wurden im Zentralsekretariat von Erwin Scharf vertreten. Ihm gegenüber war man sehr mißtrauisch, weil er in einem österreichischen Bataillon in Jugoslawien gekämpft hatte. Manche sahen in ihm einen potentiellen Verbündeten der Kommunisten und sollten damit am Ende auch recht behalten.

Ich war von Anfang an der Meinung, daß man die »schöpferische Parenthese« auf Dauer nicht werde aufrechterhalten können und sie deshalb so bald wie möglich auflösen sollte. Zwei Parteien in einer kann es nicht geben, allein schon aus organisatorischen Gründen. Deshalb habe ich es abgelehnt, die Revolutionären Sozialisten im Zentralsekretariat zu vertreten.

Von vielen Seiten hat man mir zugeredet, in die Politik zu gehen. Das handfesteste Angebot – handfest jedenfalls angesichts der ungeheuren Not der Zeit – machte man mir im Wartezimmer des Parteivorstandes. Als Rückkehrer hatte ich das Recht, dem Klub der Abgeordneten und dem Parteivorstand über Schweden und über alle Vorgänge zu berichten, die für Österreich interessant waren. Überall wurde ich in der freundlichsten Weise empfangen. Als ich da im Wartezimmer des Parteivorstands saß, kam ein alter, berühmter Wiener Gemeindefunktionär, vorbei und sagte: »Ah, Genosse Kreisky, na, wie geht's Ihnen? Wollen'S Schlachthausdirektor werden?« Er hat das natürlich nicht ohne leichte Ironie gesagt, aber es traf den Nagel auf den Kopf, denn alles war zu haben damals, jeder Posten, sogar der des Schlachthausdirektors.

Bruno Kreisky in Schweden; Aufnahme nach 1945

Ich war damals bei Renner und Schärf. In meinem Gespräch mit Renner ging es vor allem um die schlechten Beziehungen zum Ausland; Österreich habe es schwer, sich wieder darzustellen. »Wenn Sie mir folgen«, sagte Renner, »sind Sie für uns ein wichtiger Mann in der Diplomatie, denn bei der Bedeutung der skandinavischen Länder brauchen wir dort jemanden, der zu den Parteien Beziehungen hat. Uns würden Sie nach meiner Auffassung die besten Dienste leisten, wenn Sie ein paar Jahre noch im Ausland blieben. Wir haben ja keine geeigneten Diplomaten, und einige von euch haben das Zeug dazu.« Ich würde zwar, meinte Renner schmunzelnd, einen neuen Typ von Diplomatie repräsentieren, aber das mache nichts. Schärf hat ganz ähnlich argumentiert: Er wolle mich nicht aus der österreichischen Politik fernhalten, aber im Ausland würde ich vorerst dringend gebraucht. Ich solle zu Bundeskanzler Figl gehen, der mir wahrscheinlich ein Angebot machen werde. Und in der Tat, er machte eines, das aber inhaltlich nicht definiert werden konnte.

Ich überlegte hin und her und beriet mich mit meinen Freunden. Fast drei Monate blieb ich in Österreich. Im Juli wurde ich offiziell zum Vertreter Österreichs in Schweden bestellt und damit beauftragt, die Gründung einer Gesandtschaft in Stockholm vorzubereiten. Ich bekam den Titel eines Spezialattachés; was genau damit gemeint sein sollte, wußte ich allerdings nicht. Anfang August 1946 nahm ich meine Arbeit in Schweden unter sehr schwierigen Bedingungen auf. Unter anderem hatten wir überhaupt kein Geld. Wenige Tage nach meiner Ankunft in Stockholm besuchte ich den damaligen schwedischen Außenminister Östen Undén. Er war Professor für Völkerrecht in Uppsala, ein äußerst fähiger Außenpolitiker, einer der bedeutendsten, den die internationale Sozialdemokratie damals hatte. Jedenfalls genoß er einen sagenhaften Ruf. Ich schilderte ihm meine Eindrücke von der Lage in Österreich, und er hörte mit großem Interesse zu.

Am Schluß unserer Unterredung meinte er, ich solle zu einem der hohen schwedischen Beamten im Außenministerium gehen, der mit mir die technischen Fragen besprechen werde. Dieser Beamte überreichte mir ein Scheckbuch von gewaltiger Größe – die damaligen Scheckbücher der »Riksbanken« waren Ungetüme – und teilte mir mit, es stehe mir zur Verfügung, um die ersten Ausgaben tätigen zu können, bis zu dem Zeitpunkt, an dem die österreichische Regierung in der Lage sei, meine Arbeit zu finanzieren. Damit war ich einer großen Sorge enthoben, denn ich konnte mich ja nicht ewig von den Konsumgenossenschaften bezahlen lassen – meinen Posten dort mußte ich definitiv aufgeben. Die andere Möglichkeit, mir bei meinem Schwiegervater Geld zu borgen, kam deshalb nicht in Betracht, weil er Emigranten grundsätzlich nichts borgte. Er hat sich über die Bereitschaft der Emigranten, geliehenes Geld zurückzuzahlen, nie Illusionen gemacht. »Borgen tu' ich ihnen nix«, sagte er, »da schenke ich's ihnen lieber gleich.« Überdies wäre es gegen seine Überzeugung gewesen, da er mich ja in sein Unternehmen verpflichten wollte.

Es war eine ungewöhnlich großzügige Geste, die mir da von schwedischer Seite zuteil wurde. Ich begann Schecks auszustellen, war jedoch sehr sparsam, und später wurde alles auf Krone und Öre zurückbezahlt. Im November erhielt ich Einführungsschreiben auch für Oslo und Kopenhagen. Im Februar 1947 schließlich kam der erste akkreditierte Gesandte nach dem Zweiten Weltkrieg nach Stockholm, Baron Paul Winterstein, ein echter Altösterreicher – im guten Sinne. Bei der Überreichung des Beglaubigungsschreibens wandte sich der alte König, Gustav V.

Adolf, auch an mich. Man hatte ihm gesagt, daß ich schwedisch spreche, und deshalb sprach er mich auf schwedisch an und fragte: »Wieso sprechen Sie so gut schwedisch?« – »Weil ich schon lange da bin, schon seit dem Krieg.« – »Ah, schon so lange?« Später entdeckte ich, daß er den ersten Krieg gemeint hat – er war halt schon sehr alt damals, 89 Jahre.

Alle Erwartungen meiner Wiener Freunde, die geglaubt hatten, ich würde zum Gesandten ernannt – ich selbst habe mir derartige Illusionen nicht gemacht –, sind mit der fortschreitenden Stabilisierung der politischen Verhältnisse zunichte geworden. Es wurde der alte Dienst wieder errichtet, mit vielen alten Botschaftern, und man war in Wien so generös, auch ehemalige Botschaftsangehörige, die im deutschen Dienst gewesen waren, sofern sie sich nicht allzusehr exponiert hatten, wieder aufzunehmen. Manche, die sich exponiert hatten, ließ man ein bißchen warten – vor allem, wenn sie unpopulär als Kollegen waren. Aber dann bekamen sie auch einen Posten. Innerhalb dieser wieder auflebenden alten, konservativen Bürokratie bekam ich den großartigen Titel eines Legationssekretärs erster Klasse – ein meinem Alter sicher adäquater Rang.

Den Botschafter, einen alten Aristokraten wie aus einer wohlwollenden Karikatur, hatte man in der Hoffnung hinaufgeschickt, daß wir uns gegenseitig nicht würden ausstehen können, so daß man allmählich uns beide loswerde. Diese Rechnung ging nicht auf. Obwohl wir den denkbar größten Gegensatz darstellten und politisch überhaupt nichts miteinander gemeinsam hatten, sind wir gute Freunde geworden. Ich habe Winterstein als Menschen sehr respektiert, und er war in seiner Art ein guter Lehrmeister für mich. Er hat mir beigebracht, wie man mit Akten umgeht und wie man ein Dossier anlegt. Ich hatte zwar gar keinen Sinn dafür, aber weil ich der einzige ihm zugeteilte Beamte im diplomatischen Rang war, mußte ich es schließlich lernen. Obwohl ich seither Tausende von Akten gelesen habe, könnte ich es wahrscheinlich heute nur nach langem Nachdenken zustande bringen, einen Akt anzulegen.

Die meisten im Wiener Außenamt haben Winterstein gräßlich gefunden. Zur Hysterie neigend, zerknüllte er unangenehme Weisungen und schmiß im Zorn gelegentlich den Telefonapparat zu Boden. Ich erinnere mich noch, daß ich während eines solchen Wutanfalls zu ihm ins Zimmer kam. Alles, was auf dem Schreibtisch war, landete auf dem Boden. Ich stand respektlos am Türpfosten angelehnt und beobachtete, wie er Blatt für Blatt aufhob und fein säuberlich glattstrich. Denn schließlich war er, auch im Zorn, ein Beamter.

Die Roten waren ihm in der Seele zuwider, aber er war zu nobel, über sie zu schimpfen. Der Gedanke, daß Österreich eine Republik geworden war, schien ihm gräßlich, aber er war klug genug, sich kein Kaisertum Österreich auf dem Territorium der Zweiten Republik vorzustellen. Er war kein Monarchist im politischen Sinn, nur wollte er sich nicht seinen Kaiser rauben lassen. Da ich das nicht vorhatte, kamen wir sehr gut miteinander aus.

Eines Tages gab die österreichische Gesandtschaft einen großen Empfang im Stockholmer »Royal«. Anlaß war die Ausstellung »Kunstschätze aus Österreich«, die ich angeregt hatte, weil ich mir davon eine gute Presse versprach. In Wien war man nicht sehr erbaut gewesen über diesen Vorschlag; es gäbe große Transportschwierigkeiten, und manche waren an einer Ausstellung im »protestantischen« Schweden grundsätzlich nicht interessiert. Aber die Ausstellung kam dann doch zustande und war auch deshalb ein Erfolg, weil der schwedische Kronprinz, der spätere König Gustav VI. Adolf, ein ausgezeichneter Kunstkenner und sehr beeindruckt davon war. Im letzten Moment wurde uns mitgeteilt, daß wir mit dem Erscheinen des Kronprinzen beim Soupé rechnen könnten, auch wenn noch keine definitive Zusage erfolgt sei. Dies hatte zur Folge, daß wir Hunderte von Gästen umplazieren mußten. Mir fiel die Aufgabe zu, die mühsam erstellte Sitzordnung zu ändern. Und während ich schwitzend auf einem großen Tisch alle Namenskarten hin- und herschob wie auf einem Schachbrett, kam mein alter Gesandter herein, lächelte ironisch, tippte mir auf die Schulter und meinte: »Siehst du, das ist die Rache der Geschichte an jungen Revolutionären.«

Im Hinblick auf die prekäre Situation Österreichs, das unter vierfacher Besetzung stand, war immer wieder sehr gründlich zu überlegen, welche Einladungen anzunehmen seien und welche nicht. Besonders heikel waren Einladungen zu Empfängen der neuen »Volksdemokratien« in Osteuropa. Ihre Diplomaten waren am Anfang auch »alte Leute«, jedenfalls keine blutroten Revolutionäre. Die Prozedur war folgende: Wir tranken ein Glas Wein oder einen kleinen Likör. Bei den Ungarn aßen wir die lang entbehrte Salami, bei den Tschechen Gänseleber. Dann empfahlen wir uns. Viele Empfänge erinnerten mich an ein Kabarettstück, »Tutschkas Hochzeit«, das mir mein Vater, der es liebte,

mir an Kabarettweisheiten das Leben zu erklären, einmal mitgebracht hatte. Das Manuskript, mit grellblauem Farbband auf einer alten Maschine getippt, besitze ich noch heute. Da Winterstein im Umgang mit mir sehr viel Humor zeigte, rezitierte ich ihm, als wir wieder einmal einen dieser Empfänge hinter uns hatten, folgenden Vers:
>>Gehen zum Büffet direkt,
Nehmen sich, was ihnen schmeckt,
Gratulieren nicht einmal
Und verlassen das Lokal.<<

Wir haben wirklich nicht gratuliert, weil die Anlässe dieser Empfänge vor allem in den späteren Jahren nicht zum Feiern waren: Meistens handelte es sich um den Jahrestag der kommunistischen Machtergreifung.

Aus dem Kopf erinnere ich mich an die Namen der Familie großer Diplomaten in den ersten Nachkriegsjahren: Der Tscheche hieß Taborský, er stammte aus der Umgebung von Beneš; der Pole hieß Ostrowski und kam aus dem ehemals österreichischen Teil Polens; der österreichische Vertreter hieß Kreisky und der ungarische Böhm – es war der früher in Österreich in Emigration lebende Sozialdemokrat Vilmos Böhm. Der Jugoslawe war, wenn ich mich richtig erinnere, ein österreichischer Serbe. Kennzeichnend für uns war, daß wir alle ein Lied gemeinsam singen konnten:
>>Gott erhalte, Gott beschütze
Unsern Kaiser, unser Land.
Mächtig durch des Glaubens Stütze
Führ' Er uns mit weiser Hand.<<

Wenn ich diese Zeilen niederschreibe, dann noch immer aus dem Kopf – »g'lernt is g'lernt«.

Winterstein und ich galten in Stockholm als ein kurioses Paar. Wir fuhren beide mit dem Fahrrad zu unserer Gesandtschaft. Bereits im Kriege war ich ein leidenschaftlicher Radfahrer geworden, was während der langen Winterzeit eine ziemliche Geschicklichkeit erforderte, denn in Stockholm wird der Schnee nicht weggeräumt; kaum ist er getaut, fällt schon wieder der nächste, und deshalb lassen sie ihn einfach liegen.

Ich habe ihn gern gehabt, den alten Baron Winterstein, von seinen Freunden »Gauli« genannt – warum, weiß ich nicht. Er gehörte zu jener Gruppe, die man die »jüdischen Barone« nannte; es gab sie in Österreich in großer Zahl, ohne Rücksicht darauf, ob sie getauft oder ungetauft waren. Später, in Wien, habe ich ihn oft besucht, aber es ging mir mit ihm, wie mit anderen auch: Als er gestorben war, tat es mir leid, daß ich nicht öfter mit ihm beisammen war. Es gab zwischen uns bis kurz vor seinem Tode irgendeine Saite, die von gleichem Klang war.

Meine diplomatische Tätigkeit war abwechslungsreich im wahrsten Sinne des Wortes. In Dänemark und Norwegen führte ich Verhandlungen über die Rückführung konfiszierten österreichischen Eigentums. Stichtag war der 13. März 1938: Wer an diesem Tag nachweisbar Österreicher war, bekam sein Eigentum zurück. In Finnland spielte diese Frage kaum eine Rolle, und in Schweden war nichts konfisziert worden. Einmal bekam ich den Auftrag, in Dänemark einige Millionen Forelleneier einzukaufen. Die Russen hatten nämlich sämtliche Forellengewässer geplündert; sie sollten neu angesetzt werden.

Ich war verzweifelt, denn ich wußte nicht, wie ein solches Geschäft abzuwickeln ist – vor allem nicht, wie man Forelleneier zählt. Zum Glück half mir ein sehr ordentlicher dänischer Partner dabei; es war meine erste wirtschaftliche Transaktion im diplomatischen Dienst. Später, als ich in der wirtschaftspolitischen Abteilung des Außenamtes in Wien tätig war, habe ich die ersten österreichischen Handelsdelegationen nach Skandinavien geleitet.

Neben allen anderen Aufgaben kümmerte ich mich natürlich auch weiterhin um die Hilfsaktionen für das hungernde Österreich und konnte auf karitativem Gebiet einiges bewirken. Dank meiner vielfältigen und guten Beziehungen zu den Schweden gelang es mir, viele Österreicher zeitweilig in schwedischen Instituten unterzubringen, vor allem Ärzte, die dort nachholen konnten, was sie durch den Krieg versäumt hatten. Schweden war eine Oase des medizinischen Fortschritts und hatte einige der bedeutendsten Kliniken in Europa, besonders auf dem Gebiet der Gehirn-, Herz- und Lungenoperationen; bei Operationen von »blue babies« lagen die Schweden weltweit vorn. Von den dortigen Hilfsorganisationen war mir zugesichert worden, wann immer es ein blue baby in Österreich gebe, werde man sich darum kümmern; ich solle sie nur unterrichten. Die Operationen waren sehr teuer und mit monatelangen Spitalaufenthalten verbunden. Nachdem ich eine Reihe von blue babies nach Schweden vermittelt hatte, kam es zu einem sonderbaren Protest eines

Professors. Er meinte, wenn ich alles, was an »Operationsmaterial« in Österreich vorhanden sei, nach Schweden transferierte, dann würden sie nie lernen, mit der gleichen Perfektion zu arbeiten. Ich sah das anders.

Im Vordergrund stand für mich immer die Wiederbelebung und Neuanknüpfung politischer Kontakte, und so habe ich manche Reisen österreichischer Politiker nach Skandinavien vorbereitet. Unter den ersten, die kamen, war der Bürgermeister von Wien, Theodor Körner. Erst als wir uns in Stockholm begrüßten, hat er sich richtig erinnert, daß wir Anfang der dreißiger Jahre einmal eine gemeinsame Exkursion in ein niederösterreichisches Dorf gemacht hatten, wo er laut Ankündigung über die Isonzo-Schlacht sprechen sollte, aber nach wenigen Sätzen das Thema gewechselt hatte – zum Ärger der Bauern, die sich mit Recht getäuscht fühlten. Gleichzeitig mit Körner war der Gesandte Eduard Ludwig nach Stockholm gekommen, ein echter Reaktionär aus der Dollfuß-Ära. Sie kamen in trautem Verein, und daran konnte ich ermessen, wie es jetzt in Österreich aussah. Unter anderem hat man mir erzählt, daß der Vertrauensmann der Sozialdemokraten in der Polizeidirektion jener Oberpolizeirat war, der seinerzeit vorbeikam, als ich von der Wache geprügelt wurde, damals, nach dem Grabgang für Victor Adler am 11. November 1933. Das, was man mit mir tat, hat ihn offenbar gar nicht berührt. Ich war natürlich sehr erstaunt, daß dieser Herr nun als unser Mann bei der Polizei galt.

Es kam also alles ganz anders, als wir einst gedacht hatten. Erst später begriff ich die politische Weisheit dieser Zeit; es war die Weisheit der Alten um Renner, aber vor allem die Schärfs. Er erkannte mit einem politischen Instinkt sondergleichen die Problematik Österreichs, die man im In- und Ausland zuwenig verstand: Österreich wieder aufzubauen ohne die mehr als 500.000 registrierten Nazis – diese Vorstellung war unrealistisch. Die »Vaterländischen« auszuklammern, die die Diktatur nach 1934 begründet hatten, war ebenso unrealistisch. Also mußte man sich zur Überwindung der Gegensätze durch Zusammenarbeit entschließen. In Deutschland war das ganz anders: Nationalsozialismus und Diktatur waren dort synonyme Begriffe. In Österreich waren sie differenzierter. Daß eine Diktatur nur definiert werden kann nach dem Ausmaß an Grausamkeit, das sie aufbringt, wäre jedoch eine sehr oberflächliche Einschätzung dieses Phänomens.

1947 bekam ich vom Zentralsekretariat der Partei die Mitteilung, daß der Genosse Karl Seitz nach Stockholm kommen werde, um einige Zeit bei seiner Schwester zu verbringen. Die Schwester von Seitz war mit dem Hofjuwelier des Zaren verheiratet, einem Schweden. Sie war bildschön, und ebenso schön waren ihre Töchter, die Töchter des ehemaligen Hofjuweliers in St. Petersburg. Auch Seitz war das, was man in Wien einen schönen Mann nannte – die einzige Parallele, die es zwischen ihm und Karl Lueger gab. Ich glaube, daß ihn Victor Adler auch deshalb einst zum Kaiser hat gehen lassen, als dieser einen Sozialdemokraten kennenlernen wollte. Und nicht zuletzt aus diesem Grund war er 1923 Bürgermeister von Wien geworden. Eine lediglich die Äußerlichkeiten zur Kenntnis nehmende Beurteilung wäre jedoch in höchstem Maße ungerecht, denn Karl Seitz war ein großer Politiker, der letzte Vorsitzende der Sozialdemokratischen Partei vor 1934.

1929, beim Internationalen Jugendtreffen, stand ich einmal neben ihm, und da hat er mich gefragt: »Wie heißen'S denn, Genosse?« – »Kreisky.« Und da hat Seitz eine seiner typischen Bemerkungen gemacht: »San Sie der Sohn vom g'scheiten Kreisky oder vom reichen Kreisky?« – »Wie soll ich das beantworten, Herr Bürgermeister?« Und darauf er: »Und was wolln'S denn werden?« Ich war damals 18 Jahre alt und hatte noch keine Berufsvorstellungen; erst einmal wollte ich studieren. »Da haben die Amerikaner so was Neichs erfunden« – er sprach einen gepflegten Dialekt – »alles Neiche erfinden nämlich die Amerikaner. Des nennen's Test. Wann ich aber z' red'n hätt', so tät' ich so einen Test machen lassen für den, der a Burgermaster von Wien werden will. Er muaß zagn, daß er vier Stunden stehn kann und mit dem Huat wacheln.«

Das war eine meiner seltenen Begegnungen mit Karl Seitz. Ich habe ihn oft reden gehört und wußte, was dieser elegante große Mann für die Partei bedeutet. Anders als diejenigen, die ihn nach dem Krieg als lästigen Nörgler empfanden, war ich ihm gegenüber voller Bewunderung. Er hatte in Anspruch genommen, Parteivorsitzender zu werden, wurde aber nur zum Ehrenvorsitzenden ernannt. Dennoch hat er eine große Leistung vollbracht. Zur Irritation des Parteivorsitzenden Adolf Schärf und aller anderen führenden Funktionäre im Klub der Abgeordneten hat er sich eines Tages zu Wort gemeldet und in seiner langsamen Art zu reden begonnen. Was das für ein Parlament wäre, wo auf

Bruno Kreisky und Karl Seitz in Stockholm, Anfang 1947

jeder Gesetzesvorlage stehe: »Diese Maßnahme« – damit war das Gesetz gemeint – »tritt nicht früher in Kraft, als sie nicht die Genehmigung des Alliierten Rates erhalten hat.« Welches Parlament im demokratischen Europa sich so etwas gefallen lassen würde. Schärf antwortete ungeduldig: »Ja, warum erzählen Sie *uns* das, erzählen Sie das den Alliierten.« Worauf Seitz zum Entsetzen der anwesenden Parlamentarier erklärte, daß er das auch tun werde. Was konnte da herauskommen, wenn dieser alte Mann, der zudem noch die furchtbaren Torturen im Bunker des Konzentrationslagers Ravensbrück hinter sich hatte, eine politisch derart brisante Rede hielt?

Man wartete also mit großer Angst auf die Wortmeldung von Karl Seitz. Sie erfolgte in der Sitzung am 20. März 1946; die Sitzungen fanden damals noch im alten Sitzungssaal des ehemaligen Abgeordnetenhauses im Reichsrat statt. Es wurde wahrscheinlich die größte Rede, die Karl Seitz je gehalten hat. Mir hat man diesen Augenblick so geschildert: Auf einen Stock gestützt, begab sich der große alte Mann zum Rednerpult, zog eines seiner großen weißen Taschentücher heraus, schneuzte sich hörbar ins Mikrophon, putzte sich Nase und Bart und begann: »... Wir hören überall, Europa habe einen großen Krieg gegen den Faschismus geführt – es hat ihn geführt und wir können stolz darauf sein, daß dieser Krieg gelungen ist –, wir hören, daß wir den Faschismus und damit die Diktatur aus Europa entfernt haben; aber können wir umgekehrt wieder eine Diktatur errichten?... Wozu hat man in England seit dem Jahre 1215 die Magna Charta, die das Parlamentsrecht sichert, das Recht des Volkes, durch Parlamentsbeschlüsse seine inneren Angelegenheiten und auch seine äußere Politik zu regeln und zu leiten? Wozu hat Frankreich im Jahre 1789 die große glorreiche Revolution geführt und haben alle anderen Staaten nach dem Osten zu, wie Deutschland, Österreich usw. gleichfalls ihre Revolutionen gemacht? Um sich unabhängig zu machen, um dem Volk für alle Zeiten das Recht zu sichern, seine Angelegenheiten selbständig zu regeln... Europäische Demokraten! Demokratische Länder Europas! Schützt eure wichtigste und größte Idee, die Demokratie! (Lebhafter, lang anhaltender Beifall.) Schützt die Demokratie, indem ihr sie auf dem kleinsten Boden, auf dem Boden Österreichs, und den unglücklichsten Menschen gegenüber, den armen Österreichern, sichert! Das wird der beste Schutz eurer Ideale sein, die beste Bekräftigung der Magna Charta libertatum, die beste

Bekräftigung der französischen Revolution, die beste Bekräftigung der russischen Revolution, an der wahrhaft mancher Österreicher mitbeteiligt war und an der österreichische Proletarier mitgewirkt haben.« Es war wahrscheinlich die größte Rede überhaupt, die in einem Parlament moderner Zeit gehalten wurde, wenn man sich die Situation des vierfach besetzten Landes vor Augen hält. Die Rede wurde zum Aufruf an die Parlamente der Besatzungsmächte.

Da mir seine Ankunft angekündigt worden war, holte ich Seitz vom Flughafen ab. Er kam mit seiner zweiten, viel jüngeren Frau, seiner früheren Mitarbeiterin aus dem Parlament. Seitz wirkte ungeheuer schwerfällig und war sicher sehr krank. Ich besuchte ihn jeden Tag um vier Uhr bei seiner Schwester; so lange blieb er im Bett. Dann brachte man ihm eine Tasse sehr starken Kaffee, und Seitz begann langatmig, aber doch in faszinierender Weise zu erzählen. 1938 war er aufgefordert worden, bei der »Volksabstimmung« über den »Anschluß« mit »Ja« zu stimmen. Er habe geantwortet: »Davon ham'S ja gar nichts, weil die Leute sagen werden, Jessas, jetzt is der Seitz a scho nimma g'scheit im Kopf.« Bei der Pressekonferenz, die ich für ihn, der in jeder Hinsicht unverdächtig war, in Stockholm veranstaltete, wirkte er ebenso souverän. Auf die Frage eines Journalisten: »Stimmt es, Herr Altbürgermeister, daß Sie im Konzentrationslager waren und Furchtbares im Bunker erlebt haben?« antwortete Seitz: »Ja, meine Damen und Herren, das war dort sehr unsympathisch.« Es war ein sehr elegantes Understatement.

In meiner Arbeit fühlte ich mich eigentlich recht wohl. Gleichzeitig verfolgte ich die Entwicklung in Wien. Im Herbst 1947 reiste ich mit meiner Frau nach Kärnten und Osttirol. Inzwischen hatten sich die osteuropäischen Sozialdemokraten mit den Kommunisten ihrer Länder arrangiert und versuchten jetzt durch Druck, auch uns zu einer ähnlichen »Verständigung« zu überreden. Um ein Gegengewicht zu schaffen, bat ich – im Einverständnis mit Adolf Schärf – die Führer der skandinavischen Sozialdemokraten, auf dem Parteitag aufzutreten. Sie kamen über Prag, und frühmorgens in aller Dunkelheit – in Wien funktionierten damals die Straßenlaternen noch nicht – holte ich sie am Bahnhof ab: den Führer der dänischen Sozialdemokraten, Hans Hedtoft-Hansen; einen der führenden Männer der schwedischen Sozialdemokratie, den späteren Verteidigungsminister Sven Andersson, und Nils Langhelle, den hochbegabten, aber früh verstorbenen Vertreter der norwegischen Partei.

Die Neigung zur Vereinigung mit den Kommunisten hat in Österreich nie bestanden und war auch aufgrund der osteuropäischen Entwicklungen gering geworden; alle Versuche in dieser Richtung wurden von den Sozialdemokraten sehr feindselig aufgenommen. Die Pressionen von außen waren sehr stark. Die Ungarn, die Polen und auch die anderen Osteuropäer waren auf dem Parteitag erschienen; der gefährlichste war Laušmann, der mit einem riesigen Stab aus der Tschechoslowakei angereist war. Er hat sich später nach Österreich abgesetzt, ist aber kurz darauf unter mysteriösen Umständen aus Salzburg verschwunden und wenig später wieder in der Tschechoslowakei aufgetaucht, wo er eine Pressekonferenz gab.

Noch Jahre nach Kriegsende traten die Russen mit der Willkür einer Siegermacht auf; Leute, die ihnen nicht paßten, wurden einfach verschleppt. Die Aktion mit meinen skandinavischen Freunden war also nicht ungefährlich gewesen, denn rund um den Bahnhof konnte einem in der Nacht allerhand zustoßen, zumal im 2. Bezirk, der zur russischen Zone gehörte.

Im 1. Wiener Bezirk wechselte die Besatzungsmacht monatlich; die Russen übernehmen das Kommando in der Kärntnerstraße

Die Russen verschleppten fast täglich Leute, und die allgemeine Angst war groß. Gefährlich lebte man nicht nur in der russischen Zone, sondern auch im 1. Bezirk, in dem jeden Monat eine andere Besatzungsmacht sozusagen regierte. Oscar Pollak schrieb damals einen mutigen Leitartikel gegen die »Unbekannten« – nicht selten Mörder und Räuber. Er war der mutigste Journalist dieser Zeit und genoß einen unglaublichen Ruf.

Im Herbst 1949 schrieb mir Schärf, daß man mich in die Zentrale des Außenamts zurückholen wolle, um mich in Kürze nach England zu schicken. Darauf ließ ich mich jedoch nicht ein, weil ich keine große Neigung hatte, im diplomatischen Dienst zu bleiben und mein Leben lang ein bloßer Beobachter und Berichterstatter zu sein. Die Nachrichtenübermittlung durch die Auslandsvertretungen hatte damals schon längst angesichts der modernen Kommunikationsmittel an Bedeutung verloren. Heute glaube ich, daß der diplomatische Dienst, wenn man ihn von innen heraus neu gestaltet, durchaus wichtig und nützlich sein kann.

Zunächst sollte ich in die wirtschaftspolitische Abteilung des Außenamtes eintreten. Ich mußte um einige Wochen Aufschub

»Die Vier im Jeep« – Besatzungsalltag im Wien der Nachkriegsjahre

bitten, da meine Frau sehr schwer erkrankt war und ich sie nicht allein lassen konnte. Nur sehr widerwillig habe ich um diese Verlängerung angesucht; sie wurde mir gewährt.

Am 2. Jänner 1951 habe ich meinen Dienst in der wirtschaftspolitischen Abteilung angetreten. Von den beiden verantwortlichen Beamten, Max Löwenthal und einem alten Diplomaten namens Hudeczek, der nach dem »Anschluß« – vielleicht seinem tschechischen Namen zuliebe – gewisse Nazi-Sympathien gezeigt hatte, wurde ich besonders herzlich empfangen. Sie behandelten mich sofort wie ihresgleichen und redeten mich mit dem in Diplomatenkreisen üblichen Du an. Ich bekam zwei Mitarbeiter und ein nettes kleines Zimmer mit Blick auf den Ballhausplatz. Das Zimmer muß in Metternichschen Zeiten einem höhergestellten Beamten zugewiesen worden sein, denn es hatte eine Doppeltür. Der Abstand der beiden Türen war jedoch unverhältnismäßig groß; dazwischen hatte sich, wie ich von einem Amtsgehilfen aufgeklärt wurde, das Zimmerklosett dieses Beamten befunden. Die niedrigeren Beamten mußten sich einer Latrine bedienen.

Noch im gleichen Monat avancierte ich zu etwas, was es bis dahin im Außenamt gar nicht gegeben hat, nämlich zum Legationsrat 3. Klasse. Das war, wie gesagt, ein Novum, eine Art Titular-Legationsrat. Die wirtschaftspolitische Abteilung des Außenamtes war ja nur eine kleine Abteilung und das Außenamt seinerseits wiederum nur eine Sektion des Bundeskanzleramtes. Es gab zwar einen Minister, aber kein Ministerium. Als ich acht Jahre später Außenminister werden sollte, habe ich nur unter der Bedingung angenommen, daß ein eigenes Ministerium mit eigenen Kompetenzen geschaffen werde. Das gab einen furchtbaren Wirbel, aber ich habe es durchgesetzt, und seitdem ist es unbestritten.

Nach zwölf langen Jahren der Emigration fühlte ich mich wohl in Wien. Meine Frau kam im April mit den Kindern nach. Wir wohnten in Grinzing, wo ich eine Wohnung gemietet hatte. Meine Frau hat sich sehr rasch den Verhältnissen angepaßt, und alle waren sehr glücklich, nicht zuletzt meine beiden Kinder, mein Sohn Peter, der inzwischen sieben Jahre alt war und noch kein Wort deutsch sprach, und meine damals dreijährige Tochter Suzanne. Es war ein Frühling in Österreich, der wie ein Sommer war. Als wir von Stockholm abfuhren, lag noch der Schnee auf den Straßen.

Während meine Frau auf dem Weg zu mir nach Wien war, starb in einem dänischen Sanatorium ihr Vater. Kurz vor meiner Abreise aus Stockholm, in den Weihnachtsfeiertagen, hatte er einen letzten verzweifelten Versuch gemacht, mich in Schweden zurückzuhalten. Offenbar in Vorahnung seines Todes beschwor er mich noch einmal: »Wann immer du glaubst, daß es nicht geht in Wien, kannst du zurückkommen. Solange ich lebe, kannst du in die Firma eintreten. Im Moment meines Todes allerdings sind die Würfel gefallen, dann übernimmt mein Sohn alles, und du wirst es gegenüber deiner Familie verantworten müssen, daß sie nie reich sein wird.« Bei aller Fremdheit, die es zwischen uns gab, war mein Schwiegervater eine beachtenswerte Erscheinung, der man Respekt zollen mußte. Er hatte viel Vertrauen zu mir und hätte es gern gesehen, wenn ich sein Testamentsvollstrecker geworden wäre.

Meine erste Aufgabe war es, gemeinsam mit dem späteren Präsidenten der Industriellenvereinigung Hans Igler von der Marshallplan-Abteilung des Bundeskanzleramts einen Wirtschaftsablaufplan und eine Devisenübersicht zu erstellen. Wir hatten 1951 rund hundert Millionen Dollar zur Verfügung, und mit diesem Betrag mußte das Zahlungsbilanzdefizit ausgeglichen werden. Den Löwenanteil verschlangen die Kohlelieferungen aus Polen. Mit Hilfe eines schwedischen Freundes gelang es, ein Triangelgeschäft zwischen Schweden, Polen und Österreich zu arrangieren, das für die VOEST von lebenswichtiger Bedeutung werden sollte. Die Staubkohle, die die VOEST aus Polen bekam, wurde vom schwedischen Eisenhandel bezahlt; dafür lieferte die VOEST Roheisen, Stahl und später Bleche nach Schweden. Das wurde von den Schweden weiterverarbeitet und dann nach Polen verkauft; besonders wichtig war den Polen die Lieferung von Blechen.

Dieses Triangelgeschäft war die Grundlage der VOEST, deren Produktion nur wieder aufgenommen werden konnte, weil sie Kohle bekam. Ich erinnere mich noch an ein Gespräch mit einem österreichischen Minister, der später wegen Korruption angeklagt worden ist. Der sagte zu mir: »Schaun'S, kümmern's Ihnen net um diese Sachen. Viel wichtiger is, daß Sie noch einen Hochofen der VOEST verkaufen, denn in Österreich wer ma so a große Eisenindustrie nie brauchen – und scho gar net in Oberösterreich.« Hätten wir diesen Rat befolgt, wären wir nie ein moderner Industriestaat geworden. Ich betone dies, weil ich weiß, daß die

VOEST 1985 negative Schlagzeilen machte. Aber dreißig Jahre lang war Österreich stolz auf seine Eisen- und Stahlindustrie – auf das LD-Verfahren (Linz-Donawitz-Verfahren), das zur Revolutionierung der Weltstahlindustrie führte –, und eines Tages wird es wieder so sein. Noch etwas anderes ist mir damals von einem führenden Parteifreund gesagt worden, der allerdings ganz auf die steirische Eisen- und Stahlindustrie eingestellt war: »Schau Bruno, mach da net viel mehr dazua! In Linz is nie a Eisen gemacht worden und dort wird a ka Eisen gmacht werden!«

Ich vertrat damals den Standpunkt, Österreich müsse ein Industrieland werden und habe als Grundlage vor allem eine Eisenindustrie nötig. Die Welt werde noch mindestens zwanzig Jahre dringend Eisen brauchen. Dieser Standpunkt war richtig, wie sich gezeigt hat. Die Welt hat mehr als zwanzig Jahre lang Eisen gebraucht, und die VOEST hat Millionen daran verdient. Damals jedenfalls haben wir das Milliardengeschäft mit Schweden und Polen abgewickelt, und es ist sehr gut ausgegangen.

Mir erschien von Anfang an die Schwerindustrie das Rückgrat der industriellen Entwicklung. Die Konservativen dagegen glaubten nicht an die Schwerindustrie; sie setzten auf die Konsumgüterindustrie. Bei meinen ersten Handelsvertrags-Verhandlungen hatte das einen originellen Nebeneffekt. Der Vertreter des Handelsministeriums, ein Sektionschef, wollte um jeden Preis ein paar tausend Regenschirme in Schweden loswerden und behinderte die viel wichtigeren großen Transaktionen.

17. Kapitel
Wien, Ballhausplatz

Am 31. Dezember 1950 starb Karl Renner, zweimaliger Kanzler und der erste Bundespräsident der Zweiten Republik. Am 6. Mai 1951 sollte sein Nachfolger gewählt werden. Die Partei nominierte, was mir völlig unverständlich war, den achtundsiebzigjährigen Bürgermeister von Wien, den k.u.k. Oberst und späteren General Theodor Körner. Achtundsiebzig Jahre waren für mich damals ein biblisches Alter, in dem man von einem Menschen eigentlich nicht mehr viel erwarten sollte. Der Gegenkandidat war Heinrich Gleißner, ein in Oberösterreich populärer Mann, der in der »vaterländischen Zeit«, in die sein Aufstieg fiel, bereits Landeshauptmann und daher anschließend lange im KZ gewesen war. Keiner der Kandidaten erreichte die absolute Mehrheit; so kam es am 27. Mai zur Stichwahl.

Ich habe zeitig in der Früh gewählt und bin dann nach Passau gefahren, weil ich dort mit einem schwedischen Bekannten verabredet war, der mir meinen Rover brachte, das erste Modell dieser englischen Marke. Ich fuhr ihm entgegen, um an der Grenze alles ordentlich abzuwickeln. Noch am Abend des Sonntag ging ich auf die Redaktion der »Passauer Nachrichten« und erfuhr, daß der alte General Körner gewählt worden war. Ich freute mich.

Als ich am späten Montagnachmittag in Wien eintraf, erfuhr ich, daß man mich den ganzen Tag schon fieberhaft gesucht hatte. Ich sollte als politischer Berater zu Körner gehen! Am Abend sprach ich mit meinen politischen Freunden darüber. Körner war, wie gesagt, ein sehr alter Mann, und es war klar, weshalb ihm die Partei jemand an die Seite stellen wollte. Ich sagte ohne Umschweife, daß ich mich nicht dazu hergebe, den Politruk zu spielen. »Wenn Körner mich nicht selber will, mach' ich's nicht.«

Ich ging zu Körner; er sah melancholisch aus. »Schau, ich bin sehr traurig. Ich war gern Bürgermeister in Wien, da konnte man was machen; jetzt soll ich der Bundespräsident werden. Hat ja gar keinen Sinn. Ich habe ja nur kandidiert, weil ich überzeugt war, daß ich nicht gewählt werde.« Wir sprachen sehr offen über die Absicht der Partei, mich zu seinem Mitarbeiter zu machen. »Du mußt unbedingt zu mir kommen«, meinte er. »Ich kenn' mich ja gar nicht aus in diesen ganzen Sachen. Der, den ich mir von der

Gemeinde mitnehme, ist ein guter Mann, aber von den politischen Sachen versteht er nicht viel.«

So kam es, daß ich vom Außenamt in die Präsidentschaftskanzlei hinüberwechselte, auf die andere Seite des Ballhausplatzes, in die Hofburg. Ich erhielt ein wunderbares kleines Zimmer, im Maria-Theresianischen Barock eingerichtet. Es soll einmal das Arbeitszimmer des Grafen Cobenzl gewesen sein. Am 22. Juni wurde ich mit den Funktionen eines Kabinettsvizedirektors betraut. Damit war ich praktisch der zweite Mann unmittelbar nach dem Kabinettsdirektor, wieder einem alten österreichischen Aristokraten, allerdings von anderer Art als Winterstein. Es war der Baron Klastersky. Ich sollte mich ausschließlich um die politischen Dinge kümmern. Die Reden des Bundespräsidenten wurden von einem altösterreichischen Journalisten, dem Hofrat Josef Carl Wirth, geschrieben, der schon während des Ersten Weltkrieges ein bedeutender Mann im Kriegspressequartier gewesen war. Klastersky, Wirth und ich begleiteten den Bundespräsidenten auch auf seinen Reisen. Wir fuhren lange Strecken mit der Eisenbahn im Sonderwaggon des letzten Kaisers von Österreich. Ich habe damals eine Fülle nicht nur von Anekdoten, sondern auch von interessanten Informationen aus der alten Zeit erfahren, wobei ich natürlich nicht weiß, was davon Wahrheit und was Legende war.

Körner war ein außerordentlich ehrenwerter Präsident, ein Mensch gewordener, gerade gewachsener Baum. Es gibt Leute, denen man mit Recht Sinn für Humor deshalb zuspricht, weil sie so gerne lachen. Körner hingegen hatte Humor auf andere Art: Er war ein Mann, der komische Situationen schuf. Um elf Uhr vormittags überkam ihn immer ein unüberwindbares Schlafgefühl, für einen Mann seines Alters, der um fünf Uhr aufstand, nichts Ungewöhnliches. Einmal schlief er während einer Rektoreninauguration ein, allerdings nicht er allein, sondern neben ihm auch der andere Theodor, nämlich der Kardinal von Wien, Innitzer. Nach wenigen Minuten sah man zur Rechten wie zur Linken einen »halben Schläfer« heruntersinken. Als beide zur gleichen Zeit aufwachten, sagte Körner zu Innitzer halblaut, so daß es das ganze Auditorium hören konnte: »Das ist schon eine komische Welt, Sie, der Schwarze, kommen rot daher, und ich, der Rote, komme schwarz daher.«

»Der Bundespräsident«, sagte mir sehr bald danach Vizekanzler Dr. Schärf, »darf nicht um elf Uhr schlafen. Außerdem muß er

Theodor Körner,
1951-1957 Präsident der
Republik Österreich

sich einen Hörapparat anschaffen.« Alle ließen ihren Ärger an mir aus. Ich bekam den heiklen Auftrag, dem Bundespräsidenten mitzuteilen, daß er ein Hörrohr anschaffen müsse. Also sagte ich: »Die da drüben wollen, daß du dir ein Hörrohr anschaffst.« – »Warum?« – »Weil sie sagen, du hörst immer nur die Hälfte.« Darauf Körner ganz kurz: »Die genügt mir.«

Am 11. November 1951 mußten wir zu einer großen Veranstaltung nach Eisenstadt, wo die 30-Jahr-Feier der Eingliederung des Burgenlandes in die österreichische Republik gefeiert wurde. Körner sollte eine Rede halten. Ich fragte ihn, ob der Hofrat Wirth schon etwas vorbereitet habe. »Noch nicht, aber der schreibt ja immer so schöne Sachen, und da weiß ja jeder gleich, daß ich das von ihm hab'. Diesmal möchte ich eigentlich etwas zum Ausdruck bringen, was mir Freude macht.« Ich schlug ihm vor, auf dieser Feier im östlichsten Teil Österreichs über den Staatsvertrag und die Neutralität zu reden. Eisenstadt lag in der russisch besetzten Zone, und wir schrieben das Jahr 1951! Ich erinnerte den Bundespräsidenten daran, daß Karl Renner über dieses Thema bereits am 19. Januar 1947 in der »Wiener Zeitung« geschrieben hatte. »Wenn sich nachher alle aufregen – vor allem die Amerikaner –, dann sagen wir: Das ist alles schon beim Renner gestanden.« Dem Bundespräsidenten hat dieser Vorschlag sehr gut gefallen, und der Hofrat Wirth hat ein paar historische Zusammenhänge geschildert, etwa wie das Burgenland zu Österreich kam. Ich habe die Sätze über die Neutralität formuliert. Wir sind ins Burgenland gefahren, und die Rede wurde gehalten. Anschließend reisten wir sofort ab. »Morgen werden wir einen feinen Wirbel haben«, sagte ich, »zurücknehmen können wir jetzt nichts.« Körner hingegen sagte heiter: »Ich bin froh, daß es heraußen ist.«

In der Stube des Amtsgehilfen des Landeshauptmannes stand übrigens ein herrlicher Barockschreibtisch. Im Büro des Bundespräsidenten fehlte ein solches Stück, da es angeblich keine Barockschreibtische gab. Körner mußte sich mit einem von Metternich zufriedengeben. Den Tisch aus dem Vorzimmer in Eisenstadt haben wir sofort verlangt.

Wenn Körner eine kurze Rede zu halten hatte, wollte er das Zetterl nicht aus der Tasche ziehen, und dann konnte es manchmal recht komisch werden. Als einmal an einem Freitag eine Regierungskrise ausbrach, die Körner nicht zur Kenntnis nehmen wollte, reisten wir kurzentschlossen nach Villach, um dort bei der Eröffnung des neuen Rathauses dabeizusein. Bis Montag werde sich in Wien schon alles finden. In Villach sagte er ungefähr folgendes: »Als ehemaliger Bürgermeister von Wien beglückwünsche ich euch, daß ihr da so ein schönes Rathaus habt. Ich weiß sehr genau, wie schwer es ist, das Amt des Bürgermeisters ohne öffentliche Häuser zu führen.« Solche Sachen sind einige Male passiert.

Körner hat aber auch seine Eigenheiten gehabt. Im März 1953 war er zur Totenfeier für Stalin in die sowjetisch-österreichische Gesellschaft eingeladen worden. Ich habe versucht, ihm das auszureden. Nichts half; Körner wollte unbedingt hingehen, weil die Einladung von Ernst Fischer kam, und dieser war mit seiner langjährigen, sehr geliebten Freundin verwandt, die wiederum die Witwe seines Vorgesetzten war, eines Feldmarschalleutnants. Sage ich: »Du, der hat den Tuchatschewski hinrichten lassen.« Darauf Körner: »Für jeden Marschall, der umgebracht wird, gibt es einen Grund!« Das war jedenfalls ein apodiktisches Urteil. Körner ging zur Feier, und in der Regierung tobte man.

Als politischer Mitarbeiter des Bundespräsidenten kam ich in engen Kontakt mit allen Regierungsmitgliedern der Sozialistischen Partei. Man hatte nämlich den für mich einmal bedeutsam werdenden Beschluß gefaßt, daß ich an den sogenannten inoffiziellen Montagabend-Essen beim Bundespräsidenten dabeisein solle. Diese Gesprächsrunde stammte aus der Zeit Renners und sollte jetzt unter Körner fortgesetzt werden. Der Beschluß, mich – aus welchem Grund auch immer – hinzuzuziehen, hatte deshalb eine solche Bedeutung für mich, weil ich dadurch in den innersten Kreis der obersten Spitze der SPÖ gekommen bin. Ich fühlte mich dort nicht als Fremdkörper. Im Gegenteil: alle hatten großes Vertrauen zu mir.

Unter den Älteren in dieser Runde gab es einen, dem antisemitische Bemerkungen leicht über die Lippen kamen. Da ich daraus keine *cause célèbre* machen wollte, bat ich den Parteivorsitzenden Dr. Schärf, mit dem ich mich großartig verstand, mir diese Montagabende zu ersparen. Schärf sagte, auch ihm sei das alles peinlich, aber er habe schon viele Meinungsverschiedenheiten mit dem Betreffenden gehabt und werde mit ihm reden. Das geschah offenbar, denn von da an war Schluß mit diesen Bemerkungen.

Der Innenminister Oskar Helmer war ein tüchtiger Mann, ein bedeutender Minister und einer der mutigsten dazu. Er hat viel für die Kriegsgefangenen getan; da er auch mit den sudetendeutschen Flüchtlingen zu tun hatte, entwickelte er sich zu einem großen Tschechenhasser. Den Russen war er ein Dorn im Auge; da er aber so wie die russischen Offiziere rund und groß war, verstanden sie sich. Österreich war in seinen Augen nicht lebensfähig. Einmal sagte er zu mir: »Was soll denn das alles? Selbst wenn wir frei sind, wie lang werden wir denn wirtschaftlich durchhalten können? Wir werden wieder dort enden, wo wir waren.« Innerlich hat er den Gedanken des Anschlusses wohl nie aufgegeben. Und dennoch: Er war eine große, innerhalb der Arbeiterschaft gewachsene Persönlichkeit.

Bei den alten Christlichsozialen war Helmer nicht unbeliebt. Zum einen war es ihm gelungen, vor dem Krieg in der niederösterreichischen Landesregierung eine friedliche und koalitionäre Stimmung zu erzeugen. Vor dem 12. Februar war er die letzte Hoffnung für Gespräche mit der anderen Seite gewesen, und er hat mit Dollfuß noch verhandelt, als dessen eigene Leute es schon nicht mehr konnten. Zum anderen war er seit dem Krieg eng mit Raab befreundet. In der Nazizeit war Helmer Versicherungsagent, und Raab gab oft die Geschichte zum besten, daß er sich fünfmal versichern lassen mußte, nur damit der Helmer fünfmal die Provision kassieren konnte.

Was nun die jetzt wieder so aktuelle Entnazifizierung angeht – die man euphemistisch »Bewältigung der Vergangenheit« nennt –, so stellt sich als erstes die Frage: Wie sollte man den Aufbau eines Kleinstaates angehen, in dem vierzehn Prozent der Wahlberechtigten registrierpflichtige Nationalsozialisten waren, größere und kleinere? Viele waren darüber hinaus auch noch vom Groll gegen die Begründer der ersten Diktatur erfüllt – nicht alle haben das Erlebnis der Lagerstraße in den KZs gehabt, wo sich Sozialisten und Heimwehrführer dann nähergekommen sind. Hätte man auf sie alle verzichten wollen, dann wäre niemand übriggeblieben als die Sozialdemokraten und ein paar tausend sehr heldenhafte Widerstandskämpfer. Beide empfanden die Entnazifizierung als ungenügend. Viele, vor allem Ausländer, verstehen es heute noch nicht, warum die Nazis in Deutschland und Österreich nicht einfach kaltgestellt werden konnten. Aber ich wiederhole es noch einmal: Wir mußten darauf vertrauen, daß die Menschen, klüger geworden durch Erfahrung, ihren Weg zur Demokratie finden. Man kann niemanden in seiner materiellen Existenz vernichten, weil er sich, sei es aus Opportunismus, sei es aus Überzeugung, für den Nazismus entschieden hat und einer der Gliederungen der Partei beigetreten ist. Eine solche Massenbestrafungsaktion wäre zudem höchst unrealistisch gewesen.

Für mich – und das ist nach allen Richtungen hin eine Ironie des Schicksals – stellte sich dieses Problem ganz anders. Grundsätzlich habe ich mich immer an das Marxsche Prinzip gehalten, daß das gesellschaftliche Sein das Bewußtsein bestimmt. Langjährig aus der Gesellschaft ausgestoßene Arbeitslose haben eben ein anderes politisches Bewußtsein als diejenigen, die einen sicheren Arbeitsplatz haben. Es war jedoch nicht nur die theoretische Erkenntnis, sondern auch die praktische Erfahrung, die mich zu einer solchen Haltung geführt hat. Während meiner Gefängniszeit habe ich mir von nazistischen Mitgefangenen immer wieder schildern lassen, wie sie Nazis geworden sind. Bei den Intellektuellen war es primär eine großdeutsche oder deutschnationale Gesinnung. Bei vielen kam auch ein starkes Geltungsbedürfnis hinzu, weil ihnen, die einer Minderheitsgruppe angehörten, nun plötzlich die Mitwirkung an der Machtausübung winkte. Eine große Gruppe ist auch aus Zorn über die frühen dreißiger Jahre und die Politik der Christlichsozialen und der Heimwehren zu den Nazis gegangen; den Sozialdemokraten gaben sie keine Chance mehr, jemals wieder ihre politischen

Ideen vertreten zu können. In der Bürokratie gab es zudem eine alte Rivalität zwischen den im klerikalen Lager Stehenden und den Deutschnationalen. Dasselbe galt für die Studentenbewegungen und Turnvereine. Unter ihnen gab es viele, die einem gewissen Totalitarismus huldigten.

Die große Masse des Volkes war in der Frage der Entnazifizierung eher neutral, weil es in jeder bürgerlichen Familie einen Betroffenen gab. Überhaupt sind meistens und fast überall die großen Massen der Menschen in Gesinnungsfragen eher neutral. Andererseits erleben wir auch patriotische Exzesse wie den Falkland-Rummel, der so stark war, daß sogar entschiedene Gegner der Mrs. Thatcher für eine Zeitlang total geschockt waren und sich schweigend verhielten. Ähnliches gilt für die Vereinigten Staaten. Man sollte sich hier keinen Illusionen hingeben: Die Menschen sind eben in hohem Maße, was wir Sozialdemokraten immer behauptet haben: das Produkt ihrer Erziehung, ihrer Umgebung und ihres gesellschaftlichen Seins.

Denjenigen, die Verbrechen begangen haben, darf man die Strafe nicht ersparen. Denen jedoch, die Einsicht zeigen, die wirklich geläutert sind – und das gibt es auch –, darf man das Recht nicht verwehren, daß sie sich bessern und ihnen verziehen wird. Die große Zahl von Mitläufern soll die Chance haben, sich in unsere demokratische Ordnung einzugliedern, ohne zur Lüge oder zur Vertuschung Zuflucht nehmen zu müssen. Das sage ich als einer, dem in seiner Familie so viele, die ihm teuer waren, durch unfaßbare Brutalität geraubt wurden. Die Überwindung der Vergangenheit kann erst bei den Nachkommen Wirklichkeit werden – in der nächsten Generation.

Die Gesetze über die Entnazifizierung in Österreich waren eigentlich, wie mir einmal eine norwegische Juristin sagte, mit rechtsstaatlichen Vorstellungen nicht in Einklang zu bringen. Es waren Sondergesetze, die in ihrer praktischen Anwendung wenig gebracht haben. Der berühmte § 27 übertrug dem Bundespräsidenten das »Recht der Gnade«. Die Akten kamen – fast wär' ich versucht zu sagen, in meterhohen Stößen – in die Präsidentschaftskanzlei. Dann erschien ein sehr ordentlicher ehemaliger Wiener Magistratsbeamter, Albert Markovics, ein Verfolgter des Naziregimes, und in einer Vorbesprechung mit einem Mann, der das besondere Vertrauen des Präsidenten Körner besaß, Dr. Antos aus der Gemeindeverwaltung in Wien, wurden die Akten gründlich geprüft. Da beide von niedrigen Rachegefühlen frei waren, waren sie sich in den meisten Fällen auch einig, dem Bundespräsidenten eine positive Haltung zu empfehlen, was der von Rachsucht freie Körner immer befolgte. An der Beurteilung der Begnadigungsansuchen habe ich mich nie beteiligt – ja, ich habe sie vom ersten Tag an abgelehnt.

Eines Tages sollte der Gnadenerweis des Bundespräsidenten einem Mann gewährt werden, dem der Gauakt ein außerordentlich gutes Zeugnis der unerschütterlichen Treue zum NS-Staat attestierte. Auch in schwersten Zeiten habe dieser Mann, der einen bedeutenden akademischen Rang innehatte, den Glauben an den Endsieg nie verloren. Es war ein außergewöhnlicher Fall, und so mußte sich einer der mächtigsten Männer Österreichs, der Präsident der Bundeskammer der gewerblichen Wirtschaft, Julius Raab, der spätere Bundeskanzler, höchst persönlich in die Präsidentschaftskanzlei bemühen, um dem Bundespräsidenten den Fall zu explizieren. Er soll damals gesagt haben: »Machen'S mir das, Herr Bundespräsident. Den Mann brauch ich. Der is mei Ziffernrabbiner.« Er wurde begnadigt, und ich bin der letzte, der das heute zu bedauern hätte. Er spielte dann eine große Rolle beim Aufbau der österreichischen Wirtschaft, und er war relativ lange Zeit Minister. Ohne das »Recht der Gnade« wäre er ein diesen Staat hassender Mann geworden.

Ich gebe zu, man könnte diesen Fall auch anders darstellen, die Akzente anders setzen. Aber wem wäre damit gedient? Im übrigen sind einige der schärfsten Bekämpfer ehemaliger Kriegsverbrecher immer wieder bereit gewesen, gewissen Leuten die Absolution zu erteilen. Ganz unversöhnlich waren also auch sie nicht. Ganz und gar unverständlich sind mir jene, die es bei der Verfolgung ehemaliger Kriegsverbrecher zu professioneller Virtuosität gebracht haben.

Bei den Parlamentswahlen des Jahres 1953 wurde die Sozialistische Partei zur stärksten Partei in Österreich. Infolge des Wahlsystems behielt die ÖVP allerdings im Parlament die Führungsrolle mit einem Mandat Vorsprung. Dies war einer der Gründe, weshalb die Sozialistische Partei immer eine Wahlreform verlangte, von der sie sich eine gerechtere Mandatsverteilung versprach.

Nach der Niederlage der ÖVP im Jahre 1953 hat sich ihr Vorsitzender – das war inzwischen Julius Raab geworden – etwas Besonderes ausgedacht. Ohne sich um die Alliierten und ihre

Reaktion zu kümmern, vereinbarte er mit dem Führer des VdU, dem aus Sachsen stammenden Oberst Stendebach, eine Drei-Parteien-Koalition. Taktlos und politisch unsensibel, wie sie waren, hatten sie alles bis ins Detail vorbesprochen. Innerhalb des VdU war damals das Wort von der unsichtbaren Grenze zwischen Deutschland und Österreich geprägt worden. Der Verband der Unabhängigen – die Vorläuferpartei der FPÖ – gab damit zu erkennen, wo man in Wirklichkeit stand.

Für mich in der Präsidentschaftskanzlei hat sich das Ganze so abgespielt: Es erscheint als erster der Führer der mandatsstärksten Partei und schlägt dem Bundespräsidenten den bisherigen Bundeskanzler Leopold Figl abermals als Kanzler vor. Dann erscheint der Führer der SPÖ, Adolf Schärf, und der Bundespräsident teilt ihm mit, Figl werde die Regierungsbildung übernehmen. »Aber ich mache gleich darauf aufmerksam: er wird eine Dreierkoalition vorschlagen.« Als mich der Bundespräsident informierte, hielt ich ihm sofort entgegen: »Die Russen sind im Land. Sie und auch andere werden die Politik, die der Stendebach vertritt, nicht dulden und ihn schon gar nicht in einer Regierung akzeptieren.« Daß Raab eine so gefährliche Politik vertrat, konnte nur eines seiner wohlbekannten Manöver sein, um die schwere Niederlage der ÖVP zu camouflieren. Schärf reagierte anders: Wenn die ÖVP eine solche Dreierkoalition wolle, dann nur auf Kosten ihrer eigenen Ressorts.

Die Gespräche zogen sich über Wochen hin, und abermals bewährte sich das hohe Ansehen, das dem Amt des Bundespräsidenten zusteht. Das erste Mal war es Bundespräsident Renner gewesen, der Figl mitgeteilt hatte, er werde den damals wegen schwerer Korruptionsvorwürfe ins Gerede gekommenen Minister Krauland nicht ernennen. 1953 nun erklärte Körner, daß er für eine Dreierkoalition nicht zu haben sei. Er deutete den Wählerwillen so, daß es die gleiche Koalition wie vorher geben solle, denn beide Parteien seien mit diesem Programm in die Wahlen gegangen. Auf Wunsch seiner Partei mußte Figl – das ist meine feste Überzeugung – jedoch weiterhin für eine Dreierkoalition plädieren, die ihm in der Seele zuwider war.

Während des endlosen Hin und Hers dieser Wochen gelang es mir, Schärf und die anderen zu überzeugen, daß wir den Vorschlag der ÖVP unter keinen Umständen annehmen könnten, weil wir es politisch nicht aushielten, wenn wir ununterbrochen einen Anlaß für immer neue Schwierigkeiten mit den Russen hätten. Schließlich blieb es bei der Zweierkoalition: Raab wurde Bundeskanzler, nachdem Figl sich in den Verhandlungen abgemüht und abgenützt hatte. Die Sozialistische Partei erreichte allerdings Kompetenzverschiebungen. Ihr sichtbarer Erfolg waren ein Staatssekretär im Außenamt, dem weder Raab noch die Volkspartei irgendeine Bedeutung beimaßen, und ein Staatssekretär im Handelsministerium, den auszuhungern die ÖVP fest entschlossen war. Als Zugeständnis war auch betrachtet worden, daß die Sozialisten als der kleinere Koalitionspartner den Präsidenten des Rechnungshofs vorschlagen durften. Es war nur am Anfang ein Sozialdemokrat, ab 1964 einer von der Oppositionspartei, der FPÖ.

Eines Tages wurde ich zu Schärf gerufen, und ganz beiläufig sagte er: »Wir sind fast fertig mit der Regierungsbildung. Ich habe dich als Staatssekretär im Außenamt vorgeschlagen.« Ich war wie vom Blitz getroffen. Endlich sollte ich wieder den Weg in die wirkliche Politik finden. Bei aller Freiheit, die mir Bundespräsident Körner ließ, war ich ein Mann im Schatten; ich konnte zwar einiges bewirken, blieb aber ganz und gar im Hintergrund. Die Gewerkschaftsführung hatte meinen Namen ins Spiel gebracht, und die Parteiführung ging darauf ein. Es gab manche, die gleich qualifiziert waren – darunter einige Diplomaten –, und daß man mich auswählte, habe ich als eine große Anerkennung empfunden. Mein Selbstbewußtsein war damals so weit entwickelt, daß mir auch retrospektiv keine Formel der Bescheidenheit, die ich für angebracht hielte, einfällt.

Ich sprach schon davon, daß mein Vater bei meiner Erziehung gern Maximen aus der großen Zeit des Kabaretts anwendete, und auch in ernsten Fragen bevorzugte er kabarettistische Formulierungen. So erzählte er mir, daß es im Budapester Orpheum einen Komiker namens Eisenbach gegeben hat, dessen Glanznummer ein Bühnenstreit mit einem anderen Kabarettisten war: Im Verlauf der Auseinandersetzung bediente sich Eisenbach eines Ausspruchs, den mein Vater als Warnung vor falscher Bescheidenheit immer gern zitierte: »Du, mach' dich nicht so klein, du bist nicht so groß.« Ich habe erst langsam begriffen, wie unendlich wichtig es im Leben ist, die Grenze zwischen tatsächlicher und falscher Bescheidenheit zu kennen. So habe ich mich bei späteren Gelegenheiten nicht dazu verleiten lassen, den Staatssekretär aufzugeben und Justizminister zu werden. Aber 1953 habe ich mich danach gesehnt, wieder zurück in den Außendienst zu kommen.

In den Gefängnisjahren und in den Jahren der Emigration hatte ich mir eine Reihe profunder Kenntnisse erworben.

Die Regierungsbildung war bereits abgeschlossen, aber die Ernennung sollte erst am 2. April veröffentlicht werden. »Am 1. April mache ich keine Regierung«, hat Raab gesagt. Das gab mir die Möglichkeit, Körner um eine Nacht Bedenkzeit zu bitten. Der Bundespräsident meinte zwar, die Frage sei bereits erledigt, aber ich habe dann doch eine ganze Nacht wach gelegen. Ich habe sehr selten schlaflose Nächte gehabt, aber doch einige, an die ich mich noch heute erinnere. Meist ging es dann um Probleme, die plötzlich auftauchten und die einem in der Stille der Nacht, wenn alle anderen schliefen, ganz klar erschienen, manchmal so klar, daß die Antworten am nächsten Tag völlig unbrauchbar waren. Die Schlaflosigkeit äußert sich bei jemandem, der sie selten erlebt, eher als Dämmerzustand, jedenfalls ganz anders als bei Menschen, die daran gewöhnt sind.

Eine ganze Nacht also habe ich mir den Kopf zerbrochen, ob es irgend etwas in meinem Leben gibt, das unter Umständen eines Tages von irgend jemandem aufgebracht und meiner Partei oder diesem Amt schaden könnte. Ich habe nach strengsten Maßstäben gemessen und nichts gefunden. Gegen Morgen bin ich zu dem Schluß gekommen, daß ich im Grunde meist vernünftig und anständig gehandelt habe.

Ich war eher übervorsichtig, was ich, ohne mich damit brüsten zu wollen, an einem Beispiel erläutern möchte. Nach meiner Rückkehr wurde mir eine schöne Villa in der Grinzinger Allee angeboten, die der Familie eines berühmten Automobilfabrikanten der Vergangenheit gehörte. Sie hätte etwa 400.000 Schilling gekostet, was damals für mich nicht viel war. Aber ich wollte mich nicht dem Vorwurf aussetzen, für fette Schwedenkronen ein Haus gekauft zu haben, während andere mit ihren inflationierten Schillingen zurechtkommen mußten. Aus dem gleichen Grunde habe ich auch niemals das Haus, das ich seit nunmehr dreiunddreißig Jahren bewohne, wirklich gekauft, obwohl es mir relativ günstig angeboten worden ist. Man kann dies als Vorsicht bezeichnen, vielleicht aber steckt auch mehr dahinter: Ich überlasse es dem Leser, sich ein Urteil zu bilden.

Wenn es um die Moral in der Politik geht, ist es, was die Wirkung anbelangt, gleichgültig, welche Motive einer hat, ob er aus moralischen Gründen handelt oder klug genug ist, zu wissen, wo für einen, der in der Öffentlichkeit wirkt, die Grenze des Zulässigen ist.

Unbeschwert ging ich also ins Außenamt zurück, wieder auf die andere Seite des Ballhausplatzes, und habe mich dort sehr bescheiden eingerichtet. Ich empfinde dennoch eine gewisse Genugtuung, daß in diesem Zimmer oft sehr wichtige Gespräche geführt wurden. In der Tat hat man mich als Staatssekretär nicht gut behandelt, am Anfang direkt feindselig und übel; später hat man sich offenbar an mich gewöhnt. Außenminister Figl hatte einen Sekretär, mit dem ich mich anläßlich eines Stockholmbesuches verfeindete. Er hatte Gelegenheit, sich auf das Höflichste zu revanchieren. In meiner Zeit als Bundeskanzler habe ich ihn schließlich zum Chef des Präsidiums des Bundeskanzleramts ernannt, und am Ende waren wir gute Freunde. Feindschaften zwischen Gleichrangigen können manchmal so lange dauern, bis sich beide an diesen Zustand gewöhnt haben; dies kann dann sogar zu einer gewissen, sagen wir partiellen Freundschaft führen. Wenn man einen schon dreißig Jahre kennt, von denen man fünfundzwanzig miteinander gestritten hat, dann wird man am Schluß, weil es nicht mehr dafür steht, sehr versöhnlich. Das gehört so zu den kleinen Lebensweisheiten, die man erkennt, wenn man älter wird.

Die große Koalition hat einundzwanzig Jahre bestanden, von 1945 bis 1966. Von diesen einundzwanzig Jahren habe ich ihr dreizehn Jahre lang angehört, von 1953 bis 1958 als Staatssekretär, von 1959 bis zu ihrem Ende als Außenminister. Deshalb kann ich ein relativ objektives, jedenfalls auf Detailkenntnissen basierendes Urteil über sie abgeben. Ihre Größe bestand in ihrem Anfang, in dem Entschluß, sie zu bilden: damals, als die Männer und Frauen, die in den dreißiger Jahren im wahrsten Sinne des Wortes auf verschiedenen Seiten der Barrikaden gekämpft hatten, sich im Interesse Österreichs zur Überwindung ihrer Gegensätze durch Zusammenarbeit entschlossen. Es waren wirkliche Patrioten, die alle begründeten Aversionen und Ressentiments zurückstellten und nur an die Republik und deren Wohl dachten. Es war nicht so sehr die Bereitschaft zu vergessen – was ja ein Unrecht gegen die Opfer der Diktatur gewesen wäre –, sondern eher ein Stück Realpolitik, schwerer zu vollziehen von denjenigen, die geschlagen worden waren, als von denen, die diese Schläge nur gezählt hatten. So lag trotz allem ein Schatten der Verdüsterung über der Koalition, wenn es um Fragen ging, die die Vergangenheit betrafen.

Das Kabinett Raab II. Sitzend von links: Innenminister Helmer, Vizekanzler Schärf, Bundeskanzler Raab, Außenminister Figl, Landwirtschaftsminister Thoma; stehend, fünfter von rechts, Bruno Kreisky

Viele wissen gar nicht, daß der Koalition anfangs noch die Kommunisten angehörten. Im November 1947 verließen sie die Regierung – ob aus Unbesonnenheit oder auf Druck von Moskau, weiß ich nicht. Sie sollen es jedenfalls lange bedauert haben. Wahrscheinlich wären sie jedoch eines Tages ohnehin hinausgedrückt worden durch politische Entscheidungen, die sie nicht hätten mittragen wollen.

Als ich 1953 in die Regierung eintrat, hatte sich die große Koalition bereits acht Jahre bewährt, wenngleich die Konkurrenz der Parteien im Parlament immer wieder Sand ins Getriebe streute. Im Parlament waren die wirklichen Führer auf der einen Seite Julius Raab, der aufgrund eines Vetos der sowjetischen Besatzungsmacht Ende 1945 noch nicht in die Regierung durfte, und auf der anderen Seite Bruno Pittermann, der nicht in die Regierung wollte, weil er die Parlamentsarbeit mit allen ihren Finessen unendlich liebte. Daß sie dem Duo Figl-Schärf gelegentlich ein bißchen ins Handwerk pfuschen konnten, erfüllte sie mit besonderer Freude; sie kam aus jener sonderbaren österreichischen Mischung von »a bißl Liab – und a bißl Falschheit«. Schärf hat diese Haltung immer viel mehr irritiert als Figl, der das oft gar nicht bemerkte.

Ich gehörte nun dem ersten Kabinett Raabs an und blieb es während seiner gesamten Amtszeit, die acht Jahre betrug. Ganz eindeutig ist die verfassungsrechtliche Stellung des Staatssekretärs nicht. Ich habe Raab als Bundeskanzler außerordentlich geschätzt und wollte auch ihm ein loyaler Mitarbeiter sein; zugeteilt war ich einem ÖVP-Minister eigentlich ohne Portefeuille, der die Sektion Auswärtige Angelegenheiten des Bundeskanzleramts leitete. Es war Karl Gruber, der, glaube ich, andere lieber gehabt hätte als mich.

Dr. Karl Gruber war ein Mann, der damals viel Bedeutung hatte. Irgendwie, so schien es mir, hat er nicht in die Volkspartei gepaßt, vielleicht deshalb nicht, weil er der Sohn eines sozialdemokratischen Lokomotivführers war. Gegen Ende des Jahres munkelte man, daß er ein Buch geschrieben habe, das unglaubliche Enthüllungen enthalte. Eines Tages kündigte er es mir an. Ich meinte etwas skeptisch, wenn ein amtierender Außenminister ein Buch über seine Amtszeit schreibe, könne das unangenehme Folgen haben. Die Menschen würden sich doch zumindest fragen, warum er eigentlich dieses Buch geschrieben habe. Gruber, der im übrigen sehr intelligent war, fühlte sich jedoch stark genug, allen Intrigen standzuhalten. Das Buch erschien, und in der Tat, es enthielt Enthüllungen, die ihm die Volkspartei nie verzeihen konnte: den Verlauf der Geheimverhandlungen, die der ÖVP-Bundeskanzler Figl und der KPÖ-Spitzenfunktionär Ernst Fischer 1947 über die Aufnahme weiterer kommunistischer Minister in die Regierung geführt hatten.

Grubers Nachfolger wurde der frühere Bundeskanzler Leopold Figl.

Den Tiroler ÖVPlern war die Südtirolpolitik Figls nicht energisch genug, aber ich habe mich von vornherein aus den damals einsetzenden Intrigen herausgehalten. So kam ich bei Südtirolern und Tirolern in den Ruf, mich für ihre Probleme nicht zu interessieren. Die spätere Entwicklung hat gezeigt, daß kein anderer österreichischer Außenminister, weder in der Ersten noch in der Zweiten Republik, in dieser Frage zielbewußter und entschiedener agiert hat, als ich es tat. An dieser Stelle möchte ich aus einem Brief des Südtiroler Senators Dr. Friedl Volgger zitieren, der mir zu meinem 75. Geburtstag gratulierte und feststellte: »Südtirol ist Ihnen zu großem Dank verpflichtet. Ohne Ihren Einsatz hätten wir nie die heutige Autonomie, die heutige Plattform erreicht, auf der wir uns als Tiroler behaupten können, wenn wir wollen. Sie haben es verstanden, mit Geschick und Energie das kleine Südtirol vor den Vereinten Nationen groß zu machen.«

Später mußte ein eigener Staatssekretär für die Südtiroler bestellt werden, weil die Tiroler nach dem Ausscheiden Grubers ihre Interessen nicht mehr vertreten glaubten. Der erste war der sehr angenehme Innsbrucker Professor Franz Gschnitzer; nachdem sie ihn schließlich wegintrigiert hatten, kamen die verschiedenen Maulwürfe, die sich bis hinauf durchgearbeitet hatten.

Figl war als Außenminister schon deshalb eine gute Wahl, weil er während seiner siebenjährigen Kanzlerschaft zu allen vier Alliierten vertrauensvolle Beziehungen hatte anknüpfen können. Zudem war es eine Wiedergutmachung von seiten Raabs, der ihn wenige Monate vorher »gestürzt« hatte, um selber Kanzler zu werden. Raab fühlte sich Figl innerlich zutiefst verbunden. Sie waren beide Niederösterreicher, hatten viel Zeit miteinander verbracht, und Raab, der kinderlos war, behandelte Figl oft wie einen Wahlsohn. Kinderlose Männer – und dies gilt sicher in gleichem Maße für Frauen – neigen immer wieder dazu, jüngere Menschen, die bereit sind, dies zu akzeptieren, als Wahlsöhne zu behandeln.

Raab war eine bedeutende Persönlichkeit und hatte in der Koalition eine Autorität, die auch von den Sozialdemokraten anerkannt wurde. In seinen Aussprüchen war er oft kantig und widerspruchsvoll. Einmal kam ein prominenter bürgerlicher Journalist ganz entsetzt zu mir und meinte, es sei etwas Gefährliches im Anzug; es ging um irgendeine Demonstration, und Raab habe leichthin gesagt: »Jetzt brauch ich nur mehr ein paar blutige Schädln, und dann rennt die G'schicht gut.« Ich nahm das nicht sehr ernst. Viel ernster nahm ich das Wort Raabs über uns: »I hab' die Roten lieber in der Regierung als auf der Straß'n.« Die Sozialdemokraten waren ihm in der Seele zuwider.

Raab war kein Freund langer Reden. Seine größeren Reden schrieb ihm als sein bevorzugter Ghostwriter der Ministerialrat Meznik, der die unglaubliche Gabe hatte, sich in die Rollen von Raab und Figl hineinzudenken und die Reden bis auf das Idiom genau abzufassen. Über einen seiner begabten jüngeren Leute in der Politik hat Raab einmal zu mir gesagt: »Der derzählt den Leuten viel zu viel, dann fangen's zu denken an, gegen ihn.« Wenn er auf Widerstand in den obersten Gremien seiner Partei stieß, ließ er niemals abstimmen, sondern verkündete mit leicht ironischem Lächeln: »Einstimmig angenommen«, womit er sich gemeint hat. Eine Formel, der niemand zu widersprechen wagte; widersprochen hat in meiner Gegenwart einige Male nur ein kleiner, netter ÖVP-Staatssekretär aus Voralberg, Franz Grubhofer. Raab hat auch ihn übersehen. In der Koalition scherzte man, Raab habe den Ehrgeiz, wenn es sich nur irgendwie machen ließe, die Ministerratssitzung in dem Augenblick zu schließen, in dem sie gerade begonnen hatte.

Sehr schwierig war das Verhältnis zwischen Raab und seinem Vizekanzler Schärf. Von Schärf ging eine solche Kühle aus, daß Raab, der Figl und mich auf seinen Auslandsreisen mitnahm, immer wieder klagte, wie schwierig es für ihn sei, dem Vizekanzler näherzukommen. Raab, der in Wirklichkeit viele zurückwies und für Schmeicheleien unempfindlich war, kam es sehr auf ein besonderes Verhältnis zu Schärf an. Es ist psychologisch verständlich, daß der ewige Zweite in der Regierung der Zweiten Republik, Adolf Schärf, erst dann ein besonderes Verhältnis zu Raab fand, als er 1957 Bundespräsident wurde. Das war für Schärf die große Genugtuung dafür, daß er während seines ganzen Lebens mehr oder weniger im Schatten gestanden hatte. In der Ersten Republik war er der parlamentarische Berater von Renner und Seitz gewesen, wurde aber nie in der Öffentlichkeit genannt; erst in ihrer letzten Phase wurde er Mitglied des Bundesrates und als solcher deshalb wichtig, weil der Nationalrat nicht mehr bestand. In der Zweiten Republik wurde er Parteivorsitzender, was ihm viel, vielleicht alles bedeutete, aber in der Öffentlichkeit wurde er auch diesmal nicht sehr beachtet. Mit der Errichtung der Sozialpartnerschaft hatte ihm der große Gewerkschaftsführer Johann Böhm den Rang abgelaufen; andere, wie Waldbrunner, gerieten durch ihre Funktion ins Zentrum der Politik, und die großen Reden im Parlament hielt Pittermann.

Aber 1957 kam die große Erfüllung für Schärf. Von da an gab es zwischen ihm und dem Bundeskanzler einige Jahre lang ein gutes, ja fast freundschaftliches Verhältnis. Ich erinnere mich noch gut, wie einmal nach einem Empfang bei Schärf in den prunkvollen Räumen der Präsidentschaftskanzlei Bundespräsident und Kanzler gemeinsam hinausgingen und die anderen Gäste ihnen nachfolgten. Wie ich sie so gehen sah, sagte ich zu meinem Nachbarn, in diesem Lande zeige sich immer wieder der Doppeladler als Symbol: »Die beiden Männer da vorn symbolisieren ihn auf persönliche Art.«

18. Kapitel
Besuche in London und Bonn

Im Juni 1953 gehörte ich als Staatssekretär zur offiziellen österreichischen Delegation bei der Krönung Elizabeths II. Wir waren zwar aufgrund der Vier-Mächte-Besatzung nur ein halbsouveräner Staat, wurden aber in protokollarischen Fragen vom Westen als voll souverän angesehen und daher auch zu den Krönungsfeierlichkeiten nach London eingeladen. Außer Gruber und mir gehörten zur Delegation zwei Abgeordnete, die im Protokoll der Engländer allerdings nicht verzeichnet waren: die Abgeordneten Dr. Koref und Dr. Maleta, mit denen ich über viele Jahre hin gute Beziehungen aufrechterhielt. Mit Dr. Maleta bin ich auch in der Zeit der Opposition oft zusammengekommen; es gab zwischen uns ein gutes menschliches Klima, das er in seiner Partei nur schwer finden konnte. Er fühlte sich immer zurückgesetzt.

Eine Beziehung ganz besonderer Art gab es zwischen Dr. Koref und mir. Er war schon in der Ersten Republik Abgeordneter gewesen und einer der bedeutendsten Redner im Parlament. Seine Reden waren großartig konzipiert und auch rhetorisch exzellent. Eine Zeitlang war er der außenpolitische Sprecher der Partei, und als wir in den Koalitionsverhandlungen den Posten des Staatssekretärs bekamen, wurde natürlich zuerst Dr. Koref gefragt, ob er es werden wolle. Für diesen alten, erfahrenen Parlamentarier war das aber sicher zu wenig; er lehnte dankend ab und empfahl mich. Dr. Koref war lange Jahre Bürgermeister von Linz und so etwas wie der kultivierte und besonnene Widerpart des populären Landeshauptmanns von Oberösterreich, Heinrich Gleißner. Sie waren, fast wäre man versucht zu sagen, aus einer anderen Welt: Sie symbolisierten für mich zwei Politikerpersönlichkeiten, die höchsten Anforderungen entsprachen. Wie wunderbar ginge es in der Politik zu, wenn dort nur solche Charaktere auftreten würden.

Die Engländer stopften alle geladenen Gäste vom Kontinent in Calais auf eine Fähre, da sie, wie sie sagten, die Anreise per Flugzeug nicht hätten bewältigen können. In Dover standen Sonderzüge bereit, die vor allem aus Speisewagen bestanden. Jeder Delegation wurde in London ein Herr aus der königlichen Familie oder aus dem erblichen Adel zugeteilt.

Die ganze Stadt stand im Zeichen der Krönung. Aber ich habe

weder früher noch später ein so einfach und zugleich so perfekt organisiertes Fest erlebt. Von Gründlichkeit kann bei den Engländern eigentlich nicht die Rede sein, wenn es um Organisationsfragen geht. Sie improvisieren, und damals führten sie eine eindrucksvolle Probe dieser Fähigkeit vor. Ein Beispiel: In der Pall Mall, Baum Nr. 14, hatte sich die Delegation soundso einzufinden, bei Baum Nr. 15 stand die Delegation soundso. Statt großer Schilder und Pfeile und komplizierter Lagepläne, wie andere das getan hätten, haben sie einfach die Bäume in der Allee als Plazierungspunkte benutzt. In der Innenstadt haben sich die Leute riesige englische Zeitungen mitgebracht, um die Nacht an den Straßenrändern zu verbringen und am nächsten Morgen wenigstens einen Blick zu erhaschen. Junge Damen der Stadt haben sich bereit gefunden, fast alle Leistungen zu erbringen, wenn man ihnen dafür einen Fensterplatz verschaffte in einer der Straßen, durch die sich der Krönungszug schob.

Jeder Gast, auch wenn er in einem Privathotel wohnte – und das war bei den meisten der Fall –, hatte einen Butler zur Verfügung. Wenn man sich nur einen Moment das Hemd auszog, um ins Badezimmer zu gehen, nahm es der Butler schon weg und brachte es in die Putzerei. Kompliziert war nur, daß für jeden Auftritt ganz bestimmte Kleidungsvorschriften erlassen worden waren. Wer auf dem Kontinent hatte schon ein graues Jackett, einen Cut und noch dazu einen passenden grauen Zylinder? In London hat man natürlich alles kaufen können. Mir persönlich ist das Malheur passiert, daß mir unsere Haushälterin zwei verschiedene Schuhe eingepackt hatte, so daß ich mir in aller Eile ein Paar neue kaufen mußte, die mich dann lange sehr gedrückt haben, bis ich mich endlich entschloß, sie an meinen heranwachsenden Sohn weiterzugeben.

Als endlich der Tag der Krönung kam, saßen wir in der Westminster Abbey mit riesigen roten Büchern – mein Exemplar besitze ich noch –, und darin waren alle Psalmen, Lieder und Texte verzeichnet, die gesungen oder verlesen wurden. Dazwischen hieß es immer: Alle erheben sich. Alle nehmen Platz. Alle erheben sich. Die ersten Männer jeder Delegation, also auch Außenminister Gruber, saßen recht weit vorn, dann folgten alle zweiten Männer, dann alle dritten und so weiter. Und auf der anderen Seite saßen die Abgeordneten des Unterhauses und irgendwo die Lords. Immer wieder kamen neue Prozessionen von Aristokraten und Würdenträgern. Plötzlich hörte man in der würdigen Abbey Gelächter. Jeder sah verlegen seinen Nachbarn an. Die Ursache war höchst banal: Eine ganze Armee von Putzfrauen, alle gleich angezogen, war hereingeschwirrt, um rasch die Trittspuren auf dem blauen Teppich zum Verschwinden zu bringen. Die neue Königin sollte auf einem reinen blauen Teppich die Kathedrale betreten.

Neben mir saßen also die »Zweiten« aus anderen Ländern. Der Zufall des Alphabets wollte es, daß es ein Mann aus Burma war, ein Sozialist, mit dem ich mich anfreundete; dann ein Präsident einer parlamentarischen Körperschaft aus einem europäischen Land, der mit all dem wenig anfangen konnte und in einem winzig kleinen Büchlein las, während wir anderen alle dieses riesige rote Buch in der Hand hielten. Nach der Zeremonie fragte ich ihn, warum er denn ein so kleines Buch gehabt habe. »Wissen Sie«, sagte er, »ich kann ja nicht Englisch und konnte das Ganze deshalb nicht verfolgen. Irgend jemand ist es eingefallen, mich für diese Delegation zu nominieren, und da ich aufgrund meiner Funktion sehr oft an repräsentativen Veranstaltungen und an langen religiösen Zeremonien teilnehmen muß, habe ich mir eine kleine Bibliothek angeschafft. Lauter kleine Bücher. Dann kann ich in Ruhe lesen, und jeder glaubt, ich lese in einem Gebetbuch.« Als ich ihn fragte, was es denn diesmal gewesen sei, erwiderte er treuherzig: Der Decamerone von Boccaccio!

Nach der Krönung wurde man zum Lunch geführt. Es war der abscheulichste, den man sich vorstellen kann. Da beschlossen der junge Harold Wilson und ich, in ein kleines französisches Restaurant zu gehen, wo wir dann ganz für uns ausgezeichnet gegessen haben. Harold Wilson und Aneurin Bevan waren übrigens die beiden einzigen Unterhausabgeordneten, die kein der Zeremonie entsprechendes Kleidungsstück trugen. Aber wie Engländer nun einmal sind: sie haben einen Kompromiß gemacht und trugen eine Krawatte mit lauter kleinen Krönchen.

Überhaupt haben sich die Engländer eigentlich in jeder Situation das Gefühl für den Humor – den »sense of humour« – bewahrt. Die Krönung war immerhin ein unvorstellbarer »royalistischer Exzeß«. Die Leute in den Docks konnten es sich nicht verkneifen, eine Krönungspersiflage zu veranstalten. Ein furchtbar dicker englischer Dockarbeiter saß dort mit einer blonden Perücke, die Königin darstellend, und dann wurde das Ganze nachgespielt. »Lousy but loyal«, lautete die Parole, und es wurde nur Cockney gesprochen.

Zum Empfang im Britischen Museum waren alle ausländischen Delegationen geladen, einige hundert Personen. Jeder ist so erschienen, wie es in seinem Lande Brauch war: manche in Sandalen, kurzen Hosen, Frack und Zylinder – es waren große Häuptlinge aus Afrika –, und wieder andere in anderen abenteuerlichen Gewändern. Die Getränke waren trostlos, und die wenigsten konnten ein Sandwich ergattern. Dafür aber durfte man das großartige Museum betrachten. Wir fühlten uns ein wenig unserem Schicksal überlassen, unter all den Kannibalenfürsten, die da furchteinflößend mit blutunterlaufenen Augen auf ihren Sesseln saßen.

Die Engländer haben alle Gäste gleich behandelt, nach der Demokratie des Alphabets, so daß Austria immer unter den ersten war. Ich erinnere mich an die Riesendelegation der Jugoslawen, geführt von Milovan Djilas, Außenminister Popović und Generalstabschef Peko Dapčević. Auch an George C. Marshall kann ich mich erinnern. Er führte die amerikanische Delegation, und damals sah ich ihn zum ersten Mal. Der französischen Delegation gehörten der einzige Marschall Frankreichs an, Alphonse-Henri Juin, und Maurice Schumann, mit dem ich mich damals anfreundete.

Bei dem großen Festdiner hielt Churchill die Festrede. Es war das einzige Mal, daß ich ihn gesehen habe; er war schon ein sehr alter Mann. Der Tag habe, so sagte er, die ungeheure Loyalität der Menschen des Vereinigten Königreichs unter Beweis gestellt. Er sprach sehr herzerwärmend, alle liebten die Königin. Aber, fügte er hinzu, man dürfe dabei nicht übersehen, daß kein Volk so viele seiner Könige umgebracht habe wie das britische. Das war typisch für Churchill.

Er war ein echter Konservativer und von besonderer imperialer Ausprägung. Der Labour Party pflegte er vorzuwerfen, daß sie das Empire liquidiert habe. Dennoch kann ich mir keinen Demokraten vorstellen, der nicht mit einem Gefühl der Dankbarkeit an ihn denkt. Denn es war Churchill, der dafür gesorgt hat, daß England – wenn ich das Vereinigte Königreich meine, schreibe ich nach österreichischer Manier England – seinen Widerstand gegen Hitler nicht aufgab. Bei allem Respekt vor dem Mut der Engländer glaube ich, daß dies kein anderer britischer Staatsmann zustande gebracht hätte. Natürlich war das nicht Churchill allein, hinter ihm und seinem Kriegskabinett stand auch Ernest Bevin, für die große britische Gewerkschaftsbewegung der maßgebende Mann der Labour Party. In Bevin sahen viele einen eher engstirnigen Mann. In Wirklichkeit bewies er eine bemerkenswerte Weitsicht und sah deutlicher als der große Churchill, daß die Zeit des Weltreichs abgelaufen war. Im Krieg war er die wertvollste Stütze für Churchill, und die Anerkennung, die er am Ende gefunden hat, kommt der englischen Arbeiterschaft insgesamt zu, die in der düsteren Zeit der Siege Hitlers nicht einen Moment Mut und Zuversicht sinken ließ.

In diesem Zusammenhang sollte jedoch auch nicht vergessen werden, auf den historischen Beitrag der Sowjetunion zur Beendigung des Zweiten Weltkrieges hinzuweisen. Man bedenke, welchen Belastungen die Sowjetunion in ihrer Geschichte von Beginn an ausgesetzt war; noch heute leidet sie an den schwersten Störungen ihrer gesellschaftlichen Struktur. Und dennoch: Sie hat alles überwunden und den Zweiten Weltkrieg siegreich beendet, obwohl die deutschen Armeen in den Vorstädten Moskaus und in Leningrad standen. Die Sowjetunion wird Ende des nächsten Jahres siebzig Jahre bestehen und sie wird weiter existieren, auch wenn man sich in der heute herrschenden US-Administration Wunschvorstellungen darüber hingibt, daß der Kommunismus überwunden werden könnte. Solche Vorstellungen sind bisher immer gescheitert; bei den Völkern der Sowjetunion haben sie lediglich überraschende Reaktionen ausgelöst.

Wäre Hitler siegreich geblieben, so hätte sich, dessen bin ich mir gewiß, der Traum von einer erfolgreichen Revolution gegen den Faschismus auf absehbare Zeit nicht verwirklichen lassen. Ich fürchte, daß sich diese Bewegung weit über ein Jahrhundert an der Macht gehalten hätte. Auch Hitler hätte seine Nomenklatura gehabt, die ihm geholfen hätte, das von ihm geschaffene Reich zusammenzuhalten. Er hätte willige Satelliten gefunden – wahrscheinlich willigere als Stalin –, und er hätte vor allem die Unterstützung eines sich nach seinen Vorstellungen entwickelnden und ihm gefälligen kapitalistischen Personals gefunden.

Ich komme jedenfalls zu dem Schluß, daß Winston Churchill die größte historische Leistung dieses Jahrhunderts vollbracht hat und mit ihm all jene, die, auch in anderen Ländern, auf seiner Seite standen. Das muß ich, der österreichische Sozialdemokrat, zum Ruhme des angelsächsischen Konservativen feststellen: Die Wiedergeburt der Demokratie im Westen Europas ist diesem einen Mann zu danken. Um so erstaunlicher war es für viele, daß das britische Volk nach dem Untergang der deutschen Gewaltherrschaft nicht den Sieger, sondern Attlee gewählt hat, der in allem das Gegenteil von Churchill war. Aber die Briten haben ja nie gewollt, daß jemand zu lange an der Macht bleibt.

Das englische Wort »It's time for a change« formuliert eine große politische Weisheit; an sie erinnerte ich mich, als ich mich im Jahre 1983 zurückgezogen habe. Nicht was die Parteien, aber was die Personen betrifft, muß nach Ablauf einer gewissen Zeit ein Wechsel erfolgen. In meinem Fall waren dreizehn Jahre einfach genug; wer länger in einem demokratischen Staat regiert, muß zwangsläufig in Versuchung geraten, gewisse Grundsätze der Politik – ich sage nicht der Demokratie – zu mißachten, und sei es, daß er sie einfach übersieht. Wenn eine Machtposition zu lange in den Händen eines Mannes ist, nehmen er und das Land Schaden. Ich bin auch froh, daß wir in Österreich nicht das Prinzip »on revient toujours« haben. Nein, wer einmal gegangen ist, sollte nicht immer wieder zurückkommen können, wie das in manchen Ländern der Fall ist. Wenn man für eine gewisse Zeit einen Auftrag gehabt hat, dann soll man, wenn man glaubt ihn erfüllt zu haben, sich zurückziehen. Vielleicht klingt es selbstgefällig, aber ich beziehe jene Sätze aus Baltasar Graciáns »Handorakel und Kunst der Weltklugheit« gern auf mich: »Laßt uns nicht abwarten, daß die Welt uns den Rücken kehre und uns, noch im Gefühl lebendig, aber in der Hochachtung gestorben, zu Grabe trage. Der Kluge versetzt seinen Wettrenner beizeiten in den Ruhestand und wartet nicht ab, daß er, mitten auf der Rennbahn niederstürzend, Gelächter errege. Eine Schöne zerbreche schlau beizeiten ihren Spiegel, um es nicht später aus Ungeduld zu tun, wenn er sie aus ihrer Täuschung gerissen hat.«

Wenn ich für irgendein Volk oder für irgendein Land besondere Sympathien hege, dann ist es England, und wäre ich in der Diplomatie geblieben, so hätte ich mir am Ende doch einen Posten in England gewünscht. Auch als sozialdemokratischer Außenminister und später als Regierungschef habe ich zu jeder Regierung in England ein besonderes Verhältnis etabliert, wie es das in Österreich vor mir nicht gegeben hat. Besonders geschätzt habe ich Harold Macmillan, der 1955 einer der Unterzeichner des österreichischen Staatsvertrages war. Aber auch mit seinem Nachfolger im Außenministerium, Selwyn Lloyd, stand ich auf bestem Fuße, und mit Edward Heath bin ich noch heute befreundet. Zu den Führern der Labour Party wie Hugh Gaitskell, den ich 1934 während seiner Studienzeit in Wien kennengelernt hatte, aber auch zu Harold Wilson und James Callaghan hatte ich ein besonderes Nahverhältnis.

Meine Anglophilie hat viele Gründe. Politisch beeindruckte mich der Umstand, daß eine der ersten Arbeiterregierungen Europas die britische war, auch wenn sie nur ein kurzes Leben hatte; auch der schillernde James Ramsay Macdonald, der später die Labour Party des Amtes wegen verließ, beeindruckte mich sehr. Darüber hinaus aber lernte ich bei den Kongressen der Sozialistischen Internationale immer wieder englische Sozialisten kennen, die auf überaus eindrucksvolle Weise für ein menschenwürdiges Leben eingetreten sind. Ich denke zum Beispiel an Philip Nöel-Baker. Dazu kam, daß ich schon in meiner Jugend ein großer Bewunderer von George Bernard Shaw war, der, wenn auch als Ire, die eigentümliche Mischung von Humor und Weisheit auf besonders ausgeprägte Art verkörperte. Nicht nur seine Stücke haben es mir sehr angetan, sondern auch seine sehr fundierte Abhandlung über den Weg der Frau zum Sozialismus. Ich bewundere die professionelle Großartigkeit, mit der in England Zeitungen gemacht werden. Den Berichten der »Times«, des »Manchester Guardian« und des »Daily Telegraph« verdanke ich viel. Als ich 1936 wegen Hochverrats vor Gericht stand, haben sie mit Sympathie über unseren Prozeß berichtet und der Demokratie in Österreich sehr geholfen. Schon nach dem 12. Februar 1934 hatten englische Quäker die finanzielle Unterstützung derjenigen Schutzbund-Frauen übernommen, deren Männer flüchten mußten oder gefallen waren, und es war das Geld der britischen Gewerkschaften, mit dem Beppo Afritsch im September 1938 mein Ticket nach Kopenhagen und Stockholm zahlte. Drei Monate später wurde ich Mitarbeiter der »Tribune« und bekam die Einladung von Alan Sainsbury, nach London zu kommen und mir dort eine Existenz aufzubauen. Im Krieg schließlich habe ich ein Gefühl der Dankbarkeit für den unnachgiebigen Widerstandswillen der Engländer empfunden – mit einem Wort: Alles, was aus England kam, war für mich hilfreich und menschlich wie politisch eindrucksvoll.

Die politische Kultur, so scheint es mir, ist in England stärker und weiter entwickelt als anderswo. Nicht weniger eindrucksvoll finde ich, daß Benjamin Disraeli, der spätere Lord Beaconsfield, trotz seiner jüdischen Herkunft die Möglichkeit hatte, seinem Vaterland zu dienen. Im Auftrag Disraelis schrieb Lionel Rothschild dem Khediven von Ägypten für den Verkauf seiner Suezkanalaktien vier Millionen Pfund gut: Damit hatte Disraeli den Schlüssel zum Ausbau des Empire gefunden. Wie mir Callaghan erzählte, blieb Begin bei seinem Besuch in der Downing Street ganz hingerissen vor dem Bild Disraelis stehen; dies ist auch deshalb interessant, weil Disraeli im Alter von 13 Jahren dem religiösen Judentum den Rücken gekehrt hatte.

Das von mir sehr geschätzte britische Understatement möchte ich an Hand eines konkreten Beispiels anschaulich machen. Clement Attlee, Führer der Labour Party und ehemaliger Premierminister, äußerte sich einmal recht positiv über Jugoslawien, und als man ihn fragte, ob es denn nichts gäbe, was ihn dort störe, antwortete er: »O ja, eines schon: nämlich daß es mich dort nicht geben könnte, Seiner Majestät loyaler Führer der Opposition.« Das war mit einer solchen Schlichtheit und einem so unaufdringlichen Humor gesagt, daß er sich zwar von dem System in Jugoslawien distanzierte, aber seine Gastgeber dennoch nicht verärgerte. Es ist ihm gelungen, beides ohne Pathos, ohne Phrasen zum Ausdruck zu bringen.

Was ich Attlee hoch anrechne, war der große Sprung nach vorn, den England während der ersten langen Labour-Regierung von 1945 bis 1951 gemacht hat. Es war, wie ein englischer Schriftsteller das genannt hat, eine Revolution ohne Tränen. Vor dem Krieg schien eine solche Veränderung der britischen Gesellschaft unvorstellbar. Wenn die Labour Party ihre unglückselige Doppelspaltung überwinden könnte, wäre sie schnell wieder eine Alternative zur heutigen Regierung, denn es gibt eine gewisse Thatcher-Müdigkeit, auch innerhalb der britischen Konservativen.

Mit zwei Zitaten aus einem 1956 in London publizierten Büchlein, »Noblesse Oblige«, möchte ich meine Betrachtungen über England schließen. Vielleicht klingt es banal, aber ich zähle diese Untersuchung über die englische Aristokratie, an der einige der geistreichsten Engländer aus allen Gesellschaftsschichten mitgewirkt haben, zu den amüsantesten Büchern, die ich kenne. Über den englischen Lord heißt es dort: »But the English lord is a wily old bird who seldom overdoes anything. It is his enormous strength.« Das gilt nicht nur für die Lords. Die Sozialisten aber werden wie folgt charakterisiert: »The other fact is not nice. You are a socialist, as devoted and as old fashioned as the American cutie ... you speek out boldly: ›Hear me, comrades. I come from the heart of the enemy's camp. You think they have lost heart for the fight. I have sat with them round their camp fires and heard them laughing. They are laughing at *you*. They are not beaten yet, comrades. Up and at them again.‹«

Im gleichen Jahr, 1953, bin ich beim ersten offiziellen Besuch des österreichischen Außenministers Karl Gruber in Bonn gewesen und Konrad Adenauer begegnet. Mein Visavis war der damalige Staatssekretär Professor Walter Hallstein. Die Gespräche mit Hallstein waren nüchtern und substantiell, eigentlich nur ein Austausch von Erfahrungen. Im Gespräch, das ich mit Adenauer allein führte, hatte ich den Eindruck, daß er gleich die erste Frage, die er mir nach einigen einleitenden Worten vorlegte, als Gewissensfrage betrachtete: das Problem der Aussöhnung mit den Juden. Jeder wußte, daß Adenauer ein Routinier der Politik war und von kritischen Empfindungen den Menschen gegenüber erfüllt. Und doch war es ihm mit dieser Frage überaus ernst. Eine Kollektivschuld des deutschen Volkes anzuerkennen, sei für einen deutschen Bundeskanzler nicht möglich, sagte er. Dennoch müsse die furchtbare Schande, daß man das, was geschah, gewähren ließ, getilgt werden. Die einzige Möglichkeit, eine Kollektivschuld abzulehnen und sich der Schuld dennoch nicht zu entziehen, sie jedenfalls materiell abzugelten, sehe er darin, daß Entschädigungen gezahlt werden, auch wenn immer wieder gesagt werden würde, mit Geld seien diese Verbrechen nicht gutzumachen. Was ich denn von der Absicht hielte, eine namhafte Entschädigung an Israel zu leisten. Die Verpflichtungen gegenüber den deutschen Juden, fügte er hinzu, würde man unabhängig davon erfüllen, und einiges sei bereits in sehr großzügiger Weise getan. Aber Israel scheine ihm der Schlüssel zu sein. Ich habe Adenauer geantwortet, auch ich sei der Auffassung, Millionen Tote könne man nicht wieder zum Leben erwecken, und im übrigen werde eine Entschädigungsleistung sehr positive Folgen für Deutschland haben. Natürlich spielte auch dieser Aspekt bei Adenauers Überlegungen eine Rolle, aber dennoch glaube ich, daß das Schuldgefühl etwas war, das tief bei ihm saß. Das Bedürfnis, die Schuld, so weit das menschenmöglich war, zu tilgen, war ein Ausdruck seiner Religiosität.

Ich versuchte damals, die Frage auch unter wirtschaftlichen Gesichtspunkten zu sehen. »Schauen Sie«, sagte ich, »es gibt noch einen Aspekt, nämlich den, daß Sie damit eine wirtschaftliche Zusammenarbeit herstellen, die Israel nicht preisgeben kann. Bei jeder Schraube, die sie für irgendeine Maschine brauchen, die ihnen von Deutschland geliefert wurde, sind sie später darauf angewiesen, sie in Deutschland zu kaufen.« Die Bundesrepublik werde durch diese Lieferungen zwar eine materiell beträchtliche Leistung erbringen, aber das werde sich wirtschaftlich nicht nachteilig auswirken. Vielmehr werde man einen Handelspartner gewinnen, der sein amerikanisches Geld für Einkäufe in Deutschland verwenden müsse. Die Sache habe also auch einen vernünftigen wirtschaftlichen Aspekt. Ich dürfe das sagen, denn ich sei jüdischer Herkunft. »Das können Sie wahrscheinlich als Argument nicht akzeptieren, aber es gibt keine Alternative, denn alles andere, wird man sagen, sind Phrasen, die wohlfeil sind wie Brombeeren.« Die Entschädigungen seien der einzige Weg, diesem Staat zu helfen.

In der Frage der Aussöhnung mit Polen, in der Adenauer später ebenfalls stark engagiert war, konnte ich seine Überlegungen nicht teilen. Da das polnische Volk ein sehr katholisches Volk ist, sprach er damals von der Absicht, eine Gedächtniskirche zu errichten. Sie sollte ein Monument der Sühne darstellen. Ich sagte ihm, daß ich nicht der richtige sei, ein solches Vorhaben zu beurteilen.

Ich bin noch oft mit Adenauer zusammengekommen. Einmal brachte er mich in eine äußerst unangenehme Situation. Es war in der Redoute in Godesberg. Adenauer ging sehr freundlich herum und war guter Laune. Ich stand in einer Gruppe mit Ollenhauer, den ich sehr schätzte und der durch die Monographie von Brigitte Seebacher-Brandt eine späte Rehabilitierung gefunden hat. Als Adenauer hinzutrat, meinte einer aus der Gruppe taktlos: »Wie wäre es, Herr Ollenhauer: Wir leihen Sie nach Österreich aus und borgen uns dafür den Herrn Kreisky.« Ollenhauer lachte verlegen, aber Adenauer trieb den schlechten Scherz auf die Spitze: »Nein, den Herrn Ollenhauer brauche ich.« Mir war das alles furchtbar peinlich und unerfreulich.

Persönlich fast beleidigend erlebte ich Adenauer auch bei unserer letzten Begegnung. Das war 1964, zur Zeit von Erhards Kanzlerschaft. Wir standen in der receiving line, Bundespräsident Lübke, Erhard, der damalige Außenminister Gerhard Schröder und ich. Als Adenauer kam, wurde er von Erhard sehr ungnädig empfangen. Adenauer, so hieß es, hatte kurz zuvor öffentlich geäußert, es gäbe gute Regierungen, schlechte, und es gäbe auch gar keine Regierungen. Das war so unverkennbar auf Erhard gemünzt, daß dieser ihn nun mit demonstrativer Kühle begrüßte. Da sagte Adenauer: »Habe ich mir doch gedacht, daß Sie das wieder mißverstehen werden, Herr Erhard.«

Über Österreich hat Adenauer eigentlich nur Unerfreuliches zu sagen gewußt. Bei einem Mittagessen fragte er mich, was ich denn in Bonn eigentlich sonst noch vorhabe. Wir verhandelten damals über das österreichische Eigentum; es gab eine Reihe von Forderungen, die diskutiert werden mußten, es waren schwirige Verhandlungen. Da meinte Adenauer: »So, österreichisches Eigentum in Deutschland? Wissen Sie, Herr Kreisky«, ich kann mich an diesen Ausspruch noch wörtlich erinnern, »wüßte ich, wo die Gebeine Hitlers zu finden sind, würde ich Sie Ihnen liebend gern als österreichisches Eigentum zurückstellen.«

Adenauers Abneigung gegen die Österreicher hatte, wie ich auch nach Gesprächen mit Freunden glaube, nicht zuletzt damit zu tun, daß diesem strengen Rheinländer, für den der Kampf gegen die protestantische Übermacht Preußens eine Lebensaufgabe darstellte, der schlampige Katholizismus der Österreicher in der Seele zuwider war. Die Familie Adenauer verdankt, wie ich einmal gehört habe, ihren Aufstieg dem preußisch-österreichischen Krieg. Bei Königgrätz hat der Vater Adenauers eine österreichische Fahne erobert und sie trotz Verwundung festgehalten. Mit der Eroberung dieser Fahne soll die Karriere von Adenauers Vater in der preußischen Armee begonnen haben.

Im Frühjahr 1959 war ich unwillentlich zum »Verräter« Adenauerscher Politik geworden. Ich war bei Heinrich von Brentano gewesen, kurz vor dessen Abreise nach Amerika. Die deutsche Delegation fuhr mit dem Schiff, um für die Endredaktion der Pläne, die man in Washington vorlegen wollte, Zeit zu haben. Brentano war sehr in Eile und sagte mir, Botschafter Duckwitz sei informiert und werde mir die Konzeption der Bundesregierung erläutern.

Entweder am gleichen oder am nächsten Tag veröffentlichte die SPD ihren »Deutschlandplan«. Bei einem Mittagessen mit dem CDU-Fraktionsvorsitzenden Heinrich Krone sagte ich, daß ich seine Aufregung nicht verstehen könne. Was die SPD vorschlage, unterscheide sich nicht so sehr von dem, was mir Herr Duckwitz gerade gesagt habe. Krone war entgeistert. Ehe Brentano noch in New York eintraf, war der Plan schon zurückgenommen. Adenauer hatte seinen Außenminister kurzerhand

Außenminister Figl und Staatssekretär Kreisky im Gespräch mit dem deutschen Staatssekretär Walter Hallstein anläßlich seines Besuches in Wien vom 16. bis 19. November 1955

desavouiert, und das zeigte mir, daß in der deutschen Politik nichts ging ohne oder gar gegen Adenauer. Vielleicht nahm Adenauer den Plan auch deshalb zurück, weil er in der Öffentlichkeit beinahe zum Plan des politischen Gegners geworden war – oder umgekehrt.

Nach meiner Ernennung zum Außenminister 1959 hat mich Adenauer wiederholt eingeschaltet, wenn es um die deutschsowjetischen Beziehungen ging. Er schickte dann immer Hans Globke, und ich selber fungierte ein paarmal als Bote. Ich halte es für das Objektivste, meinen Freund und früheren Mitarbeiter, Botschafter Hans Thalberg, zu zitieren. In seinem Buch »Von der Kunst, Österreicher zu sein« schildert er einen Vermittlungsversuch in der Berlin-Frage im März 1959: »Daß Willy Brandt sich in schweren Berliner Stunden an seinen alten Freund aus gemeinsamen Stockholmer Tagen erinnerte, war begreiflich; viel erstaunlicher war das außergewöhnliche Vertrauen, das Konrad Adenauer und seine engste Umgebung dem österreichischen Außenminister, der doch der anderen Couleur angehörte, entgegenbrachte ... Zur damaligen Zeit wagten weder Adenauer noch Brandt, öffentlich ihr Interesse an einem Gespräch mit Moskau zuzugeben. So blieb Kreisky gelegentlich ›im Regen stehen‹, da weder Bonn noch West-Berlin sich mit diesen Ostkontakten identifizieren wollte ... Im März 1959 ... erzählte mir Kreisky, daß der sowjetische Botschafter bei ihm vorgesprochen hatte, um ein Treffen zwischen Chruschtschow und Brandt in Ost-Berlin anzuregen ... Kreisky ersuchte mich, umgehend beim sowjetischen Botschafter vorzusprechen und ihm auszurichten, daß Brandt die Einladung Chruschtschows grundsätzlich positiv aufgenommen habe, sich aber am folgenden Tag noch mit seinen Freunden beraten wolle ... Brandt holte zunächst die Meinung seines großen Gegenspielers Konrad Adenauer ein. Dieser erklärte, daß er weder ab- noch zuraten wolle, sondern die Verantwortung Herrn Brandt allein überlasse. Weniger diplomatisch verhielt sich der politische Vertreter der USA in Berlin, Gesandter Bernard Gufler. Ohne Washington auch nur zu informieren oder sich Instruktionen zu holen, überschüttete er Brandt in einer sofort einberufenen vertraulichen Sitzung mit den West-Alliierten mit Vorwürfen ... Niemand kann sagen, welches Resultat eine persönliche Aussprache zwischen dem Regierenden Bürgermeister von West-Berlin, Willy Brandt, und Nikita Chruschtschow damals gehabt hätte. Die schnoddrige und unziemliche Art und Weise, in der die Leute um Brandt die formelle Einladung nach Ost-Berlin behandelten, mußte jedenfalls verletzend wirken.«

Einmal – ich befand mich in New York, um an der UNO-Generalversammlung teilzunehmen – erhielt ich eine mündliche Botschaft, worüber ich bei Gelegenheit mit Herrn Chruschtschow sprechen möge. Die Botschaft verblüffte mich, weil sie ziemlich weit zu gehen schien. Ich sagte meinem Mittelsmann, daß ich das nur weitergeben könne, wenn ich eine schriftliche Unterlage bekäme. Die Gefahr, desavouiert zu werden, schien mir groß; schließlich war ich der österreichische Außenminister. Aber etwas Schriftliches kam nie. Die gleichen Vorschläge haben dem deutschen Botschafter in Moskau, Hans Kroll, wenig später das Genick gebrochen. Er beschreibt das ausführlich in seinen Erinnerungen. Kroll hat den Russen nichts anderes gesagt als das, was Adenauer durch einen Mittelsmann mir hatte zumuten wollen.

Adenauers Weltbild war von verblüffender Simplizität: der Westen, das war die Freiheit, der Osten, das war die Bedrohung dieser Freiheit. Seine besondere Abneigung galt den »Neutralisten« in Deutschland, die er in einem Atemzug mit den »Nationalisten« zu nennen pflegte. Wiederholt wollte er mir einreden, welch ungeheure Gefahr die »Roten Falken« darstellten; das sei die »kommunistische Hefe in dem ganzen sozialdemokratischen Teig«. Ich glaube allerdings, daß er die »Roten Falken« mit den Jusos verwechselte und daß er diese angebliche Gefahr bewußt übertrieb, weil es ihm so ins Konzept gepaßt hat. Manchmal hatte man den Eindruck, daß es ihm diebische Freude bereitete, seine Gesprächspartner aufs Glatteis zu führen. So hat er einmal einen Brief aus der Rocktasche gezogen, den er mir unbedingt vorlesen wollte. »Da schreibt mir Herr Dulles«, hat er gesagt – das wiederholte er mehrmals, »Herr Dulles schreibt mir da« –, und dann hat er mir irgendwas erzählt von Spionage und Kommunismus und solchen Geschichten. Er tat so, als würde er wirklich vorlesen, nur hat er nicht bemerkt, daß er den Brief verkehrt herum gehalten hat.

Bei einer anderen Gelegenheit erzählte er mir, die Schwierigkeiten mit der Sowjetunion hätten in absehbarer Zeit ein Ende; China sei eine solche Gefahr für die Sowjets, daß wir sie bald aus dem Kopf haben würden. Ich fragte Adenauer, woher er das wisse, wie er denn zu so weitreichenden Schlüssen komme. Er berief sich auf einen Arzt, den Dr. Starlinger, der in russischer Kriegsgefangenschaft gewesen und für Adenauer anscheinend eine Autorität in Sachen Kommunismus war. Das hat mich zum Widerspruch gereizt: »Eines Tages werden wir aufwachen und werden erleben, daß das Verhältnis zwischen China und der Sowjetunion sich auf einer neuen Ebene eingependelt haben wird.« Adenauers Auffassungen konnten jedoch nicht erschüttert werden.

Kein anderer deutscher Politiker hätte es gewagt, die Deutschen so eng an den Westen zu binden, auf jeden Fall kein deutscher Sozialdemokrat. Heute steht fest, daß dieses Bündnis in eindeutiger Weise festgelegt ist; aber in den fünfziger Jahren hätte kein Sozialdemokrat eine so rückhaltlose West-Politik vertreten können. Schumacher, der unbestrittene erste Führer der Sozialdemokratie in Deutschland nach dem Zweiten Weltkrieg, war, so schien es mir, von dem politischen Grundsatz geprägt, daß niemals mehr eine andere deutsche Partei nationaler – im echten Sinne des Wortes – sein dürfe als die Sozialdemokratie.

Ich bin Schumacher mehrmals begegnet, das erste Mal bei einer Rede, die er in Stockholm gehalten hat, das zweite Mal in einem englischen Wochenendhotel bei einer vorbereitenden Sitzung der Sozialistischen Internationale. Ich habe weder damals noch später Zugang zu ihm gefunden. Er sprach akzentuiert, hart, vor allem aber mit fast aggressiver Schärfe. Im Ausland fand er damit nicht denselben Anklang wie in Deutschland.

19. Kapitel
Der Staatsvertrag

Stalin war gestorben. Allen Eingeweihten war klar, daß es nach seinem Tode ein hohes Maß an Verwirrung in der UdSSR geben werde, und so entstand nach dem 5. März 1953 überall in der Welt und natürlich auch in Österreich eine Mischung von Hoffnung und Unsicherheit. Wer würde der Nachfolger sein? Man sprach von Malenkow, aber man schloß einen Coup des NKWD-Chefs Berija nicht aus – also eine Machtübernahme der Geheimpolizei. Bald sickerte durch, daß Berija verschwunden sei; die genauen Umstände seiner Liquidation erfuhr man erst später. Niemand aber, nicht einmal eingeweihte Kreml-Fachleute, nannte den Namen Chruschtschow. Chruschtschow war damals eigentlich ein eher Unbekannter, zwar Mitglied des Politbüros, aber keines, das eine dominierende Rolle zu spielen schien.

Auf Stalin schien das Wort zu passen, daß er sich so in das Bewußtsein der Menschen eingegraben hatte, daß mit seinem Ableben nicht mehr gerechnet werden konnte. Ich habe mich mit ihm lange und intensiv beschäftigen müssen, weil er die Zeit meines frühen politischen Lebens im höchsten Maße dominierte – 27 Jahre lang. In den dreißiger Jahren trieben die Kommunisten einen solchen Personenkult mit ihm, daß er schließlich so etwas wie ein Abgott wurde; eine der damals in der Sowjetunion vielgesungenen Lobpreisungen auf ihn lautete: »Stalin, Du meine Sonne ...« Die Kommunisten in aller Welt unterwarfen sich diesem Kult. Stalin wurde auch zum größten Theoretiker hinaufgeschwindelt. Alle anderen traten in seinen Schatten, und selbst der Glanz des Leninismus verblich. Stalin war der Gott schlechthin. – Eine seiner ersten theoretischen Arbeiten war übrigens sein Werk über die Nationalitätenfrage, »Marxismus und nationale Frage«, das er während eines Studienaufenthaltes in Österreich konzipiert hatte, wobei er vor allem Renners Buch »Der Kampf der österreichischen Nationen um den Staat« studierte.

Lenin war noch Zeuge des beginnenden Kampfes seiner beiden Mitstreiter aus der Revolution gewesen: auf der einen Seite Trotzki, auf der anderen der damals der Welt noch unbekannte Stalin. Berühmt ist das Testament Lenins, in dem er vor Stalin warnte, aber sich auch nicht eindeutig für Trotzki aussprach, um dessen Schwächen er wußte und dessen Selbstgefälligkeit und Eitelkeit ihm offenbar mißfielen. Nach Lenins Tod hat sich Stalin, den man nur im obersten Kreis der kommunistischen Bewegung kannte, zum Vollstrecker des Leninismus erklärt. Das war nicht nur ein Manöver; als einer, der nicht zu Lenins unmittelbarer und manchmal auch kritischer Umgebung gehörte, war Stalin sicher ein uneingeschränkter Bewunderer Lenins. Aus seiner geradezu byzantinischen Verehrung für ihn hat er nie ein Hehl gemacht.

Stalin betrachtete – und das galt später für alle Kommunisten, die sich der Bewegung verbunden fühlten – Lenin als den großen Theoretiker schlechthin und Marx und Engels als seine Lehrer. Auch der jetzige Generalsekretär des ZK der KPdSU hat in seinen ersten großen Reden bei aller Pragmatik diese theoretischen Anklänge nicht vermissen lassen. Lenin – ich will es hier noch einmal deutlich sagen – hat es mit seiner »Neuen Ökonomischen Politik«, wie sie in ähnlicher Weise jetzt in China durchgeführt wurde, ernst gemeint. Stalin dagegen war offenbar von Anfang an fest entschlossen, diese Politik so früh wie möglich zu beenden. Er gab vor, arge Mißstände zu beseitigen, die ohne Zweifel bestanden. Aber er tat das mit einer bis dahin unfaßbaren Grausamkeit: Hunderttausende Bauern wurden deportiert, und schließlich waren es Millionen, von denen jedoch viele in der Weite der Sowjetunion verschwanden. Hand in Hand mit dem Aufbau der Kolchosen ging eine massive Industrialisierung, die sich in gigantischen Fünfjahresplänen manifestieren sollte – was Stalin aber nicht hinderte, die Väter dieser Pläne wie Georgij Pjatakow am Ende hinzurichten.

So wie die Bauern sabotierten, sabotierten auch manche der bei dieser gigantischen Industrialisierung benötigten Ingenieure. Die mit ihnen veranstalteten Schauprozesse sollten das Mißtrauen der Arbeiter in den Betrieben wecken. Der Kampf gegen die Religion wurde eingeleitet, das Weihnachtsfest verboten, der Sonntag durch die ununterbrochene Arbeitswoche abgeschafft. Ein unglaublicher Extremismus bemächtigte sich der Kommunistischen Partei, und ein großer Teil der russischen Intelligenz ist damals vernichtet worden. An ihre Stelle sollte die sogenannte »Arbeiterintelligenz« treten. Es gibt Beobachter aus dieser Zeit, die behaupten, daß die Masse des russischen Volkes angesichts dieses unglaublichen Terrors ungerührt geblieben sei. Es soll das die Folge eines jahrhundertealten Hasses gewesen sein. Man darf nicht vergessen, daß viele der alten Bolschewiken nicht aus dem Volk, sondern aus der Oberklasse kamen, aus dem russischen Adel wie Georgij Tschitscherin, aus Intellektuellenfamilien wie Anatolij Lunatscharski, oder wie Grigorij Sinowjew und Nikolai Bucharin aus dem Mittelstand. In den Augen des Volkes gehörten sie zur Klasse der früher Herrschenden. Ihrem alten Lebensstil konnten sie eigentlich nur frönen, wenn sie auf Auslandsmission geschickt wurden.

Stalin stammte aus Gori bei Tiflis, der Hauptstadt Georgiens. Als einem Nichtrussen hat man ihm nationalistische Gefühle abgesprochen. Dennoch war er es, der die »Tugend« jener Diplomatie, die nur die Interessen des eigenen Landes kennt, jener Diplomatie, die jahrhundertelang mit Erfolg nur von England und Frankreich praktiziert worden war, zur Virtuosität führte. In seiner Außenpolitik sah manch einer die Erfüllung zaristischer Bestrebungen – auch als er jenes Bündnis mit Hitler schloß, das ihm fast zum Verhängnis geworden wäre. Berichte, denen zufolge Stalin es am Morgen des 22. Juni 1941 nicht wahrhaben wollte, daß 153 deutsche Divisionen die Grenze der Sowjetunion überschritten hatten, dürfen als glaubhaft gelten.

Eine besondere Rolle in der Sowjetunion hat von Anfang an die Geheimpolizei gespielt. Aber erst unter Stalin konnte sie sich in einer Weise entfalten, die man bis dahin nicht für möglich gehalten hatte. Es ist merkwürdig, daß die Russen, wenn heute vom KGB gesprochen wird, nicht das gleiche Entsetzen erfaßt wie uns. Nun hat die sowjetische Geheimpolizei in der Tat eine Entwicklung durchgemacht: Aus einem großen Unterdrückungsapparat – der sie allerdings wohl heute noch ist – ist ein gewaltiger Informationsapparat für Zentralkomitee und Präsidium geworden. Wer kann wissen, was sich im letzten Winkel der Sowjetunion abspielt, wenn nicht der KGB?

Nach der Wahl Andropows zum Generalsekretär des ZK glaubte man feststellen zu können, daß manche Intellektuelle in der Sowjetunion dem ehemaligen Chef des KGB ein gewisses Vertrauen und eine gewisse Hoffnung entgegenbrachten, er werde, weil er das Land kenne, mithelfen, es umzugestalten. Gorbatschow, der ohne Zweifel schon von Andropow ausgesucht wurde, scheint der Vollstrecker dieser Idee zu werden. Ob es ihm gelingen wird, bleibt vorläufig eine offene Frage. Man sollte die gewaltige Macht der Nomenklatura auch heute nicht unterschätzen. Sie bestimmt im Grunde die Willensbildung in der Sowjetunion, und die Reden Gorbatschows und die Interviews, die er bis jetzt gegeben hat, können vielen nicht gleichgültig sein.

Noch eine letzte Frage zu Stalin: Wieviel von dem, was er politisch vertreten hat, hat er wirklich geglaubt, oder war alles nur Machtpolitik? Ich möchte dies auf eine sehr einfache Art beantworten, ohne Originalität anzustreben. Stalin hat den sogenannten Weltkommunismus als eine ausschließlich auf die Sowjetunion zentrierte, der Sowjetunion in allem und jedem untergeordnete Bewegung gesehen. Nur das, was in der Politik der kommunistischen Parteien direkt oder indirekt der Sowjetunion diente, konnte akzeptiert werden. Und was ihr diente, wurde im Kreml bestimmt. Nach diesem simplen Grundsatz können die kommunistischen Parteien heute nicht mehr existieren. Die Reaktion auf die Breschnew-Doktrin – die ja der Gedankenwelt des Stalinismus entspricht – hat das gezeigt: Die Niederschlagung der tschechoslowakischen Erhebung von 1968, die in der westlichen Welt fast vergessen ist, wurde in den kommunistischen Parteien zum Spaltpilz. Der monolithische Weltkommunismus ist zerfallen. Wir haben es inzwischen längst nicht mehr nur mit dem bipolaren Kommunismus Rußlands und Chinas zu tun, sondern mit einem multipolaren. Das mag für viele Länder, in denen die Kommunistische Partei klein ist, nicht von Bedeutung sein, aber in anderen Ländern, wie in Italien, hat dies einen Prozeß der Veränderung eingeleitet, und in Frankreich hat es zu einer schweren Krise geführt. Für das demokratische Europa in seiner Gesamtheit läßt sich sagen, daß die kommunistischen Parteien für die großen Massen keine wirkliche Alternative mehr darstellen.

Am 24. März 1955, als noch immer weitgehende Unklarheit darüber bestand, wer sich endgültig als Herr im Kreml etablieren werde, erhielt die österreichische Regierung eine Einladung Molotows nach Moskau: »Der Sowjetunion ist aus veröffentlichten Erklärungen des österreichischen Bundeskanzlers J. Raab seine positive Einstellung zur Möglichkeit einer Reise nach Moskau in Fragen, die mit dem Abschluß des Staatsvertrages mit Österreich in Verbindung stehen, bekannt. In Anbetracht der erwähnten Erklärungen Herrn Raabs und indem sie die Herstellung eines persönlichen Kontaktes zwischen den führenden Staatsmännern der Sowjetunion und Österreichs als erwünscht erachtet, würde die Sowjetregierung die Reise Bundeskanzlers

Raab nach Moskau in der nächsten Zeit sowie anderer Vertreter Österreichs, deren Entsendung nach Moskau die österreichische Regierung zu diesem Zweck für erwünscht hält, begrüßen.«

In Wien rief diese Einladung beträchtliche Verwirrung hervor, weil niemand wußte, was die Russen eigentlich von uns wollten. Sehr bezeichnend dafür war, daß mir ein kommunistischer Redakteur, Richard Neumann, den ich aus Schweden kannte, Jahre später, als ich bereits Bundeskanzler war, im Café Landtmann gestand, man habe sich in seiner Redaktion der Hoffnung hingegeben, daß die österreichische Delegation in Moskau an die Wand gestellt werde und die Russen zumindest die Beteiligung der Kommunisten an der Regierung erzwingen, wie sie das in Prag und Budapest bereits vorgeführt hatten. Auch bei uns hielten es viele für möglich, daß die österreichische Delegation mit der Tatsache konfrontiert würde, daß an der Enns, der russisch-amerikanischen Demarkationslinie, der Eiserne Vorhang endgültig heruntergeht. Auf der anderen Seite gab es auch sehr positive Gerüchte. Der bekannte Journalist Nikolaus Basseches, der Kreml-Korrespondent der alten »Neuen Freien Presse«, machte unserem Botschafter in der Schweiz darüber Mitteilung, daß eine Wende in der Sowjetunion bevorstehe: ein Signal dieser Wende werde die Bereitschaft der Sowjetunion sein, mit Österreich einen Staatsvertrag abzuschließen.

Die Meinungen gingen weit auseinander. Auch innerhalb der österreichischen Regierung gab es zwei Fraktionen. Die einen gingen davon aus, daß in Moskau nichts Gutes für uns herauskommen werde; dieser Gruppe gehörten zwei einflußreiche Mitglieder der Bundesregierung an, der Innenminister Oskar Helmer und auch Außenminister Leopold Figl. Er vertrat den Standpunkt, man solle keine zu große Delegation nach Moskau schicken, um nicht unnötige Aufmerksamkeit und Hoffnung zu erregen. Figl meinte, es wäre am besten, Bundeskanzler Raab und Staatssekretär Kreisky, sozusagen den Ersten und den Letzten, nach Moskau zu senden. Raab und ich dagegen meinten, nach den Erfahrungen, die man mit Besuchen bei Diktatoren gemacht habe, sei es klüger, eine bedeutende Delegation zu schicken. Falls Moskau unangenehme Forderungen stelle, müsse die Abordnung stark genug sein, gleich an Ort und Stelle nein zu sagen; wären hingegen echte Zugeständnisse zu erlangen, müßten wir noch in Moskau Entscheidungen treffen.

An dieser Stelle drängt sich eine Erinnerung an die Außen-

Vor dem Abflug zur Außenministerkonferenz der vier Besatzungsmächte in Berlin, 9. Februar 1954. Von links: Gordian Gudenus, Dolmetscher Anton Bundschuh, Außenminister Figl, Lukas Beroldingen, Staatssekretär Kreisky

ministerkonferenz 1954 in Berlin auf. Auf der Tagesordnung der Viermächtekonferenz standen damals die deutsche und die österreichische Frage. Wir kamen relativ gut präpariert nach Berlin und hatten vor, die Neutralität Österreichs anzubieten. Bereits ein halbes Jahr zuvor hatten wir den Russen für den Fall des Abschlusses eines Staatsvertrages die Neutralität in Aussicht gestellt; auf dem Bürgenstock war unser damaliger Außenminister Karl Gruber mit Pandit Nehru zusammengekommen. Raab hatte Gruber ausdrücklich ermächtigt, den indischen Premier um eine Vermittlung in Moskau zu bitten. Der indische Botschafter Menon berichtete wenig später, Molotow habe erklärt, das genüge nicht.

Im Februar 1954 waren wir mit der Absicht nach Berlin gegangen, diese Formel noch einmal anzubieten, selbst wenn sie auch jetzt keinen Eindruck auf Molotow machen sollte. Zumindest innenpolitisch würde uns das entlasten, da die Kommunisten, die weiterhin eine potentielle Gefahr in der russischen Besatzungszone darstellten, uns unaufhörlich vorwarfen, daß wir die Neutralität nicht ins Spiel brächten. Sie sei eine Voraussetzung für einen Staatsvertrag. Würde Moskau unser Angebot ablehnen, konnte uns dieser Vorwurf jedenfalls nicht mehr gemacht werden.

Da der Teufel so oft im Detail steckt, möchte ich eine Randbegebenheit erzählen. Wir wohnten im Kempinski, das damals noch ein kleines, nur notdürftig renoviertes Hotel war. Da rief mich in der Früh ein Schwede an, daß er eine wichtige Mitteilung für mich habe; seinen Namen wollte er nicht nennen. Als ich hinunterkam, wartete in der Halle ein junger Mann, den ich in Schweden bei der sozialistischen Jugendorganisation kennengelernt und zu dem ich zu Beginn der Emigration ein enges Verhältnis gewonnen hatte. Er sprach ausgezeichnet deutsch und war in der schwedischen Militärverwaltung tätig. Als er mitten im Krieg in Hitler-Deutschland auftauchte, glaubten alle, er sei ein großer Verräter. Er habe gelesen, sagte er, daß ich in Berlin sei, deshalb komme er als erstes zu mir. Er stehe noch immer im Dienste der Briten, für die er auch im Krieg nach Berlin gegangen sei, um seinen Beitrag gegen den Hitler-Faschismus zu leisten. Nun habe er einen Funkspruch der Russen aufgefangen, aus dem hervorgehe, daß die Sowjetunion zum Abschluß eines Staatsvertrages bereit sei. Er habe nicht alles dechiffrieren können, der Hauptpunkt aber sei zweifelsfrei. Ich berichtete den Mitgliedern unserer Delegation sofort davon, und zum ersten Mal kam eine Spur von Optimismus auf.

Am 16. Februar waren Figl, ich und einige unserer Mitarbeiter bei Molotow auf der sowjetischen Botschaft in Ostberlin zum Mittagessen. Molotow empfing uns mit großer Freundlichkeit im Foyer; Gromyko stand hinter ihm – damals bin ich ihm das erste Mal begegnet. Wie das so oft bei Tisch ist, gingen die Gespräche an der eigentlichen Sache vorbei. Ich wollte die anschließenden Gespräche atmosphärisch vorbereiten, und so habe ich den Russen angedeutet, daß sie es mit einem gelernten Marxisten zu tun hätten; schließlich hatte ich auch ziemlich viel von Lenin gelesen. Selbst Lenins unverständlichstes Buch, »Materialismus und Empiriokritizismus«, hatte ich im Gefängnis Zeile für Zeile durchgeackert. Molotow meinte: »Wenn Sie so viel von Lenin gelesen haben, wieso sind Sie dann dort gelandet, wo Sie jetzt sind?« Meine Antwort war einigermaßen direkt: »Eben deshalb, Herr Außenminister.«

Molotow war darüber nicht gerade erbaut. Schließlich ging das Mittagessen zu Ende, und man wechselte den Raum. Unvermittelt präsentierte uns Molotow dann einen Vorschlag, der später bei den Verhandlungen in Moskau eine große Rolle spielen sollte. Die Sowjetunion sei bereit, den vorliegenden Entwürfen zum Abschluß des Staatsvertrags ihre Zustimmung zu geben unter der Bedingung, daß wir uns bereit fänden, eine symbolische militärische Präsenz der Sowjetunion in Österreich zu akzeptieren. Es wurde eine Zahl von 5.000 Mann genannt, während damals schätzungsweise an die 46.000 sowjetische Soldaten in Österreich standen. Die sowjetische Militärpräsenz sollte nur bis zum Abschluß eines Friedensvertrages mit Deutschland gelten.

Auf deutscher Seite – die Delegation der Bundesrepublik war ebenfalls in einem Hotel am Kurfürstendamm untergebracht – setzte der Leiter der deutschen Delegation, Herr Blankenhorn, alles daran, einen österreichischen Staatsvertrag zu verhindern. Adenauer fürchtete, daß dies ein fatales Beispiel für Deutschland abgeben könnte. Später, nach Abschluß der Verhandlungen in Moskau, habe ich Mikojan gefragt, ob denn eine solche Lösung nicht auch für Deutschland in Betracht käme. Da meinte er sinngemäß, die Neutralität bestehe aus jenem Stück Papier, in dem sie verankert sei, weil sich der kleine Staat der Folgen bewußt sei, die ein Vertragsbruch für ihn haben kann. Für einen großen Staat, etwa für ein vereinigtes Deutschland, wäre das ein Stück Papier, das obsolet werden könnte – und was soll man dann tun? Krieg führen?

Das scheint mir eine Antwort auf die seit neuem wieder vielfach erörterte Frage, ob eine Neutralität auch für Deutschland erreichbar gewesen wäre. Ich glaube das nicht. Ob die Stalin-Note vom März 1952 ein echtes Angebot war, über das sich hätte verhandeln lassen, kann ich nicht beurteilen. Zu der Zeit, als wir den Staatsvertrag verhandelten, war Stalin tot und die Stimmung in Moskau eine ganz andere. Als Molotow in seiner Rede zum Abschluß des Staatsvertrages sagte, dieser Vertrag könnte ein Vorbild für andere Staaten sein, hat er eher die kleinen Länder der NATO gemeint, nämlich Norwegen, Belgien und Holland. Allen unseren Eindrücken nach glaube ich nicht, daß auch Deutschland gemeint war. Die Deutschen wollte Molotow damit höchstens verwirren und natürlich die Westalliierten auch. Anthony

Eden schreibt in seinen Memoiren, daß man sich 1954 wegen unserer Haltung in Berlin sehr unbehaglich gefühlt und gefürchtet habe, die Russen könnten den Deutschen tatsächlich ein ähnliches Angebot unterbreiten.

Wir waren uns vollkommen im klaren darüber, daß wir Molotows Vorschlag nicht annehmen konnten, weil der Abschluß eines Friedensvertrages mit Deutschland ein Dies incertus war. Wir wollten unser Schicksal, wie die Dinge damals lagen, nicht eng an das deutsche binden. Für uns bestanden andere Voraussetzungen hinsichtlich eines Vertragsabschlusses als für die Deutschen, die nach Westen tendierten. Folglich antworteten wir, daß wir einen Staatsvertrag nicht akzeptieren könnten, der uns nicht einen vollen Abzug der Besatzungstruppen bringe. Wenn die Russen dablieben, fügte ich hinzu, hätten auch die anderen drei Besatzungsmächte das Recht, in ihrer Zone militärische Einheiten zu unterhalten, und das liefe auf eine »Gibraltarisierung Österreichs« hinaus. Ich gebe ehrlich zu, daß mir bei unseren Argumenten nicht wohl zumute war: Würde man uns zu Hause, angesichts der Neigung der Österreicher zu pragmatischen Lösungen, nicht den Vorwurf machen, daß wir aus Prinzipienstarre die Chance verspielt hätten, Niederösterreich und den Ostteil der Stadt Wien von den vielen Garnisonen russischer Soldaten zu befreien?

Molotow trug seinen Vorschlag immer wieder vor, auch noch in der Plenarsitzung der Außenminister. In einer Pause ließ er Figl rufen und fragte ihn, ob er Ibsens »Brand« kenne. Molotow erklärte, der Held dieses Dramas scheitere daran, daß er den Grundsatz Alles oder Nichts vertrete. Das wolle er uns zu bedenken geben. Allen seinen Äußerungen konnte man entnehmen, daß er damals stark an einer Lösung interessiert war; es war ihm offenbar sehr daran gelegen, uns zu einer einigermaßen konzessionsbereiten Haltung zu bewegen. »Überlegen Sie sich alles noch einmal«, meinte er. »Wir werden Ihnen volle Autorität geben, wir ziehen die ganze sowjetische Verwaltung ab, Sie werden vollkommen frei und souverän sein. Wir wollen lediglich in einem Teil Österreichs unsere Präsenz aufrechterhalten.«

Natürlich gab es auch Schwierigkeiten mit den Westmächten. Die Amerikaner waren durch John Foster Dulles vertreten, der ohne Zweifel der stärkste Mann des westlichen Lagers war; die Engländer durch den liebenswürdigen, aber sehr konsequenten

Anthony Eden und die Franzosen durch den sehr geschäftigen, später zum Halbfaschisten gewordenen Georges Bidault. Gleich nach unserer Ankunft in Berlin sind wir in die britische Botschaft gerufen worden, wo wir vom Plenum der westlichen Außenminister freundlich empfangen wurden. Gemeinsam machten sie dann den Versuch, uns zu überzeugen, daß wir auf die Neutralitätsformel verzichten sollten. Ununterbrochen redete man auf uns ein, aber wir waren nur zu einer einzigen Konzession bereit gewesen: daß wir das Angebot der Neutralität offiziell erst bei einer späteren Verhandlungsrunde unterbreiten würden. Aus Wien erreichten uns unterdessen Mitteilungen, es gebe große Schwierigkeiten mit den westlichen Hochkommissaren.

Später ließ uns Dulles noch einmal rufen. Anwesend war außer ihm nur der Assistant Secretary of State for European Affairs, Merchant, ein sympathischer Amerikaner aus dem State Department. Ob wir denn nicht verstünden, begann Dulles, daß Österreich im Falle der Neutralität ein militärisches Vakuum darstelle, das jeden geradezu einladen müsse, hineinzustoßen. Ob wir weiterhin nicht begriffen, daß ein Bündnis mit den mächtigen Staaten des Westens Österreich ein höheres Maß an Sicherheit gewährleiste. Wir diskutierten das lange, und ich erinnere mich noch, wie ich zu Dulles sagte: »Ich will gar nicht bestreiten, daß eine Allianz mit den Westmächten aus sicherheitspolitischen Gründen sehr attraktiv ist. Aber nur für die eine Hälfte Österreichs. Denn die andere Hälfte bleibt dann weiterhin von den sowjetischen Truppen besetzt, genau wie das in Deutschland der Fall ist.« Das Axiom unserer Außenpolitik seit 1945 sei aber, die Einheit Österreichs zu erhalten. Immer wieder habe ich in Diskussionen mit amerikanischen Freunden festgestellt, wie sehr sie – zum Unterschied von vielen anderen – Argumenten zugänglich sind, auch dann, wenn es ihnen nicht paßt. Es muß ihnen nur einleuchten. Gerade an John Foster Dulles ist mir das aufgefallen, obwohl er doch in dem Rufe stand, ein sehr harter Mann zu sein.

Unverrichteter Dinge fuhren wir also aus Berlin ab, und der österreichische Botschafter in Moskau beurteilte angesichts der deutschen Entwicklung nach dem Westen hin unsere Chancen sehr pessimistisch. Als sich in Moskau die Zeichen mehrten, daß Chruschtschow die Nachfolge Stalins antreten werde, legte der Botschafter aber plötzlich großen Optimismus an den Tag. Er war ein entschiedener Anhänger Chruschtschows. Sein Enthusiasmus für den neuen starken Mann brachte ihn bisweilen in den Ruf, ein fellow traveller zu sein. Einmal begann er einen Bericht über eine Rede Chruschtschows mit dem Satz, den ich ungefähr so in Erinnerung habe: Der Herr der vollen Scheunen und des Überflusses hat gesprochen.

Für mich standen in den nun folgenden Monaten drei Fragen im Mittelpunkt. Zum einen vertrat ich den Standpunkt, daß vor dem Abschluß des Staatsvertrages eine Lösung über das sogenannte deutsche Eigentum gefunden werden müsse. Viele der Fabriken und die wichtigsten Betriebe in der sowjetischen Zone waren von den Russen übernommen worden, berühmte österreichische Unternehmen, darunter auch die Donaudampfschiffahrtsgesellschaft. Die bereits verhandelte Lösung, der sogenannte Cherrière-Plan, sah vor, daß wir den Russen für die Freigabe 150 Millionen Dollar Abfindung zahlen sollten. Mein Vorschlag war, daß wir uns verpflichteten, statt der 150 Millionen Dollar im entsprechenden Wert Waren aus der Produktion dieser und anderer Betriebe an die Sowjetunion zu liefern, um so die Beschäftigten der früheren USIA-Betriebe vor der Arbeitslosigkeit zu bewahren. Am Rande einer ECE-Konferenz in Genf 1955 arrangierte Professor Gunnar Myrdal dann ein Gespräch zwischen mir und Kumykin, dem stellvertretenden Außenhandelsminister der UdSSR. Kumykin zeigte sich an meinem Vorschlag interessiert, machte mir aber keine direkten Hoffnungen. Ich hatte dennoch das Gefühl, daß das Gespräch vielversprechend gewesen ist und daß es möglich sein müßte, den Russen vor den eigentlichen Staatsvertragsverhandlungen gewisse Konzessionen abzuringen.

Der damalige Finanzminister Kamitz vertrat mit durchaus begreiflichen Argumenten die Meinung, wir sollten diese 150 Millionen Dollar ohne große Umstände zahlen, und zwar in bar, um den Russen nicht die Möglichkeit zu geben, uns ununterbrochen Schwierigkeiten zu machen. Nur hatten wir diesen Betrag gar nicht, sondern hätten ihn uns bei den Amerikanern ausborgen müssen. Mir schien es gefährlicher zu sein, eine solche wirtschaftliche Abhängigkeit zu dokumentieren als die andere (ich muß zugeben, daß ich dabei vom finnischen Beispiel ausging). Mein zweites Argument wog wohl noch stärker: »Was machen wir denn mit den Zehntausenden von Arbeitern und Angestellten in diesen Betrieben, wenn wir keine Beschäftigung für sie haben?« Meine Auffassung, die ich innerhalb der österreichischen Delegation später, bei den Verhandlungen in Moskau, mit großem

Der Wiener Bürgermeister Körner und der sowjetische Stadtkommandant Lebedenko besichtigen die Erdölfelder in der von den Russen besetzten Zone; die Frage, wer die Ölförderung kontrollieren solle, war einer der Hauptstreitpunkte im Vorfeld der Moskauer Verhandlungen

Nachdruck vertrat, hat sich schließlich durchgesetzt; es kam zur Gründung einer Gesellschaft für die Ablöselieferungen an die Sowjetunion, deren Vorsitzender Raab und deren stellvertretender Vorsitzender ich war.

Ein zweiter großer Komplex betraf das Erdöl. Vor allem den Vizekanzler Schärf, der in wirtschaftlichen Fragen nicht so engagiert war wie ich, habe ich sehr bestärkt, daß wir auf die Erdölfelder nicht verzichten könnten. Wenn wir den Russen die Schürfrechte und vor allem die Ausbeutungsrechte überließen, so lautete meine These, würden sie hier im Land eine Macht bleiben, und wir würden der Welt nie unsere eigene Souveränität beweisen können. Den Russen gegenüber argumentierte ich ideologisch. Immer wieder fragten sie, warum uns so sehr an dem Öl gelegen sei; sie hätten doch die viel besseren Techniker und verstünden vom Erdöl eine Menge. »Schauen Sie«, sagte mir Mikojan, der Ölmagnat der Sowjetunion, »wir fördern jetzt in Österreich 3,2 Millionen Tonnen jährlich. Das hat niemand bisher zustande gebracht, wir haben neue Techniken und Technologien.« Meine Antwort war: »Sie haben neue Technologien. Aber wie wollen Sie Ihren Kampf gegen den Erdölimperialismus führen, wenn Sie selbst gegenüber Österreich eine erdölimperialistische Politik betreiben? Sie werden unsere Ressourcen ausbeuten, und ich werde Sie beschuldigen, daß Sie dasselbe praktizieren wie die großen amerikanischen Ölgesellschaften.« Das hat schon einen gewissen Eindruck auf die Russen gemacht.

Was wäre denn geschehen, so kann man fragen, wenn die Russen dreißig Jahre lang auf unseren Erdölfeldern sitzengeblieben wären? Für die Erdölfelder, die sie innerhalb von acht Jahren neu erschließen würden, wollten sie eine Frist von fünfundzwanzig Jahren. Das heißt, wir hätten noch bis Ende 1988 die Russen im Land gehabt. Sie haben zwar beteuert, daß sie die österreichischen Gesetze anerkennen und Steuern zahlen werden, und Raab hat ihnen das auch geglaubt. Er war an den Erdölquellen im Grunde nicht interessiert: »Des soll'n meinetwegen die Russen behalten, wenn sie Steuern zahlen. Die sind ja doch bald leergepumpt, da ist nichts mehr drin.« Wir anderen aber blieben hartnäckig, und am Ende behielten wir unsere Erdölfelder ebenso unter eigener Kontrolle wie die Donaudampfschiffahrtsgesellschaft.

Die dritte und bei weitem komplizierteste Frage war, wie die Neutralität Österreichs definiert werden sollte. Im Anschluß an die ECE-Konferenz in Genf fuhr ich nach Bern und fragte den für die Außenpolitik zuständigen Schweizerischen Bundesrat Max Petitpierre, ob es bei seiner Regierung auf Bedenken stoßen würde, wenn Österreich sich an das schweizerische Vorbild anlehne. Im Gegenteil, meinte Petitpierre, es sei der Schweiz sogar sehr recht, wenn Österreich eine solche Lösung anstrebe. Ich ging dann sicherheitshalber noch zum Generalsekretär des Schweizerischen Außenamtes, Alfred Zehnder, einem großen Rußlandkenner, und zu dem für Österreich zuständigen Beamten in der Handelsabteilung im Eidgenössischen Volkswirtschaftsdepartement, dem späteren Bundesrat Hans Schaffner. Auch ihnen schien die Idee eines neutralen Österreichs sehr verlokkend, jedenfalls verlockender als der gegenwärtige Zustand. Daß ich mich in dieser Frage so gut vorbereitet und nach allen Seiten hin abgesichert hatte, erwies sich bei den Moskauer Verhandlungen als äußerst nützlich.

Die Einladung kam – wie schon berichtet – eher überraschend. Der Journalist Basseches hatte offenbar recht gehabt. Wir fuhren mit einer großen Delegation: Bundeskanzler, Vizekanzler, Außenminister und Staatssekretär, dazu die verschiedenen Referenten. Die Sowjets holten uns mit einer Maschine ab, die grotesk ausgestattet war – mit Perserteppichen auf dem Boden, gestickten Teppichen an den Wänden und roten Plüschmöbeln. Das Flugzeug selbst machte allerdings einen eher ramponierten Eindruck; als wir in Vöslau starteten, kam es kaum vom Boden. Wie einst der Zugführer bei der Eisenbahn immer hinausschauen mußte, bis der letzte Waggon die Station verlassen hatte, so lehnte sich jetzt der Steward, ein russischer Unteroffizier, während des Starts bei offener Tür hinaus, und erst als das Flugzeug abzuheben begann, so schien es jedenfalls, hat er sie geschlossen. Während des Fluges wurden Mengen von Wodka und Kaviar serviert, und als wir über Moskau ankamen, stand unser Tisch noch immer voll mit Wodkaflaschen. Ich hatte bis dahin noch nie eine Landung mit gedeckten Tischen erlebt, und was der Pilot vollbrachte, grenzte an ein Wunder: Es hat lediglich ein ganz leichtes Klirren der Gläser gegeben.
Die Flugzeugtür wurde geöffnet, und wir stiegen entsprechend unserem Rang der Reihe nach aus. Auf dem Flugplatz hatte sich praktisch das gesamte ZK-Präsidium versammelt – allerdings ohne Chruschtschow, der in Leningrad bei einer Agrarkonferenz

war. In langer Reihe stand das diplomatische Corps, wie das in Moskau üblich war, wenn man einem Besuch besondere Aufmerksamkeit erweisen wollte. Das Moskauer Gardebataillon war angetreten, und eine gewaltige Musikkapelle spielte die Nationalhymnen mit einem Schwung, wie ich es bei österreichischen Kapellen bis dahin nie erlebt hatte. Auch die ungewohnte Instrumentierung war eindrucksvoll. Allerdings war es den Russen zweckmäßig erschienen, unsere Bundeshymne mit kleinen kompositorischen Ergänzungen zu versehen. Ich flüsterte zu Schärf: »Wenn man uns mit so viel Sang und Klang begrüßt, wird man uns nicht sang- und klanglos abziehen lassen.«

Der österreichische Botschafter in Moskau war, wie wir noch auf dem Flugplatz erfuhren, in furchtbaren Schwierigkeiten, weil er längst seine Tischordnung gemacht hatte in der Erwartung, daß vom ZK-Präsidium ohnehin keiner kommen werde. Nun hatten einige der wichtigsten Mitglieder des Präsidiums zugesagt, mit Ausnahme Chruschtschows. Das war die erste Sensation für das diplomatische Corps.

Bereits am Abend des ersten Verhandlungstages hatten wir ein Essen auf der österreichischen Botschaft, zu dem Molotow, Bulganin, Kaganowitsch, Kabanow, Semjonow und Gromyko erschienen. Es war eine riesige Gesellschaft – auch in den Nebenräumen hatte man Tische aufstellen müssen –, und es ging eine nicht endende Flut von Toasts auf uns nieder, die wir natürlich erwidern mußten. Zu später Stunde erhob sich Bulganin, um eine bedeutsame Erklärung abzugeben. »Die österreichische Frage«, so sagte er, »kann erst heute einer Lösung zugeführt werden. Diese Lösung entspricht bei aller Sympathie für das österreichische Volk, für Wien, das ich gut kenne und wo ich einige Male war, nicht lyrischen Empfindungen. Wir haben geglaubt, daß wir das deutsche und das österreichische Problem zusammen werden lösen können, das war nicht möglich. Jetzt hat man eine Lösung für das deutsche Problem gefunden, die unerfreulich ist. Wir haben das zur Kenntnis zu nehmen und unsere Konsequenzen zu ziehen. Aber es besteht für uns jetzt kein Grund mehr, die österreichische Frage aufzuhalten. Und sie soll deshalb jetzt gelöst werden im Geist der Freundschaft, und diese Lösung soll die Grundlage für die Neuregelung unserer Beziehungen im Geiste der Freundschaft sein.«

Nach dem Frühstück am nächsten Morgen wurden die Verhandlungen fortgesetzt. Zu Anfang waren die Russen zäh hinhaltend, aber schließlich zeigten sie sich sehr großzügig. Das ist eine Erfahrung, die man mit Russen immer wieder macht. Wenn sie einmal »Njet« sagen, ist das leider meistens endgültig, und kein Russe geht von diesem Nein ab. Wenn sie sich aber zu Zugeständnissen innerlich entschlossen haben, kennt ihre Großzügigkeit oft keine Grenzen.

Der Wortführer auf russischer Seite war Molotow. Er führte anstelle von Bulganin das große Wort. Während der Verhandlungen herrschte eine sehr joviale Atmosphäre, für die vor allem Mikojan sorgte, der ganz offenbar der Vertrauensmann Chruschtschows war und den Ausschlag gab. Wenn Molotow zögerte, in irgendeinem Punkt nachzugeben, sagte Mikojan ganz einfach: »Na, also gut.« Aber eigentlich war auch Molotow zu praktisch jedem Entgegenkommen bereit. Er war mir als hart und verschlossen geschildert worden, aber schon in Berlin hatte ich einen ganz anderen Eindruck gewonnen: den eines äußerst gut erzogenen, eher zurückhaltenden und ausnehmend höflichen Mannes. Dazu kam, daß er, wie alle russischen Revolutionäre der alten Garde, ein Mann von großer literarischer Bildung war. Er war mit einer kultivierten russischen Jüdin verheiratet, die 1949 unter Spionageverdacht verhaftet und vier Jahre lang festgehalten worden war, weil sie Stalin gegenüber eine gewisse Distanz gewahrt hatte.

Mit Mikojan verstand ich mich am besten, was, wie ich glaube, auf einer gewissen gegenseitigen Sympathie beruhte. Er war der umgänglichste unter allen Sowjetführern, die ich je getroffen habe, ein Mann, der gerne lachte, dabei ein souveräner Unterhändler. Er war sich, wie ich glaube, sehr der Effizienz der westlichen Wirtschaft bewußt, was Chruschtschow immer wieder zu spöttischen Bemerkungen herausforderte. Einmal, in irgendeiner Finanzsache, sagte Chruschtschow: »Wissen Sie, der größte Finanzfachmann unter uns ist Mikojan. Der war schon beim ›Postraub‹ dabei.« Er wollte damit auf eine bekannte Episode anspielen: In den Jahren der Illegalität der Bolschewiki war Stalin in einen Überfall auf einen Transportwagen der Tifliser Staatsbankfiliale verwickelt gewesen. Mikojan kann zwar nicht daran beteiligt gewesen sein, aber für Chruschtschow spielte das offenbar keine Rolle. Als die frisch gedruckten Rubelscheine kurz darauf im Ausland auftauchten, ist der Polizei von Paris übrigens auch der spätere Außenminister Litwinow ins Netz gegangen. Es wird erzählt, daß es, als Litwinow später offiziell nach Paris kam, gewisse Schwierigkeiten gemacht habe, die entsprechende Aktennotiz zu löschen.

Die Diskussion über die Art der Neutralität begann damit, daß Molotow fragte, wie wir uns eine Garantie gegen einen möglichen Anschluß an Deutschland vorstellten. Einer gemeinsamen Garantieerklärung der vier Mächte war ich schon in Wien entschieden entgegengetreten, weil ich fürchtete, daß dann überall, nur nicht am Ballhausplatz, entschieden werde, wann Österreichs Unabhängigkeit gefährdet sei.

Etwa vier Wochen zuvor, am 17. März 1955, hatte ich bei mir zu Hause ein Abendessen, an dem Vizekanzler Schärf, der Chef der politischen Abteilung im Außenministerium, Josef Schöner, der stellvertretende sowjetische Hochkommissar Kudriawzew und ein weiterer sowjetischer Diplomat sowie der französische Geschäftsträger teilnahmen. Ich folge für diesen Abend der Darstellung des ebenfalls anwesenden schwedischen Botschafters Sven Allard, »Diplomat in Wien«: »Nach Beendigung der Mahlzeit griff Kreisky die Frage des Staatsvertrags sogleich auf und versuchte mit Unterstützung von Schärf und Schöner aufs neue, die beiden Russen zu bewegen, den Inhalt der von Molotow geforderten ›Garantien gegen den Anschluß‹ näher zu präzisieren. Es gelang K(udriawzew), der im wesentlichen Wortführer der Russen war, mit großer Geschicklichkeit, einer Antwort auf Kreiskys Fragen auszuweichen, indem er sich unter anderem darauf berief, daß er nach der letzten Unterredung Molotows mit dem österreichischen Botschafter in Moskau am 14. März 1955 keine neue Orientierung über die Lage erhalten hätte ... Hierauf ging K(udriawzew) seinerseits zur Offensive über und attackierte den Standpunkt der österreichischen Regierung in ihrer letzten Antwort ...

Hierauf nahm Kreisky zum dritten Mal die Frage der ›Garantien gegen den Anschluß‹ auf. Als K(udriawzew) sich darauf beschränkte, zu wiederholen, daß es Österreichs Sache sei, Vorschläge zu machen, beschloß Kreisky, selber die Initiative zu ergreifen. Er trat an ein Bücherregal und griff nach einem Band, der den Text der auf dem Wiener Kongreß 1815 unterzeichneten Verträge enthielt. Mit lauter Stimme las er einen Auszug jenes Übereinkommens vor, das damals über die Neutralität der Schweiz getroffen worden war. Er wandte sich hierauf unmittelbar an K(udriawzew) und fragte, ob die Sowjetunion Vertragsbestimmungen dieser Art – das heißt eine dauernde Neutralität nach Schweizer Vorbild – als eine hinreichende Garantie gegen den Anschluß Österreichs an Deutschland betrachten könne. K(udriawzew) hatte Kreisky mit auffälligem Interesse zugehört. Ich beobachtete außerdem, daß er besonders reagierte, als die ›dauernde Neutralität der Schweiz‹ erwähnt wurde ... Zu unserer großen Überraschung antwortete K(udriawzew) jedoch: ›Ja, dieser oder ein ähnlicher Vorschlag könnte auf jeden Fall einer weiteren Diskussion des österreichischen Staatsvertrags zugrunde gelegt werden.‹ Der vorgelesene Text müsse jedoch, fügte er hinzu, durch Bestimmungen über die Maßnahmen ergänzt werden, zu denen die Besatzungsmächte berechtigt sein sollten, falls die Bundesrepublik Deutschland im Gegensatz zu dem Anschlußverbot des Staatsvertrags Vorbereitungen treffen sollte, die als Bedrohung der Unabhängigkeit Österreichs verstanden werden müßten.«

Über diesen Punkt gab es auch in Moskau sehr langwierige Diskussionen, sowohl intern als auch mit den Russen, die das Wort Neutralität unbedingt ins Memorandum aufnehmen wollten. Ich wollte statt dessen den Ausdruck »Allianzfreiheit« haben, den man nur hätte definieren müssen. Am Ende kam es zu einer Formel, die beide Seiten befriedigte: Österreich sei »international dazu verpflichtet«, hieß es dann im Memorandum, »eine Neutralität der Art zu üben, wie sie von der Schweiz gehandhabt wird«. Diese Formulierung hat sich bewährt. Aber als Mikojan zu seinem ersten Besuch nach Österreich kam – es war nach der ungarischen Erhebung –, begann das Spiel von neuem, denn er sprach nicht von Neutralität nach Schweizer Vorbild, sondern wollte eine andere Interpretation. Das haben wir in unserer Antwort richtiggestellt.

Zwar beherrschte uns immer noch die Angst, daß im letzten Augenblick etwas dazwischenkommen könne. Aber am Ende bekamen wir eigentlich alles, was wir hatten erreichen wollen. Schwierige Diskussionen gab es nur noch darüber, ob der Abzug der Russen innerhalb eines Jahres, in neun oder in sechs Monaten erfolgen sollte. In dieser Frage vertraten wir beinhart die Auffassung, daß sämtliche Truppen in drei Monaten abgezogen sein müßten. Auch das haben wir schließlich durchgesetzt: Drei Monate nach dem Abschluß des Staatsvertrages haben die letzten russischen Truppen und auch die der Westalliierten Österreich geräumt. Am 26. Oktober, nachdem der letzte Soldat österreichischen Boden verlassen hatte, hat der Nationalrat das Bundesgesetz über die Neutralität Österreichs verabschiedet. Der Tag wurde 1965 zum Nationalfeiertag erklärt.

Der große Mann im Hintergrund, der in den Verhandlungen selbst nicht in Erscheinung getreten ist, war Nikita Chruschtschow. Ohne ihn hätten wir den Staatsvertrag wahrscheinlich nicht so leicht bekommen.

Als Bundeskanzler Raab bei seinem Moskau-Besuch im Jahre 1958 von Chruschtschow gefragt wurde, ob es irgendeine ungeklärte Frage gebe, hat der Bundeskanzler in seiner spontanen Art erwidert: »Eigentlich wollen wir Sie nur fragen, wieso es zum Abschluß des Staatsvertrages gekommen ist.« Da gab Chruschtschow eine Erklärung, die wahrscheinlich der Wahrheit entsprach. Man habe sich im ZK-Präsidium und später auch im Zentralkomitee darüber unterhalten, wie nach der Abkehr vom Stalinismus in der Innenpolitik auch in der Außenpolitik die neue Linie weithin sichtbar gemacht werden könne. Bei der Erörterung aller Möglichkeiten sei dem Präsidium als das geeignete Exempel der Abschluß eines Staatsvertrags mit Österreich erschienen. »Wir mußten ja auch unserem Volk ein Zeichen geben«, meinte Chruschtschow. »Um den neuen Kurs im Westen glaubhaft zu machen, mußten wir Positionen aufgeben, die die Rote Armee im Krieg erobert hat, aber der Westen mußte ja ebenfalls Österreich räumen.« Das war für die Sowjetunion auch deshalb von Bedeutung, weil damals die NATO im Entstehen war und manche Strategen mit Westösterreich als Brücke des westlichen Bündnisses rechneten. In diesem Augenblick ergriff ich das Wort und fragte ohne Umschweife, weshalb man eigentlich nicht schon in Berlin entgegenkommender gewesen sei. Chruschtschow sagte mit großer Offenherzigkeit, Molotow habe im Präsidium den Standpunkt vertreten, man könne ein im Krieg erobertes Gebiet nicht ohne weiteres aufgeben; das würde kein Russe verstehen, denn schließlich seien Zehntausende von Rotarmisten bei der Eroberung Österreichs gefallen. Aus diesem Grund hat Molotow zur Zeit der Berliner Verhandlungen auf der Beibehaltung eines militärischen Kontingents in Österreich insistiert. Schließlich aber hat sich Chruschtschow mit seinem Konzept des österreichischen Staatsvertrages als eines weithin sichtbaren Zeichens der Entspannung durchgesetzt.

Im Oktober 1956 machten uns die Ereignisse in Ungarn noch nachträglich klar, warum Molotow so zäh für eine Stationierung sowjetischer Truppen gekämpft hatte. Die Niederschlagung des ungarischen Volksaufstandes erfüllte uns mit beträchtlichen Besorgnissen, denn obwohl es keine sowjetischen Garnisonen im Lande mehr gab, wurde eine Wiederbesetzung des Ostens Österreichs ganz ernsthaft für möglich gehalten. Alles, was Wien in dieser heiklen Situation unternahm, geschah im Hinblick auf unsere Vertragsverläßlichkeit. Jetzt zeigte sich, daß es unser Glück gewesen war, als Chruschtschow darauf beharrt hatte, die neue Linie auch in der sowjetischen Außenpolitik durchzusetzen. Der Kalte Krieg sollte mit dem Namen Stalins verbunden bleiben, während er die Koexistenzpolitik mit seinem Namen verknüpft sehen wollte.

Der Machtkampf im Kreml ging noch einige Zeit hin und her, und es war immer wieder zweifelhaft, ob sich Chruschtschow endgültig durchsetzen würde. Das Zentralkomitee hatte er längst mit seinen Leuten durchsetzt, und auch auf die Parteisekretäre draußen in den Republiken konnte er sich verlassen. Aber noch immer stand ihm die Mehrheit des Präsidiums sehr kritisch gegenüber. Bei einem dramatischen Konflikt im Juni 1957 soll es Chruschtschow mit einem grandiosen Coup gelungen sein, eine schon einberufene Sitzung des ZK-Präsidiums, bei der er hätte abgesetzt werden sollen, durch eine außerordentliche Sitzung des Zentralkomitees zu verhindern. Niemand im Präsidium hatte das für denkbar gehalten. Aber Chruschtschow schickte Flugzeuge aus und holte noch aus den fernsten Regionen seine Leute nach Moskau. Als das Präsidium die Sitzung des Zentralkomitees durch Verfahrenstricks zu verhindern suchte, verschafften sich die Mitglieder des ZK gewaltsam Eintritt in den Saal. Man darf vermuten, daß die Dinge damals auf des Messers Schneide standen.

Das Ende der stalinistischen Ära wurde mit der Geheimrede Chruschtschows am XX. Parteitag der KPdSU 1956 eingeleitet. Sie markierte den Beginn einer neuen Ära. Dieser Bruch mit dem Stalinismus hatte eine allgemeine Erleichterung zur Folge, nicht nur in der Sowjetunion, sondern auch im Westen. Chruschtschow hat damit eine historische Leistung vollbracht, die man nicht schmälern sollte. Nur ein Mann von seinem Zuschnitt konnte es wagen, eine solche radikale Abrechnung vorzunehmen. Er war ein nicht unsympathischer Draufgänger – man hatte das Gefühl, es mit einem Kosakenhetman zu tun zu haben –, und er war nicht ohne Großzügigkeit. Österreich ist nur ein Beispiel dafür. Es wird oft vergessen, daß damals auch Finnland die Halbinsel Porkkala zurückerhielt, eines der fruchtbarsten Gebiete des Landes, aus dem Tausende geflüchtet waren.

Chruschtschow setzte auf eine Politik der Koexistenz, und um diese Politik nach innen besser vertreten zu können, hat er damit argumentiert, daß sie eine Erfindung Lenins sei. Die Politik der »Friedlichen Koexistenz«, die zwanzig Jahre später ihren weithin sichtbaren, völkerrechtlichen Niederschlag in der Schlußakte der Konferenz für Sicherheit und Zusammenarbeit in Europa gefunden hat, war durch den österreichischen Staatsvertrag eingeleitet worden. Man darf sich die Politik der Détente ja nicht als eine in sich geschlossene, ununterbrochene Entwicklung vorstellen; es gab Remissionsphasen, die man allerdings erst später als solche erkannt hat. Einen schweren Rückschlag brachten die Stationierung der SS 20 durch die Sowjetunion und die sehr ideologisch determinierte Politik der Reaganschen Administration. Alle diese Rückschläge haben ein Bündel von Ursachen.

Auf die Frage, warum ich den österreichischen Staatsvertrag für den Anfang der Détente halte, möchte ich folgendermaßen antworten: Nach zehn langen Jahren, verschärft durch den Kalten Krieg, ist es aufgrund gemeinsamer Anstrengungen der vier Alliierten zu einem großen Ereignis gekommen, das internationale Signalwirkung gehabt hat: Österreich, in der Mitte Europas gelegen, hat seine volle Freiheit zurückerlangt.

Heute, wo es so viel unberechtigte, generalisierende Kritik an Österreich gibt, darf eines nicht übersehen werden: Im Osten Österreichs – dort, wo die Mehrzahl der Österreicher lebt – hat es einen gewaltigen Widerstand gegen die Machtergreifung des Kommunismus gegeben. Die Kommunisten haben dort nicht erreicht, was ihnen in Polen, Ungarn, Ostdeutschland und anderswo gelungen ist. Die Österreicher blieben unzugänglich und haben die Etablierung des kommunistischen Systems verhindert.

Auf westlicher Seite haben wir große Dankesschuld gegenüber dem amerikanischen Hochkommissar und Botschafter Llewellyn Thompson, einem der bedeutendsten Diplomaten des State Department. Er gehört zu der Gruppe jener Spitzendiplomaten, die Großartiges bei der Durchführung der »Policy of Containment« vollbracht haben. Der britische Hochkommissar Geoffrey Wallinger und der französische Gesandte Lalouette haben ihn bei seiner schwierigen Aufgabe unterstützt.

Chruschtschow selber trat erst beim Abschlußdiner im Kreml in Erscheinung. Ich werde nie vergessen, wie wir uns alle zum Photographieren aufstellten – es war das alte Stalinsche Politbüro vertreten: Bulganin, Chruschtschow, Molotow, Malenkow, Kaganowitsch, alles, was Rang und Namen hatte. Malenkow schien nicht genau zu wissen, wo er sich hinstellen sollte; er machte überhaupt einen sehr unsicheren Eindruck. Da sagte Chruschtschow: »Georgij, stell dich in die Mitte, dann werden die ausländischen Zeitungen wieder eine Menge zu kombinieren haben.« Aus dieser Äußerung habe ich nachträglich schließen können, daß das Schicksal Malenkows damals schon besiegelt war. Er hat es wohl geahnt. Er war eben doch zu sehr der Mann Stalins gewesen.

Während des Banketts haben wir auch über die Hintergründe der Liquidation Berijas einiges erfahren. Chruschtschow selbst erzählte, daß sie es mit der Angst bekommen hätten, als ihnen befohlen wurde, zu den Sitzungen des ZK-Präsidiums in Zukunft unbewaffnet zu erscheinen. Der einzige, der weiterhin mit seiner Pistole kam, sei Berija gewesen. Chruschtschow deutete an, daß er selber bei der Liquidation Berijas die maßgebliche Rolle gespielt habe. Aber man habe ihn liquidieren müssen, weil er tatsächlich ein Todfeind aller anderen Präsidiums-Mitglieder gewesen sei. Jeder habe das gewußt.

Mit Raab kam Chruschtschow viel besser aus als mit Schärf. Als Chruschtschow ihn als Kapitalist apostrophierte – Raab besaß eine Baufirma –, entgegnete Raab lächelnd: »Aber doch nur a sehr klaner.« Wann immer Chruschtschow ihm später begegnete, begrüßte er ihn: »Herr kleiner Kapitalist.« – Ich selbst habe mit Chruschtschow gelegentlich quasiideologische Auseinandersetzungen gehabt, denn ich war für ihn das Muster eines Sozialdemokraten und eines Antikommunisten obendrein. Mehrfach hat er mir das vorgeworfen.

Ein Epilog zu den Verhandlungen in Moskau: Zum Abschluß des großen Diners im Kreml hätte eigentlich der endgültige Text des Memorandums unterschrieben werden sollen. Vizekanzler Dr. Adolf Schärf erklärte jedoch: »Meine Herren, nach neun Uhr abends unterschreibe ich prinzipiell nichts.« Bundeskanzler Raab beharrte: »Ja, was ist nun mit dem Unterschreiben? Es ist doch alles klar!« Dr. Schärf blieb hart, nein, er unterschreibe nicht. Ich war ebenfalls der Meinung, man solle das Memorandum erst am nächsten Morgen unterschreiben, damit man sich nicht dem

Vorwurf hemmungsloser Journalisten aussetze, nach üppigem Essen und viel Wodka unterschrieben zu haben. Einer der Gründe, warum Raab zur Unterschrift gedrängt hat, war, daß er den guten Abschluß der Verhandlungen bereits durch seinen Pressechef nach Wien durchgegeben hatte. Die Russen, auch hier wieder entgegenkommend, sagten: Gut, unterschreiben wir eben morgen.

Auch während der Verhandlungen waren Schärf und ich eher zögernd gewesen. Raab dagegen drängte auf einen schnellen Erfolg: Er hatte die Wahlen vor der Tür und wollte als »Staatsvertragskanzler« in den Wahlkampf gehen. Er wurde der »Staatsvertragskanzler«, und so gewann er die Wahlen 1956. Wenn der Staatsvertrag eine alles in allem so befriedigende Form bekommen hat, daß er uns heute fast in keinem Punkt stört, ist dies auch ein Verdienst der sozialistischen Regierungsfraktion gewesen.

Unterschrieben haben wir am nächsten Morgen in folgender Reihenfolge: Raab, Schärf, Figl, Kreisky. Alles war sehr feierlich, trotz des vollen Tageslichts. Als die Zeremonie zu Ende war, sagte Molotow lächelnd: »Aber die Wiener haben das schon heute in der Früh in den Zeitungen gelesen.« Schärf hat gelächelt, Raab etwas gebrummt, und die Russen haben geschmunzelt.

Zu Mittag flogen wir nach Hause. Dort wurden wir mit ungeheurem Jubel empfangen. Tausende säumten die Straßen vom Flughafen Bad Vöslau nach Wien. Dieser 15. April 1955 war der größte Tag meines politischen Lebens. Nie wieder, so schien es mir, würde ich ähnliches erleben. Und so ist es bis heute geblieben.

Vor dem Abflug nach Moskau

Ankunft der österreichischen Delegation aus Moskau; von links:
Außenminister Figl, Staatssekretär Kreisky, Vizekanzler Schärf,
Bundeskanzler Raab

Ankunft der Staatsvertragsdelegation aus Moskau am 15. April 1955 in Bad Vöslau. Kreisky, Figl, Schärf und Raab mit dem stellvertretenden sowjetischen Hochkommissar Kudriawzew

Abschiedsbankett im Kreml am 14. April 1955; erste Reihe von links: Bruno Kreisky, Außenminister Molotow, Vizekanzler Schärf, Chruschtschow, Bundeskanzler Raab, Ministerpräsident Bulganin, stellvertretender Ministerpräsident Mikojan, Malenkow, Kaganowitsch, der österreichische Botschafter Bischoff, Perwuchin, Außenminister Figl, Marschall Konjew

Begrüßung der Delegation vor dem Postamt in Bad Vöslau

Am Abend trifft die österreichische Regierungsdelegation auf dem Ballhausplatz ein

Auf der an die Moskauer Verhandlungen anschließenden Botschafterkonferenz werden die Einzelheiten des Staatsvertrags mit den Alliierten besprochen. Außenminister Figl und Staatssekretär Kreisky treffen vor dem Alliiertenhaus am Schwarzenbergplatz ein

Die österreichische Delegation während der Wiener Verhandlungen; von links: Stephan Verosta, Bruno Kreisky, Leopold Figl, Josef Schöner und Rudolf Kirchschläger

Von links: Staatssekretär Kreisky, Botschafter Iljitschow, Außenminister Figl, der amerikanische Botschafter Thompson, der englische Botschafter Wallinger, der französische Delegierte Lalouette

Genau vier Wochen nach der Rückkehr aus Moskau, am 15. Mai, wird in Schloß Belvedere der Staatsvertrag unterzeichnet. Am Tisch von links: Llewellyn Thompson und John Foster Dulles (USA), Botschafter Iljitschow und Außenminister Molotow (UdSSR), Außenminister Figl (Österreich), Harold Macmillan und Botschafter Wallinger (Großbritannien), Antoine Pinay und der Delegierte Lalouette (Frankreich)

Drei Monate später verlassen die letzten sowjetischen Truppen das Land

Anmerkungen zur Entstehungsgeschichte

Seit den frühen Anfängen autobiographischer Darstellungen im alten Ägypten wird im Zusammenhang mit Memoirenliteratur immer wieder die Frage gestellt, wer die Autobiographie geschrieben hat. Im vorliegenden Fall gibt es eine eindeutige und knappe Antwort: Bruno Kreisky.

Vielleicht wird sich mancher Leser mit dieser nüchternen Feststellung nicht zufriedengeben. Daher möchte ich als Zeithistoriker, der am gesamten Arbeitsprozeß des ersten Bandes der Lebenserinnerungen von Bruno Kreisky beteiligt war, die Entstehungsgeschichte dieses Buches skizzieren. In einer ersten Phase erstellte der Autor während vier intensiver Arbeitssitzungen, deren jede mehrere Tage dauerte, eine auf Tonband gesprochene Rohfassung. An diesen Sitzungen haben sein Berliner Verleger, Herr Wolf Jobst Siedler, und Herr Joachim C. Fest teilgenommen und Fragen nach dem Ablauf der Ereignisse gestellt. Auf diese Art entstanden rund zwei Drittel des Rohmaterials. Das verbleibende Drittel erstellte Bruno Kreisky in Zusammenarbeit mit seiner langjährigen Mitarbeiterin, Frau Margit Schmidt, und dem Verfasser dieser Anmerkungen, wobei vom Autor ausgewähltes schriftliches Material als Hintergrundinformation benützt werden konnte. Die Tonbänder werden in der Stiftung Bruno Kreisky Archiv aufbewahrt.

Am Ende lagen mehr als 2.000 Seiten minutiös wortgetreuer Transskripte der Tonbandaufzeichnungen vor. Da der Autor vertraglich jede Form des »Ghostwriting« untersagt hatte, wurden die Abschriften vom Lektor dieses Buches, Herrn Thomas Karlauf, in mühevoller und verantwortungsbewußter Kleinarbeit strukturiert, wobei Ausführungen für den zweiten Band, der die Jahre ab 1955 zusammenfassen wird, ausgeschieden wurden. Die so entstandene Fassung wurde Bruno Kreisky vorgelegt, der sie Wort für Wort und Zeile für Zeile bearbeitete. Hierbei wurden tiefgreifende Korrekturen sowohl in sprachlicher als auch in inhaltlicher Hinsicht notwendig, damit das endgültige Manuskript allen Intentionen des Autors entsprach. Aus Termingründen konnten die Autorenkorrekturen für einige Kapitel erst in die Druckfahnen übertragen werden, was zwar umfangreiche Satzkorrekturen und teilweisen Neusatz erforderte, aber eine bis ins Detail gehende Authentizität gewährleistete. Es sollte nicht vergessen werden, darauf hinzuweisen, daß Bruno Kreisky – wie bei derartigen Projekten üblich – Personen seines Vertrauens gebeten hat, sich als kritische Leser das Rohmanuskript anzusehen.

Zum Schluß noch einige Sätze zur wissenschaftlichen Einordnung der vorliegenden Autobiographie. Bruno Kreisky entwickelte seine Darstellung in bewußter Auseinandersetzung mit den Quellen. Auch wenn dieses Buch über keine Fußnoten verfügt, so wurden doch jeder Name, jedes Datum, jedes Faktum und jeder Hinweis überprüft und durch interne Quellenhinweise abgesichert. Im Laufe der Arbeit wurden daher zahlreiche Institutionen und Einzelpersonen um Auskünfte gebeten; es fehlt an Platz, sie alle hier anzuführen, aber der Verfasser möchte ihnen allen, auch im Namen des Autors, für ihre Kooperationsbereitschaft aufrichtig danken. Für Auskünfte über das Hintergrundmaterial steht die Stiftung Bruno Kreisky Archiv, A-1011 Wien, Schwarzenbergplatz 16 zur Verfügung. Viele Unterlagen, auf die der Autor Bezug nimmt, sind veröffentlicht in: »Der junge Kreisky. Schriften, Reden, Dokumente. 1931-1945«, Verlag für Jugend und Volk, Wien-München 1986, und in verschiedenen früheren Publikationen Bruno Kreiskys.

DDr. Oliver Rathkolb, Wien

Namenregister

Kursive Ziffern verweisen auf die Abbildungen

Ackermann, Manfred 229f
Adam, Walter 303
Adenauer, Konrad (Vater) 449
Adenauer, Konrad 447-452, 461
Adler, Alfred 163-165, 292
Adler, Emma *35*
Adler, Friedrich 34, *35*, 36, 53, *109*, 144f, 152, *153*, 155, *158*, 181, 220, 247, 316, 333, 338, 387
Adler, Kathia *35*
Adler, Max 120, 144, 155, 169f, 181, 260
Adler, Victor 12, 30, 32-34, *33*, *35*, 36-38, 52f, 116, 131, 145f, 152, *153*, 161, 215, 220, 221, 226, 275, 413f
Afritsch, Anton 312f
Afritsch, Josef 312, 445
Aichhorn, August 313
Albrecht, Erzherzog 29
Albrecht, August 182
Alfonsín, Raúl 386
Allard, Sven 470
Altenberg, Peter 260
Andersen, Hans Christian 82
Anderson, Carl Albert 323, 328
Andersson, Sven 384, 417
Andropow, Juri W. 456
Antos, Eduard 429
Arafat, Jassir 203f
Aspling, Sven 384
Atatürk, Kemal 42
Atholl, Duchess of (Katherine Marjory) 214
Attlee, Clement 446
Auerhahn, Rudolf 251
Austerlitz, Friedrich 111, 151, 181
Avnery, Uri 336
Axelrod, Pawel B. 145

Bach, David Josef 15
Baczewski, Alexander 116, 119
Bahr, Hermann 48
Barbusse, Henri 149
Barthou, Louis 390
Basseches, Nikolaus 458, 467
Báta, Thomas 93, 95
Bauer, Helene 181, 240, 336-338
Bauer, Otto 40, 43-45, 53f, 110, 118f, 143-146, 152, *153*, 155, *157*, *158*, 159, 161f, 179-181, 191, 193, 195f, 209f, 215, 217, 220-230, *223*, 240, 260, 271, 275-277, 336-338, 379, 387, 389, 392
Bebel, August 151, 281, 260
Becher, Johannes R. 135
Beer, Leopold 64
Begin, Menachem 446
Beneš, Edvard 71, 354, *400*, 411
Berija, Lawrentij P. 454, 475
Bernadotte, Folke 370, 372
Bernaschek, Richard 193
Bernfeld, Siegfried 65, 313
Bernstein, Eduard 155
Beroldingen, Lukas *459*
Bevan, Aneurin 441
Bevin, Ernest 442f
Bidault, Georges 463
Biermann, Wolf 358
Billmaier, Erwin 318
Birdseye, Clarence 355
Bischoff, Norbert 463, 468, 470, *478*
Blankenhorn, Herbert 461
Bloch, Ernst 149
Blücher, Wassilij K. 344
Blum, Léon 197, 206, 218f, *223*, 247, *252*, 333f
Blumenthal, Ferdinand 263f

Boccaccio, Giovanni 441
Bock, Fedor von *293*
Böhm, Johann 438
Böhm, Vilmos 350, 411
Böhm, Wilhelm *158*
Bonnier, Albert (Vater) 357
Bonnier, Albert 357, 366
Bonnier, Tor 357
Brammer, Julius 304
Brandes, Alwin 38
Brandt, Ruth 352
Brandt, Willy 134, 191, 349-354, *353*, 385, 392, 450f
Brandt-Frahm, Carlota 352, *353*
Branting, Hjalmar 332, 378
Bratmann, Lina 87
Brauchitsch, Walther von *293*
Braun, Otto 186, 218
Braunthal, Ernestine 200
Braunthal, Julius 181, 200
Brecht, Bertolt 15, 135, 321
Breitner, Hugo 18
Breitscheid, Rudolf 218
Brentano, Heinrich von 449, *450*
Breschnew, Leonid I. 148, 457
Briand, Aristide 154
Broch, Hermann 358
Broda, Christian 281
Bruckner, Anton 47
Bucharin, Nikolai I. 150, 230, 456
Buchberger, Carl 45, 393
Bulganin, Nikolai A. 468f, 475, *478*
Bulla, Franz 247
Bundschuh, Anton *459*
Burckhardt, Jacob 265
Buttinger, Joseph 227, 271f, 275f, 281, 316

Callaghan, James 445f
Canaris, Wilhelm 356
Carrillo, Santiago 330f
Cassel, Gustav 374

Chamberlain, Arthur Neville 188, 277, 315
Chambers, Whittaker (Jay David) 335
Cherrière, Paul 464
Chirac, Jacques 220
Chochoy, Bernard 331-333
Chruschtschow, Nikita 188f, 221, 451, 454, 463, 467-469, 472-475, *478*
Churchill, Winston S. 380, 401f, 442-444
Clark, Mark W. 401
Cmejrek, Josef 243
Cobenzl, Ludwig Graf 424
Cooper, Alfred Duff 85
Cripps, Stafford 309, 322
Curtius, Julius 180
Czernetz, Karl 227, 275
Czernin, Ottokar Graf 57, 145f

Daladier, Edouard 188, 277
Danneberg, Robert 135, 152, *158*, 181
Dapčević, Peko 442
Daszyński, Ignacy 52
Dedijer, Vladimir 402
De la Madrid Hurtado, Miguel 386
Denikin, Anton I. 147
Deutsch, Julius 192f, 198
Dimitroff, Georgi 187f
Disraeli, Benjamin, Earl of Beaconsfield 85, 445f
Djilas, Milovan 402, 442
Dollfuß, Engelbert 28, 194, 203, 207-214, *212, 213,* 227, 232f, 237f, 264f, 280, 286, 427
Dopsch, Alfons 169
Doriot, Jacques 335
Draxler, Ludwig 301-303, 306
Dubrovic, Milan 348
Duckwitz, Georg Ferdinand 449
Dürmayer, Heinrich 241
Dulles, John Foster 452, 462f, *482*

Duttweiler, Gottlieb 329
Dvořák, Antonín 47
Dworak, Josef 22

Ebert, Friedrich 218
Eden, Anthony 461ff
Ehrenburg, Ilja G. 260
Eifler, Alexander 192f, 198
Einstein, Albert 175, 260
Eisenbach, Heinrich 432
Eisler, Arnold 162
Eisler, Hanns 237
Elisabeth, Kaiserin von Österreich 25
Elizabeth II. 137, 439-442
Ellenbogen, Wilhelm *157*, 161, 181, 210
Emhart, Marie *244,* 246
Engels, Friedrich 156, 192, 225, 354, 373, 376, 455
Englund, Carl-Emil 358
Erhard, Ludwig 448f
Erlander, Tage 383f
Erzberger, Matthias 36

Fall, Leo 304
Faure, Paul *252,* 331
Felix, Berta 73, 101
Felix, Berthold 73, 96f, 100
Felix, Elfriede 100
Felix, Ernst 101
Felix, Eugenie 73, 102
Felix, Friedrich 73, 97
Felix, Herbert 74, 98, *100,* 320
Felix, Joseph 91
Felix, Julius 73, 97, 100
Felix, Karl 73, 100
Felix, Maj 98, *100*
Felix, Margarete 101
Felix, Michael 91
Felix, Moritz 73, 92f, 96, 98
Felix, Robert 73, 100
Felix, Salomon 90-92
Felix, Therese 73, 102, 132f
Felix, Wilhelm 100
Felix Sachs 88-90

Felleis, Roman 124-128, *127,* 204, 239, 246, 275, 316
Ferber, Maximilian 82
Ferlin, Nils 358
Fest, Joachim 281
Fey, Emil *233,* 234f
Fierlinger, Zdenek 354
Figl, Leopold 303, 407, 431f, 434-438, *435, 450,* 458, *459,* 460, 462, 467, 476, *477, 478, 480, 481, 482*
Firnberg, Hertha 177
Fischer, Berta 101
Fischer, Ernst 221, 319, 426, 436
Fischer, Samuel 357
Fischl, Paul 165
Fleischhauer, Ingeborg 356
Forstner, August 199f
Franco, Francisco 330
Frank, Karl 228f
Franz Ferdinand, Erzherzog 56
Franz Joseph I. 24, 29f, 36, 53, 56f, 59, 87, 194, 414
Frauenfeld, Alfred Eduard *172*
Freud, Anna 313
Freud, Sigmund 65, 164f, 292
Freytag, Gustav 152
Friedell, Egon 106
Friedländer, Ruth 237
Fürnberg, Friedl 243
Fürth, Theodor 363f, 405, 408, 421

Gaddafi, Muhammar al 84
Gaitskell, Hugh 444
Galbraith, John Kenneth 168
Gandhi, Rajiv 386
Gardiner, Muriel 275
Gaulle, Charles de 196f, 219
Gehart, Raimund 173
Geissler, Max 315
Gentz, Friedrich 169
Gerl, Josef 234
Giscard d'Estaing, Valéry 220
Gleißner, Heinrich 423, 439

Globke, Hans 450
Glöckel, Otto 15, *158,* 313
Goebbels, Joseph *185,* 402
Gödel, Kurt 168
Göring, Carin 381
Göring, Hermann 188, 303, 381
Goethe, Johann Wolfgang von 84, 226
Goldmann, Emil 166
Gorbatschow, Michail S. 455f
Gorki, Maxim 405
Gracián, Baltasar 444
Graf, Engelbert 39
Gregor, Nora 235
Grimm, Jacob 82, 166
Grimm, Kurt 404
Grimm, Wilhelm 82
Gromyko, Andrej A. 460, 468
Großmann, Stefan 33, 37
Gruber, Karl 436f, 439f, 447, 459
Grubhofer, Franz 438
Grünbaum, Fritz 211, 292, 304
Grünwald, Alfred 304
Grumbach, Salomon 154
Grunwald, Henry A. 304
Gschnitzer, Franz 437
Gudenus, Gordian *459*
Günther, Christian 379
Guesde, Jules 154, 350
Gufler, Bernard 451
Gustav V. Adolf 366, 369, 380f, 408f
Gustav VI. Adolf 380, 410

Haase, Hugo 237
Haberler, Gottfried 167
Habicht, Theo *172,* 212, 232
Habsburg, Karl Albrecht von 321f
Habsburg, Otto von 28
Hainisch, Michael 105f
Halder, Franz 356
Haliczer, Abraham 266-268
Halifax, Lord Edward 380
Hallstein, Walter 447

Hammarskjöld, Dag 374
Hamsun, Knut 367
Hansen, Hans Christian 122, 314
Hansson, Per Albin 324, 378f, 382, 384
Hartmann, Ludo Moritz 45
Haslinger, Anton 242
Haubach, Theo 191
Haydn, Joseph 47
Heath, Edward 444
Hedin, Sven 367
Hedtoft-Hansen, Hans 122, 379, 417
Heine, Heinrich 25, 72, 83f, 118, 373
Heinig, Kurt 349
Heinold, Karl 145f
Heinz, Karl 322
Helmer, Oskar 427, *435,* 458
Hemingway, Ernest 85
Henderson, Arthur 188, 247
Herschmann, August 102
Herschmann, Friedrich 102
Herschmann, Rachelle 73, 102
Herwegh, Georg 200
Herzmanovsky-Orlando, Fritz 48, 131
Heß, Rudolf 188
Hilferding, Rudolf 155, 218, 226, 260
Hillegeist, Fritz 282f, 304
Himmler, Heinrich *293,* 370f
Hindels, Josef 373
Hindenburg, Paul von 189
Hiss, Alger 335
Hitler, Adolf 28, 37, 41, 45f, 59, 182f, 187-189, 197, 203, 206f, 211f, 214, 224, 228, 232, 236, 251f, 261f, 264-268, 280-288, 290f, *292, 293,* 294-296, 309, 315f, 319, 332-334, 336, 338, 340f, 354f, 360, 365, 367, 381f, 387-389, 393f, 397, 399, 402, 442f, 449, 456
Hochwälder, Fritz 135f

Hodann, Max 137
Hoffmann, Josefine 80
Hofmannsthal, Hugo von 129, 291
Holzinger von Janaburg, Ferdinand 38
Honner, Franz 236, 243, 279
Horthy, Nikolaus (Miklós) 29, 54, 190, 212f, 339
Hudeczek, Karl 420
Hutten, Ulrich von 386

Ibsen, Henrik 462
Igler, Hans 421
Iljitschow, Iwan I. *481, 482*
Innitzer, Theodor 97, 247, 424
Ismail, Khedive von Ägypten 446

Jabotinski, Wladimir Z. 65
Jackson, Jesse 83
Jahoda, Marie 104
Jaksch, Wenzel 392
Jaurès, Jean 154f, 218
Jenschik, Franz 309
Jobst, Familie 80
Jöhdal, Ole 320
Johannsson, Albin 329
Jonas, Franz 121, 258, 275
Joseph II. 61
Juin, Alphonse-Henri 442

Kabanow, Iwan G. 468
Kästner, Erich 85, 135, 357
Kafka, Franz 48, 358
Kaganowitsch, Lasar M. 468, 475, *478*
Kainz, Josef 102
Kálmán, Emmerich 304
Kamitz, Reinhard 464
Kanitz, Otto Felix 120-122
Kant, Immanuel 375
Kantor, Erich 132f
Kantor, Therese 102, 132f
Karl I. von Österreich 25, 28f, 34, 36

Károlyi, Michael (Mihály) 53
Karski, Ryszard 100
Kautsky, Benedikt 181, 208
Kautsky, Karl 120, 155, 181, 208, 260
Keitel, Wilhelm *293*
Kekkonen, Urho 383
Kelsen, Hans 169, 292
Kennedy, John F. 384
Kerenski, Alexander F. 146
Kessler, Harry Graf 180, 390
Keynes, John Maynard 140, 351, 375
Kienböck, Viktor 41
Kilbom, Karl 323-325
Kirchschläger, Rudolf *481*
Klastersky, Wilhelm 25, 424
Klaus, Edgar 356
Klaus, Josef 285
Knechtelsdorfer, Karl 405
König, Berthold 212
Koenig, Otto 135
Koerber, Ernest von 56
Körner, Theodor 25, 129, *130*, 192, 413, 423-427, *425,* 429-433, *465*
Koestler, Arthur 85, 149
Kollontai, Alexandra M. 345, 369
Koltschak, Alexander W. 147
Konjew, Iwan *478*
Koplenig, Johann 278f
Koref, Ernst 439
Kossuth, Ludwig (Lájos) 59
Kratky, Josef 246
Krauland, Peter 431
Kraus, Karl 37
Kreisky, Alfred 12, *13*
Kreisky, Anka *66*
Kreisky, Artur 70, 105
Kreisky, Artur 105
Kreisky, Benedikt 9f, 12, 22, 61f, *63,* 64-66, 72, 80
Kreisky, Friederike 101
Kreisky, Irene 10-14, 19, 22f, 65, 73f, *75,* 76, 78, 101f, 115, 203, 236, 270, 305f, 347

Kreisky, Karl 101
Kreisky, Katharina 63, 65, *66*, 86
Kreisky, Ludwig 9, 12, 64, 67, *68*
Kreisky, Max 9-12, *10*, 16, 18f, 22f, 32, 41f, 65f, *68*, 72f, 76, 78, 82, 146, 161-165, 203, 230f, 236, 246, 270f, 278, 299f, 305f, 312-314, 320, 333, 347f, 410, 432
Kreisky, Oskar 9f, 12, 18, 64, 67, *68*, 83
Kreisky, Otto 9, 12, 64, 67, *68*, 101
Kreisky, Paul 74f, *79*, 164f
Kreisky, Peter 98, 104, 348, 363, 420, 440
Kreisky, Rudolf 9, 12, 64, 67, *68*, 70, 340
Kreisky, Suzanne 363, 420
Kreisky, Vera *353*, 362, *363*, 370, 417, 420f
Kretschmer, Wilhelm 307f
Kreuger, Ivar 365
Kreuger, Torsten 365
Kriklan, Franz 303
Kroll, Hans 451
Krone, Heinrich 449
Krupskaja, Nadeschda K. 145f
Kudriawzew, Semjon M. 470f, 478
Kuh, Anton 34, 106, 299
Kulczar, Ilse 227
Kulczar, Leopold 227
Kumykin, Pawel 464
Kun, Béla 54, 145
Kúnfi, Siegmund (Zsigmond) 55
Kunke, Hans 229, 304
Kunst, Karl 405
Kuusinen, Otto 346

Lackner, Hermann 300
Lalouette, Roger M. 474, *481*, *482*

Lamming, Norman 350
Langhelle, Nils 352, 418
Laplace, Pierre Simon 375
Lassalle, Ferdinand 38
Latscher von Lauersdorf, Antonie 426
Latscher von Lauersdorf, Julius 426
Lauscher, Fritz 239
Lauscher, Josef 239
Laušmann, Gottlieb (Bohumil) 418
Laval, Pierre 219, 335
Lazarsfeld, Paul 104
Lebedenko, H. F. *465*
Leber, Julius 191
Lederer, Franz 95f
Lederer, Jiří 95f
Leichter, Otto 181
Leipart, Theodor 189
Lenin, Wladimir I. 119f, 145-148, 150, 221, 227, 260, 276, 405, 454f, 460, 474
Leuschner, Wilhelm 397
Liebknecht, Karl 150
Liechtenstein, Elisabeth von 250f
Lindström, Rikard 122
Litwinow, Maksim M. 469
Lloyd, Selwyn 444
Löbe, Paul *158*
Löhr, Alexander 399
Löwenadler, Holger 362
Löwenfeld-Russ, Hans 329
Löwenheim, Walter 229
Löwenthal-Chlumecky, Max 420
London, Jack 324
Lónyay, Carl Graf 246
Ludwig, Eduard 413
Ludwig, Emil 260
Lübke, Heinrich 448
Lueger, Karl 262, 414
Lunatscharski, Anatolij W. 456
Lundberg, Erik 374
Luschan, Felix von 83
Luxemburg, Rosa 144, 150

Macdonald, James Ramsay 445
Macmillan, Harold 444, *482*
Mahler, Alma 292
Mahler, Gustav 47
Malenkow, Georgij M. 454, 475, *478*
Maleta, Alfred 439
Man, Hendrik de 335
Mann, Heinrich 260
Mannerheim, Carl Gustav Emil 339
Markovics, Albert 429
Marshall, George C. 442
Martow, Julius 145
Marx, Karl 83, 85, 155f, 167, 192, 260, 354, 373, 376f, 455
Masaryk, Thomas G. (Tomáš) 48f, 52, 55, *94*
Masur, Norbert 370f
Matteotti, Giacomo 210
Matzner, Heinrich 116, *137*
Maurois, André 333
May, Karl 82
Mayer, Eugenie 102
Mayer, Hans 299
Mehr, Hjalmar 271, 332
Mehring, Franz 39
Mehring, Walter 135
Meinl, Julius 105f
Meir, Golda 361
Mendès-France, Pierre 219
Menon, K.P.S. 459
Menzl, Hans 367-369, 373, 393
Merchant, Livingston 463
Metternich, Klemens Fürst 57, 59, 169
Meyer, Conrad Ferdinand 386
Meznik, Friedrich 437
Michl, Johann *17*
Mikojan, Anastas I. 461, 466, 469, 471, *478*
Milch, Erhard *293*
Millerand, Alexandre 154
Mises, Ludwig 167
Mitter, Eugen 18
Mitterand, François 219f

Möller, Gustav 345, 367, 369, 378f, 382
Möller-Kleen, Else 369
Mollet, Guy 219
Molotow, Wjatscheslaw M. 457, 459-462, 468-470, 472, 475, 476, *478*, *482*
Mommsen, Hans 47
Morgenstern, Oskar 167f
Morus, Thomas 260
Moser, August 393
Moser, Kolo 14
Mosley, Oswald E. 335
Motz, Hans 104, 161
Mozart, Wolfgang Amadeus 47
Mraz, Paula 198-200
Much, Rosa 9, 64f, *66*
Much, Viktor 65
Müller, Hermann 180, 218
Müller, Vinzenz 369
Münichreiter, Karl 213, 285
Munthe, Axel 360
Munthe, Malcolm 360
Musil, Robert 48, 84, 292, 313, 358
Mussolini, Benito 190, 194, 210f, *212*, 213, 232, 238, 261, 265, 287f, 302
Myrdal, Alva 350f, 374
Myrdal, Gunnar 350f, 374, 464

Nágy, Ferenc 54
Napoleon I. 59, 82, 261
Nehru, Jawaharlal 459
Nenni, Pietro 181, 186, *252*
Neubacher, Hermann 182
Neumann, Elisabeth 228
Neumann, Margarete 318
Neumann, Richard 318, 458
Neumann, Robert 260
Neuwirth, Joseph 9, 62, 86, *87*, 88
Nilson, Sven 374
Nilsson, Torsten 308f, 323, 332, 339, 344, 346, 384
Nödl, Frieda 276f

Nöel-Baker, Philip 445
Nothelfer, Ferdinand 116, 134, *137*
Novy, Franz 318, 361
Nyerere, Julius 386
Nycop, Carl Adam 366

Olah, Franz 199
Ollenhauer, Erich 122, 182, 354, 448
Osio, Alois 246
Ostrowski, Adam 411
Otto, Erzherzog 26
Ottokar II. Přemysl 61f

Pabst, Georg Wilhelm 136
Palacký, Franz (František) 51
Palme, Olof 378, 383-386
Papandreou, Georgios 386
Papen, Franz von 186, 211
Paul, Ernst 350
Paul-Boncour, Joseph 154, 247
Perwuchin, Michail G. *478*
Pétain, Philippe 219, 335, 355
Peter, Friedrich 206f
Peter II. König von Jugoslawien 402
Petitpierre, Max 467
Petznek, Leopold 194
Pfrimer, Walter *233*
Philips, Jacques 377
Pilsudski, Józef 147, 256
Pinay, Antoine *482*
Piperger, Alois 121-124
Pittermann, Bruno 435, 438
Pjatakow, Georgij L. 455
Plechanow, Georgij W. 145
Plener, Ernst von 56, 86
Polgar, Alfred 260, 292
Pollak, Oscar 55, 155, 181, 222, 237, *238*, 239, 275, 288, 359f, 394, 419
Popović, Koča 442
Popp, Adelheid *157*
Probst, Otto 246, 275
Proksch, Anton 242
Prowaznik, Franz 18

Raab, Julius 189, 427, 430-433, *435*, 435-438, 457-459, 466f, 472, 475f, *477, 478*
Radek, Karl 325, 336
Rákosi, Mátyás 54
Rathenau, Walther 36, 390
Raubal, Angela 267, 269
Reinhardt, Max 291
Reitbauer, Alois 314, *363*
Renner, Karl 37, 46, 52, 56, 58, 145, 152, *153*, 155, *157, 158*, 180f, 194, 196, 252, 275, 368, 387, 404, 407, 413, 423, 425, 427, 431, 438, 454
Reuter, Ernst 352-354
Richter, Paul *158*
Riehl, Walter 110
Rilke, Rainer Maria 260
Rinner, Felix 104, 298
Rintelen, Anton 234
Robinson, Moritz 319f, 338, 354
Rohrauer, Gustav 19
Roosevelt, Eleanor 316
Roosevelt, Franklin Delano 401f
Rothschild, Lionel 445
Rubenson, Semmy 357
Rudolf von Habsburg 62

Sailer, Karl Hans 246
Sainsbury, Alan 309, 322, 334, 445
Samuelson, Paul 168
Schärf, Adolf 217, 275, 390, 397, 407, 413f, 416f, 419, 424, 427, 431f, *435*, 435, 438, 466-468, 470, 475f, *477, 478*
Schaffner, Hans 467
Schamir, Jitzchak 336, 372
Scharf, Erwin 406
Scheffenegger, Kurt 299
Scheibert, Erwin 247
Scheidemann, Philipp 218
Schlageter, Albert Leo 336
Schleicher, Kurt von 189
Schlesinger, Therese *158*

Schlick, Moritz 168
Schnitzler, Arthur 129, 270, 358
Schnürmacher, Julie 9, 64
Schnürmacher, Wilhelm 64
Schober, Johannes 111, 180
Schoeller, Paul Ritter von 56
Schönbauer, Ernst 298
Schönberg, Arnold 15
Schöner, Josef 470, *481*
Schorsch, Johann *158*, 159
Schratt, Katharina 56
Schreck, Julius 183
Schreiber, Walther 354
Schröder, Gerhard 448
Schumacher, Kurt 452f
Schumann, Maurice 442
Schumpeter, Joseph 41, 140, 167
Schuschnigg, Kurt 28, 214, 235, 237f, 280-282, 285-289, 295f, 303
Schwarz, Thomas 103
Sebesta, Achilles 174
Sedlacek, Ernst 121
Seebacher-Brandt, Brigitte 448
Seipel, Ignaz 110, 195f, 235, 286, 288
Seitz, Emma 417
Seitz, Karl 30, *31*, 32, 114, *157*, 220, 414, *415*, 416f, 438
Semjonow, Wladimir 468
Sérot, André 372
Sever, Albert 29, *157*
Severing, Carl 186f, 191, 218
Seyss-Inquart, Arthur 168
Shaw, George Bernard 351, 445
Silone, Ignazio 260, 357
Simon, Joseph 315
Sinowjew, Grigorij J. 456
Skaret, Ferdinand *158*
Slanar, Johann 18
Slatin, Rudolf Carl (Slatin-Pascha) 102
Smetana, Friedrich (Bedřich) 47
Solschenizyn, Alexander 145

Sommaruga, Guido Graf 86
Sommer, Emil 246
Soyfer, Jura 104
Spann, Othmar 168f
Sperber, Hugo 243
Sperber, Manès 216
Springer, Axel 74
Stalin, Jossif W. 148f, 187f, 221, 230, 251f, 334, 336, 338, 341, 344-346, 353, 381, 389, 401f, 426, 443, 454-457, 461, 463, 469, 473, 475
Stampfer, Friedrich 191
Starhemberg, Ernst Rüdiger Fürst *233*, 235f, 301
Starhemberg, Franziska Fürstin 235
Starlinger, Wilhelm 452
Staud, Johann 282f
Steidle, Richard *233*
Steinbeck, John 85
Steinitz, Heinrich 247
Stejskal, František 162
Stendebach, Max 431
Stern, Abraham 372
Stern, Josef Luitpold 175
Sterner, Richard 351
Stika, Felix 58
Strasser, Gregor 189
Strindberg, August 363
Strobl, Ludwig 341
Strobl, Othmar 237
Stürgkh, Karl Graf 34
Suhr, Otto 354
Suvich, Fulvio 210
Szende, Paul 181
Szende, Stefan 350

Taborský, Edvárd 411
Talleyrand, Charles Maurice de 85
Tandler, Julius 161, 170
Tandler, Kurt 19
Tanner, Väinö 333, 339-341, 344f
Tarnow, Fritz 349f

Thälmann, Ernst 187, 189
Thalberg, Hans 450
Thaller, Leopold 239
Thatcher, Margaret 137, 429
Thoma, Franz *435*
Thompson, Llewellyn 474, *481, 482*
Tito, Josip 349, 394, 402
Tolbuchin, Fedor I. 390
Tomschik, Josef *158*
Torberg, Friedrich 76, 260
Tranmael, Martin 350
Treitschke, Heinrich von 261, 353
Trotzki, Leo D. 120, 140, 145-149, 318, 454
Tschada, Hans 299f
Tschitscherin, Georgij 456
Tschuppik, Karl 106
Tuchatschewski, Michael N. 426
Tucholsky, Kurt 135
Turati, Filippo 190

Undén, Östen 408

Valčić, Helene von 81
Vandervelde, Emile 181, 247
Verosta, Rudolf 19
Verosta, Stephan *481*
Vinde, Victor 219
Volgger, Friedl 436
Voltelini, Hans 169
Vorrink, Koos 122

Waldbrunner, Karl 438
Waldheim, Kurt 381, 397
Wallenstein, Albrecht von 261
Wallinger, Geoffrey 474, *481, 482*
Wallisch, Koloman 203, 300
Warburg, Eric 175
Webb, Beatrice 351
Webb, Sidney 351
Webern, Anton von 215, 292
Wedekind, Frank 138

Wehner, Herbert 149
Weinberger, Franziska 95
Weiser, Ludwig 271, 282
Weissberg-Cybulski, Alexander 104
Weissel, Georg 173
Weisskopf, Victor 104, 110
Wells, Herbert George 260
Wels, Otto 191, 218
Wengraf, Edmund 116
Weninger, Josef 251f
Werfel, Franz 292
Werndl, Friedrich 284
Westphal, Max 182
Wigforss, Ernst 378f
Wilhelm II. 151, 253
Wilmot, Chester 401
Wilson, Harold 441, 445
Windisch-Graetz, Elisabeth Fürstin 194f, 246
Windisch-Graetz, Otto Fürst 195
Windisch-Graetz, Stephanie 194
Winter, Ernst Karl 227, 238, 288
Winterstein, Paul 408-412, 424
Wirlander, Stefan 242
Wirth, Josef Carl 106, 424-426
Wittgenstein, Ludwig 168
Wolker, Jiří 135
Wrangel, Pjotr N. 147
Wratislaw, Eugen Graf 64

Zehnder, Alfred 467
Zeisel, Hans 104
Zernatto, Guido 303
Zierotin, Sylvia Polexina von 88-90
Zita, Kaiserin von Österreich 28
Zöllner, Erich 288
Zörgiebel, Karl Friedrich 187
Zuckmayer, Carl 72
Zweig, Stefan 307
Zyromsky, Jean *252*

Abbildungsnachweis

Allgemeines Verwaltungsarchiv, Wien: 172, 272, 273, 274; Dokumentationsarchiv des österreichischen Widerstands, Wien: 31, 39, 57, 107 (unten), 117 (oben), 123, 137, 171 (unten), 255; Österreichische Nationalbibliothek, Wien: 11, 24, 44, 45, 87, 157, 171 (oben), 213, 223 (oben), 238, 450, 459, 479 (unten), 480 (oben); Österreichisches Institut für Zeitgeschichte, Wien: 21, 107 (oben), 108, 109, 158, 185, 201, 202, 207, 212, 233, 292, 293, 418, 425, 435, 477, 478 (unten), 481, 482; Lothar Rübelt, Wien: 49, 50, 51; Scandia Photopress, Malmö: 100; Stiftung Bruno Kreisky Archiv, Wien: 8, 10, 13, 17, 23, 63, 66, 68, 71, 75, 79, 89, 94, 99, 117 (unten), 133, 179, 244, 245, 248, 249, 259, 263, 296, 297, 305, 310, 324, 326, 327, 331, 337, 343, 353, 363, 395, 396, 398, 400, 407, 415, 465, 478/79 (oben); Verein für die Geschichte der Arbeiterbewegung, Wien: 33, 35, 127, 130, 153, 162, 223 (unten), 252; Votava Pressebilddienst, Wien: 419, 480 (unten).

Helmut Schmidt
Menschen und Mächte

Helmut Schmidts Memoirenbuch »Menschen und Mächte« ist mit über 420000 verkauften Exemplaren der Originalausgabe der spektakulärste Memoirenerfolg der Nachkriegszeit geworden und in nahezu allen Weltsprachen erschienen. Dabei hat Helmut Schmidt nie zu den Politikern gehört, die viel von ihrem Privaten freigeben, er ist ganz in seinem Dienst aufgegangen. Der Mann und das Amt waren eins. Und der Staatsmann Helmut Schmidt spricht in diesem Band von den Mächten und Menschen, die als Partner und Gegenspieler sein politisches Leben bestimmten.

Die Sprache dieses Buches, das aus Erinnerungen Erfahrungen ableitet und das Nachdenken über die weltpolitische Gegenwart immer wieder an ganz konkrete Erlebnisse knüpft, trägt die unverkennbare Diktion Helmut Schmidts. Der Leser sieht, während er der Erzählung folgt, Schmidt auf der Bühne des Bundestags wie an den Tischen der internationalen Konferenzen, hört seine präzise und beherrschte Stimme.

Dies ist eines der großen politischen Bücher dieser Jahrzehnte, geschrieben von einem Mann, dem es nicht um die Schnörkel der Anekdoten, sondern um den Sinn der Geschichte geht.

»Schmidt ist ein guter Schreiber, ein scharfer Analytiker, und er liebt es, in großen Zusammenhängen zu operieren.«
NDR

Ein Siedler Buch bei Goldmann
ISBN 3-442-12800-5